Buch

Der erste Teil der Memoiren 1973–1974 befaßt sich mit den Spätfolgen des Vietnam-Krieges, der Entwicklung der Beziehungen zur Volksrepublik China, den Auswirkungen der Watergate-Affäre, mit dem Europa-Jahr, der Nahost-Politik vor dem Oktober-Krieg 1973, mit den SALT-Verhandlungen und den Schwierigkeiten mit Moskau sowie mit dem Sturz des chilenischen Staatspräsidenten Salvador Allende.

Autor

Henry A. Kissinger wurde 1923 in Fürth/Bayern geboren. 1938 wanderte seine Familie in die Vereinigten Staaten aus, 1943 wurde er amerikanischer Staatsbürger. Die wichtigsten Stationen seiner Karriere sind bisher:

1954 Direktor eines Forschungsprogramms über die militärische Herausforderung der UdSSR
1954 Lehrauftrag an der Harvard-Universität
1957 Stellvertretender Direktor des »Harvard Center for International Affairs«
1958 Direktor von »Harvard's Defense Studies Program«
1962 Ordentlicher Professor der Harvard-Universität
1969 Sonderberater Präsident Nixons für Fragen der nationalen Sicherheit
1973 Verleihung des Friedensnobelpreises
1973–1977 Außenminister der USA

Die *Memoiren 1968–1973* sind als Kassette
in der Reihe Goldmann Sachbuch erschienen:
Band I: 1968–1970 (11327);
Band II: 1970–1972 (11328);
Band III: 1972–1973 (11329).

Weitere Titel im Goldmann Sachbuchprogramm vom selben Autor:
Amerikanische Außenpolitik – Analysen und Tendenzen (11284).
Die weltpolitische Lage – Reden und Aufsätze (11391 – Februar 1985).

Henry A. Kissinger

Memoiren

1973-1974

Teil 1

Wilhelm Goldmann Verlag

Die amerikanische Ausgabe ist unter dem Titel
»Years of Upheaval« im Verlag Little, Brown and Company
erschienen.

Das Gesamtregister für die Memoiren 1973–1974 befindet
sich im Teil 3 (11333).

Aus dem Amerikanischen von Hans-Jürgen Baron von Koskull.

Für Nancy

Printed in Germany · 9/84 · 1. Auflage · 1112
Genehmigte Taschenbuchausgabe

Umschlaggestaltung: Design Team München
Umschlagfoto: Bildarchiv Süddeutscher Verlag, München
Druck: Presse-Druck Ausburg
Verlagsnummer: 11331
E. R. · Herstellung: Sebastian Strohmaier
ISBN 3-442-11331-8

Inhaltsverzeichnis

Teil 1

Vorwort 13

I. Neue Hoffnungen 17
Entscheidung am Schwimmbecken 17
Eine verpaßte Gelegenheit 20

II. Ein Besuch in Hanoi 25
Die Pariser Vereinbarungen 25
Ein Besuch in Bangkok 30
Das Dilemma in Kambodscha 33
Ein Besuch in Vientiane 37
Ein gespenstischer Besuch in Hanoi 42
Pham Van Dong 50
Wirtschaftshilfe 62

III. China: ein weiterer Schritt vorwärts 71
Ein Wiedersehen mit Peking 71
Die weltpolitische Großwetterlage 88
Die Verbindungsbüros 94
Eine Begegnung mit Mao 98
Schlußbetrachtungen 108

IV. Die Auswirkungen von Watergate werden deutlich spürbar 109
Ein unsanftes Erwachen 109
Das Erbe von Vietnam 122
Watergate spitzt sich zu 133
»The Germans«: Haldeman und Ehrlichman 138
Der innere Zerfall des Weißen Hauses 148

Die Umbildung der Regierung Nixon 154
Das Abhörsystem 162
»Die Klempner« und das Abhören von Telefongesprächen 168
Die Auswirkungen auf die Außenpolitik 178

V. Das Europa-Jahr 185
Die Voraussetzungen 185
Die atlantischen Beziehungen müssen zu neuem Leben erweckt werden 189
Die Erkundungsphase 197
Die Rede zum Europa-Jahr 218
Jobert führt den Reigen an 231
Eisberge in Reykjavik 243
Warten auf Jobert 261
Das Jahr, das es niemals gegeben hat 275

VI. Es gärt im Nahen Osten 278
Zeit für eine neue Initiative? 278
Vorbereitungen für Ismail: ein diplomatisches Menuett 291
Ismail in Washington 298
Hussein 306
Golda Meir 311
Die zweite geheime Zusammenkunft mit Ismail 315

VII. Die Entspannung: von Zavidovo bis San Clemente 322
Entspannung: Was war das? 332
Getreide und Auswanderer 349
Fernlenkwaffen und Fantasie 362
SALT II in der Sackgasse 371
Die Vereinbarungen zur Verhinderung eines mit Kernwaffen geführten Krieges 389
Breschnew besucht Amerika 406
Zusammenfassung 424

VIII. Indochina: der Anfang vom Ende 426
Versprechen, die nicht eingehalten werden 426
Thieu kommt nach San Clemente 436
Die fehlgeschlagene Vergeltung 445
Eine Scharade mit Le Duc Tho 461
Kambodscha: eine unbestreitbare Scheinheiligkeit 472
Die versäumte Gelegenheit 478
Der Kongreß erzwingt die Einstellung der Bombenangriffe 499

Die Verhandlungen scheitern 507
Der Friedensnobelpreis 519

IX. Chile: Salvador Allendes Sturz 524
Die Vereinigten Staaten und Allende 524
Allende im Amt 529
1972: Die Polarisierung der chilenischen Politik beschleunigt sich 536
ITT und die Zuspitzung der Krise 544
1973: Allendes letzte und entscheidende Krise 554
Die Militärs ergreifen erste Maßnahmen 560
Der Staatsstreich 563
Reaktion in Washington 567

Anmerkungen 579

Teil 2

X. Ich werde Außenminister 607
Die Krise der Exekutive 607
Ich warte auf die Entscheidung des Senats 619
Die Anhörungen zur Bestätigung meiner Ernennung 622
Das Außenministerium 632
Der Auswärtige Dienst 644
Die Amtsübernahme 651

XI. Der Krieg im Nahen Osten 654
Ein unsanftes Erwachen für uns alle 654
Warum haben wir uns überraschen lassen? 663
Die Gestaltung einer Strategie 674
Sonntag, der 7. Oktober: ein Kampf um Zeitgewinn 687
Sadat setzt sich mit uns in Verbindung 694
8. Oktober: Alles verläuft nach Plan 701
Der 9. und 10. Oktober: Das Kriegsglück wendet sich 708
Der 11. Oktober: Israel stößt nach Syrien vor 726
12./13. Oktober: Unsere Luftbrücke wird eingerichtet 729
13./14. Oktober: Der Waffenstillstand kommt nicht zustande 742
Der 14. Oktober: ein Unentschieden auf dem Schlachtfeld 751
15./16. Oktober: Das Kriegsglück wendet sich noch einmal 755
Der 17. Oktober: auf dem Weg zum Waffenstillstand 766
18./19. Oktober: eine Einladung nach Moskau 772

XII. Moskau, der Waffenstillstand und die Alarmierung der Streitkräfte 782
Die Reise nach Moskau 782
Die Vereinbarung eines Waffenstillstands 791
Eine Reise nach Israel in gespannter Atmosphäre 801
Der Waffenstillstand zerbröckelt 812
24. und 25. Oktober: der Alarm 822
Die Lage entschärft sich 845
Die Nachwirkungen 856
Friedensaussichten 873

XIII. Der erste Durchbruch im Nahen Osten 975
Fahmy und Golda 875
Ein Kontakt mit der PLO 890
Meine erste Reise in den Nahen Osten 897
Die Sechs-Punkte-Vereinbarung 901
Anwar Sadat 920
Sisco und Saunders in Israel 927
Amman 933
Riad 935

XIV. Zwischenspiel am Persischen Golf 949

XV. Tschou En-lai tritt von der politischen Bühne ab; ich führe ein weiteres Gespräch mit Mao 963
Tschou gerät ins Feuer 963
Eine neue Begegnung mit Mao 978

XVI. Schwierigkeiten mit unseren Verbündeten 992
Das Ende des Europa-Jahrs 992
Die Auswirkungen des Nahost-Krieges 1002
Der Nordatlantikrat und meine Ansprache vor der Society of Pilgrims 1022
Wo lagen die Fehler? 1032
Japanische Perspektiven 1041

XVII. Die Genfer Konferenz 1057
Die Strategie 1057
Die Gespräche bei Kilometer 101 und der Beginn der Truppenentflechtung 1062
Der Weg nach Genf 1068
Algier 1074

Ein Wiedersehen mit Kairo 1084
Rückkehr nach Riad 1094
Mein erster Besuch in Damaskus 1098
Eine Erholungspause in Amman 1110
Libanon 1112
Israel 1115
Die Genfer Konferenz 1119

XVII. Diplomatie im Pendelverkehr: die Truppenentflechtung an der ägyptisch-israelischen Front 1128
Die Anfänge der Reisediplomatie 1128
Wieder macht uns Watergate zu schaffen 1136
Assuan: 11./12. Januar 1142
Jerusalem 12./13. Januar 1149
Das fliegende Außenministerium 1153
Wieder in Assuan: 13./14. Januar 1158
Die Pendeldiplomatie geht zu Ende 1168
Die Schlußphase 1181
Akaba, Damaskus und Tel Aviv 1189
Endlich wieder in Washington 1198

XIX. Die Energiekrise 1200
Die Jahre der tatenlosen Selbstgefälligkeit 1200
Der Sturm braut sich zusammen: 1970 bis 1973 1206
Die Regierungen der OPEC-Länder übernehmen die Kontrolle 1216
Der Oktober-Krieg und das Energieproblem: der erste Ölschock 1224
Der zweite Ölschock: Teheran und Kuwait 1241
Die Aufhebung des Embargos 1252

Anmerkungen 1257

Teil 3

XX. Die Energiepolitik und die Demokratien 1269
Eine energiepolitische Strategie 1269
Die Minister treffen zusammen 1281
Die Energiekonferenz in Washington 1289
Die Verbraucherländer schließen sich zusammen 1302
Neue Aufregungen 1309

XXI. Der Weg nach Damaskus: eine Erkundungsreise 1321
Das sowjetische Dilemma 1327
Fahmy und Saqqaf kommen nach Washington 1335
Ein ereignisreicher Besuch in Damaskus 1346
Dramatische Entwicklungen in Israel 1354
Ein neuer Besuch in Kairo 1363
Damaskus: Asad hält sich zurück 1368
Riad 1374
Die jordanische Option 1377

XXII. Der Verfall der Entspannungspolitik: ein Wendepunkt 1380
Die Entspannungspolitik wird angegriffen 1380
Die Gesetzesvorlage von Jackson und Vanik 1389
Die Verteidigungspolitik gerät in Schwierigkeiten 1406
Neue SALT-Verhandlungen 1418
Ein neuer Besuch in Moskau 1438
Schlußfolgerungen 1450

XXIII. Reisediplomatie im nahen Osten: Syrien 1455
Der Bär wird in den Käfig gesperrt 1456
Die arabische Welt 1461
Ein Vorspiel zur neuen Verhandlungsrunde 1464
Ein neuer Besuch Dayans 1468
Der syrische Sonderbotschafter 1472
Ein libanesisches Zwischenspiel 1477
Die Verhandlungen beginnen: die Trennlinie 1479
Der »Vorschlag der Vereinigten Staaten« 1520
Die Verringerung der Streitkräfte 1533
Die Schlußphase: Damaskus und eine neue Krise 1540
Die Schlußphase: Israel 1548

XXIV. Das letzte Hurra 1560
Die Salzburger Pressekonferenz 1560
Nixons Nahost-Reise 1578
Weitere Anschuldigungen 1604
Der Moskauer Gipfel von 1974 1615

XXV. Das Ende der Regierung Nixon 1654
Die lange Heimreise 1654
Eine neue Krise 1665
Wir sind am Ende 1673

Anhang:
Die Bombenangriffe 1973 in Kambodscha 1703

Anmerkungen 1727

Danksagung 1734

Karten 1735
Südostasien 1973 1735
Westeuropa 1973: Die NATO, die EG und OECD 1738
Der Nahe Osten 1739
Israel und die Nachbarländer vor dem Oktober-Krieg 1973 1740
Die Sinai-Front: der ägyptische Angriff am 6. Oktober 1973 1741
Die Golan-Front: der syrische Angriff am 6./7. Oktober 1973 1742
Die Golan-Front: der israelische Gegenangriff 1743
Die Sinai-Front: Kanalüberquerung und Durchbruch der Israeli 1744
Die Sinai-Front bei Feuereinstellung nach dem Oktober-Krieg 1745
Ägyptisch-israelischer Waffenstillstand: Dayans Plan vom 4. Januar 1974 1746
Ägyptisch-israelischer Waffenstillstand: Sadats Entwurf Dezember 1973 1746
Ägyptisch-israelische Waffenstillstandsvereinbarung vom 18. Januar 1974 1747
Die Golan-Front bei Feuereinstellungnach dem Oktober-Krieg 1748
Quneitra und Umgebung 1749
Syrisch-israelische Waffenstillstandsvereinbarung vom 31. März 1974 1750

Schema des Auswärtigen Amtes der Vereinigten Staaten 1751

Gesamtregister 1752

Vorwort

Das Zusammentreffen ungewöhnlicher äußerer Umstände hat dazu geführt, daß mir in Richard Nixons zweiter Amtsperiode die Leitung der Außenpolitik der Vereinigten Staaten anvertraut wurde – in einer Periode beispielloser Umwälzungen, wie wir sie in diesem Jahrhundert noch nicht erlebt hatten. Ein Präsident, der eben den zweitgrößten Wahlsieg in der Geschichte unseres Landes errungen hatte, verlor sein Amt in einer Revolution, die er selbst ausgelöst hatte und trotz größter Anstrengungen nicht mehr unterdrücken konnte. Parallel zum Auflösungsprozeß des amerikanischen Präsidentenamts unter Nixon kam es zu einer Explosion im Nahen Osten, zu Konflikten mit unseren Verbündeten, zu einer Energiekrise, zur Beilegung des Vietnam-Konflikts und zu einer mit Erbitterung geführten innenpolitischen Kontroverse um die Beziehungen der Vereinigten Staaten zur Sowjetunion. Zu Beginn von Nixons zweiter Amtszeit hatten wir geglaubt, daß wir an der Schwelle einer schöpferischen neuen Ära in der Weltpolitik stünden. Nur selten war es möglich erschienen, so viele verschiedene außenpolitische Probleme gleichzeitig zu lösen wie jetzt. Doch schon nach wenigen Monaten erlebten wir einen alptraumhaften Zusammenbruch der Autorität der eigenen Regierung und sahen uns in ein verzweifeltes Ringen verwickelt, um unsere äußeren Feinde daran zu hindern, diese Umstände zu einem Angriff gegen die Sicherheit der Vereinigten Staaten und anderer freier Völker auszunutzen.

Nixons erste Amtszeit (1969 bis 1973) – das Thema des ersten Bandes meiner Memoiren – war in gewissem Sinne eine Reifzeit gewesen. Die Regierung hatte trotz heftiger Auseinandersetzungen um die Entwicklung in Indochina die Ereignisse entscheidend beeinflussen können und dazu beigetragen, dem Netz der internationalen Beziehungen zwischen den Supermächten eine neue Struktur zu geben. Unsere Außenpolitik in der zweiten Amtsperiode des Präsidenten, die im Spätsommer 1974 abrupt zu Ende ging, stellte uns plötzlich vor Aufgaben, die nur ein ausgereiftes Staatswesen erfüllen kann. Angesichts der geschwächten Autorität unserer Exekutive war es ungeheuer schwierig, jeder Herausforderung zu begegnen, denn die Welt erwartete von den Vereinigten Staaten, daß sie auch weiterhin ihre Verantwortung als Führungs- und Schutzmacht der Demokratien wahrnahmen.

Watergate hat in allen Dimensionen unseres außenpolitischen Handelns ernste Auswirkungen gehabt, was beweist, daß nur ein starker Präsident eine schöpferische Außenpolitik gestalten und durchsetzen kann. Es ist uns aber dennoch gelungen, an unserem außenpolitischen Kurs festzuhalten und sogar einige beachtliche Erfolge zu erringen. Die diplomatischen Bemühungen der Vereinigten Staaten im Nahen Osten während des Oktober-Kriegs von 1973 und in der Folgezeit haben zur Einleitung eines Friedensprozesses beigetragen, der mit wesentlichen Erfolgen und gewissen Rückschlägen bis zum heutigen Tage andauert. Wir haben außerdem den Grund für die erfolgreiche Bekämpfung der Energiekrise gelegt. Es war eine Zeit schwerer Prüfungen, aber der Staatsmann hat nicht das Recht zu verlangen, daß seine Dienste nur in ruhigen Zeiten in Anspruch genommen werden.

Während der Jahre, über die in diesem Band berichtet wird, haben sich auch meine Perspektiven verändert, und zwar nicht nur als Folge unserer innenpolitischen Umwälzungen. Am 22. September 1973 wurde ich zum Außenminister ernannt, nachdem ich Nixon viereinhalb Jahre im Weißen Haus als Berater des Präsidenten in Fragen der Nationalen Sicherheit gedient hatte. Als Außenminister war ich für einen viel umfassenderen Problemkreis verantwortlich als der Nationale Sicherheitsberater. Der letztere kann sich den Luxus erlauben, nur die Fragen zu behandeln, die ihm besonders wichtig erscheinen. Jetzt mußte ich vor allem versuchen, die Außenpolitik möglichst gegen die innenpolitische Katastrophe abzuschirmen. Diese mir durch die Umstände und den nationalen Überlebenswillen aufgezwungene Aufgabe ist mir in vielen Fällen durch den Konsens der beiden politischen Parteien erleichtert worden, der die internationalen Verpflichtungen der amerikanischen Regierung in einem vor Störungen geschützten Raum zu erfüllen ermöglichte.

Die Darstellung der Außenpolitik in der Periode vor Nixons Sturz ist eine noch komplexere Aufgabe, als sie es unter normalen Voraussetzungen wäre. Motive und Stimmungen lassen sich noch schwieriger erkennen als in der vorangegangenen Periode. Natürlich kann ich die Ereignisse nur so beschreiben, wie ich sie gesehen habe. Dies ist ein Bericht meiner Vorstellungen und Überzeugungen, der in der Relation zu dem beurteilt werden muß, was andere dachten und fühlten und was sich aus den Dokumenten ergeben wird, die meinen Mitarbeitern und mir nicht zur Verfügung stehen, weil sie zum Teil in ausländischen Archiven liegen. Ich werde ein mit Anmerkungen versehenes Exemplar dieses Buches zu meinen Akten nehmen, das Historikern zur Verfügung stehen soll, die sich eingehender mit dieser Periode beschäftigen wollen. Diese Memoiren sagen dem Leser, wie sich die Probleme einem Beteiligten dargestellt haben, der an den Entscheidungen mitgewirkt hat. Ich habe mich aufrichtig – und wie ich hoffe, gewissenhaft – darum bemüht, meine Darstellung der Ereignisse ausreichend zu dokumentieren.

Ich bin dem Außenminister, dem Direktor der Central Intelligence Agency, dem politischen Unterstaatssekretär für Verteidigung und dem Berater des Präsidenten für Angelegcnheiten der Nationalen Sicherheit und ihren Stäben dankbar für ihre Hilfe bei der Durchsicht und Freigabe vertraulichen Materials und der Zitate. Ich habe die von ihnen erbetenen Korrekturen vorgenommen. Präsident Nixon hat mir freundlicherweise die Erlaubnis gegeben, aus seinen Präsidentschaftsakten zu zitieren.

Zu ganz besonderem Dank bin ich den Mitarbeitern verpflichtet, die mir zur Seite gestanden haben, seit wir gemeinsam in der amerikanischen Regierung gearbeitet haben. Ohne ihre Fachkenntnisse und Hingabe hätte diese Arbeit nicht entstehen können. Peter W. Rodman, mein Freund, Vertrauter und Mitarbeiter seit mehr als zehn Jahren, hat als Lektor einen wesentlichen Beitrag geleistet. Er hat einen großen Teil der Forschungsarbeiten übernommen und mir mit klugen Ratschlägen geholfen. William G. Hyland hat mit seiner Forschungsarbeit und seinen Kenntnissen über Westeuropa und die Sowjetunion Entscheidendes beigetragen. Rosemary Neaher Niehuss hat sich eingehend mit dem Nahen Osten und der Energiekrise beschäftigt, die das Thema eines großen Teils dieses Buches sind, und mir damit ungemein wertvolle Dienste geleistet. Sie hat dieses umfangreiche Material mit großem Geschick und unermüdlichem Fleiß in eine überschaubare Form gebracht. Mary E. Brownell hat mit großem Fachwissen, Urteilsvermögen und Geduld die Unterlagen für die verschiedensten Themen vorbereitet, von Chile bis Watergate und zur Energiekonferenz in Washington.

William P. Rogers und Winston Lord haben mir erlaubt, an ihre Freundschaft zu appellieren und sie zu bitten, das Manuskript zu lesen. Ihrem guten Rat hat das Buch viel zu verdanken. Harold Evans hat hervorragende Redaktionsarbeit geleistet. Sein gutes Gefühl für Komposition und seine unermüdlichen Angriffe gegen das Überflüssige haben sich bezahlt gemacht. Brent Scowcroft, Leonard Garment, David Ginsburg, John Freeman, Alan Greenspan, Peter Glenville und Diane Sawyer haben Teile des Manuskripts gelesen und wertvolle Anregungen gegeben.

Meine persönliche Assistentin, Christine Vick, hat all diese Arbeiten überwacht und koordiniert. Da sie sogar meine Handschrift lesen kann, war sie verantwortlich für das mit der Maschine geschriebene Manuskript. Chris hat das Entstehen dieses Buches über die verschiedenen Stadien hin verfolgt, sie hat es verstanden, die Primadonnen zu besänftigen, die darin erwähnt werden, hat für die Einhaltung der Termine gesorgt, niemals ihre gute Laune verloren und war, kurz gesagt, unersetzlich. Diane Tinker, Moira Dawson, Cathy Buchanan, Linda Komornik und Christie Best haben an der Schreibmaschine hervorragende Arbeit geleistet.

Kein Verfasser darf von seinem Verleger tatkräftigere Hilfe erwarten als die, die Little, Brown and Company mir hat zuteil werden lassen. Ich danke Genevieve Young für die verständnisvolle (und eindringliche) Lektoratsarbeit und Betsy Pitha für ihre Fahnenkorrekturen. Dick Sanderson hat mir hervorragende Karten zur Verfügung gestellt, und Melissa Clemence hat ein ausgezeichnetes Register hergestellt.

Meine Mitarbeiter und ich danken der Kongreßbibliothek, in der meine vertraulichen Papiere aufbewahrt werden, für die Zuvorkommenheit und Hilfe von Daniel J. Boorstin, dem Kongreßbibliothekar, und den hilfsbereiten Mitarbeitern der Manuskriptabteilung, Dr. Paul T. Heffron als Chef, John Knowlton, Richard Bickel, Joseph Sullivan, Grover Batts, Mary Margaret Wolfskill und Michael J. McElderry.

Mein verspäteter Dank geht auch an Harry Zubkoff, dessen Sammlung von Zeitungsausschnitten und Analysen im Luftfahrtministerium allen Angehörigen der amerikanischen Regierung seit vielen Jahren wertvolle Dienste geleistet hat. Auch die Forschungen meiner Mitarbeiter für den ersten Band meiner Memoiren und das jetzt vorliegende Buch sind durch diese Arbeit wesentlich unterstützt worden.

Ich widme dieses Buch meiner Frau Nancy, die meinem Leben eine neue Dimension gegeben hat.

Ich bin für den Inhalt dieses Buches ebenso verantwortlich wie für mein politisches Wirken, das es beschreibt.

Washington D. C.
November 1981

I. Neue Hoffnungen

Entscheidung am Schwimmbecken

Im August 1973 zeigte sich Kalifornien von seiner prächtigsten Seite. An jedem Morgen ließ ich mich vom Schreibtisch auf die Veranda hinter meinem Büro in San Clemente, dem Weißen Haus an der Westküste, hinauslocken und beobachtete, wie die Sonne mit ihren wärmenden Strahlen den über dem Ozean liegenden Nebel auflöste. Hin und wieder sah ich dann die schlanke, leicht nach vorn gebeugte Gestalt eines Mannes am Rand des Steilhangs entlangschlendern, unter dem nur noch ein schmaler Strand das Festland von der Weite des Pazifiks trennt. In dieser Stille und Abgeschiedenheit mußte Richard Nixon die Qualen des letzten Abschnitts seiner politischen Laufbahn ertragen. Jenseits der Grenzen seines nach allen Seiten abgeschirmten Zufluchtsorts war die Stimmung im ganzen Land von hitzigen Spekulationen über die Frage geprägt, ob er sich als Präsident würde behaupten können. Er selbst machte einen ruhigen Eindruck und sprach kaum von Watergate – und wenn, dann enthielten seine Äußerungen nichts wesentlich Neues. Man mußte Nixon schon gut kennen, um in dem in die Ferne gerichteten Blick und in der starren Melancholie seines Gesichts den inneren Aufruhr zu spüren, der ihn gepackt hatte.

Am Nachmittag des 21. August rief mich Julie Nixon-Eisenhower an und fragte mich, ob meine Kinder, Elizabeth und David, zum Schwimmen mit der Familie Nixon kommen wollten. Kurz darauf rief sie noch einmal an und forderte mich auf, die Kinder zu begleiten. Ich holte meine Badehose und ging von meinem Büro, vorbei am Hubschrauber-Landeplatz, zur Casa Pacifica, einer im spanischen Stil erbauten Villa, die von den Quartieren der Mitarbeiter des Präsidenten durch mächtige Zypressen und eine hohe weiße Mauer getrennt war. Hier wurde ich von Manolo Sanchez begrüßt, dessen uneingeschränkte Bewunderung für seinen Herrn und Meister die weitverbreitete Meinung widerlegte, daß niemand für seinen Kammerdiener ein Held sein kann. Bald kam auch Nixon heraus und sprang zu mir und meinen Kindern ins Wasser. Kurz darauf bat er mich an die flache Seite des Schwimmbeckens, um mit mir über seine für den folgenden Morgen angesetzte Pressekonferenz zu sprechen. Es war nicht das erste Mal, daß mein Chef in einer ähnlichen Umgebung gewichtige Fragen mit mir besprach. Im April 1970 hatte mir Nixon in Camp David, während er selbst schwamm und ich am Rande des Beckens entlang ging, seine Entscheidung mitgeteilt, den Vorstoß amerikanischer Truppen in die kambodschanischen Bereitstellungsräume zu befehlen.

Ich setzte mich auf die Stufen des Schwimmbeckens, während der Präsident der Vereinigten Staaten auf dem Rücken liegend im Wasser plätscherte. Zunächst besprachen wir ganz sachlich einzelne Antworten, die er auf außenpolitische Fragen geben wollte. Doch dann sagte er unvermittelt und ohne Wärme oder Begeisterung: »Ich werde die Pressekonferenz damit eröffnen, daß ich Ihre Ernennung zum Außenminister bekanntgebe.« Es war das erste Mal, daß er mit mir über dieses Thema sprach.

Ich hatte allerdings schon vorher von seiner Absicht gehört. Durch Watergate war die bis dahin unbestrittene herausragende Position der Mitarbeiter des Weißen Hauses ins Wanken geraten. Mein Einfluß innerhalb der Regierung stützte sich allein auf die Autorität des Präsidenten, die jedoch durch die endlosen Enthüllungen über zum Teil kindliche, zum Teil aber auch illegale und geradezu lächerliche Verhaltensweisen Nixons schweren Schaden genommen hatte. Alexander Haig, der im Mai zum Stabschef des Präsidenten berufen worden war, hatte mir im Frühsommer – offenbar aus eigenem Antrieb – gesagt, daß er keine andere Lösung als meine Ernennung zum Außenminister sähe. Der damalige Außenminister, William P. Rogers, sollte im Spätsommer ohnedies aus seinem Amt ausscheiden. Haig hielt mich über den Inhalt seiner quälenden Gespräche mit Nixon zu diesem Thema auf dem laufenden; es kann Nixon nicht leichtgefallen sein, diese Entscheidung zu treffen, denn sie zeigte – vielleicht noch deutlicher als alle Schlagzeilen, die Watergate in der Presse machte –, wie angeschlagen die Stellung des Präsidenten war. Es war nie seine Absicht gewesen, das Amt des Außenministers in die Hände einer starken Persönlichkeit zu legen. Im Wahlkampf von 1968 hatte er ausdrücklich erklärt, daß das Weiße Haus die Richtlinien der Außenpolitik bestimmen werde. So war es bisher auch gewesen. Wenn Nixon sich nun bereit fand, von diesem Grundsatz abzugehen, dann zeigte er dadurch, wie schwach er geworden war.

Ich drückte etwas kleinlaut meine Hoffnung aus, sein Vertrauen zu rechtfertigen. Es war der müde Versuch, den Schein zu wahren und so zu tun, als gewähre der Präsident mir damit eine besondere Auszeichnung. In Wirklichkeit wußte Nixon ebenso gut wie ich, daß es keine Alternative gab.

Am folgenden Morgen rief mich der stellvertretende Außenminister, Kenneth Rush, an. Er beglückwünschte mich und versicherte mich der vollen Unterstützung aller Mitarbeiter des Ministeriums – eine großzügige Geste, besonders da Rush zweifellos wußte, daß ohne Watergate er und nicht ich Bill Rogers' Nachfolge angetreten hätte.[1] Auch von Rogers erhielt ich telefonische Glückwünsche; es war ein höfliches, aber kurzes Gespräch. Anschließend sah ich mir die Pressekonferenz im Fernsehen an.

Nixon hatte eben angefangen zu sprechen, als mich eine gute Freundin, die berühmte und schöne norwegische Schauspielerin Liv Ullmann, aus Oslo anrief, um eine Angelegenheit zu besprechen, die ich heute vergessen habe. Ich erklärte ihr, daß ich jetzt nicht lange Zeit hätte, da der Präsident gerade in diesem Augenblick eine wichtige Erklärung im Fernsehen abgäbe. Ich wollte es vermeiden, ihr den Inhalt der Erklärung mitzuteilen, deshalb mußte ich ihr noch ein paar Sätze sagen, so daß, als ich den Hörer auflegte, der Teil der Erklärung des Präsidenten, in dem er mich erwähnt hatte, schon vorüber war. Nachdem Nixon das Ausscheiden von Rogers mit freundlichen und warmherzigen Worten kommentiert hatte, gab er in knapper Form meine Ernennung bekannt: »Dr. Kissingers Qualifikationen für diesen Posten sind, wie ich glaube, meine Damen und Herren, Ihnen allen sowie all denen, die uns am Fernsehen und Radio zuhören, wohl bekannt.« Worin die Qualifikationen bestanden, sagte er nicht. Als ich das Ferngespräch beendete, hatte ich es versäumt, meine Ernennung zum Außenminister aus dem Munde des Präsidenten zu vernehmen.

Während mein Büro von telefonischen Glückwünschen überflutet wurde, ging Nixons Pressekonferenz mit einer Befragung über Watergate weiter. Ich nahm die Glückwünsche mit gemischten Gefühlen entgegen. Unter anderen Umständen hätte mich dieses Ereignis zutiefst befriedigen können, jetzt aber erfüllte es mich mit großer Sorge, denn die Pressekonferenz brachte mit dramatischer Deutlichkeit zum Ausdruck, wie sehr die Regierung der Vereinigten Staaten unter Druck stand. Wir unternahmen die größten Anstrengungen, den Zerfall der amerikanischen Außenpolitik zu verhindern, während Nixons Präsidentschaft und mit ihr die ganze Autorität der Exekutive sich aufzulösen begann. Ich mußte jetzt ein Amt übernehmen, von dem ich niemals geglaubt hatte, daß es in meiner Reichweite läge; und doch war mir nicht zum Feiern zumute. Immer wieder mußte ich an den einsamen, von allen Seiten angegriffenen und sich hinter einer Mauer der Unnahbarkeit verbergenden Richard Nixon denken, der nur wenige Meter von hier entfernt mit seinen Problemen kämpfen mußte, während ich den Gipfel meiner politischen Laufbahn erreicht hatte.

Eine verpaßte Gelegenheit

Es war alles so ganz anders gekommen, als wir 1973 gehofft hatten. Bei Jahresbeginn waren unsere Aussichten glänzend gewesen; nur selten hatte die Amtszeit eines Präsidenten in einer so günstigen außenpolitischen Lage angefangen.

Im Januar 1973 schien mit der Beendigung des Vietnam-Krieges ein Jahrzehnt schwerer innenpolitischer Auseinandersetzungen zu Ende zu gehen. Mit überwältigender Stimmenmehrheit hatte Nixon die Wahlen im November gewonnen und damit die ungewöhnliche Gelegenheit erhalten, an alle Männer und Frauen guten Willens zu appellieren und die Wunden zu heilen, welche die Nation in diesem Krieg davongetragen hatte. Das durch die Vietnam-Debatte erzeugte Mißtrauen war noch nicht verflogen, aber die Gegner unserer Politik waren zum Teil durch die schweren Prüfungen dieser Zeit erschöpft und zum Teil verwirrt durch eine neue Atmosphäre, in der die Schlagwörter, welche die öffentliche Meinung während eines Jahrzehnts beherrschten, ihre Bedeutung verloren hatten. Wir hofften, unsere kritischen Kriegsgegner würden sich schließlich durch die Beendigung des Krieges beruhigen lassen, auch wenn sie die von uns verwendeten Taktiken weiterhin in Frage stellten. Wer sich auf unsere Seite gestellt hatte, konnte jetzt stolz darauf sein, daß die Ehre der Nation durch die Opfer, die wir gebracht hatten, bewahrt worden war. Zwar mochte Nixon noch immer von seinen ständigen Befürchtungen bedrängt werden, die ihm einredeten, jeder Erfolg sei vergänglich, aber er war jetzt stärker und sicherer, als es ihm seine lebenslange Angst vor der Katastrophe bisher erlaubt hatte. In Wirklichkeit stand ihm keine starke Opposition mehr gegenüber. Bei den Wahlen hatte er in allen Staaten bis auf einen die Stimmenmehrheit gewonnen. Jetzt durfte er hoffen, alle Seiten könnten aus den schweren Belastungen der vergangenen zehn Jahre die Lehre ziehen, daß eine Gesellschaft nicht durch den Sieg einzelner Gruppierungen über andere, sondern durch die Versöhnung dieser Gruppierungen miteinander an Größe gewinnt.

Vielleicht waren unsere Erwartungen zu hoch gespannt, aber wir waren überzeugt, daß die Vereinigten Staaten jetzt die Gelegenheit für eine kreative Außenpolitik erhalten würden. Endlich durften wir uns als geeintes Volk Aufgaben zuwenden, an deren Erfüllung uns die im Vordergrund stehende Beschäftigung mit Indochina gehindert hatte. Politische Führer haben gewöhnlich das Schicksal, von ihrem Vorgänger unlösbare Probleme oder Verpflichtungen übernehmen zu müssen, die ihre eigene Dynamik entwickeln. So hatte der Krieg in Vietnam Nixons erste Amtsperiode schwer belastet. Jetzt hatten wir plötzlich den Eindruck, daß es auf vielen Gebieten der internationalen Politik Möglichkeiten für schöpferische Aktivitäten gäbe.

• In den Beziehungen zu unseren Verbündeten, den demokratischen Industriestaaten des Atlantischen Bündnisses und Japan, hatte Nixon während seiner ersten Amtszeit den heftigen Streit mit Frankreich beendet, er hatte dafür gesorgt, daß die Stationierung amerikanischer Truppen in Europa nicht mehr durch politische Angriffe im Kongreß gefährdet wurde, und es war ihm gelungen, die guten Beziehungen innerhalb des Bündnisses über die »Erschütterungen« hinweg aufrechtzuerhalten, die wir unseren Verbündeten durch Amerikas neue Initiativen gegenüber ihren kommunistischen Gegnern zugemutet hatten. Die politische und wirtschaftliche Stärke Europas und Japans forderten zu neuen Initiativen heraus, um die gemeinsame Zukunft und die gemeinsamen Grundwerte der Demokratien zu bestätigen.

• Während Nixons erster Amtsperiode hatten wir die Beziehungen zu beiden kommunistischen Giganten, zur Sowjetunion und der Volksrepublik China, verbessert. Ihr gegenseitiges Mißtrauen und ihre Furcht voreinander würden es ihnen erschweren, der ideologischen Feindschaft uns gegenüber eine konkrete Form zu geben; keine der beiden Mächte durfte uns zu sehr herausfordern, ohne uns ihrem Todfeind in die Arme zu treiben. Befreit von den schweren Belastungen des Vietnam-Krieges, konnten sich die Vereinigten Staaten nun Aggressionen widersetzen, welche die internationale Ordnung bedrohten. Angesichts seines überwältigenden Mandats hatte Nixon die Möglichkeit, umfassende und grundsätzliche außenpolitische Verhandlungen zu führen.

• Im Nahen Osten begann Ägypten sich von der Sowjetunion abzuwenden. Eine zielstrebige amerikanische Außenpolitik und Strategie hatten zu dieser Entwicklung beigetragen, die jetzt einmalige Aussichten für eine Friedensdiplomatie bot.

• Da sich das Ansehen Amerikas nach der Beilegung des Vietnam-Konflikts gefestigt hatte und die Beziehungen zwischen den Supermächten besser geworden waren, konnte sich die Regierung Nixon nun auch vertrauensvoll der Dritten Welt zuwenden. Wir planten eine neue politische Linie gegenüber Lateinamerika und beabsichtigten, auf dieser Basis neue Formen für die Zusammenarbeit zwischen Industrienationen und Entwicklungsländern zu finden.

Ich selbst hatte Anfang 1973 das Gefühl, die Kämpfe der ersten Amtszeit längst hinter mich gebracht zu haben. Die bürokratischen Zwänge und persönlichen Rivalitäten, die ein so unumgänglicher Teil des Lebens in Washington sind, hatten für mich viel von ihrer Bedeutung verloren, denn ich hatte mich entschlossen, Ende des Jahres von meinem Posten zurückzutreten.

Ich glaubte zurücktreten zu dürfen, weil die Vorstellung von einer neuen Periode in der Außenpolitik ohne die Überschattung durch einen Krieg, der die Nation in zwei Lager spaltete, sich mit der Überzeugung verknüpfte, daß der Byzantinismus während Nixons erster Amtszeit aufhören müßte. Die Macht dürfte sich nicht länger in den Händen der Berater des Präsidenten konzentrieren, die ohne Wissen der übrigen Regierungsmitglieder handelten. Mein Freund, der ehrwürdige und kluge David Bruce, erklärte, daß ich es, wenn mir daran gelegen sei, unserem Erfolg Dauer zu verleihen, anderen überlassen sollte, die von mir begonnenen Aufgaben zu Ende zu führen. Sobald wir die amerikanische Außenpolitik auf ein gesundes Fundament gestellt hatten, würde sie in diesem Sinne institutionalisiert werden müssen. Wenn wir ein Erbe hinterlassen wollten, ohne unsere Vorstellungen mit Gewalt durchzusetzen, dann würden wir den ständigen Beamten des Außenministeriums und des Auswärtigen Dienstes größere Verantwortlichkeit übertragen müssen – was, wie Bruce recht deutlich sagte, nicht geschehen konnte, solange ich alle Entscheidungen von meinem Büro im Weißen Haus aus beherrschte.

Wenn es mir auch schwerfiel, so mußte ich ihm doch zustimmen. Es gab natürlich auch noch andere Gründe, die seine Argumente stützten. Als Folge meiner geheimen Reise nach China 1971 hatte ich meine bisherige Anonymität aufgeben müssen und es dadurch Nixons Kritikern ermöglicht, seine Leistungen in den Schatten meiner Erfolge zu stellen. Zwar habe ich diesen Prozeß nicht bewußt gefördert, aber es gab auch keine Beweise dafür, daß ich mich solchen Tendenzen widersetzt hätte. Im Anschluß an diese Zeit hat man im Weißen Haus kaum eine Gelegenheit vorübergehen lassen, mich in die Schranken zu weisen, und zwar während der indisch-pakistanischen Krise, während der Vorbereitungen für das Gipfeltreffen von 1972 in Moskau und während der Schlußphase der Vietnam-Friedensverhandlungen.[2]

Nixon hatte nicht unrecht; als Sicherheitsberater des Präsidenten war ich zu sehr ins Licht der Öffentlichkeit gerückt. Die schwer zu definierenden engen Beziehungen zwischen dem Präsidenten und seinem Berater waren zu stark belastet, so daß ich nicht länger als Nabe des komplexen Systems der politischen Aktivität des Präsidenten hätte fungieren können, der die reguläre Bürokratie umgehen wollte – falls ein solches System noch weitere vier Jahre hätte aufrechterhalten werden können, was ich bezweifle.

Darüber hinaus war der Mitarbeiterstab des Sicherheitsberaters umgegliedert worden, und ich hatte keine Lust, das alte Spiel noch einmal aufzunehmen, in dessen Verlauf neue Mitarbeiter um ihren Einfluß in den verschiedenen Positionen kämpften. Der große Überlebende, Verteidigungsminister Melvin R. Laird, hatte erklärt, daß er rechtzeitig vor den Wahlen 1972 zurücktreten wolle. Er wurde im neuen Jahr von dem sehr verständigen Elliot Richardson abgelöst, mit dem ich gut zusammengearbeitet hatte, als er in den Jahren 1969 bis 1970 Unterstaatssekretär war. Nach seinem Wahlsieg entließ Nixon den Direktor der CIA, Richard Helms, was er schon lange beabsichtigt hatte. Er ernannte Helms zum Botschafter im Iran und bestimmte James R. Schlesinger zu seinem Nachfolger. Nixon hatte ihn als tüchtigen Verwaltungsbeamten im Budgetbüro und während seines energischen Verhaltens bei der Beilegung einer Kontroverse, bei der es um Atomwaffenversuche ging, als Chef der Atomenergiebehörde kennengelernt. Außenminister Rogers war im Verlauf der großen Säuberungsaktion verschont worden, weil er darum gebeten hatte, zu einem von ihm gewählten Zeitpunkt ausscheiden zu dürfen, womit zum Ausdruck kommen sollte, daß er nicht ein Opfer der allgemeinen Kabinettsumbildung geworden war. Nixon entsprach seinem Wunsch, hatte jedoch zunächst die Absicht, ihn im Laufe des Sommers durch seinen neuen Stellvertreter, Kenneth Rush, abzulösen.

Vor ein paar Jahren hatte ich dem damaligen Redenschreiber des Präsidenten, William Safire, auf dem Höhepunkt irgendeines bürokratischen Streits gesagt, daß meine Erfolge nur vorübergehend wären und auf schwachen Füßen stünden. Um meinen Einfluß zu bewahren, mußte ich *jeden* Kampf mit der Bürokratie gewinnen; um meiner Autorität den Boden zu entziehen, brauchte ein Kabinettsmitglied nur *einen* Erfolg zu erzielen. Auf die Dauer ließ sich meine Position unter solchen Voraussetzungen nicht halten.[3] Mir war das während einer ganzen Amtsperiode des Präsidenten gelungen, es hatte aber keinen Sinn, das Schicksal noch einmal angesichts einer neuen, tüchtigen und psychisch unverbrauchten Gruppe von Mitarbeitern herauszufordern.

Aus all diesen Gründen wollte ich 1973 nur noch so lange im Amt bleiben, bis der Friede in Indochina hergestellt war, bis wir im Europa-Jahr in der Zusammenarbeit mit den demokratischen Industrienationen eine neue Initiative ergriffen hatten und das neue Dreieck Moskau-Washington-Peking gefestigt war. Ich hatte mit einigen engen Freunden vorsichtige Vorgespräche geführt und dabei daran gedacht, nach dem Ausscheiden aus meinem politischen Amt in Washington vielleicht einen Forschungsauftrag am All Souls College in Oxford zu übernehmen. Nancy Maginnes hatte sich bereit erklärt, meine Frau zu werden; unsere Heiratspläne mußten jedoch als Folge der jetzt über uns hereinbrechenden Krisen ein paarmal verschoben werden.

Ich weiß natürlich heute nicht, ob ich alle meine Absichten tatsächlich verwirklicht hätte oder ob meine politischen Aufgaben mich so in Anspruch genommen hätten, daß ich nicht hätte ausscheiden können. Ich kann auch nicht nachweisen, ob unsere Vorstellungen und Hoffnungen für die Zukunft sich hätten verwirklichen lassen. Es hat keinen Sinn, über derartige Möglichkeiten zu spekulieren. Alle unsere Berechnungen wurden sehr bald durch die elementare Watergate-Katastrophe über den Haufen geworfen.

Aber am 24. Januar 1973, vier Tage nach Nixons zweiter Amtseinführung, überquerte ich die enge Straße zwischen dem Weißen Haus und dem alten Exekutivgebäude dennoch in gehobener und erleichterter Stimmung, um die dort wartenden Journalisten über die eben zustande gekommene Vietnam-Vereinbarung zu unterrichten. Nachdem ich die Abschnitte dieser Vereinbarung einzeln erläutert hatte, schloß ich meine Ausführungen mit einem von mir tief empfundenen Appell, die nationale Versöhnung herbeizuführen:

> Der Präsident hat gestern gesagt, daß wir wachsam bleiben müssen, und das werden wir tun, wir werden uns aber auch um positive Erfolge bemühen. Und was uns hier zu Hause betrifft, so sollte es jetzt klar sein, daß in diesem Krieg niemand das Monopol auf Besorgnisse und daß in diesen Diskussionen niemand das Monopol auf die richtigen moralischen Einsichten gehabt hat. Und nun, da wir endlich zu einer Vereinbarung gelangt sind, in der die Vereinigten Staaten ihren Verbündeten nicht die politische Zukunft diktieren, einer Vereinbarung, in der die Würde und die Selbstachtung aller Parteien bewahrt werden sollte, während die in Indochina gerissenen Wunden heilen können, dürfen wir damit beginnen, auch die Wunden Amerikas zu heilen.

Ein spanischer Dichter hat einmal geschrieben: »Reisender, es gibt keinen Weg; Wege entstehen durch Schritte.« In jenem flüchtigen Augenblick der Unschuld – der für die Regierung Nixon so wenig charakteristisch war – hatten wir die Überzeugung, daß wir in der zweiten Amtszeit dieses Präsidenten den Weg gehen würden, den uns unsere Hoffnungen wiesen, und daß dieser Weg uns in eine bessere Zukunft führen werde.

II. Ein Besuch in Hanoi

Eine der ersten Aufgaben für 1973 war die Konsolidierung der Friedensvereinbarung für Vietnam, die am 27. Januar in Paris unterzeichnet worden war, wozu ich auf eine der ungewöhnlichsten diplomatischen Reisen meiner politischen Laufbahn ging, zu meinem ersten Besuch in Hanoi. In der Hauptstadt unserer erbitterten Gegner, die den Krieg in Indochina und schmerzliche Umwälzungen in den Vereinigten Staaten verursacht hatten, wollte ich mit den nordvietnamesischen Führern über die strikte Einhaltung der Pariser Vereinbarungen sprechen, die ich mit Le Duc Tho ausgehandelt hatte. Auf dieser Basis wollte ich die Möglichkeiten für positivere Beziehungen zwischen unseren beiden Ländern ausloten.

Die Pariser Vereinbarungen

Die Vereinbarungen zur Beendigung des Krieges und Wiederherstellung des Friedens in Vietnam waren möglich geworden, als Nordvietnam nach zehn Jahren eines erbittert geführten Kampfes und vier Jahren ergebnisloser Verhandlungen akzeptierte, was es bis dahin entschieden abgelehnt hatte: das Fortbestehen der Regierung in Saigon. Die Vereinbarungen bestimmten den sofortigen Waffenstillstand in ganz Vietnam, bei dem alle Truppen in den von ihnen zu diesem Zeitpunkt besetzten Stellungen bleiben sollten. Dazu wurden der Abzug aller noch in Vietnam befindlichen amerikanischen Streitkräfte (das waren etwa siebenundzwanzigtausend Mann) und die Entlassung aller Kriegsgefangenen in Indochina vereinbart. Das Einschleusen von Truppen und Material durch Hanoi nach Südvietnam wurde untersagt. Eine internationale Kontrollbehörde sollte die Einhaltung der Waffenstillstandsbedingungen überwachen und die Versorgung der in ihren Stellungen verbleibenden Streitkräfte mit Ersatzmaterial auf dem Wege über vorher festgelegte Grenzübergänge regulieren. Eine weitere Bestimmung legte erneut den 17. Breitengrad als provisorische militärische Demarkationslinie zwischen Nord- und Südvietnam fest, untersagte alle militärischen Bewegungen über diese Linie hinweg und ließ einen zivilen Verkehr nur zu, soweit sich die vietnamesischen Parteien darüber einigten. Außerdem erklärte sich Hanoi bereit, seine Streitkräfte aus Laos und Kambodscha abzuziehen und das Territorium dieser Länder nicht als Basis für militärische Aktionen gegen Südvietnam zu benutzen. Eine endgültige politische Regelung für Südvietnam wurde künftigen Verhandlungen zwischen den vietnamesischen Parteien vorbehalten.

Die Vereinigten Staaten hatten sich entschieden darum bemüht, den Krieg in Laos und Kambodscha ebenso zu beenden wie in Vietnam. Nordvietnam hatte sich einer solchen Lösung ebenso entschieden widersetzt, und zwar unter dem Vorwand, daß dies Sache der Völker von Laos und Kambodscha sei. Diese Besorgnis um die Souveränität der Nachbarn Nordvietnams hätte Eindruck gemacht, wenn sie nicht so neu gewesen wäre; augenscheinlich galt sie nur dem Abzug der Streitkräfte Hanois, nicht aber ihrer Invasion, denn Zehntausende nordvietnamesischer Soldaten hatten seit zwanzig Jahren systematisch den Frieden und die Souveränität von Laos und Kambodscha verletzt und befanden sich noch immer dort.

Am Schluß erklärte Le Duc Tho sich bereit, einen Waffenstillstand in Laos herbeizuführen. Nach »Konsultationen« mit den kommunistischen Streitkräften in Laos (den Pathet Lao, die in Wirklichkeit Hanoi unterstanden), verpflichtete Le Duc Tho sich im Oktober 1972 dazu, daß die Regierung Hanois dreißig Tage nach Inkrafttreten des Waffenstillstands in Vietnam auch in Laos einen Waffenstillstand herbeiführen werde. Anfang Januar verkürzte Le Duc Tho diesen Zeitraum auf fünfzehn Tage.

Was nun Kambodscha betraf, so weigerte er sich kategorisch, bestimmte Zusagen zu machen. Er begründete seine Haltung – wie sich herausstellte, zu Recht – mit der Behauptung, daß Hanoi bei seinen kommunistischen Verbündeten in Kambodscha, den Roten Khmer, zu wenig Einfluß habe. Bei unseren von September 1972 bis einschließlich Januar 1973 geführten Gesprächen versicherte mir Le Duc Tho immer wieder, daß es, wenn der Krieg in Vietnam beendet sei, »keinen Grund« dafür gäbe, den Krieg in Kambodscha fortzuführen.[1] Aber Hanoi wollte sich nicht offiziell festlegen, sondern gab nur zu verstehen, daß es »nach Beendigung des Vietnam-Krieges aktiv zur Wiederherstellung des Friedens in Kambodscha beitragen« werde. Nachdem wir unsere Verhandlungspartner monatelang vergeblich bedrängt hatten, gelangte Nixon schließlich zu der Überzeugung, daß sich mehr nur durch eine Fortführung des Krieges in Vietnam erreichen ließe. Doch offensichtlich hätten wir in den Vereinigten Staaten keine Unterstützung für eine Politik gefunden, die es uns erlaubt hätte, nur wegen Kambodscha eine im übrigen akzeptable Vereinbarung über Vietnam weiter hinauszuschieben. In diesem Fall hätte der Kongreß uns mit Sicherheit alle für Kambodscha *und* Vietnam benötigten Geldmittel gestrichen. Außerdem waren die kambodschanischen Kommunisten nach Auffassung unserer

Botschaft in Phnom Penh sowie unserer Militärexperten nicht in der Lage, sich ohne die militärische Unterstützung der Nordvietnamesen länger zu halten, die ihnen jedoch nach den Bestimmungen der Pariser Vereinbarungen untersagt war.

Darüber hinaus bemühten wir uns darum, unsere Position durch zwei weitere Schritte zu festigen. Erstens überredeten wir den kambodschanischen Präsidenten, Lon Nol (wenigstens zum fünften Mal innerhalb von drei Jahren), zum Waffenstillstand in Kambodscha aufzurufen und den einseitigen Verzicht auf alle offensiven militärischen Operationen zu erklären. Zweitens überreichte ich Le Duc Tho vor der Abzeichnung der Pariser Vereinbarungen eine Erklärung, die besagte,

> wenn angesichts der bevorstehenden Regelung für Kambodscha dort offensive militärische Operationen unternommen würden, welche die gegenwärtige Lage gefährdeten, dann widersprächen solche Operationen dem Geist des Artikels 20 (b) der Vereinbarungen und den Voraussetzungen, auf welche sich die Vereinbarungen gründeten.

Mit anderen Worten: Wenn die Roten Khmer die Ausrufung des Waffenstillstandes durch Lon Nol nicht beachteten, würden die Vereinigten Staaten die kambodschanische Regierung auch weiterhin militärisch unterstützen. Le Duc Tho gab mir zu verstehen, daß er den Sinn begriffen hatte.

Die Pariser Vereinbarungen mit all ihren Widersprüchlichkeiten spiegelten die Kräfteverhältnisse in Vietnam nach dem heftigen Ringen des Jahres 1972 wider. Wie bei allen Friedensregelungen kam es hier darauf an, dieses Gleichgewicht der Kräfte zu bewahren. Wir machten uns keine Illusionen darüber, daß Hanoi auf längere Sicht die Absicht hatte, sich ganz Indochina zu unterwerfen. Während der Schlußphase der Verhandlungen im November und Dezember 1972 habe ich Nixon diese meine Auffassung wiederholt vorgetragen.[2] Aber ich war auch überzeugt davon, daß unsere Bevölkerung einer Verlängerung des Krieges, um noch militärisch Entscheidendes bewirken zu können, nicht zustimmen würde. Im August 1972 hatte mir der Präsident von Südvietnam, Nguyen Van Thieu, gesagt, daß Nordvietnam, wenn der Krieg weiterginge, im Dezember 1973 schwächer sein werde als im März 1972 – eine nur geringfügige Verbesserung unserer Lage. Und alle unsere politischen Experten waren überzeugt, daß der neu gewählte Kongreß vom Januar 1973 an die finanziellen Mittel für den Krieg streichen werde, was zunächst den Antrag der Regierung auf zusätzliche Mittel zur Finanzierung der Kosten betreffen würde, welche die Abwehr der von Hanois Frühjahrsoffensive im Jahr 1972 verursachte.

Wir konnten also vor dem endgültigen Zusammenbruch nicht einmal mit einer Atempause rechnen. Deshalb hofften wir auf eine annehmbare Lösung. Die Unterhändler auf unserer Seite waren sich des Umstandes schmerzlich bewußt, daß die Vereinbarungen große Risiken in sich bargen. Es war uns aber doch gelungen, viel günstigere Bedingungen auszuhandeln, als die meisten für möglich gehalten hätten. 1972 waren unsere Kritiker zu dem Schluß gekommen, daß Hanoi sich auf keinen Fall mit weniger zufriedengeben werde als dem Sturz unseres Verbündeten, der Regierung Thieu in Saigon. Das hatten wir vermeiden können. Ein nichtkommunistisches Südvietnam hatte jetzt zumindest eine Überlebenschance. Wir glaubten, daß die Vereinbarungen die richtige Mischung aus für Hanoi günstigen und ungünstigen Vertragsbedingungen enthielten, um das unsichere Gleichgewicht der Kräfte in Indochina aufrechterhalten zu können. Diese Chance war mit Sicherheit größer, wenn es zu einer Vereinbarung kam, als wenn wir angesichts der zunehmenden Ablehnung in den Vereinigten Staaten und der zu erwartenden Beschneidung unserer Geldmittel durch den Kongreß einen Krieg weiterführten, über dessen Ausgang nichts sich mit Sicherheit sagen ließ.

Im achten Kapitel werde ich die Frage behandeln, ob es realistisch gewesen ist, zu erwarten, daß wir die richtige Mischung aus günstigen und ungünstigen Vertragsbedingungen für Hanoi zusammenstellen könnten. Wir glaubten, daß es so sei, und hatten auch gute Gründe für solche Erwartungen. Zunächst genügt der Hinweis auf unsere Absicht, mit den Pariser Vereinbarungen ein politsch wirksames Instrument in Kraft zu setzen. Das war auch meine Haltung, als ich am 7. Februar 1973 aus Washington abreiste, um eine elf Tage dauernde Reise nach Asien zu unternehmen, die mich in die Hauptstadt unseres bisherigen Feindes, Nordvietnam, in die Hauptstädte der befreundeten Länder Thailand und Laos und zu einem neuen Freund, der Volksrepublik China, führen sollte.

Während meiner Vorbereitungen für die Reise nach Hanoi waren meine Gefühle allerdings nicht von den freudigen Erwartungen getragen, die meine Geheimreise nach China begleitet hatten, denn damals durfte ich nach geduldiger Vorarbeit mit einem Durchbruch rechnen. Jetzt fehlte auch der dramatische Aspekt der Verhandlung mit einer Großmacht, den ich während meiner ersten Reise nach Moskau empfunden hatte. Schließlich durfte ich auch nicht damit rechnen, in Hanoi so freundschaftlich empfangen zu werden wie bei meinen zahlreichen Besuchen in europäischen Hauptstädten, oder auf das Verständnis zu stoßen, das mir bei meinen Konsultationen in Tokio trotz aller höflichen Förmlichkeiten von den Japanern entgegengebracht worden war – denn sie wußten, daß wir gemeinsame Ziele verfolgten. Während der vergangenen vier Jahre hatte ich mich so gründlich wie irgend möglich über die Nordvietnamesen informiert und versucht, mir ein zutreffendes Bild von ihrem Charakter zu machen. Sie erschienen zugleich egozentrisch und aggressiv, unerhört tapfer und unglaublich hochmütig. Welches ist die Mischung von Eigenschaften, die ein Volk befähigten, über seine Nachbarn zu herrschen, die etwa die gleichen Eigenschaften haben und über die gleichen Voraussetzungen verfügen? Wodurch hatte Rom seine Vorrangstellung unter den italienischen Stadtstaaten errungen, was hatte Preußen die Vorherrschaft in Deutschland oder Großbritannien den Vorrang in Europa verschafft? Ohne Zweifel haben hier zahlreiche physische Faktoren eine Rolle gespielt. Aber materielle Elemente brauchen den Anstoß durch immaterielle Kräfte, durch Selbstvertrauen und Hingabe. Über solche Fähigkeiten verfügte Hanoi in reichem Maße – zu unserem Unglück.

Die Vietnamesen hatten jahrhundertelang unter chinesischer Herrschaft gelebt, ohne ihre kulturelle Identität zu verlieren – eine geradezu unerhörte Leistung. Sie hatten die französische Besetzung überdauert und waren während dieser ganzen Zeit überzeugt gewesen, daß es ihre Aufgabe sei, das Erbe des französischen Imperiums in Indochina anzutreten. Es fehlte ihnen die Humanität ihrer laotischen Nachbarn, sie verfügten nicht über die Anmut und den Charme der Kambodschaner; sie wollten die Vorherrschaft nicht durch anziehende Eigenschaften gewinnen, sondern durch unbeugsame Entschlossenheit. So waren sie in erster Linie auf sich selbst bezogen, nahmen auf physische Schwierigkeiten keine Rücksicht und rechneten nicht mit Wahrscheinlichkeiten, die im Normalfall beachtet werden müssen, wenn Machtkämpfe ausgetragen werden. Und weil zu jeder Zeit mehr Vietnamesen bereit waren, für ihr Land zu sterben, als wir bei unseren Freunden voraussetzen konnten, wurde ihr Nationalismus zur Geißel für jeden, den sie angriffen, auch für ihre Nachbarn.

Unbesiegbares Selbstvertrauen und Verachtung alles Fremden waren bei den Vietnamesen mehr als eine Leidenschaft. Dieser Hochmut ermöglichte es ihnen, andere Völker – sogar die wenigen, die sie unterstützten – mit kühler Überlegenheit zu manipulieren. Weil sie es so wollten, wurde ihre Hauptstadt während eines Zeitraums von mehr als zehn Jahren Mittelpunkt internationaler Besorgnis. Was wir für unverschämte Unaufrichtigkeit hielten, war für sie die ihrem Verständnis entsprechende Definition der Wahrheit; was den politischen Zielen Hanois diente, war für sie eine historische Notwendigkeit. Wie ein Chirurg mit dem Skalpell sezierte Hanoi die Psyche der Amerikaner und suchte nach schwachen Stellen. Dabei legte es den Finger auf unser nationales Schuldgefühl, unser Bestreben, endgültige Antworten zu finden, unseren Idealismus und beurteilte mit der gleichen kühlen Distanziertheit die Wertvorstellungen seiner Sympathisanten, die es ebenso zu täuschen suchte wie seine Feinde. Unser Unglück war es gewesen, an diese politischen Führer und ihre Zwangsvorstellungen zu geraten.

Unser indonesischer Alptraum würde vorübergehen; die Nachbarn Hanois waren jedoch in einer weniger glücklichen Lage. Die Nähe Nordvietnams verurteilte sie dazu, dem permanenten Schrecken ausgesetzt zu sein. Wir konnten angesichts des bevorstehenden Kriegsendes aufatmen, sie aber wußten, daß es mit ihrer Freiheit zu Ende sein würde, wenn wir den Frieden mit dem Abzug unserer Truppen besiegelten. Während man sich in Washington freudigen Erwartungen hingab, wurde die Unruhe derer, die sich auf uns verlassen hatten, immer größer, je näher unsere Mission den Grenzen jenes unversöhnlichen Landes kamen, das seine Aggressionen unter der Maske des Opfers durchführte.

Ein Besuch in Bangkok

In dem großen Bogen, der sich vom Mittelmeerraum über den Nahen Osten zur Küste des Indischen Ozeans, durch den indischen Subkontinent und über ganz Südostasien erstreckt, ist es nur Thailand gelungen, im neunzehnten Jahrhundert nicht als Kolonie besetzt zu werden, und zwar, weil es verstand, die konkurrierenden Kolonialmächte vorsichtig und unmerklich zu manipulieren. Die geographische Lage des Landes zwischen den kolonialen Interessensphären Frankreichs und Großbritanniens machte es allerdings zu einem natürlichen Pufferstaat zwischen den europäischen Kolonialreichen. Doch eine solche Lage hatte in den meisten Fällen dazu geführt, daß ein solches Gebiet aufgeteilt wurde, nicht aber zu dessen Unabhängigkeit.

Und doch lassen sich solche Möglichkeiten niemals automatisch realisieren. Thailand war unabhängig geblieben, weil seine politischen Führer die geographische Lage des Landes geschickt ausnutzten, um angesichts der Rivalitäten zwischen physisch stärkeren Staaten die relative eigene Selbständigkeit zu gewinnen; weil es eine kulturelle Identität besaß, die gegenüber allen Subversionsversuchen der Nachbarländer relativ immun war, und vor allem, weil es in seiner Politik die Elastizität eines Bambusschößlings, aber auch dessen Härte zeigte.

Im Zweiten Weltkrieg hat Thailand sich auf die Seite von Japan gestellt, als Japan durch seine Eroberungen die Vormachtstellung in Südostasien errang; als die Niederlage Japans unabwendbar geworden war, wechselte Thailand auf die Seite der Alliierten über. Es vollzog diesen Frontwechsel mit solcher Selbstverständlichkeit und Eleganz, daß man darin nicht Verrat, sondern den natürlichen Entschluß eines selbstbewußten Nationalismus sehen mußte. Thailand hatte augenscheinlich einen unerschöpflichen Vorrat an politischen Führern, die dazu befähigt waren, ihrer Politik diejenige Nuance zu verleihen, die sie unter den gegebenen Umständen brauchten. Wenn sich die Lage änderte, trat der jeweilige Führer von der politischen Bühne ab (aber ohne dabei seine Ehre zu verlieren). In jeder Situation fand sich die richtige Persönlichkeit, und sie alle haben es als ihre Aufgabe angesehen, die Unabhängigkeit Thailands zu bewahren. Mein Freund Lee Kuan Yew, der hochintelligente Premierminister von Singapur, wiederholte oft, daß wir achtgeben müßten, wenn die mit uns befreundete Führung in Thailand abgelöst würde, denn dann müßten wir trotz aller offiziellen Dementis mit einem grundsätzlichen Wandel der thailändischen Politik rechnen.

Doch während Thailand in seinem Verhalten gegenüber entfernten Mächten flexibel bleiben konnte, war sein Spielraum für Manöver gegenüber Angreifern an der eigenen Grenze geringer. Die thailändischen Politiker sind niemals von der Überzeugung abgewichen, daß es notwendig sei, sich der Eroberung Indochinas durch Hanoi zu widersetzen, denn darin läge für das Überleben Thailands eine tödliche Bedrohung. Fanatische Sympathisanten Nordvietnams in fernen Ländern mochten glauben, daß die herrschenden Politiker in Hanoi die unschuldigen Opfer einer ausländischen Aggression seien und sich gegenüber ihren Nachbarn friedlich verhalten würden, sobald der Vietnam-Konflikt beigelegt war. Die Führung in Thailand hatte diese Illusionen nicht; ihr Land hatte nicht deswegen überlebt, weil es sich von Wunschdenken hatte leiten lassen. Sie war sich darüber klar, daß ein Sieg Hanois über Südvietnam automatisch zur kommunistischen Vorherrschaft in Kambodscha und Laos führen würde. Dadurch mußte sich der Druck auf Thailand, besonders auf die Nordost-Provinz, verstärken, die Thailand erst im vergangenen Jahrhundert hinzugewonnen hatte und wo die kulturellen Beziehungen zu Laos noch eng waren. Thailand wollte sich nicht allein der Stärke, Disziplin und Entschlossenheit Nordvietnams entgegenstellen. Es hatte sich zwar niemals unnötigen Risiken ausgesetzt, erlaubte es jedoch 1962 dem amerikanischen Präsidenten John F. Kennedy, einen Verband Marine-Infanterie als Gegengewicht gegen den nordvietnamesischen Druck auf Laos ins Land zu schicken. Thailändische Soldaten haben Schulter an Schulter mit uns in Vietnam gekämpft. Von 1966 an hat Thailand uns für den Vietnam-Krieg Luftbasen zur Verfügung gestellt. Es schickte Freiwillige (und gelegentlich sogar reguläre Streitkräfte) zur Unterstützung der neutralistischen Regierung nach Laos, sobald die Nordvietnamesen und der Pathet Lao dem Mekong zu nahe kamen, der die Grenze zwischen Laos und Thailand bildete.

Die politischen Führer Bangkoks haben – gemäß der thailändischen Tradition, nach der man sich auf ein fernes, aber starkes Land stützt, um einer nahe gelegenen Gefahr zu begegnen – so verhalten, weil sie sich nicht vorstellen konnten, daß die Vereinigten Staaten sich einen verlorenen Krieg leisten könnten. Unsere zunehmend schärfer werdenden innenpolitischen Auseinandersetzungen um eine für sie deutlich erkennbare Bedrohung verwirrte sie. Zunächst taten sie diese Entwicklungen als das unerklärliche Manöver unvernünftiger Ausländer ab. Aber als die Pentagon-Papiere der ganzen Welt ihre sorgfältig abgewogene Teilnahme am Krieg in Indochina offenbarten, entwickelten die vorsichtigen Politiker in Bangkok ernste Zweifel, die auch ihr Verhalten unmerklich beeinflußten.

Man kann nicht behaupten, daß die Führung Thailands die Pariser Vereinbarungen begeistert begrüßt hat. Die Thailänder konnten nicht ganz verstehen, weshalb eine Großmacht auf einen Kompromiß mit einem kleinen Tyrannen eingegangen war, der schließlich nur regionale Bedeutung hatte. Sie setzten sich für alles ein, was die weitere Unabhängigkeit Südvietnams und die Neutralität von Laos und Kambodscha an der thailändischen Grenze zu garantieren schien. Aber sie kannten die Nordvietnamesen aus Erfahrung zu gut und standen der Lernfähigkeit des Menschen zu skeptisch gegenüber, um eine zeitweilige und, wie man hoffte, möglichst lange andauernde Schwäche Hanois mit einem Sinneswandel zu verwechseln. Die Thailänder waren davon überzeugt, daß Hanoi über kurz oder lang wieder nach der Hegemonie streben werde, und wollten es daher von den Grenzen ihres Königreichs ablenken. Für sie hing alles davon ab, ob die Vereinigten Staaten zur Aufrechterhaltung des Gleichgewichts der Kräfte in Indochina beitragen würden, dessen Störung unsere Interventionen ausgelöst hatten.

So überraschte es mich nicht, als ich in Bangkok auf ernste Bedenken stieß. Premierminister Feldmarschall Thanom Kittikachorn verstand es, seine berechnende Intelligenz im besten Thai-Stil hinter einem sanften und gewichtigen Äußeren zu verbergen. Damit gewann er Zeit zum Überlegen und für die Abwehr unüberlegter und zu hoher Forderungen, mit denen er bei den Amerikanern rechnen zu müssen glaubte. Er verließ sich ganz auf die Vereinigten Staaten. Als der Kongreß im Juni 1973 alle weiteren amerikanischen militärischen Operationen in und um Indochina durch ein Gesetz verbot, versteckte sich Thanom hinter einer jener anonymen Maßnahmen, durch welche die Thailänder signalisieren, daß sie sich einer neuen Lage angepaßt haben.

Als ich am 9. Februar 1973 mit Thanom zusammentraf, verhielt er sich nicht so, als sei der Ausgang vorherbestimmt. Er verfolgte immer noch die Strategie des vergangenen Jahrzehnts und wollte vor allem zwei Fragen beantwortet wissen: Wie würden wir auf eine Verletzung der Vereinbarungen durch die Nordvietnamesen reagieren? Und wie starke militärische Verbände würden wir in Südostasien, besonders in Thailand, lassen, um zur Aufrechterhaltung des Gleichgewichts der Kräfte in diesem Gebiet beizutragen? Ich erklärte, daß wir die Bestrebungen Hanois ganz kaltblütig beurteilten und massive Verletzungen der Vereinbarungen durch Nordvietnam keinesfalls hinnehmen würden. Andererseits hoffte ich, bei meinem Besuch in Hanoi die Bereitschaft der Nordvietnamesen zur friedlichen Zusammenarbeit fördern zu können.

Was nun die militärische Präsenz der Vereinigten Staaten in Südostasien betraf, so war ich mir in dieser Frage nicht ganz sicher, weil sehr viel von der innenpolitischen Situation in den Vereinigten Staaten abhing. Deshalb versuchte ich, die Antwort zu verschleiern. Ich sagte, daß nach Abschluß des Waffenstillstands und entsprechend unserer innenpolitischen Situation einige Verbände abgezogen würden. Wir würden jedoch starke Kräfte in diesem Gebiet zurücklassen, denn sonst müßte Hanoi eine Aufforderung zum Angriff erkennen. Es gibt, glaube ich, für solche allgemein gehaltenen Aussagen keine Alternative, wenn man vor theoretischen Schwierigkeiten steht, die sich nur in der Praxis lösen lassen. Und zum Entsetzen der Völker Südostasiens waren die thailändischen Befürchtungen besser begründet als meine Versicherungen, durch die ich sie zu beruhigen versuchte.

Das Dilemma in Kambodscha

Es besteht kein Zweifel daran, daß Kambodscha das verlassene Waisenkind des Friedensschlusses in Vietnam gewesen ist. Die im Hinblick auf dieses Land getroffenen Vereinbarungen waren die am wenigsten bindenden, und die kambodschanischen Kommunisten waren die fanatischsten und unversöhnlichsten. Die nichtkommunistischen Kambodschaner haben, obwohl sie allgemein als passiv und friedfertig gelten, von allen indochinesischen Völkern vielleicht am heldenhaftesten gekämpft und dabei am wenigsten Hilfe von außen erhalten.

1973 hoffte ich immer noch, daß wir den Krieg beenden könnten, ohne unsere Verbündeten im Stich zu lassen, und war entschlossen, noch einmal zu versuchen, einen Waffenstillstand für Kambodscha auszuhandeln. Zur Vorbereitung meiner Gespräche in Hanoi und Peking traf ich mich in Bangkok mit unserem Botschafter in Kambodscha, Emory C. (Coby) Swank. Mein Besuch in Phnom Penh war nicht vorgesehen, denn hier sollte Vizepräsident Spiro T. Agnew ebenso Station machen wie in Saigon. Das Prestige des Vizepräsidenten sollte die südvietnamesische Regierung und den Präsidenten Thieu geneigter machen, die Pariser Vereinbarungen zu unterzeichnen. Angesichts des unversöhnlichen Hasses, mit dem Thieu mich verfolgte, hätte ich in Saigon ohnedies nichts bewirken können. Andererseits konnte ich nicht die beiden anderen Hauptstädte Indochinas besuchen und Saigon auslassen. So mußte ich auf die Reise nach Phnom Penh verzichten und in Bangkok über die Zukunft Kambodschas sprechen – was offenbar ein böses Vorzeichen war.

Botschafter Swank war im Hinblick auf Indochina alles andere als ein Falke, befolgte mit Überzeugung und allen ihm zur Verfügung stehenden Mitteln die vom Kongreß verfügten Einschränkungen und war dabei nicht frustriert wie ich, als ich zusehen mußte, wie an dieses mutige Volk der Würgegriff angelegt wurde. Wir hatten unsere Meinungsverschiedenheiten, wie dies unter vernünftigen und ernst zu nehmenden-Persönlichkeiten normal ist, aber ich achtete seine Fachkenntnisse, seine Ehrlichkeit und seine Tüchtigkeit. Swank glaubte zwar nicht an eine militärische Lösung, täuschte sich aber auch nicht über den Charakter unserer Feinde. Er war überzeugt, daß die Roten Khmer den totalen Sieg erringen wollten, und zwar ohne Rücksicht auf die Pariser Vereinbarungen oder den von Lon Nol einseitig erklärten Waffenstillstand. Und darin wurden sie von Hanoi unterstützt. Eine zweiundvierzigtausend Mann starke nordvietnamesische Armee befand sich nach seinen Angaben noch in Kambodscha – eine eindeutige Verletzung des Artikels 20 der Pariser Vereinbarungen.[3] Die überwältigende Mehrheit dieser Truppen (fünfunddreißigtausend Mann) waren im Rahmen des Versorgungssystems von Hanoi für Südvietnam eingesetzt, und dieser Truppeneinsatz wiederum verletzte die Bestimmungen, die sich gegen die Aufrechterhaltung von Truppenbasen und die Infiltration in den indochinesischen Ländern richtete. Die Hälfte der im Lande stehenden siebentausend Mann starken Kampftruppen unterstützten und versorgten die Roten Khmer.[4] Im Gegensatz dazu befand sich in Kambodscha militärisches und ziviles amerikanisches Hilfspersonal in Stärke von weniger als zweihundert Mann, und dieses Personal mußte sehr scharfe, vom Kongreß erlassene einschränkende Bestimmungen beachten (Einzelheiten darüber im achten Kapitel). Es gab keinerlei Anzeichen für einen nordvietnamesischen Truppenabzug; vielleicht war es noch zu früh, aber wenn sich die Lage nicht änderte, dann stellte dies die schwerste Verletzung der Vereinbarungen durch Hanoi dar.

Was nun den ehemaligen neutralistischen kambodschanischen Führer, Prinz Norodom Sihanouk, betraf, der in Peking im Exil lebte, so glaubte Swank, daß er jede Bedeutung verloren und keine Gefolgschaft mehr in Phnom Penh habe und daß sowohl die Kommunisten als auch die führenden Politiker in der Regierung ihm mißtrauten. Swank drückte die Hoffnung aus, daß man ihm erlauben werde, Lon Nol zu sagen, weder ich noch einer meiner Mitarbeiter würden während meines bevorstehenden Besuches in Peking etwas mit Sihanouk zu tun haben.

Wie wir sehen werden, nahm Swank damit eine etwas härtere Haltung gegenüber Sihanouk ein als ich, was angesichts der Umstände, unter denen Swank in Phnom Penh agieren mußte, und unter der Berücksichtigung der Leidenschaften, von denen die politischen Gruppierungen in Kambodscha ergriffen waren, verständlich war. Swank sagte mir, daß Lon Nol bereit sei, mit jedem außer Sihanouk zu verhandeln; mit Hanoi, mit den Roten Khmer oder mit Peking. Die Haltung Sihanouks gegenüber Lon Nol war die gleiche. Beide waren eventuell bereit, abzutreten, wenn sie nur den verhaßten Gegner mit in den Abgrund ziehen konnten.

Die gewaltigen Ruinen von Angkor Wat im Nordwesten Kambodschas haben den Historikern lange Zeit Rätsel aufgegeben. Was war mit der großartigen Zivilisation ihrer Schöpfer geschehen? Weshalb ist sie spurlos untergegangen, nachdem sie eine Zeitlang die Kulturen in allen Nachbarländern in den Schatten gestellt hatte? Niemand hat bisher eine überzeugende Erklärung dafür gefunden. Ich überlegte mir, ob es möglich sei, daß die Kambodschaner gelegentlich von einem selbstmörderischen Wahnsinn befallen werden. Sihanouk und Lon Nol hatten während ihres ganzen Lebens harmonisch zusammengearbeitet und kämpften jetzt für ihre gegenseitige Vernichtung, anstatt sich um einen Kompromiß in den im Grunde recht trivialen Meinungsverschiedenheiten zu bemühen. Es fiel ihnen leichter, ihr Land den traditionellen Feinden Kambodschas auszuliefern oder einer Gruppe wilder Fanatiker im eigenen Lande, die sie beide fürchteten und verachteten. Lon Nol war praktisch der Chef einer Regierung Sihanouk ohne den Prinzen. Vor der Absetzung Sihanouks war Lon Nol sein Premierminister und sein Verteidigungsminister gewesen. Als solcher hatte er sich der Korruption schuldig gemacht und von den nordvietnamesischen Versorgungswegen zu deren Bereitstellungsräumen profitiert. Sihanouk wiederum hatte uns aufgefordert, diese Bereitstellungsräume zu bombardieren, und die Führer der Roten Khmer in Abwesenheit zum Tode verurteilt. Aber 1973 hofierten diese beiden kambodschanischen Aristokraten die Roten Khmer, die sie haßten, und die Nordvietnamesen, die sie zu beherrschen suchten. Es ist wahrscheinlich nur selten vorgekommen, daß eine persönliche Feindschaft vernünftige Überlegungen in so verhängnisvoller Weise unmöglich gemacht hat. Beide Führer hätten ihren Konflikt überleben, eine würdige Rolle spielen und ihrem Volk einen Holocaust ersparen können, wenn sie ihren persönlichen Zwist und ihren Hochmut den dringenden Bedürfnissen der Nation untergeordnet hätten. Weil sie dazu nicht in der Lage waren, haben sie sich selbst und Kambodscha zum Untergang verurteilt.

Dieser blinde Haß stellte auch 1973 das Haupthindernis dar, das sich unseren Verhandlungen mit Sihanouk entgegenstellte. Im vergangenen November hatte ich dem stellvertretenden chinesischen Außenminister Tschiao Kuan-hua gesagt, daß wir mit den Chinesen zusammenarbeiten wollten, um den Krieg in Kambodscha so zu beenden, daß Sihanouk dabei eine wichtige Rolle spielen konnte.[5] Aber falls Sihanouk seinen traditionellen Balanceakt zwischen den verschiedenen Bewerbern um die Macht in Kambodscha fortsetzte, wollte ich auch noch einige Bewerber übrigbehalten. Solange Sihanouk selbst der nominelle Führer der einen Gruppe, der Roten Khmer, blieb, die unbedingt den totalen Sieg erringen wollte, verurteilte er sich zur Bedeutungslosigkeit, wenn der Krieg weiterging, oder zur totalen Unterwerfung, wenn die Roten Khmer ihn gewannen. Zwar verlangten wir nicht, daß Lon Nol im Amt blieb, aber es lag im eigenen Interesse Sihanouks, daß die von Lon Nol repräsentierten nichtkommunistischen Kräfte in irgendeiner Form überlebten. Allenfalls würde Sihanouk zu einem Strohmann werden, auf den man verzichten konnte und dessen einziger Nutzen darin bestand, die Rechtmäßigkeit einer von den Kommunisten beherrschten Regierung in Kambodscha zu bestätigen. Wenn er diese Aufgabe erledigt hatte, würde man ihn mit Sicherheit fallenlassen (und das ist dann auch wirklich geschehen).

Auch im Hinblick auf die Nützlichkeit militärischer Operationen mit dem Ziel, zu einem Waffenstillstand zu gelangen, den wir beide für unbedingt notwendig hielten, hatten Swank und ich geringe Meinungsverschiedenheiten. Swank glaubte, ein Waffenstillstand ließe sich eher erreichen, wenn der militärische Druck der Vereinigten Staaten so gering wie möglich gehalten würde. Ich war bereit, diese Hypothese zu prüfen, aber wenn sie sich als falsch erwies, dann wollte ich unbedingt militärischen Druck ausüben. Die Erfahrung hatte mich gelehrt, daß wir bei einer Konfrontation mit den indochinesischen Kommunisten nur dann aus der Sackgasse herauskommen würden, wenn für sie die Alternative noch unangenehmer war. Doch bis jetzt war dies nur ein theoretisches Argument. Lon Nol hatte eben erst die einseitige Feuereinstellung erklärt. Die Roten Khmer hatten den Waffenstillstand abgelehnt, aber sowohl Swank als auch ich hofften immer noch, dies wäre nicht ihr letztes Wort. Wir waren so optimistisch, zu glauben, daß noch nicht alle Möglichkeiten einer Lösung für Kambodscha erschöpft seien.

Ebenso wie Lon Nol gab Swank Verhandlungen durch Hanoi den Vorzug. Ich hatte meine Zweifel und hielt Peking für den besser geeigneten Vermittler. Für die nächste Zukunft mochte die Methode Lon Nols die besseren Aussichten haben, aber strategisch würde sich so weniger erreichen lassen. Hanoi wollte Kambodscha zum Satelliten Nordvietnams machen. Die Nordvietnamesen wollten Kambodscha beherrschen, die Versorgungswege im Süden öffnen und Südvietnam dadurch demoralisieren, indem sie den Eindruck erweckten, daß die Vorherrschaft Nordvietnams in Indochina auf die Dauer unvermeidbar sei. China andererseits war vor allem an einem unabhängigen Kambodscha interessiert. Peking wollte Phnom Penh nicht als Satelliten Hanois sehen. Es gab unabhängigen Staaten in Südostasien den Vorzug, nicht einer Region, die von Nordvietnam beherrscht wurde, dem von Moskau abhängigen historischen Gegner Chinas. Das entsprach auch unseren Interessen. Außerdem war diese Konstellation entscheidend wichtig für das Überleben Südvietnams. Ich wollte deshalb über Peking verhandeln (und das beinhaltete auch eine politische Rolle für Sihanouk, der seine Basis in Peking eingerichtet hatte). Es war jedoch nicht notwendig, sofort eine Entscheidung zu fällen. Während meiner bevorstehenden Gespräche in Hanoi und Peking würde ich feststellen können, was möglich war.

Ein Besuch in Vientiane

Schon seit Jahren hatte ich die aus Vientiane kommenden Berichte über die dortigen Kämpfe gelesen, und, wie es so oft geschieht, hatte sich in meiner Vorstellung eine Beziehung zwischen der Bedeutung der Ereignisse und der Größe des Ortes gebildet; der Begriff »Vientiane« weckte Bilder von einer lebendigen Metropole im Belagerungszustand. In Wirklichkeit ist Vientiane eine stille, staubige, heiße Provinzstadt, die von sanften, friedlichen Menschen bewohnt wird. Der Lebensrhythmus ist gelassen, die Atmosphäre versöhnlich; Laos hat keinen sehnlicheren Wunsch, als alleingelassen zu werden. Doch gerade diesen Wunsch wollte ihm sein unbarmherziger nordvietnamesischer Nachbar nicht erfüllen.

Die Hauptstadt von Laos, Vientiane, liegt an den Ufern des Mekong-Flusses, der die Grenze zu Thailand bildet. Es kommt nur selten vor, daß eine Hauptstadt am äußersten Rand des Territoriums eines Landes liegt und die Stadtgrenze auch die Grenze zu einem anderen Land bildet. Man gewann den Eindruck, als ob die Laoten aus Furcht vor ihren nordvietnamesischen Nachbarn so weit wie möglich vor deren bedrohlichem Schatten ausgewichen seien und die unmittelbare Anlehnung an Thailand eine Garantie für das Überleben von Laos sei.

Seit Ende der fünfziger Jahre war Laos das Opfer seiner geographischen Lage gewesen. Die entmilitarisierte Zone (DMZ) am 17. Breitengrad in Vietnam verhinderte die massive direkte Infiltration Nordvietnams nach Südvietnam ohne flagrante Verletzung der Genfer Vereinbarungen von 1954. Nach der gewundenen Logik der Nordvietnamesen war die Umgehung der entmilitarisierten Zone durch das Territorium eines anderen Landes augenscheinlich legitimer, obwohl die Neutralität von Laos in den gleichen Vereinbarungen feierlich garantiert worden war. Nun hatte man durch den Dschungel in der Südhälfte von Laos den Ho-Tschi-Minh-Pfad geschlagen, der in Wirklichkeit aus einem ganzen Netz von Verkehrswegen bestand. Ebenso wie in Kambodscha eignete sich Hanoi hier ganz einfach das Territorium eines Nachbarn an und vertrieb die örtliche Bevölkerung. Und ebenso wie in Kambodscha wurden die Amerikaner, die Laos bei der Bewahrung seiner Unabhängigkeit helfen wollten, beschuldigt, einen Krieg, der durch eine unrechtmäßige nordvietnamesische Besetzung dorthin getragen worden war, auf ein friedliches Land »auszudehnen«. Doch den Nordvietnamesen genügte die Besetzung der südlichen Hälfte von Laos noch nicht: 1961 bewaffneten sie eine kommunistische Gruppe, die Pathet Lao in der Nordostecke des Landes, und marschierten selbst mit einer sechstausend Mann starken Kampftruppe ein.

Während Hanoi sich unaufhörlich um die Vorherrschaft bemühte, blieb die Politik Amerikas ambivalent. In den fünfziger Jahren unterstützten die Vereinigten Staaten entsprechend der damals herrschenden antikommunistischen Stimmung eine prowestliche Regierung in Vientiane, die angeblich das ganze Territorium kontrollierte. Währenddessen erprobte Hanoi seine im Laufe der Zeit zum Stereotyp werdende Taktik und drängte Laos zur Bildung einer Koalitionsregierung unter dem Neutralisten Prinz Souvanna Phouma – der in Wirklichkeit ein überzeugter Nationalist war. Die Kennedy-Regierung akzeptierte diese Formel, obwohl es dadurch notwendig wurde, Marine-Infanterie nach Thailand zu schicken, um 1962 eine Besetzung von ganz Laos durch Hanoi zu verhindern. Hanoi behandelte diese Vereinbarungen mit charakteristischem Zynismus und stellte damit den Weltrekord in der Nichtbeachtung schriftlicher Vereinbarungen auf.

Auf der Genfer Konferenz von 1962 erhielt Laos den neutralistischen Premierminister und die neutralistische Regierung, die Hanoi für dieses Land gefordert hatte; alle ausländischen Truppen sollten über internationale Kontrollpunkte abgezogen werden. Doch weder diese Bestimmungen noch die Tatsache, daß sogar die Sowjetunion und die Volksrepublik China Souvanna Phouma anerkannten, konnten Hanoi davon abhalten, sich die beiden Nordostprovinzen zu nehmen und die Kontrolle dieses Gebiets seinen kommunistischen Handlangern, dem Pathet Lao, zu überlassen. Das Gebiet, durch das der Ho-Tschi-Minh-Pfad führte, blieb jedoch von nordvietnamesischen Streitkräften besetzt. Was nun den Abzug ausländischer Truppen betraf, so verließen alle sechshundert amerikanischen Berater das Land auf dem Wege über die internationalen Kontrollpunkte. Von den sechstausend Nordvietnamesen ließen sich genau vierzig (ja, vierzig) repatriieren. Das ist höchstwahrscheinlich die routinemäßige Austauschquote gewesen, oder es handelte sich um Offiziere, die einen Erholungsurlaub in Hanoi brauchten. Die Nordvietnamesen unternahmen nicht einmal den Versuch, so zu tun, als hielten sie sich an die Genfer Vereinbarungen, während sie vor der ganzen Welt lautstark über die Sünden der amerikanischen Intervention lamentierten. Mit jedem Jahr erhöhte sich die Zahl der auf laotischem Boden stationierten Nordvietnamesen. 1973 standen sechzigtausend nordvietnamesische Soldaten in Laos, die das gesamte an Vietnam grenzende Gebiet besetzt hielten.

Es überrascht daher nicht, daß Premierminister Souvanna Phouma und seine Kollegen, die uns am 9. Februar begrüßten, die Pariser Vereinbarungen dank böser Vorahnungen mit gedämpften Hoffnungen betrachteten. Seit der Unterzeichnung der Pariser Vereinbarungen waren kaum zwei Wochen vergangen, aber schon war spürbar, daß man sich ihrer Einhaltung nicht sicher sein konnte.

Die Nordvietnamesen verachteten bürgerliche Vorstellungen von Legalität so sehr, daß sie es nicht einmal für notwendig hielten, zu heucheln und offiziell anzuerkennen, daß eine von ihnen unterschriebene Vereinbarung gewisse Verpflichtungen beinhaltete. Le Duc Tho hatte mir in Paris eine schriftliche Erklärung übergeben, nach der fünfzehn Tage nach Unterzeichnung der offiziellen Vereinbarungen ein Waffenstillstand in Laos beginnen sollte. Diese Frist war verstrichen, aber nichts deutete darauf hin, daß die Zusage erfüllt werden sollte. Ganz unerwartet hatte Hanoi den Waffenstillstand vom Abschluß einer *politischen* Vereinbarung abhängig gemacht, ohne dafür auch nur die geringste legale Rechtfertigung zu haben, und im klaren Widerspruch zu Le Duc Thos schriftlicher Erklärung. Dann leistete sich Hanoi einen weiteren für die Nordvietnamesen so typischen Zynismus. Es behandelte Souvanna Phouma jetzt nicht mehr als Führer der neutralistischen Partei, sondern entdeckte plötzlich eine neue »neutralistische« Gruppe, von der sogar seine engsten Freunde bis dahin nichts gehört hatten. Die Handlanger der Nordvietnamesen erklärten außerdem kategorisch, sie würden kein Dokument unterzeichnen, das die amerikanische Intervention nicht verurteilte. Auf diese Weise bestätigten sie die entstellende Interpretation Hanois, daß der Konflikt mit Inkrafttreten des legalen Instruments beendet sei und die Vereinigten Staaten deshalb nicht mehr das Recht hätten, die Einhaltung der Vereinbarungen mit militärischen Mitteln zu erzwingen.

Souvanna Phouma war entschlossen, solche Bedingungen nicht zu akzeptieren. Er hatte hartnäckig für die Unabhängigkeit des Landes gekämpft. In seiner verzweifelten Lage war er zwar bereit, sich von den Vereinigten Staaten und Thailand helfen zu lassen, aber sein dringendster Wunsch war es, daß Laos kein Zankapfel der internationalen Politik mehr wäre. Liebenswürdig und ungewöhnlich höflich verkörperte er die Tugenden eines Volkes, das seinen Beitrag zur Geschichte der Menschheit mehr durch die Grazie seiner Lebensart als durch kriegerische Qualitäten geleistet hatte. Auch hätte Laos eine Konfrontation mit einem Gegner niemals bestehen können, der an Köpfen siebenmal so zahlreich war. Täglich den militärischen und politischen Erpressungen Hanois ausgesetzt, bildete das Land keine Ausnahme von der Regel, daß keine Nation, die es unmittelbar mit Hanoi zu tun hatte, sich Illusionen machte wie so viele in unserer Friedensbewegung, die Nordvietnam für eine friedliche nationalistische Macht und das Opfer eines sinnlosen und willkürlichen amerikanischen Drucks ansahen.

Souvanna war bereit, seinen riskanten und komplizierten Balanceakt fortzusetzen und weiter an Friedensverhandlungen teilzunehmen. Er wollte auch das Risiko eingehen, über neue Bedingungen zu verhandeln. Darüber hat er sich niemals beschwert oder beklagt. Von uns erwartete er nur, daß wir das Gewicht des amerikanischen Einflusses nicht von der Waagschale nahmen.

Am Abend des 9. Februar gab er ein Essen für die amerikanischen Gäste in seiner einfachen Villa am Stadtrand von Vientiane. Sie sah aus wie die Residenz eines französischen Staatsbeamten, ohne den Luxus, den man in einem Präsidentenpalais erwartet. Gegen Ende der Mahlzeit erhob sich Souvanna und brachte einen beredten und bewegenden Trinkspruch aus, eine Zusammenfassung der Hoffnungen und Befürchtungen aller Indochinesen, die in Ruhe gelassen werden wollten und von uns Unterstützung erwarteten:

> Dr. Kissinger und meine Freunde, wir heißen Sie zu dieser kritischen Zeit in unserer Geschichte in Laos willkommen. Das Überleben von Laos hängt von Ihnen ab. Aber Sie haben breite Schultern. Wir sind

überzeugt: Sie werden unseren Nachbarn verständlich machen, daß wir nur den Frieden wollen. Wir sind ein sehr kleines Land; wir stellen für niemanden eine Gefahr dar. Wir verlassen uns darauf, daß Sie ihnen begreiflich machen, daß das laotische Volk nach seiner Tradition und nach seiner Religion ein friedliches Volk ist. Wir wollen nur unsere Souveränität und Unabhängigkeit bewahren. Wir fordern unsere Nachbarn auf, uns auf diesem Fleckchen Erde, das uns von unserem altehrwürdigen Königreich übriggeblieben ist, in Frieden leben zu lassen. In unserem alten Königreich lebten siebzehn Millionen Menschen; heute sind es nur noch drei Millionen.

Wenn die Nordvietnamesen unter Druck gehalten werden, werden sie verstehen, daß eine Verletzung der Vereinbarungen ein Risiko für sie bedeutet, und werden vielleicht die Vereinbarungen respektieren. Laos muß in Frieden leben. Die Vereinigten Staaten können nicht wünschen, daß seine Bemühungen mit der Vorherrschaft Nordvietnams in Indochina enden. Das war das Bestreben Ho Tschi Minhs, der als Beherrscher von Indochina an die Stelle der Franzosen treten wollte . . .

Wir müssen daher darauf vertrauen, daß unsere großen Freunde, die Amerikaner, uns helfen, zu überleben. Wir hoffen und träumen, daß dieser Wunsch in Erfüllung geht.

Wie rührend die Erwartung, daß ein Land, von Vientiane so weit entfernt, wie es auf diesem Globus nur möglich ist, dem nächsten Nachbarn von Laos dessen friedliche Absichten verständlich machen könnte, denn angesichts der Haltung dieses Nachbarn würde dessen Aggressivität sich nur noch steigern, wenn wir auf die Dauer die Freiheit eines so weit entfernten Volkes zu verteidigen beabsichtigten.

Vielleicht lag es daran, daß die Rede von Souvanna mir deutlicher zeigte, als es in einer offiziellen Verhandlung zum Ausdruck kommen konnte, auf wie schwachen Füßen diese Hoffnungen standen und welcher Art unsere Verantwortlichkeiten waren, daß ich mit meiner Antwort an die Würde meines Gastgebers nicht heranreichen konnte. Meine Worte waren vielleicht zu sehr auf uns selbst bezogen, als könnten pedantische Versicherungen eine geradezu geistige Bedrängnis erleichtern – wenngleich ich mich durchaus mit dem Thema beschäftigte, das meine laotischen Gastgeber am meisten interessierte:

Eure Hoheit, diese bewegenden Worte, die Sie gesprochen haben, finden meine volle Zustimmung. Sie haben mir eine schwere Verantwortung auferlegt. Ich habe die Ehre gehabt, vier Jahre in meiner gegenwärtigen Stellung zu dienen, und große Schwierigkeiten liegen hinter uns. Wir haben diese lange Reise nicht unternommen, um am Beginn einer neuen Amtsperiode unsere Freunde zu verraten – nach einem Wahlkampf, in dem es gerade um die Frage ging, ob die Vereinigten Staaten auch weiterhin zu ihrer Überzeugung stehen würden.

Am folgenden Morgen vor dem Abflug nach Hanoi verlangte ich in einer öffentlichen Ansprache die strikte Einhaltung der Pariser Vereinbarungen und einen baldigen Waffenstillstand in Laos.

Jetzt, da ich dies schreibe, befindet sich Laos unter kommunistischer Herrschaft. Mehr als vierzigtausend vietnamesische Soldaten halten das Land besetzt. Souvanna steht unter Hausarrest. Zwischen zehntausend und dreißigtausend politische Gefangene werden zur »Umerziehung« in Arbeitslagern festgehalten. Der Stamm der Hmong (Meo), dessen Angehörige mit unserer Hilfe gegen die Nordvietnamesen gekämpft hatten, wird systematisch ausgerottet, in einigen Fällen sogar mit Giftgas. Hunderttausende Laoten sind, von Angst und Schrecken gepeinigt, nach Thailand geflohen.

Alles, was seit 1973 geschehen ist, hat mich in der Überzeugung bestärkt, daß die Vereinigten Staaten bei dem Versuch, die Unabhängigkeit kleiner Länder in Südostasien zu bewahren, nichts Unedles getan haben. Amerika hat keine Ursache, sich des Widerstandes gegen die Unterdrücker der Schwachen zu schämen, auch wenn wir uns schließlich Ziele gesetzt hatten, die wir nicht erreichen konnten. Aber noch heute kann ich mich nicht an die wehmütigen Worte Souvannas erinnern, ohne ein Gefühl der Scham zu empfinden, weil Amerika seine Hoffnungen auf unsere wirksame Unterstützung gegen einen unersättlichen Feind nicht erfüllen konnte.

Ein gespenstischer Besuch in Hanoi

Als ich am 10. Februar in Hanoi landete, hatte ich das Gefühl, meinen Fuß auf den Mond zu setzen. Während sich der Krieg im Laufe eines Jahrzehnts vom Kreuzzug in einen nationalen Alptraum verwandelte, hatten die kühlen Drahtzieher in Hanoi das amerikanische Zögern und unsere Zweifel an uns selbst für ihre Zwecke ausgenutzt. Pilgerfahrten amerikanischer Kriegsgegner in dieses Mekka der revolutionären Rechtschaffenheit wurden zur Routine. Nordvietnam war es gelungen, sich als unschuldiges, friedliebendes Land darzustellen, das von brutalen, fremden Mächten bedrängt wurde. Seine Unterhändler in Paris hinterließen mit ihren Erklärungen den Eindruck, amerikanische Regierungen seien am Frieden nicht interessiert und würden daher große Möglichkeiten versäumen. Hanoi hatte begriffen, daß ein wichtiges Schlachtfeld im Bewußtsein der Amerikaner lag, und nutzten die sich ihnen hier bietenden Gelegenheiten geschickt aus. Man kann den Fanatikern, die sich in ihrer Jugend dem Kommunismus zugewendet hatten, eine gewisse Achtung nicht versagen. Sie hatten heldenhaft für ihre Überzeugung gelitten, hatten entschlossen, hingebungsvoll und tapfer zuerst gegen die Japaner, dann gegen die Franzosen und schließlich gegen die Amerikaner gekämpft und alle diese Gegner auf dem Schlachtfeld und durch eine geschickte psychologische Kriegführung erschöpft.

Wir hatten diese Fanatiker schließlich zu einem schwachen Kompromiß gezwungen, aber es gehörte mehr Gutgläubigkeit dazu, als ich aufbringen konnte, sich davon überzeugen zu lassen, daß sie sich an ihre Zusagen halten würden. Der Zweck meiner Reise nach Hanoi im Februar 1973 war es, alle Tendenzen zu fördern, die für einen friedlichen Wiederaufbau sprachen und die Fortführung des Krieges sinnlos erscheinen ließen, den Frieden zu stabilisieren, soweit dies mit dem guten Willen der Vereinigten Staaten geschehen konnte, und vor den ernsten Konsequenzen für den Fall zu warnen, daß diese Hoffnungen enttäuscht würden.

Die Boeing 707 der Luftflotte des Präsidenten landete auf dem etwa achtzig Kilometer nördlich von Hanoi gelegenen militärischen Flughafen Noi Bai. Es war ein grauer, nebliger Morgen. Das Gelände um den Flughafen war eben und unbewohnt. Überall sah man die Bombenkrater von den Angriffen unserer B-52, durch welche fast alle Gebäude und Startbahnen zerstört worden waren, wenngleich die Landebahn so weit wieder hergestellt war, daß unsere Maschine auf dem noch unebenen Boden ausrollen und halten konnte.

Le Duc Tho begrüßte mich fast herzlich. Dieser störrische, durch nichts von seinen Überzeugungen abzubringende Revolutionär und ich hatten im Verlauf der sich über fast vier Jahre hinziehenden Geheimverhandlungen in Paris eine eigenartige Beziehung zueinander entwickelt. Auf einer Ebene hat er mich zweifellos als den Vertreter einer »imperialistischen« Macht gehaßt, die Nordvietnam um sein vermeintliches Geburtsrecht betrügen wollte – um die Vorherrschaft in ganz Indochina. Als echter Leninist verachtete er die bürgerlichen Vorstellungen vom Wert des Kompromisses, die ich vertrat. Zeitweilig hatte ich mich schwarz darüber geärgert, wie er unsere öffentliche Meinung zu manipulieren und unsere Selbstachtung zu erschüttern versuchte; die Unverfrorenheit seiner Täuschungsmanöver innerhalb und außerhalb des Konferenzzimmers war manchmal empörend. Zugleich mußte ich aber Le Duc Thos Feinsinnigkeit, Scharfsinn und eiserne Selbstdisziplin bewundern. In all den Jahren, in denen er mit mir verhandelt hat, hat er nie seine Haltung verloren und niemals einen Fehler gemacht. Er ist auch immer höflich geblieben – bis auf eine Ausnahme; im Mai 1972, als es den Anschein hatte, daß der Sieg Nordvietnams kurz bevorstand, ließ er sich zu einer Unverschämtheit hinreißen.[6] Drei Jahre lang hatte er jeden Fortschritt bei den Verhandlungen blockiert. Als die Niederlagen Hanois im Jahre 1972 ihn zum Einlenken zwangen, handelte er flexibel und ohne zu zögern.

Was Le Duc Tho wirklich von mir hält, werde ich erst erfahren, wenn Hanoi ein Gesetz erlassen hat, das die freie Meinungsäußerung garantiert. Jedenfalls hat er es gegen Ende der Verhandlungen für richtig gehalten, sich nach außen hin umgänglich und höflich zu zeigen. Auf dem Militärflughafen begrüßte er mich mit freundlichem Lächeln, fast als handelte es sich um ein Treffen von Kriegsveteranen aus einem längst beendeten Krieg. Er nahm mich bei der Hand und führte mich in eine schäbige kleine Baracke mit zerbrochenen Fenstern neben der Landebahn. Bei einer Tasse Tee führten wir ein unverbindliches Gespräch. Dann bestiegen wir ein sowjetisches Transportflugzeug vom Typ An-24 und flogen in fünfundzwanzig Minuten zu dem internationalen Flughafen Gia Lam bei Hanoi, der mir aus den militärischen Lageberichten der vergangenen Jahre durchaus bekannt war. (Die B-707 konnte in Gia nicht landen, weil die Startbahnen dort nicht lang genug sind.)

Die Anlagen dort waren schwer beschädigt. Unsere Bomber vom Typ B-52 hatten die Hauptlandebahnen schwer getroffen. Es stand nur noch die vordere Fassade des Kontrollturms; durch die Fensterhöhlen konnte man den Himmel sehen. Hier wurden wir von einigen Beamten in Empfang genommen und fuhren in einem aus sowjetischen Wolga-Limousinen bestehenden Konvoi in die Stadt. Es waren die einzigen Kraftfahrzeuge, die ich während meines Besuchs zu Gesicht bekam.

Beide Flughäfen lagen nördlich des Roten Flusses. Hanoi lag auf seiner Südseite und sah aus wie eine verschlafene französische Provinzstadt. Die beiden Flußufer waren nur durch Pontonbrücken miteinander verbunden. Die Stahlkonstruktion der berühmten Paul-Doumer-Brücke über den Roten Fluß, die in den Kriegsberichten so oft als Beweis dafür erwähnt worden war, daß unsere Luftangriffe wirkungslos wären, war schließlich während der Bombenangriffe zu Weihnachten zerstört worden.

Das Gelände nördlich des Flusses war mit Bombenkratern übersät und sah aus wie eine Mondlandschaft. Als wir jedoch in die Stadt Hanoi kamen, machte alles einen durchaus friedlichen Eindruck. Man konnte sofort erkennen (und dieser Eindruck wurde einige Wochen später von überraschten Journalisten bestätigt)[7], daß die Stadt selbst von unseren Bombenangriffen praktisch verschont geblieben war, und zwar im Gegensatz zu den Behauptungen der Gegenseite, nach denen unsere Bombenangriffe zu Weihnachten ein barbarischer Terrorakt gewesen waren. An den Straßen, die wir entlangfuhren, war das einzige beschädigte Gebäude das Haus des französischen Generaldelegierten, das einige Monate vorher während der Pariser Verhandlungen zufällig getroffen worden war – womit wir uns weder bei unseren Gesprächspartnern noch bei unseren französischen Gastgebern beliebt gemacht hatten. Wir vermißten hier aber auch das geschäftige Leben, das wir aus Saigon gewohnt waren. Ein Besucher von einem anderen Planeten wäre nie auf den Gedanken gekommen, daß beide Städte von Menschen des gleichen Volkes bewohnt waren. Auch hätte er nicht beurteilen können, aus welcher Hauptstadt die Invasionsarmeen gekommen waren, die jeden Nachbarn in Schrecken versetzt und die Aufmerksamkeit der ganzen Welt auf sich gezogen hatten – was beweist, daß Vertrauen und Disziplin und nicht nur materielle Stärke entscheidende Vorteile bieten.

Die im südfranzösischen Stil erbauten Häuser in Hanoi befanden sich in einem trostlosen Zustand. Man konnte deutlich sehen, daß nach der Erlangung der Unabhängigkeit vor fast zwanzig Jahren keine städtebaulichen Maßnahmen mehr ergriffen worden waren. Auf den breiten, von Bäumen gesäumten Straßen wimmelte es von Radfahrern. Hin und wieder sah man einen in der Sowjetunion gebauten Lastwagen, aber keine Privatautos. Die Straßen waren fast menschenleer. Die Behörden hatten es den im Laufe der vergangenen Jahre evakuierten Bewohnern noch nicht erlaubt, zurückzukehren. Die Menschen machten einen ernsten, ruhigen, distanzierten und uninteressierten Eindruck. Wie widersinnig kann sich Heroismus darstellen! Was diese bescheiden aussehenden Männer und Frauen auch veranlaßt haben mag, zu kämpfen und ihre Leiden mit solcher Geduld zu ertragen, man konnte es nicht in ihren Gesichtern lesen. Sie schienen sich kaum für unseren Kraftwagenkonvoi zu interessieren, wenngleich seine Länge ihnen gesagt haben muß, daß hier ein wichtiges Ereignis stattfand.

Auf der Fahrt durch Hanoi war auch unsere Stimmung durch einen seltsamen Gleichmut gekennzeichnet. Mein Besuch war das Ende einer langen Reise, er hatte jedoch keinen sofort erkennbaren Zweck. Seit der Zeit, zu der unsere Verhandlungen in die entscheidende Phase getreten waren, hatten Le Duc Tho und das Politbüro großes Interesse für meinen Besuch in ihrer Hauptstadt gezeigt. Der Grund dafür ließ sich nicht leicht erkennen. Es konnte nicht das Verlangen sein, auf die gleiche Stufe mit China gestellt zu werden, das Breschnew veranlaßt hatte, mich in Moskau nach meiner Geheimreise nach Peking zu empfangen. Für eine solche Haltung waren die führenden Politiker in Hanoi zu selbstbewußt. Sie wären niemals in Versuchung geraten, ihre eigene Bedeutung zu unterschätzen. Wollten sie uns jetzt in Sicherheit wiegen, bevor sie eine neue Eroberungswelle in die Wege leiteten? Das war möglich, aber es wäre eine zweischneidige Taktik gewesen. Für die Vereinigten Staaten kam es darauf an, zu demonstrieren, daß wir alles getan hatten, um eine Versöhnung herbeizuführen, bevor wir – wenn es notwendig werden sollte – die Einhaltung der Pariser Vereinbarungen mit anderen Mitteln durchzusetzen suchten. Sollte Hanoi jetzt wirklich bereit sein, das verzweifelte Ringen zu beenden, das ein Menschenleben lang gedauert hatte, um sich nun um die Befriedigung der dringenden Bedürfnisse des vietnamesischen Volkes zu bemühen? Le Duc Tho hatte das behauptet, und wir wollten uns die Richtigkeit dieser Behauptung beweisen lassen.

Unsere Alternativen waren jedenfalls klar definiert. Ich war nach Hanoi gekommen, um unter anderem zu zeigen, daß man in den Vereinigten Staaten an einer Versöhnung interessiert war – was den Nordvietnamesen jedoch gleichgültig war. Wir hofften, die politischen Führer in Hanoi davon überzeugen zu können, daß eine Wiederaufnahme der militärischen Operationen keinen Sinn habe, und wollten die strikte Einhaltung der Pariser Vereinbarungen von ihnen verlangen. Aber im tiefsten Inneren wußte ich und mußte es immer deutlicher erkennen, daß sie sich von Worten nicht beeindrucken ließen. Irgendwann würden wir auf die Probe gestellt werden. Wir würden unsere Entschlossenheit beweisen müssen. Zugleich mußte ich versuchen, angesichts zweier Unwägbarkeiten eine friedliche Entwicklung zu fördern und Anreize dafür zu geben: War Hanoi fähig, eine Neuorientierung seiner Wertmaßstäbe vorzunehmen und wirtschaftlichen Problemen eine höhere Priorität einzuräumen als in seiner ganzen bisherigen Geschichte? Und würde der Kongreß uns in unseren Bemühungen unterstützen?

Ich begriff, oder hatte vielmehr das unbestimmte Gefühl, daß ich, der Vertreter einer Großmacht, in dieser Stadt, in der alle normalen Voraussetzungen für ein modernes Leben fehlten, in seltsamer Weise im Nachteil war. Im Vordergrund des öffentlichen Bewußtseins der Vereinigten Staaten hatte während der vergangenen Jahre Vietnam gestanden, aber auf die Dauer war dieses Land für uns nur ein kleiner Fleck auf der Landkarte und ein entlegenes Gebiet, für dessen Sicherheit wir wenigstens teilweise verantwortlich waren. Andererseits war das epische Schauspiel, das die Führer in Hanoi aufführten, für sie das einzig Wichtige. Sie konnten uns unverhältnismäßig hohen Schaden zufügen, der sich durch keinen Gewinn ausgleichen lassen würde, wenn sie den Krieg wieder aufnahmen oder unseren innenpolitischen Frieden bedrohten. Etwas Positives konnten sie für uns aber nicht tun. Sie waren zu ichbezogen, um Außenpolitik im Rahmen eines internationalen Systems zu begreifen, zu arrogant, um an den guten Willen eines Verhandlungspartners zu glauben, und zu ehrgeizig, um sich bei der Verfolgung ihrer politischen Ziele zugunsten einer besseren Verständigung eine gewisse Zurückhaltung aufzuerlegen. Und so war ich mir auf der Fahrt nach Hanoi in beunruhigender Weise des Umstandes bewußt, daß ich hier im besten Fall Nachteile vermeiden und nur hoffen konnte, Vietnam werde im öffentlichen Bewußtsein des amerikanischen Volkes bald in den Hintergrund treten.

Ich wurde in einem im Stadtzentrum von Hanoi gelegenen eleganten, zweistöckigen Gästehaus untergebracht, der ehemaligen Residenz des französischen Generalgouverneurs von Tonkin. Meine Mitarbeiter bezogen größtenteils das Reunification Hotel, ein schäbiges altes Gebäude auf der anderen Straßenseite, dessen Wände mit Graffiti beschmiert waren, und zwar meist in russischer Sprache – kulturelle Hinterlassenschaft der verschiedensten sowjetischen Hilfsmissionen. Die Bedienung in dieser Unterkunft ging offenbar davon aus, daß alle Ausländer potentielle Spione wären, deren Aufenthalt sich dadurch abkürzen ließ, wenn man jedes Verlangen nach den elementarsten Bequemlichkeiten mißachtete.

Le Duc Tho begleitete mich in mein Zimmer und verabschiedete sich dann höflich, um mein erstes Zusammentreffen mit Premierminister Pham Van Dong vorzubereiten. Da uns bis dahin noch etwas Zeit blieb, beschlossen meine Mitarbeiter und ich, einen Spaziergang zu unternehmen, was dem nordvietnamesischen Protokollbeamten ebenso peinlich war wie den Angehörigen des amerikanischen Geheimdienstes, die uns zu unserem Schutz begleiteten. Doch hier erlebte ich zum ersten Mal, daß die Nordvietnamesen von ihrer sonst üblichen Vorsorge im Stich gelassen wurden. Man hatte nicht an diese Möglichkeit gedacht, und es gab deshalb auch keine entsprechenden Anweisungen. So hinderten uns die am Hoteleingang aufgestellten Wachen auch nicht daran, das Gebäude zu verlassen. Wir schlenderten Straßen entlang, auf denen kaum irgendwelche Kraftfahrzeuge verkehrten und die deshalb einen altmodischen und ruhigen Eindruck machten. Die Menschen, denen wir begegneten, gingen still ihren Beschäftigungen nach. Zwei kleine Seen bildeten das Zentrum von Hanoi. Wir gingen an ihren Ufern entlang und wurden uns dabei bewußt, daß wir die ersten amerikanischen Beamten waren, die sich hier seit zwei Jahrzehnten frei bewegen durften, während wenige hundert Meter von uns entfernt andere Amerikaner als Kriegsgefangene, noch hinter Stacheldraht, ihr grausames Los ertragen mußten.* Die Menschen, denen wir begegneten, be-

* Die Pariser Vereinbarungen vom 27. Januar sahen die schubweise Entlassung aller Kriegsgefangenen parallel zum Abzug der amerikanischen Truppen aus Südvietnam vor, und zwar innerhalb von sechzig Tagen. Die Entlassungen hatten begonnen, würden aber nicht vor dem 27. März beendet sein.

trachteten uns ohne sichtbare Emotionen. Ihre Haltung war weder feindlich noch freundlich. Sie behandelten uns, als seien wir irgendwelche seltsamen Mutationen, die mit ihnen nichts zu tun haben könnten. Vor einem Gebäude war eine riesige Anschlagtafel angebracht, und eine Landkarte darauf zeigte die von den Herrschern in Hanoi so bezeichneten »befreiten Gebiete« im Süden. Die Einzeichnungen begünstigten zwar ein wenig die Nordvietnamesen, waren aber nicht ganz falsch. Ich überlegte mir, wie die Menschen in Nordvietnam darauf reagierten; wenn man an die Opfer dachte, die sie im Laufe von zwanzig Jahren gebracht hatten, dann war der Gewinn nur sehr gering.

Als wir wieder bei meiner Unterkunft eintrafen, bekamen wir die Vorliebe der Nordvietnamesen für strenge bürokratische Regeln zu spüren, und unser Flirt mit dem Unerwarteten rächte sich. Am Eingang wurde jeder aufgefordert, seinen Paß zu zeigen, bevor er hineingelassen wurde. Meine Mitarbeiter hatten keine Schwierigkeiten, denn man hatte ihnen schon am Flughafen Identitätskarten übergeben. Doch zu meinem Unglück besaß ich kein solches Dokument. In einem totalitären kommunistischen Staat werden bürokratische Regeln streng befolgt; in Hanoi ist ein Abweichen von diesen Regeln unvorstellbar und löst Zwangsmaßnahmen aus. Man verweigerte mir den Zutritt. Der nordvietnamesische Posten hatte noch nie etwas von mir gehört. Das wirft vielleicht ein schlechtes Licht auf die Klatschspalten der Zeitungen in Hanoi, aber auch dieser Umstand war kein Trost für mich. Ich verlieh meinem Unwillen mit der für mich so bezeichnenden Bescheidenheit und Zurückhaltung Ausdruck. Ein inzwischen herbeigerufener Offizier zögerte ebenfalls, gegen die Bestimmungen zu verstoßen. Die Verhandlungen mit der Wache dauerten zwanzig Minuten, erst durch Le Duc Thos Einschreiten wurde ich davor bewahrt, die Nacht auf der Straße zu schlafen. Einer meiner Mitarbeiter erwähnte die Angelegenheit später gegenüber einem nordvietnamesischen Protokollbeamten. Dieser entschuldigte sich nervös und erklärte, der Chef einer Delegation erhielte niemals eine Identitätskarte – in Anerkennung seines Sonderstatus! Offenbar hatte es bisher auch noch kein Delegationschef gewagt, einen Spaziergang zu unternehmen. Am Schluß wurde mir doch noch ein Ausweis ausgestellt, den ich wie meinen Augapfel hütete.

Meine Unterbringung war großzügig, aber ein wenig exzentrisch. Die Dimensionen meines Schlafzimmers waren geradezu majestätisch; es wurde durch einen Wald von Beleuchtungskörpern erhellt, die von der Decke hingen. Leider gab es für jede Lampe einen besonderen Schalter, und diese Schalter waren über das ganze Zimmer verteilt. Vor dem Zubettgehen mußte ich sie alle mit wechselndem Erfolg suchen – aber keiner war vom Bett aus erreichbar, zu dem ich schließlich in völliger Dunkelheit zurückkehrte. In das Bett hineinzukommen war auch keine einfache Aufgabe. Allabendlich fand ich es sauber aufgeschlagen vor. Mein Schlafanzug war zurechtgelegt, ein Buch, das ich gerade las (von Henry Fairlie über die Amtszeit Präsident Kennedys), lag auf dem Kopfkissen. Das einzige Hindernis war ein Moskitonetz, das man über das ganze Bett gespannt und so fest unter die Matratze gesteckt hatte, daß ich nicht hineinkommen konnte, ohne die Matratze aufzuheben und das ganze Arrangement durcheinanderzubringen. Die Folge war, daß ich von einem Mückenschwarm in mein Bett verfolgt wurde.

Im Badezimmer lief nur kochend heißes Wasser in die Wanne, es gab aber keinen Stöpsel für das Abflußrohr. Über dem Waschbecken befand sich nur eine Kaltwasserleitung. Meine Gastgeber hatten sich wirklich um meine Bequemlichkeit bemüht, aber Nordvietnam war ein kleines Land mit begrenzten technischen Möglichkeiten und trug die Lasten eines ungeheuer umfangreichen militärischen Apparates. Man durfte auch nicht vergessen, welche Anstrengungen die Vereinigten Staaten unternommen hatten, sein Wirtschaftsgefüge zu zerschlagen. Dennoch litt ich unter einem gewissen Verfolgungswahn und verdächtigte meine Gastgeber des teuflischen Versuchs, an mir ihre psychologische Kriegführung fortzusetzen – besonders da ich jeden Morgen um 5.30 Uhr geweckt wurde, weil die Bürger von Hanoi auf dem Platz vor meinem Schlafzimmerfenster zur obligatorischen Morgengymnastik zusammenkamen.

Ich hatte darum gebeten, daß man mir eine bestimmte Zeit für die Besichtigung von Kulturdenkmälern zur Verfügung stellte, wie ich das immer tat, wenn ich ein Land zum ersten Mal besuchte. Le Duc Tho begleitete mich höflich auf diesen Ausflügen. Auch er fand diese Unternehmungen belehrend, denn er hatte sich bisher noch niemals Zeit dafür genommen und kannte diese Dinge nicht. Zuerst besuchten wir das historische Museum von Hanoi, eine vor allem von den Franzosen zusammengetragene Sammlung historischer Altertümer. Das von den Nordvietnamesen neu geordnete Museum berichtete von alten Schlachten gegen die Chinesen oder gegen kleinere Nachbarn, von großen Wanderzügen und Rebellionen. Jedes Ausstellungsstück war mit einer Tafel gekennzeichnet, auf der der Ausgrabungsort angegeben wurde. Le Duc Tho fand das faszinierend, vor allem, weil die Ausgrabungsstellen ihn an in der Nähe gelegene Gefängnisse erinnerte, wo er als Guerilla-Führer von den Franzosen eingesperrt worden war. Der alte Revolutionär interessierte sich offensichtlich viel mehr für seinen Kampf zur Schaffung einer neuen Kultur als für die Erinnerungen an eine alte. Er gab mir einen detaillierten Bericht über die relativen Vor- und Nachteile der Einzelhaft in verschiedenen Gefängnissen und wenig hilfreiche Ratschläge dazu, wie ich mich am besten als vietnamesischer Bauer verkleiden könnte.

Am folgenden Tag besuchten wir eine Kunstsammlung. Ich muß gestehen, daß sie mich ziemlich enttäuscht hat. Ich gewann den Eindruck, daß dieses talentierte Volk seine Substanz in einer Geschichte unaufhörlicher Kämpfe verbraucht hatte, wobei ihm weder Zeit noch Energie übriggeblieben waren, sich mit den freundlicheren Dingen des Lebens zu beschäftigen.

Pham Van Dong

Als wir uns schließlich ernsteren Gesprächen zuwandten, befanden wir uns sehr bald in der Lage von Überlebenden einer langen Vendetta, die widerwillig zu dem Schluß gekommen sind, daß sie einander nicht vernichten können und sich deshalb um eine erträgliche Koexistenz bemühen müssen, wenn auch ohne Überzeugung oder wirkliche Hoffnung. Wir waren uns beide des Diktats der Klugheit wohl bewußt, aber keine Seite konnte die Erinnerungen an die Vergangenheit abschütteln, und die Vertreter Hanois waren nicht in der Lage, ihre leidenschaftlichen Gefühle zu unterdrücken. Alle Versuche, Freundlichkeit zu zeigen, wirkten gezwungen und erforderten eine solche Anstrengung, daß nur neue Spannungen entstanden; die geringste Meinungsverschiedenheit führte meist dazu, das dahinter stehende Mißtrauen und die grundsätzliche Ablehnung der Gegenseite deutlich werden zu lassen.

Die Mitglieder der nordvietnamesischen Verhandlungsdelegation zeigten sehr bald, daß sie die unverschämte Art nicht aufgegeben hatten, die wir schon seit Jahren nur zähneknirschend hatten ertragen können. Mein Partner bei diesen Gesprächen war Pham Van Dong, seit fast zwanzig Jahren Premierminister der Demokratischen Republik von Vietnam. Aber der Umstand, daß ich es hier mit einer neuen Persönlichkeit zu tun hatte, änderte nichts an dem mir schon vertrauten Stil der überlegenen Herablassung oder der Täuschungsversuche, die sich hinter einer Pseudomoral zu verbergen suchten.

Ich war im Januar 1967 auf Pham Van Dong aufmerksam geworden, als er Harrison Salisbury von der *New York Times* ein brillantes Interview gegeben hatte, in dem er erklärte, weshalb Hanoi davon überzeugt wäre, daß es einen Krieg gegen die stärkste Weltmacht gewinnen könnte. Dong hatte erklärt, die Ungleichheit der militärischen Kräfte sei illusorisch; die Nordvietnamesen seien entschlossen, gegebenenfalls über Generationen weiterzukämpfen; die materielle Überlegenheit Amerikas könnte sich jedoch nur über eine begrenzte Zeitspanne auswirken. Nordvietnam werde ganz einfach länger durchhalten.[8] Pham Van Dong sollte recht behalten – und das hatte er in nicht geringem Maße einer amerikanischen Militärstrategie zu verdanken, die massiv genug war, um unsere internationale Position zu gefährden, aber nicht ausreichte, um eine Entscheidung zu erzwingen.

Der unversöhnliche und hochintelligente Pham Van Dong hatte während der dann folgenden Jahre unser Bewußtsein unterwandert und gelegentlich auch unser Gewissen. Seine in regelmäßigen Abständen wiederkehrenden delphischen Erklärungen hatten in der Öffentlichkeit bestimmte Erwartungen geweckt und die Hoffnungen der Regierung erschüttert. Anfang 1972 hatte er gesagt, alles Reden von einem Kompromiß entspräche der »Logik eines Gangsters«. Als es gegen Ende des Jahres 1972 zu einem Kompromiß kam, interpretierte er ihn in einem Interview mit einem amerikanischen Journalisten in höchst tendenziöser Weise und trug damit zum Abbruch der Verhandlungen bei.[9] Während der letzten Phase der Verhandlungen war es Pham Van Dong, in dessen Namen die wichtigsten Mitteilungen Hanois für Präsident Nixon abgegeben wurden.

Der drahtige, kleine, aufmerksame Pham Van Dong, der mit scharfem Blick auf jedes Täuschungsmanöver gefaßt war, verlangte praktisch, daß die Beweislast für jede Behauptung eines Erzkapitalisten bei diesem läge. Er begrüßte mich auf den Stufen des prächtigen Gebäudes, das man heute als das Haus des Präsidenten bezeichnet. Es war der Sitz der französischen Kolonialverwaltung für ganz Indochina gewesen und festigte in der Vorstellung der sehr aufmerksamen vietnamesischen Untertanen die Überzeugung, daß die Grenzen Indochinas auch in Zukunft mit denen des französischen Kolonialreiches zusammenfallen sollten. Der vietnamesische Expansionismus, der schon vor der französischen Herrschaft für die Nachbarn Vietnams ein Alptraum gewesen war, bekam durch die Kolonialherrschaft einen neuen Anstoß und eine neue Legitimation. Wir betraten eine geräumige Empfangshalle und setzten uns für das erste informelle Gespräch im Halbkreis zusammen – wie in China. Ebenso wie dort ergab sich auch hier die Gelegenheit, mit subtilen Andeutungen die Stimmung der Teilnehmer zu testen.

Das Treffen begann in freundlicher Atmosphäre, als Pham Van Dong und ich unsere ernste Absicht bekundeten, unsere Beziehungen auf eine neue Basis zu stellen, und uns verpflichteten, unermüdlich für die Verwirklichung dieses Ziels zu arbeiten. Aber dann schlug der Premierminister einen schärferen Ton an. Weniger als zwei Wochen nach Unterzeichnung der Pariser Vereinbarungen machte er die finstere Andeutung, daß der Krieg von neuem beginnen könnte. Wenn sich für unsere neuen Beziehungen keine solide Basis errichten ließ, die sich auf unsere beiderseitigen Interessen gründete, dann wären nach seiner Meinung die Pariser Vereinbarungen »nur eine vorübergehende Stabilisierung der Lage, nur eine Atempause«. Aber er qualifizierte diese Erklärung sofort durch die Anfügung, daß Hanoi einer solchen Entwicklung der Lage nicht den Vorzug geben würde. Als überzeugter Leninist stimmte er meiner etwas irrelevanten Antwort freudig zu, wir würden unsere neuen Beziehungen auf der Grundlage der gegebenen Tatsachen beginnen. Pham Van Dong konnte der Versuchung nicht widerstehen, zu dem Thema seines Interviews mit Harrison Salisbury zurückzukehren: »Wir Vietnamesen, die wir in diesem Gebiet leben, werden auf ewige Zeiten hier bleiben. Aber Sie kommen von der anderen Seite des Ozeans. Sollten wir diese Tatsache nicht auch in Rechnung ziehen?« Mit anderen Worten lautete seine Frage: Wann würden wir Südvietnam sich selbst überlassen? In meiner Antwort brachte ich bewußt die Tatsache zum Ausdruck, daß Nordvietnam ein eigenes, souveränes Land sei: »Deshalb sind wir auf lange Sicht – trotz allem, was in dieser Zeit geschehen ist – keine Bedrohung für Ihre Unabhängigkeit.« Aber Pham Van Dong war ebenso wenig wie Le Duc Tho geneigt, seine Position ohne Gegenleistung aufzugeben, auch wenn es sich nur um eine theoretische Frage handelte. Auch konnte er sich nicht einer versteckten Warnung enthalten und sagte, daß die Entschlossenheit Hanois unerschütterlich wäre: »Aber wir sollten darüber noch nachdenken.«

Es dauerte daher nicht lange, bis Pham Van Dong meine schwache Hoffnung zerstörte, er könnte sich als zweiter Tschou Enlai erweisen und gemeinsam mit uns eine alte Feindschaft in eine neue Zusammenarbeit verwandeln. In diesem Sinne war er kein Verhandlungspartner und konnte es auch nicht sein – Vietnam war nicht China. Pham Van Dong war der Vertreter eines Volkes, das als Folge seiner starren Unnachgiebigkeit überlebt hatte; Tschou Enlai war der Führer eines Landes, das seinen Platz in der Geschichte seiner kulturellen Überlegenheit und der majestätischen Großartigkeit seines Verhaltens verdankte. Pham Van Dongs Stärke lag in der Monomanie, mit der er die Bestrebungen seines Landes verfolgte; Tschou war die Verkörperung des chinesischen Geistes in seiner Überzeugung, daß das Verhalten Chinas für die übrige Welt eine große moralische Bedeutung habe. Auch Tschou war ein Revolutionär, aber er war aus dem Stoff, aus dem die großen Menschenführer gemacht sind.

Heute ist klar, daß Pham Van Dong uns in Sicherheit wiegen wollte, um es Nordvietnam zu ermöglichen, die Eroberung Indochinas ohne Behinderung durch die Vereinigten Staaten zu vollenden. Tschou Enlai handelte aus der Überzeugung, daß die Sicherheit Chinas – wenigstens angesichts der unmittelbaren Bedrohung durch die Sowjetunion – davon abhing, daß sich die Vereinigten Staaten entschieden für das globale Gleichgewicht der Kräfte einsetzten. Für Pham Van Dong war die Begegnung mit mir ein taktisches Manöver im größeren Rahmen eines revolutionären Ringens. Er war bereit, die Beziehungen zu Amerika zu verbessern, wenn er damit, wie er in unseren Vorgesprächen schon angedeutet hatte, freie Hand in Indochina bekam; wenn sich das nicht erreichen ließ, sollte der Kampf weitergehen. In keinem Fall jedoch sah Hanoi einen Vorteil in einer Stärkung der Macht und des Selbstvertrauens der Vereinigten Staaten. Tschou Enlais politische Ziele ließen sich strategisch mit den unseren vereinbaren, wenigstens für die voraus-schaubare Zukunft; seine Strategie setzte gemeinsame Interessen voraus, die zu verteidigen sich auch nach unserer Auffassung lohnte. Weit von dem Wunsch entfernt, die internationale Position und die nationale Selbstsicherheit Amerikas zu unterminieren, hat Tschou im Laufe der Zeit in diskreter Weise versucht, beides zu stärken.

Nach dem ersten Schlagabtausch gingen Pham Van Dong und ich mit unseren Mitarbeitern in einen offiziellen Konferenzraum. Das Zimmer war mit schweren Möbelstücken ausgestattet, die Vorhänge waren zugezogen. Hier setzten wir uns gegenüber an einen Tisch, und es kam sofort wieder zu einer Kontroverse. Der nordvietnamesische Premierminister begrüßte mich offiziell mit einer kurzen Ansprache und gab mit höflichen Worten seiner Hoffnung auf gute Ergebnisse Ausdruck. Ich antwortete:

> Wir vertreten selbstverständlich verschiedene Ideologien, und es wäre sinnlos, das nicht zuzugeben, aber wir haben mit unseren Kontakten zu anderen Ländern bewiesen, daß dies kein Hindernis für gute Beziehungen und eine aktive Zusammenarbeit sein muß. Aus historischer Perspektive ist ein starkes und unabhängiges, selbstbewußtes Vietnam mit den nationalen Interessen Amerikas keineswegs unvereinbar. Wir sind zum Teil deshalb in einen Krieg gegeneinander geraten, weil es falsche Vorstellungen auf beiden Seiten gegeben hat. Wir glaubten, dieser Krieg werde von einem Zentralbüro aus geführt, das sich nicht in Indochina befand. Und vielleicht haben Sie gewisse Lehren aus Ihrer Geschichte gezogen, die nicht ganz richtig gewesen sind. Aber unter welchen Voraussetzungen wir auch gehandelt haben, unser Interesse in Indochina liegt in der Aufrechterhaltung der Unabhängigkeit und Souveränität der Länder Indochinas, und das widerspricht nach unserer Überzeugung nicht Ihren Interessen.

Pham Van Dong war alles andere als begeistert von den Grundsätzen, für die einzutreten ich ihn aufgefordert hatte. Die Unabhängigkeit und Souveränität eines der anderen Länder Indochinas war in der Vergangenheit kaum irgendwann das politische Ziel Nordvietnams gewesen. Auch für die Zukunft war das nicht im entferntesten seine Absicht. Außerdem konnte er sich gewiß nicht mit unserer Auffassung einverstanden erklären, daß Südvietnam ein souveränes Land war. Aber er übte in diesen Fragen eine für ihn uncharakteristische Zurückhaltung. Was er nicht unwidersprochen lassen durfte, war meine Behauptung, Nordvietnam könnte Fehler gemacht haben:

> Ich glaube, daß wir darüber, was in jüngster Zeit zwischen uns geschehen ist – und Dr. Kissinger hat es als ein Mißverständnis bezeichnet –, wiederholt unsere Auffassungen zum Ausdruck gebracht haben. Und ich bin überzeugt, daß wir das, was wir getan haben, auch haben tun müssen.

Mit anderen Worten: Nur *wir* hatten uns falsche Vorstellungen gemacht. Aber wie schon zuvor verflüchtigten sich die Wolken wieder sehr schnell. Dong fuhr fort:

> Das ist Vergangenheit, es ist vorüber, und wir sollten daraus für die Gegenwart und die Zukunft unsere Schlüsse ziehen. Und wir sollten uns in diesem Geist, von dem wir draußen gesprochen haben und in dem wir unser Gespräch in diesem Raum fortführen, vom Kriege abwenden und dem Frieden zuwenden . . . von der Konfrontation zur Versöhnung übergehen, wie es in den Vereinbarungen festgelegt ist, und . . . neue Beziehungen anknüpfen, solide Beziehungen auf einer Basis, über die sich die beiden Parteien geeinigt haben und die auf über eine lange Zeit zu erreichende Ziele gerichtet sind, wie sie Dr. Kissinger eben genannt hat. Was uns betrifft, so werden wir unbeirrt in diese Richtung gehen – das heißt, wir werden die in den von uns unterzeichneten Vereinbarungen übernommenen Verpflichtungen erfüllen, wir werden uns an alle Bestimmungen der Vereinbarungen halten.

Leider entsprachen die Aktionen seines Landes nicht Pham Van Dongs beredten Worten. Für uns gab es drei Verhandlungsgegenstände; die Einhaltung der Pariser Vereinbarungen, die Normalisierung der Beziehungen und den wirtschaftlichen Wiederaufbau. Kaum hatten wir uns dem ersten Fragenkomplex zugewendet, als wir schon erkennen mußten, daß Hanoi nicht die Absicht hatte, mit den Pariser Vereinbarungen zum ersten Mal in seiner Geschichte vertraglich übernommene Verpflichtungen einzuhalten.

Der in den Pariser Vereinbarungen festgelegte Waffenstillstand war am 27. Januar um Mitternacht Greenwich-Zeit in Kraft getreten. Doch schon unmittelbar danach trafen Meldungen über Verletzungen dieses Waffenstillstands ein, da beide Seiten versuchten, noch in den letzten Stunden vor seinem Inkrafttreten möglichst große Geländegewinne zu machen; die dabei entstandenen Gefechte dauerten noch Tage an. In dieser ersten Zeit haben sich beide Parteien schuldig gemacht und den Buchstaben und den Geist der Vereinbarungen verletzt. Saigon war damals noch militärisch stärker und begegnete allen feindlichen Angriffen mit entsprechenden Kräften; dabei nahm es mehr Ortschaften in Besitz, als es verlor. Aber von da an zeigte sich Nordvietnam bereit und fähig, die feierlichen Verpflichtungen, die es eben unterzeichnet hatte, in gröbster Weise zu verletzen.

Der internationale Kontrollapparat stieß sofort auf Behinderungen durch die kommunistische Seite. Hanoi weigerte sich, die offiziellen Kontrollpunkte zu bezeichnen, über die allein entsprechend den Vereinbarungen militärische Ausrüstung unter internationaler Aufsicht nach Südvietnam gebracht werden durfte. Augenscheinlich glaubten die Nordvietnamesen, wenn sie sich der internationalen Kontrolle entzogen, müßten sie auch eine andere Bestimmung nicht einhalten, nach der nur die Stückzahl militärischer Ausrüstungsstücke nach Südvietnam gebracht werden durfte, die gegen verbrauchtes Material im Verhältnis 1:1 ausgetauscht wurde. In flagranter Verletzung seiner Verpflichtungen ging die Versorgung der nordvietnamesischen Streitkräfte über den Ho-Tschi-Minh-Pfad, der jetzt nicht mehr von amerikanischen Flugzeugen angegriffen wurde, massiv weiter, und zwar in einem beängstigenden Ausmaß und rascher als während des Krieges.

Was nun die politischen Vereinbarungen betraf, so hatte es Saigon durchaus nicht eilig damit, den in den Vereinbarungen vorgesehenen Nationalen Rat für nationale Versöhnung und Einmütigkeit zu bilden; Hanoi wiederum vereitelte jedes Gespräch über Wahlen – die von diesem Rat überwacht werden sollten –, denn die Nordvietnamesen wußten, daß sie sie verlieren würden. Zwar hat sich keine vietnamesische Partei dadurch ausgezeichnet, daß sie den politischen Verpflichtungen mit besonderem Eifer nachgekommen ist, aber es kann kein Zweifel daran bestehen, daß das illegale Einschleusen von Ausrüstung und Personal durch Hanoi, das unmittelbar nach Eintreten des Waffenstillstandes begann, die Gesamtlage entscheidend beeinflußt hat und allen angeblichen Verletzungen der Pariser Vereinbarungen durch Saigon, die später von den Apologeten Hanois ins Feld geführt worden sind, vorausgegangen ist.

Um unsere Haltung zu untermauern, hatte ich eine Zusammenstellung der von den Nordvietnamesen während der zwei Wochen nach der Unterzeichnung der Pariser Vereinbarungen begangenen Verletzungen mitgebracht. Die Liste ließ keinen Zweifel daran, daß sich Hanoi an *keine* der Bestimmungen gebunden fühlte, die es eben erst unterzeichnet hatte. Wir hatten die unwiderlegbaren Beweise für zweihundert schwerwiegende Vertragsverletzungen auf militärischem Gebiet. Die flagrantesten waren das Einschleusen von einhundertfünfundsiebzig Lastwagen am 6. Februar durch die entmilitarisierte Zone und die Heranführung von zweihundertdreiundzwanzig Panzern nach Südvietnam durch Laos und Kambodscha. Das Durchfahren der entmilitarisierten Zone mit Militärfahrzeugen verletzte den Artikel 15 (a), auf dessen Formulierung wir fast zwei Monate verwendet hatten und der jeden Verkehr mit militärischen Fahrzeugen verbot; der Verkehr mit zivilen Fahrzeugen erforderte die Zustimmung Saigons. Hier war aber auch die ausdrückliche Bestimmung verletzt worden, daß neue militärische Ausrüstungsgegenstände nur als Ersatz für verbrauchte im Verhältnis 1:1 nach Südvietnam gebracht werden durften, und zwar ausschließlich über die vorher festgelegten internationalen Kontrollpunkte (Artikel 7). Das Verlegen von Panzern durch laotisches und kambodschanisches Gebiet verletzte den Artikel 20, nach dem alle ausländischen Truppen aus Laos und Kambodscha abgezogen werden mußten und diese Länder nicht als Basis für Übergriffe gegen andere Länder benutzt werden durften. Als die Panzer Südvietnam erreichten, verletzten sie außerdem Artikel 7 der Vereinbarungen, nach dem das Heranführen neuen Kriegsmaterials untersagt war.

Pham Van Dog und Le Duc Tho ließen sich nicht aus der Ruhe bringen. Mit der Unverfrorenheit, die ich aus den Verhandlungen in Paris so gut kannte, begründeten sie die Verletzungen mit völlig irrelevanten Darstellungen, die sich aber glänzend dazu eigneten, das ganze Problem zu verwirren.

Es gibt eine Geschichte von einem Jura-Professor, der seinen Studenten erklärt, wie ein Verteidiger jede Chance wahrnimmt. Wenn der Mandant beschuldigt wird, einen schwarzen Topf gestohlen zu haben, dann sollte man antworten: »Mein Mandant hat nichts gestohlen. Jedenfalls war es nicht ein Topf, den er gestohlen hat, und der Topf war nicht schwarz.« Le Duc Tho, dem Pham Van Dong die Beantwortung überließ, bediente sich der gleichen Methode. Er sagte, es habe keine Verletzungen gegeben, und die Lastwagen, die über die entmilitarisierte Zone gekommen seien, hätten zivile Güter transportiert. Auch das bedeutete natürlich eine Verletzung der Vereinbarungen, nach denen zivile Transporte der Zustimmung Saigons bedurften. Und die einschränkenden Bestimmungen über die Versorgung der Truppe mit Ersatzteilen im Artikel 7 wären sinnlos gewesen, wenn Hanoi sich der internationalen Kontrolle dadurch entzöge, indem es einfach erklärte, daß es sich bei diesem Material um zivile Güter handelte. Was nun die Panzer betraf, so bestritten Le Duc Tho und Pham Van Dong meine Behauptung halbherzig, versprachen aber, die Angelegenheit zu überprüfen. Dann erklärten sie, vielleicht seien die Panzer zur Zeit der Unterzeichnung der Vereinbarungen schon unterwegs gewesen. Das war natürlich im Hinblick auf das Verbot, sie nach Südvietnam zu bringen, völlig irrelevant. Der stellvertretende Außenminister Nguyen Co Thach, der die technischen Protokolle in Paris mit Botschafter William H. Sullivan ausgehandelt hatte, kam auf die schlaueste Idee. Er meinte, wahrscheinlich hätte man diese Lieferungen so nötig gebraucht, daß auch die Panzer für den Transport von zivilen Gütern für die Bevölkerung eingesetzt worden seien.

Es war erstaunlich, wie sehr sich Hanoi jetzt um das Wohl der in seinem Herrschaftsbereich lebenden knapp zwei Millionen Südvietnamesen sorgte; während des Krieges war davon wenig zu spüren gewesen. Ich hatte das unangenehme Gefühl, daß wir auf die Probe gestellt wurden; wenn wir in der Frage der Truppenversorgung und der Infiltration nicht bald eine Entscheidung erzwangen, dann würde der Krieg weitergehen, sobald Hanoi seine Vorbereitungen dafür abgeschlossen hatte, und wir hätten nichts erreicht als eine kurze Atempause für den Abzug unserer Streitkräfte.

Ebenso enttäuschend verlief unser Gespräch über das Schicksal der amerikanischen Soldaten, die in Gefangenschaft geraten oder vermißt waren. Uns waren wenigstens achtzig Fälle bekannt, in denen amerikanische Soldaten lebend in Gefangenschaft geraten und anschließend verschwunden waren. Unsere Kenntnisse stammten entweder von Funksprüchen dieser Gefangenen, die kurz vor der Gefangennahme aufgenommen worden waren, oder von Fotografien und Namen, welche die Kommunisten selbst veröffentlicht hatten. Doch die Namen dieser Männer standen nicht auf den Kriegsgefangenenlisten, die man uns nach Unterzeichnung der Vereinbarungen übergeben hatte. Warum? Waren sie tot? Wie waren sie gestorben? Waren sie vermißt? Wie hatte das nach der Gefangennahme geschehen können? Ich machte meine Gesprächspartner besonders auf die neunzehn Fälle aufmerksam, in denen die kommunistische Presse Fotos der Gefangenen veröffentlicht hatte. Pham van Dong erklärte, ohne näher auf unsere Fragen einzugehen, daß die uns übergebene Liste vollständig sei; die Erfahrung habe gezeigt, daß es angesichts des schwierigen Geländes in Indochina lange Zeit dauern würde, vielleicht ein Jahr, bis genauere Informationen zur Verfügung stünden. Er sagte allerdings nicht, was das Gelände mit dem Verschwinden der Gefangenen zu tun hätte. Wir haben niemals eine Erklärung dafür bekommen, was mit den Gefangenen geschehen sein könnte, deren Fotos in kommunistischen Zeitungen erschienen waren. Ebenso wurde uns nichts über die Flugzeugbesatzungen mitgeteilt, die nach ihren Funksprüchen sicher in feindlichem Gebiet gelandet waren.

Um uns zu beruhigen, erklärte Le Duc Tho sich bereit, zwanzig Kriegsgefangene zu Ehren meines Besuchs vorzeitig zu entlassen, und gab mir die Gelegenheit, diese Gefangenen aus einer Liste herauszusuchen. Ich hatte keine Unterlagen dafür, um die Auswahl unter denen zu treffen, die schon so lange Zeit die Gefangenschaft hatten ertragen müssen. (Gefangene, die sich am längsten in den Lagern befanden, wurden ohnedies als erste entlassen.) An diese Zusage hat sich Hanoi gehalten; mit der ersten Gruppe wurden zwanzig Kriegsgefangene zusätzlich entlassen.

Am unzugänglichsten waren die Nordvietnamesen in allen Fragen, die Laos und Kambodscha betrafen. Der Artikel 20 der Pariser Vereinbarungen bestimmte ausdrücklich, daß »fremde Länder« alle militärischen Aktivitäten in Laos und Kambodscha einstellen und alle ihre Streitkräfte aus deren Gebiet abziehen sollten.[10] In einer zusätzlichen schriftlichen Vereinbarung waren Le Duc Tho und ich übereingekommen, daß vietnamesische und amerikanische Truppen im Sinne dieses Artikels »ausländische Truppen« waren. Wenn Worte irgend etwas bedeuteten, dann ergab sich daraus der sofortige Abzug der Nordvietnamesen aus Laos und Kambodscha und das Ende der Verwendung laotischen und kambodschanischen Territoriums für Militärbasen, Bereitstellungsräume oder Durchgangsstraßen.

Schon in der Anfangsphase meiner Gespräche mit Pham Van Dong zeigte es sich, daß die Nordvietnamesen entschlossen waren, dem Artikel 20 jede Bedeutung zu nehmen. Nach ihrer Auffassung würde der hier verlangte Abzug, für den in den Vereinbarungen keine Vorbedingungen vorgesehen waren, nicht nur einen Waffenstillstand in Laos und Kambodscha, sondern auch eine politische Lösung in diesen *beiden* Ländern erfordern. Da die politischen Forderungen der Kommunisten praktisch auf eine Machtübernahme durch die Pathet Lao in Laos und einen totalen Sieg der Roten Khmer in Kambodscha hinausliefen, würde der Abzug der nordvietnamesischen Truppen, wenn überhaupt, erst stattfinden, nachdem er irrelevant geworden und die Entscheidung zugunsten der kommunistischen Seite gefallen war. Hanoi schlug daher praktisch Verhandlungen mit sich selbst oder bestenfalls mit seinen kambodschanischen und laotischen Handlangern über die Einhaltung von Vereinbarungen mit uns vor. Eine politische Lösung in Laos oder Kambodscha – über die zu sprechen sich Le Duc Tho in Paris geweigert hatte – konnte unmöglich eine Vorbedingung für die Erfüllung von

Verpflichtungen sein, die damit in keinem Zusammenhang standen und ihrer Bedeutung nach keinesfalls so qualifiziert werden durften.

Diese empörenden Interpretationen durch Hanoi waren für Kambodscha besonders verhängnisvoll. Verhandlungen über einen Waffenstillstand in Laos fanden wenigstens statt, und Hanoi hatte uns zugesagt – was eine solche Zusage auch immer wert war –, sie innerhalb von fünfzehn Tagen zum Abschluß zu bringen. Aber die Roten Khmer in Kambodscha weigerten sich, mit einem Vertreter der nichtkommunistischen Seite zu sprechen. Ihre Reaktion auf die einseitige Waffenstillstandserklärung durch Lon Nol bestand in der Wiederaufnahme einer militärischen Offensive. Wir waren das Risiko eingegangen, ohne offizielle Vereinbarungen für Kambodscha in Vietnam Frieden zu schließen, weil der amerikanische Kongreß wegen Kambodscha allein keinen Aufschub zugelassen hätte und weil unsere Experten in der Auffassung übereinstimmten, daß sich die Roten Khmer ohne fremde Hilfe nicht würden halten können. Wenn sie, wie es die Vereinbarungen erforderten, auf die Unterstützung durch nordvietnamesische Kampftruppen und militärische Ausrüstung verzichten mußten, dann war eine Kompromißlösung wahrscheinlich. Wenn aber die nordvietnamesischen Truppen in Verletzung der Pariser Vereinbarungen in Kambodscha blieben, dann verschob sich das Gleichgewicht der Kräfte zugunsten der Roten Khmer. Darüber hinaus deuteten alle unsere Untersuchungen – die letzte Ende Januar durch den britischen Antiguerilla-Experten Sir Robert Thompson – darauf hin, daß eine Machtübernahme durch die Kommunisten in Kambodscha alle Chancen für ein Überleben Südvietnams vernichten werde, weil hier eine weitere feindliche Front entstünde und ein Seeweg für den Transport militärischen Nachschubs über Sihanoukville geöffnet würde.

Aus den Memoiren Sihanouks haben wir inzwischen erfahren, daß die Roten Khmer, die die Pariser Vereinbarungen als Betrugsmanöver ansahen, die nordvietnamesischen Truppen aufgefordert hatten, Kambodscha zu räumen.[11] Sie blieben also dort in Verletzung des Artikels 20 *und* gegen den Wunsch ihrer Feinde und ihrer eigenen Verbündeten, die sie in den Gesprächen mit uns als Alibi benutzten.

Ich brauche nicht zu sagen, daß meine Antwort an Pham Van Dong scharf war. Das sei alles schön und gut, sagte ich sarkastisch, und es sei besonders interessant, festzustellen, welche Sorgen sich Hanoi um die Souveränität seiner Verbündeten machte. Es sei jedoch bizarr, zu behaupten, Hanoi könnte keine einseitige Entscheidung zum Abzug von Truppen treffen, die es auf eigene Initiative in dieses Land geschickt habe, und zwar obwohl sich Nordvietnam erst vor zwei Wochen dazu verpflichtet hätte. Da Hanoi seine Streitkräfte ohne die Zustimmung der legitimen Regierungen in diese Gebiete geführt habe, könnte es sie jetzt auch auf eigenen Entschluß wieder abziehen.

Man kann nicht behaupten, daß meine Argumente einen tiefen Eindruck hinterlassen hätten. Andererseits hatte uns die Erfahrung gelehrt, daß Hanoi nicht immer bei seiner ursprünglichen Haltung blieb; schließlich hatte es eine ähnliche Haltung gegenüber Südvietnam aufgegeben. Das einzige »Zugeständnis«, zu dem wir unsere Gesprächspartner sofort bewegen konnten, war Le Duc Thos Versprechen, er werde »seinen Einfluß« für einen baldigen Waffenstillstand in Laos einsetzen. Diese Zusage machte er uns jetzt schon zum dritten Mal. Zu dem Waffenstillstand in Laos kam es schließlich am 22. Februar, aber erst nachdem Bombenflugzeuge vom Typ B-52 nordvietnamesische Truppenkonzentrationen in Laos angegriffen hatten. Die Begleitmusik dazu lieferten die empörten Nachrichtenmedien und im amerikanischen Kongreß vorgetragene Proteste, in denen behauptet wurde, wir hätten den Krieg weiter »ausgedehnt«. Aber auch nach dem Waffenstillstand zog Hanoi seine Truppen nicht aus Laos ab.

Die Unnachgiebigkeit der Nordvietnamesen verurteilte Kambodscha zu seinem langen Leidensweg. Pham Van Dong und Le Duc Tho behaupteten, daß Vietnam mit Kambodscha nichts zu tun habe – auch das war eine flagrante Verdrehung der Tatsachen; aus diesem Grund brauchten sie sich auch nicht um den von Lon Nol erklärten De-facto-Waffenstillstand zu kümmern. Lon Nols Angebot, mit Hanoi oder den Roten Khmer zu sprechen, wiesen sie verächtlich zurück und verharrten auf der gleichen Haltung, die sie schon 1970 eingenommen hatten – sie verlangten den Sturz der kambodschanischen Regierung. Wie zu der Zeit, als die Vietnam-Verhandlungen in eine Sackgasse geraten waren, bestanden sie darauf, die politische Struktur in Phnom Penh zu zerschlagen, bevor irgendwelche Gespräche beginnen könnten. Danach wären solche Gespräche allerdings völlig sinnlos gewesen. Hanoi unternahm sogar nicht einmal den Versuch, sich für eine Koalitionsregierung in Kambodscha auszusprechen, sondern verlangte die Machtübernahme durch die Kommunisten. Ganz unvermittelt machte Le Duc Tho den Vorschlag, ich sollte mit Sihanouk sprechen, äußerte sich selbst aber nur sehr unbestimmt über den Status des Prinzen und seinen gegenwärtigen Aufenthaltsort. So gab er mir deutlich zu verstehen, daß die Roten Khmer für die Zukunft von Kambodscha die entscheidende Rolle spielen sollten. Als Fachmann des Politbüros für die anderen Länder in Indochina äußerte Le Duc Tho sich sehr herablassend über Sihanouk. Er machte sich dabei über die Vorliebe des Prinzen für ein luxuriöses Leben lustig und berichtete spöttisch über Sihanouks letzten Besuch in Hanoi. Dann zeigte er uns einen Propagandafilm über eine

Reise Sihanouks durch das von den Kommunisten besetzte Gebiet in Kambodscha und wollte damit unter Beweis stellen, daß Sihanouk von den Roten Khmer nur geduldet würde. Für Le Duc Tho sollte Sihanouk nur das Werkzeug sein, die Regierung Lon Nol zu demoralisieren und zu unterminieren.

Doch Le Duc Tho schätzte die Gefügigkeit der Roten Khmer falsch ein, die keineswegs Hanoi nach dem Muster des Pathet Lao als Handlanger dienen wollten. Vielleicht war er aber auch bereit, den Roten Khmer zunächst die Autonomie zu gewähren, denn die unmittelbare Folge eines Sieges der Roten Khmer wäre die Unterminierung der Regierung in Saigon gewesen, die nicht lange überleben konnte, wenn die Kommunisten in Kambodscha an die Macht gelangten. Wie sich später herausstellte, hatte Hanoi ein bewährtes und wirksames Rezept für den Fall, daß sich die unabhängig gewordenen Roten Khmer zu eigenwillig gebärdeten. Weniger als vier Jahre nach dem Sieg der Roten Khmer von 1975 besetzte Nordvietnam das kommunistische Kambodscha mit seinen Truppen und ging dabei ebenso bedenkenlos vor wie Mitte der sechziger Jahre gegenüber den neutralen Kambodschanern unter Sihanouk und 1970 unter Lon Nol.

Wir waren bereit, uns über eine echte Koalitionsregierung in Kambodscha zu einigen, bei der Sihanouk das Zünglein an der Waage bilden konnte. Aber Hanoi setzte sich entschieden für eine kommunistische Regierung ein, in deren Rahmen Sihanouk nur die Rolle eines Strohmannes spielen konnte, der sehr bald wieder ausgebootet werden würde. Ebenso wie in Südvietnam sollte es nach den Vorstellungen von Hanoi unsere Aufgabe in diesen Verhandlungen sein, unseren Verbündeten zu stürzen. Es war diese standhafte Weigerung der Kommunisten, einem Waffenstillstand zuzustimmen, ob er nun mit oder ohne vorangegangene Verhandlungen zustande kam, oder ernsthaft über Kambodscha zu verhandeln, die uns im Verein mit der neuen militärischen Offensive der Roten Khmer veranlaßte, die Bombardierungen kambodschanischen Gebiets im Februar wiederaufzunehmen. Unsere Absicht bestand darin, ein Gleichgewicht der Kräfte zu schaffen, das den Kommunisten die Hoffnungen auf eine militärische Lösung nahm und sie daher zum Kompromiß zwang. Dieser Versuch scheiterte, als der Kongreß im Juni 1973 alle weiteren militärischen Operationen der Vereinigten Staaten in Indochina untersagte. (Über unsere diplomatischen Bemühungen, den Krieg in Kambodscha 1973 zu beenden, berichte ich ausführlich im achten Kapitel.)

Zu einer politischen Lösung in Laos wollte die Führung in Nordvietnam nicht klar Stellung nehmen. Im Verlauf der Gespräche sagte Pham Van Dong, sie könnte etwa neunzig Tage nach Beginn eines Waffenstillstandes gefunden werden; erstaunlicherweise widersprach Le Duc Tho dieser Auffassung, bat um eine private Zusammenkunft mit mir und machte mir dabei den Vorschlag, daß künftig nur wir beide über Kambodscha und Laos verhandeln sollten, weil sein Premierminister mit den Einzelheiten nicht vertraut sei. Eine politische Lösung für Laos wurde schließlich erst am 14. September 1973 gefunden. Die neu gebildete Koalitionsregierung hielt sich unter Schwierigkeiten über zwei Jahre, bis sie schließlich in dem allgemeinen Debakel von 1975 stürzte. Ebensowenig wie 1962 haben die Nordvietnamesen auch nicht andeutungsweise den Versuch gemacht, ihre Verpflichtungen zu erfüllen und die dort stationierten Truppen abzuziehen. Vierzig- bis fünfzigtausend nordvietnamesische Soldaten blieben in Laos, und zwar auch, nachdem die nach der absurden Interpretation der Pariser Vereinbarungen durch Hanoi erforderlichen Voraussetzungen erfüllt waren.

Wirtschaftshilfe

Die einzige Forderung in den Pariser Vereinbarungen, die zu erfüllen Pham Van Dong bereit war, richtete sich an uns; es war die von den Vereinigten Staaten zu leistende Wirtschaftshilfe. Aber auch hier versuchte er den Eindruck zu erwecken, als täte uns Hanoi einen großen Gefallen, wenn es unser Geld annähme. Der Eifer der Nordvietnamesen ging auch nicht so weit, daß sie ihre hochmütigen Verhandlungsmethoden modifizierten. Sie gaben uns zu verstehen, daß es ihr gutes Recht sei, wirtschaftliche Unterstützung von den Vereinigten Staaten zu verlangen. Wenn wir sie daran erinnerten, daß die Voraussetzung dafür die Einhaltung der anderen Vertragsbestimmungen durch Hanoi war, lehnten sie das empört als Einmischung in die inneren Angelegenheiten Nordvietnams oder als unannehmbare politische Bedingungen ab.

Wie es dazu gekommen ist, daß aus einem freiwilligen amerikanischen Angebot ein nordvietnamesisches »Recht« wurde, zeigt zumindest das Ausmaß, in dem die beiden Gesellschaftssysteme eine jeweils andere Sprache sprachen, aber auch die Fähigkeit der Nordvietnamesen, Unverschämtheit zu einer Kunst hochzustilisieren. Unser Angebot, Wirtschaftshilfe zu leisten, entsprang einer widersprüchlichen Mischung aus Idealismus und einer materialistischen Interpretation der Geschichte, nach der wirtschaftliche Motive angeblich die politischen Entscheidungen beherrschten. Es gibt vielleicht keine andere große Nation, der die Ausübung ihres gewaltigen Machtpotentials so unangenehm ist wie den Vereinigten Staaten. Wir haben seit jeher dazu geneigt, den Krieg als etwas »Unnatürliches« anzusehen, als eine Unterbrechung unseres Strebens nach Frieden, Wohlstand und Freiheit. Keine andere Gesellschaft hat es bisher für ihre nationale Pflicht gehalten, sich am Wiederaufbau eines besiegten feindlichen Landes zu beteiligen; nach dem Zweiten Weltkrieg haben wir diese Verpflichtung zum zentralen Element unserer Außenpolitik gemacht. In Vietnam glaubten wir, es sei ein Mittel, einen unbesiegten Gegner zum Kompromiß zu bewegen. Die Kehrseite dessen, was wir für positive politische Ziele halten, besteht in der Schwierigkeit, einen unumgänglichen Konflikt in den Griff zu bekommen, wenn man es mit revolutionärem Übereifer und Männern zu tun hat, für die der Sieg wichtiger ist als wirtschaftlicher Fortschritt und die sich durchsetzen wollen ohne Rücksicht auf den materiellen Preis, den sie dafür bezahlen müssen. Jahrelang haben wir uns in unserer Indochina-Politik mit diesen Problemen herumschlagen müssen. Wir hatten eben begonnen, unsere Streitkräfte in Südvietnam aufzubauen, als Präsident Lyndon Johnson Hanoi im April 1965 ein Programm für den wirtschaftlichen Wiederaufbau nach dem Kriege vorlegte. Wir wissen nicht, ob Nordvietnam in diesem Angebot das erste Symptom für das Nachlassen unserer Entschlossenheit gesehen hat (und es daher genau das Gegenteil von dem bewirkte, was wir beabsichtigt hatten) oder ob es für sie ein Beweis für die Unfähigkeit bürgerlich denkender Menschen gewesen ist, Hingabe an ein revolutionäres Ziel zu verstehen. Jedenfalls hat Nordvietnam auf dieses Angebot nicht reagiert.

Die Regierung Nixon hat die Motivation Hanois anders begriffen, glaubte aber, ein solcher humanitärer Vorschlag könnte sich beruhigend auf die amerikanische Innenpolitik auswirken. Sie zögerte daher nicht lange, dem Beispiel ihrer Vorgänger zu folgen. Am 18. September 1969 erneuerte Nixon in einer versöhnlichen Rede vor der Generalversammlung der Vereinten Nationen das Angebot, Nordvietnam und den anderen Ländern in Indochina Wirtschaftshilfe zu leisten, erreichte damit jedoch ebensowenig wie Johnson. Ohne uns davon entmutigen zu lassen, legten wir im Sommer 1971 während meiner Geheimverhandlungen mit Le Duc Tho einen neuen Wiederaufbauplan vor. Le Duc Tho nahm ihn zur Kenntnis, ohne Interesse dafür zu zeigen. Am 25. Januar 1972 erneuerte Nixon das Angebot vor der Öffentlichkeit als Teil eines umfassenden Vorschlags. Am folgenden Tag unterrichtete ich die Presse und erklärte, daß wir bereit wären, mehrere Milliarden Dollar für den Wiederaufbau in Indochina einschließlich Nordvietnam zur Verfügung zu stellen. Der außenpolitische Lagebericht des Präsidenten vom 9. Februar 1972 ging noch stärker auf Einzelheiten ein: »Wir sind bereit, ein umfassendes Fünfjahresprogramm für den Wiederaufbau mit dem Einsatz von siebeneinhalb Milliarden Dollar in Verbindung mit einer Friedensvereinbarung in die Wege zu leiten, an dem Nordvietnam mit bis zu zweieinhalb Milliarden Dollar beteiligt werden könnte.« Auf meiner Pressekonferenz am 26. Oktober 1972, bei der ich erklärte, daß der Friede vor der Tür stünde, wiederholte ich das Angebot. Ich erneuerte es auf einer Pressekonferenz am 24. Januar 1973, und Nixon bestätigte es am 31. Januar 1973.

Inzwischen hatte sich das Interesse Hanois für unseren Vorschlag verstärkt. Die Nordvietnamesen wollten nicht zugeben, daß sie den Krieg aus wirtschaftlichen Gründen beenden wollten. Als sie sich jedoch aus militärischen Gründen zum Waffenstillstand gezwungen sahen, waren sie bereit, wenn auch noch nicht mit sehr großem Interesse, möglichst große Hilfeleistungen von uns anzunehmen. Bezeichnenderweise sahen die Nordvietnamesen darin kein Eingehen auf unser Angebot, sondern formulierten ihren Wunsch als Reparationsforderungen. Die Vorstellungen Hanois von angemessenen Hilfeleistungen waren auch nicht durch übertriebene Bescheidenheit gekennzeichnet; Le Duc Tho verlangte für Hanoi einfach das gesamte Paket von 7,5 Milliarden Dollar, das wir für ganz Indonesien vorgesehen hatten. Auf dieses Ansinnen wollten wir nicht eingehen. Wir hatten unsere Hilfe angeboten, weil schon zwei Regierungen diesen Vorschlag gemacht hatten, und besonders, weil wir glaubten, damit einen Anreiz für die strikte Einhaltung der Vereinbarungen zu geben. Wir erklärten jedoch ausdrücklich, unser Angebot wäre die praktische Verwirklichung eines traditionellen amerikanischen Grundsatzes; es wäre ein freiwilliger Akt und keine »Verpflichtung«, um Hanoi für irgend etwas zu entschädigen. Nach einem wochenlangen Tauziehen reduzierten wir die nordvietnamesischen Forderungen auf 3,25 Milliarden Dollar. Sie sollten die Verhandlungsbasis für weitere Gespräche sein, und zwar unter der Voraussetzung, daß der Kongreß das Programm genehmigte.

Die hier relevanten Dokumente waren die Pariser Vereinbarungen und eine Botschaft des Präsidenten. Artikel 21 der Pariser Vereinbarungen lautete:

> Die Vereinigten Staaten erwarten, daß diese Vereinbarungen eine Ära der Versöhnung mit der Demokratischen Republik von Vietnam und mit allen Völkern Indochinas einleiten werde. Im Verfolg ihrer traditionellen Politik werden die Vereinigten Staaten dazu beitragen, die Wunden des Krieges zu heilen sowie die Demokratische Republik von Vietnam und ganz Indochina nach dem Kriege wieder aufzubauen.

Diese Zusage wurde in der Erwartung gemacht, daß der Krieg zu Ende ginge und anschließend eine Ära der Versöhnung möglich würde. Gegenüber Le Duc Tho habe ich wiederholt ausdrücklich darauf hingewiesen, daß jede Wirtschaftshilfe sowohl die Zustimmung des Kongresses *als auch* die Einhaltung der Pariser Vereinbarungen durch Hanoi voraussetzte.

Unsere Absicht, Hilfe zu leisten und den Umfang dieser Leistungen sogar zu erweitern, war bekannt und bei vielen Gelegenheiten vor der Öffentlichkeit erklärt worden. Was damals noch geheimgehalten wurde, war ein Telegramm Nixons an Premierminister Pham Van Dong über das Verfahren, Artikel 21 in Kraft zu setzen. Um zu unterstreichen, daß die Hilfeleistungen freiwillig waren und sich insofern von den offiziellen Verpflichtungen, die mit den Vereinbarungen übernommen wurden, unterschieden, waren Le Duc Tho und ich übereingekommen, die Botschaft am 30. Januar 1973, drei Tage nach der Unterzeichnung der Vereinbarungen, im Austausch für eine Liste von in Laos festgehaltenen amerikanischen Kriegsgefangenen zu übergeben. Als die Nordvietnamesen an dem vereinbarten Tag keine Liste der amerikanischen Kriegsgefangenen in Laos vorlegten, wiesen wir unseren Vertreter in Paris an, die Note noch nicht zu übergeben. Dadurch lösten wir eine sofortige Reaktion aus. Die laotische Kriegsgefangenenliste wurde am Nachmittag des 1. Februar übergeben. Wie vereinbart, überreichten wir den Nordvietnamesen Nixons Botschaft an Pham Van Dong am gleichen Tag.

Das von meinem Stab und mir entworfene Schreiben des Präsidenten enthielt Vorschläge für ein Verfahren zu Verhandlungen über die Wirtschaftshilfe. Während meines Besuches in Hanoi sollte es allgemeine Gespräche über die Grundsätze geben, die zur Einsetzung eines gemeinsamen Wirtschaftsausschusses führten. Die Aufgabe dieses Ausschusses würde es sein, ein detailliertes Hilfsprogramm auszuarbeiten. (Der gemeinsame Wirtschaftsausschuß begann seine Gespräche am 15. März in Paris.) Nixons Botschaft sprach von einem Betrag (von etwa 3,25 Milliarden Dollar) für einen Zeitraum von fünf Jahren als einer angemessenen »vorläufigen« Summe, die noch genehmigt und über deren Verwendung zwischen beiden Ländern im einzelnen gesprochen werden müßte. (Die Lieferung von Nahrungsmitteln war in der gesamten Summe eingeschlossen.) Außerdem hieß es in Nixons Brief ausdrücklich, die Ergebnisse der Beratungen der gemeinsamen Wirtschaftskommission müßten dem Kongreß vorgelegt werden, wie dies für alle Auslandshilfsprogramme gilt, nachdem sie mit einer ausländischen Regierung abgesprochen sind. Ein Absatz des Schreibens wies ausdrücklich auf diese Bedingung hin: »Es versteht sich von selbst, daß die in der Note des Präsidenten an den Premierminister erwähnten Empfehlungen des gemeinsamen Wirtschaftsausschusses von jedem

Mitglied in Übereinstimmung mit seinen eigenen verfassungsmäßigen Bestimmungen in Kraft gesetzt werden.«

Le Duc Tho, dem es in keiner Situation an Unverfrorenheit mangelte, wollte mich im Januar darüber belehren, was eine Note unseres Präsidenten enthalten dürfte. Er behauptete, eine solche Qualifikation gehöre nicht in die Botschaft des Präsidenten; unsere Verpflichtungen dürften an keine Bedingungen geknüpft sein. Ich wies darauf hin, daß unser Gesetzgebungsverfahren unabhängig von den vielleicht bequemeren Entscheidungsprozessen in Hanoi zu den Tatsachen gehörten, mit denen man sich abfinden müßte. Wir kamen Le Duc Tho so weit entgegen, daß wir das Erfordernis für die Zustimmung des Kongresses auf einer besonderen Seite erläuterten, die gleichzeitig überreicht wurde und das gleiche Gewicht hatte. Le Duc Tho hat daraus augenscheinlich gewisse Rückschlüsse gezogen. Nun konnte Hanoi den Brief des Präsidenten ohne diesen Zusatz veröffentlichen, und das ist später auch geschehen. Damit hatten unsere Gegner wieder eine Möglichkeit, uns Doppelzüngigkeit vorzuwerfen.

Das Politbüro war sich so sicher, unsere innenpolitischen Zwänge zu unserem Nachteil ausnutzen zu können – und angesichts einer zehnjährigen Erfahrung war das nicht unrealistisch –, daß es sich auch einer weiteren Verpflichtung zu entziehen suchte, die allerdings in meinen Gesprächen mit den Nordvietnamesen ebenso real und ebenso klar formuliert war. Als ich die Presse am 24. Januar 1973 über den Inhalt der Vereinbarungen unterrichtete, wies ich darauf hin, daß wir über ein Hilfsprogramm für Nordvietnam erst verhandeln würden, wenn »sichtbare Fortschritte bei der Verwirklichung der Vereinbarungen gemacht worden sind«.

Nach Beendigung des Krieges wurde die Regierung nicht mehr so stark unter Druck gesetzt, gegenüber Hanoi Zugeständnisse zu machen; viele, die uns gedrängt hatten, unsere Wirtschaftshilfe anzubieten, um dadurch die Beendigung des Krieges zu beschleunigen, waren jetzt, als im Kongreß darüber abgestimmt werden sollte, von dieser Idee viel weniger begeistert. Auch der öffentlichen Meinung, die einen Sieg lieber gesehen hätte als den Kompromiß, gefiel die Vorstellung nicht, daß wir eine Regierung unterstützen sollten, deren Brutalität nach den Berichten der zurückgekehrten Kriegsgefangenen jetzt deutlich erkannt wurde. Nixon befand sich daher auf sicherem Boden, als er mich anwies, meinen Gesprächspartnern in Hanoi erneut klarzumachen, daß die amerikanische Hilfe von der strikten Beachtung der Pariser Vereinbarungen, insbesondere im Hinblick auf den Abzug aus Kambodscha, abhing. Etwas anderes konnten die Nordvietnamesen nicht erwarten. Wenn der Krieg nicht beendet wurde, dann konnte auch die »Nachkriegsperiode« nicht beginnen, und niemand durfte behaupten, daß die Zeit für den Wiederaufbau nach dem Krieg gekommen wäre.

Wie vorauszusehen, wies Pham Van Dong dieses Argument zurück. Er trug eine bemerkenswerte Auffassung vor, als er meinte, unser Verlangen, Hanoi sollte sich an die von ihm selbst unterzeichneten Vereinbarungen halten, bedeutete, daß wir »politische Bedingungen« stellten. Unsere Hilfe sollte »bedingungslos« gewährt werden. Mit anderen Worten, es stünde Hanoi frei, die amerikanische Wirtschaftshilfe dafür zu benutzen, den schon lange bestehenden ehrgeizigen Plan einer Eroberung Indochinas in Verletzung gerade der Vereinbarungen zu verwirklichen, die uns nach ihrer Auffassung verpflichteten, diese Mittel zur Verfügung zu stellen.

Was die Nordvietnamesen jedoch am meisten empörte, war die nach unserer Verfassung erforderliche Zustimmung des Kongresses. Ich hatte nach Hanoi eine umfangreiche Dokumentensammlung mitgebracht, um die Nordvietnamesen über die von der amerikanischen Verfassung vorgeschriebene Verfahrensordnung zu unterrichten. Diese Sammlung bestand aus siebenundfünfzig eng mit der Maschine beschriebenen Seiten über das amerikanische Verfahren für die Genehmigung von Geldmitteln in der Exekutive und der Legislative, die verschiedenen Typen bilateraler und multilateraler Hilfsprogramme, an denen sich die Vereinigten Staaten beteiligt hatten, und aus den Texten aller relevanten Gesetze (einschließlich der vom Kongreß geforderten Einschränkungen im Hinblick auf die Hanoi zu gewährende Hilfe). Hier waren auch die verschiedenen Projekte aufgeführt, die für ein vietnamesisches Hilfsprogramm in Frage kamen.

Schließlich enthielt das Aktenpaket eine Zusammenstellung scharf formulierter Äußerungen führender Kongreßabgeordneter und Senatoren, die sich skeptisch zum Problem der Auslandshilfe im allgemeinen geäußert hatten. Diese Dokumente übergab ich Pham Van Dong. Er tat sie mit einer Handbewegung ab und behauptete, so schwierige juristische Fragen nicht durchschauen zu können (obwohl er große Geschicklichkeit darin bewiesen hatte, während des Krieges die Meinung der Abgeordneten *gegen* die Regierung zu manipulieren). Außerdem verdächtigte er mich, ich wollte ihn übertölpeln:

> Vor allem möchte ich meinem Mißtrauen Ausdruck verleihen . . . Ich werde sehr offen und geradeheraus mit Ihnen sprechen. Jeder weiß, daß die Vereinigten Staaten für den Krieg in Vietnam große Geldsummen ausgegeben haben. Man spricht von etwa 200 Milliarden Dollar; und das in einer Lage, in der, wie man behaupten darf, der Kongreß diesem Krieg nicht voll zugestimmt hat. Damals, während des Krie-

ges, war die Beschaffung von Geldmitteln so leicht (Gelächter), und jetzt, da wir ein ganz legitimes Problem zu lösen haben ... erklären Sie, es sei sehr schwierig.

Er erklärte immer wieder, nicht zu glauben, daß diese legislativen Hindernisse etwas anderes seien als Vorwände, mit deren Hilfe wir uns unseren »Verpflichtungen« entziehen wollten:

> Wir sollten es nicht für notwendig ansehen, in die ganze Komplexität, den Dschungel der juristischen Fragen einzusteigen. Für mich ist das sehr schwer zu verstehen. Natürlich, wenn man sich sträuben will, dann sind die juristischen Aspekte ein Mittel zum Zweck.

Ich muß sagen, daß ich mich niemals überzeugender für die Vorrechte des amerikanischen Kongresses in die Bresche geschlagen habe als bei dieser Gelegenheit. Meine Kritiker im Kongreß, die mich später dafür gescholten haben, daß ich ihre legislativen Verantwortlichkeiten nicht ernst genug nähme, wären stolz auf mich gewesen. Wie nicht anders zu erwarten war, kamen wir schließlich überein, den gemeinsamen Wirtschaftsausschuß einzusetzen, der überlegen sollte, wie unsere wirtschaftlichen Beziehungen entwickelt werden könnten, um ein Hilfsprogramm zur Vorlage im Kongreß auszuarbeiten.

Wir sprachen auch über die Normalisierung der diplomatischen Beziehungen zwischen Hanoi und Washington und über die bevorstehende internationale Konferenz, die in Paris abgehalten werden sollte, damit die Pariser Vereinbarungen auf internationaler Ebene anerkannt würden, kamen dabei aber zu keinen konkreten Ergebnissen. Hanoi war noch nicht bereit, offizielle Beziehungen aufzunehmen, und wollte auch noch keine Büros einrichten, die keinen offiziellen diplomatischen Status hatten. Wir machten eine Reihe von Vorschlägen in dieser Richtung, die sie jedoch alle zurückwiesen. (Amüsanterweise stimmten die Chinesen wenige Tage darauf einem ähnlichen Vorschlag zu.) Offenbar glaubte Hanoi mit der für die Nordvietnamesen typischen Selbstüberschätzung, daß es eine besondere Auszeichnung für amerikanische Diplomaten wäre, die sie sich erst verdienen müßten, wenn sie ebenso wie ihre westeuropäischen Kollegen – und wahrscheinlich auch die sowjetischen – in der Hauptstadt Nordvietnams als gesellschaftliche Außenseiter ein äußerst ungemütliches Leben führen dürften. Was nun die internationale Konferenz betraf, so kam es Hanoi in erster Linie darauf an, den Generalsekretär der Vereinten Nationen möglichst wenig zu beteiligen, wenn nicht gar ganz auszuschalten. Schließlich fanden wir eine Lösung, bei der er seine Würde wahren konnte und die auch die Empfindlichkeit der Nordvietnamesen im Hinblick auf ihre nationale Souveränität berücksichtigte.

Auf dem Abschlußdiner sprach Pham Van Dong davon, wie sehr ihn mein Besuch und die Ergebnisse unserer Gespräche »entzückt« hätten – allerdings kann ich auch heute beim Lesen der Niederschrift dieser Ansprache trotz des zeitlichen Abstandes nicht genau erkennen, welches die Ursache seines Entzückens gewesen ist. Ich selbst habe Hanoi in düsterer Stimmung, aber doch nicht ganz ohne Hoffnung verlassen.

Nach einem zehn Jahre mit großer Erbitterung geführten Krieg durfte man vielleicht nicht viel mehr erwarten. Hanoi und Washington hatten sich tiefe Wunden geschlagen; bei den Nordvietnamesen waren es physische, bei uns psychische Wunden, und deshalb heilten sie vielleicht schwerer. Unsere Gastgeber hatten uns höflich behandelt, aber es war noch zu früh, um von ihnen eine Änderung ihrer Grundhaltung zu erwarten. Bei der Verwirklichung der Vereinbarungen verwendeten sie die gleichen Methoden, mit denen sie ihren Krieg geführt hatten; sie versuchten, bis an die Grenzen des Möglichen zu gehen, sie stellten unsere Toleranz auf eine harte Probe, verletzten dabei wesentliche Vertragsbestimmungen und versuchten festzustellen, wo sich ein neues Kräfteverhältnis herstellen ließ. Doch trotz all unserer Zweifel waren wir entschlossen, große Anstrengungen für eine friedliche Weiterentwicklung zu unternehmen; der Krieg hatte so viel Leid gebracht, daß wir uns nicht leichten Herzens auf eine neue Konfrontation einlassen durften. Man konnte gewisse Hoffnungen daran knüpfen, daß Hanoi durch den Nationalismus der Nordvietnamesen veranlaßt werden könnte, bessere Beziehungen zu Washington zu entwickeln, um einen größeren Handlungsspielraum gegenüber seinen beiden kommunistischen Schutzherren in Peking und Moskau zu gewinnen. Vielleicht war das störrische Verlangen Pham Van Dongs nach Wirtschaftshilfe ein Anzeichen dafür, daß die Herrscher in Hanoi auch an die Möglichkeit dachten, ihr eigenes Gesellschaftssystem aufzubauen, anstatt Eroberungsfeldzüge gegen ihre Nachbarn zu führen. In diesem Fall waren wir zur Zusammenarbeit bereit. Meine Erfahrungen hatten mich aber auch skeptisch werden lassen; ich verließ Hanoi zwar entschlossen, aber nicht sehr optimistisch. Auf dem Wege zum Flughafen von Gia Lam überquerte ich die gleiche Pontonbrücke und flog dann in einer sowjetischen Transportmaschine zum Flughafen Noi Bai, wo das Flugzeug des Präsidenten auf uns wartete. Als wir es bestiegen hatten, atmeten wir erleichtert auf. Das feuchte Klima, die spartanische Einfachheit und das mit Händen zu greifende Mißtrauen erzeugten zusammen eine so bedrückende Atmosphäre in Hanoi, wie ich sie noch in keiner anderen Hauptstadt erlebt hatte. Das mißtrauisch ausweichende Verhalten der nordvietnamesischen Führung machte einen echten Dialog so unmöglich, wie ich es bei Gesprächen mit anderen kommunistischen Führern noch nie erlebt hatte. Ich schrieb einen vorsichtigen Bericht für

Nixon, in dem ich meine nüchterne Einschätzung über die vermutlichen Auswirkungen der Pariser Vereinbarungen wie folgt zusammenfaßte:

> Sie haben im Grunde zwei Alternativen, und das habe ich ihnen (und auch den Chinesen) ganz offen gesagt. Sie können die Vietnam-Vereinbarungen als Offensivwaffe benutzen, sie aushöhlen, auf Saigon Druck ausüben und uns vor harte Entscheidungen stellen. In diesem Fall würden sie unsere Gefangenen entlassen und den Abzug unserer Truppen abwarten, bevor sie wirklich eindeutig Flagge zeigen. Sie würden ihre Streitkräfte in Laos und Kambodscha belassen, und zwar entweder mit Hilfe einer Verschleppungstaktik bei den Verhandlungen oder unter offener Verletzung der Vereinbarungen – und sie würden sehr bald mit einer neuen Offensive beginnen. In diesem Fall würden sie damit rechnen, daß uns für eine entsprechende Reaktion die innenpolitische Basis oder die Entschlußkraft fehlten.
>
> Die zweite Option wäre, die Vereinbarungen grundsätzlich einzuhalten und den Versuch zu unternehmen, politische Ziele im Rahmen einer schrittweisen Evolution zu verwirklichen. Dabei würden sie konstruktivere Beziehungen zu uns begrüßen, unsere Wirtschaftshilfe suchen und sich auf die Wiedererstarkung ihrer Wirtschaft und den Aufbau des Sozialismus im Norden des Landes konzentrieren. Ihren indochinesischen Verbündeten würden sie sagen, daß sie ihre Ziele mit politischen und psychologischen Mitteln verfolgen sollten. Sie würden, kurz gesagt, einen friedlicheren Weg verfolgen und historische Kräfte für sich arbeiten lassen, wenigstens während der nächsten Jahre.
>
> Natürlich behaupten die Nordvietnamesen, sich für die zweite Option entschieden zu haben, aber das bedeutet nichts. Aus den Gesprächen konnte ich nicht erkennen, ob ihre gewaltigen Verluste, die Isolierung von ihren Verbündeten und die Aussichten auf Wirtschaftshilfe dazu führen werden, eine Atempause einzulegen. Für sie selbst wäre es am erstrebenswertesten, beide Optionen miteinander zu vereinen; die Vereinbarungen unbeachtet zu lassen, um ihre Ziele zu verfolgen, und die Beziehungen zu uns zu verbessern, um unsere Wirtschaftshilfe zu bekommen. Unsere wichtigste Aufgabe ist es, sie davon zu überzeugen, daß sie zwischen diesen beiden Wegen wählen müssen. Das war die wichtigste Aufgabe meiner Reise. Ich habe ausdrücklich darauf hingewiesen, daß eine Entscheidung für die erste Option eine neue Konfrontation mit uns bedeuten würde und daß sie nicht gleichzeitig mit Wirtschaftshilfe rechnen und Indochina vereinnahmen können. Wenn sie auf der anderen Seite Zurückhaltung übten und ihren Verpflichtungen nachkämen, wären wir bereit, die Be-

ziehungen mit ihnen ebenso zu normalisieren, wie wir es mit Peking getan hätten, und wir würden uns jeder Einmischung in die politische Selbstbestimmung Indochinas enthalten ohne Rücksicht darauf, wie sie sich manifestierte.

Einen solchen Übergang in die richtigen Bahnen zu leiten, wäre auch unter den günstigsten Voraussetzungen sehr schwierig gewesen. Es erforderte ein geeintes Land und eine starke, zielbewußte, disziplinierte amerikanische Regierung, fähig, entschlossen zu handeln und das delikate Gleichgewicht der Risiken und Anreize aufrechtzuerhalten, aus denen die Pariser Vereinbarungen bestanden. Watergate sorgte sehr bald dafür, daß uns diese Voraussetzungen fehlten.

III. China: Ein weiterer Schritt vorwärts

Ein Wiedersehen mit Peking

Von Hanoi flog ich zunächst nach Hongkong, um eine Ruhepause von achtundvierzig Stunden einzulegen. Wenn ich ein kommunistisches Land hinter mir lasse (China bildet hier vielleicht eine Ausnahme), erlebe ich jedesmal ein überwältigendes Gefühl der Erleichterung. Die farblose Eintönigkeit, die erstickende Konformität, die Gleichgültigkeit gegenüber der Einzigartigkeit der menschlichen Persönlichkeit – das alles erzeugt, sobald man dieser Atmosphäre entronnen ist, ein plötzliches Nachlassen der Spannungen und das Gefühl einer fast ausgelassenen Heiterkeit. In Hanoi war es, wie ich schon gesagt habe, am bedrükkendsten. Im krassen Gegensatz dazu erinnerte einen die Genußsucht des materialistischen Hongkong nur allzu deutlich an die Vielschichtigkeit des menschlichen Geistes.

Die Chinesen gaben mir während meines Aufenthaltes in Hongkong durch eine kleine Aufmerksamkeit zu verstehen, daß ich mit ihrem guten Willen rechnen konnte, und dabei zeigte sich wieder, wie vergeblich der Versuch ist, die Denkweise eines Volkes zu ergründen, das eine dreitausendjährige Erfahrung darin hat, seinen Besuchern Respekt einzuflößen. Wir hatten die Chinesen aus politischem Taktgefühl nicht von meinem Zwischenaufenthalt unterrichtet, da Hongkong eine britische Enklave auf dem chinesischen Festland ist. Wir wollten die obligatorischen chinesischen Fluglotsen, wie bei meinen früheren Besuchen, in Shanghai an Bord nehmen, dazu hätten wir allerdings einen großen Umweg machen müssen.

Die Chinesen haben Lebensart, aber auch einen sehr tüchtigen Geheimdienst. Ohne die Zwischenlandung in Hongkong zu erwähnen, schlugen sie uns vor, die Lotsen in Kanton abzuholen, was viel bequemer war. Um uns die Bedeutung dieser kleinen Umdisposition vor Augen zu führen, erklärte uns der dienstälteste chinesische Vertreter in Hongkong (der Bürochef der *New China News Agency*), daß in der britischen Kronkolonie nichts geschah, was nicht in Peking registriert wurde. Er erkundigte sich in unserem Konsulat nach der Zeit meines Abfluges, um mich am Flughafen zu verabschieden, was er dann auch tatsächlich tat.

Am Nachmittag des 15. Februar 1963 landeten wir in Peking. Es war meine fünfte Reise ins Reich der Mitte. Die Stadt war mir inzwischen schon ganz vertraut geworden. Sicherlich trug die Beendigung des Vietnam-Krieges dazu bei, daß ich diesmal mit besonderer Herzlichkeit empfangen wurde. Die Chinesen sahen sich jetzt nicht mehr genötigt, um der Solidarität mit ihrem in einen Krieg verwickelten nordvietnamesischen Verbündeten willen zurückhaltend zu sein. Unsere Gastgeber standen zur Begrüßung an den Stufen der Gangway und applaudierten, als wir die Maschine verließen. Von hier fuhren wir über die breiten Einfallstraßen zu dem staatlichen Gästehaus in Peking, in dem wir untergebracht waren, und zum erstenmal erwiesen uns, als wir das Tor passierten, die Wachposten eine militärische Ehrenbezeigung. Von diesem Tage an wurden wir überall, wo Wachen postiert waren – auch in der Großen Halle des Volkes –, mit militärischen Ehren begrüßt.

Sehr bald nach meinem Eintreffen kam der chinesische Premierminister Tschou En-lai in das Gästehaus und fragte jeden von uns, was er tun könnte, um uns den Aufenthalt so angenehm wie möglich zu machen. Die Chinesen sind zwar weniger formell als die Japaner, aber ihr Gefühl für Anstand ist ebenso subtil und hoch entwickelt. Die richtige Antwort auf diese Frage ist »nichts«, denn damit bestätigt man, daß die chinesische Gastfreundschaft nichts zu wünschen übrig läßt. Wenn es sich nicht vermeiden läßt, um etwas zu bitten, dann ist ein Wunsch am besten, mit dem die Gastgeber nicht hätten rechnen können. Eine meiner Sekretärinnen, die dem Premierminister auf seine Frage nicht unbedingt hätte antworten müssen, sagte, sie wünschte sich zum Essen eine Peking-Ente – ein Gericht, das uns selbstverständlich bei allen bisherigen Besuchen vorgesetzt worden war. Sie hatte damit einen durchschlagenden Erfolg. Solange ich im Amt war, haben wir bei keinem unserer folgenden Besuche mehr Peking-Ente zu essen bekommen – eine kleine Lektion, aus der wir lernen sollten, daß die Chinesen über Selbstverständlichkeiten nicht belehrt zu werden brauchten.

Doch abgesehen von dieser kleinen protokollarischen Panne bemühten sich die Chinesen mit der denkbar größten Zuvorkommenheit um uns. An dem Abend, an dem uns ein Kulturprogramm geboten werden sollte, ersparten sie uns die Vorstellung einer jener bombastischen Revolutionsopern, deren langweilige Primitivität sich nur ertragen läßt, wenn man zwischendurch ein Schläfchen einlegen kann. (Um in keine peinliche Lage zu geraten, muß man allerdings aufwachen, bevor die Lichter wieder angehen. Bundeskanzler Helmut Schmidt, der bei einer solchen Gelegenheit seinen Gürtel gelockert hatte, um bequemer zu sitzen, soll damals diesen Augenblick verpaßt haben und erst aufgewacht sein, als der Beifall einsetzte. Er hatte einige Schwierigkeiten, gleichzeitig seine Hosen festzuhalten und zu applaudieren.)

Diesmal bestand das Kulturprogramm aus einer Aufführung westlicher und chinesischer klassischer Musik durch das städtische Orchester von Peking, das nach der Kulturrevolution neu gegründet worden war. Es unternahm den Versuch – und ich nehme mir die Freiheit, mich so auszudrücken –, die 6. Sinfonie von Beethoven zu spielen. Auch meine große Sympathie für alles Chinesische kann mich nicht veranlassen zu behaupten, daß die chinesischen Musiker in ihrem Element waren, als sie nach der verhängnisvollen Unterbrechung durch die Kulturrevolution versuchten, die »Pastorale« aufzuführen; es gab Augenblicke, in denen ich nicht erkennen konnte, was gespielt wurde und an welcher Stelle der Partitur sich das Orchester befand. Aber das wichtigste war die Symbolik; Tschou En-lai wollte sein Land modernisieren, die Fesseln der jüngsten Vergangenheit Chinas abstreifen und es nicht nur westlicher Technologie öffnen, sondern den Chinesen auch den Wert der westlichen Kultur verständlich machen, aus der diese Technologie sich entwickelt hatte. (Aber er war seiner Zeit vorausgeeilt. Im folgenden Jahr kam die Revolutionsoper wieder zu ihrem Recht. Tschou En-lai war todkrank, und man hörte bis nach dem Tode des Vorsitzenden Mao kaum noch etwas von einer Modernisierung oder der Öffnung nach Westen.)

Tschou war wie immer faszinierend, schlagfertig, straff, gewandt und humorvoll. Er begrüßte mich herzlich, und sein ausdrucksvolles Gesicht zeigte, daß er keinen Dolmetscher brauchte. (Trotzdem bestand er darauf, daß meine Worte ins Chinesische übersetzt wurden, und verschaffte sich dadurch den Vorteil, daß er sie zweimal hörte und so Zeit gewann, um sich seine Antwort zu überlegen.) Sein Verständnis für die internationalen Realitäten war bewundernswert. In den neunzehn Monaten, die wir uns kannten, hatte sich zwischen Tschou und mir ein kameradschaftliches Verhältnis entwickelt – man hätte fast von einer persönlichen Zuneigung sprechen können:

Ich glaube, der Premierminister hat festgestellt (sagte ich bei Beginn unseres ersten Gesprächs), daß ich jetzt in seiner Gegenwart besonders gehemmt bin.

Tschou En-Lai: Warum?

Dr. Kissinger: Weil ich in seiner Presseerklärung gelesen habe, ich sei der einzige Mensch, der eine halbe Stunde mit ihm reden kann, ohne etwas zu sagen.

Tschou En-Lai: Ich glaube, ich habe gesagt anderthalb Stunden.

Dieses freundliche Wortgeplänkel zeigte, daß China, nachdem wir mit Vietnam Frieden geschlossen hatten, die Annäherung an uns beschleunigen konnte, ohne dadurch in eine peinliche Lage zu geraten. Die zunehmende Freundlichkeit der chinesisch-amerikanischen Beziehungen wurde mit Sicherheit auch durch die militärischen Maßnahmen der Sowjetunion beeinflußt. Die Zahl der an der chinesischen Grenze stationierten sowjetischen Divisionen war von 21 im Jahr 1969 auf 33 im Jahr 1971 und 45 im Jahr 1973 angewachsen. Eine Gefahr, der man gemeinsam begegnen muß, räumt alle Trivialitäten fort. Weitere Fortschritte in unseren Beziehungen waren daher wünschenswert, um zu demonstrieren, daß wir an der territorialen Integrität Chinas interessiert waren. In unserem Notenwechsel vor meiner Reise hatte ich vorgeschlagen, die folgenden Themen auf die Tagesordnung zu setzen: »Die Normalisierung der Beziehungen, die gegenwärtige Weltlage und die künftige Politik in Süd- und Südostasien in der Nachkriegsperiode.« Für Tschou waren diese Themen noch nicht weit genug gefaßt. Er sagte, »andere, beide Seiten interessierende Themen können ebenfalls besprochen werden«. Es zeigte sich sehr bald, auf welches Thema es ihm ankam, auf die Errichtung diplomatischer Vertretungen in unseren beiden Hauptstädten.

Seit den Zwischenfällen an der sowjetisch-chinesischen Grenze im Jahre 1969, die uns deutlich gezeigt hatten, wie wichtig die Wiederaufnahme der Beziehungen zu Peking war, waren wir ein großes Stück vorangekommen. Es hatte mehr als anderthalb Jahre gedauert, einen Vermittler zu finden, dem beide Seiten vertrauten. Zunächst glaubten wir, es wäre für China am angenehmsten, den Kontakt mit uns über ein kommunistisches Land aufzunehmen, und deshalb entschieden wir uns für Rumänien. Es stellte sich jedoch heraus, daß die Chinesen befürchteten, die Sowjets hätten in den osteuropäischen kommunistischen Parteien einen zu großen Einfluß. Wichtige Mitteilungen erreichten uns in der Folge über Pakistan, das einzige Land der Welt, das sowohl mit den Vereinigten Staaten wie auch mit China verbündet war.

Bei meinem geheimen Besuch in Peking im Juli 1971 nahmen wir wieder eine direkte Verbindung auf und entschlossen uns zur Reise des Präsidenten nach China. Aber beide Seiten waren immer noch zu vorsichtig, um ihre Beurteilungen der internationalen Lage auszutauschen. Während meines zweiten Besuchs im Oktober 1971, den ich unter dem Vorwand unternahm, die Reise des Präsidenten Nixon vorzubereiten, begannen Tschou En-lai und ich ein vertrauliches Gespräch über die wichtigsten Fragen der Weltpolitik. Das Paradoxe bei diesen Bemühungen um eine Analyse einer gemeinsamen Außenpolitik war die Tatsache, daß Peking nach der offiziellen Auffassung der Vereinigten Staaten keinen völkerrechtlichen Status besaß. Offiziell erkannte Washington die Republik China auf Taiwan (Formosa) als rechtmäßige Regierung Chinas an; wir hatten ein Verteidigungsbündnis mit Taiwan, und amerikanische Streitkräfte waren auf der Insel stationiert. Taiwan betrachtete überdies die Volksrepublik China als eigenes Territorium. Doch Peking hatte uns trotz dieses Affronts gegen den eigenen völkerrechtlichen Status ins Spiel gebracht, um einen Kräfteausgleich gegen die sowjetische Bedrohung an seiner Nordgrenze zu bewirken. Angesichts dieser Bedrohung durch die Sowjetunion entschloß sich Peking, die gegen seine Souveränität gerichtete Beleidigung zu ignorieren. In dem am Ende des Nixon-Besuchs im Februar 1972 veröffentlichten Kommuniqué einigten wir uns mit den Chinesen über einen sorgfältig formulierten Wortlaut, in dem wir die Existenz eines ungeteilten China grundsätzlich anerkannten, eine endgültige Lösung dieses Problems aber der Zukunft überließen. Die Meinungsverschiedenheiten im Hinblick auf Taiwan wurden dem im Shanghai-Kommuniqué so bezeichneten Widerstand gegen hegemoniale Bestrebungen anderer Staaten in Asien untergeordnet. Es gab nur ein Land, zu dem die Rolle eines solchen Bösewichts paßte, die Sowjetunion. Mit anderen Worten, China und die Vereinigten Staaten brachten ihre gemeinsame Auffassung zum Ausdruck, daß es notwendig sei, ihre Außenpolitik aufeinander einzustellen, um das Gleichgewicht der Kräfte in der Welt zu garantieren.

Der Besuch im Februar 1973, ein Jahr nach der historischen Reise Nixons, begann unter günstigen Voraussetzungen. Nicht nur der Vietnam-Krieg lag hinter uns, sondern Nixon war mit überwältigender Mehrheit wiedergewählt worden. Deshalb rechneten die Chinesen damit, daß sie es in den kommenden vier Jahren mit einer starken Führung in den Vereinigten Staaten zu tun haben würden. So hielten wir uns nicht lange mit Taiwan auf. Ich erklärte, wir würden – wie wir schon im Shanghai-Kommuniqué angedeutet hatten – nach Beendigung des Krieges in Vietnam unsere dort stationierten Streitkräfte, die uns bis dahin den Rücken gestärkt hatten, abziehen. Tschou meinte dazu, daß China nicht die Absicht habe, Taiwan »zu dieser Zeit« mit Gewalt zu befreien. Mit diesen Erklärungen glaubten beide Seiten, genug gesagt zu haben, und wandten sich globalen Fragen zu.

Für Tschou stand hier die Sowjetunion im Mittelpunkt. Wir diskutierten die Probleme mit einer Offenheit, wie man sie auch unter engen Verbündeten nur selten findet. Zudem ließ sich der Konflikt mit der Sowjetunion weder rückgängig machen, noch konnte China allein damit fertig werden. In den Beziehungen zwischen kommunistischen Ländern liegt eine besondere Ironie darin, daß die kommunistische Ideologie, die seit jeher für sich in Anspruch nimmt, alle internationalen Konflikte beenden zu können, gerade diese Konflikte unauflöslich gemacht hat. In Systemen, die von sich behaupten, auf der absoluten Wahrheit gegründet zu sein, kann es nur eine einzige autorisierte Interpretation geben; der Anspruch einer anderen Macht, die Vertreterin der orthodoxen Lehre zu sein, ist eine tödliche Herausforderung. Auf dieser Ebene ging es im Meinungsstreit zwischen Moskau und Peking darum, wer die Liturgie bestimmte, welche die politische Orientierung kommunistischer und radikaler Parteien in der ganzen Welt inspirieren sollte. Diese Dimension des Konflikts ließ sich nur lösen, wenn sich die eine Seite der anderen vollkommen unterordnete, und das war unmöglich; die eine Seite mußte über die andere den totalen Sieg davontragen, und das war nach Pekings Auffassung Moskaus Ziel.

Der Konflikt zwischen der Sowjetunion und China ging jedoch über ideologische Fragen weit hinaus; es war ein grundsätzlicher Konflikt. Die gemeinsame Grenze der beiden riesigen Kontinentalmächte war sechstausendvierhundert Kilometer lang und erstreckte sich in einem weiten Bogen von den eisigen Tundren Sibiriens bis in die zentralasiatische Wüste. Sie verlief durch Landstriche, in denen die Wiege von Eroberern aus beiden Ländern gestanden hatte, von Hunnen, Mongolen und Kosaken, und sie hatten sich in weiten Regionen die Souveränität ohne Rücksicht auf die Rasse oder Sprache der Bewohner geteilt. Die beiderseits der Grenzlinie lebenden Völker sprachen im allgemeinen die gleiche Sprache, die sich jedoch sowohl vom Russischen als auch vom Chinesischen unterschied. Damit vergrößerten sich die Unsicherheiten und die potentiellen Feindseligkeiten beider Regime. In der Weite dieses nicht genau zu bestimmenden Raumes ist die Souveränität im heutigen Sinne ein neues Phänomen. Die Grenzlinie hat sich im Lauf der Geschichte immer wieder nach beiden Seiten hin verschoben, wie es das Machtstreben und die militärische Stärke der miteinander konkurrierenden Kräfte bewirkten. Ein großer Teil Zentralasiens war erst im 19. Jahrhundert von den Zaren annektiert worden und befand sich jetzt im Herrschaftsbereich der neuen Herren im Kreml, die das Erbe ihrer Vorgänger zurückgewiesen haben – bis auf deren Eroberungen. Allein diese Gegebenheiten hätten China und Rußland dazu verurteilt, einander feindlich gegenüberzustehen. Daß ein ideologischer Konflikt und persönliche Eifersucht hinzukamen, ließ die angeborene Rivalität zur Zwangsvorstellung werden.

Kein sowjetischer Führer konnte die demographischen Realitäten übersehen. Fast eine Milliarde Chinesen drängen gegen die Grenze, die ihre Regierung nicht offiziell anerkennt. In chinesischen Schulbüchern werden große Teile Sibiriens als chinesisches Territorium bezeichnet. Den Chinesen stehen in Sibirien nur dreißig Millionen Russen gegenüber, in einem so unwirtlichen und rauhen Gebiet, daß die Russen es im Verlauf ihrer Geschichte nur unter Zwang und mit Hilfe der Arbeit dorthin verbannter Strafgefangener kolonisieren konnten. Als ich 1974 nach einem Aufenthalt in Tokio, Osaka und Seoul Wladiwostok besuchte, stellte ich zu meiner Überraschung fest, daß es keine von Leben erfüllte asiatische Stadt, sondern eine europäische Provinzstadt ist. Die Entfernung von Wladiwostok nach Honolulu ist geringer als nach Petersburg, und Peking liegt viel näher als Moskau. Damals begann ich zu verstehen, weshalb die Furcht vor der Isolation bei den sowjetischen Führern, wenn sie an China denken, fast zu Hysterie werden kann.

Aber auch kein chinesischer Führer durfte die strategischen Realitäten übersehen. Die beträchtliche Zunahme der seit 1969 entlang der chinesischen Grenze stationierten sowjetischen Streitkräfte, die mit einem Arsenal modernster Massenvernichtungswaffen ausgerüstet waren, ließ kaum erwarten, daß die Sowjets die Absicht hatten, eine versöhnlichere Haltung anzunehmen. Die Konfrontation zwischen der Sowjetunion und China war Ausdruck einer für lange Zeit programmierten geopolitischen Kraftprobe.

Die militärische Überlegenheit der Sowjetunion ließ sich durch Verhandlungen nicht beseitigen. Sie würde wahrscheinlich über Jahrzehnte weiter bestehen, während das demographische Übergewicht der Chinesen für alle Zeiten festgeschrieben war. Selbst wenn die Sowjets ihre Streitkräfte im Rahmen eines hypothetischen Abkommens hier und dort verringerten, konnten sie jederzeit innerhalb weniger Wochen zurückkehren. Und kein »Kompromiß« in der Sache der chinesischen Gebietsansprüche an der Grenze konnte etwas daran ändern, daß sich das Ungleichgewicht zwischen sowjetischer und chinesischer Macht in Asien in der nächsten Generation irgendwann zugunsten einer größeren Ausgewogenheit änderte, um sehr bald wieder umzuschlagen. Dann würde die Zukunft Sibiriens immer mehr vom guten Willen Pekings abhängen, den keine chinesische Regierung auf die Dauer garantieren konnte. Eine ungeschickte amerikanische Außenpolitik oder Demonstrationen unserer Schwäche könnten eine Annäherung Chinas an die Sowjetunion zur Folge haben. Doch welche äußeren Formen diese Koexistenz auch annehmen sollte, man würde sie wahrscheinlich niemals als naturgegeben und dauerhaft ansehen. Allerdings könnte eine solche Phase lange genug dauern, um uns schweren Schaden zuzufügen.

Die chinesischen Führer, die zu den intelligentesten Interpreten der weltpolitischen Lage gehören, denen ich begegnet bin, hatten diese Realitäten sehr deutlich erkannt. Für sie gab es keinen Kompromiß mit der Sowjetunion, der sich für sie nicht nachteilig auswirken mußte. Nach ihrer Auffassung war es das Minimalziel der chinesischen Staatskunst, die Annäherung jeder anderen größeren Nation an die Sowjetunion zu verhindern. Noch besser wäre es, wenn sie solche Länder davon überzeugen könnten, wie vorteilhaft es für sie sei, sich auf die Seite Chinas zu stellen. Nach den Erfahrungen, die sie mit Ausländern gemacht hatten, hielten sie es nicht für ausgeschlossen, daß andere ihre Differenzen auf Kosten eines ohnmächtigen China beilegten. Während meines geheimen China-Besuchs im Jahre 1971 hatte Tschou sogar ausdrücklich auf die Möglichkeit hingewiesen, daß Europa, die Sowjetunion, Japan und wir zu dem Entschluß kommen könnten, China wieder aufzuteilen. Allerdings erklärte er, daß derartige Bestrebungen, denen sich sein Land mit Erfolg widersetzen könnte, ihn nicht interessierten. Diese Haltung war charakteristisch: China suchte seine Sicherheit darin, daß es den Ruf pflegte, extrem unberechenbar zu sein, und versuchte daher den Eindruck zu erwecken, daß es seine Ehre und Integrität um jeden Preis verteidigen werde, und das würde es vermutlich auch tun. China verhielt sich so, als ob es durch das geringste Zugeständnis auf eine schlüpfrige, abschüssige Bahn geraten könnte und sich daher entschlossen gegen alle derartigen Tendenzen wehren müsse, die eine offene Herausforderung für das Überleben der Nation seien. Die nationale Sicherheit war für China gleichbedeutend mit der Isolierung der Sowjetunion. Dazu war es notwenig, China ein möglichst großes Übergewicht zu schaffen – was unter anderem die rasche Wiederherstellung guter Beziehungen zu den Vereinigten Staaten bedeutete.

Diese klare und entschlossene Haltung der chinesischen Führung hat es uns erleichtert, uns gegenüber Peking zu öffnen; sie hat diese Beziehungen später aber auch kompliziert. Denn unsere parallel laufenden Bemühungen um das strategische Ziel, das sowjetische Machtstreben einzudämmen, schlossen es nicht aus, daß wir im Stil, in der Taktik und auch in unseren Vorstellungen andere Wege gingen. Für die Chinesen war ideologische Starrheit eine Methode, innenpolitische Probleme zu beherrschen, und eine Waffe, von außen wirkende Pressionen abzuwehren; hier ergänzten sich die Innen- und die Außenpolitik. Aber wir, die wir eben einen Krieg in Vietnam beendet hatten, der eine innenpolitische Zerreißprobe gewesen war – die Friedensliebe der amerikanischen Führung war eine innenpolitische Schlüsselfrage gewesen –, konnten es uns nicht leisten, den Eindruck zu erwecken, daß wir mit dem Gedanken einer Konfrontation spielten. Die Regierung Nixon war bereit, die militärischen Risiken auf sich zu nehmen, die notwendig waren, um die Sowjetunion an der Fortführung ihrer expansionistischen Politik zu hindern. Wir konnten diesen politischen Kurs aber weder zu Hause noch gegenüber unseren Verbündeten in Europa und Japan durchsetzen, wenn wir nicht demonstrierten, daß wir jede mit unserer Ehre zu vereinbarende Anstrengung unternommen hatten, eine Konfrontation zu vermeiden. Auch hatten wir die Hoffnung nicht aufgegeben – mochte sie noch so schwach sein –, daß die Stabilisierung der Beziehungen zwischen den Vereinigten Staaten und der Sowjetunion, die uns 1972 gelungen war, im Lauf der Zeit die Atmosphäre beruhigen würde, wenn das Rüstungsgleichgewicht und die Zurückhaltung auf der weltpolitischen Bühne sich auswirkten. Wir durften nicht vergessen, daß die Nationen, die über Waffen zur Vernichtung der Menschheit verfügen, die moralische Pflicht haben, auf diesem Planeten zu koexistieren. Die amerikanische Taktik war deshalb notwendigerweise komplexer, subtiler und weniger aggressiv als das chinesische »Schattenboxen« – wie es Mao in einem späteren Gespräch sarkastisch genannt hat.

Es gab aber auch grundsätzlich Unterschiede in den chinesischen und amerikanischen Auffassungen zu internationalen Beziehungen. China stand in der großen klassischen Tradition der europäischen Staatskunst. Die kommunistische Führung in China beurteilte die Erfordernisse des Gleichgewichts der Kräfte kühl und ohne sich von Emotionen belasten zu lassen. Bei ihnen hatten die Ideologie oder die Gefühle des einzelnen kaum einen Einfluß. Sie waren Wissenschaftler des Gleichgewichts, Künstler der Relativität. Sie hatten begriffen, daß die Kräfte, zwischen denen ein Gleichgewicht hergestellt werden mußte, in ständigem Fluß waren, und daß man in dem Bemühen um die Bewahrung des Gleichgewichts den sich verändernden Umständen Rechnung trage müßte. Nur ein Grundsatz stand unverrückbar fest: Keine Nation durfte auch nur vorübergehend stärker sein als die Kräfte, die man vereint gegen sie stellen konnte, denn in jenem flüchtigen Augenblick, in dem man diesen Grundsatz verließ, konnten Unabhängigkeit und Identität unwiderruflich verlorengehen. China wollte sein

Überleben nicht von dem guten Willen eines anderen, zu mächtig gewordenen Staates abhängig machen. Deshalb war es entschlossen, sich gegen jede potentielle Gefahr zu stellen, und betrachtete es als einen Verzicht auf seinen Führungsanspruch, wenn es einem potentiellen Gegner erlaubte, eine eindeutige Überlegenheit zu gewinnen.

Doch die Vereinigten Staaten verfügten nicht über den begrifflichen oder historischen Rahmen für eine so kaltblütige Politik. Es hat sich erwiesen, daß die verschiedenen Strömungen im außenpolitischen Denken Amerikas nicht eine Haltung gefördert haben, welche die Politik auf eine Basis stellte, wo nationale Interessen und Machtverhältnisse abgewogen werden. Die Amerikaner begnügen sich mit einer idealistischen Tradition, welche die Verwirklichung großer politischer Ziele in den Vordergrund stellt; dazu gehören alle Bestrebungen, demokratische Tendenzen auf der ganzen Welt zu fördern oder die Verwirklichung der Menschenrechte durchzusetzen. Der amerikanische Pragmatismus verlangt, daß »Unruheherde« erkannt und beseitigt werden, wie es »der jeweiligen Lage entspricht«. Mit anderen Worten: Diese Haltung setzt voraus, daß man die Entwicklung abwartet, bevor man etwas unternimmt – das genaue Gegenteil der chinesischen Haltung. Es gibt eine Tradition, nach der internationale Konflikte mit juristischen Auseinandersetzungen verglichen werden. Für ihre Lösung werden deshalb auch juristische Mechanismen eingesetzt, ein Verfahren, das die Chinesen als naiv empfinden, für die das Völkerrecht die Widerspiegelung und nicht der Ursprung des globalen Gleichgewichts ist. Das Erbe der historischen Unverwundbarkeit Amerikas läßt uns den Grundsatz des Gleichgewichts der Kräfte mit äußerstem Mißtrauen betrachten. Das gleiche gilt für das sich daraus ergebende Prinzip, gegen die Gefährdung dieses Gleichgewichts müsse rechtzeitig etwas unternommen werden (solange diese Gefährdung noch nicht deutlich zu erkennen ist), um zu verhindern, daß die Ereignisse eine Dynamik entwickeln, die, wenn überhaupt, nur aufgehalten werden kann, wenn man gewaltige Opfer auf sich nimmt. Wir, Angehörige der Regierung Nixon, hielten es für unsere Pflicht, das amerikanische Volk von der Notwendigkeit eines Gleichgewichts der Kräfte zu überzeugen. Sie setzte eine Außenpolitik voraus, in der unser Gewicht der schwächeren Seite zur Verfügung gestellt werden mußte, und zwar auch in einem Konflikt zwischen kommunistischen Staaten, mit deren innenpolitischen Praktiken wir nicht einverstanden waren. Wir mußten also einen sowjetischen Angriff gegen China verhindern und etwas dagegen unternehmen, falls er geführt wurde.

Doch selbst wenn es uns gelang, unsere Öffentlichkeit über diese intellektuelle Hürde zu bringen, waren die Interessen und Perspektiven

Chinas und der Vereinigten Staaten so verschieden, daß es sorgfältiger Konsultationen bedurfte, um unnötige Irritationen zu vermeiden. Die ideologische Gegnerschaft Moskaus gegenüber Amerika hatte eine lange Geschichte; jedes leninistische Lehrbuch bezeichnet es als das Böse schlechthin. Die sowjetische Ideologie kennt jedoch keinen festen Zeitplan für unsere Vernichtung; nach den Vorstellungen der Sowjets muß sich der Kampf gegen uns nach den jeweils gegebenen Möglichkeiten richten. Während wir daher für die Sowjetunion eine ebenso eindeutige Gefahr darstellten wie China, war die Bekämpfung dieser Gefahr in unserem Fall ein Langzeitproblem. Die Vereinigten Staaten waren der Sowjetunion 1973 noch militärisch überlegen und würden es, was die potentiell zu mobilisierende Stärke betraf, auch für eine unbestimmte Zukunft bleiben.

Die Vereinigten Staaten verfügten deshalb über einen weiteren Handelsspielraum als China. Man durfte damit rechnen, daß die Sowjetunion eine direkte Konfrontation mit uns scheuen würde, wenn wir unsere Entschlossenheit nur deutlich genug zeigten; wir mußten auch nicht damit rechnen, vor ultimative Forderungen gestellt zu werden. Eine auf ihr eigenes Staatsgebiet beschränkte Sowjetunion bedeutete für die Vereinigten Staaten keine Bedrohung, mit der wir nicht hätten fertig werden können. Die Gefahr für uns lag darin, daß das Tempo der sowjetischen Aufrüstung die globale Abenteuerlust der Sowjets dazu reizen könnte, sich gegen andere zu wenden. Anders als die Chinesen waren wir auch ohne fremde Hilfe stark genug, den sowjetischen Waffen Gleichwertiges entgegenzusetzen und sowjetische Abenteuer zum Scheitern zu bringen. Mit der überlegenen Produktionskapazität der Vereinigten Staaten und unserer Verbündeten waren wir fähig, mehr zu produzieren als die Sowjets, und wenn wir das, was in unserem Interesse lag, richtig begriffen – angesichts der jüngsten Entwicklungen ist das kein geringes Erfordernis –, dann besaßen wir die Mittel, Aggressionen einzudämmen. Die Vereinigten Staaten konnten sich daher Zeit lassen und abwarten, wie sich das sowjetische System weiterentwickelte, solange sie es in festen Grenzen hielt, während es sich damit abplagte, mit den diesem System angeborenen Zwängen fertig zu werden.

Peking konnte sich einen solchen Luxus nicht leisten; es war viel unmittelbarer bedroht. Für die Chinesen würde die Gefahr ironischerweise am größten sein, wenn es seine eigenen inneren Spaltungen überwunden hatte und anfing, stetig wirtschaftlich zu wachsen. Dann würde die Sowjetunion vor die Tatsache gestellt, daß China an einem deutlich im voraus erkennbaren Punkt zu einem Hindernis werden würde, das sich nicht mehr beseitigen ließ, besonders in Verbindung mit anderen Ländern, die Moskau in das Lager seiner Gegner trieb. Sobald Chinas Wirtschaftswachstum es von anderen unabhängig gemacht hatte, würde der Kreml in die gefährliche Versuchung geraten, einen Präventivangriff zu führen – wenn China nicht bereit sein sollte, der Sowjetunion drastische Zugeständnisse zu machen. Die Sowjetunion brauchte keine Zunahme ihrer militärischen Kapazität, um China anzugreifen, auch wenn sie (im Jahre 1973) noch nicht stark genug war, es mit dem Westen aufzunehmen. Die chinesische Führung konnte die Lage jedoch auch anders darstellen. Sie konnte sich mutig und entschlossen zeigen und argumentieren, daß Moskau im Osten nur eine Scheinfront aufgebaut habe und in Wirklichkeit den Westen angreifen wolle – eine gute Verhandlungsgrundlage. Aber die Chinesen waren viel zu intelligent, um die Gefahr zu unterschätzen, in der sie sich befanden. Ihr Handeln widersprach ihren Worten (und die erwähnten theoretischen Überlegungen wurden ohnedies nicht mit großer Überzeugungskraft vorgetragen). Welches daher auch unser Motiv für Verhandlungen mit den Sowjets gewesen sein mochte und wie tiefgründig wir sie auch erläuterten, Peking konnte keinen Vorteil darin erblicken, die Entscheidung hinauszuschieben, die es als unausweichlich ansah und auch nicht durch eigene Maßnahmen vermeiden konnte, es sei denn, die Chinesen waren bereit, sich selbst zur permanenten Schwäche zu verurteilen.

In den Beziehungen der Vereinigten Staaten zur Sowjetunion erblickten die Chinesen keine Vorteile für sich, wohl aber manches Risiko. Selbst wenn die Chinesen zu Nixon und mir als den Vertretern unseres Landes ein gewisses persönliches Vertrauen hatten, so konnten sie doch nicht sicher sein, wie unsere Nachfolger den Handlungsspielraum, den wir zwischen Peking und Moskau gewonnen hatten, ausnutzen würden. Im übrigen wird kein vernünftiger Staatsmann die Sicherheit seines Landes vom persönlichen Vertrauen zu Individuen abhängig machen. Nach Auffassung der Chinesen brauchte sich China um seinen strategischen Alptraum eines amerikanisch-sowjetischen Kondominiums um so weniger Sorgen zu machen, je schlechter die Beziehungen zwischen den Vereinigten Staaten und der Sowjetunion waren. Die Verhandlungsposition Chinas gegenüber beiden Supermächten wäre in diesem Fall nur besser.

Diese theoretischen Überlegungen bekamen für Peking nach Beendigung des Krieges in Vietnam eine besondere Bedeutung. Solange Hanoi in einem grausamen, gegen die Vereinigten Staaten geführten Krieg vom Kreml bewaffnet wurde, gab es natürlich eine Grenze bei der Herstellung guter Beziehungen zwischen Moskau und Washington. Gelegentlich ergriff Amerika in Indochina drastische Maßnahmen, durch die die Sowjetunion gezwungen wurde, zu reagieren, wenn auch nur mit einen gewissen Abbau der diplomatischen Kontakte zu uns. Als großer Diplomat war Tschou En-lai durchaus nicht unglücklich darüber, daß der Krieg in Vietnam unsere Optionen einschränkte. Die Beendigung des Konflikts hatte deshalb die gegenteilige Wirkung. Die Zahl der Optionen Amerikas nahm zu, und die Vereinigten Staaten verfügten ohnedies über mehr Möglichkeiten als China. Wir unterhielten sowohl zu Moskau als auch zu Peking engere Beziehungen als diese beiden zueinander – ein beunruhigender Umstand für ein Land, das seit Jahrhunderten die Rivalitäten zwischen Ländern manipuliert hatte, die nach seiner Auffassung von Barbaren bewohnt wurden.

Tschou En-lai war viel zu klug, um das chinesische Dilemma deutlich erkennen zu lassen. Er wußte, daß, wenn die Vereinigten Staaten und China parallele Analysen der Weltlage artikulieren konnten, miteinander zu vereinbarende Aktionen automatisch folgen würden; und wenn nicht, bedeuteten verbale Beteuerungen nur sehr wenig. Deshalb verbrachten Tschou und ich lange Stunden damit, unsere Interpretationen so detailliert miteinander zu vergleichen, wie dies nicht einmal zwischen Ländern, die einander täglich konsultieren, möglich ist. Darüber hinaus geschah dies mit der Offenheit, die die beste Garantie dafür war, daß sich die Unterschiede in der Perspektive überbrücken ließen.

Tschou brachte seine Besorgnisse nur in Bruchstücken und in der Form von Fragen zum Ausdruck: Würden wir die Eindämmungspolitik auch in Asien für wichtig halten? Oder würden wir unsere Sicherheit darin suchen, daß sich die beiden kommunistischen Giganten gegenseitig erschöpften? Waren wir bereit, uns nach Beendigung des Vietnam-Krieges dem sowjetischen Expansionismus energisch zu widersetzen? Oder würde der Westen versuchen, die Sowjets zu beschwichtigen, um »den ungesunden Gewässern der Sowjetunion . . . ein Gefälle nach Osten zu geben« – das heißt, die Sowjets zu einer weiteren Bedrohung Chinas zu ermutigen oder diese wenigstens hinzunehmen?

In Wirklichkeit war das Dilemma, in dem sich Tschou befand, ein anderes. Die idealistischen Amerikaner und sogar die glühenden Antikommunisten unter ihnen würden wahrscheinlich nicht auf den Gedanken kommen, zynisch und absichtlich einen Konflikt zwischen China und der Sowjetunion heraufzubeschwören. Es könnte aber auch sein, daß amerikanische Führer wie Nixon, die sich grundsätzlich für das Gleichgewicht der Kräfte einsetzten, nicht ihrer Überzeugung gemäß handeln konnten, nach der die Vereinigten Staaten ein vitales Interesse daran hatten, zu vermeiden, daß China zerschlagen oder gedemütigt wurde – weil dieses Land kein Verbündeter, sondern noch vor kurzem ein Feind gewesen war, und nichts darauf hindeutete, daß es sich zu einer Demokratie entwickeln könnte.

Was nun Nixon und mich betraf, so mußte unsere Politik gegenüber Moskau stets das nationale Interesse der Vereinigten Staaten berücksichtigen, das nach unserer Auffassung die territoriale Integrität Chinas einschloß. Sollte es der Sowjetunion gelingen, die Machtstellung Chinas wesentlich zu erschüttern, dann wären die Auswirkungen auf das globale Gleichgewicht der Kräfte kaum weniger katastrophal als bei der Eroberung durch die Sowjetunion. Sobald sich erkennen ließe, daß die Vereinigten Staaten eine Aggression größeren Umfanges in Asien nicht verhindern könnten, würde Japan beginnen, sich von uns zu distanzieren. Angesichts eines sowjetischen Kolosses, das den Rücken frei hätte, sich ausschließlich auf den Westen zu konzentrieren, würde Europa das Vertrauen verlieren, und alle neutralistischen Tendenzen dort würden sich verstärken. Auch Südostasien würde diesem Trend folgen. Die radikalen Kräfte im Nahen Osten, Südasien, Afrika und sogar in den lateinamerikanischen Ländern würden die Oberhand gewinnen. Aus diesem Grund durften wir die Sowjets unter keinen Umständen zu einem Angriff gegen China ermutigen. Wir hatten nach meiner Auffassung keine andere Wahl, als China zu helfen, einem solchen Angriff Widerstand zu leisten.

Ich wußte aber auch, daß solche Vorstellungen Anfang der siebziger Jahre für die meisten politischen Führer und die öffentliche Meinung in Amerika noch neu waren und nicht der Stimmung im Land entsprachen, und wies den chinesischen Premierminister ausdrücklich darauf hin, daß Nixon und ich uns keine Illusionen über die Motive der Sowjets machten und daß sich China durch die taktischen Manöver, die unsere Strategie gelegentlich erforderte, nicht irreführen lassen sollte:

> Es gibt zwei theoretische Möglichkeiten. Die eine besteht darin, (daß die sowjetischen Führer) aufrichtig darum bemüht sind, die Spannungen in der Welt abzubauen. Wenn sie zutrifft, liegt sie in unserem gemeinsamen Interesse . . .
>
> Die zweite Möglichkeit wäre, und ich glaube, alles deutet mehr in diese Richtung, daß die Sowjetunion entschlossen ist, zur Erreichung der folgenden Ziele eine flexiblere Strategie zu entwickeln: Westeuropa dadurch zu demoralisieren, daß die Illusion des Friedens geschaffen wird; mit Hilfe amerikanischer Technologie das Ungleichgewicht zu überwinden, das noch zwischen der militärischen und der wirtschaftlichen Kapazität der Sowjetunion besteht; es den Vereinigten Staaten zu erschweren, seine militärische Kapazität aufrechtzuerhalten, indem die Sowjets eine Atmosphäre der Entspannung schaf-

fen und damit die Gegner isolieren, die sich durch eine solche Entspannungspolitik nicht täuschen lassen.
(»Wie China«, unterbrach mich Tschou. »Ich wollte nicht ganz so deutlich werden«, antwortete ich und fuhr fort:)
Was ist nun unsere Strategie? ... Wir halten die zweite Interpretation der sowjetischen Absichten für bei weitem wahrscheinlicher. Erstens, und ich will ganz offen mit Ihnen sprechen, denn Sie werden das auch aus Ihren eigenen Berichten wissen: Wir haben als Folge des Vietnam-Krieges eine sehr schwierige innenpolitische Periode hinter uns. Wir haben deshalb bei vielen Gelegenheiten manövrieren und auf eine direkte Konfrontation verzichten müssen. Aber jetzt, nach Beendigung des Vietnam-Krieges, besonders, wenn die gefundenen Regelungen nicht zur Quelle ständiger Konflikte für die Vereinigten Staaten werden, können wir zu den fundamentalen Problemen unserer Außenpolitik zurückkehren. Doch selbst während der vergangenen Periode, und der Premierminister muß das festgestellt haben, haben wir immer mit äußerster Heftigkeit auf direkte Herausforderungen der Sowjetunion reagiert ...
Was ist nun unsere Strategie? Zunächst müssen wir unsere eigene Bevölkerung hinter uns bringen, und zwar durch einen großen außenpolitischen Erfolg, damit man uns zutraut, vernünftig handeln zu können. Zweitens mußten wir den Vietnam-Krieg unter Bedingungen beenden, die nicht als eine Schande für Amerika angesehen werden dürften. Drittens wollen wir unser militärisches Establishment modernisieren, besonders die strategischen Streitkräfte ... Viertens wollen wir die Sowjetunion schließlich in eine Position manövrieren, in der deutlich erkennbar wird, daß sie der Provokateur ist. Fünftens müssen wir unser Volk an gewisse Vorstellungen gewöhnen, die ihm völlig fremd sind.

Diese »neuen Vorstellungen« bestanden darin, daß die Vereinigten Staaten ein vitales nationales Interesse am globalen Gleichgewicht der Kräfte im allgemeinen und an der territorialen Integrität Chinas im besonderen hatten und unter Umständen Herausforderungen begegnen müßten, auch wenn wir völkerrechtlich nicht dazu verpflichtet waren.

Bei meiner Erläuterung der amerikanischen Außenpolitik suchte ich dem chinesischen Premierminister zugleich deutlich zu sagen, daß China und die Vereinigten Staaten parallele Strategien verfolgen müßten trotz der Taktiken, die den jeweils in ihren Ländern herrschenden Umständen entsprachen. Wie schon gesagt, hatten die Vereinigten Staaten kein Interesse an einer Politik der unnachgiebigen, undifferenzierten Konfrontation mit der UdSSR, was China zweifellos besser gefallen hätte. Wir hielten es nicht für gut, daß Amerika zu einer Karte wurde, die Peking ausspielen konnte. China mußte auf die amerikanische Unterstützung gegen eine direkte sowjetische Bedrohung seiner Unabhängigkeit oder territorialen Integrität rechnen können; wir durften aber nicht zulassen, daß die Chinesen uns in eine unnötige Konfrontation hineinmanövrierten. So komplex die Aufgabe sein mochte, eine solche Taktik in die Tat umzusetzen, für uns war es immer günstiger, mit Moskau oder Peking engere Beziehungen zu unterhalten, als es die beiden kommunistischen Staaten untereinander taten – von dem Ausnahmefall eines sowjetischen Angriffs gegen China abgesehen.

Aus den gleichen Gründen mußten auch wir der Versuchung widerstehen, unsererseits die chinesische Karte zu spielen. Wenn wir unsere Fäden zu China enger knüpften, um die Sowjetunion zu reizen, dann gingen wir damit das doppelte Risiko ein, die Sowjetunion zu einem Präventivkrieg gegen China anzuregen – und so die Katastrophe herauszufordern, die wir vermeiden wollten – und Peking den beunruhigenden Eindruck zu vermitteln, daß wir, da wir die engeren Beziehungen zu China angeknüpft hatten, um der sowjetischen Starrheit zu begegnen, diese Bindungen wieder aufgeben könnten, wenn sich die Sowjets zu Zugeständnissen bereit fänden. Dann würde China nicht nur ein Gewicht auf der Waagschale, sondern ein Verhandlungsobjekt werden – und das wäre mit den Notwendigkeiten unvereinbar, die uns zu einer Annäherung an China geführt hatten.

Ich wies meinen Gesprächspartner darauf hin, daß wir trotz der chinesischen Vorbehalte auch weiter Verhandlungen mit Moskau führen würden, die nach unserer Auffassung im gemeinsamen Interesse lagen. Wir würden aber Peking im voraus davon unterrichten, den chinesischen Standpunkt ernst nehmen und keine gegen China gerichteten Vereinbarungen treffen. Ich sagte, daß wir drei Arten von Vereinbarungen mit der Sowjetunion aushandeln wollten: Abkommen, die die Spannungen in Krisengebieten wie Berlin verringerten, was, wie wir glaubten, in erster Linie unserer Seite nützen würde; Vereinbarungen, deren Ziele im beiderseitigen und allgemeinen Interesse lagen wie etwa die jüngst getroffenen über eine Begrenzung der strategischen Rüstung; und technisch nützliche Abkommen ohne größere politische Bedeutung, etwa über den kulturellen und wissenschaftlichen Austausch und über den Handel (innerhalb eines strengen strategischen Kontrollsystems, wobei der Umfang des Warenaustausches von der jeweiligen politischen Lage abhängig gemacht werden sollte).

Der chinesische Premierminister, dem keine Nuance entging, unterbrach mich: »Man kann aber auch sagen, daß dies der sowjetischen Politik entspricht, deren Ziel es ist, Westeuropa in Sicherheit zu wiegen und zu demoralisieren.«

»Ich gebe zu, daß beide Seiten auf bestimmte Tendenzen setzen«, sagte ich. »Die Sowjetunion glaubt, sie könnte Westeuropa demoralisieren und uns lähmen. Wir glauben ... daß wir mit dieser Politik die Handlungsfreiheit gewinnen, die wir brauchen, um dort Widerstand zu leisten, wo wir am ehesten mit Aggression und Druck rechnen müssen.«

Tschou En-lai hatte hier keine Zweifel. Er forderte uns auf, bei der Bildung einer antisowjetischen Koalition die Führung zu übernehmen. Sie sollte sich von Japan über China, Pakistan, den Iran und die Türkei bis nach Westeuropa erstrecken. Das Konzept war richtig, ließ sich aber nicht allein durch einen Appell an unsere Verbündeten verwirklichen. Nixon und ich waren uns der Bedeutung der Türkei, Pakistans und des Iran bewußt – aber die nächsten fünf Jahre würden zeigen, wie gering das Verständnis in Amerika für eine Politik war, welche die wichtigsten Verbündeten im Rahmen eines globalen Gleichgewichts der Kräfte betrachtete. (1974 verordnete der Kongreß ein Rüstungsembargo gegen unsere türkischen Verbündeten. Eine Unterstützung Pakistans scheiterte an der Opposition im Kongreß und dem Mangel an Interesse in der Öffentlichkeit, während die Regierung im Iran stürzte, ohne daß die neue amerikanische Regierung etwas dagegen unternehmen konnte.) Auf Europa und Japan mußte mit delikateren Mitteln eingewirkt werden, denn die europäischen Länder wollten in vielen, das globale Kräftegleichgewicht betreffenden entscheidenden Fragen weder auf den Rat der Chinesen noch auf den der Vereinigten Staaten hören. Doch hätten die amerikanischen Konservativen feststellen müssen, daß der chinesische kommunistische Premierminister die Weltlage in vielen Punkten ganz ähnlich beurteilte wie sie. Er hielt es für lächerlich, mit der Sowjetunion zu verhandeln. Nach seiner Auffassung waren die expansionistischen Tendenzen aus dem sowjetischen System nicht fortzudenken, und Verhandlungen konnten nur zur Verwirrung führen. Was Amerika auch tat, China würde seine Aufgabe darin sehen, die Motive der Sowjets bloßzulegen und damit den intellektuellen Rahmen für eine konzertierte Opposition zu schaffen.

Es war nicht leicht, in diesem Teil der Gespräche den richtigen Kurs zu halten, besonders da Tschou En-lai sehr klar die Vieldeutigkeit unserer Politik erkannt hatte. Einerseits mußten wir flexibel bleiben, um sicherzustellen, daß die Vereinigten Staaten nicht durch inneren oder äußeren Druck paralysiert wurden, wenn man ihnen die Schuld an den bestehenden Spannungen zuschob. Es war aber auch richtig, daß die Entspannung, wie Tschou erklärte, den Westen in Sicherheit wiegen und den Sowjets den Rücken freimachen könnte, um auf China Druck auszuüben und den allgemeinen Widerstandswillen zu unterminieren.

Wo lag das größere Risiko? Diese Frage ist niemals endgültig beantwortet worden; weder in unserem Dialog mit den chinesischen Führern noch in unserer innenpolitischen Debatte, weil Watergate sehr bald seine eigenen Zwänge fühlbar machen sollte.

Die weltpolitische Großwetterlage

Von diesen Perspektiven ausgehend – ähnliche Voraussetzungen, unterschiedliche Umstände und parallel laufende Strategien –, besprachen Tschou En-lai und ich die internationale Situation. Da es sein wichtigstes Ziel war, die Macht der Sowjetunion einzudämmen, unterstützte der alte Revolutionär alles, was den Zusammenhalt und die Stärke der nichtkommunistischen Welt stärkte, und zwar ohne Rücksicht auf die Ideologien, die von den wichtigsten Ländern vertreten wurden.

So hatte Tschou zum Beispiel in den neunzehn Monaten, die seit meinem ersten Besuch vergangen waren, gegenüber Japan eine vollkommene Kehrtwendung vollzogen. Damals hatte er, wie ich berichtet habe, Japan als potentiell aggressive Nation angesehen, die sich mit anderen zusammentun könnte, um China aufzuteilen, und hatte uns beschuldigt, bewußt den japanischen Militarismus wieder aufleben zu lassen. In der Öffentlichkeit und im Privatgespräch tadelte er das zwischen den Vereinigten Staaten und Japan abgeschlossene Sicherheitsabkommen. Im Februar 1973 warnte Tschou zwar noch formal vor dem japanischen Militarismus, behandelte Japan jedoch praktisch wie einen potentiellen Verbündeten.[1] (China und Japan hatten die diplomatischen Beziehungen auf unsere Anregung wiederaufgenommen, als der japanische Premierminister Kakuei Tanaka China im September 1972 besuchte.) Jetzt erkannte Tschou En-lai an, daß die Bindungen Japans an die Vereinigten Staaten die dort noch vorhandenen militärischen Tendenzen abbremsten und den Japanern das unbedingt notwendige Gefühl der Sicherheit gaben. Er machte mich darauf aufmerksam, daß er seine Angriffe gegen das Sicherheitsabkommen eingestellt hatte. In der Tat setzte sich China jetzt entschieden für eine möglichst enge Zusammenarbeit zwischen den Vereinigten Staaten und Japan ein. Der Vorsitzende Mao gab uns später den freundlichen Rat, um den Stolz der Japaner nicht zu verletzen, sollte ich bei jedem Besuch Pekings auch in Tokio Station machen. Wir hatten schon vorher erkannt, daß dies unbedingt notwendig sei. Als ich aus meinem Amt als Außenminister ausschied, hatte ich Tokio häufiger besucht als irgendeine andere Hauptstadt.

Über Westeuropa sprachen wir im gleichen Zusammenhang; bei unseren Gesprächen ging es in erster Linie um die Eindämmung der Sowjetunion. Da das Studium der europäischen Geschichte mein Spezialgebiet war und ich viele politische Führer in Europa kannte, durchlöcherte mich Tschou mit Fragen nach der europäischen Politik, nach den dort üblichen politischen Methoden, Verfahren und Persönlichkeiten. Er konnte nicht verstehen, weshalb Europa sein großes wirtschaftliches Potential nur so ungern in militärische Stärke ummünzen wollte oder weshalb ein Kontinent, der sich auch selbst hätte verteidigen können, das Bündnis mit einem so weit entfernt gelegenen Alliierten brauchte.

Es war klar, daß sich China, wenn es über vergleichbare Rohstoffquellen und industrielle Kapazitäten verfügte, niemals in eine ähnliche Abhängigkeit begeben würde. Weil Tschou der Auffassung war, Europa sei wirtschaftlich stark, militärisch schwach und psychologisch schwankend, drängte er uns dazu, klare Prioritäten zu setzen. Er erklärte, daß Schwierigkeiten im transatlantischen Handel der Zusammenarbeit bei der Verteidigung gegen die Sowjetunion niemals im Wege stehen dürften. Die amerikanische Europa-Politik müsse klug genug sein, um zwischen Form und Inhalt, zwischen einer natürlichen Bestätigung der Unabhängigkeit und unzuverlässiger Unterwürfigkeit zu unterscheiden. Besonders wachsam müßten wir gegenüber dem französischen Präsidenten Georges Pompidou sein. Das französische Streben nach Unabhängigkeit könnte uns zwar irritieren, wir würden aber niemals vergessen, daß Frankreich von allen europäischen Ländern die stärkste Außenpolitik triebe, was fraglos die Sicherheit des Westens stärke. Tschou erklärte ausdrücklich, daß, so unbequem die französischen Taktiken von Zeit zu Zeit auch sein mochten, wir doch niemals vergessen dürften, daß ein starkes Frankreich auch dafür sorgte, die Versuchung Deutschlands einzudämmen, sich der Sowjetunion anzunähern. Denn Tschou teilte die Auffassung anderer Verbündeter Westdeutschlands, daß Bundeskanzler Willy Brandts Ostpolitik (seine Ostverträge mit der Sowjetunion, der DDR und Polen) das Risiko enthielt, das, was als persönliche Geste begonnen hatte, in einem ungehemmten deutschen Nationalismus enden zu lassen, der Europa demoralisieren würde.

Tschou En-lai hielt große Stücke auf den britischen Premierminister Edward Heath. Unser Gespräch über Heath gab Tschou die Gelegenheit, mir zu erklären, daß die Chinesen im allgemeinen konservative Politiker höher einschätzten als sozialistische, denn bei ersteren war die Gefahr geringer, sich von den Sowjets täuschen zu lassen, außerdem waren sie, wenn sie sich um eine starke Verteidigung bemühten, einem geringeren innenpolitischen Druck ausgesetzt. Tschou fürchtete, besonders die europäischen Länder könnten in Versuchung geraten, die »ungesunden Gewässer« Moskaus in östliche Richtung abzuleiten. Die Chinesen erwarteten, und das ließ sich hier deutlich erkennen, von den Vereinigten Staaten die Abwendung dieser Gefahr. Auf welchem Wege das geschehen sollte – und es fragt sich, ob sie es wirklich von uns erwartet haben –, haben sie uns nie gesagt.

Nachdem wir uns darüber geeinigt hatten, daß es im beiderseitigen Interesse läge, die sowjetische Macht einzudämmen, erschien Indochina in einem ganz neuen Licht. Tschou begriff, daß, wenn sich die Pariser Vereinbarungen als unwirksam erweisen sollten, es zu einer von zwei ungünstigen Entwicklungen kommen müßte: Entweder würde der Krieg wiederaufgenommen werden, und damit begänne das chinesische Dilemma von neuem, durch das sowohl die Beziehungen der Volksrepublik China zu uns wie auch zu Nordvietnam gefährdet würden, zu einem Land, dem er im übrigen zutiefst mißtraute. Doch nach Auffassung Pekings wäre es noch gefährlicher, wenn Hanoi kampflos die Vorherrschaft in Indochina gewönne, die Vereinigten Staaten international als Papiertiger in Mißkredit brächte und an der chinesischen Südgrenze einen mächtigen vietnamesischen Staat schüfe, der nach seiner geschichtlichen Überlieferung chinesenfeindlich sein müßte und der, was die Versorgung mit Rüstungsgütern beträfe, ganz von der Sowjetunion abhängig wäre.

Auf diesem Gebiet liefen die amerikanischen und chinesischen Interessen fast parallel. Ein vereintes kommunistisches Vietnam, das die Vorherrschaft in Indochina gewonnen hatte, war für die Chinesen ein Alptraum, auch wenn es aus ideologischen Gründen nicht möglich war, dies offen auszusprechen. Tschou war daher durchaus aufrichtig, wenn er versicherte, daß ihm viel an der strikten Einhaltung der Pariser Vereinbarung läge, denn wenn das geschah, dann konnte es Hanoi nicht gelingen, die Vorherrschaft in Indochina zu gewinnen, und Nordvietnam wäre von drei unabhängigen Pufferstaaten, Laos, Kambodscha und Südvietnam, umgeben. Es ist interessant festzustellen, daß Tschou En-lai von Anfang an ähnliche Waffenstillstandsbedingungen vorgeschlagen hatte, wie sie in den Vereinbarungen festgelegt waren, deren Einhaltung es der Regierung in Südvietnam unbedingt ermöglicht hätte, zu überleben. Anders als viele unserer innenpolitischen Gegner hat er uns niemals dazu gedrängt, Thieu zu stürzen und an seiner Stelle eine von Hanoi vorgeschlagene Marionettenregierung einzusetzen.

Als wir zum Thema Laos und Kambodscha kamen, wandte Tschou zunächst seine Lieblingstaktik an, um sich von Hanoi zu distanzieren. Es war die gleiche Methode, die er schon in den Krisen des Jahres 1972 erfolgreich erprobt hatte. Er behauptete, über die Vorgänge in diesen beiden Ländern nicht genau unterrichtet zu sein – was recht unwahrscheinlich war, wenn man bedenkt, mit welcher Sorgfalt die Chinesen sich auf jedes Treffen mit amerikanischen Politikern vorbereiten und eine wie lange Geschichte ihr Land mit Indochina verbindet. Aber diese Behauptung erlaubte ihm, sich in die Zweideutigkeit zu flüchten, so daß er sich nicht deutlich über seine Differenzen mit Hanoi äußern mußte. Wie sich herausstellte, kam es Tschou auf praktische Ergebnisse an. Für Laos hoffte er, daß die Friedensverhandlungen zwischen der königlich laotischen Regierung und den Pathet Lao vorankommen und mit einer wirklich neutralen Koalition enden würden. Hier würde China einen baldigen Waffenstillstand begrüßen. Er sprach mit großer Hochachtung von dem laotischen König Savang Vatthana als einem »patriotischen und ehrlichen« Mann und unterstützte die Legitimität des neutralistischen Premiers Souvanna Phouma. Der König gehörte natürlich nicht zu den bei den Nordvietnamesen besonders geliebten Persönlichkeiten. Mit anderen Worten: China unterstützte unsere Bestrebungen in Laos, ein neutrales, friedliches und von Hanoi unabhängiges, nichtkommunistisches Regime zu errichten.

Tschou lüftete auch den Zipfel eines Schleiers, der für uns über einem der eigenartigsten Vorhaben Chinas während des Vietnam-Krieges gelegen hatte. Über fast zehn Jahre hatten chinesische Truppen im nördlichen Laos eine Straße durch die unwegsamen Berge und Dschungel an der Grenze zwischen beiden Ländern gebaut. Bis zu zwanzigtausend chinesische Soldaten waren, geschützt durch chinesische Luftabwehrbatterien, an diesem Projekt auf dem Territorium eines anderen souveränen Staates beschäftigt gewesen. Souvanna versicherte uns wiederholt, daß diese Arbeiten gegen den Wunsch von Laos ausgeführt wurden; die Chinesen hingegen behaupteten, sie seien vorher vereinbart worden. Mir ist es niemals gelungen, die völkerrechtliche Lage zu entwirren. Souvanna weigerte sich, öffentlich zu erklären, daß der Bau dieser Straße nicht genehmigt sei; wir konnten nicht feststellen, ob ihn seine Furcht zu dieser Haltung veranlaßte oder ob er etwas wußte, was er nicht sagen wollte. Peking wiederum weigerte sich, die Behauptung zu beweisen, daß Laos dem Unternehmen zugestimmt hatte, und auch hier wußten wir nicht, ob uns die Chinesen nur das Recht streitig machten, uns nach dem Grund ihrer Aktivitäten nahe der Grenze zu erkundigen, oder ob keine eindeutigen Beweise für solche Vereinbarungen vorlagen.

Im Februar 1973 interessierte uns jedenfalls die legale Grundlage für den Bau der Straße in Laos durch die Chinesen viel weniger als ihr strategischer Zweck, und zu diesem Thema äußerte sich Tschou nun ganz klar. Während des größten Teils des Krieges hatten wir geglaubt, daß über diese Straße die unter der Kontrolle von Hanoi stehenden Pathet Lao versorgt werden sollten. Es hatte amerikanische Pläne für ihre Bombardierung gegeben, die jedoch nie zur Ausführung kamen. Erst im Lauf der Zeit mußten wir feststellen, daß über diese Straße keine Versorgungsgüter transportiert wurden und sie an der Flanke der vorrückenden Nordvietnamesen gelegen war. Nun erläuterte ich meine Theorie, indem ich Tschou von den Befürchtungen Thailands berichtete, die Straße könnte gegen dieses Land gerichtet sein. Er antwortete, daß China an guten Beziehungen zu Bangkok interessiert sei; der Bau der Straße werde weitergehen, die Straße werde aber weit vor der thailändischen Grenze enden. Wenn das richtig war, dann konnte der einzige Zweck dieses Unternehmens nur sein, Hanoi in Schranken zu halten und nötigenfalls zu bedrohen. Während all der Jahre des Vietnam-Krieges hatte Peking in Laos in der Flanke der vorrückenden Nordvietnamesen eine Basis errichtet, um von dort aus die mögliche Beherrschung ganz Indochinas durch seinen angeblichen Verbündeten zu verhindern!

Die Tatsache, daß China sich jetzt von Hanoi distanzieren wollte, wurde noch deutlicher, als wir uns Kambodscha zuwandten. Offiziell nahm China eine ähnliche Haltung ein wie Hanoi: Es unterstützte die formal vom Prinzen Norodom Sihanouk geführte kommunistische Rebellion. Aber an diesem Punkt endete die Ähnlichkeit. Hanoi behandelte Sihanouk als ein eben noch zu tolerierendes Anhängsel der kommunistischen Roten Khmer; Tschou En-lai hingegen räumte dem Prinzen die erste Stelle ein. Aus diesem Grunde wollte – und konnte – Tschou nicht wie Pham Van Dong und Le Duc Tho von uns verlangen, daß wir die Regierung Lon Nol in Phnom Penh stürzten. Tschou kannte die Verhältnisse in Kambodscha zu genau und wußte, daß der Erfolg von Sihanouks Balanceakt davon abhing, ob es auch weiterhin zwei miteinander konkurrierende Kräfte gab, die gegeneinander ausbalanciert werden konnten. So war es allzu verständlich, daß Tschou sagte:

> Ich meine nicht, daß die Kräfte, die er (Lon Nol) vertritt, nicht zählen ... Wir denken uns etwas bei unseren jeweiligen Orientierungen. Es ist für Kambodscha unmöglich, jetzt vollständig rot zu werden. Wollte man das versuchen, dann würde es zu noch größeren Problemen führen.

Es war erstaunlich, daß ein politischer Führer des Landes, das sich selbst als leuchtendes Vorbild aller revolutionären Kräfte betrachtete, erklärte, seine Probleme könnten zunehmen, wenn ein anderes Land vollständig kommunistisch würde. Aber er hatte recht. Eine solche Entwicklung würde Sihanouk überflüssig machen, Saigon demoralisieren und Indochina praktisch den Nordvietnamesen in die Hände spielen.

Die Haltung Tschous zeigte uns, daß wir vielleicht doch noch zu einer praktischen Übereinkunft kommen könnten. Wenn die durch Lon Nol vertretenen Kräfte eine endgültige Regelung überlebten, dann gäbe es noch Themen, über die man sprechen konnte. Wenn unsere Grundsatzbedingung – daß diejenigen, die sich auf uns verlassen hatten, nicht unter kommunistische Herrschaft gerieten – erfüllt wurde, dann bestand die Möglichkeit, daß Sihanouk eine wichtige und vielleicht entscheidende Rolle als Bindeglied zwischen den miteinander konkurrierenden Kräften übernahm, um zwischen ihnen den Ausgleich zu schaffen. Ich schlug deshalb ein sofortiges Treffen zwischen einem Vertreter der Regierung Lon Nol und Sihanouks Premierminister Penn Nouth vor, um Verhandlungen über die Struktur einer künftigen Koalition aufzunehmen. Ich sagte, daß wir nicht darauf bestehen würden, Lon Nol selbst an einer solchen Regierung zu beteiligen, solange die von ihm geführten Kräfte darin vertreten waren.

Tschou meinte dazu, daß Kambodscha ein kompliziertes Problem sei und es sich hier nicht nur um einen Bürgerkrieg handelte; auch von außen kommende Kräfte (und hier meinte er die Nordvietnamesen) seien darin verwickelt. In der von Sihanouk geführten Aufstandsbewegung gäbe es obendrein zahlreiche Gruppen mit unterschiedlichen Auffassungen (was bedeuten sollte, daß die Roten Khmer jeden Kompromiß ablehnten). Nicht alle an der Revolte Beteiligten waren damit einverstanden, daß Sihanouk die von mir dargestellte zentrale Rolle übernahm (und damit wollte der chinesische Premierminister sagen, daß die Roten Khmer ihn bestenfalls als Strohmann ansahen). Tschou erklärte sich jedoch bereit, den interessierten Parteien und vor allem Sihanouk unsere Ideen »in unserer (der chinesischen) Version« vorzutragen. Mit anderen Worten, bei der Erläuterung unserer Haltung (welche die Führung in Hanoi vor wenigen Tagen entschieden abgelehnt hatte) wollte er sich bis zu einem gewissen Grad mit ihr identifizieren. Er sagte, daß er, wenn er sich mit den interessierten Parteien beraten hätte, sich wieder mit uns in Verbindung setzen werde. Zum ersten Mal übernahm China eine aktive Rolle im Ramen der indochinesischen Friedensverhandlungen.

Dafür gab es gute Gründe. Das Interesse Chinas an Kambodscha, das in eigenartiger Weise mit dem unseren parallel lief, war sehr viel stärker. Daß sich Hanoi an die Pariser Vereinbarungen hielt, war für uns in erster Linie wichtig, weil es unsere globale Glaubwürdigkeit stärkte. Für China ging es dabei um die nationale Sicherheit, da eine stark gerüstete bedeutende Macht mit einer Bevölkerung von fast fünfzig Millionen Menschen an der chinesischen Südgrenze entstand, deren fanatische Führung mit der Sowjetunion verbündet war. In diesem Sinne war

Kambodscha Indochinas Achse; wenn es zusammenbrach, dann war die Auflösung Südvietnams und daher auch die Vorherrschaft von Hanoi sicher. Tschou war deshalb weniger um einen Sieg der Roten Khmer besorgt als um die Möglichkeit, daß eine Struktur mit den besten Voraussetzungen entstand, Kambodscha unabhängig und neutral zu erhalten. Er begriff, daß wir ein gemeinsames Problem hatten. Wir mußten die Leidenschaften der kambodschanischen Parteien besänftigen, damit sie sich in ihrem Bruderhaß nicht gegenseitig vernichteten und dadurch jede Hoffnung auf ein Überleben ihres Landes zerstörten.

In unseren Zielen seien wir uns einig, sagte Tschou. Fraglich sei nur, wie wir sie erreichen sollten. Ich nahm diese Gelegenheit wahr, Tschou daran zu erinnern, weshalb eine vernünftige Lösung für die Vereinigten Staaten, aber auch allgemein so wichtig wäre, und zwar aus Gründen, die weit über Indochina hinausgingen:

> Würde Amerika sich vorzeitig aus Südostasien zurückziehen, dann hätte das katastrophale Folgen ... Die schwierigste Aufgabe, vor der Präsident Nixon in seiner zweiten Amtszeit steht, liegt darin, daß Amerika auch weiterhin die Verantwortung für das globale Gleichgewicht der Kräfte übernehmen muß, und das bedeutet die Fortführung einer antihegemonialen Politik durch die Vereinigten Staaten. Die Vereinigten Staaten dürfen daher keine Politik treiben, die das isolationistische Element in Amerika unterstützt.

Tschou hat dem nicht widersprochen, sondern sich in den folgenden Monaten so verhalten, als wäre er, der Repräsentant Chinas, der gleichen Meinung.

Die Verbindungsbüros

Je deutlicher es wurde, daß die Vereinigten Staaten und China mit ihrer Außenpolitik parallele Interessen verfolgten, desto notwendiger wurde es auch, die Kommunikationsmöglichkeiten zwischen den beiden Regierungen zu verbessern. Da noch keine offiziellen diplomatischen Beziehungen zwischen den Vereinigten Staaten und China bestanden (weil Amerika Taiwan als rechtmäßige chinesische Regierung anerkannte), hatten wir bisher über zwei Kanäle miteinander verkehrt. Die normalen Kontakte waren über Paris abgewickelt worden, wo Huang Tschen Botschafter der Volksrepublik China war, ein ehemaliger General und Veteran des Langen Marsches, Mitglied des Zentralkomitees der Chinesischen Kommunistischen Partei. Ich kannte ihn gut als Gesprächspartner bei zahlreichen geheimen Zusammenkünften. Normalerweise wurde der Kontakt durch unseren Botschafter in Frankreich,

Arthur Watson, aufrechterhalten. Aber in der Regierung Nixon, wenigstens während Nixons erster Amtszeit, gingen spezielle Botschaften an ausländische Regierungen über Geheimkanäle, die unter der unmittelbaren Aufsicht des Weißen Hauses standen. Eine solche Verbindung zu China stellten wir über die chinesische Mission bei den Vereinten Nationen in New York her, die seit 1971 von dem bemerkenswerten Huang Hua geleitet wurde (der später das Amt des Außenministers übernahm).

Zunächst legte Peking Wert darauf, daß die Verhandlungen über Paris geführt wurden. Die Mission bei den Vereinten Nationen wurde nur in dringenden Ausnahmefällen eingeschaltet. Vielleicht wünschte man auf chinesischer Seite nicht, daß wir die Vorteile einer chinesischen Botschaft genossen, ohne das Land diplomatisch anerkannt zu haben. Sehr bald jedoch waren rasche Verbindungen notwendig, um wichtige und vertrauliche Gespräche führen zu können, so daß beide Seiten den Begriff der »Dringlichkeit« großzügiger interpretierten. In der Zeit von November 1971 bis Mai 1973 reiste ich sehr häufig im geheimen nach New York, um mich mit Huang Hua zu treffen, gewöhnlich in einem von der CIA zur Verfügung gestellten »sicheren Haus« im Zentrum Manhattans, wo wir uns in einem heruntergekommenen Appartement trafen, dessen Spiegelwände darauf schließen ließen, daß es früher zu weniger prosaischen Zwecken benutzt worden war.

Aber diese romantische Umgebung ließ, was die diplomatische Logistik betraf, manches zu wünschen übrig. Darüber hinaus mußten Peking und Washington, wenn unsere gemeinsame strategische Analyse richtig war, auf dramatische Weise zeigen, daß sich beide Nationen einander wirklich genähert hatten. Vom Standpunkt Pekings aus – und wenn man es richtig verstand, auch nach unserer Auffassung – signalisierten solche Gesten, daß die Vereinigten Staaten einen gegen China ausgeübten militärischen Druck nicht unbeeindruckt hinnehmen würden.

Als ich im Februar 1973 nach Peking kam, brachte ich noch keinen detaillierten Plan für die Verbesserung der nach außen sichtbaren Kontakte mit. Ich hatte vorgehabt, einen bescheidenen ersten Schritt vorzuschlagen, wie etwa ein amerikanisches Handelsbüro in China; denn wir waren immer noch überzeugt, daß Peking kein Büro in Washington einrichten wollte, solange sich die Vertretung Taiwans in der amerikanischen Hauptstadt befand. Ganz unerwartet beschloß jedoch Tschou En-lai, einen größeren Schritt zu tun und zwischen unseren beiden Ländern de facto diplomatische Beziehungen herzustellen. Mit dem im Reich der Mitte traditionellen Geschick verstand er es, das Gespräch mit mir so zu führen, daß der Anschein erweckt wurde, der Vorschlag käme von mir – was schmeichelhaft war und mich am Erfolg beteiligte, aber nur teilweise richtig war.

Bei unserem Gespräch über bilaterale Beziehungen erwähnte ich den Wert einer ständigen Kontaktstelle. Tschou zeigte sich vorsichtig interessiert und fragte, ob ich eine Vorstellung davon hätte, wie eine solche Stelle einzurichten sei. Konsulate lehnte er ab; sie wären ihm zu technisch gewesen. Auch der Vorschlag, Handelsvertretungen einzurichten, schien ihm nicht zu gefallen. Offensichtlich ging es ihm in erster Linie um politische und nicht um Wirtschaftsbeziehungen. Deshalb machte ich jetzt den Vorschlag, Verbindungsbüros einzurichten, wie sie für Hanoi vorbereitet waren, dort aber kategorisch abgelehnt wurden. Nach Pham Van Dongs Auffassung hatten wir uns das Privileg noch nicht verdient, dauernde Kontakte mit seiner Regierung aufzunehmen und ständig von ihren Vertretern belästigt zu werden. Tschou horchte auf. Mein Vorschlag war nicht sehr präzise, und ich wollte auch keine Gegenleistung Washingtons anbieten, denn ich war mir sicher, daß Pekings Vertreter so lange nicht erscheinen würden, wie Taiwans Vertreter in Washington saßen.

Tschou sagte, daß er »meinen« Vorschlag, ein Verbindungsbüro einzurichten, in Erwägung ziehen werde. Ich war mir nicht bewußt, offiziell einen solchen Vorschlag gemacht zu haben, aber am folgenden Tag »nahm er ihn an«. Er fügte jedoch noch einen besonderen Akzent hinzu. China *werde* Gegenseitigkeit verlangen: Auch in Washington müsse ein chinesisches Verbindungsbüro eingerichtet werden. Er sagte, er sei bereit, sofort über die technischen Einzelheiten zu sprechen – und bewies damit, daß er gründlicher über unseren »Vorschlag« nachgedacht hatte als wir selbst. Die von ihm vorgeschlagenen Verbindungsbüros waren, wie ein Beobachter meint, »regelrechte Botschaften, denen nur diese Bezeichnung fehlte«.[2] Das Personal sollte diplomatische Immunität haben; es sollten eigene, abhörsichere Nachrichtenverbindungen hergestellt werden; die Missionschefs sollten wie Botschafter behandelt werden und den Gedankenaustausch zwischen beiden Regierungen übernehmen. Sie würden nicht dem offiziellen diplomatischen Korps angehören, aber das hatte auch seine Vorteile, denn es erlaubte eine besondere Behandlung, ohne daß wir dabei gegen das etablierte Protokoll verstießen.

Zunächst sollten Berufsdiplomaten mittleren Ranges die Leitung der Verbindungsbüros übernehmen. Nach einigen Überlegungen kamen Nixon und ich überein, David K. E. Bruce zum Leiter dieses Büros zu ernennen, einen unserer fähigsten Botschafter, der in der amerikanischen Öffentlichkeit hohes Ansehen genoß. Diese Ernennung würde zeigen, welche Bedeutung wir ihr beimaßen, und wir wollten ihm auch die geheimsten Informationen anvertrauen. Daß er auf Routineaufgaben verzichten mußte, an denen ein weniger gut geeigneter Mann vielleicht die Bedeutung dieser Stellung gemessen hätte, würde ihn nicht stören. Er besaß die Klugheit und Erfahrung, um den Erfolg der wichtigsten Aufgaben des Verbindungsbüros zu garantieren; er mußte die jeweiligen Auffassungen beider Regierungen, die sich auf einander entgegengesetzte Ideologien beriefen, taktvoll aufeinander abstimmen, obwohl diese Auffassungen auf eine diametral entgegengesetzte historische Basis gründeten, während sich die Regierungen jetzt aus praktischen Gründen gezwungen sahen, einen ähnlichen außenpolitischen Kurs zu verfolgen.

Tschou En-lai revanchierte sich durch die Ernennung des bisherigen Botschafters in Paris, Huang Tschen. Ich hatte zu diesem warmherzigen und empfindsamen Menschen, dessen Hobby die Malerei war, eine herzliche Zuneigung entwickelt. Wie alle chinesischen Diplomaten war er äußerst diszipliniert. Trotzdem gelang es ihm immer wieder, die hinter seinen Anweisungen stehenden und nicht deutlich auszusprechenden Absichten zu vermitteln. Er war ein Meister in seinem Beruf, besonders während der schwierigen Phase der Vietnam-Verhandlungen, und konnte dem guten Willen der Chinesen Ausdruck verleihen, ohne dabei seine Regierung gegenüber ihrem mißtrauischen Verbündeten in Hanoi zu kompromittieren. Er verstand es, Vertrauen zu wecken, und zwar auch, als wir später durch schwierige Perioden gehen mußten, verursacht durch innenpolitische Schwierigkeiten beider Länder. Beide Seiten demonstrierten die Bedeutung, die sie der Weiterentwicklung ihrer Beziehungen beimaßen, indem sie jeweils ihre besten Männer zu Missionschefs ernannten.

So fanden wir eine praktische Lösung für das Dilemma: Unsere unterschiedlichen Auffassungen zu Taiwan verhinderten die vollständige Normalisierung der Beziehungen, während unsere gemeinsame Sorge um das Gleichgewicht der Kräfte regelmäßige und enge politische Kontakte erforderte. Der Grundsatz, daß offizielle diplomatische Beziehungen erst nach einer Einigung über Taiwan aufgenommen werden könnten, blieb unangetastet. Aber Realität war, daß die offizielle Aufnahme diplomatischer Beziehungen am 1. Januar 1979 im wesentlichen nur noch daraus bestand, auf die Tafeln an den Eingängen der Verbindungsbüros jetzt die Bezeichnung »Botschaft« zu schreiben. In weniger als zwei Jahren waren wir von den ersten, zaghaft mit der Hand geschriebenen Noten, die durch Mittelsmänner überbracht wurden, zu engen politischen Beziehungen gekommen, die sogar enger waren als diejenigen der meisten Länder, die schon seit langem Botschaften in Peking unterhielten.

Solange er lebte, war der Vorsitzende der Kommunistischen Partei Chinas, Mao Tse-tung, von einem Schleier des Mysteriums und der Verehrung umgeben, ganz ähnlich den Kaisern, an deren Stelle er getreten war. Er lebte in einem bescheidenen Haus innerhalb der Mauern des alten kaiserlichen Palastes in der »verbotenen Stadt«. Seine Aussprüche wurden von unseren chinesischen Gastgebern ehrfürchtig zitiert, so, als wären sie in der Lage, auch seine dunkelsten Äußerungen zutreffend zu interpretieren. Sogar Premierminister Tschou En-lai behauptete, daß alle kritischen Entscheidungen von Mao getroffen würden, und gelegentlich unterbrach er eine Sitzung mit mir, um sich angeblich Anweisungen vom Vorsitzenden zu holen. Wenn er dann nach seiner Rückkehr in eine kernige, leidenschaftliche, revolutionäre Rhetorik verfiel, dann durfte man glauben, daß er es, wie er selbst behauptete, auf Maos ausdrücklichen Befehl tat und dessen Haltung wiedergab. Ich war mir jedoch niemals ganz sicher, ob sich Tschou En-lai damit von Mao Tse-tung distanzieren oder seinen Worten ein größeres Gewicht verleihen wollte.

Damals sah man Maos Porträt überall in Peking; Anschlagtafeln und öffentliche Gebäude waren mit seiner Kalligraphie bedeckt; man spürte überall, daß er den von ihm geschaffenen Staat ganz persönlich beherrschte. Die besondere Betonung dessen, was eine einzelne Persönlichkeit bedeutet in einem marxistischen System, das theoretisch materiellen Faktoren und historischen Kräften die entscheidende Bedeutung zumißt, war erstaunlich. Man hatte das Gefühl, die titanenhafte Persönlichkeit, die aus bescheidenen Ursprüngen zu solcher Macht aufgestiegen war und fast ein Viertel der Menschheit beherrschte, vertraue nicht auf die Dauerhaftigkeit der Ideologie, in deren Namen er seine Siege erfochten hatte. Er forderte die Götter heraus und strebte nach der Unsterblichkeit in der Verehrung durch jene Millionen, die schon unter so vielen Eroberern gelitten und so viele erzwungene Veränderungen ihrer Lebensumstände erfahren hatten, daß sie über diese Ereignisse nur durch ihre Leidensfähigkeit, ihren praktischen Sinn und ihre alles durchdringende humane Haltung hinwegkommen konnten.

Mao spürte die Vergänglichkeit seines Ruhms und wußte, daß Speichellecker sein Vertrauen am wenigstens verdienten. Er fürchtete, das gleiche Schicksal zu erleiden wie der erste Kaiser Ch'in Shih Huang-te, der China während einer Regierungszeit von vierzehn Jahren revolutioniert hatte, um dann in Vergessenheit zu geraten, wie alle, die glauben, Chinas Lebensrhythmus ändern zu können. Deshalb hat Mao vielleicht gerade das beschleunigt, was er unter allen Umständen vermeiden wollte. Durch den Versuch, seinem Land die permanente Revolution aufzuzwingen, hat er auch die historische Sehnsucht der Chinesen nach Kontinuität wiederbelebt. Das chinesische Volk hat das Überleben nicht seiner Begeisterungsfähigkeit, sondern seiner Ausdauer zu verdanken, und zwar nicht in einer sprunghaften, sondern in einer stetigen Weiterentwicklung. Es ist groß geworden, weil es in sich in einzigartiger Weise Kultur, gesunden Menschenverstand und Selbstdisziplin vereinigt hat. Seine bedeutendsten Führer werden früher oder später von dieser geduldigen Masse von Individualisten assimiliert, die zwar bereit sind zu leiden, nicht aber ihr innerstes Wesen preiszugeben, und die verstehen, auch wenn sie es nicht artikulieren können, daß in China nur derjenige wirklich Bedeutung erlangt, der geschichtliche Aufgaben auf ein menschliches Maß zurückführen kann. Die Chinesen sind begabt, aber auch skeptisch; ehrgeizig, aber auch der Tatsache bewußt, daß die Intuition eines einzelnen Menschen, und mag sie auch noch so gewaltig sein, keine Antwort auf die komplexen Fragen geben kann, welche die Geschichte uns stellt.

Es liegt eine bemerkenswerte Ironie darin, daß der politische Führer, der in den Herzen seiner Landsleute überlebt zu haben scheint, nicht der heroische Übermensch ist, der die Revolution in China gemacht hat, sondern sein viel weniger bekannter Jünger, Tschou En-lai, der im Hintergrund und ganz unauffällig dafür gearbeitet hat, die Kontinuität des Lebens und nicht die Permanenz des Umsturzes sicherzustellen.

Doch im Februar 1973 bestand kein Zweifel daran, wer an erster Stelle stand. Mao überragte alle und jeden. Ausländer empfing er nur selten; wenn, dann waren es ausnahmslos Staatsoberhäupter oder kommunistische Parteifunktionäre höchsten Ranges. Ich war Mao nur einmal im Gefolge Nixons während des ersten Präsidentenbesuchs in Peking begegnet. Die Einladung war plötzlich erfolgt, denn für Empfänge bei Mao gab es keine protokollarisch festgelegten Vereinbarungen. Zum Teil deswegen nicht, da man bei dem angegriffenen Gesundheitszustand des Vorsitzenden nicht voraussagen konnte, wann er in der Lage sein würde, Besucher zu empfangen. Es lag aber auch eine bestimmte Absicht dahinter, denn eine solche Distanziertheit erzeugt eine Atmosphäre des Geheimnisvollen und ist ein Attribut der Majestät. Allerdings brauchte Mao keine künstlichen Mittel, um die Ausstrahlung seiner Persönlichkeit zu verstärken. Bei seinem Zusammentreffen mit Nixon spürte ich die autoritäre Kraft, die von ihm ausging, fast physisch. Er beherrschte den ganzen Raum in einer Weise, wie ich es außer bei Charles de Gaulle noch nie erlebt hatte.

Diesmal wurde ich am 17. Februar während eines Gesprächs mit

Tschou En-lai im staatlichen Gästehaus zur Audienz befohlen. Es war gegen elf Uhr abends, denn Tschou war ein typischer Nachtarbeiter, und wir hatten fast täglich noch eine Arbeitssitzung nach dem Abendessen. Wir trafen uns im staatlichen Gästehaus, denn Tschou machte es sich zur Gewohnheit, mich – trotz des großen Unterschiedes im protokollarischen Rang – ebensooft aufzusuchen, wie ich zu ihm ging. Plötzlich wurde die würdige Haltung unserer Gesprächspartner durch das Erscheinen von Miss Wang Hai-dschung, einer Mitarbeiterin des Ministers für auswärtige Angelegenheiten, gestört. Sie war angeblich mit Mao verwandt, wirkte wie ein aufgeschrecktes Reh und trieb ihre persönliche Bescheidenheit so weit, daß man fast den Eindruck hatte, sie sei unsichtbar.

Sie überreichte Tschou eine Notiz. Er fuhr mit seinen Erläuterungen der politischen Motive der Sowjetunion fort, wechselte aber nach einer Minute das Thema und sagte: »Ich habe Ihnen etwas mitzuteilen. Der Vorsitzende Mao hat Sie eingeladen, ihn zu besuchen. Sie können Ihren Mitarbeiter, Mister Lord, mitnehmen.« Damit waren alle anderen Angehörigen meiner Mission ausgeschlossen. So ergab sich hier für Winston Lord die Gelegenheit, zum ersten Mal zusammen mit Mao auf einem Foto zu erscheinen; bei Nixons Zusammentreffen mit Mao im Jahre 1972 war er der Protokollführer gewesen, wir hatten jedoch die Chinesen gebeten, seinen Namen nicht im Kommuniqué zu nennen und ihn auch nicht auf den offiziellen Fotos erscheinen zu lassen, um das Außenministerium nicht zu brüskieren, weil kein Vertreter des Auswärtigen Amtes an diesem Treffen teilgenommen hatte.

Mao ließ seine Besucher immer in chinesischen Wagen abholen, und die Chinesen ließen es nicht zu, daß sie von amerikanischen Sicherheitsbeamten begleitet wurden. Wir bestiegen Tschous altes, 1930 gebautes Automobil und fuhren über die breiten Avenuen, die vom staatlichen Gästehaus in die zu dieser späten Stunde schon fast menschenleere Stadtmitte führte. Bevor wir den Tien-An-Men-Platz und die Große Halle des Volkes erreichten, wendeten wir nach links und kamen durch ein altes chinesisches Tor mit roten Säulen und einer langen zinnoberroten Mauer, die parallel zu der breiten Durchgangsstraße verlief. Der Weg führte uns über etwa anderthalb Kilometer an hinter grauen Mauern stehenden, bescheidenen Häusern vorüber, dann an einem Seeufer und auf der anderen Straßenseite an einzelnen Wohnhäusern in bürokratischem, sowjetischen Stil vorbei. Maos Residenz war bescheiden wie die eines mittleren Funktionärs. Wir hielten vor einem überdachten Hauseingang. Es ließ sich nicht feststellen, ob besondere Sicherheitsmaßnahmen getroffen worden waren. Nach unserem Eintreten durchquerten wir ein kleines Wohnzimmer und einen breiten Korridor und trafen dann auf Mao, der vor einigen im Halbkreis aufgestellten, mit braunem Stoff überzogenen Stühlen stand. Über das ganze Zimmer waren Bücher verstreut, auf dem Boden vor Mao, auf den zwischen den Armlehnen der Stühle stehenden kleinen Tischen und auf den Regalen an den Wänden.

Mao begrüßte uns mit ein paar freundlichen Worten, während chinesische Fotografen Aufnahmen machten. Später erfuhren wir, daß die Berichte in der chinesischen Zeitung *People's Daily* am folgenden Tag immer ein gutes Barometer für die Bewertung unserer Beziehungen waren. Diesmal, im Februar 1973, berichtete *People's Daily* mit roten Schlagzeilen über unser Treffen, und auf der ersten Seite waren zwei Fotos abgedruckt; die amerikanisch-chinesische Freundschaft hatte grünes Licht.

Der Zweck dieses Empfangs war es, darauf hinzuweisen, daß die Freundschaft zwischen den Vereinigten Staaten und China noch zu Maos Lebzeiten wiederaufgenommen werden sollte. Mao kam sofort auf dieses Anliegen zu sprechen. Während wir auf unsere Stühle zusteuerten und die Fotografen noch im Zimmer waren, sagte er: »Ich sehe nicht schlecht aus«, und sprach damit aus, was ich dachte, denn er machte jetzt wirklich einen gesünderen Eindruck als bei dem Treffen mit Nixon vor einem Jahr – »aber Gott hat mir eine Einladung geschickt.« Es klang in diesem Augenblick nicht einmal paradox, daß der Führer des volkreichsten atheistischen Staates, der Dialektiker des Materialismus, die Gottheit erwähnte. Kein anderes Wesen von niedrigerem Rang hätte es wagen dürfen, das Lebenswerk des großen Vorsitzenden zu unterbrechen. Noch beeindruckender war jedoch die kühle Sachlichkeit, mit der Mao über das bevorstehende Ende seiner Herrschaft sprach und damit andeutete, daß es dringend notwendig sei, jetzt alle die Angelegenheiten zu ordnen, die seines persönlichen Mitwirkens bedurften.

Wie im vergangenen Jahr bei Nixons Besuch verwickelte mich Mao in einen scherzhaft geführten sokratischen Dialog und ließ dadurch die Akzente, die er setzen wollte, spontan und zufällig erscheinen. Was er mir mitzuteilen hatte, schien willkürlich aus der Eingebung des Augenblicks zu kommen, doch bald erkannte ich, daß er bei der Erörterung einer Reihe von Direktiven für seine Untergebenen einem klar geordneten Gedankengang folgte. Mit einer dieser Anordnungen zog Mao einen Schlußstrich unter die Vergangenheit. Er sagte, die beiden amerikanischen Präsidenten Harry Truman und Lydon Johnson seien während der letzten zwei Wochen gestorben. Mit ihnen seien auch die alte China- und die alte Vietnam-Politik begraben worden. Dann forderte er mich in seiner bekannten, etwas spöttischen Art heraus: »Damals waren Sie gegen uns ... und wir waren gegen Sie. Also sind wir zwei Feinde.« Er lachte.

»Zwei ehemalige Feinde«, erwiderte ich.

Aber das genügte Mao noch nicht: »Heute bezeichnen wir die Beziehungen zwischen uns als Freundschaft«, erklärte er.

Dieser Gemeinplatz erhielt jedoch sofort eine besondere Bedeutung, als Mao einen Grundsatz der chinesischen Staatskunst erläuterte: Das Manövrieren um kleine Vorteile sei kurzsichtig, und wir dürften nichts tun, was das gegenseitige Vertrauen untergraben könnte. »Lassen Sie uns keine falschen Worte sprechen und nicht mit Tricks arbeiten«, sagte er. »Wir stehlen nicht Ihre Dokumente. Sie können sie absichtlich irgendwo liegenlassen und uns auf die Probe stellen«, sagte er lächelnd, deutete aber nicht an, wo wir diesen Test durchführen sollten und wie sich feststellen ließ, daß die Chinesen unser Vertrauen nicht mißbraucht hätten. Es hätte keinen Sinn, kleine Risiken einzugehen, meinte Mao, und da er schon bei diesem Thema war, stellte er auch den Nutzen umfangreicher Operationen der Geheimdienste in Frage. Der Wert ihrer Arbeit wurde nach seiner Auffassung überschätzt. Wenn sie wüßten, was die politischen Führer wissen wollten, kämen ihre Berichte herein »wie Schneeflocken«. Wenn es aber um wirklich wichtige Dinge gehe, dann versagten sie gewöhnlich. Er behauptete, daß der chinesische Geheimdienst über Lin Piaos* Komplott ebensowenig gewußt hätte wie über meinen Wunsch, nach Peking zu kommen. Mao glaubte, wir hätten mit unseren Nachrichtendiensten die gleichen Probleme.

Kurz gesagt, große Ziele erfordern eine weitblickende Politik und keine taktischen Manöver. Unsere beiden Länder standen vor der Aufgabe, trotz ideologischer Differenzen zu gemeinsamem Handeln zu finden. Darin, so meinte Mao, müßten beide Seiten ihren Grundsätzen treu bleiben und die Verwirklichung gemeinsamer Ziele anstreben. Er erinnerte sich daran, daß Nixon ihm 1972 gesagt hatte, bei der Annäherung zwischen China und den Vereinigten Staaten handelten beide jeweils in ihrem eigenen Interesse und stimmte dieser Auffassung zu. Mao ging noch einen Schritt weiter und meinte etwas zynisch, wir könnten die innenpolitische Unterstützung für unsere Zusammenarbeit mit China stärken, wenn beide Länder gelegentlich ein kleines Geplänkel veranstalteten, solange wir selbst solche kleinen Ausfälle nicht zu ernst nähmen:

* Maos ehemaliger Verteidigungsminister, Lin Piao, der auch als Nachfolger des Vorsitzenden genannt worden war, starb im September 1971 bei einem Flugzeugabsturz. Er befand sich angeblich auf der Flucht in die Sowjetunion, nachdem seine gegen Mao gerichtete Verschwörung aufgedeckt worden war.

Wenn wir die gleichen Ziele verfolgen, dann wollen wir uns gegenseitig keinen Schaden zufügen ... Aber in der Praxis kann es vorkommen, daß wir Sie eine Zeitlang und Sie uns eine Zeitlang kritisieren wollen. Dahinter stehen, wie Ihr Präsident gesagt hat, ideologische Einflüsse. Sie sagen: »Fort mit den Kommunisten!« Wir sagen: »Fort mit den Imperialisten!« Manchmal sagen wir so etwas. Es wäre falsch, das nicht zu tun.

Der Vater der kommunistischen Revolution in China, Mao Tse-tung, der sein Volk von Grund auf verändert hatte, um die Reinheit der Lehre zu wahren, gab sich große Mühe, mich davon zu überzeugen, daß die Schlagworte, die an jeder Mauer in China zu lesen waren, bedeutungslos seien und daß das nationale Interesse in der Außenpolitik über den ideologischen Differenzen stünde. Ideologische Schlagworte seien eine Fassade, hinter der die Rücksicht auf das Gleichgewicht der Kräfte stünde. Man erwartete von beiden Seiten, daß sie ihren Grundsätzen treu blieben, aber jede Seite habe die Verpflichtung, dafür zu sorgen, daß sie das im nationalen Interesse unbedingt Notwendige nicht behinderten – eine klassische Definition des modernen Macchiavellismus. »Ich glaube, wir müssen beide unseren Grundsätzen treu bleiben«, pflichtete ich ihm bei. »Es würde die Lage in der Tat nur verwirren, wenn wir die gleiche Sprache sprächen.«

Wir setzten unser Gespräch über die Weltlage in diesem fast heiterscherzhaften Ton bis 1.30 Uhr morgens fort. Mao war überzeugt, daß die Bedrohung durch die Sowjetunion durchaus real sei und zunähme. Er warnte vor einer falsch verstandenen Entspannungspolitik, die den Widerstand gegen den sowjetischen Expansionismus schwächen und die Völker im Westen verwirren müßte. Die Vereinigten Staaten und Europa sollten der Versuchung widerstehen, »die ungesunden Gewässer nach Osten umzuleiten«. Diese Strategie werde keinen Erfolg bringen, denn auch der Westen werde im Lauf der Zeit überschwemmt werden. Die Vereinigten Staaten und China müßten zusammenarbeiten, was die Institutionalisierung unserer Beziehungen erfordere. Die Einrichtung der Verbindungsbüros in beiden Hauptstädten wäre eine richtige Entscheidung. Er empfahl dringend die Vermehrung der Kontakte und die Ausweitung des Handels und bezeichnete den gegenwärtigen Zustand als »bedauerlich«.

Mao meinte, die Vereinigten Staaten könnten den gemeinsamen Interessen am besten dienen, wenn sie in der Weltpolitik eine führende Rolle übernähmen. Er meinte damit die Schaffung eines gegen die Sowjetunion gerichteten Bündnisses. Die Zeit, zu der Peking das amerikanische Bündnissystem als Werkzeug des Imperialismus gebrandmarkt hatte, war lange vorüber; jetzt herrschte hier die Auffassung, daß es die wichtigste Stütze der internationalen Sicherheit sei. Außerhalb der Vereinigten Staaten stationierte amerikanische Truppen, die von den Chinesen über Jahrzehnte geschmäht worden waren, übernahmen jetzt eine nützliche Aufgabe, falls sie sich an der richtigen Stelle befanden. Der Vorsitzende kritisierte unseren Truppenaufmarsch in Asien nur deshalb, weil nach seiner Ansicht kein strategischer Plan dahinterstand. Diese Truppen seien zu sehr über ein weites Gebiet »verstreut«. Ebenso wie Tschou wies auch Mao auf die Bedeutung einer engen Zusammenarbeit der Vereinigten Staaten mit Westeuropa, Japan, Pakistan, dem Iran und der Türkei hin. Er sagte, wir sollten unser Verteidigungssystem ausbauen und die fundamentale Bedrohung (durch die Sowjetunion) nicht aus dem Auge verlieren. Dabei dürften wir mit unseren Verbündeten über Kurzzeitprobleme nicht in Streit geraten. Schließlich empfahl er dringend, den Zusammenhalt unter den demokratischen Industrienationen zu stärken:

> Was nun Sie, Europa und Japan betrifft, so hoffen wir, daß Sie zusammenarbeiten werden. Gelegentlich mag es richtig sein, sich zu streiten und zu kritisieren, es ist aber dringend erforderlich, in den grundsätzlichen Fragen zusammenzuarbeiten.

Doch obwohl sich der Vorsitzende in erster Linie mit außenpolitischen Fragen beschäftigte, konnte er nicht darauf verzichten, auch auf die Probleme einzugehen, welche die Innenpolitik Pekings im vergangenen Jahr belastet hatten und, wie so oft in der Geschichte Chinas, augenscheinlich ihrer eigenen Dynamik folgten. Mehrmals sprach Mao von dem Druck, den radikale Kräfte auf ihn auszuüben suchten, aber er tat es, wie dies für einen Asiaten typisch ist, nur andeutungsweise, so daß mein unbeholfenes westliches Gehirn die Bedeutung seiner Worte nicht sofort begreifen konnte. »Sie wissen, China ist ein sehr armes Land«, sagte Mao. »Wir besitzen nicht viel. Was wir im Überfluß haben, sind Frauen.«

Da ich glaubte, Mao habe einen Scherz gemacht, antwortete ich entsprechend: »Es gibt aber doch keine festgesetzten Quoten für sie und auch keine Steuern.«

»Wenn Sie sie haben wollen, können wir Ihnen ein paar überlassen, vielleicht einige zehntausend«, parierte Mao.

»Aber natürlich auf freiwilliger Basis«, unterbrach uns Tschou.

»Wenn Sie sie aufnehmen«, fuhr Mao fort, »dann werden sie bei Ihnen eine Katastrophe herbeiführen, aber Sie könnten uns wesentlich damit entlasten.« Er lachte schallend.

Doch Mao war sich noch nicht ganz sicher, daß ich ihn verstanden hatte. Ein paar Minuten später kehrte er zum gleichen Thema zurück: »Wollen Sie unsere chinesischen Frauen haben? ... Wir können dafür sorgen, daß sie in Ihrem Land alles durcheinanderbringen und Ihnen schweren Schaden zufügen.« Da Amerikaner im allgemeinen schwer von Begriff sind, kehrte Mao noch einmal zu diesem Thema zurück, aber jetzt wußte ich, daß er etwas Bestimmtes sagen wollte, hatte aber noch nicht ganz begriffen, was. Später hat es mir Bette, Winston Lords Frau, erklärt. Sie sagte mir, daß die Lage in China durchaus nicht so stabil sei, wie es den Anschein hätte; mit den Frauen sei Maos Ehefrau, Tschiang Qing, die Führerin des radikalen Flügels der Kommunistischen Partei, gemeint. Sie habe China in Unruhe versetzt und die gegenwärtige Politik in Frage gestellt.

Es waren jedoch nicht einzelne Persönlichkeiten, welche die chinesische Innenpolitik am meisten belasteten. Was Mao in den letzten Tagen seines Lebens die größten Sorgen bereitete, war das jahrhundertealte Dilemma der Modernisierung Chinas. China hat seine geschichtliche Bedeutung häufiger durch die Kraft seines Beispiels und seine kulturelle Überlegenheit gewonnen als durch die Demonstration physischer Stärke, durch welche die politische Geschichte Europas gekennzeichnet ist. China hat in Asien über Jahrhunderte eine vorherrschende Stellung eingenommen und deshalb keine Erfahrungen mit den Begriffen des Gleichgewichts der Kräfte oder der souveränen Gleichheit innerhalb der eigenen Einflußsphäre gesammelt. (Um so bemerkenswerter ist es, wie gut die Chinesen mit diesen Begriffen umgehen konnten, als die übrige Welt ihnen keine andere Möglichkeit ließ.) Die Chinesen haben andere Gesellschaften nicht als Kräfte angesehen, denen gegenüber ein Gleichgewicht herzustellen sei, sondern sie haben diese Gesellschaften in gewisser Weise als unterlegen und tributpflichtig betrachtet. Die Vorstellung von der unendlichen Überlegenheit und Majestät des Reiches der Mitte war eine solche Selbstverständlichkeit, daß seine Herrscher es oft für klug gehalten haben, ihren Vasallen wertvollere Geschenke zu machen, als sie selbst in der Form von Tributzahlungen von ihnen erhielten.

Es war für die Chinesen ein furchtbarer Schock, als sie im neunzehnten Jahrhundert die Erfahrung machen mußten, daß die Barbaren im Westen über eine Technologie verfügten, mit deren Hilfe sie dem Reich der Mitte und anderen asiatischen Staaten ihren Willen aufzwingen konnten. Doch während Japan auf die gleiche Herausforderung mit dem Entschluß reagierte, sich selbst um jeden Preis zu modernisieren (und dabei auf fast an ein Wunder grenzende Weise ihre Individualität bewahren konnten), war China nicht bereit, seine Kultur aufs Spiel zu setzen, die seinen Anspruch auf Größe begründete. Die moderne Technologie ist allumfassend; die mit ihr verbundene Standardisierung bringt die Tendenz zur Uniformierung mit sich. Für die Chinesen ist es eine abstoßende Vorstellung, so zu werden wie alle anderen. So haben Technologie und Modernisierung China in einem Maß bedroht wie keine andere Nation, denn hier wurde der Kern des chinesischen Wesens herausgefordert, sein Anspruch auf Einzigartigkeit.

So hat China ganz bewußt nicht den gleichen Weg gehen wollen wie Japan. Es verkapselte sich in seinen Traditionen und verließ sich auf seine überragende diplomatische Geschicklichkeit und Selbstsicherheit, um die verhaßten (und gefürchteten) fremden Teufel abzuwehren. Damit hatten die Chinesen in der Tat größere Erfolge als alle anderen Nationen, in denen sich die kolonisierenden Europäer einrichteten. China machte sich die Rivalitäten und die Habsucht der imperialistischen Mächte zunutze und bewahrte sich dabei eine größere Unabhängigkeit als jedes andere Land in vergleichbarer Lage.

Maos Revolution zeigte die gleiche historische chinesische Ambivalenz. In einzigartiger Weise war sie ein Aufstand gegen all die chinesischen Wertvorstellungen, zugleich aber auch ihre Bestätigung. Der Maoismus suchte, Chinas Vergangenheit zu überwinden, betrachtete aber ebenso wie der traditionelle Konfuzianismus die Gesellschaft als ein durch ethische und erzieherische Normen bestimmtes Instrument, auch wenn die nun verkündete Doktrin des Bauernsohnes aus der ländlichen Provinz Hunan den Lehren des Konfuzius diametral entgegengesetzt war. Das Ziel der großen Kulturrevolution, die Mao 1966 entfesselte – und wo sonst als in China könnte sich ein blutiger politischer Umsturz als »kulturelles« Ereignis bezeichnen? –, bestand gerade in der Vernichtung jener Elemente der Modernität, die nicht in China wurzelten; die Kulturrevolution war ein Angriff gegen westliche Einflüsse und eine Bürokratisierung, die China einzuebnen und in einer universalen Kultur aufgehen zu lassen drohte.

Als wir uns im Februar 1973 trafen, hatte der greise Vorsitzende erkannt, daß sein jüngstes großartiges Konzept zwar in dramatischer Weise die Unabhängigkeit seines Landes bewußtmachte, China aber zugleich zur politischen Ohnmacht verdammte. Er wußte jetzt – wenn diese Erkenntnis vielleicht auch nur vorübergehend war –, daß ein China, das sich auf die Dauer von der übrigen Welt isolierte, an Bedeutung verlieren und unsäglichen Gefahren ausgesetzt werden würde. Mit einem Anflug von Melancholie sagte er, China müsse im Ausland in die Schule gehen. Er hatte die Kulturrevolution beendet und sagte traurig, das chinesische Volk sei »sehr starrköpfig und konservativ«. Jetzt wäre es Zeit für die Chinesen, fremde Sprachen zu lernen, und er unterstrich damit nur die Notwendigkeit des oben Gesagten. Auch die Aufführung der Beethoven-Sinfonie symbolisierte diese Notwendigkeit. Er wiederholte, er werde eine größere Zahl von Chinesen zum Studium nach Übersee schicken. Er selbst nähme jetzt englischen Unterricht. Es müsse auch etwas dafür getan werden, die chinesische Schriftsprache zu vereinfachen, um den Chinesen das Verständnis fremder Ideen zu erleichtern.

Doch Mao Tse-tung war zu alt, um jetzt eine neue Revolution gegen die Instinkte seiner Partei durchzuführen und sich damit gegen die Traditionen seines Volkes zu wenden, in denen auch er selbst verwurzelt war. Ein Jahr nach seinem Gespräch mit mir wandte er sich von den spätabends in seinem Arbeitszimmer erläuterten Maximen wieder ab oder erlaubte es wenigstens anderen, es zu tun. Tschou En-lai war aus dem Amt ausgeschieden, und ein weiteres Jahr später wurde Teng Hsiao-p'ing von den Kräften gestürzt, denen Mao sich 1973 augenscheinlich widersetzt hatte. Damit verzögerte sich die Modernisierung, welche Maos eine Seite als unbedingt erforderlich anerkannt hatte. Hat nun Mao die Radikalen der später so bezeichneten Viererbande ermutigt, oder haben sie seine zunehmende Hinfälligkeit ausgenutzt? Wahrscheinlich haben beide Umstände eine gewisse Rolle gespielt. Mao hat bis zu seinem Tode mit den Unvereinbarkeiten und Widersprüchen seiner Revolution gerungen, mit den Problemen, die auch für die ganze Geschichte Chinas bezeichnend sind.

Der Aufenthalt in Peking nach meinem Gespräch mit Mao war vergleichsweise enttäuschend. Am folgenden Tag besprach ich mit Tschou En-lai die Einzelheiten der Einrichtung von Verbindungsbüros. Ich unterrichtete ihn über unsere Pläne für neue diplomatische Initiativen in Europa und dem Nahen Osten. Tschou En-lai hatte sich bereit erklärt, zwei amerikanische Piloten freizulassen, deren Maschinen während des Vietnam-Krieges in den chinesischen Luftraum geraten waren. Es gab in China aber auch noch einen anderen Gefangenen: John Downey, der 1950 im Rahmen einer Operation des Geheimdienstes festgenommen und zu einer lebenslänglichen Gefängnisstrafe verurteilt worden war. Das Urteil gegen Downey war inzwischen abgemildert worden, so daß er Ende 1973 mit seiner Entlassung rechnen konnte. Aber Tschou machte eine Andeutung, daß sich die Entlassung beschleunigen ließe, wenn wir eine humanitäre Begründung vorlegten. Einen Monat später erkrankte Downeys Mutter – und wir teilten Tschou En-lai diese Tatsache mit. Downey wurde am 12. März 1973 entlassen. Damit konnte ein Schlußstrich unter die letzten menschlichen Belastungen einer Periode der Feindseligkeit zwischen den Vereinigten Staaten und der Volksrepublik China gezogen werden.

Auf dieser Asien-Reise war ich zum ersten Mal ins Ausland gegangen, ohne vom Alptraum des Vietnam-Krieges belastet zu sein. In Hanoi hatte ich besorgniserregende Eindrücke empfangen; in Peking zeichneten sich positive Möglichkeiten für den Fall ab, daß wir jetzt unsere Aufmerksamkeit einer schöpferischen Außenpolitik zuwandten. Wir verbesserten unsere Beziehungen zu Moskau und Peking, wenngleich man in beiden Hauptstädten eine eindeutigere Haltung der Vereinigten Staaten lieber gesehen hätte – aber vielleicht lag gerade darin der Grund für den Erfolg unserer Bemühungen. In meinem noch im Flugzeug auf dem Heimflug aus dem Fernen Osten entworfenen Bericht für Nixon hieß es:

> Wenn wir unsere Aufmerksamkeit ganz bewußt beiden Hauptstädten zuwenden, dann sollte es uns auch gelingen, weiterhin unseren *mao tai* zu genießen und unseren Wodka zu trinken. Peking, das schließlich auch für die Zukunft mit der Feindschaft zwischen China und der Sowjetunion rechnet, hat keine andere echte Alternative, als in uns ein Gegengewicht zu sehen (wenn sich auch die Chinesen in jüngster Zeit um eine Rückendeckung in Japan und Westeuropa bemüht haben). Und Moskau braucht uns zum Beispiel in Europa und auf wirtschaftlichem Gebiet.
>
> Der Balanceakt ist aber dennoch schwierig, weil er uns zunehmend vor harte Entscheidungen stellen wird. Wir können Peking als Gegengewicht gegen Moskau nichts nützen, wenn wir uns aus der Weltpolitik zurückziehen, unsere Verteidigungsanstrengungen verringern oder auf der internationalen Ebene passiv bleiben. Mao und Tschou drängen uns zu einer aggressiveren amerikanischen Präsenz und erwarten von uns, daß wir uns den sowjetischen Plänen auf verschiedenen Gebieten entgegenstellen, die Beziehungen zu unseren Verbündeten enger knüpfen und unsere Verteidigungsfähigkeit aufrechterhalten. Sollten die Chinesen den Eindruck gewinnen, daß wir den inneren Neigungen eines leicht beeinflußbaren Teiles des Kongresses, der Öffentlichkeit und der Presse folgen, dann würden wir zweifellos eine scharfe Kehrtwendung in der Haltung Pekings erleben. Sie und ich haben allerdings der Führung der Volksrepublik China im privaten Gespräch versichert und diese Zusage auch öffentlich wiederholt, daß wir beabsichtigen, auch weiterhin Verantwortung auf internationaler Ebene zu tragen.

Den Zusammenhalt und die Selbstsicherheit Amerikas sicherzustellen, die für eine solche Rolle in der Weltpolitik notwendig sind, war die wichtigste Aufgabe der Regierung der Vereinigten Staaten während Nixons erster Amtszeit gewesen – und das Bemühen darum hat uns gelegentlich in arge Bedrängnis gebracht. Nun hofften wir, in der zweiten Amtszeit dem Ringen der ersten Perspektive und Bedeutung zu verleihen. Wir glaubten, mit dem Besuch in Peking einen bedeutenden Schritt in Richtung auf eine bessere Zukunft getan zu haben. In Wirklichkeit war es das letzte normale außenpolitische Unternehmen, bevor wir in den Abgrund von Watergate stürzten.

IV. Die Auswirkungen von Watergate werden deutlich spürbar

Ein unsanftes Erwachen

Der Augenblick, in dem sich alle Hoffnungen auf eine Heilung der Wunden zerschlugen, läßt sich zeitlich genau festlegen. Es war ein Wochenende Mitte April 1973.

Am Freitagabend, dem 13. April, verlieh mir der Federal City Club in Washington, dessen Mitglieder meist der Demokratischen Partei angehörten, mit einer Geste des guten Willens die von ihm gestiftete Auszeichnung für Verdienste im öffentlichen Leben. Ich durfte diese Anerkennung als hoher Beamter und Vertreter der Regierung Nixon entgegennehmen. Die gleiche Ehre wurde dem bekannten republikanischen Senator John Sherman Cooper zuteil. Der Federal City Club in Washington wurde Anfang der 60er Jahre gegründet, um gegen die Aufnahmebestimmungen in dem angesehensten, prestigebewußten, konservativen Metropolitan-Club zu protestieren. Führende Persönlichkeiten aus der Regierung Kennedy und mit ihnen sympathisierende Journalisten waren aus dem Metropolitan-Club ausgetreten und hatten, wenige Blocks davon entfernt, im Sheraton-Carlton-Hotel einen neuen Club ins Leben gerufen. Leider entsprachen die der Neugründung zur Verfügung stehenden Geldmittel nicht dem Idealismus ihrer Gründer. Die Räumlichkeiten bestanden aus einem großen Speisezimmer, einer Bar und einer kleinen, zwischen hohen, unschönen Bürohäusern eingeklemmten Terrasse.

Die Regierung Nixon zeigte für beide Clubs kaum Interesse. Ihre wichtigsten Mitglieder hielten den Federal City Club für zu liberal und mißtrauten ihm deshalb. Der Metropolitan-Club dagegen gehörte für ihren Geschmack zu sehr zum Establishment. Nichts zeigte deutlicher, wie sehr diese Regierung innerhalb des Gemeinwesens der amerikanischen Hauptstadt und ihres politischen Lebens isoliert war – und dieser Umstand sollte sich auf das Überleben der Regierung verhängnisvoll auswirken.

An jenem Abend hatte sich eine Gruppe bedeutender Persönlichkeiten versammelt. Fast alles, was in Washington Rang und Namen hatte, war gekommen, um zwei führende Republikaner zu ehren – mit Ausnahme anderer hochrangiger Mitglieder der Nixon-Regierung, die erst kürzlich mit der zweitgrößten Stimmenmehrheit in der Geschichte der Vereinigten Staaten wiedergewählt worden waren. Senator Cooper und ich forderten die Versammlung in unseren Ansprachen auf, die Einheit der Nation zu stärken. Ich sprach über die Hoffnung, daß die amerikanische Außenpolitik nach Beendigung des Vietnam-Krieges den himmelstürmenden Idealismus der Regierung Kennedy (der ich kurze Zeit an untergeordneter Stelle gedient hatte) mit der unsentimentalen Verfolgung unserer nationalen Interessen durch die Regierung Nixon vereinen könnte:

> Als Nation sind wir durch die Erkenntnis erschüttert worden, daß wir nicht unfehlbar sind, und es ist schmerzlich gewesen, festzustellen, daß wir unsere politische Jungfräulichkeit verloren haben – vorausgesetzt, wir haben sie je besessen. Später als jede andere Nation haben wir festgestellt, wo unsere Grenzen liegen. Durch die Erkenntnis dieser Grenzen haben wir den ersten Schritt auf dem Weg zur politischen Reife getan, aber darin liegt auch die Gefahr, daß wir diese Lektion zu gründlich lernen; daß wir nicht nur begreifen, daß wir nicht alles tun können, sondern uns auch der Illusion hingeben, daß wir nichts mehr bewirken könnten.
>
> Nichts ist heute so dringend notwendig wie ein ernstes und verständnisvolles Gespräch darüber, wohin wir gehen, denn wenn wir die Fähigkeit verlieren, große Zusammenhänge zu erkennen, dann können wir nur noch verwaltet, aber nicht mehr regiert werden. Ich habe zum ersten Mal vor zehn Jahren die Regierung auf einem hohen Niveau erlebt, das war zu einer Zeit, die man heute vielfach verächtlich als zu draufgängerisch, übermäßig optimistisch und sogar als ein wenig arrogant bezeichnet. Zum Teil ist diese Kritik gerechtfertigt, doch damals herrschte ein in seinem tiefsten Wesen amerikanischer Geist, und das bedeutete, daß Schwierigkeiten eine Herausforderung und nicht ein Alibi sind, daß Menschen nicht nur an ihrem Erfolg, sondern auch nach ihren angestrebten Zielen beurteilt werden, daß es besser ist, nach den Sternen zu greifen, als es sich in der Mittelmäßigkeit bequem zu machen. Vor allem waren sich die damals im Amt befindliche Regierung und ihre Gegner des Umstandes bewußt, daß sie ge-

meinsam nach dem gleichen Ziel strebten und sich nicht in einem permanenten, unversöhnlichen Streit befanden.

Zu einer Zeit, die als eine Periode der großen Revolution in die Geschichte eingehen wird, braucht die Welt auch weiterhin unseren Idealismus und unsere Zielstrebigkeit, und diesen Anforderungen ist der Anfang der sechziger Jahre herrschende Geist eher gerecht geworden als manches, was wir in unserer gegenwärtigen Verfassung erleben.

In den zwanziger Jahren waren wir Isolationisten, weil wir glaubten, wir wären zu gut für diese Welt. Heute besteht die Gefahr, daß wir uns vor der übrigen Welt zurückziehen, weil wir glauben, wir seien nicht gut genug für sie. Das Ergebnis ist das gleiche, und die Konsequenzen würden ähnlich sein. Deshalb ist es an der Zeit, unseren Bürgerkrieg zu beenden.

Selbstverständlich sollten wir unseren Optimismus durch Sinn für das Tragische dämpfen und unserem Idealismus Bescheidenheit und Realismus entgegenstellen. Aber wir haben die ideologischen Debatten satt, was wir am dringendsten brauchen, ist die Einigkeit, von der Senator Cooper gesprochen hat; sie ist die Voraussetzung dafür, daß wir die Zukunft meistern und die Vergangenheit überwinden.

Diese Worte fanden das herzliche Verständnis meiner Zuhörer. Man spürte eine Atmosphäre des guten Willens, der Versöhnlichkeit und des allmählich aufkommenden Optimismus.

Am folgenden Tag, Samstag, dem 14. April, gab es für mich ein unsanftes Erwachen. Ich befand mich noch in der versöhnlichen Stimmung des vergangenen Abends und dachte daran, auf welches freundliche Verständnis ich bei meinen Zuhörern gestoßen war, als mich Leonard Garment in meinem Büro im Weißen Haus anrief. Was er mir sagte, wirkte auf mich niederschmetternd.

Len Garment gehörte zu jener kleinen Gruppe liberaler Republikaner, die Nixon in sein Gefolge aufgenommen hatte, um sich mit einem gewissen Schutzanstrich zu versehen, aber auch, weil sie der sanfteren und gefühlvolleren Seite seines Wesens entsprach. Wie ihre konservativen Kollegen – zum Beispiel der Redenschreiber Patrick Buchanan – glaubten einige »Liberale«, nur sie seien die Vertreter des »wahren« Nixon. Garment war allerdings zu klug für ein so gefühlsbetontes Fehlurteil. In Wirklichkeit gab es nämlich gar keinen wahren Nixon; in dem gleichen Individuum rangen mehrere unvereinbare Persönlichkeiten um die Vorherrschaft. Die eine war idealistisch, rücksichtsvoll und großzügig, eine zweite rachsüchtig, kleinlich und emotional. Es gab einen nachdenklichen, philosophischen, stoischen Nixon; und es gab einen ungestümen, impulsiven und unberechenbaren. Manchmal wurde er von der einen Seite seines Charakters beherrscht, dann wieder von einer anderen, und gelegentlich befand er sich in einem leicht zu erschütternden Gleichgewicht. Man konnte sich niemals darauf verlassen, welchen Nixon man bei der nächsten Begegnung antreffen würde. Es war auch nicht geraten, eine impulsiv gegebene Anweisung zu befolgen, ohne sich zu versichern, daß auch der nachdenkliche Nixon das Problem durchdacht hatte. Weil die Berater im Weißen Haus, die sehr dazu neigten, solche Anweisungen gründlich zu befolgen, nicht begriffen, was im Umgang mit dieser komplexen Persönlichkeit notwendig war, hat Watergate eine solche Dynamik entwickelt. Seltsamerweise rückte Nixons nachdenkliche, analytische Seite besonders in Krisenzeiten in den Vordergrund, während es den Anschein hatte, daß ruhige Perioden die dunkleren Leidenschaften seines Wesens entfesselten.

Garment hatte Nixon als Partner in einem New Yorker Anwaltsbüro kennengelernt. Len war ein vielseitig begabter Mann. In der Welt der Kunst war er ebenso zu Hause wie in der seines Berufs als Jurist. Er war ein begeisterter Klarinettist, und daß sich die Regierung Nixon in so großem Maß für die Förderung der Geisteswissenschaften durch den Staat eingesetzt hat, ist in erster Linie sein Verdienst. Wenn es ihm seine Anständigkeit auch erschwert hat, sich in dem rücksichtslosen Ringen um Prestige in den Reihen der hohen Regierungsbeamten durchzusetzen, so wies sie ihm doch eine sehr bedeutungsvolle Rolle als Gewissen des Präsidenten und Vertrauten seiner Freunde an. Seine Amtsbezeichnung, Sonderberater des Präsidenten, klang zwar recht großartig, wies ihm aber keinen besonderen Verantwortungsbereich zu; so hatte er auch nicht die Möglichkeit, regelmäßig mit dem Präsidenten zu sprechen, und es fehlte ihm ein durch einen genauen Zeitplan geregeltes Arbeitsprogramm.

Grundsätzlich richtet sich der Einfluß eines Mitarbeiters im Weißen Hause nicht nach seiner Amtsbezeichnung. Mancher gutgläubige Neuling hat sich durch die Zusage ständigen Kontakts mit dem Präsidenten dazu verführen lassen, eine solche Stellung anzunehmen. Aber der Einfluß auf die Entscheidungen des Präsidenten hängt mehr davon ab, welche Anforderungen in der Praxis an ihn gestellt werden als von der theoretischen Möglichkeit, an Gesprächen im Ovalen Zimmer teilzunehmen. Ein Präsident kann sich noch so sehr darum bemühen, jedem gerecht zu werden, gewöhnlich ist er durch einen gedrängten Terminkalender überfordert. Die Probleme, mit denen er es zu tun hat, verlangen mehr Entscheidungen, als er mit gutem Gewissen treffen kann. Jedes Gespräch, das in seinem Zeitplan nicht vorgesehen ist, wird, mag es auch noch so anregend oder instruktiv sein, sehr bald zur Plage. Wenn der Berater mit den Maßnahmen der Bürokratie einverstanden ist, dann ist ein Gespräch mit ihm Zeitverschwendung. Hat er etwas dagegen einzuwenden, dann entsteht, auch wenn er den Präsidenten von seiner Meinung überzeugt, die Schwierigkeit, die Unterstützung der Bürokratie zu gewinnen und den neuen Vorschlag durchzusetzen. Ich kann mich nicht daran erinnern, daß irgendein Berater ohne einen genau festgelegten Verantwortungsbereich nicht schließlich von den Kollegen an die Wand gedrückt worden ist, die für die tägliche Abwicklung der Regierungsgeschäfte verantwortlich waren. Kein Mitarbeiter im Weißen Haus sieht es gern, wenn seine Kollegen ihm dazwischenreden. Den für die Aufstellung des Terminkalenders Verantwortlichen wird es im Lauf der Zeit immer schwerer fallen, neue Verabredungen einzubauen.

Durch sein selbstloses Verhalten und weil er von seinen Mitarbeitern hoch geachtet wurde, konnte Garment diese Schwierigkeiten für sich selbst weitgehend abbauen. Aber dennoch war der Umstand, daß er an Einfluß gewann, immer ein Zeichen dafür, daß Nixon sich in einer schwierigen Lage befand und jemanden brauchte, der ihn stützte. Wir hatten festgestellt, daß Nixon sich in den letzten Tagen immer häufiger mit Garment getroffen hatte, obwohl wir nicht wußten, was besprochen worden war. Um mir das zu sagen, kam Garment am 14. April in mein Büro.

In seiner so harmlos erscheinenden, gelassenen Art ließ er sich auf die mit blauem Stoff bezogene Couch an der Wand fallen, von der aus man durch die bis an die Decke reichenden Fenster auf den großen Rasenplatz vor dem Weißen Haus und die Pennsylvania Avenue sehen konnte. Ich saß neben meinem Schreibtisch auf einem rechtwinklig zur Couch aufgestellten Sessel. Garment, der nie lange auf den Busch zu klopfen pflegte, begann das Gespräch mit einer Frage, auf die es kaum eine objektive Antwort geben konnte: »Haben Sie den Verstand verloren?«

Ohne auf eine Antwort zu warten, gab mir Garment einen vorsichtig formulierten, erstaunlichen und erschütternden Bericht und sagte, schon nach wenigen Tagen werde man meinen Aufruf zur nationalen Versöhnung als flehentliche Bitte um Gnade auffassen, und wir würden in eine Krise geraten, neben der die ganze Aufregung um Vietnam trivial erscheinen müßte. Nixons alte Feinde würden die Waffe in die Hand bekommen, nach der sie schon die ganze Zeit gesucht hatten. In dem Tornado der Verdächtigungen, der uns bevorstand, würde mein Appell an einen durch die klare Erkenntnis unserer nationalen Ziele gedämpften Idealismus hohl oder sogar zynisch klingen. Es könnte sogar geschehen, daß der Ausgang der letzten Wahlen rückgängig gemacht würde, denn uns stünde ein Kampf auf Leben und Tod bevor.

»Watergate« würde sich wahrscheinlich zu einem riesigen Skandal ausweiten; die mit diesem Fall verbundenen Enthüllungen gingen in ihrer Komplexität weit über den Einbruch in das Büro des nationalen Komitees der Demokratischen Partei im Watergate-Hotel hinaus. Garment berichtete, daß es auch noch andere vom Weißen Haus sanktionierte Einbrüche gegeben habe, mit denen man die verschiedensten Zwecke verfolgt habe. Einige dieser Vorfälle seien noch nicht restlos aufgeklärt. Es habe auch einen Plan gegeben, einzelne Persönlichkeiten zu entführen, die Demonstrationen gegen den Nationalkonvent der Republikanischen Partei veranstalten wollten, und sie nach Mittelamerika auszufliegen. Man habe Prostituierte angeworben, um Delegierte der Demokratischen Partei für den Nationalkonvent zu kompromittieren und zu erpressen. Garment sagte, daß diese ganze »schmutzige Angelegenheit« viele Dimensionen habe, und er nur einen Teil davon kenne. Das alles hätte nicht ohne die Mitarbeit höchster Regierungsstellen geschehen können. Garment vermutete, der Sonderberater des Präsidenten, Charles W. Colson, wäre wahrscheinlich der »böse Geist«, der hinter allem stand. Aber das Ausmaß der Verfehlungen ließ es unmöglich erscheinen, daß die Berater des Präsidenten, H. R. (Bob) Haldeman und John Ehrlichman, die in der Presse den Spitznamen »The Germans« hatten, nichts davon gewußt haben sollten. Aber hier gab es einen dunklen Punkt, denn Haldeman und Ehrlichman konnten, wie jeder wußte, Colson nicht ausstehen. Und wenn Haldeman und Ehrlichman beteiligt waren, war es fast nicht vorstellbar, daß nicht auch der Präsident etwas wußte.

Wer auch der Schuldige gewesen sein mochte, nach Auffassung von Garment konnten nur die radikalsten Maßnahmen und das uneingeschränkte Eingeständnis des Versagens die Katastrophe abwenden. Doch wenn der Präsident auch nur indirekt beteiligt war, würde man sich nicht zur Offenlegung aller Zusammenhänge entschließen, denn die Regierung könnte sich dann unter einer Sturzflut von Enthüllungen zu Tode bluten, welche Nixons zahlreiche Gegner, die er sich im Lauf der Jahre gemacht hatte, mit Vergnügen ausnützen würden. Garment war überzeugt, die Regierung müßte jetzt von Grund auf erneuert werden, und zwar sowohl personell als auch organisatorisch. Nixon selbst würde sich an die Spitze dieser Reformbewegung stellen müssen, um rücksichtslos alles auszumerzen, was von diesen Fäulnisbakterien infiziert war, und das amerikanische Volk dazu aufrufen, einen Neubeginn zu wagen.

Ich war wie vor den Kopf geschlagen. Irgend jemand im Weißen Haus hatte unbestimmte Vorstellungen des Präsidenten, die man nur als unreif und kindisch bezeichnen konnte, in die Tat umgesetzt; und damit war unser gesellschaftlicher Zusammenhalt und die Fähigkeit der Vereinigten Staaten, ihren internationalen Verantwortlichkeiten gerecht zu werden, aufs Spiel gesetzt worden. Vier Jahre lang war ich über alle beunruhigenden Umwälzungen hinweg, die als Folge des Vietnam-Kriegs über uns hereingebrochen waren, im Amt geblieben. Mein Ziel war ein geeintes Amerika gewesen, das sich nun endlich konstruktiven Aufgaben zuwenden konnte. Und jetzt würde die seit zehn Jahren durch innere Spaltungen geschwächte Gesellschaft als Folge dieser Sinnlosigkeiten von neuem zerrissen werden. Ich fühlte mich wie ein Schwimmer, der sich eben aus einer gefährlichen Strömung gerettet hat, um aus der vermeintlichen Sicherheit durch neue und noch gefährlichere Wirbel in die offene See hinausgezogen zu werden.

Ich war zutiefst beunruhigt, als ich die Folgen für unsere Außenpolitik bedachte. Die Handlungsfähigkeit einer Nation ist abhängig von ihrer Stärke, ihrem Ansehen und ihrer Grundsatztreue. Um diese Qualitäten mit Sorgfalt und Urteilsvermögen zur Wirkung zu bringen, bedarf es der vom Vertrauen der Öffentlichkeit getragenen Autorität. Aber wenn Garment recht hatte, mußten wir damit rechnen, daß die politische und moralische Autorität des Präsidenten dahinschwinden würde. Unser Traum von einer neuen Ära der Kreativität würde höchstwahrscheinlich ins Nichts zerfließen. Wir würden sogar die größten Schwierigkeiten haben, das Erreichte zu bewahren – wie zum Beispiel die Beilegung des Konflikts in Indochina. Hier bestand eine ganz reale Gefahr. Ein Autoritätsverlust der Vereinigten Staaten würde die Aggressoren herausfordern. Das delikate Gleichgewicht der Kräfte in Regionen, wo es entscheidend auf die Mitverantwortung Amerikas ankam, würde an Stabilität verlieren. Wir würden nicht mehr in der Lage sein, in Konflikten zu vermitteln und unsere Freunde zu ermutigen. Unsere Außenpolitik wäre von Stagnation bedroht, und wir wären zu einem Rückzugsgefecht verurteilt, um das vollkommene Scheitern all unserer Bemühungen zu verhindern.

Während der folgenden Monate wurde Watergate – und darunter verstand die öffentliche Meinung damals noch ebenso wie ich selbst den Einbruch am 17. Juni – bei den Stabsbesprechungen im Weißen Haus, an denen ich teilnahm, niemals erwähnt. Die Berater des Präsidenten im Weißen Haus sind einerseits dazu verpflichtet, für eine gemeinsame Aufgabe zusammenzuarbeiten, wenn es aber um die Gunst und Aufmerksamkeit des Präsidenten geht, sind sie Konkurrenten. Das letztere Ziel steht häufig im Vordergrund – wenigstens war das so, solange Nixon im Weißen Haus residierte. Jeder Berater verteidigte hartnäckig seinen Verantwortungsbereich, und das war am ehesten möglich, wenn er auf einem bestimmten Gebiet allein zuständig war.

Im Weißen Haus unter Nixon gab es daher eine totale Trennung zwischen den Belangen der Innen- und der Außenpolitik. Die Beziehungen der verschiedenen Präsidentenberater zueinander waren wie die von Gefangenen, die in Nachbarzellen eingesperrt sind. Sie hören vielleicht etwas von den Vorgängen nebenan, können sich aber nicht daran beteiligen und erfahren auch keine Einzelheiten. So habe ich zum Beispiel niemals an den innenpolitischen Beratungen teilgenommen, und Ehrlichman, dessen Arbeitsbereich die Innenpolitik war, beteiligte sich niemals an den außenpolitischen Gesprächen. Haldeman, der an allen Sitzungen teilnahm, beschränkte sich auf Probleme der Innenpolitik und der Öffentlichkeitsarbeit. An den täglichen Stabsbesprechungen nahmen sowohl die außenpolitischen als auch die innenpolitischen Berater teil, sie beschäftigten sich dabei aber nur mit Fragen der Öffentlichkeitsarbeit. Wirklich entscheidende Probleme wurden bei solchen Gelegenheiten niemals behandelt.

Ich war mir natürlich der Tatsache bewußt, in einer wie beklemmenden Atmosphäre wir hier arbeiten mußten. Die Gründe dafür lagen in der Persönlichkeit des Präsidenten und den heftigen, gelegentlich sogar ungesetzlichen Angriffen der kritischen Kriegsgegner. Hier hatte ich auch die dunkle Seite von Nixons Charakter kennengelernt. Aber ich habe es im Sommer 1972 nicht für möglich gehalten, daß das Weiße Haus in den Watergate-Skandal verwickelt sei; ich akzeptierte die öffentliche Stellungnahme des Pressesekretärs Ronald L. Ziegler, der erklärt hatte, an diesem »drittklassigen Einbruchsversuch« sei kein Mitarbeiter des Weißen Hauses beteiligt. Die jeden Morgen stattfindenden Stabsbesprechungen schienen die Richtigkeit dieser Erklärung zu bestätigen. Nur ein paar jüngere Angehörige des Stabes erwähnten Watergate und taten das auch nur, um sich darüber zu beklagen, wie unfair die Presse sei. Daß Haldeman, der den Vorsitz hatte, diesen Beschwerden in onkelhaftem Ton zustimmte, schien meine Vermutung zu bestätigen, daß nichts Ernstes geschehen sei.

Im Sommer 1972 fragte ich Haldeman einmal, was Watergate überhaupt zu bedeuten habe. »Das möchte ich auch wissen«, erwiderte er und wechselte das Thema. Ein anderes Mal erwähnte ich Watergate gegenüber John Ehrlichman. Ende Januar 1973 war ich auf der Straße ganz zufällig dem ehemaligen Berater des Präsidenten Johnson, Joseph Califano, einem alten Freund aus der Oppositionspartei, begegnet und hatte mich ein paar Minuten mit ihm unterhalten. Als ich – etwas zu selbstsicher – behauptete, die Demokraten würden sich wohl kaum von ihrer katastrophalen Wahlniederlage erholen können, meinte Califano, Watergate werde der Demokratischen Partei neuen Aufschwung geben. Man dürfe nicht glauben, daß die Richter von der öffentlichen

Meinung unbeeinflußt bleiben würden. Die Medien hatten sich so intensiv mit Watergate beschäftigt, daß man damit rechnen müßte, in dem gegen die Einbrecher von Watergate geführten Gerichtsverfahren würden die Richter energisch durchgreifen und weitere Enthüllungen erzwingen. Ich informierte Ehrlichman von dem Inhalt dieses Gesprächs. Ehrlichman, den es ärgerte, daß die Medien mich gewöhnlich freundlicher behandelten als die »Germans«, neigte dazu, mir jedesmal eine Abfuhr zu erteilen, wenn ich mich der Dreimeilenzone seines innenpolitischen Zuständigkeitsgebiets näherte. Jetzt schnaubte er verächtlich: »Wunschdenken! Wenn sie sich nur darauf verlassen, dann werden sie noch dreißig Jahre in der Opposition bleiben.«

Rückblickend muß ich sagen, daß ich schon Anfang 1973 Grund genug hatte, mir Sorgen zu machen, vor allem wegen Nixons Verhalten. Es fiel mir immer schwerer, ihn für außenpolitische Fragen zu interessieren, und seine Geistesabwesenheit zeigte sich so deutlich, daß sie mich hätte beunruhigen sollen. Früher hatte er sich auch in ruhigen Zeiten intensiv mit der Außenpolitik beschäftigt, um der täglichen Routine der Verwaltungsaufgaben zu entgehen, die ihn langweilten. Jetzt war es schwierig, ihn zu einer Stellungnahme zu meinen Denkschriften zu bewegen. Ich bekam sie ohne die bisher üblichen zahlreichen Randbemerkungen des Präsidenten zurück, die mir sagten, daß er sie sorgfältig gelesen hatte. Nur bei einer Gelegenheit hatte Nixon jeden einzelnen Abschnitt eines Optionspapiers verändert und es damit vollständig unbrauchbar gemacht.

Ich führte diesen Mangel an Interesse darauf zurück, daß der Präsident wie üblich nach einem großen Erfolg unter Depressionen litt. Solange ich ihn kannte, erzeugten fehlende Spannungen in ihm nicht Arbeitseifer, sondern Lethargie. Seine ausgefallensten Entschlüsse hat Nixon in ruhigen Perioden und nicht als Reaktion auf Krisensituationen gefaßt. Ruhige Zeiten schienen sein inneres Gleichgewicht zu stören, das er augenscheinlich nur finden konnte, wenn er unter Druck stand.

Ich erinnere mich nur an ein einziges Gespräch mit Nixon während dieser Zeit, das unmittelbar etwas mit Watergate zu tun hatte. Anfang April 1973, als der Sonderausschuß des Senats zur Untersuchung der Beteiligung des Präsidenten unter dem Vorsitz des Senators Sam Ervin (der Watergate-Ausschuß) zusammentrat, waren wir in San Clemente. Eines Nachmittags rief mich der Präsident in sein Büro und fragte mich, ob Haldeman als Zeuge aussagen sollte. In meiner Naivität antwortete ich, das wäre ein Eingeständnis der Schuld, und nur diejenigen, die selbst etwas von dem Einbruch gewußt hätten, sollten als Zeugen vernommen werden. Damals deutete nichts in der Haltung des Präsidenten darauf hin, daß er sich der Widersprüchlichkeit meines Vorschlags bewußt war. Ganz ruhig meinte er, daß ich Haldeman meine Meinung dazu sagen sollte, ein Ansinnen, dessen Zweideutigkeit mir erst mehrere Wochen später bewußt wurde. Als ich mit Haldeman sprach, hörte auch er mich ganz ungerührt an und empfahl mir dringend, Ehrlichman das gleiche zu sagen. Ehrlichman zuckte nur mit den Schultern wie jemand, dessen Geduld gerade eben noch meine unglaubliche Unerfahrenheit in politischen Dingen ertragen, aber sehr bald erschöpft sein könnte.

Jetzt, da wir mit der Explosion der Watergate-Bombe rechnen mußten, überlegte ich mir, welche Möglichkeiten Nixon noch hätte. Ich zweifelte an der von Garment vorgeschlagenen Lösung und konnte mir nicht vorstellen, daß sich Nixon an die Spitze einer Reformbewegung stellte, um in seiner eigenen Regierung eine rigorose Säuberungsaktion durchzuführen. Auch war es durchaus nicht sicher, daß ein solches Verfahren zum Erfolg führen würde. Eine massive Säuberung im fünften Amtsjahr eines Präsidenten muß starke Zweifel an der Urteilsfähigkeit dieses Präsidenten wecken, der solche Mißstände nicht schon viel früher aufgedeckt hat. Darüber hinaus glaubte ich, daß Garments Diagnose ein solches Verfahren ausschlösse. Wer Nixons Methoden kannte, mußte wissen, daß er zur Verwirklichung eines jeden Plans einen energischen Stabschef brauchte und daß er die Angelegenheit hinauszögern würde, wenn nicht Männer, zu denen er Vertrauen hatte, einen gewissen Druck auf ihn ausübten. Um ihn aus seiner Reserve herauszulocken, bedurfte er der Unterstützung zuverlässiger Berater. Mit anderen Worten, nur Haldeman hätte Nixon dazu bewegen können, Haldeman zu entlassen, und damit durfte man nicht rechnen. Wenn Haldeman auch nur indirekt an der Sache beteiligt war, gab es niemanden, der unseren Chef dazu bewegen konnte, seine psychologischen Barrieren zu überwinden. Nach Garments Diagnose stand die Regierung augenscheinlich vor einer langen Periode großer Schwierigkeiten, und niemand konnte vorhersehen, wohin diese Entwicklung lief.

Wenn diese Annahme zutraf, dann hielt ich es für meine Pflicht, alle von der Katastrophe nicht betroffenen Kräfte zu sammeln, um mit ihnen gemeinsam die sich nähernde Probe zu bestehen. Ich bat daher Garment um die Erlaubnis, einige Persönlichkeiten im Weißen Haus zu verständigen, deren Rechtschaffenheit und Integrität uns helfen würde, das Vertrauen der Öffentlichkeit zu bewahren. Ich dachte dabei besonders an George Shultz und Arthur Burns. Garment war einverstanden. Ich berief deshalb für Sonntagabend eine Sitzung ein, da beide Männer erst zu dieser Zeit zur Verfügung standen.

Am Samstagabend, dem 14. April, nahm ich an dem einmal jährlich von den Korrespondenten des Weißen Hauses veranstalteten Essen teil. Der nominelle Ehrengast ist bei dieser Gelegenheit der Präsident mit seinem Kabinett. Ich sagte »nominell«, weil es in jeder Amtszeit eines Präsidenten irgendwann dazu kommt, daß der Präsident der täglichen Belästigungen durch die Presse überdrüssig wird und die Gesellschaft der Journalisten kaum mehr ertragen kann. Bei Nixon war dieser Zustand schon sehr bald erreicht. Es gehört nicht zu den von der Verfassung vorgeschriebenen Pflichten des amerikanischen Präsidenten, sich die sarkastischen Reden anzuhören, die bei solchen Veranstaltungen gehalten werden. Deshalb verzichtet der Präsident meist auf die Teilnahme. Nixon wollte durch seine Abwesenheit unterstreichen, daß er keinen Wert auf Journalisten legte, die über den Präsidenten zu berichten hatten – und damit verschärfte er nur die feindseligen Gefühle und die Empfindlichkeit, die zwischen ihm und der Presse herrschten.

Doch diesmal beschloß der Präsident, der Einladung zu folgen. Der Abend verlief ohne besondere Zwischenfälle. Ich kann mich jedenfalls an keinen peinlichen Vorfall erinnern, aber die Atmosphäre war äußerst gespannt. Nach dem Essen veranstalteten einige Zeitungen Parties in verschiedenen Räumen des Hotels. Ich nahm an einer dieser Gesellschaften teil und wurde dort plötzlich ans Telefon gerufen. Es war der Präsident, und er klang sehr aufgeregt. Es war nichts Ungewöhnliches, daß Nixon mich zu den unmöglichsten Zeiten anrief und mir seltsame Fragen stellte, um sofort wieder einzuhängen. »Sind Sie damit einverstanden«, fragte er, »daß wir eine Wagenburg um das Weiße Haus errichten?«

Aus der Flut der Enthüllungen über Watergate wissen wir heute, daß am gleichen Tage eine erregte Besprechung zwischen Nixon, Haldeman, Ehrlichman und dem ehemaligen Generalstaatsanwalt und Wahlkampfmanager, John Mitchell, stattgefunden hatte. Ich wußte davon damals noch nichts. Heute würde ich gern berichten können, daß ich dem offensichtlich verzweifelten Präsidenten etwas Hilfreiches oder Konstruktives gesagt hätte. Aber wenige Berater besitzen den Mut, ihrem Präsidenten zu sagen, daß sie nicht wissen, wovon er spricht, oder daß sie aus seiner Frage entnehmen müssen, er neige zu melodramatischen Übertreibungen. Ich war an jenem Abend auch gar nicht in der Stimmung, das zu tun, sondern murmelte irgend etwas Unverbindliches, was Nixon verständlicherweise als Zustimmung deutete. »Gut«, sagte er, »wir werden die Wagenburg um das Weiße Haus errichten.«

Ohne diese geheimnisvolle Metapher näher zu erläutern, hängte er den Hörer ein. Hätte ich nicht wenige Stunden zuvor das Gespräch mit Garment geführt, dann hätte ich nicht gewußt, was den Präsidenten so erregte.

Zutiefst betroffen unterrichtete ich John Ehrlichman, als dieser mich wegen irgendeiner Nebensächlichkeit am Sonntag, dem 15. April, anrief, von Garments Besorgnissen. »Garment«, antwortete Ehrlichman ganz ruhig, »ist ein Super-Kernreaktor. Hören Sie nicht auf ihn. Unser Hauptproblem besteht darin, John Mitchell klarzumachen, welche Verantwortung er hat.« Natürlich Mitchell! War er der Hauptverantwortliche für den Einbruch im Watergate-Hotel – oder hatte man sich entschlossen, ihn zum Sündenbock zu machen? Ich stellte mir diese Frage, ohne sie auch nur im entferntesten beantworten zu können. Jedenfalls stand fest, daß, wenn Mitchell beteiligt war, sich der Skandal nicht mehr eindämmen lassen würde. John Mitchell, Inbegriff der Loyalität, hätte niemals etwas unternommen, wenn er nicht davon überzeugt gewesen wäre, daß er die Wünsche des Präsidenten erfüllte. Welche Hypothese man auch überdachte – die von Garment, nach der Colson der Schurke war, den Haldeman und Ehrlichman unterstützt hatten, oder die von Ehrlichman, der jetzt offenbar Mitchell die Schuld gab –, Watergate mußte die Nation in ihren Grundfesten erschüttern. Es war ganz einfach unvorstellbar, wenigstens für uns, die wir wußten, nach welchen Methoden im Weißen Haus gearbeitet wurde, daß Nixons Paladine in einer Angelegenheit selbständig gehandelt hatten, die für den Präsidenten so schwerwiegende Folgen haben konnte.

Wenn daher nicht zweifelsfrei bewiesen werden konnte, daß der Präsident nicht beteiligt war, standen wir in kürzester Zeit vor einer monumentalen institutionellen Krise. Der Präsident war schwer angeschlagen. Welch unvorstellbaren Ausgang die Sache auch nehmen mochte, Nixon würde das System, nach dem er arbeitete, von Grund auf ändern müssen. Er würde die Regierungsgeschäfte im Weißen Haus nicht mehr von seinen persönlichen Beratern beherrschen lassen können, die den normalen Beamtenapparat in seinen Funktionen störten oder übergingen. Bei der Umbildung seines Regierungsapparats nach den Wahlen hatte er von ihm für vertrauenswürdig gehaltene, politische Beauftragte in jedes wichtige Ministerium gesetzt, um das Kabinettsmitglied, das dieses Ministerium nominell leitete, zu überwachen; diese Leute würden jetzt ihren Einfluß, wenn nicht sogar ihre Positionen verlieren. Eine Schwächung der Machtposition des Weißen Hauses wurde immer wahrscheinlicher. Daher war es unbedingt erforderlich, rasch eine Methode zu entwickeln, bei der es weniger auf die an der Spitze gefaßten einsamen Entschlüsse ankam. So nützlich das bisherige Verfahren auch gewesen sein mochte, um die Vietnam-Periode durchzustehen, jetzt war ihm die moralische, psychologische und politische Basis entzogen.

Am Abend des gleichen Sonntags, dem 15. April, traf ich mich mit George Shultz und Arthur Burns in dem im Weißen Haus untergebrachten Büro von Shultz. Damals war Shultz zugleich Finanzminister und wirtschaftspolitischer Berater des Präsidenten. Burns war Vorsitzender des Bundesfinanzausschusses, hatte aber einen viel größeren Einfluß, als diese Amtsbezeichnung vermuten ließ. Das Debakel, in das die Nixon-Regierung später geriet, hat den Umstand verschleiert, daß auch Männer und Frauen hineingerissen worden sind, die sich durch außergewöhnliche Charakterfestigkeit und Intelligenz auszeichneten.

Shultz war dem Kabinett als Arbeitsminister beigetreten, war in das Amt für Management und Budget versetzt worden, als dieses Amt an den politischen Entscheidungen beteiligt wurde, und hatte im Sommer 1972 John Connallys Nachfolge als Finanzminister angetreten. Ich bin im öffentlichen Leben niemandem begegnet, für den ich größere Hochachtung und Zuneigung empfunden habe. Als hervorragender Analytiker, besonnener und selbstloser Mann hat Shultz durch seine Integrität und Urteilsfähigkeit den Mangel an Theatralik wettgemacht, mit der manche seiner weniger in sich selbst ruhenden Kollegen ihren Erfolg sichern wollten. Er hat nie versucht, sich persönliche Vorteile zu verschaffen. Weil er nie die Zuständigkeit anderer in Frage stellte, vor allem aber wegen seiner hervorragenden fachlichen Leistungen, wurde er zum beherrschenden Mitglied eines jeden Ausschusses, in dem er mitgearbeitet hatte. Gewöhnlich wurde er am Ende der Ausschuß-Sitzungen gebeten, die Ergebnisse zusammenzufassen – und verschaffte sich dadurch einen Einfluß, den er nicht angestrebt hatte. Wenn ich einen Amerikaner nennen sollte, dem ich das Schicksal einer Nation in einer Krise anvertrauen würde, dann wäre es George Shultz.

Arthur Burns konnte man leicht unterschätzen. Wenn er nachdenklich an seiner Pfeife sog, während er über irgendein Problem nachdachte, konnte man ihn für einen etwas exzentrischen, geistesabwesenden Akademiker halten, und er war auch wirklich dreißig Jahre Professor an der Columbia University gewesen. Seine gewählte Ausdrucksweise konnte bei seinen Zuhörern den Eindruck erwecken, daß sein Gehirn zu langsam arbeitete. Aber Burns hatte die seltene Gabe, sofort zum Kern jeden Problems zu kommen. Er war hochintelligent und unglaublich hartnäckig und erwies sich als einer der verschlagensten bürokratischen Nahkämpfer in Washington. Unter den Präsidenten Eisenhower und Nixon hatte er, während er ruhig seine Pfeife stopfte, sorgfältige Beobachtungen angestellt und wußte jetzt, wie eine Regierung funktioniert. Er hatte geduldig daran gearbeitet, sich den notwendigen Rückhalt für seine Position aufzubauen. Während der Zeit, in der ich ihn beobachtet habe, hat er ein paar Schlachten verloren. Aber das bedeutet nicht, daß diejenigen von uns, die er gewöhnlich ausmanövriert hat, ihm ihre Bewunderung versagen, die seiner Integrität, Hingabe und subtilen Intelligenz gilt.

Als ich meinen beiden Kollegen anvertraute, was Garment mir mitgeteilt hatte, wollten sie mir zunächst nicht glauben. Aber wir alle hatten das Gefühl, dieser Katastrophe ohnmächtig gegenüberzustehen. Wir kannten noch nicht das Ausmaß des drohenden Skandals. So vereinbarten wir, uns gegenseitig über alles zu unterrichten, was wir in Erfahrung bringen konnten. Wir wollten einander den Inhalt von Gesprächen mit dem Präsidenten mitteilen, soweit es diese gemeinsamen Sorgen betraf, um nötigenfalls die Ratschläge zu erteilen, über die wir uns geeinigt hatten. Wir wollten Verfahren und Initiativen entwickeln, um das Vertrauen des amerikanischen Volkes zu seiner Regierung auch in einer innenpolitischen Krise zu bewahren. Die Amtszeit des Präsidenten sollte schließlich noch vier Jahre dauern. Vielleicht erscheint es anmaßend, aber wir glaubten, uns sei die Aufgabe zugefallen, für die Regierung unserer Nation soviel moralische Substanz zu retten wie möglich.

Das Erbe von Vietnam

Bevor ich mit einem Bericht über die weitere Ausdehnung der Watergate-Affäre fortfahre, muß ich noch etwas über die Zusammenhänge sagen. Die umfangreiche Literatur über Watergate – sie hat sich zu einem Industriezweig entwickelt – behandelt dieses Thema zum größten Teil wie eine persönliche Verirrung Richard Nixons, als habe es keine Begleitumstände gegeben. Tatsächlich ist Watergate getrennt von der durch Zwangsvorstellungen belasteten Persönlichkeit Nixons undenkbar. Aber es gibt auch noch tiefere Ursachen. Historiker, die nicht berücksichtigen, welche destruktive Wirkung der Krieg in Vietnam auf die amerikanische Politik, den Geist und den Zusammenhalt der Vereinigten Staaten gehabt hat, werden Watergate nicht begreifen können.

Die Vereinigten Staaten hatten ihr Engagement in Vietnam während Kennedys Amtszeit mit 16000 Beratern, mit Idealismus und missionarischem Geist begonnen; alles erzeugte einen außergewöhnlichen Aktivismus. Man glaubte, daß die kommunistische Aggression in Indochina die Speerspitze einer von dem monolitischen, chinesisch-sowjetischen Block beherrschten und aktivierten homogenen Ideologie sei. Die Regierung Johnson intensivierte unser Engagement und schickte mehr als 50000 amerikanische Soldaten in den unwirtlichen Dschungel Südostasiens, um sich hier einem Gegner entgegenzustellen, der, wie man glaubte, auf Befehl Moskaus und Pekings eine Theorie über den Revolutionskrieg in der Praxis erproben sollte. Doch Hanoi handelte im großen und ganzen aus eigenem Antrieb, was ihm allerdings nicht ohne die Unterstützung durch die beiden kommunistischen Großmächte, besonders durch die Sowjetunion, möglich gewesen wäre.

Die enttäuschenden Fehlschläge, welche die Regierung Johnson hatte hinnehmen müssen, ließen sie zum Opfer schwerer Vorwürfe werden, und die Lage verschlimmerte sich, als viele Politiker, die an den Entscheidungen über die Teilnahme der Vereinigten Staaten am Krieg in Indochina beteiligt waren, so demoralisiert wurden, daß sie sich praktisch den Kritikern anschlossen, die sie selbst und ihren Präsidenten vernichtet hatten. Doch ihre ursprünglichen Vorstellungen waren nicht so falsch gewesen, wie es ihnen erschien, als sie das Vertrauen zu ihren eigenen Entschlüssen verloren hatten. Die politischen Führer in Hanoi waren alles andere als wohlmeinende Nationalisten, als die sie so oft von leichtgläubigen Sympathisanten dargestellt worden sind; sie waren kalte, brutale Revolutionäre, entschlossen, die Herrschaft über ganz Indochina zu gewinnen. Die Auswirkungen eines nordvietnamesischen Sieges auf die künftige Freiheit und nationale Unabhängigkeit in Südostasien mußten verheerend sein, besonders dort, wo die Regierungen viel weniger fest im Sattel saßen als zehn Jahre später. Die viel verspottete Domino-Theorie, die *alle* nichtkommunistische Regierungen in diesem Gebiet vertraten, erwies sich schließlich als richtig.

Ob der strategische Gewinn einen so massiven amerikanischen Einsatz in Vietnam gerechtfertigt hat, muß rückblickend bezweifelt werden. Aber wenn amerikanische Streitkräfte eingesetzt sind, dann gibt es für sie kein anderes logisches oder vertretbares Ziel als den Sieg. Die Regierungen der Präsidenten Kennedy und Johnson haben sich zwischen ihren Überzeugungen und Hemmungen in die Enge treiben lassen; sie haben für diesen Krieg so massive Kräfte aufgewendet, daß sie damit unsere globale Position aufs Spiel setzten, haben aber dann durch ihr Zögern bei der praktischen Durchführung ihres Vorhabens den Erfolg unmöglich gemacht. Sie haben uns in Indochina gebunden, um eine weltweite Verschwörung zu zerschlagen, und es dann versäumt, eine militärische Lösung zu erzwingen, weil sie fürchteten, damit einen neuen Weltkrieg auszulösen – eine Befürchtung, die wahrscheinlich ebenso übertrieben war wie die ursprüngliche Beurteilung der Lage. Es gibt keine Belohnung dafür, daß man einen Krieg verliert, weil man sich zurückgehalten hat; ein Versagen besänftigt weder die eigenen noch fremde Kritiker.

Es muß aber auch gesagt werden, daß diese Fehlleistungen mehr Mitgefühl als Spott verdienen, denn die Aufgabe, die wir uns gestellt hatten, war zu neuartig und das ganze Unternehmen zu ungewohnt. Die Männer, die für unsere Beteiligung am Vietnam-Konflikt verantwortlich waren, sind weder leichtfertig noch gefühllos gewesen. Sie haben das amerikanische Prestige in einem räumlich begrenzten Konflikt eingesetzt, dessen strategische Bedeutung diesen Einsatz nicht lohnte, und damit mehr riskiert als sie beabsichtigten. Doch geschah es in den edelsten Absichten; die Ereignisse haben später die Auffassung bestätigt, daß die Unfähigkeit der Vereinigten Staaten, etwas gegen eine Aggression zu unternehmen, weitreichendere, katastrophale Konsequenzen haben könnte. Die weltweite Unruhe, die dem endgültigen Zusammenbruch der nichtkommunistischen Regierungen in Indochina folgte, hatte nicht wenig mit dem Verlust des Vertrauens zu der stabilisierenden Rolle Amerikas zu tun; die sowjetische Aggressivität verstärkte sich mit der zunehmenden Schwäche der Vereinigten Staaten; eine Zeitlang hatte es den Anschein, daß sich alle politischen Konflikte nur mit militärischen Mitteln lösen ließen. Und das grausige Schicksal, das die Völker Indochinas seit 1975 erlitten haben – die Massenmorde, die Konzentrationslager, die politische Unterdrückung und die Bootsflüchtlinge – spricht heute das Schlußurteil zu der Frage, ob die wirkliche Amoralität des Indochina-Konflikts in unserem Widerstand gegen den Totalitarismus oder darin gelegen hat, daß wir unsere Freunde im Stich gelassen haben.

Als die Regierung Nixon im Januar 1969 in ihr Amt eingeführt wurde, zweifelte man daran, daß es vernünftig sei, mehr als fünfhunderttausend amerikanische und fast hunderttausend verbündete Soldaten in Vietnam kämpfen zu lassen. Die Truppen waren aber dort. Fünfunddreißigtausend Amerikaner waren schon gefallen. Wir hielten es für richtig, daß sich die Vereinigten Staaten aus diesem Konflikt lösten. Noch vor der Amtsübernahme beschlossen wir, die amerikanischen Streitkräfte so rasch wie möglich aus Vietnam abzuziehen.* Die Nixon-Regierung hatte zudem begriffen, daß Peking und Moskau ihre Politik durchaus nicht aufeinander abstimmten, sondern sich in einem erbitterten geopolitischen und ideologischen Ringen gegenseitig bekämpften. Die Schwierigkeit bestand darin, gemäß dieser Beurteilung der Lage zu handeln, während wir unseren internationalen Verpflichtungen nachkamen und die nationale Ehre bewahrten.

Wir hatten keine extravagante Definition für den Begriff Ehre: Wir waren bereit, unsere Truppen abzuziehen, weigerten uns aber, eine mit uns verbündete Regierung zu stürzen. Wir wollten den Ausgang eines

* Ich hatte im Januar 1969 in der Zeitschrift *Foreign Affairs* einen Artikel mit meinen Ideen zu diesem Thema veröffentlicht, den ich vor meiner Ernennung zum Nationalen Sicherheitsberater durch Nixon geschrieben hatte. Darin kritisierte ich die Strategie der Regierung Johnson und machte den Vorschlag, das Problem auf zwei Wegen anzugehen: Die Vereinigten Staaten und Nordvietnam sollten über die militärischen Fragen verhandeln (beiderseitiger Truppenabzug, Waffenstillstand und Rückgabe der Kriegsgefangenen), während die südvietnamesischen Parteien die politischen Probleme untereinander regelten.[1]

sich in Freiheit vollziehenden politischen Prozesses in Südvietnam akzeptieren, auch wenn dadurch Persönlichkeiten und Institutionen ihre Funktion einbüßten, denen wir den Vorzug gaben. Wir weigerten uns jedoch, die von Hanoi praktisch geforderte bedingungslose Kapitulation hinzunehmen, die Opfer des amerikanischen Volkes dadurch lächerlich zu machen, daß wir uns an der Einsetzung eines kommunistischen Regimes beteiligten, diejenigen zu verraten, die auf die Zusicherungen unserer Vorgänger vertraut hatten, und damit das Vertrauen der übrigen Welt zu Amerika zu erschüttern.

Aber eine politische Entwicklung in Freiheit war gerade das, was Hanoi unter allen Umständen verhindern wollte. Seine störrischen und fanatischen Führer hatten nicht ein Leben lang gekämpft und gelitten, um den Erfolg dieses Kampfes von einem Wahlverfahren abhängig zu machen, das sie im eigenen Lande noch nie praktiziert hatten. Sie waren überzeugte Revolutionäre und professionelle Guerilla-Kämpfer, deren Methode die Ermattungsstrategie war. Sie glaubten an das Gleichgewicht der militärischen, psychologischen und politischen Kräfte, und zwar in dieser Reihenfolge. In ganz Indochina hatten sie zielbewußt, ja sogar heroisch dafür gekämpft, unsere militärstrategischen Pläne zu vereiteln, unsere Truppen zu demoralisieren und unsere südvietnamesischen Verbündeten zu besiegen. In den Verhandlungen mit uns gingen sie um keinen Millimeter von ihren Grundsatzforderungen ab: dem bedingungslosen Abzug amerikanischer Streitkräfte aus Indochina und zugleich dem durch uns bewirkten Sturz der mit uns verbündeten südvietnamesischen Regierung. Und sie gingen von diesen Forderungen nicht ab, bis sie militärisch erschöpft waren.

Der nationale Zusammenhalt der Vereinigten Staaten hatte um die gleiche Zeit eine Zerreißprobe zu bestehen. Angesichts der Strategie der Selbstbeschränkung, der zwei Präsidenten gefolgt waren – Johnson aus Furcht vor einer Ausdehnung des Konflikts, Nixon, um sich Handlungsspielraum für einen ehrenvollen Abzug zu verschaffen –, mußte sich der Krieg in die Länge ziehen und blieb sein Ausgang unbestimmt. Die Herauslösung der Vereinigten Staaten aus diesem Konflikt bei gleichzeitiger Wahrung der nationalen Ehre mußte für eine Öffentlichkeit, der man im Namen eines abstrakten und unbeweisbaren Ziels der Aufrechterhaltung der amerikanischen Glaubwürdigkeit in der Welt immer noch Opfer abverlangte, ein verwirrendes Problem sein. Viele junge Leute, die die Last des Wehrdienstes auf sich nehmen mußten, fanden sich in einem schmutzigen Krieg wieder, der in einem fernen Land mit Methoden geführt wurde, die mit ihren Idealen unvereinbar waren. Zum ersten Mal in der Geschichte konnte jedermann allabendlich die Häßlichkeit dieses Krieges am Fernsehschirm miterleben. Tausende anständiger und patriotischer Amerikaner aus allen Schichten der Bevölkerung sahen sich veranlaßt, gegen ein Unternehmen zu protestieren, das so große Opfer an Menschenleben forderte. Aber auch alle in dieser Zeit durchgeführten Meinungsumfragen ließen erkennen, daß der größte Teil der amerikanischen Öffentlichkeit nicht bereit war, eine regelrechte demütigende Niederlage hinzunehmen. Die Folge war ein innenpolitisches Patt, das keine Lösung erkennen ließ und zu einer zunehmenden Vergiftung der Atmosphäre führte.

Solange das Unentschieden dauerte, wurde das Klima in erster Linie durch die Haltung von zwei Gruppen bestimmt, das außenpolitische Establishment in den Vereinigten Staaten und die Rassenbewegung, der sich eine winzige Minderheit angeschlossen hatte.

Die Führungsgruppe in Amerika, die in den vierziger Jahren die Schlacht gegen den Isolationismus gewonnen hatte und sich während der ganzen Nachkriegsperiode dafür einsetzte, daß die Vereinigten Staaten eine verantwortliche Rolle in der Weltpolitik übernahmen, war durch den Vietnam-Krieg zutiefst demoralisiert worden. Diese Männer hatten ihr Land in den sechziger Jahren in diesen Krieg der nicht klar definierten Ziele geführt, der mit zweifelhaften Methoden ausgetragen werden mußte. Als er sich festfuhr, verloren sie den Mut. Die klaren Zielsetzungen, welche die großen außenpolitischen Initiativen Ende der vierziger Jahre beflügelt hatten, ließen sich für Indochina nicht finden. Der Marshall-Plan, das Hilfsprogramm für Griechenland und die Türkei, das Atlantische Bündnis und der Wiederaufbau Japans standen im Einklang mit unseren eigenen innenpolitischen Erfahrungen. Diese Wirtschaftsprogramme bestätigten offensichtlich die Grundsätze des New Deal, nach denen die politische Stabilität wiederhergestellt werden konnte, wenn man die Lücke zwischen den Erwartungen und der wirtschaftlichen Realität schloß. Und unsere Bündnispolitik ging auf die Erfahrungen zurück, die wir zur Zeit der nationalsozialistischen Herrschaft in Deutschland gemacht hatten: Man erkannte, daß die Kriegsgefahr von großen Armeen ausging, die über eine international anerkannte Demarkationslinie hinweg angriffen. Diese politischen Grundsätze hatten sich nach dem Kriege in Europa und Japan glänzend bewährt. Dort hatten politische Institutionen eine lange Tradition. Die Überwindung des durch den Zweiten Weltkrieg verursachten wirtschaftlichen Zerfalls ermöglichte die sofortige Wiederherstellung eines vitalen politischen Lebens. Da eine militärische Bedrohung nur von einer offenen Aggression ausgehen konnte, war es möglich, den Begriff der Sicherheit anhand des militärischen Stärkeverhältnisses zu definieren.

Diese Voraussetzungen fehlten in Indochina. Dort gab es keinen massiven Angriff regulärer Streitkräfte über eine klar festgelegte Grenze hinweg, sondern das Einsickern feindlicher Streitkräfte durch den weglosen Dschungel. Mit einer seltsamen Scheu gegenüber der Legalität blieb die einzige Grenzlinie in Indochina, die von Hanoi verhältnismäßig selten verletzt wurde, die entmilitarisierte Zone zwischen Nord- und Südvietnam entlang dem 17. Breitengrad, die in den Genfer Vereinbarungen von 1954 festgelegt worden war. Als Kompensation für diese für sie uncharakteristische Verbeugung vor dem Völkerrecht umgingen die Nordvietnamesen die entmilitarisierte Zone, indem sie ihre Nachschubstraßen in neutrale Länder verlegten, die ihrerseits nur in Frieden gelassen werden wollten. Der Ho-Tschi-Minh-Pfad führte durch laotisches Gebiet; in Kambodscha wurden Bereitstellungsräume eingerichtet. Aber noch unsinniger war die Tatsache, daß viele innenpolitische Kritiker des Vietnam-Krieges diese Logik akzeptierten. Wann immer wir auf diese groben Verletzungen des Völkerrechts und die Bedrohung unserer Streitkräfte reagierten, indem wir versuchten, die rechtswidrig angelegten Versorgungswege zu unterbrechen, welche die Aggression und den Expansionismus Nordvietnams ermöglichten, wurden *wir* beschuldigt, die Neutralität von Kambodscha und Laos verletzt zu haben – Gegenstand einiger der erbittertsten innenpolitischen Kontroversen in diesem Krieg.

Auch die innenpolitische Lage in Vietnam entsprach nicht den bei uns geläufigen Vorstellungen. In diesem Krieg ging es nicht um die Unterstützung einer bestimmten Regierung, sondern um die Legitimität *jeder* nichtkommunistischen Struktur. Viele Amerikaner neigten dazu, die Regierung, die wir verteidigten, nach den Maßstäben unserer Verfassung zu beurteilen, die sich kaum auf einen Bürgerkrieg in einem Entwicklungsland mit völlig anderen historischen Erfahrungen anwenden ließen. Im Westen hatte die Nation vor dem Staat existiert und ihn hervorgebracht. In vielen Entwicklungsländern ist es umgekehrt gewesen; hier hatte der Staat versucht, den Menschen das Gefühl zu vermitteln, sie gehörten einer Nation an. Unter solchen Verhältnissen ist die Regierung oft der einzige Ausdruck der nationalen Identität; innenpolitische Kämpfe werden zum Ringen um die absolute Macht; es gibt keine geschichtliche Erfahrung mit einer loyalen Opposition, ohne die eine blühende Demokratie undenkbar ist. So kann der Versuch, unter Zwang eine verfassungsmäßige Regierung einzusetzen, unter Umständen das zerstören, was an innerem Zusammenhalt in einem solchen Volk vorhanden ist.

So war es auch in Indochina. Südvietnam war 1954 aus einer nur widerwillig vollzogenen Teilung des Landes entstanden und bemühte sich darum, eine Nation zu werden, während ein Angriff von Guerilla-

Streitkräften, die von Hanoi aufgestellt und geführt wurden – und daran besteht heute kein Zweifel mehr –, die noch nicht festgefügte Gesellschaftsstruktur zerriß. Die südvietnamesische Führung, die durch einen von den Vereinigten Staaten unterstützten Staatsstreich 1963 an die Macht gekommen war, kämpfte verzweifelt um das Überleben angesichts einer Invasion mit zunehmend stärker werdenden Kräften von außen. Die tüchtigsten Beamten wurden von den kommunistischen Guerillas systematisch ermordet, und bald stand die Wirtschaft des Landes vor dem Ruin. Während sich nun die Regierung in Saigon diesen Herausforderungen stellen mußte, denen sie in ihrer massiven Wucht nicht gewachsen war, wurde sie von ihrem fernen Verbündeten, den Vereinigten Staaten, einem ständigen Druck ausgesetzt, Reformen durchzuführen. Man kann es fast als ein Wunder bezeichnen, daß Südvietnam sich angesichts solcher Zwänge behauptet hat und sogar stärker geworden ist. Dadurch werden wir gezwungen, die Zähigkeit dieser Menschen anzuerkennen. Sie haben gezeigt, welchen Preis sie dafür zu zahlen bereit waren, nicht von den brutalen, totalitären Machthabern in Hanoi regiert zu werden.

Aber diese ganze Entwicklung entsprach natürlich in keiner Weise den Erwartungen der führenden Liberalen in Amerika, welche die Intervention in Indochina geplant und vorbereitet hatten. An eine erfolglose Strategie gekettet – vielleicht aber auch an einem Konflikt beteiligt, in dem es keinen Sieger geben konnte –, verloren sie ihre Selbstsicherheit und Zielstrebigkeit. Zuerst verzichteten sie auf den Sieg und gaben dann den Glauben an die Möglichkeit ernsthafter Verhandlungen mit dem Ziel eines vernünftigen Kompromisses auf. Schließlich kamen sie zu der Überzeugung, daß das Nachkriegsamerika in seiner Rolle als führende Weltmacht einen schweren Rückschlag erlitten hatte und dieser Aufgabe daher nicht mehr gerecht werden könnte.

Diese moralische Selbstaufgabe mußte für unser Land und für die Nationen überall auf der Welt, die sich auf uns verließen, weitreichende Folgen haben. Daß diejenigen, die für das Engagment der Vereinigten Staaten in Indochina verantwortlich waren, jetzt dafür eintraten, den Krieg zu beenden, sprach für ihren Realitätssinn. Daß sie sich aber weigerten zuzugeben – was eher ein Zeichen für ihr Schuldgefühl war –, daß ein Verhandlungsfrieden die Geschlossenheit der Nation verlangte, die sich bei solchen Verhandlungen hinter ein Minimalprogramm stellen mußte, verwandelte unseren Abzug aus Indochina in einen Alptraum. Keine Unterhändler und am wenigsten die hartgesottenen Revolutionäre aus Hanoi werden irgendwelchen Vereinbarungen zustimmen, solange sie wissen, daß ihr Gegenspieler bestimmte Forderungen nicht aufrechterhalten kann, weil innenpolitischer Druck auf ihn ausgeübt wird. Die Legende, daß das Hindernis für eine Beilegung des Konflikts die Kurzsichtigkeit unserer Regierung, wenn nicht sogar Schlimmeres wäre und nicht die Unversöhnlichkeit des Aggressors, wurde zum Schluß sogar von den Leuten übernommen, die bisher hinter unserer Außenpolitik gestanden hatten. Damit gab das alte außenpolitische Establishment seine wichtigste Verpflichtung auf, der öffentlichen Diskussion über unsere internationalen Verantwortlichkeiten mit einem ausgewogenen Urteil und Langzeitperspektiven zu helfen.

Als Folge dieser Selbstaufgabe wurde die sogenannte Friedensbewegung von einer relativ winzigen Gruppe von Radikalen manipuliert, die in der breiten Öffentlichkeit praktisch keine Unterstützung hatte. Für den harten Kern der Nonkonformisten ging es in Vietnam nicht darum, ob es klug gewesen sei, daß sich die Vereinigten Staaten irgendwo engagiert hatten, sondern um die Gültigkeit der amerikanischen Außenpolitik im allgemeinen und natürlich auch um die der amerikanischen Gesellschaftsstruktur. Für sie war der Krieg ein Symptom für ein böses, korruptes, militaristisches, kapitalistisches System. Den Vietkong betrachteten sie dagegen als eine fortschrittliche Bewegung, Nordvietnam als ein schwer bedrängtes, heldenhaftes, revolutionäres Land und den Kommunismus als die Zukunft Indochinas, wenn nicht sogar aller Entwicklungsländer in der Welt. Über unser Vorgehen in Kambodscha waren sie nicht empört, weil der Krieg damit auf die Bereitstellungsräume ausgedehnt wurde, von denen aus die Nordvietnamesen fünf Jahre lang Tausende südvietnamesische und amerikanische Soldaten getötet hatten, sondern weil sie fürchteten, es könnte Erfolg haben. Die Sorge um die Zukunft der vietnamesischen, kambodschanischen und laotischen Bevölkerung unter dem Kommunismus wurde verächtlich als durchsichtiger Vorwand dafür abgetan, einen in verderblicher Absicht geführten Krieg fortzusetzen. Aus dem gleichen Grund wurden unsere Befürchtungen, die globale Glaubwürdigkeit der Vereinigten Staaten könnte darunter leiden, was sich nachteilig auf die internationale Sicherheit auswirken werde, in radikalen Kreisen so interpretiert, daß wir die Völker Indochinas als Schachfiguren im Rahmen einer amerikanischen Gesamtstrategie mißbrauchen wollten. In diesem Sinne wurde die Schwächung der amerikanischen Position in der Weltpolitik sogar als Beitrag zum Weltfrieden begrüßt.

Dieser kleinen, aber zunehmend militanten Gruppe bedeutete ein Sieg Nordvietnams keinen bedauerlichen Verlust, sondern war moralisch wünschenswert. Er sollte durch Verhandlungen nicht abgemildert, sondern durch die bedingungslose Kapitulation in brutaler Weise deutlich gemacht werden. Man betrachtete die Demütigung der Vereinigten Staaten in jener weit entfernten Weltgegend als Lehrbeispiel für die Amoralität der führenden Rolle, die Amerika nach dem Kriege in der Welt übernommen hatte, und als willkommenes Instrument zur Demoralisierung des gesamten amerikanischen Establishments – der Wirtschaft, der Arbeitnehmer, der akademischen Welt, der Medien und des Kongresses –, das als ein Hindernis auf dem historischen Marsch in eine fortschrittliche Zukunft betrachtet wurde. Das war der arrogante Ton der moralischen Überlegenheit, mit dessen primitiver Diktion nachgewiesen werden sollte, daß die politischen Ziele der Nonkonformisten alles andere als verächtlich seien.

Während des letzten Jahres der Amtszeit des Präsidenten Johnson sanken Stil, Methoden und Rhetorik der Gegner des Vietnam-Krieges auf ein Niveau der Gehässigkeit und Bosheit hinab, von dem sich unser öffentliches Leben bis heute noch nicht ganz erholt hat. Im Präsidentschaftswahlkampf von 1968 erreichten die Angriffe gegen eine so warmherzige und grundanständige Persönlichkeit wie Hubert Humphrey eine Schärfe und Bitterkeit, an die er sich nur mit Tränen in den Augen erinnern konnte.

Alle diese Tendenzen wurden durch Richard Nixons Wahl in tragischer Weise verstärkt. Nixon war wahrscheinlich der einzige politische Führer, der sich aus dem Vietnam-Krieg zurückziehen konnte, ohne unter den Konservativen eine Revolte auszulösen. Aber seine politische Laufbahn in der Republikanischen Partei hatte ihn zum Erzfeind der am meisten verantwortlichen Demokraten gemacht. Die Opposition radikaler Kräfte gegen den Krieg nahm daher zu und vereinigte sich bei vielen, die sonst für den Radikalismus nichts übrig hatten, mit dem gegen Nixon gerichteten Haß. So steigerte sich die Leidenschaft der Kriegsgegner immer mehr und konnte auch von den Kräften nicht besänftigt werden, die sich angeblich für zivilisiertere Formen der Diskussion und Bürgerverantwortung einsetzten. Das Verlangen der letzteren, eine Schuld zu sühnen, die im Rückblick stark übertrieben worden ist oder gar nicht existierte, verlängerte den Krieg. Es zerschlug auch für immer das bestehende außenpolitische Establishment, dessen Mitglieder zwischen der von der Regierung getragenen Politik, die sie nicht zu unterstützen wagten, und einer radikalen Opposition zerrieben wurden, die sie nicht in ihren Reihen sehen wollte. Die Radikalen wollten die Mitglieder des Establishments für ihre angeblich früher begangenen Fehler bestrafen, sosehr diese sich auch darum bemühten, sich von ihrer Vergangenheit zu distanzieren.

Im Verlauf dieser Entwicklung ging jedes Verständnis für die Komplexität der Aufgabe verloren, welche die Regierung Nixon von ihren Vorgängern übernommen hatte. Es bedurfte einer energisch durchgeführten Strategie, die sich auf das Verständnis der Öffentlichkeit stützen konnte. Man mußte sich rasch genug aus Vietnam zurückziehen, um die amerikanische Öffentlichkeit zu beruhigen, aber langsam genug, um Hanoi an den Verhandlungstisch zu bringen, und am Konferenztisch mußte man Flexibilität zeigen, ohne zu vergessen, daß es einen Punkt gab, über den hinauszugehen unsere nationale Ehre nicht zuließ. Der fortdauernde innenpolitische Druck machte – welche Motive auch dahinterstehen mochten – diese Aufgabe zur Qual. Am Ende von Nixons erster Amtsperiode hatte jede vernünftige Diskussion über Vietnam praktisch aufgehört; die Debatten über dieses Thema im Kongreß und in den Medien wurden mit hemmungslosen Beschuldigungen und Gegenbeschuldigungen ausgetragen, und es kam zu Demonstrationen und Gewalttätigkeiten an den Universitäten und gelegentlich auch auf der Straße.

Diese häßlichen, in den Vereinigten Staaten ausgetragenen Kämpfe waren eine nationale Tragödie. Immer wieder ging es darum, wer »für« und wer »gegen« den Krieg sei – eine bedeutungslose Frage. Nixon war entschlossen, unsere Beteiligung an diesem Krieg zu beenden, und das hat er auch getan. Er weigerte sich jedoch, Millionen von Menschen einer blutigen kommunistischen Tyrannei auszuliefern, die sich auf unsere Hilfe verlassen hatte, weil er glaubte, ein so verächtliches Fehlverhalten werde den neo-isolationistischen Tendenzen in den Vereinigten Staaten neue Nahrung liefern, das amerikanische Volk demoralisieren und in den Vereinigten Staaten die Furcht vor internationalen Verantwortlichkeiten wecken. Er war überzeugt, ein so geschwächtes Amerika werde Verbündete entmutigen, die sich auf uns verließen, und unsere Gegner zu neuen Abenteuern ermutigen. Und er sollte recht behalten. Die Katastrophe des Jahres 1975 führte nicht nur zu den Schrecken des Völkermords in Indochina; von Angola bis Äthiopien und vom Iran bis nach Afghanistan mußten die Vereinigten Staaten Demütigungen hinnehmen, die Sowjetunion unternahm eine geopolitische Offensive, die sich mit nichts vergleichen ließ, und überall ließen sich Unsicherheit, Instabilität und Krisen erkennen.

Ich will hier nicht noch einmal auf die vielfältigen Argumente eingehen, die in der von Emotionen geladenen Atmosphäre jener Zeit im Verlauf der Debatte über diesen Krieg vorgetragen worden sind. Ich selbst habe an dieser Debatte teilgenommen. Ihr intellektueller und moralischer Wert wird erst beurteilt werden können, wenn eine gewisse Zeit darüber vergangen ist. Welches auch die auf den verschiedenen Seiten vertretenen Positionen gewesen sein mögen, es war eine nationale Katastrophe, daß die Diskussion 1972 in einen Angriff auf die Motive ausartete und damit die öffentliche Auseinandersetzung vergiftete, ohne die eine demokratische Gesellschaft nicht denkbar ist. Unsere Kritiker beanspruchten für sich das Monopol auf Friedensliebe und behaupteten, jede andere Überlegung sei nur ein lächerlicher Vorwand für Töten um des Tötens willen. Der systematisch herbeigeführte Vertrauensschwund lenkte uns von dem Thema ab, über das die nationale Diskussion hätte geführt werden sollen.

Anfang der siebziger Jahre brauchte Amerika vor allem ein komplexes Verständnis für die neuen Realitäten; statt dessen wurden dem amerikanischen Volk nur die Kategorien einer simplen Schwarzweißmalerei angeboten. Amerika brauchte ein besseres Geschichtsverständnis; statt dessen erklärten seine Kritiker, alle negativen Entwicklungen in der Welt seien die Folgen der bösen Absichten der amerikanischen Führung. Die Vietnam-Debatte machte einen Reifungsprozeß unmöglich; sie war Ausdruck einer Flucht in die Nostalgie; sie nährte die Illusion, daß Amerika seine moralische Integrität verloren habe und unsere Schwierigkeiten durch die Rückkehr zu einfachen Grundsätzen beseitigt werden könnten. Welche Fehler wir auch begangen haben mochten, unsere Schicksalsfragen ließen sich nicht so einfach lösen. Ein durch Selbstanklagen geschwächtes Amerika würde dem Chaos Tür und Tor öffnen und die innere Spaltung nur noch vertiefen.

Nixons Reaktion steigerte die allgemeine Verbitterung. Der Präsident war überzeugt, daß er es mit einer gegen ihn gerichteten Verschwörung zu tun habe. In Wirklichkeit folgte er bei seinem Bemühen um die Beendigung des amerikanischen Engagements in Südostasien einer kühneren Politik, als sie irgendein ernstzunehmender Kritiker vor seiner Amtsübernahme anzubieten gewagt hatte.[2] Nixon war zutiefst empört über das, was er als den Zynismus prominenter Demokraten ansah, die Amerika in diesen Krieg hineingeführt hatten und jetzt ihr Schuldgefühl dadurch zu beschwichtigen suchten (oder ihre berufliche Laufbahn nicht gefährden wollten), in dem sie einen Präsidenten angriffen, der uns aus dem Krieg herauszuführen versuchte. Er war erstaunt über das gefühllose Desinteresse am Schicksal der vietnamesischen, kambodschanischen und laotischen Bevölkerung unter der Herrschaft von Kommunisten, die für sich die moralische Überlegenheit in Anspruch nahmen. Und er war – mit Recht – am meisten empört darüber, daß die Radikalen zu Methoden des politischen Drucks und der Sabotage griffen, die bis an die Grenze der Legalität oder darüber hinaus gingen. Dazu gehörten der Terrorismus des Weather-Untergrunds, das Bombenlegen in Forschungsinstituten von Universitäten, der Diebstahl zahlreicher Geheimdokumente der Regierung, das unautorisierte Durchsickernlassen geheimer militärischer Operationen und Verhandlungspositionen und der an junge Leute gerichtete Aufruf, sich der Wehrpflicht zu entziehen oder zu desertieren, um nur die schlimmsten Auswüchse zu erwähnen.

Es gibt keine Entschuldigung für die ungesetzlichen Methoden, die unter dem Sammelbegriff Watergate ans Licht gekommen sind. Ein Präsident darf seine eigenen Fehler nicht mit den Übergriffen seiner Gegner entschuldigen. Es ist seine Pflicht, das Niveau zu heben, moralische Maßstäbe zu setzen und Brücken zu seinen Gegnern zu bauen. Nixon hat sich zu einem solchen Großmut nicht durchringen können. Man kann aber diese Periode nicht verstehen, wenn man die Gehässigkeit, Selbstgerechtigkeit und gelegentliche Brutalität einiger Feinde Nixons übersieht.

Die Animositäten des Präsidenten und die seiner Gegner haben sich gegenseitig aufgeladen. Und wenn wir aus Watergate lernen können, welche Folgen der Mißbrauch der Vollmachten eines Präsidenten haben kann, dann müssen wir daraus auch die Lehre ziehen, daß die Opposition in einer funktionsfähigen Demokratie durch ihr Gefühl für Anstand, durch die Anerkennung der Grundwerte der Nation und die Erkenntnis, daß ein unqualifizierter Angriff gegen Institutionen und Motive die Fähigkeit der Nation, sich zu regieren, lähmen kann, in Grenzen gehalten werden muß.

Watergate spitzt sich zu

Zwei Tage nach dem dramatischen Wochenende, an dem ich erkennen mußte, was Watergate bedeutete, am Dienstag, dem 17. April, gab Nixon im Weißen Haus ein Essen für den italienischen Premierminister Giulio Andreotti, bei dem Frank Sinatra auftrat. Einer der Gäste an meinem Tisch sagte mir, der Präsident sei wenige Stunden vor dem Essen (es war um 16.42 Uhr gewesen) in das Pressezimmer gekommen und habe erklärt, daß er vor einem Monat eine neue Untersuchung des Watergate-Einbruchs angeordnet hätte; diese Untersuchung hätte »in der Wahrheitsfindung echte Fortschritte« gebracht. Im Gegensatz zu seinen bisherigen Anordnungen werde das Personal des Weißen Hauses jetzt die Erlaubnis erhalten, vor dem Watergate-Ausschuß des Senats auszusagen; kein schuldiger Angehöriger des Stabes des Weißen Hauses würde vor Strafverfolgung geschützt werden. Nixon und seine innenpolitischen Berater hatten offenbar geglaubt, diese Erklärung werde so geringe außenpolitische Folgen haben, daß sie mich weder vorher noch nachher davon unterrichteten. Der Mann, der mir diese Mitteilung machte, ein treuer Anhänger Nixons, war überzeugt, daß mit der Erklärung des Präsidenten der Fall Watergate abgeschlossen sei. Augenscheinlich kannte man jetzt die Schuldigen und durfte die ganze Angelegenheit den Gerichten überlassen.

Angesichts der Tatsachen, die ich durch Len Garment erfahren hatte, zweifelte ich daran, daß es so einfach sei. In Wirklichkeit sollte die Erklärung des Weißen Hauses in erster Linie den Beginn eines Ringens auf Leben und Tod zwischen Nixon und seinem Berater John Dean signalisieren. Dean war der Mann, von dem Nixon fürchtete, daß er sich gegen ihn wenden werde. Jetzt warf Nixon ihm den Fehdehandschuh hin, indem er erklärte, ihm keine Immunität zu gewähren. Damit versuchte er, ihm jede Hoffnung zu nehmen, daß er sich mit dem Staatsanwalt einigen und damit seine Haut retten könnte.

Das Essen fand in einer festlichen und entspannten Atmosphäre statt. Das Weiße Haus glich der *Titanic;* ein Teil des Schiffs war schon überflutet, aber die Passagiere waren sich der Gefahr noch nicht bewußt. Das Orchester spielte weiter. Im übrigen war es das letzte »normale« Staatsdinner zu Nixons Amtszeit. Anschließend traf ich mich mit Sinatra auf einer kleinen Party, an der auch Vizepräsident Spiro T. Agnew teilnahm.

Dort wurde ich vom Präsidenten angerufen. Er fragte mich, was ich von seiner Rede hielte. Da ich glaubte, Nixon brauchte, wie schon so oft, eine Selbstbestätigung, gratulierte ich ihm zu seiner Tischrede beim Staatsdinner. Doch er hatte an etwas ganz anderes gedacht. Er verlangte meine Stellungnahme zu der Watergate-Erklärung. Ich sagte, daß ich nicht beurteilen könnte, welche Wirkung sie haben werde, denn ich wüßte nicht, wer betroffen sei oder was der Zweck der Erklärung gewesen wäre. Nixon antwortete, daß seine Weigerung, den Betroffenen Immunität zu gewähren, »alle kleinen Jungen die Gottesfurcht lehren« werde, falls sie den Versuch machen sollten, sich ihrer Verantwortung dadurch zu entziehen, indem sie sie ihren Kollegen aufbürdeten. Als Nixon spürte, daß ich zögerte, fragte er mich ganz unvermittelt, ob er Haldeman und Ehrlichman entlassen sollte; er sei verzweifelt, auch nur diese Frage stellen zu müssen. Ich war wie vor den Kopf geschlagen. Es war schon schlimm genug, daß Garment solche Spekulationen angestellt hatte, aber wenn Nixon selbst diese Auffassung vertrat, dann mußte er sich in tödlicher Gefahr befinden. Ich sagte, daß ich nicht genug wüßte, um das zu beantworten. Doch mit einer Formulierung, von der ich niemals abgewichen bin, wagte ich, ihm einen Rat zu geben: Was auch immer letzten Endes getan werden müßte, sollte sofort getan werden, um das langsame Ausbluten zu beenden.

Als ich den Hörer auflegte, kam Agnew ins Zimmer und fragte mich, was ich über Nixons Watergate-Erklärung dächte. Auch ihm sagte ich, ich könne die Folgen nicht ermessen. In einem etwas verächtlichen, gefühllosen Ton meinte Agnew, Nixon täuschte sich, wenn er glaubte, die Entlassung Haldemans und Ehrlichmans vermeiden zu können. Er werde glücklich sein, wenn er sich selbst retten könnte.

Agnews scharfe Bemerkung zeigte mit dramatischer Deutlichkeit die auf einer bestimmten Ebene fast unvermeidliche Ambivalenz in den Beziehungen zwischen den beiden einzigen Beamten unserer Regierung, die vom ganzen Volk gewählt werden. Zu Beginn einer jeden Amtszeit werden die Vizepräsidenten als Partner des Präsidenten freudig begrüßt; der neue Regierungschef erklärt, daß er den Fehler all seiner Vorgänger nicht wiederholen werde, den Vizepräsidenten – wie Nelson Rockefeller das genannt hat – zu einem »Ersatzteillager« zu machen. Man verspricht ihm wichtige Aufgaben bei der Formulierung und Ausführung der Politik. Mit seltenen Ausnahmen sind solche Erwartungen immer enttäuscht worden, und zwar zum mit der Zeit immer deutlicher sichtbar werdenden Ärger des Vizepräsidenten, der damit einen ewigen Kreislauf in Gang setzt, indem er die natürliche Unsicherheit des Präsidenten erhöht und ihn veranlaßt, noch mehr Distanz zu wahren. Natürlich, weil es ein übermenschliches Maß an Selbstverleugnung verlangt, sich in Gegenwart eines Mannes zu entspannen, für den der größte Augenblick im Leben die Todesstunde des Präsidenten sein kann, und Männer, die eine solche Fähigkeit zur Selbstverleugnung haben, werden nicht Präsident.

Es gibt aber auch ein dem bürokratischen System in Amerika immanentes Hindernis, das der Absicht im Wege steht, dem Vizepräsidenten große Verantwortung zu übertragen. Der Vizepräsident ist das einzige Mitglied der Exekutive, das vom Präsidenten nicht entlassen werden darf. Wenn man ihm einen ständigen Aufgabenbereich zuteilt, dann verläßt man sich dabei auf seine ständige Bereitschaft, sich unterzuordnen; kommt es zu politischen Meinungsverschiedenheiten, dann ist die Fähigkeit des Präsidenten, den Vizepräsidenten zum Nachgeben zu zwingen, falls der für einen bestimmten Amtsbereich zuständig ist, begrenzt. Deshalb müssen Vizepräsidenten im allgemeinen nebensächliche Aufgaben auf den verschiedensten Gebieten übernehmen, oder ihre Tätigkeit wird in jedem einzelnen Fall nur auf eine bestimmte Dauer festgelegt. Dadurch wird die Artikulierung einer klaren, kohärenten politischen Position und die Errichtung einer bürokratischen Basis verhindert. (Als Nelson Rockefeller Vizepräsident war, erzählte er lachend, er läse aufmerksam alle Todesanzeigen, um festzustellen, wann er an der Spitze einer amerikanischen Abordnung zu einem Staatsbegräbnis ins Ausland geschickt werden könnte.)

Der Vizepräsident nimmt natürlich an allen Sitzungen des Nationalen Sicherheitsrats teil, wo über die wichtigsten politischen Entscheidungen beraten wird. Aber niemand, der in solchen Beratungen Sitz und Stimme hat, kann viel erreichen, wenn er nicht über den entsprechenden Mitarbeiterstab verfügt, um die angesprochenen Probleme weiter zu verfolgen. Der Vizepräsident unterstützt entweder die Auffassung der Mehrheit und verstärkt damit die vorgefaßte Meinung der anderen Regierungsmitglieder, er habe in Wirklichkeit nichts zu sagen, oder er vertritt einen eigenen Standpunkt, aber dafür fehlt es ihm gewöhnlich an taktischen Detailkenntnissen, und er riskiert, als Störenfried angesehen zu werden. In den wenigen Fällen, in denen Agnew eine Haltung einnahm, die der des Präsidenten widersprach, wurde er von der folgenden Sitzung ausgeschlossen, auch wenn Nixon sich schließlich der Meinung seines Vizepräsidenten anschloß. Nixon wollte nur deutlich machen, daß er die Entscheidungen fällte.

Die Präsidenten werden außerdem auch von ihren Mitarbeitern im Weißen Haus zu einer solchen Haltung ermutigt. Diese Männer und Frauen verdanken ihren Einfluß ausschließlich der Tatsache, daß sie zur nächsten Umgebung des Präsidenten gehören. Sie verteidigen ihre Vorrangstellung eifersüchtig gegenüber *allen* Außenseitern. Bei ihnen kommt es in erster Linie auf die Loyalität gegenüber dem Präsidenten an, eine Haltung, die durch den täglichen persönlichen Umgang gefördert wird; das gemeinsame Ertragen aller Belastungen, denen das Weiße Haus ausgesetzt ist, führt zur Stärkung dieser Bindungen. Der Präsident und seine Mitarbeiter werden von den gleichen Kritikern und Journalisten bedrängt; sie kämpfen gegen die gleichen, ihnen oft lästigen Bürokratien und werden von den gleichen Interessengruppen unter Druck gesetzt. Dadurch entsteht eine gemeinsame Interessenlage, die dazu führt, daß diese Gruppe von Menschen eine Front gegen alle bildet, deren Loyalität autonome Ursprünge hat und die, was noch schlimmer ist, von anderen Motiven getrieben werden.

Diese Haltung richtet sich zwar nicht selten auch gegen die Mitglieder des Kabinetts, aber diese können sich wenigstens damit trösten, für viele Problembereiche verantwortlich zu sein, mit denen der Präsident nichts zu tun haben *will,* weil ihm dafür die Mitarbeiter fehlen oder weil die Probleme selbst zu kontrovers sind. Jeder Minister hat außerdem seinen eigenen umfangreichen Beamtenapparat, der mehr oder weniger loyal hinter ihm steht. Der Vizepräsident verfügt jedoch nicht über derartige Sicherungen, und deshalb ist er das natürliche Opfer des Ehrgeizes der Mitarbeiter im Weißen Haus. Jeder entschiedene Versuch, sich durchzusetzen, birgt in sich das Risiko, seinen ehrgeizigsten Plan scheitern zu lassen: daß der Präsident ihn bei den nächsten Wahlen als seinen Nachfolger vorschlägt.

Im Verhältnis zwischen Nixon und Agnew waren alle diese Tendenzen deutlich zu erkennen, ja, der Charakter beider Männer führte dazu, alle latenten Spannungen zu akzentuieren. Nixon war ein Einzelgänger und litt unter chronischem Mißtrauen. Zunächst hielt er Agnew für einen politischen Stümper. Da Nixon stets gefürchtet hat, von stärkeren Persönlichkeiten in den Schatten gestellt zu werden, hat er sich vielleicht aus diesem Grund entschieden, ihn zu seinem Vizepräsidenten zu machen. Später setzte er ihn als Feuerwehrmann ein, der stellvertretend für den Präsidenten Angriffe führen und Gefühle zum Ausdruck bringen sollte, die Nixon zwar teilte, aber nicht selbst zu artikulieren wagte. Er hat niemals geglaubt, daß Agnew geeignet sei, seine Nachfolge anzutreten. Einmal hat Nixon gesagt, und das war nicht nur als Scherz gemeint, daß Agnew seine Lebensversicherung gegen ein Attentat sei.

Agnew seinerseits war ungewöhnlich stolz. Er spielte seine Nebenrolle mit großer persönlicher Würde. Daß er nicht im voraus von meiner Geheimreise nach China unterrichtet worden war, hat ihn tief gekränkt. Nach meinem Urteil war er viel intelligenter und feinsinniger, als man ihn im allgemeinen einschätzte. Aber die Enttäuschungen, die er erleben mußte, veranlaßten ihn, sich in sich selbst zurückzuziehen. An jenem Abend hatte ich das Empfinden, er sei nicht gerade verzweifelt bei dem Gedanken, daß die Mitarbeiter im Weißen Haus, die ihm das Leben schwergemacht hatten, nun vom Sockel gestürzt werden könnten. Während der ganzen Anfangsphase des Watergate-Skandals distanzierte sich Agnew in auffallender Weise. Und als er selbst ins Fegefeuer geworfen wurde, distanzierten sich das Weiße Haus und auch Nixon ihrerseits von ihm.

Am 17. April konnte sich noch niemand einen solchen Ausgang vorstellen. Aber der Umstand, daß Agnew seinen Chef mit einer so eiskalten Haltung im Regen stehenließ, deutete doch auf die bevorstehende Katastrophe hin. Ein Vizepräsident, dem etwas daran liegt, die Nachfolge anzutreten, hätte sich nicht so scharf geäußert, wenn er nicht davon überzeugt gewesen wäre, daß Nixon bei der Nominierung des nächsten Kandidaten 1976 keinen entscheidenden Einfluß haben würde.

Ein anderer Mann, den ich um Rat fragte, war Bryce Harlow. Harlow hatte schon zum Stab des Präsidenten Eisenhower gehört und war in den ersten Jahren der Präsidentschaft Nixons für die Beziehungen des Weißen Hauses zum Kongreß verantwortlich gewesen, bevor er sich Ende 1970 ins Privatleben zurückzog. Er stammte aus Oklahoma, hatte einen typischen, etwas schleppenden Akzent, ein freundliches Wesen und wachsame Augen. Sein Leben als Erwachsener hatte er damit zugebracht, die Gesellschaft in Washington abwechselnd als aktiver Teilnehmer und als stiller Beobachter zu studieren. Ich habe niemals daran gezweifelt, daß es nicht zu Watergate gekommen wäre, wenn Nixon mehr Vertrauen zu Harlow und Leuten seines Schlages gehabt hätte. Harlow hatte keine sehr lebhafte Phantasie, war aber ein sehr umsichtiger und besonnener Mann. Er wußte, was man sich in Washington leisten konnte, und hatte begriffen, auf welchen Gebieten man sich Zurückhaltung auferlegen mußte, wenn die Demokratie keinen Schaden nehmen sollte. Er hatte ein tiefes Verständnis für die Bedeutung des Präsidentenamtes, seine Macht und seine Würde, und wußte, welche hohe Verantwortung damit verbunden war. Seine fundamentale Loyalität gegenüber dem Präsidenten wurde nur begrenzt durch seine persönliche Integrität, seine Achtung vor unseren Institutionen und dem Pflichtgefühl gegenüber der Nation. Angesichts einer solchen Haltung sah sich Bryce durch ehrgeizige junge Männer an den Rand gedrängt, die sich auch dort gefügig zeigten, wo es nicht wirklich notwendig war, und sich rücksichtslos nach vorn drängten, wenn ihre Karriere unerwartet gefährdet schien.

Ich unterrichtete Harlow kurz von dem, was ich wußte, und fragte ihn, was nach seiner Ansicht geschehen sei. »Irgendein Idiot«, sagte er in seiner bedächtigen Art, »ist in das Ovale Zimmer gekommen und hat das, was er dort hörte, wörtlich genommen.« Nach seiner Meinung hätte sich so etwas auf die Dauer nicht vermeiden lassen. »Wäre es nicht diesmal dazu gekommen, dann wäre bei der nächsten Gelegenheit etwas noch Schlimmeres geschehen.« Die Methoden des Präsidenten seien zu unberechenbar und die Atmosphäre im Weißen Haus zu paranoid gewesen. Eine Säuberungsaktion könnte günstige Auswirkungen auf die Nation haben und Nixon zu einem großen Präsidenten machen. Sogar Harlow glaubte zu diesem Zeitpunkt noch nicht an eine wirkliche Gefahr für den Präsidenten selbst, und zwar zum Teil wahrscheinlich deshalb, weil der Sturz eines Präsidenten und der darauf folgende Zusammenbruch des Ansehens der Exekutive so katastrophale Folgen haben mußten, daß man an eine solche Entwicklung nicht einmal denken durfte. Ebenso wie Garment glaubte er, daß Watergate die Möglichkeit böte, reinen Tisch zu machen und den Regierungsapparat von unerwünschten Elementen zu befreien.

»The Germans«: Haldeman und Ehrlichman

Die Medien neigten dazu, H. R. Haldeman und John Ehrlichman als preußische Exerziermeister darzustellen, die mit frivolem Sadismus für die Betroffenen unangenehme Anweisungen aus dem Ovalen Zimmer, in die Tat umsetzten. Von mir behauptete man im allgemeinen, ich sei das leuchtende Gegenbeispiel, und glaubte, sie hätten es »auf mich abgesehen«. Ich trug den hellen Hut (des Western-Helden) und sie den schwarzen des Bösewichts. Ich beantwortete die Anrufe der Journalisten; ich traf mich mit vielen führenden Kritikern aus dem Kongreß, der akademischen Welt und den Medien bei privaten Veranstaltungen und war sogar mit einigen von ihnen befreundet und hörte mir sogar die Ansichten oppositioneller Kräfte an. Ob meine Gesprächspartner einen Dialog als Zeichen der Zustimmung angesehen haben, oder ob ich sie durch zweideutige Äußerungen getäuscht habe, läßt sich, nachdem eine so lange Zeit darüber verstrichen ist, nicht mehr sagen. Wahrscheinlich war es eine Kombination aus beidem.

Die Vorstellungen, die man im allgemeinen von meiner Stellung im Weißen Haus gehabt hat, sind eine grobe Vereinfachung der Aufgaben aller Beteiligten. Haldeman und Ehrlichman steckten durchaus nicht immer unter einer Decke; in mancher Hinsicht waren sie Rivalen. Im großen und ganzen lagen die Ansichten Ehrlichmans eher auf der liberalen Seite des Spektrums; er bemühte sich aufrichtig um die Substanz und stellte sich hinter humane und fortschrittliche innenpolitische Bestrebungen. Bei unseren internen Beratungen setzte er sich für die Reduzierung der Verteidigungsausgaben in einem von mir nicht mehr zu vertretenden Ausmaß ein, um Mittel für soziale Programme freizubekommen. In mehreren Fällen mußte ich bei Nixon gegen seine Einmischung in meinen Zuständigkeitsbereich protestieren. Ehrlichman war von dem Protest der Studenten nach dem Vorstoß in die kambodschanischen Bereitstellungsräume zutiefst betroffen. Seine drei Kinder waren unter den Jugendlichen, die sich an den Krawallen in den Universitäten beteiligten, und ihre Sorgen bedrückten auch ihn. Aber niemand konnte im Weißen Haus ohne das Wohlwollen des Präsidenten überleben, und Nixons Gunst hing von der Bereitschaft des einzelnen ab, sich an dem paranoiden Kult des starken Mannes zu beteiligen. In den Gesprächen mit Nixon hörte man ständig von der Verschwörung der Presse, der Feindschaft des Establishments und dem Hochmut der Akademiker in Georgetown, und wenn man solchen Auffassungen widersprach, mußte man es mit dem Ausschluß aus dem inneren Kreis bezahlen.

Eine aggressive Ausdrucksweise und Konfrontationstaktiken entsprachen eigentlich nicht Ehrlichmans Wesen. Jeder Mitarbeiter des Präsidenten gerät in die Versuchung, mehr Einfluß zu gewinnen, indem er den Launen seines Herrn nachgibt. Ehrlichman neigte zur Übertreibung und glaubte, jede Andeutung des Präsidenten in die Tat umsetzen zu müssen. Als Verantwortlicher für die innenpolitischen Vorhaben Nixons stand er bei allen Kraftproben in vorderster Front. Auf die immer virulenter werdenden Protestdemonstrationen, das massive Durchsickern des Inhalts geheimer Dokumente und die häufiger werdenden illegalen Aktionen der Abweichler reagierte Ehrlichman mit einem manchmal übertriebenen Eifer und einer Überheblichkeit, die ihn später teuer zu stehen kamen.

Ehrlichmans Verhalten mir gegenüber war durch eine Mischung aus kameradschaftlichem Wohlwollen und gereizter Eifersucht gekennzeichnet. Er respektierte meine Ansichten, nicht aber die Selbstsicherheit, mit der ich sie vortrug. Aber er wäre ein Übermensch gewesen, wenn er sich nicht darüber geärgert hätte, wie verschieden wir von den Medien behandelt wurden. Er war schon zu lange Nixons Gefolgsmann, so daß der Präsident bei ihm keine gesellschaftlichen Kontakte und kein Verhalten hätte dulden können, die in meinem Fall als angeborene, ererbte Defekte behandelt wurden. Zwischen seiner unerlaubten Versöhnlichkeit und der Sorge um das politische Überleben hin und her gerissen, machte Ehrlichman aus der Not eine Tugend. Er gab sich hochmütig und herablassend. Außenseiter hielten ihn für arrogant, aber was ihn wirklich belastete, war seine Ambivalenz.

Irgendwie tröstete er sich damit, daß er so tat, als sei er wachsamer gegenüber Nixons Feinden als meine jungen akademischen Mitarbeiter, und um diesen Eindruck zu verstärken, führte er die Untersuchung von Fällen, in denen vertrauliche Informationen preisgegeben worden waren, um meine Mitarbeiter zu belasten. In Wirklichkeit waren darin aber nur Sticheleien und keine ernstzunehmenden Herausforderungen zu erkennen. Trotz gelegentlicher Spannungen waren die Beziehungen zwischen Ehrlichman und mir im wesentlichen freundlich. Ich achtete seinen guten Willen und seine Tüchtigkeit, und er bewunderte meine einflußreiche Stellung ebenso, wie er mich darum beneidete.

Haldeman war aus härterem Holz geschnitzt. Er gehörte schon seit zehn Jahren zu Nixons Gefolge und kannte sehr genau den komplexen Charakter und die Schwächen seines Meisters. Trotz seiner im Grunde konservativen Einstellung interessierte er sich kaum für Politik. Zwar bewunderte er Nixon aufrichtig, hielt es aber für seine wichtigste Aufgabe, die Wogen von Nixons Emotionen zu glätten und nach außen hin den Eindruck zu erwecken, daß die Staatsführung einen stetigen, ruhigen Kurs verfolgte, der sich durch nichts aus dem Gleis bringen ließ.

Überzeugt, daß der äußere Anschein die Realität entscheidend beeinflussen könnte, folgte Haldeman Nixons fast alptraumhafter Überzeugung, daß alle seine Schwierigkeiten aus einer unzureichenden Öffentlichkeitsarbeit resultierten, und stärkte den Präsidenten gelegentlich sogar darin. Wie Nixon meinte auch er, diese Öffentlichkeitsarbeit stellte in erster Linie ein technisches Problem dar. Nixon hat sich niemals von der irrigen Annahme befreien können, nur die Untüchtigkeit seiner Presseabteilung sei dafür verantwortlich zu machen, daß er in der Öffentlichkeit nicht das gleiche Ansehen genoß wie John F. Kennedy. Dabei vergaß er, daß er nach dem ersten Jahr seiner Amtszeit in den Meinungsumfragen viel günstiger abgeschnitten hatte als sein zum Märtyrer gewordener Vorgänger im Amt. Haldeman neigte dazu, das politische Handeln mit Verfahrensfragen und die Substanz der Probleme mit der Methode zu verwechseln, mit welcher diese Probleme dargestellt wurden. In den Gesprächen des Präsidenten mit seinem Stabschef wurde ein großer Teil der Zeit auf die Frage verwendet, wie man die Presse manipulieren könnte - ein Unternehmen, das zum Scheitern verurteilt war, solange beide sich weigerten, der vernünftigsten und einzig möglichen Strategie zu folgen und einen ernsten, ehrlichen und fortlaufenden Dialog mit den verhaßten, gefürchteten und im geheimen beneideten Vertretern der Medien zu führen.

Diese Weigerung war um so bemerkenswerter, als Nixon und Haldeman sehr gut zu begreifen schienen, daß zwischen persönlichen Kontakten und Glaubwürdigkeit ein wesentlicher Unterschied bestand. Eine Flut von Denkschriften ergoß sich aus dem Ovalen Zimmer und dem Büro von Haldeman auf die unseligen Mitarbeiter des Weißen Hauses, um sie darüber zu belehren, welchen »Kurs« sie gegenüber der Presse zu verfolgen hätten und wie unbotmäßige Journalisten zu bestrafen seien. Die Strafe bestand gewöhnlich im Verbot von Kontakten der Beamten zu solchen Journalisten (das die meisten von uns in den meisten Fällen nicht beachteten). Gelegentlich bestand dieser »Kurs« in dem Versuch, einen politischen Rivalen auszuschalten, aber häufiger enthielten Haldemans Anweisungen eine Aufzählung der unvergleichlichen Qualitäten unseres Chefs. Da man glaubte, daß ich als Mitglied des Akademikerzirkels in Georgetown über besondere gesellschaftliche Kontakte verfügte (bevor ich nach Washington kam, hatte ich keinen dieser Leute gekannt), war ich der Adressat einer unverhältnismäßig großen Zahl dieser Elaborate.

Ich habe nie begriffen, weshalb die anderen Mitarbeiter Nixons nicht das gleiche Verhältnis zu den Medien in Washington herzustellen suchten wie ich. Dabei muß ein gewisser Mangel an Selbstvertrauen eine Rolle gespielt haben, eine Schwäche, die man mir nur selten zum

Vorwurf gemacht hat. Vor meiner Ernennung zum Sicherheitsberater hatte ich noch nie eine offizielle Pressekonferenz gegeben, aber dann hatte ich Erfolg damit und wurde im Weißen Haus so behandelt, als hätte ich besonders gute Beziehungen zur Öffentlichkeit. Meine Kollegen meinten, mein Erfolg läge vielleicht darin begründet, daß ich zur sogenannten Efeu-Liga gehörte und Anfang der sechziger Jahre kurze Zeit für die Regierung Kennedy gearbeitet hatte. (Das Weiße Haus unter Kennedy hat bei mir keine besondere Begabung für die Öffentlichkeitsarbeit entdeckt und mich in sicherem Abstand von allen Vertretern der Medien gehalten.) Jedenfalls wurde ich ermutigt, mit den Medien gute Kontakte zu halten, aber dann nahm man es mir übel, daß ich bessere Beziehungen zur Presse entwickelte als meine Kollegen.

Später hat man Haldeman vorgeworfen, er habe auf Nixon, indem er ihn isolierte, einen verhängnisvollen Einfluß ausgeübt. Das war ungerecht. Nixon hat sich selbst isoliert. Er scheute es, neue Bekanntschaften zu machen, und konnte Untergebenen, die eine andere Meinung vertraten als er, keine direkten Befehle geben. Wenn er zum ersten Mal mit einem Unbekannten zusammentraf, dann versuchte er alle Spannungen zu vermeiden, indem er jeder Meinung seiner Gesprächspartner zustimmte. Haldemans umständliche Verfahren entsprachen seinem Bemühen, diese Schwächen zu kompensieren. Der Zugang zum Präsidenten wurde erschwert, weil Nixon sich ständig darüber beklagte, daß er zu oft irgendwelche Leute empfangen müßte – obwohl solche Begegnungen auf das Allernotwendigste reduziert wurden. An jedem Treffen mit einem Außenseiter nahm auch ein Mitarbeiter des Weißen Hauses teil, um dafür zu sorgen, daß Zusagen des Präsidenten eingehalten wurden (und um gelegentlich dafür zu sorgen, daß bestimmte Ansinnen abgelehnt wurden). Die Arbeit im Weißen Haus wurde soweit wie möglich in der Form von Denkschriften erledigt, weil Nixon seine wirkliche Meinung eher schriftlich als im direkten Gespräch zum Ausdruck brachte.

Mitarbeiter, in deren Gegenwart er sich sicher fühlte, dienten dem Präsidenten oft als Blitzableiter, an denen er seine nervösen Spannungen abreagierte. Man konnte stundenlang dasitzen und Nixon zuhören, wenn er laut dachte. Dann legte man hin und wieder ein Holzscheit aufs Kaminfeuer, betete im stillen um eine Krise, durch welche sich die Spannung lösen könnte, und wartete darauf, daß irgendein unvorsichtiger Kollege zufällig ins Zimmer kam, um einen abzulösen. Aber keiner von uns hat Nixon mit dem gleichen Verständnis stundenlang zuhören können wie Haldeman. Und wenn Haldeman schließlich scheiterte, weil er die Wünsche des Präsidenten zu wörtlich genommen hatte, dann muß ich doch auch den Eindruck festhalten, daß viele Anweisungen, die in der Hitze des Gefechts gegeben wurden, niemals über den gelben Notizblock hinausgekommen sind, auf dem Haldeman sie pflichtgetreu notierte, als warte ihre Ausführung nur auf den Augenblick, da er das Ovale Zimmer verließ.

Haldemans Desinteresse an Politik hatte seine Vorteile. Man konnte sich darauf verlassen, daß er den Präsidenten gewissenhaft von allem unterrichten würde, was man ihm auftrug, ohne seinen Bericht mit eigenen Vorurteilen zu entstellen. Ich habe ihn nicht selten dazu benutzt, dem Präsidenten Auffassungen vorzutragen, die nicht Nixons Vorstellungen entsprachen, weil dieser den Übermittler schlechter Nachrichten wahrscheinlich nicht so leicht abweisen würde wie denjenigen, von dem diese Nachrichten stammten, und weil Haldeman alles tun würde, um dafür zu sorgen, daß Nixon sich auch mit Themen beschäftigte, die ihm unangenehm waren (vorausgesetzt, es gelang einem, Haldeman davon zu überzeugen, daß eine Nichtbeachtung des Problems dem Präsidenten schaden würde). Haldeman hatte keinen persönlichen Ehrgeiz; sein Ehrgeiz erfüllte sich in der Stellung, die er innehatte, und weil er nichts Höheres anstrebte, brauchte er sich an keinem bürokratischen Gerangel hinter den Kulissen zu beteiligen.

Und doch lagen in dieser fast übermenschlichen Selbstbescheidung die Wurzeln des schließlichen Untergangs der Regierung Nixon. Haldeman hatte keine gründlichen innenpolitischen Erfahrungen; sein Verständnis für die Angemessenheit, das Ausmaß und die Grenzen der Vorrechte des Präsidenten entsprach nicht der Aufgabe, die er sich selbst gestellt hatte. Seine zweite Schwäche lag in der Art und Weise, mit der er auf die unaufhörlichen Schwankungen in der Stimmung des Präsidenten reagierte. Seine kühle und disziplinierte Haltung in diesem Zusammenhang war zweckbestimmt; von seinen Untergebenen verlangte er zum Teil deshalb unbedingten Gehorsam, weil er sich die Möglichkeit offenhalten wollte, offensichtlich abwegige Anordnungen des Präsidenten nicht zu befolgen. Aber es gibt zwei Möglichkeiten, Untergebene zu disziplinieren: Man kann sie motivieren, damit sie selbst die Anordnungen ihres Vorgesetzten befolgen wollen, oder man kann eine Hierarchie einsetzen, in deren Rahmen es unvorstellbar ist, daß ein Befehl in Frage gestellt wird, weil kein Untergebener das Privileg hat, sich ein unabhängiges Urteil zu bilden. Haldeman hatte sich zu dem letzteren Verfahren entschlossen. Er wählte zu seinen Mitarbeitern Miniaturausgaben seiner selbst – Männer und Frauen (meist waren es Männer) ohne politische Vergangenheit, deren Loyalität durch die Rangordnung bestimmt und deren Hingabe durch die Möglichkeit gesichert wurde, an großen Ereignissen teilzunehmen.

Aber Männer ohne Vergangenheit sind unzuverlässige Führer in die

Zukunft. Sie verfallen in Euphorie, wenn man ihnen weitreichende Vollmachten zugesteht, und geraten in Panik bei dem Gedanken an den Verlust solcher Vollmachten. Während Nixons Regierungszeit hat es im Weißen Haus zu viele anmaßende Mitarbeiter gegeben; sie versuchten, die durch die zu hohen Anforderungen Haldemans entstandene Spannung dadurch zu mildern, daß sie ihre eigenen Untergebenen tyrannisierten, ebenso aber auch die Ministerien, die ihnen technisch durchaus nicht unterstellt waren. So verschlimmerten sich die Folgen von Haldemans Richtungslosigkeit durch die gleiche, aber noch stärker ausgeprägte Tendenz bei einer Gruppe seiner Mitarbeiter.

Die Haltung der Angehörigen des Stabes im Weißen Haus gegenüber dem Präsidenten glich derjenigen einer Werbeagentur gegenüber einem vornehmen und temperamentvollen Kunden – und die meisten dieser Leute kamen ursprünglich auch wirklich aus dieser Branche. Die Leute waren im Hinblick auf bestimmte Direktiven vielleicht verschiedener Ansicht und versuchten, zu hohe Anforderungen nach den für sie geltenden Maßstäben herabzusetzen, aber schließlich wurden sie danach beurteilt, mit welchem Geschick sie schwierige Aufgaben bewältigten. Sie hatten dafür zu sorgen, daß die Maschine lief, waren aber nicht dafür verantwortlich, ein gleichmäßiges Tempo zu garantieren, und als sie ins Schleudern kam, erhöhten sie die Geschwindigkeit, mit der sie sich dem Abhang näherte, anstatt sie rechtzeitig abzubremsen.

In den Beziehungen zwischen Haldeman und mir waren die Spannungen vorprogrammiert. Er war ein Konservativer aus dem kalifornischen Mittelstand, belastet mit den Ressentiments, dem Mißtrauen und dem versteckten Neid, die für diese Leute so typisch sind. Er hatte bis dahin nur selten eine Persönlichkeit meiner Herkunft kennengelernt und niemals regelmäßig mit solchen Persönlichkeiten zu tun gehabt (allerdings war ich mit dem von ihm so verachteten Establishment nicht so eng verbunden, wie er glaubte). Er war Nixon, nachdem dieser bei der Gouverneurswahl 1962 geschlagen worden war, treu geblieben, als nur ein wirklicher Außenseiter einem geschlagenen Kandidaten, der kaum Zukunftsaussichten zu haben schien, noch die Treue bewahrt hätte. Er glaubte aufrichtig an Nixons große Mission, und so muß es ihn verwirrt haben, wie ein Neuling, ein Mann des Rockefeller-Teams, der sich bisher konsequent gegen Nixon gestellt hatte, eine so prominente Stellung eroberte. Er hat aber nur selten gezeigt, daß er mich beneidete. Die Erklärung dafür, daß wir relativ normale Beziehungen zueinander entwickelten, lag darin, daß er in mir keinen Konkurrenten sah. Er betrachtete meine nach seinem Gefühl übertriebene Leidenschaft für Politik mit amüsierter Toleranz. Für ihn war in der Tat alles, was über das normale Interesse für die Substanz hinausging, übertrieben. Gelegentlich kam es zwischen uns zu Zusammenstößen, wenn er auf seinem Vorrecht bestand, den Zugang zum Präsidenten in einer nach meiner Auffassung unvernünftigen Weise zu regeln, oder wenn er die Belange der Öffentlichkeitsarbeit so sehr in den Vordergrund stellte, daß sie nach meiner Überzeugung der Politik schadeten. Aber zu solchen Meinungsverschiedenheiten kam es viel seltener, als man es bei der Zusammenarbeit zwischen einem Stabschef und einem Berater für die Fragen der nationalen Sicherheit erwartet hätte.

Haldemans Haltung mir gegenüber war im Grunde ein Spiegelbild der Haltung Nixons. Wenn mich Haldeman in unangenehmer Weise bedrängte, konnte ich sicher sein, daß er damit irgendeiner Absicht des Präsidenten entsprach. Denn obwohl Nixon immer so tat, als stünde er über der Sache, hatte er in Wirklichkeit nichts gegen das Tauziehen, das sich zwischen Außenminister Rogers und mir entwickelte. Gewöhnlich wurde Haldeman angewiesen, sich auf meine Seite zu stellen, aber auch dafür zu sorgen, daß niemals eine Frage endgültig entschieden wurde. (Und natürlich konnte ich nicht wissen, was man Rogers hinter meinem Rücken gesagt hatte.) Darüber hinaus war Nixon überzeugt, daß meine besonderen Talente sich am besten entwickeln würden, wenn er mich im ungewissen ließ. Wie schon gesagt, sorgte er immer wieder dafür, daß ich über seine Absichten, Prioritäten oder seine Einstellung zu mir gewisse Zweifel entwickelte.[3]

Doch Anfang 1973, als ich zurücktreten wollte, waren die durch solche Praktiken entstandenen Spannungen zum größten Teil geschwunden. Deshalb waren auch meine Gefühle gegenüber Haldeman und Ehrlichman in der zweiten Aprilhälfte 1973 mit einer gewissen Wehmut gemischt. Auch wenn es gelegentlich zu Reibungen gekommen war, waren wir doch im Verlauf turbulenter Jahre Kollegen gewesen. Mir waren ihre Hoffnungen und auch ihre ehrliche Bereitschaft zu dienen durchaus bewußt. Ich kannte ihre Frauen und Kinder und mochte sie gern und hatte ein besseres Gefühl für die Umstände, aus denen sich fast unmerklich das Krebsgeschwür von Watergate entwickelt hatte, als die meisten anderen Kollegen. Das Weiße Haus ist gleichzeitig Goldfischglas und Isolierstation. Die Fische schwimmen in einem Behälter, dessen Wände nach außen hin undurchsichtig sind. Man kann sie beobachten, wenn auch nicht unbedingt verstehen, aber sie selbst sehen nichts. Isoliert von der Außenwelt leben die Bewohner des Weißen Hauses nach den Regeln ihrer internen Koexistenz oder nach den Vorstellungen, die sie sich von der Außenwelt machen. Diese Vorstellungen wichen im Weißen Haus während Nixons Amtsperiode zunehmend stärker von der Wirklichkeit ab, bis die Unvereinbarkeit zwischen beiden Welten unerträglich wurde; das Goldfischaquarium zerbrach, und seine Insassen schnappten in einer ihnen feindlichen Atmosphäre nach Luft.

So schlugen auch Haldeman und Ehrlichman Ende April 1973 ohnmächtig um sich und konnten die Bedeutung dessen, was geschah, nicht ermessen, ja, sie konnten nicht einmal beurteilen, inwieweit sie selbst dafür verantwortlich waren. Als die Tage vergingen, ohne daß sie entlastet wurden, festigte sich in mir die Überzeugung, daß sie ihre bisherige Rolle ausgespielt hatten – auch wenn sie nominell auf ihren Posten bleiben würden. Die Autorität eines Präsidentenberaters gleicht derjenigen eines Raubtierdompteurs. Er beherrscht die Situation, weil er dafür sorgt, daß er nicht angegriffen wird; auch wenn er einen ersten Angriff überlebt, hat er die Voraussetzung seiner Herrschaft eingebüßt. Jeder Befehl wird zu einem Kampf, eine Zermürbung der Kräfte ist unausweichlich. Als der Einbruch ins Watergate-Hotel bekannt wurde und man glaubte, sie seien darin verwickelt, waren Haldeman und Ehrlichman auf unabsehbare Zeit dazu verurteilt, um ihre Position zu ringen, weil viele, die sich für benachteiligt hielten, jetzt ihre Macht auf die Probe stellen würden. Und der Präsident würde der ständigen Auseinandersetzungen bald überdrüssig werden. Er würde nicht immer wieder seine Anweisungen an aufsässige Minister von neuem bestätigen wollen. Gerade um sich das zu ersparen, hatte er Haldeman und Ehrlichman mit so weitreichenden Vollmachten ausgestattet.

Als der April zu Ende ging, hatte ich Grund zu glauben, Haldeman und Ehrlichman würden überhaupt nicht überleben. In fast jedem Gespräch machte Nixon in der für ihn charakteristischen Art irgendwelche Andeutungen, hinter denen die Frage stand, ob er seine beiden engsten Mitarbeiter entlassen sollte – eine eigenartige Frage, denn Nixon sagte mir niemals die Gründe dafür, warum er daran dachte, sich von den Männern zu trennen, die ihm zehn Jahre zur Seite gestanden hatten. Während der ganzen Watergate-Krise hat mir Nixon niemals seine Version der Ereignisse mitgeteilt. Privat nahm er die gleiche Haltung ein wie an der Öffentlichkeit und behauptete, bei jeder neuen Enthüllung erführe er Dinge, von denen er nichts gewußt habe, und sei gezwungen, mit dem Skandal so fertig zu werden, wie dieser sich der Öffentlichkeit darstellte, denn er hätte keine Kenntnis der Einzelheiten.

Am 21. April rief mich Nixon von Key Biscayne aus an und sagte mir, Haldeman und Ehrlichman seien zum Wochenende nach Camp David gefahren, um dort über ihre peinliche Lage nachzudenken. Sie seien verzweifelt. Der Präsident bat mich, sie anzurufen und ihnen moralisch den Rücken zu stärken. Ich kannte Nixon jetzt gut genug, um zu ahnen, daß ich ihnen nicht nur psychologischen Beistand leisten, sondern sie auch auf den vom Präsidenten gewünschten Kurs steuern sollte, und zwar um so mehr, als er mir in düsterem Ton erklärt hatte, er plane etwas Entscheidendes. Er müßte, wie er sagte, nur den richtigen Augenblick abwarten. Im Verlauf der nächsten Tage sprach ich mehrmals mit Haldeman und Ehrlichman. Ich hörte ihnen in ihrer Bedrängnis mit Verständnis zu, ohne ihnen wirklich helfen zu können. Denn ebenso wenig wie der Präsident selbst waren seine engsten Mitarbeiter bereit, mir genau zu sagen, was geschehen war. Sie stellten Vermutungen über ihre Überlebenschancen an, sprachen aber nicht über die Umstände, durch die sie in dieses Dilemma geraten waren, und ich weiß bis heute noch nicht, ob sie alles wirklich begriffen. Was später die Sammelbezeichnung Watergate erhielt, war die Summe einer Reihe unvermittelter Entscheidungen, aus Andeutungen bestehender Gespräche und nicht aufeinander abgestimmter Aktionen verschiedener Personen, die zum Teil Konkurrenten im internen Ringen um die Gunst des Präsidenten waren und aus diesem Grund eifersüchtig die Teilinformationen hüteten, an die sie im Ovalen Zimmer oder in dessen Nähe gekommen waren.

Was von diesen unzusammenhängenden Ereignissen während der Untersuchungen ans Licht kommen würde – und was noch wichtiger war, welche Aktionen wirklich ungesetzliche Handlungen darstellten –, schien für Haldeman und Ehrlichman im dunkeln zu liegen. Sie hatten ihr Verhalten nicht als »vertuschen«, sondern als Mittel zum Schutz einer gewählten Regierung angesehen, die trotz der Gegner, die ihrer Ansicht nach dem nationalen Interesse schadeten, noch viel erreichen mußte. Es bereitete ihnen keine Schwierigkeiten, sich mit meiner inzwischen stereotypen Empfehlung einverstanden zu erklären, daß alles, was schließlich doch geschehen mußte, unverzüglich getan werden sollte. Aber offenbar glaubten sie nicht, daß ihr Rücktritt eine solche unbedingte Notwendigkeit sei; deshalb gäbe es auch keinen Grund, diese Entscheidung sofort zu treffen. Sie glaubten augenscheinlich, daß sie ihre Posten nur verlieren würden, wenn man sie überführen könnte, kriminelle Handlungen begangen zu haben. Ich hingegen war überzeugt, daß ihr Überleben von strengeren Maßstäben abhing. Aber ich wußte zu wenig, um sagen zu können, welche Aussichten sie hatten. Außerdem war das nicht meine Aufgabe. Hier mußte der Präsident selbst die Entscheidung fällen, sosehr er sich auch darum bemühte, sie zu vermeiden.

Für diejenigen, die sich darum bemühten, die Handlungsfähigkeit der Regierung zu erhalten, wurde Watergate täglich zu einer größeren Belastung; sie gerieten in zunehmende Bestürzung und Verwirrung, während die unmittelbar Betroffenen von Panik ergriffen wurden. Wir saßen jetzt alle gemeinsam in einem Fahrzeug, das im Nebel außer Kontrolle geraten war; aber wir hatten verschiedene Vorstellungen. Diejenigen, die das Steuer hätten ergreifen können, sahen sich durch Ahnungslosigkeit und eine frustrierende Mischung aus Mitleid, Loyalität und Schrecken daran gehindert; sie sahen die Landschaft schemenhaft an sich vorüberziehen. Diejenigen, die wußten, auf welchen Abgrund wir zusteuerten, waren durch die Furcht gelähmt, daß sie bei einem plötzlichen Halt aus dem Fahrzeug geschleudert werden könnten.

In dieser Atmosphäre trat ich zehn Tage nach dem Essen im Federal City Club, bei dem ich in meiner Tischrede so hoffnungsvolle Gedanken geäußert hatte – die heute naiv erschienen –, im großen Ballsaal des Waldorf-Astoria Hotels in New York anläßlich des alljährlich von der Associated Press gegebenen Lunchs ans Rednerpult, um nach meiner vierjährigen Amtszeit die erste größere öffentliche Rede zu halten. Ihr Inhalt sollte die Bekanntgabe der neuen Initiative der Regierung Nixon gegenüber den demokratischen Industriestaaten sein: Es war der Beginn des sogenannten Europa-Jahrs. Der Grundgedanke war, daß das westliche Bündnis der Generation nach dem Zweiten Weltkrieg neue Aufgaben stellen und sie artikulieren müßte; die militärische Verteidigung blieb entscheidend, war aber augenscheinlich keine genügend motivierende Kraft mehr. Die Nationen, die für gemeinsame demokratische Werte eintraten, sollten sich in der Neubestätigung gemeinsamer Ideale und gemeinsamer politischer Ziele zusammenfinden, wenn wir den Zusammenhalt dieser Völker in einer neuen Ära der Ost-West-Politik, der Wirtschafts- und Energieprobleme und angesichts eines sich verändernden militärischen Gleichgewichts bewahren sollten.* Meine Rede wurde durchaus freundlich aufgenommen, aber aus den anschließend an mich gerichteten Fragen konnte man erkennen, was uns bevorstand. Meine Zuhörer interessierten sich für ganz andere Dinge als unsere neue Initiative. Sie wollten etwas über die Schwierigkeiten beim Waffenstillstand in Vietnam, über meine persönlichen Pläne und über Watergate wissen.

Über Vietnam werde ich an anderer Stelle sprechen.** Was meine

* siehe 5. Kapitel, Das Europa-Jahr
** siehe 8. Kapitel, Indochina: Der Anfang vom Ende

persönlichen Pläne betraf, so benutzte ich die Gelegenheit anzudeuten, daß ich am liebsten jetzt aus dem Amt ausscheiden würde. Ich wies aber auf die Tatsache hin, daß ich es für meine Pflicht hielt, so lange zu bleiben, bis wir die gegenwärtige innenpolitische Krise überwunden hatten:

> Ich habe immer geglaubt, mein Amt in einem Augenblick zur Verfügung stellen zu sollen, in dem eine wichtige Aufgabe erfüllt worden ist und die Übergabe der Verantwortung unter Voraussetzungen erfolgen kann, welche die Kontinuität sicherstellen und aus denen erkennbar wird, daß ich meine Position nicht allein aus persönlichen Motiven innegehabt habe, obwohl es immer schwierig ist, sie von den sachlichen Motiven zu trennen.
>
> Doch gerade jetzt darf ein höherer Regierungsbeamter nicht über seinen Rücktritt reden, bevor die Rahmenbedingungen für die Zukunft deutlicher erkennbar werden. Alles hängt natürlich auch davon ab, was der Präsident für die Pflicht seiner Mitarbeiter hält.

Ich war verpflichtet, im Amt zu bleiben – konnte aber nicht sagen, wie lange; ich persönlich glaubte, es würden noch einige Monate sein.

Die Fragen zu Watergate ließen sich nicht so leicht beantworten. Inzwischen hielt ich es für wahrscheinlich, daß Haldeman und Ehrlichman zum Rücktritt gezwungen würden; andernfalls mußte der Präsident ihre Befugnisse stark beschneiden. Aber mir kam es darauf an, alles zu tun, um auch für die Zukunft eine konstruktive Außenpolitik zu ermöglichen. Deshalb mußte ich mich auf den Standpunkt stellen, daß die Autorität der Exekutive in keiner Weise gelitten hätte. Darüber hinaus taten mir die Männer leid, die lange Zeit meine engen Mitarbeiter gewesen waren. Meine aus dem Stegreif gegebene Antwort behandelte alle diese Themen:

> Was nun den Fall (Watergate) betrifft, so kenne ich viele der Leute, über die in der Presse berichtet wird, persönlich und kenne sie natürlich anders, als sie dort dargestellt werden. Es ist schwierig, diese Ereignisse nicht als abscheulich zu empfinden, diese Tragödie, in die so viele Menschen hineingeraten sind, weil sie – aus welchen Gründen auch immer – gewisse Dinge getan oder angeblich getan haben. Ohne irgend etwas präjudizieren zu wollen, sollte man wenigstens Mitgefühl für sie erwarten können.
>
> In der Außenpolitik wird viel davon abhängen, wie das Ausland die Regierungsautorität in diesem Lande beurteilt und wie weit die Öffentlichkeit unseren außenpolitischen Zielen zustimmt.
>
> Für mich ist es keine Frage, daß der Präsident, wie er öffentlich erklärt hat, auf einer vollständigen Aufklärung der Tatsachen bestehen wird. Aber wenn das gelungen ist und die für die Menschen tragischen

Konsequenzen gezogen worden sind, dann wird das Leben in diesem Lande weitergehen. Dann müssen wir uns fragen, ob wir uns eine Orgie der Beschuldigungen und Gegenbeschuldigungen leisten können, oder ob wir nicht daran denken sollten, daß die Vereinigten Staaten viel länger bestehen werden als irgendeine einzelne Krise. Und wir sollten überlegen, ob wir denn nicht alle die Verpflichtung haben, nicht zu vergessen, daß der Glaube an unser Land lebendig bleiben muß und daß die Verheißungen dieses Landes einen dauernden Wert besitzen.

Es zeigte sich, daß dieser Augenblick sich kaum für eine neue außenpolitische Initiative oder einen Appell an das Mitgefühl eignete. Die Medien berichteten über meine Antworten zum Problem Watergate, brachten aber fast nichts über meine sorgfältig vorbereitete Rede zum Europa-Jahr – zum Teil wegen einer organisatorischen Panne; um Spannungen zwischen dem Weißen Haus und dem Außenministerium zu vermeiden, hatte Nixon mir vorgeschlagen, das Thema meiner Rede nicht vorher bekanntzugeben. Deshalb war die Presse auch nicht im voraus unterrichtet worden. So brachte nur die *New York Times* einen ausführlichen Bericht und lobte meinen Aufruf zur Neubelebung des Bündnisses. In der *Washington Post* war meine Antwort zu Watergate an den Beginn der politischen Nachrichten gestellt worden, während das Thema Europa-Jahr in den letzten Absätzen behandelt wurde. Einige Leitartikel behandelten meine Rede sogar als Manöver, um die Aufmerksamkeit der Öffentlichkeit von Watergate abzulenken.

Ein Leitartikel in der *Washington Post* vom 26. April unterschied zwischen Mitgefühl und Schuldzuweisung, die es unbedingt geben müßte. Die Zeitung wandte sich gegen den Gedanken, daß die Autorität und das Ansehen des Präsidenten im Ausland und in den Vereinigten Staaten nur dadurch gerettet werden könnte, indem man das normale Funktionieren der Regierung gegen den Watergate-Skandal abschirmte. Alles – einschließlich des Europa-Jahres und der gesamten Außenpolitik – sei zweitrangig gegenüber der Forderung, daß Nixon »die ganze Wahrheit enthüllen« müßte. Nur dadurch ließe sich die Autorität des Präsidenten wiederherstellen:

Richard Nixon kann alles, was die Nation und er selbst jetzt dringend brauchen, dadurch wiederherstellen, daß er dem amerikanischen Volk alle Tatsachen anvertraut. Er befindet sich gegenwärtig in einer äußerst peinlichen Lage, und nichts, was ihn betrifft, betrifft nicht auch uns alle. Wir glauben, daß die Lage sich wieder normalisieren lassen wird. Aber wir glauben auch, daß dies nur geschehen kann, wenn er alle Anstrengungen unternimmt, das Vertrauen der Öffentlichkeit zurückzugewinnen, das für das Funktionieren des Präsiden-

> tenamtes dringend erforderlich ist, und daß er dieses Vertrauen nur zurückgewinnen kann, wenn er nach der ganzen Wahrheit sucht und sie enthüllt ... Darin liegt für ihn die einzige Hoffnung, um für sich selbst und für das Amt des Präsidenten das öffentliche Vertrauen zurückzugewinnen.

Die *New York Times* vom gleichen Tage zweifelte sogar daran, daß es richtig sei, jetzt Mitgefühl zu zeigen.

> Wenn Mister Kissinger von der Tragödie spricht, »in die so viele Menschen hineingeraten sind«, die an Watergate beteiligt waren, kann er dann wirklich unberührt von der Tragödie bleiben, die über diejenigen gekommen ist, die nicht hoffen dürfen, von dieser Regierung amnestiert zu werden, weil sie nicht im Kampf um die politische Macht, sondern aus Protest gegen einen Krieg, den sie als amoralisch ansahen, gegen das Gesetz verstoßen haben?
>
> Das Vertrauen zu diesem Land zu Hause und im Ausland läßt sich am besten dadurch wiederherstellen, daß der Präsident ohne zu zögern demonstriert, daß es hier nur einen einzigen Maßstab für die Rechtsnormen gibt und auch die Mächtigsten ebenso bestraft werden können wie die Schwächsten – wobei die immer anzustrebenden Qualitäten des Mitgefühls und der Nachsicht ohne Ansehen der Person zu gewähren sind.

So wurde Watergate mit Vietnam in Verbindung gebracht, das in der Tat die wirkliche Ursache dieser Entwicklung gewesen war.

Während die Medien glaubten, ich hätte zuviel Mitleid mit meinen Kollegen, meinten viele Mitarbeiter im Weißen Haus, ich wäre zu weit gegangen, wenn ich von menschlichen Tragödien sprach, als ob sie schon eingetreten wären. George Shultz sagte mir, Ehrlichman sei überzeugt, daß er seine Position halten könnte, während Haldeman schlechte Aussichten hätte. Len Garment sagte, daß er keine Vorstellung davon hätte, was als nächstes geschehen könnte und wer für das, was man jetzt wüßte, verantwortlich sei. Auch er hatte nur ganz unbestimmte Vorstellungen davon, aus welcher Richtung neue Enthüllungen über uns hereinbrechen würden.

Am Wochenende vom 28. bis zum 29. April fuhr ich aus persönlichen Gründen nach New York, vor allem, um mich mit meiner zukünftigen Frau, Nancy, zu treffen. Am Sonntagnachmittag, dem 29. April, rief mich Nixon aus Camp David an. Er war so verzweifelt, daß ich ihn kaum verstehen konnte. Er sagte, daß er eben Haldeman und Ehrlichman um ihren Rücktritt gebeten habe. Der Justizminister Richard Kleindienst hatte ebenfalls seinen Rücktritt angeboten. John Dean war entlassen. Der Präsident sagte, daß er mich jetzt mehr als je zuvor brauchte, und hoffe, daß ich jeden Gedanken an einen Rücktritt aufgegeben hätte. Die Nation müßte zusammengehalten und durch die Krise geführt werden.

Meine Einstellung zu Nixon ist immer ambivalent gewesen, eine Mischung aus Distanziertheit und Achtung, Mißtrauen und Bewunderung. Ich war überzeugt, daß er selbst im Mittelpunkt des Watergate-Skandals stünde, auch wenn er nicht alle Einzelheiten kannte. Er hatte die Atmosphäre geschaffen und die Beteiligten zu der Haltung angeregt, die die Krise unvermeidlich machten. Und doch gab es auch einen anderen Nixon, eine beachtliche Persönlichkeit, und diese Tatsache hat es ihm ermöglicht, alle Schicksalsschläge zu überleben. Ich bewunderte die Selbstdisziplin, mit der er es fertigbrachte, trotz der chaotischen Kräfte, die in seinem Inneren miteinander rangen, eine klare politische Linie zu entwickeln. Mich rührte die Verletzlichkeit einer Persönlichkeit, die den starken Mann spielen wollte, was nicht ihren natürlichen Veranlagungen entsprach und im Widerspruch zu einer durchaus vorhandenen Sanftmütigkeit stand. Bei all seiner Zwiespältigkeit hatte er unsere Nation mit bemerkenswertem Mut durch eine schwere Krise geführt. Er hatte die Initiative für eine riskante, weitreichende und schöpferische Neuorientierung unserer Außenpolitik ergriffen. In unseren Beziehungen zu China war ihm ein dramatischer Durchbruch gelungen, und er hatte eine Entwicklung eingeleitet, die zu positiveren Beziehungen zur Sowjetunion führte. Er hatte versucht, Amerika von dem historischen Erbe zu befreien, das unser Land dazu geführt hatte, sich entweder zu stark im Ausland zu engagieren oder sich vollständig zu isolieren. Die bei Nixon festzustellende eigenartige Mischung aus Berechnung, Verschlagenheit, Idealismus, Empfindsamkeit, Geschmacklosigkeit, Mut und Draufgängertum weckte bei seinen engsten Mitarbeitern das Gefühl, daß sie ihn beschützen müßten – bei den Menschen, die er selbst mehr oder weniger manipulierte und gegeneinander ausspielte.

So war es scheinbar ganz natürlich, daß ich verständnisvoll mit ihm sprach und ihm empfahl, nicht zu vergessen, welche wichtigen Aufgaben noch vor ihm stünden – und daß er, nachdem er seine Haltung wiedergewonnen hatte, in seiner indirekten Art einen Appell an mich richtete, der zugleich in gewisser Weise eine Erpressung war: »Ich hoffe, daß Sie mir jetzt, da Ehrlichman ausscheidet, helfen werden, die nationale Sicherheit zu wahren.«

Ich wußte nicht, was er damit sagen wollte, sondern war so verwirrt, daß ich die Antwort schuldig blieb. Zunächst vermutete ich, daß seine Äußerung wie so oft keine konkrete Basis hatte. Am Abend des gleichen Tages traf ich mich mit meinem alten Freund und Mentor Nelson Rockefeller und erzählte ihm davon. Woran könnte Nixon gedacht haben? »An nichts«, antwortete Rockefeller, der durchaus bereit war, den Präsidenten der Vereinigten Staaten zu unterstützen, sich aber nicht dazu überwinden konnte, die persönliche Antipathie abzuschütteln, die er nach einer länger als zehn Jahre dauernden Rivalität gegenüber Nixon entwickelt hatte. »Er versucht, Ihnen Angst zu machen.«*

Am nächsten Vormittag, Montag, dem 30. April, bat Haldeman die dienstältesten Angehörigen des Stabes des Weißen Hauses zu einer Besprechung in sein Büro. Hier versammelten sich Haldeman, Ehrlichman, Shultz, Roy Ash (der Leiter des Verwaltungs- und Budgetbüros) und ich. In würdiger Haltung erklärte Haldeman, er und Ehrlichman hätten sich entschlossen zurückzutreten, um dem Präsidenten die Erfüllung der Aufgaben zu ermöglichen, die uns alle ins Weiße Haus gebracht hätten. (Weder er noch Ehrlichman erwähnten mit einem Wort, daß Nixon sie zu diesem Schritt aufgefordert hatte.) Er sagte, daß diejenigen von uns, die auf ihrem Posten blieben, ihre Anstrengungen verdoppeln müßten; wir hätten wichtige Aufgaben zu erfüllen, und der Präsident brauchte uns mehr denn je. Im Namen meiner Kollegen antwortete ich, wir wüßten, einen wie großen Teil ihres Lebens die beiden Männer für diesen Dienst geopfert hätten; wir würden unser Bestes tun und wünschten ihnen alles Gute.

Am gleichen Abend trat Nixon im Fernsehen auf und gab die sofortige Regierungsumbildung bekannt. Man merkte ihm an, wie erregt er war. Aus seinen Worten ließ sich nicht erkennen, ob damit eine Ära zu Ende ging; man konnte sich jedenfalls nicht vorstellen, daß es diesem vollkommen verstört wirkenden Mann gelingen würde, eine neue Ära heraufzuführen. Er bestritt zwar jede Schuld, aber seine Haltung konnte niemand von seiner Unschuld überzeugen. Er lieferte nicht die kühle Aufzählung von Tatsachen, auf die manche von uns gehofft hatten, aber auch keine entschiedene Verteidigung dessen, was geschehen war. Vielmehr setzte er sich mit dem, was er sagte, zwischen zwei Stühle, und anstatt die Katastrophe abzumildern, malte er sie an die Wand. Niemand, der diesen verzweifelten und zutiefst besorgten Nixon sah, konnte sich dem Eindruck entziehen, daß ihm die Zügel aus der Hand geglitten waren.

Wie nach jeder wichtigen Ansprache des Präsidenten rief ich ihn an, um ihm Mut zuzusprechen. Seine ihm rührend treu ergebene Sekretärin, Rose Mary Woods, war am Apparat. Haldeman hatte sie bis dahin

* Am folgenden Morgen zeigte es sich, daß Nixon über die Tonbandaufzeichnungen gesprochen hatte. John Ehrlichman deutete mir an, daß er mir gewisse, die »nationale Sicherheit« betreffende Unterlagen übergeben wollte. Ich weigerte mich, sie anzunehmen, und wandte mich an den designierten Justizminister, Elliot Richardson, mit dem Vorschlag, daß er dieses Material in Verwahrung nehmen sollte.

mehr oder weniger ausgeschaltet, um selbst bestimmen zu können, wer den Kontakt mit dem Präsidenten aufnehmen dürfte. Jetzt war sie wieder in Nixons Nähe gerückt und zu einer seiner engsten Vertrauten geworden. Sie sagte mir, der Präsident sei zu erregt, um ans Telefon zu kommen. Sie würde ihm meine guten Wünsche ausrichten.

Aber der Abend ging nicht zu Ende, ohne mir noch ein letztes, für mich schwer verständliches Erlebnis zu bescheren. Die Volksrepublik China richtete gerade ihr Verbindungsbüro in Washington ein. Schon vor Wochen hatte mich die chinesische Vorausabteilung zusammen mit anderen amerikanischen Freunden zu einem Abendessen am 30. April im Restaurant Yenching Palace eingeladen. Von einer Absage wollten die Chinesen nichts hören. Sie verschoben den Beginn ganz einfach auf zehn Uhr abends, um mir die Möglichkeit zu geben, die Ansprache des Präsidenten anzuhören.

Wir trafen uns in festlicher Atmosphäre, und es wurden die üblichen Trinksprüche auf die gegenseitige Freundschaft und Zusammenarbeit ausgebracht. Unsere kommunistischen chinesischen Gastgeber konnten offenbar nicht begreifen, daß eine Nation ihre oberste Führung aus Gründen vernichten würde, wie sie in den bisher veröffentlichten Enthüllungen sichtbar wurden. Auch etwas nur im entferntesten Vergleichbares war für sie unvorstellbar. Ihnen ging es jetzt vor allem darum, daß diese Krise möglichst schnell überwunden wurde, um die Beziehungen zwischen den Vereinigten Staaten und der Volksrepublik China weiterentwickeln zu können. Mein Gastgeber, Botschafter Han Hsu, brachte einen Trinkspruch auf die Krise aus, die Präsident Nixon so mutig gemeistert habe. Er sah es als selbstverständlich an, daß das Problem Watergate ein für allemal erledigt sei.

Diesmal irrten sich die sonst so feinfühligen Chinesen mit ihrer Analyse. Unsere Leidenszeit hatte eben erst begonnen.

Die Umbildung der Regierung Nixon

Die dramatische Rede Nixons am Abend des 30. April beschleunigte nur die Auflösung der Regierung. Watergate hatte sich zu einer Zwangsvorstellung entwickelt, von der die ganze Nation ergriffen wurde. Der verzweifelte Nixon hatte auf dem Bildschirm den Eindruck eines von schweren Sorgen belasteten Mannes gemacht, der versucht, den gegen ihn gerichteten Vorwürfen auszuweichen, nicht den eines Regierungschefs, der eine Krise beherrscht. Seine Behauptung, daß Haldeman und Ehrlichman zwei der hervorragendsten Staatsdiener seien, die er kennengelernt habe, ließ sich kaum mit der Entscheidung vereinbaren, sie gehenzulassen. Seine Andeutung, daß seine engsten Mitarbeiter und John Mitchell ihn über die wichtigsten Entwicklungen über Jahre hinweg nicht unterrichtet hätten, konnte einige seiner Zuhörer nicht überzeugen und war für andere ein Anzeichen der Schwäche. Nixon wäre wahrscheinlich besser beraten gewesen, auf die Ansprache zu verzichten und nur die Regierungsumbildung bekanntzugeben.

Aber kein noch so geschickt inszenierter Auftritt im Fernsehen hätte die Wirkung der Enthüllungen abmildern können, mit denen die amerikanische Öffentlichkeit jetzt überschüttet wurde: Einzelheiten über den Einbruch und das Abhören der Telefone im Watergate-Hotel, der Einbruch in die Praxis des Psychiaters von Daniel Ellsberg, die Verschleierungsmanöver, der Einsatz von Untersuchungsbehörden der Regierung mit dem Ziel, politische Gegner einzuschüchtern, und kindliche Eskapaden wie etwa die Liste der unerwünschten Personen. Dabei handelte es sich in Wirklichkeit um eine Liste derjenigen Persönlichkeiten, die nicht zu Staatsdinners ins Weiße Haus eingeladen werden sollten – solche Listen hat, ohne daß irgend jemand darüber spricht, jede Regierung. Die unreifen jüngeren Mitarbeiter des Weißen Hauses aus der zweiten Garnitur brachten es fertig, aus dieser letzten Trivialität einen Riesenskandal zu machen, der die ganze Nation empörte.

Es war erschütternd, den Zerfall einer Regierung zu beobachten, die noch vor wenigen Wochen fest im Sattel gesessen hatte. Der Präsident war wie gelähmt und glich einem Mann, dessen Alpträume Wirklichkeit geworden sind. Sein ganzes Leben war von bösen Vorahnungen überschattet gewesen, und die Furcht vor der Katastrophe schien bei ihm die gleichen Proportionen anzunehmen wie das Unvermögen, diese Katastrophe enger zu begrenzen. Solche Stimmungen hatten ihn vor allem belastet, wenn alles zu gelingen schien. Jetzt war die Katastrophe in dem Augenblick eingetreten, da er augenscheinlich vor seinen größten Erfolgen stand; um ihn her stürzte eine Welt zusammen. Wie eine Gestalt aus einer griechischen Tragödie handelte er seinem Wesen entsprechend und führte damit seine eigene Vernichtung herbei. Ich bin überzeugt, daß er aufrichtig geglaubt hat, die Ereignisse seien so abgelaufen, wie er sie darstellte, und nach dieser Version war er von ungetreuen Gefolgsleuten im Stich gelassen worden. Und man muß zugeben, daß zwischen seinen Absichten und der Strafe, die er auf sich nehmen mußte, ein deutliches Mißverhältnis besteht. Jeder, der ihn kannte, wußte, daß die rauhe Seite seines Wesens ein Produkt seiner Phantasie war und daß er sich in seinen Tagträumen oft so verhielt, wie es rücksichtslose Politiker tun, wenn sie in Bedrängnis sind. Er glaubte, seine Vorgänger zu imitieren, aber darin sollte nicht das Kennzeichen seiner Regierungszeit bestehen.

In den auf Nixons Ansprache am 30. April folgenden Wochen fragten mich viele meiner Freunde – manche voller Hoffnung, andere in tiefer Besorgnis –, wann Nixon einen der für ihn so charakteristischen heftigen Gegenangriffe führen werde. Er selbst deutete zwar gelegentlich an, es tun zu wollen, hat aber offenbar niemals ernsthaft daran gedacht. Nachdem die befürchtete Katastrophe eingetreten war, schien er sie nur noch ertragen zu können und mußte die Ereignisse in der Reihenfolge über sich ergehen lassen, die von seinen Kritikern bestimmt wurde. Er scheute sich, darüber hinwegzukommen, indem er auf einmal die ganze Wahrheit sagte – weil er sie wirklich nicht kannte, weil er sie im Unterbewußtsein verdrängte oder weil er erkannt hatte, daß er sich schon technisch der Behinderung der juristischen Wahrheitsfindung schuldig gemacht hatte. Aber ebenso weigerte er sich, seine Verteidigung einem mit der hohen Politik in Washington vertrauten Anwalt zu übergeben – zum Teil sicher deshalb, weil es ihm peinlich war, in eine Lage geraten zu sein, in der er einen solchen Anwalt brauchte. So verhielt er sich auch weiterhin passiv, teilte sein Wissen mit niemandem, verteidigte sich halbherzig mit Ausflüchten und Halbwahrheiten, nahm die Regierungsgeschäfte ohne die notwendige Konzentration wahr und ließ es an der Wachsamkeit und dem Tatendrang fehlen, welche die Erfolge seiner ersten Amtsperiode ermöglicht hatten.

In den Wochen nach dem Ausscheiden von Haldeman und Ehrlichman ernannte er John Connally, Melvin Laird und Bryce Harlow zu Beratern des Weißen Hauses. Diese Männer, die das politische Leben in Washington genau kannten, sollten die Regierung durch ihre Fachkenntnisse konsolidieren und ihr zu neuem Ansehen verhelfen. Sie hätten mit Sicherheit wertvolle Beiträge leisten können, aber Nixon war selbst nicht mehr in der Lage, wirklich weitreichende Entschlüsse zu fassen. Er institutionalisierte seine Regierung nicht, sondern zog sich grollend in seine privaten Ängste zurück. Nachdem er ausgezeichnete Männer als Mitarbeiter ins Weiße Haus geholt hatte, wußte Nixon nicht, welche Aufgaben er ihnen zuteilen sollte, und ohne besondere Anweisungen erwiesen sie sich als wenig hilfreich. Nach wenigen Monaten traten sie daher wieder zurück.

In seiner immer bedrückender werdenden Einsamkeit brauchte Nixon vor allem einen Mann, der ihn gegen den Konflikt abschirmte, den er jetzt immer weniger selbst zu lösen bereit war – was sich in der Entscheidung, Alexander Haig anstelle von Haldeman zum Stabschef des Präsidenten zu ernennen, zeigte.

Al Haig und ich waren schon seit mehr als vier Jahren Kollegen. Als Nixon mich im November 1968 gebeten hatte, den Posten des Präsidentenberaters für Angelegenheiten der Nationalen Sicherheit zu übernehmen, hielt ich es für wichtig, in meinen Mitarbeiterstab einen Soldaten aufzunehmen, der dem Weißen Haus und nicht dem Pentagon verantwortlich war. Bis dahin hatte es einen Verbindungsoffizier der Joint Chiefs of Staff gegeben, und ich wollte diese Einrichtung beibehalten. Aber dieser Offizier würde natürlich die Auffassungen vertreten, die in den vom Pentagon eingereichten Papieren zum Ausdruck kamen. Was ich nach Beendigung des Vietnam-Krieges brauchte, war ein Offizier, der meinem Stab angehörte, aber das Vertrauen der Militärs genoß, der den militärischen Standpunkt erläutern konnte, ohne dadurch gebunden zu sein, und der zugleich in der Lage sein würde, dem Verteidigungsministerium die Auffassungen des Weißen Hauses vorzutragen. Diese Anforderungen waren schwer zu erfüllen. Der damalige Vorsitzende der Joint Chiefs of Staff, General Earle Wheeler, war überzeugt, daß ich als ehemaliger Universitätsprofessor am besten mit einem Offizier auskommen würde, der höhere akademische Grade an berühmten Universitäten erworben hatte. Da ich selbst gelehrt hatte, schätzte ich die Fähigkeiten der Leute mit solchen akademischen Graden etwas geringer ein, wußte aber wenigstens ungefähr, was mich erwartete. Ich hatte eigentlich an einen Mann mit praktischen Erfahrungen gedacht, der sich an der Front bewährt hatte und deshalb mit den komplexen Aufgaben operativer Planungen vertraut war. Mein ehemaliger Lehrer, Fritz Kraemer, empfahl mir jedoch Alexander M. Haig jr., der als Oberst dem Stab der Militärakademie West Point angehörte. Auch meine Freunde Joe Califano und Robert McNamara hielten ihn für sehr geeignet; sie kannten ihn aus der Zeit, als er während Kennedys und Johnsons Amtsperiode im Pentagon Dienst getan hatte. Da Haig mir nun von konservativen und liberalen Politikern empfohlen worden war, bot ich ihm nach einem persönlichen Gespräch die Stellung an.

Sehr bald hätte ich auf Haigs Mitarbeit nicht mehr verzichten können. Er disziplinierte meine anarchischen Neigungen und brachte Ordnung und Methodik in den aus talentierten Primadonnen bestehenden Stab des Nationalen Sicherheitsrats. Zum Jahresende ernannte ich ihn offiziell zu meinem Stellvertreter. Während Nixons erster Amtsperiode hat er sich als mein Mitarbeiter bewährt. In Krisenzeiten ließ er sich nicht erschüttern, er besaß ein klares Urteilsvermögen, war geschickt im Umgang mit der Bürokratie und ein unermüdlicher Arbeiter.

Selbstverständlich kann niemand, der sich den harten politischen Auseinandersetzungen im Weißen Haus aussetzt, überleben, wenn er nicht auch selbst über ein gewisses Maß an Rücksichtslosigkeit verfügt; das gilt besonders für das Weiße Haus unter Nixon. So konnte ich auch nicht übersehen, daß Haig entschlossen jeden zur Seite drängte, der an seiner Stelle meine Aufmerksamkeit in Anspruch zu nehmen versuchte. Er neigte dazu, die Kontakte der anderen Mitarbeiter mit mir einzuschränken, um selbst die Verbindung zur Außenwelt zu halten. Allerdings habe ich ihn zum Teil dazu ermutigt, um genügend Zeit zu haben, mich auf wichtige Fragen zu konzentrieren. Andererseits hat er es aber auch sicher verstanden, meinen Untergebenen das Gefühl zu geben, daß er der anständige Kerl sei, der meine hohen Anforderungen und mein etwas unausgeglichenes Wesen in Grenzen zu halten wußte. Er mühte sich eifrig darum, seine persönlichen Beziehungen zuerst zu Haldeman und Ehrlichman und dann zu Nixon zu festigen. Ich zweifle nicht daran, daß sie ihn für loyaler hielten als mich. Mit der Zeit überlegte ich mir sogar, ob Haig Nixon immer widersprochen hat, wenn der letztere behauptete, ich sei ein unruhiger Geist, dem stabilere Persönlichkeiten Zügel anlegen müßten; oder ob Haig etwas dagegen eingewendet hat, meinen Chef in dieser Richtung zu unterstützen, so daß Haig und Nixon gewissermaßen zu Partnern wurden, wenn es darum ging, mein Temperament zu zügeln.

Aber ich will damit eigentlich nur sagen, daß ich Haig als eine bedeutende Persönlichkeit anerkannte. Eine der nützlichsten Methoden für einen Chef des Stabes besteht darin, den Eindruck zu erwecken, daß unangenehme Befehle von einem schwer zu befriedigenden gemeinsamen Vorgesetzten kommen, den man schon so weit besänftigt hat, wie es möglich ist; diese Taktik habe ich auch selbst in meinen Beziehungen zu Nixon angewendet. Und auch ich hatte nie Einwände erhoben, wenn andere mich als den guten Geist des Weißen Hauses bezeichneten. In diesem Sinne schlug mich Haig mit meinen eigenen Waffen.

Was nun Haigs Beziehungen zu Nixon und dessen persönlichem Gefolge betraf, so ist es angesichts der im Weißen Haus herrschenden psychologischen Atmosphäre nicht leicht zu sagen, wo die Trennungslinie zwischen der nur durch minimale Befangenheit eingeschränkten Zustimmung, die für die erfolgreiche Arbeit in meinem Büro notwendig ist, und der Ermutigung solcher Befangenheit mit dem Ziel, den persönlichen Ehrgeiz zu befriedigen, liegt. Vielleicht hat auch Haig diese Trennungslinie nicht immer ganz deutlich erkannt. Während der stürmischen Schlußphase der Vietnam-Verhandlungen von 1972, als ich stärker in das Scheinwerferlicht der Öffentlichkeit geriet, was meine persönliche Beziehung zu Nixon belastete, hat Haig sich stärker an Nixon angeschlossen, und zwar zum Teil aus Überzeugung (denn er hätte einer militärischen Lösung wahrscheinlich den Vorzug gegeben), zum Teil aber auch als Reaktion auf einen Loyalitätskonflikt im Verhältnis zu mir als seinem unmittelbaren Vorgesetzten und zu seinem Oberbefehlshaber, dem Präsidenten, dem zu dienen seine Pflicht war. Dadurch entstanden sehr starke Spannungen zwischen Haig und mir, die in einigen mit großer Schärfe geführten Ferngesprächen zum Ausdruck kamen. Doch zum Schluß traten diese Dinge gegenüber meiner Bewunderung für Haigs Integrität, Mut, Intelligenz und Patriotismus in den Schatten.

Zu Beginn von Nixons zweiter Amtsperiode äußerte Haig den Wunsch, seine Karriere in der Armee fortzusetzen, und Nixon und ich erklärten uns, wenn auch ungern, damit einverstanden. Wenn Haig zu lange Zeit in einer Stabsstelle zubrachte, dann gefährdete er damit seine weitere Karriere, auch wenn die Stellung sehr hoch war. So wurde er jetzt zum stellvertretenden Chef des Stabes der Armee ernannt und damit zum Viersterne-General befördert, ein unerhört rascher Aufstieg, denn noch vor vier Jahren war er nur Oberst gewesen.

Am Abend des 2. Mai 1973 rief mich Rose Mary Woods an. Sie sagte mir, daß Nixon Haig für die Dauer von ein oder zwei Wochen zum Stabschef des Weißen Hauses ernennen wollte. Er hätte Bedenken wegen meiner Reaktion, denn es wäre mir vielleicht unangenehm, meinen ehemaligen Untergebenen jetzt als Vorgesetzten akzeptieren zu müssen. Sie hoffte, daß, wenn Nixon mir am folgenden Morgen seinen Entschluß mitteilte, ich es ihm nicht zu schwer machen würde; ich sollte doch daran denken, wie schmerzlich ihm die Entlassung von Haldeman und Ehrlichman sei. Jetzt müßte man ihm den Rücken stärken und ihn unterstützen. Natürlich behauptete sie, ohne Wissen ihres Chefs aus eigenem Antrieb anzurufen (höchstwahrscheinlich stand er neben ihr und flüsterte ihr zu, was sie sagen sollte).

Das war typisch für Nixon. Er fürchtete die Konfrontation und zog es vor, ein solches Problem auf indirektem Wege zu lösen. Dabei konnte er sich genau vorstellen, wie ich reagieren würde. Ebenso charakteristisch war der Versuch, sich die Sache durch eine so alberne Geschichte zu erleichtern, die ihm über die erste Hürde helfen sollte. Wer Nixon kannte, wußte, daß er auch noch nach ein bis zwei Wochen einen Stabschef brauchen würde. Solange der Fall Watergate noch nicht zu den Akten gelegt war, brauchte er diese Unterstützung dringender als je zuvor. Ich hatte solche kleinen Spielchen schon öfter erlebt und mich gelegentlich daran beteiligt: Schwer zu verdauende Entschlüsse wurden mit einem Zuckerguß überzogen, wobei zuerst das Grundsätzliche festgelegt wurde, um dann die Zustimmung zu den Maßnahmen zu erreichen, die getroffen werden mußten.

Nixon hatte mich, wie üblich, psychologisch richtig beurteilt. Es ist immer schwierig, die Beziehungen zu einem Untergebenen in ihr Gegenteil zu verwandeln. Angesichts von Haigs Interesse für Fragen der nationalen Sicherheit war es durchaus möglich, daß es jetzt zu sachlichen Meinungsverschiedenheiten zwischen uns kam. Ich erkannte aber auch an, daß die Lage es erforderte, die sonst in der Bürokratie geltenden Regeln außer acht zu lassen. Hier ging es auch nicht mehr um innerbürokratische Rivalitäten. Wenn eine nationale Katastrophe vermieden werden sollte, dann mußte der Zusammenhalt innerhalb der Regierung wiederhergestellt werden, insbesondere in ihrem Zentrum, dem Weißen Haus. Nixon hatte sich während seiner ganzen ersten Amtsperiode auf Haldeman gestützt; er konnte ohne einen starken Chef des Stabes, der ihn gegen die alltäglichen Verwaltungsprobleme abschirmte und seine Entscheidungen in die Tat umsetzte, nicht auskommen. Watergate machte es ihm unmöglich, diesen Posten mit einer ganz neuen Persönlichkeit zu besetzen. Außerdem war niemand so gut dafür geeignet wie Haig, der mit Nixons Charakter, seiner Arbeitsweise und seinen psychischen Bedürfnissen vertraut war. Ich beschloß daher, gute Miene zum bösen Spiel zu machen und es allen Beteiligten zu erleichtern, sich in das Unvermeidliche zu fügen.

Haig war so taktvoll, mich am folgenden Morgen anzurufen. Er sagte, daß er den Posten nicht ohne meinen Segen annehmen werde; im übrigen sei es ja nur für etwa eine Woche. Das war natürlich ebenso unsinnig wie die Behauptungen von Rose Wood. Angesichts der Tatsache, daß Haig aufrichtig darum bemüht war, seiner Regierung zu dienen, würde er dem Präsidenten niemals eine Bitte abschlagen, was ich auch davon halten sollte. Auch würde er, wenn er sich einmal im Weißen Haus eingerichtet hatte, seinen Posten nicht nach wenigen Tagen wieder verlassen können; die Gründe für seine Ernennung würden noch über längere Zeit weiterbestehen. Schließlich war Haig der einzige, der für diese Position in Frage kam. Als ich ihm sagte, daß er die Ernennung annehmen sollte, auch wenn sie wahrscheinlich das Ende seiner militärischen Laufbahn bedeutete, entsprach dieser Rat meiner Überzeugung. Haig erwiderte, daß er bei seinen Aufklärungsunternehmungen in Vietnam nicht nur seine Karriere, sondern auch sein Leben riskiert hätte; er habe nicht das Recht, seinen in große Schwierigkeiten geratenen Oberbefehlshaber im Stich zu lassen. Damit hatte er in für mich beschämender Weise recht.

Nach diesem Vorgeplänkel rief mich Nixon an (denn er scheute noch immer die direkte Konfrontation). Mit unwahrscheinlicher Geschicklichkeit hatte er ein unwiderlegbares Argument für Haigs Ernennung gefunden: Er hatte sich dazu entschlossen, um meinen Einfluß zu *stärken* – und diese Maßnahme richtete sich ausgerechnet gegen Agnew. Der Präsident behauptete, daß nur Haig Agnew davon abhalten könnte, »seine Nase in diese Dinge zu stecken. Nun, das kann Agnew nicht tun – wir dürfen das nicht zulassen.« Es war irrsinnig, sich vorzustellen, daß der Präsident einen starken Stabschef brauchte, um sich eines Vizepräsidenten zu erwehren, der kaum etwas zu tun hatte, nur über einen winzigen Mitarbeiterstab verfügte und gar nicht in der Lage war, »seine Nase in irgend etwas zu stecken«. Jedenfalls erklärte Nixon, ich könnte versichert sein, daß ich auch weiterhin in der Außenpolitik die führende Rolle spielen würde: »Sie und ich werden das schon machen. Ich muß nur jemanden haben, der das tun kann, damit – und das ist das komische daran – Sie und ich das andere tun können, verstehen Sie?« Ich antwortete, die verschiedenen Zuständigkeitsbereiche würden sich in der Praxis schon auseinanderhalten lassen. Nixon schien sichtlich erleichtert, als ich ihm sagte, daß ich Haig dringend empfohlen hätte, den Posten anzunehmen.

So wurde Haig Stabschef des Weißen Hauses. Für die Nation war er ein Glücksfall. Mit seiner Energie und Disziplin hat er für den Zusammenhalt der Exekutive gesorgt und dazu beigetragen, daß die Regierung Watergate überstand, ohne vollkommen auseinanderzufallen. Er hat einen verzweifelten Präsidenten von psychologischem Ballast befreit und das getan, ohne auf jede Voreingenommenheit Nixons einzugehen. Er hat dafür gesorgt, daß Nixons Wünsche und Befehle von seinem Regierungsapparat überprüft wurden, der den Präsidenten sachlich über die Erfordernisse des nationalen Interesses unterrichten konnte.

Haigs erste Amtshandlung bestand darin, jede Willkür zu unterbinden. Er hatte begriffen, daß es nicht mehr möglich – und auch niemals empfehlenswert gewesen – war, zu erklären, daß gewisse Entscheidungen als Folge unwiderruflicher Befehle des Präsidenten getroffen worden seien. Deshalb bemühte er sich ernsthaft darum, die Entscheidungsprozesse auf eine breitere Basis zu stellen. Am 18. Mai gab er auf einer Sitzung des Rumpfkabinetts bekannt, daß der Status der Mitglieder des Kabinetts erhöht worden sei und der Präsident die Vollmachten der Mitarbeiter im Weißen Haus beschnitten hätte. Umbesetzungen innerhalb des Weißen Hauses würden vorbereitet, man werde sich aufrichtig darum bemühen, die Beziehungen zum Kongreß zu verbessern.

Selbstverständlich hat Watergate einige dieser Maßnahmen erzwungen. Aber es ist eine Tatsache, daß Haig eine nur undeutlich erkannte Notwendigkeit in die Tat umgesetzt und einem demoralisierten Apparat wieder einen klaren Weg gewiesen hat. Keine interne Umstrukturierung konnte jedoch mit dem Zerfall Schritt halten, der durch die nicht enden wollenden Enthüllungen, Krisen und Untersuchungsverfahren in Gang gekommen war. Dennoch hat Haig seinem Land in einer gefährlichen Lage einen großen Dienst erwiesen, und man muß ihm diese Tat zur Ehre anrechnen.

Während der folgenden fünfzehn Monate haben Haig und ich harmonisch und sehr eng zusammengearbeitet. Es kam dabei zwar gelegentlich zu kleinen Streitigkeiten um die Zuständigkeit wie etwa darum, wer bei Nixons Moskau-Besuch 1974 im Kreml das Schlafzimmer neben dem des Präsidenten beziehen sollte – aber das waren Kleinigkeiten. Haigs Zuständigkeitsbereich war die Innenpolitik. Ich war verantwortlich für die Außenpolitik und die nationale Sicherheit. Ich besprach mit Haig alle wichtigen Vorschläge, die ich dem Präsidenten machte, und er hielt mich auf dem laufenden über entscheidende innenpolitische Entwicklungen, besonders über Watergate, soweit sie Auswirkungen auf die Außenpolitik haben konnten. Gemeinsam mit anderen Persönlichkeiten versuchten wir, das Staatsschiff auf Kurs zu halten, während der Kapitän allmählich von der Kommandbrücke gedrängt wurde. Dabei haben Leute wie George Shultz, Arthur Burns, William Simon, Leonard Garment, James Schlesinger, Anne Armstrong und andere, die unsere nationale Tragödie als Aufruf zur Pflichterfüllung empfanden, Hervorragendes geleistet und durch ihr Verhalten den Fortbestand und die Grundwerte unserer Nation gesichert.

Das Abhörsystem

Es war, als lebten wir auf einem Vulkan. Diejenigen unter uns, die bestrebt waren, die Funktionsfähigkeit der Regierung zu erhalten, wußten niemals, wann es zur nächsten Eruption kommen würde. Fast jedes Gespräch mit Haig, Garment oder den verschiedenen Anwälten endete mit der Frage: Ist jetzt wirklich alles aufgeklärt? Und die Antwort lautete immer wieder, daß niemand es wissen könnte. Man konnte nicht abschätzen, welcher unbekannte Angehörige des Stabes noch versucht hatte, seine Gefolgschaftstreue durch ungesetzliche oder unsaubere Aktivitäten unter Beweis zu stellen. Fast zwei Monate wurden wir von einer Flut neuer Enthüllungen überschüttet, die nicht enden zu wollen schien.

Zu den sensationellsten gehörte, daß Nixon alle seine Gespräche seit Anfang 1971 auf Tonband aufgezeichnet hatte. Ich erfuhr davon wenige Wochen, nachdem Haig den Posten des Stabschefs übernommen hatte. Er riet mir, mir jedes Wort zu überlegen, das ich im Ovalen Zimmer äußerte, denn dort sei ein durch die Stimme einzuschaltendes Tonaufnahme-System installiert.

Nur Haldeman und sein Stellvertreter, Alexander Butterfield, der diese Geräte bediente, scheinen von ihrer Existenz etwas gewußt zu haben. Wahrscheinlich hat man auch Ehrlichman nicht eingeweiht. Nixon kam auf diesen Gedanken, als er im Weißen Haus eine von Präsident Johnson installierte Abhörvorrichtung vorfand. Er ließ sie zunächst ausbauen, hielt aber eine solche Einrichtung später wahrscheinlich für sehr praktisch, als er selbst in Indiskretionen verwickelt wurde, durch die er zum Schurken in der Regierung gemacht werden sollte. (Er vergaß, daß Johnsons System vom Schreibtisch des Präsidenten aus eingeschaltet werden konnte, was es ermöglichte, vor, während, und, wenn notwendig, nach jedem Gespräch eine bestimmte Auswahl zu treffen.) Auch während Kennedys Amtszeit scheinen gelegentlich Gespräche abgehört worden zu sein.[4]

Es war beabsichtigt, Nixons Tonbänder in dessen offizieller Bibliothek aufzubewahren, wo sie der späteren historischen Forschung zur Verfügung gestellt werden sollten. Haldeman schreibt, daß Nixons Motiv in der Absicht gelegen habe, sich vor Mitarbeitern zu schützen, die Äußerungen zu dementieren versuchten, die sie in mit dem Präsidenten geführten Gesprächen gemacht hatten. Für diesen Schutz hat Nixon einen hohen Preis gezahlt. Soweit der amerikanische Truppenvorstoß nach Kambodscha seine Entscheidung beschleunigt hat, bin ich wahrscheinlich, ohne es selbst zu wissen, Anlaß und Objekt dieses Unternehmens gewesen. Nixon wollte damit verhindern, daß ich bei Entscheidungen, an denen ich teilgenommen hatte, als der »gute Junge« angesehen wurde.[5] Offensichtlich hatte Nixon nicht begriffen, daß sein eigener Gesprächsstil und das Ausmaß, in dem sich romantische Vorstellungen und Wirklichkeit in seinem Bewußtsein vermischten, ihm selbst gefährlich werden könnten – und zwar nicht so sehr juristisch wie historisch. Selbst weniger komplexe Persönlichkeiten als Nixon hätten vielleicht Schwierigkeiten, ein so schonungsloses und wörtliches Zeugnis zu überleben wie über Jahre hinaus aufgezeichnete und aus dem Zusammenhang gerissene spontane Äußerungen oder ausführliche Gespräche – besonders wenn die Zeugen, welche die wirkliche Bedeutung ihres Inhalts erläutern könnten, nicht mehr zur Verfügung stehen. Da die Tonbandgeräte durch das akustische Signal der Stimme eingeschaltet wurden, beherrschte sie auch derjenige nicht mehr, der sie hatte einbauen lassen. Diese Falle war in ironischer Weise symbolisch für die Atmosphäre im Weißen Haus, das außer Kontrolle geraten war; ein Übermaß an Vertrauen zu einem mechanischen Vorgang als Ergebnis einer Überbewertung der wörtlichen Befolgung von Anordnungen bewirkte das Entstehen von Dokumenten, die das, was sie bewirken sollten, zerstörten – das geschichtliche Bild des Präsidenten Nixon, das er mit einer solchen Leidenschaft kultivierte.

Jeder, der Nixons Ausdrucksweise kannte, konnte nicht daran zweifeln, daß er hier auf einer Zeitbombe saß. Seine oft überstürzten, zweideutigen und gelegentlich emotionalen Äußerungen mußten den Historiker schockieren und täuschen. Nixons Methode, seine Ziele auf Umwegen zu verfolgen, ließ sich von einem Außenseiter nicht richtig beurteilen. Es war unmöglich zu sagen, womit er seinen Gesprächspartner nur auf die Probe stellen wollte und was er wirklich ernst meinte; und kein Außenstehender könnte eine Anordnung, die er befolgt wissen wollte, von einem Gefühlsausbruch unterscheiden, den man ignorieren durfte – und vielleicht sogar ignorieren sollte.

Ich weiß nicht, wie Nixon diese Tonbänder ausgewertet hätte, wenn seine Amtszeit als Präsident normal verlaufen wäre, und bezweifle, daß irgend jemand sich Gedanken über das Problem gemacht hat, Gespräche abzuschreiben, die über sieben Jahre hinweg geführt worden waren, gar nicht zu reden von den Schwierigkeiten, dieses Material zu ordnen. Ein befreundeter Psychiater hat mir einmal erzählt, er hätte das, was seine Patienten ihm sagten, nur so lange auf Band aufgenommen, bis ihm klar wurde, »daß man eine Stunde braucht, um ein einstündiges Gespräch anzuhören«. Außerdem muß man daran zweifeln, daß die Bänder für den Historiker, der die Ausdauer hat, sie abzuhören, einen wirklichen Wert besitzen. Was könnte ein Uneingeweihter objektiv mit dieser Sammlung aus Überlegungen und kurzen Ausrufen, seltsamen Indiskretionen, gemischt mit hochfliegenden Gedanken, Bemerkungen, die mit dem Problem des Augenblicks nichts zu tun hatten, aber Ausdruck Nixons jugendlicher Vorurteile waren, anfangen, wenn man bedenkt, daß jedes Wort von dem einzigen Menschen gesprochen worden war, der sich im Zimmer befand und wußte, daß die Abhörvorrichtung existierte – und daher alles produzieren konnte, was seine Phantasie ihm in diesem Augenblick eingab? Bei jedem Gespräch kommt es auf den Zusammenhang und das Verständnis der wechselnden Stimmungen und ausgefallenen Taktiken Nixons an. Wenn man sie unberücksichtigt läßt, dann wird alles zu einem sinnlosen Geschwätz – vielleicht faszinierend und unterhaltsam, aber für das Verständnis der Handlungen des Präsidenten zum größten Teil bedeutungslos.

Eines der bei Nixon beliebtesten Manöver war es zum Beispiel, eine Sitzung einzuberufen, wobei er die Auffassung aller Teilnehmer genau kannte oder ihre Stellungnahme vorher mit ihnen abgesprochen hatte, während der einzige, der eine andere Meinung vertrat, sie frei äußern konnte. In diesem Fall tat er zunächst so, als habe er seine Meinung geändert und stimme den Auffassungen des Abweichlers zu, um sich dann von seinen Parteigängern zu seinen wirklichen Ansichten bekehren zu lassen, mit denen er diese Szene manchmal schon vorher geprobt hatte, um seinen Gegner schließlich völlig zu isolieren. Man mußte schon eine starke Persönlichkeit sein, um bei seiner Auffassung zu bleiben, wenn die Gegenargumente den Präsidenten offensichtlich überzeugt hatten.[6]

Wenn die eigenen Worte des Präsidenten für die historische Forschung unergründlich sind, dann befindet sie sich bei den Antworten seiner Gesprächspartner auf ebenso schlüpfrigem Boden. Ein Präsidentenberater muß wissen, welchen Wert es hat, in einer Nebensächlichkeit die Zustimmung des Präsidenten zu bekommen, und ob es sich lohnt, dafür die Rückendeckung des Präsidenten in seinem Verantwortungsbereich zu verlieren. Präsidenten wollen recht behalten. Aber es war besonders verführerisch, Nixon recht zu geben, wenn er laut dachte, denn die Erfahrung hatte seine Mitarbeiter gelehrt, daß seine extravagantesten Behauptungen nur selten einen konkreten Hintergrund hatten. Zweifellos haben viele von uns, die zum inneren Kreis gehörten, zu Äußerungen geschwiegen, denen wir in einer abstrakten intellektuellen Diskussion widersprochen hätten; gelegentlich diente unser Beitrag den Bedürfnissen des Augenblicks – und die bestanden manchmal darin, sich möglichst bald verabschieden zu können, ohne das Gesicht zu verlieren – und sollte nicht einer sorgfältigen Überprüfung standhalten können.

Nachdem ich von der Existenz der Abhörvorrichtung erfahren hatte, wurde mir im Rückblick manches klar, und zwar harmlose Dinge, aber auch gewisse Methoden, mit denen der Gesprächspartner übertölpelt werden sollte. So war ich zum Beispiel Zeuge fast aller Gespräche des Präsidenten mit ausländischen Politikern, offiziell als Protokollführer. In einer bizarren Denkschrift instruierte Haldeman die Angehörigen des Stabes 1971, in den Protokollen der Gespräche des Präsidenten nicht zu viel Wert auf die konkreten Details zu legen; wir sollten uns mehr auf die Atmosphäre und den persönlichen Eindruck konzentrieren. Das war eine jener Anweisungen, die ich unbeachtet ließ. Ich sorgte wenigstens dafür, daß ein möglichst vollständiges Protokoll zustande kam, und hielt es für eine unzumutbare Belastung, wenn der Präsident selbst das Protokoll diktierte. In diesem Fall würde man sich auch kaum auf seine Richtigkeit verlassen können, und das sagte ich auch Haldeman. Aber er klärte mich nicht über die anderen Methoden des Präsidenten, ein wortgetreues Protokoll herzustellen, auf.

Aber auch andere, hinterhältigere Verhaltensweisen wurden mir klar, als ich von der Existenz der Abhörvorrichtung erfuhr. Viele Gespräche, die mir seinerzeit sinnlos erschienen waren, wurden jetzt verständlich. Ich erinnerte mich an Gelegenheiten, bei denen der Präsident mich daran hindern wollte, mich von einem bestimmten Kurs zu distanzieren, oder den Beweis dafür brauchte, daß ich irgendeinem komplizierten Plan zugestimmt hatte. So wurde ich zum Beispiel an dem

Tage, an dem Nixon die Bombenangriffe auf Nordvietnam und die Verminung nordvietnamesischer Gewässer befahl, fünf Minuten vor Unterzeichnung dieses Befehls in sein Arbeitszimmer im Exekutivgebäude gerufen. Hier traf ich Haldeman, der mir alle Argumente vortrug, die sich dagegen vorbringen ließen, und zwar im Gegensatz zu allem, was in der vergangenen Woche gesagt worden war. Nixon saß schweigend dabei. Ich verteidigte den Entschluß und erklärte, daß es jetzt zu spät sei, ihn zu ändern. Dann machte ich Haldeman den Vorwurf, sich in eine Angelegenheit eingemischt zu haben, die außerhalb seines Zuständigkeitsbereichs lag. Nun unterzeichnete Nixon den Befehl, ohne ein Wort dazu zu sagen. Das Tonband wird die Gegenargumente Haldemans, meine mit Überzeugungskraft vorgetragenen Empfehlungen und Nixons Schweigen zeigen.[7]

Doch wie Watergate nur zu deutlich bewies, kann niemand über einen Zeitraum von Jahren den Inhalt eines jeden Gesprächs, das im Laufe des Tages geführt wird, vorher manipulieren. Schließlich fängt sich die Spinne im eigenen Netz. Auch ohne Watergate hätten die Tonbänder Nixons Ansehen schweren Schaden zugefügt, und zwar um so mehr, je länger ihre Veröffentlichung hinausgeschoben worden wäre, weil man sich dann nicht mehr an Nixons besondere Eigenarten erinnern würde. Wäre alles gelaufen wie geplant und wären die Bänder erst posthum veröffentlicht worden, dann hätte Nixon die ungewöhnliche Leistung vollbracht, noch nach seinem Tod Selbstmord zu begehen.

So unwahrscheinlich es klingen mag, ich glaube nicht, daß mich das Abhörsystem 1973, nachdem ich davon wußte, veranlaßt hat, in meinen Gesprächen mit Nixon eine andere Haltung einzunehmen als bisher. Er war so sehr auf Beistand angewiesen und so einsam, unsere nationale Sicherheit hing so weitgehend von seiner Regierungsfähigkeit ab, daß es für mich wichtiger war, das Richtige zu tun und zu sagen, als Rücksicht darauf zu nehmen, ob meine Worte von der Nachwelt gehört und gelesen werden könnten, wenn ihr innerer Zusammenhang nicht mehr erkennbar war.

Ende Juni, in der Woche, als der ehemalige Berater im Weißen Haus, John Dean, in einer Fernsehübertragung vor dem Watergate-Ausschuß des Senators Sam Ervin gegen Nixon aussagte, wurde ich wieder an die Tonbänder erinnert. Haig sagte mir, man dächte daran, ein Tonband freizugeben, dessen Inhalt der Aussage widerspräche. Er selbst hatte sich bisher noch keines dieser Bänder angehört. Die Anwälte, die augenscheinlich einige Bänder bekommen hatten (wer sie ihnen gegeben hat, habe ich nie erfahren), glaubten, daß sie Dean in einem wichtigen Punkt eine Falschaussage nachweisen könnten. Ich warnte Haig und sagte ihm, die Freigabe eines entlastenden Tonbandes werde dazu führen, daß das ganze System bekannt würde, und dann werde das Gericht zweifellos die Freigabe aller Tonbänder verlangen. So etwas dürfe nur geschehen, wenn Nixon selbst bereit sei, es zu tun. Ich habe von diesem Vorhaben nichts mehr gehört und weiß nicht, ob man meine Warnung beachtet hat oder ob die Anwälte zu der Überzeugung gekommen waren, daß das Band ihnen doch nicht so viel nützen könnte, wie sie zunächst geglaubt hatten.

Dann wurde ich wieder an das Abhörsystem erinnert, als seine Existenz am 16. Juli im Fernsehen vor dem Ervin-Ausschuß von Alex Butterfield öffentlich bekannt gegeben wurde. Ich unterhielt mich mit Bryce Harlow darüber; er sagte, daß seine Frau begeistert sei, denn der schlaue Nixon habe auch diesmal seine Gegner überlistet. Die Tonbänder würden ihn mit Sicherheit entlasten. Harlow und ich waren nicht so optimistisch. Wir wußten nicht, was die Tonbänder zum Thema Watergate enthielten. Aber nach allem, was wir über die Reaktionen des Präsidenten bei Erfolgen und Mißerfolgen wußten, rechneten wir damit, daß die Freigabe der Bänder ungeahnten Schaden anrichten würde.

An dem Tag, an dem Alex Butterfield die Existenz der Bänder öffentlich bekanntgegeben hatte, war ich von Nelson Rockefeller in dessen Wohnung in Washington zum Abendessen eingeladen. Er glaubte, daß die Bänder sofort vernichtet würden. Dieses System sei ein Vertrauensbruch gegenüber jedem, der das Ovale Zimmer betreten hatte. Da niemand alle Bänder abhören und überprüfen konnte, ermöglichten sie eine Art selektive Erpressung durch Nixon und seine Anhänger oder durch jeden, dem sie schließlich zur Verfügung standen. Nixon lag jedoch damals mit Lungenentzündung in einem Krankenhaus. Er hat uns nicht um Rat gefragt, und als er entlassen wurde, war es zu spät; ein gerichtliches Verfahren mit dem Ziel, die Bänder zu beschlagnahmen, war eingeleitet worden.

Rückblickend muß man sagen, daß Nixon von diesem Augenblick an als Präsident unhaltbar geworden war. Solange sich seine hochrangigen ehemaligen Mitarbeiter in ihren Aussagen widersprachen, gab es eine gewisse Möglichkeit, daß sich die Krise nach den Anhörungen im Senat im Sande verlief, weil die Angelegenheit die Öffentlichkeit langweilte und es unmöglich war zu sagen, welche der einander widersprechenden Aussagen den Tatsachen entsprach. Mit dem Bekanntwerden des Abhörsystems im Weißen Haus war diese Möglichkeit ausgeschlossen. Die anfängliche Empörung über die Praktizierung des geheimen Abhörens erweckte den Eindruck, daß Nixon sich etwas ganz Unerhörtes hätte zuschulden kommen lassen. Daß auch seine Vorgänger Abhörsysteme verwendet hatten, blieb unbeachtet. Aber wenn auch schon zu früheren Zeiten im Ovalen Zimmer abgehört worden war, dann war diese Tatsache doch nicht in so peinlicher Weise an die Öffentlichkeit gedrungen. Und was noch wichtiger war: Es hatte niemals einen Anlaß dafür gegeben, mit Hilfe solcher Tonbänder zu entscheiden, ob ein Präsident und seine engsten Mitarbeiter an einer strafbaren Handlung beteiligt gewesen seien. So wurde jetzt aus Watergate eine erbitterte Kraftprobe zwischen dem Präsidenten auf der einen und den Untersuchungsausschüssen des Kongreßes sowie dem im Mai ernannten Sonderstaatsanwalt auf der anderen Seite, wobei Nixon für sich in Anspruch nahm, über die Bänder zu verfügen, indem er sich auf den Verfassungsgrundsatz der Gewaltenteilung berief.

Welches auch die Feinheiten der juristischen Debatte gewesen sein mögen, Nixon mußte sich vorwerfen lassen, Informationen zurückzuhalten, die dem Anschein nach alle Verdachtsmomente endgültig aufklären konnten. Von nun an ging es nicht mehr um die relative Glaubwürdigkeit der verschiedenen Zeugen, sondern um den Versuch des Präsidenten, Beweismittel zurückzuhalten. Gleichgültig, wie sein Einspruch entschieden werden mochte, der Einspruch als solcher – vorausgesetzt, daß es eine Schuld gab, die verborgen werden sollte – vernichtete, was von der moralischen Stellung Nixons noch übriggeblieben war. Sechs Monate nach den Wahlen, die er mit der zweitgrößten Stimmenmehrheit der amerikanischen Geschichte gewonnen hatte, war er zum wehrlosen Opfer seiner selbst geworden.

Die »Klempner« und das Abhören von Telefongesprächen

»Was hat er gewußt? Wann hat er es erfahren?« Diese Fragen des Senators Howard Baker wurden zum Grundtenor der im Fernsehen übertragenen Watergate-Anhörungen des Sonderausschusses unter Senator Ervin. Als der Umfang der Untersuchungen und Beschuldigungen anwuchs, wurden immer mehr Angehörige des Weißen Hauses aufgefordert, über eine immer größere Zahl von Entscheidungen Auskunft zu geben. Der Einbruch und die Verschleierungsmanöver im Watergate-Hotel und der Einbruch in der Praxis des Psychiaters von Ellsberg wurden nun auch mit umstrittenen außenpolitischen Entscheidungen in Verbindung gebracht, mit denen sie nichts zu tun hatten. Die Bombardierungen in Kambodscha und geheime Operationen in Chile wurden in den gleichen Topf geworfen und untersucht, um im Verlauf von quasi gerichtlichen Verfahren grundsätzliche oder politische Auffassungen zu rechtfertigen. So mußte auch ich als Sicherheitsberater während der fraglichen Periode in die Kontroverse hineingezogen werden. In den ersten Phasen der Katastrophe von Watergate hatten Nixons

Feinde ein rechtmäßiges Interesse daran, die Aufmerksamkeit in erster Linie auf ihn zu richten und die für die Außenpolitik Verantwortlichen aus der Schußlinie zu nehmen. Je schwächer jedoch Nixons Position wurde, und noch mehr nach seinem Ausscheiden aus dem Amt, wurden die wenigen Überlebenden des Debakels zu Zielscheiben derjenigen, die aus Watergate emotionales Kapital schlagen wollten. Diese kleine Minderheit, die jetzt ihren Groll zum Ausdruck bringen wollte, tat nun manchmal so, als habe es keinen Präsidenten gegeben, der Entscheidungen traf, sondern nur einen Sicherheitsberater.

Ich werde mich an anderer Stelle mit Kambodscha und Chile befassen. Von dem Einbruch im Watergate-Hotel und in der Praxis des Psychiaters von Ellsberg habe ich nichts gewußt. Die Kritiker haben sich aber besonders intensiv mit den Bemühungen um den Schutz von Informationen im Bereich der nationalen Sicherheit befaßt. Um der Vollständigkeit willen werde ich dieses Thema hier behandeln.

Das Büro des Berates für Angelegenheiten der Nationalen Sicherheit muß sich selbstverständlich mit der Wahrung militärischer und diplomatischer Geheimnisse beschäftigen. Eine Nation, der man nicht zutraut, daß sie den Inhalt vertraulicher Mitteilungen geheimhalten kann, verliert die Fähigkeit, auf diplomatischem Gebiet tätig zu werden. Sie gerät bei Verhandlungen in eine äußerst unangenehme Lage und muß auf wichtige Informationen verzichten. Wenn jedes Informationsgespräch sofort bekannt wird, bevor die Reaktion der anderen Seite festgestellt werden konnte, dann können freimütige Gespräche, die für die Klärung der Positionen so notwendig sind, nicht stattfinden. Die Diplomatie wird zum Grabenkrieg. Wenn der Inhalt interner Überlegungen durchsickert, dann gewinnen die Regierungen fremder Staaten einen Vorteil, und vertrauliche Beratungen zwischen dem Präsidenten und seinen Kabinettskollegen sind nicht mehr möglich.

Regierungen neigen zweifellos dazu, das politisch Peinliche mit dem für die nationale Sicherheit Notwendigen zu verwechseln – und bei der Nixon-Regierung war diese Haltung vielleicht stärker als bei den meisten anderen. Die Fairneß gebietet es jedoch anzuerkennen, daß seit dem amerikanischen Bürgerkrieg nur wenige Regierungen stärker angegriffen worden sind, und es hat niemals derart systematische Versuche gegeben, ihre Politik durch zivilen Ungehorsam zu behindern. Auch ist die Sabotage legitimer und wohl durchdachter politischer Maßnahmen durch das tendenziöse Durchsickernlassen von vertraulichen Informationen während eines Krieges in einem solchen Umfang noch nicht möglich gewesen.

Als Sicherheitsberater hielt ich es für mein Pflicht, diese undichten Stellen zu verstopfen. Wir mußten der Welt, und zwar sowohl unseren

Freunden als auch unseren Gegnern, beweisen, daß wir auch während einer erbittert geführten innenpolitischen Kontroverse eine ernstzunehmende Außenpolitik führen konnten und daß wir vertrauenswürdig und in der Lage waren, die Geheimnisse anderer zu wahren. Wenn unsere Regierung nichts dagegen unternahm, daß gestohlene Dokumente in den Medien veröffentlicht wurden, dann wurde das Vertrauen zur Regierung und ihrer Verhandlungsfähigkeit unterminiert.

Dieses Problem wurde im Juni 1971 besonders akut, als siebentausend Seiten aus vertraulichen Akten über Indochina aus der Regierungszeit der Präsidenten Kennedy und Johnson, die sogenannten Pentagon-Papiere, an die Presse übergeben wurden. Durch keines dieser Dokumente wurde die Regierung Nixon belastet oder in eine peinliche Lage gebracht. Man hätte sie vielmehr dazu benutzen können, nachzuweisen, daß wir ein schmutziges Erbe hatten übernehmen müssen, und einige Mitarbeiter im Weißen Haus empfahlen tatsächlich derartige Maßnahmen. Anfangs glaubte ich sogar, unsere eigenen Leute seien für diese Indiskretion verantwortlich, weil sie die Papiere zu eben diesem Zweck benutzen wollten. Als ich von ihrer Veröffentlichung erfuhr, rief ich Haig von Kalifornien aus an und verlangte die strenge Bestrafung des Schuldigen.

Doch Nixon hielt es von Anfang an für falsch, seinen Vorgängern die Schuld für den Vietnam-Krieg in die Schuhe zu schieben. Nach seiner Auffassung schuldete er Rücksicht sowohl denjenigen, die viele Jahre ihres Lebens für diesen Kampf gegeben hatten, als auch den Familien der Gefallenen, und wollte ihre Opfer nicht als den Fehler eines Präsidenten in Mißkredit bringen. Als Lohn für seine Anständigkeit haben später viele, die an der Entscheidung beteiligt waren, Truppen nach Vietnam zu schicken, den zivilen Ungehorsam ermutigt, der es uns so schwer gemacht hat, diese Truppen wieder abzuziehen. Als nun die Pentagon-Papiere veröffentlicht wurden, blieb Nixon bei seiner Haltung. Er lehnte eine parteiliche Reaktion ab und stellte sich auf den Standpunkt, daß, wenn man nichts gegen eine so massive und illegale Preisgabe von geheimen Informationen unternahm, man Schleusentore öffnete, die Regierung unterminierte und das Vertrauen anderer Nationen verspielte. Aber seine Besorgnisse waren nicht nur theoretischer Natur. Wir standen zu diesem Zeitpunkt kurz vor meiner Geheimreise nach Peking, führten vertrauliche Gespräche mit Hanoi und glaubten, kurz vor einem Durchbruch zu stehen – wenn wir uns auch darin täuschten –; und wir versuchten festzustellen, ob es möglich sei, ein Gipfeltreffen mit Moskau zu veranstalten. Außerdem führten wir zahlreiche wichtige Verhandlungen, bei denen es zum Beispiel um ein Berlin-Abkommen und um SALT ging. Alle diese Vorhaben würden aufs

Spiel gesetzt, wenn wir jetzt den Eindruck erweckten, unsere Regierung befände sich auf der Flucht und die Disziplin des Regierungsapparates habe sich aufgelöst. Es war allerdings klar, daß der Diebstahl und die Veröffentlichung der Pentagon-Papiere in den Rahmen einer politischen Kriegführung gehörten, deren Ziel es war, uns zur Annahme von Bedingungen bei der Beilegung des Vietnam-Konflikts zu zwingen, die wir für unehrenhaft hielten.

Ich teilte Nixons Auffassungen und habe ihn höchstwahrscheinlich darin bestärken können. Damals glaubte ich ebenso wie jetzt, daß unser Regierungssystem jeden Zusammenhalt verlieren werde, wenn jeder Präsident seine Vollmacht, Geheimhaltungsbestimmungen aufzuheben, dazu benutzte, um das Ansehen seiner Vorgesetzten herabzusetzen, oder wenn er den Schutz von Geheimdokumenten in den Dienst der Parteipolitik stellte. Ich war fest davon überzeugt, daß die Exekutive sich ganz entschieden gegen einen solchen massiven Vertrauensbruch stellen müßte, und war mir über die juristischen Maßnahmen klar, die in der Absicht getroffen werden konnten, die Veröffentlichung gerichtlich untersagen zu lassen; offiziell bin ich zu dieser Frage nicht konsultiert worden, hielt die Entscheidung aber für richtig.

Doch bevor ich darüber in der Zeitung gelesen hatte, wußte ich nichts von dem Einbruch der »Klempner« des Weißen Hauses im Büro des Psychiaters von Daniel Ellsberg, der zugegeben hatte, die Pentagon-Papiere gestohlen zu haben. Dieser Einbruch war schmutzig, kindisch und sinnlos, denn durch ihn wurde das Gerichtsverfahren gegen die Person verhindert, die sich der Mißachtung der Gesetze gegen illegale Veröffentlichungen auch noch rühmte. Ich habe bis heute Schwierigkeiten zu verstehen, welche Überlegungen hinter diesem Einbruch gestanden haben; hätten die Aufzeichnungen des Psychiaters bewiesen, daß Ellsberg unzurechnungsfähig war, dann hätten sie seinem Verteidiger und nicht dem Staatsanwalt geholfen. Aber so töricht die Sache im Hinblick auf ihre praktischen Auswirkungen war, so unverzeihlich war sie in moralischer Hinsicht; ein vom Weißen Haus angeregter Einbruch, hinter dem auch nicht der Schein der Gesetzmäßigkeit stand, kann nichts anderes als eine Schande sein.

Die »Klempner«, die so bezeichnet wurden, weil sie undichte Stellen schließen sollten, waren John Ehrlichmans Büro unterstellt. Hier standen die Dinge ebenso wie bei anderen Aspekten des Watergate-Skandals, zum Beispiel bei der Schwarzen Liste; der kindische Name, den man dieser Gruppe gegeben hatte, hat mehr dafür getan, sie finsterer Machenschaften zu verdächtigen, als das, was diese Leute wirklich angerichtet haben. An sich war es nichts Besonderes, daß zwei Mitarbeiter des Stabes im Weißen Haus damit beauftragt wurden, festzustellen, auf welchem Wege vertrauliche Nachrichten an die Öffentlichkeit gelangten. Wahrscheinlich ist Nixon auf diese Idee gekommen, weil sein Mißtrauen gegenüber dem damaligen Direktor des FBI, J. Edgar Hoover, immer stärker wurde. 1971 war Nixon überzeugt, daß Hoover die Untersuchungen, mit denen man ihn beauftragte, nachlässig durchführte und vor nichts zurückschreckte, wenn er einzelne Personen vernichten wollte, die er ablehnte oder gegen die er ein persönliches Vorurteil hatte, während er Verdächtige schonte, zu denen er gute persönliche Beziehungen unterhielt. Nixon glaubte, da Hoover mit Ellsbergs Schwiegervater befreundet war, würde er eine Aufklärung des Diebstahls der Pentagon-Papiere verhindern. Darüber hinaus glaubte Nixon, daß Hoover durchaus fähig sei, mit dem Wissen, das er sich im Verlauf seiner Tätigkeit in diesem Amt angeeignet hatte, den Präsidenten zu erpressen. So wollte Nixon den ihm unbequemen Hoover nach den Präsidentschaftswahlen von 1972 so schnell wie möglich loswerden und ihm keine Geiseln an die Hand geben, mit deren Hilfe dieses Vorhaben vereitelt werden könnte.*

Das Auffallende an den »Klempnern« war nicht ihre Existenz, sondern die Tatsache, daß solche Aufgaben zwei typischen jungen Leuten aus dem amerikanischen Mittelstand übertragen wurden, die keine nachrichtendienstliche Ausbildung genossen hatten. Egil Krogh und David R. Young sahen aus wie Reklamebilder des anständigen, idealistischen jungen Amerikaners. Und im Grunde waren sie das auch. Krogh kannte ich nur flüchtig, hatte aber David Young nach Washington gebracht, nachdem ich ihn in Nelson Rockefellers Büro kennengelernt hatte. Ich machte ihn zu meinem persönlichen Assistenten, weil ich jemanden brauchte, den ich für fähig, integer und loyal hielt. Young konnte sich auf diesem Posten nicht halten, weil er Schwierigkeiten mit dem ihm weit überlegenen Haig hatte, der sorgfältig darüber wachte, wer den persönlichen Kontakt mit mir aufnahm, und weil ich Young mit der Arbeit, die in dieser Stellung von ihm verlangt wurde, überfordert hatte. Im Januar 1971 wurde Young in das Lagezimmer des Weißen Hauses versetzt, wo er Routineaufgaben erledigen mußte – was ihn verständlicherweise nicht befriedigte, und so war er froh, als Ehrlichman ihn im Juli 1971 während meiner Geheimreise nach China in sein Büro holte. Bei meiner Rückkehr sagte man mir, Young habe jetzt die Aufgabe übernommen, das System zu überprüfen, wie Geheimsachen für die Öffentlichkeit freigegeben wurden – und zunächst stimmte diese Angabe auch. Daß sich Ehrlichman für Young entschieden hatte, war zum Teil die Folge kleiner Eifersüchteleien unter den Angehörigen

* Hoover starb Anfang Mai 1972.

des Stabes im Weißen Haus; er selbst nutzte jede Gelegenheit, zu behaupten, daß er besser wisse als ich, wie man begabte Männer einsetzen müßte. Mir wiederum gefiel es nicht, daß Ehrlichman einen meiner Mitarbeiter in meiner Abwesenheit und ohne mich zu fragen in sein Büro versetzt hatte. Von dieser Stelle aus oder im Rahmen seines Aufgabenbereichs – ich habe das niemals genau feststellen können – fand David Young seinen Weg zu den »Klempnern«.

Die eigentlich sinnlose Frage, ob ich etwas von der Existenz der »Klempner« gewußt hätte, wurde in der kafkahaften Atmosphäre von Watergate zum Anlaß einer weiteren Kontroverse. So unglaublich es für einen Außenstehenden auch klingen mag, es ist schwer zu rekonstruieren, was man nach der Ansicht seiner Kollegen in einem verzweigten Beamtenapparat gewußt hat. Natürlich war ich mir darüber klar, daß Ehrlichmans Büro sich mit der Untersuchung undichter Stellen befaßte. Allerdings hat man mir mit Bedacht Einzelheiten verschwiegen, es sei denn, mein Büro war direkt betroffen. Ich habe nicht gewußt und habe mir vielleicht auch nicht die Mühe gemacht, mich darüber zu orientieren, daß es eine besondere Gruppe gab, die undichte Stellen finden sollte, und daß die Mitglieder dieser Gruppe praktisch keine anderen Pflichten hatten. Ich glaubte vielmehr, daß Angehörige des Stabes den Auftrag für solche Untersuchungen erhielten, wenn ein konkreter Einzelfall es erforderlich machte, und daß zu diesen Leuten auch Krogh und Young gehörten; es ist jedoch denkbar, daß Krogh und Young angenommen haben, ich hätte gewußt, was ihre einzige Beschäftigung war. Aber selbst wenn ich es gewußt hätte, wäre es mir nicht unzulässig erschienen, daß das Weiße Haus vertrauliche Informationen durch eine dafür beauftragte Gruppe schützen ließ, solange sich die Tätigkeit dieser Leute im gesetzlichen Rahmen hielt. Ich glaube auch bis heute nicht, daß unter Berücksichtigung der damaligen Verhältnisse der Einsatz der »Klempner« – abgesehen von dem erwähnten Einbruch – ungesetzlich oder unangemessen gewesen ist.*

Bei einer weiteren Episode, an der auch ich beteiligt war, ging es um das Abhören von siebzehn Telefonen in der Zeit von Mai 1969 bis Februar 1971. Ich habe darüber im ersten Band meiner Erinnerungen berichtet, komme aber hier darauf zurück, weil es 1973 bekannt wurde. Bei den geheimnisvollen »Angelegenheiten der nationalen Sicherheit«, von denen Nixon am Abend vor Haldemans und Ehrlichmans Rücktritt gesprochen hatte, handelte es sich um die Tonbänder, auf denen die abgehörten Gespräche aufgenommen waren. Diese Tonbänder wurden, ohne daß ich es wußte, in Ehrlichmans Panzerschrank aufbewahrt und,

* Das »Klempner-Problem« ist auch später immer wiederaufgetaucht. Siehe 18. und 24. Kapitel.

als Ehrlichman zurücktrat, vom FBI beschlagnahmt; anschließend wurde ihr Inhalt bekannt. 1973 und 1974 kam es aus diesem Anlaß zu einer Kontroverse. Man brachte die Abhörmaßnahmen mit Watergate in Verbindung, um zu beweisen, daß in der Regierung Nixon eine ausgesprochene Neigung zu ungesetzlichem Verhalten bestanden habe.

Hier ist furchtbar geheuchelt worden. Man hat die Legende verbreitet, die elektronische Überwachung sei eine Erfindung der Nixon-Regierung gewesen. Das ist natürlich absurd. Das Abhören von Telefonen ist vielleicht verabscheuungswürdig, aber diese Praxis ist ebenso verbreitet wie das Telefon selbst und fast ebenso alt. In allen größeren westeuropäischen Demokratien – und zu ihnen gehören Großbritannien, Frankreich und die Bundesrepublik Deutschland – werden Telefone von den Geheimdiensten und Untersuchungsbehörden abgehört, und zwar in einem Umfang, der das, was die Regierung Nixon auf diesem Gebiet getan hat, weit in den Schatten stellt. Aber damit nicht genug. Unter früheren Präsidenten beider Parteien sind augenscheinlich viel häufiger Telefonleitungen angezapft worden, und man hat sich damals weniger gut vor Übergriffen schützen können als zur Amtszeit des Präsidenten Nixon, in der es relativ selten vorkam, obwohl seine Feinde diese wenigen Fälle mit besonderem Eifer auszuschlachten suchten. Die Vollstreckungsbehörden haben uns bei Nixons Amtsantritt das folgende gesagt, und es gibt umfangreiche Veröffentlichungen, die diese Auskunft bestätigen: Franklin Roosevelt hat wahrscheinlich Telefonleitungen anzapfen lassen, um die Aktivitäten der Mitarbeiter des Weißen Hauses, isolationistische Politiker, politische Gegner und Journalisten zu überwachen. Solche Praktiken hat es bis zu Nixons Amtsübernahme in großem Umfang gegeben.[9] Das Anzapfen der Telefonleitungen, das von den für die nationale Sicherheit verantwortlichen Behörden in den Jahren 1969 bis 1971 veranlaßt worden ist, entsprach den zu jener Zeit geltenden administrativen und rechtlichen Bestimmungen; eine gerichtliche Anordnung für solche Operationen war erst nach einer Entscheidung des Obersten Gerichtshofs aus dem Jahre 1972 erforderlich.[10]

Es ist unbestritten, daß das Anzapfen von Telefonleitungen verabscheuungswürdig ist. Das gilt aber auch für die bewußte und nicht genehmigte Preisgabe militärischer und diplomatischer Geheimnisse im Krieg. Wer Anfang 1969 für die nationale Sicherheit verantwortlich war, wurde von seinen Vorgängern, insbesondere aber auch von den Präsidenten Eisenhower und Johnson, gewarnt. Sie teilten ihm mit, daß sich im Beamtenapparat gefährliche Praktiken eingebürgert hätten. Leute, die mit der Regierungspolitik nicht einverstanden waren, glaubten, sie sabotieren zu können, wenn sie unter Verletzung bestehenden

Rechts vertrauliche Informationen weitergaben. Wir fanden diese Warnung bestätigt, als Verhandlungspositionen, militärische Informationen und Nachrichten über innenpolitische Überlegungen in besorgniserregender Zahl von den Medien veröffentlicht wurden. Die Medien stellten sich auf den Standpunkt, daß sie keine andere Verantwortung gegenüber dem Land hätten, als Informationen abzudrucken und über Rundfunk und Fernsehen zu verbreiten. Es sei Sache der Regierung, ihre Geheimnisse zu wahren – und genau das hat die Regierung zu tun versucht.

Im Frühjahr 1969 gewann Nixon den Eindruck, daß die über militärische Operationen und wichtige Verhandlungen durchgesickerten Nachrichten das Leben amerikanischer Soldaten gefährdeten. Er konsultierte den Justizminister John Mitchell und den Direktor des FBI, J. Edgar Hoover, bei einer Sitzung am 25. April, an der auch ich eine Zeitlang teilgenommen habe. Hoover empfahl, Telefonleitungen anzuzapfen, und wies darauf hin, daß alle bisherigen Regierungen seit Franklin Roosevelt diese Maßnahme aus viel weniger dringenden Gründen angeordnet hätten. Der Justizminister bestätigte ihre Legalität. Nixon befahl das Abhören von Telefongesprächen für drei Kategorien von Personen; für Beamte, die Zugang zu vertraulichen Informationen hatten, die an die Öffentlichkeit gelangt waren; für Beamte in Positionen mit sicherheitsempfindlichen Aufgaben, aus deren Personalakten hervorging, daß sie ein Sicherheitsrisiko darstellten, und für Personen, die sich nach den Untersuchungen des FBI verdächtig gemacht hatten. Später übernahm Nixon in einem Brief an den außenpolitischen Senatsausschuß vom 12. Juli 1974 mutig die volle Verantwortung für seine Entscheidung:

> Ich möchte hiermit kategorisch bestätigen, daß Minister Kissinger und andere, die an den verschiedenen Aspekten dieser Untersuchungen beteiligt waren, von mir mit Sondervollmachten ausgestattet waren und meine ausdrücklichen Befehle ausgeführt haben.

Damit hörten jedoch bezeichnenderweise die falschen Anschuldigungen nicht auf, nach denen ich das Anzapfen von Telefonleitungen »angeregt«, »autorisiert« oder »befohlen« hätte. Angesichts der etwas unvollständigen Buchführung – nur Hoover, der es meisterhaft verstand, sich zu schützen, hat genaue Aufzeichnungen darüber gemacht[11] – lassen sich diese Aktivitäten nicht mehr aktenkundig machen. Aber hier ist ein wenig gesunder Menschenverstand vonnöten. Es wäre undenkbar gewesen, daß ein ganz neuer Mitarbeiter Nixons, dem man wegen seiner Kontakte mit Liberalen mißtraute und dessen Verantwortungsbereich ausschließlich die Außenpolitik war, schon drei Monate nach der Übernahme seines Postens die Initiative für ein Überwachungsprogramm übernommen hätte, das im ausschließlichen Zuständigkeitsbereich von Schwergewichtlern wie John Mitchell und J. Edgar Hoover lag, um es dann auch selbst durchzuführen.

Die Wahrheit ist viel einfacher. Ich stimmte Nixon ausdrücklich zu, wenn er meinte, es müßte etwas getan werden, um die undichten Stellen abzuschließen; Mitchell und Hoover haben dieses Programm vorgeschlagen; Nixon hat seine Durchführung befohlen, und mein Büro benannte dem FBI Personen, von denen wir wußten, daß sie in die erste der drei von Nixon bezeichneten Kategorien gehörten. Diese Personen hatten Zugang zu Informationen, die durchgesickert waren. In jedem einzelnen Fall ersuchte das FBI um die Genehmigung des Justizministers für das Abhören der Telefone dieser Personen. In unregelmäßigen Abständen schickte mir das FBI kurze, im Durchschnitt auf einer Schreibmaschinenseite zusammengefaßte Berichte über Gespräche, die nach seiner Auffassung über geheime militärische oder außenpolitische Angelegenheiten geführt worden waren.

Im Rahmen dieses Programms sind im ganzen siebzehn Beamte und Journalisten vom FBI abgehört worden. Mein Büro hat jedoch nicht alle diese Personen namhaft gemacht und ist auch nicht in jedem einzelnen Fall von dem Anzapfen einer Telefonleitung unterrichtet worden.* (Wenn irgend jemand abgehört wurde und seine Gespräche keine militärischen oder außenpolitischen Themen berührten, wurden keine Berichte darüber angefertigt, und weder ich noch mein Büro erfuhren etwas über eine solche Abhöraktion. So hatten wir gar keine Möglichkeit und noch weniger das Verlangen, unsere Zeit an die Lektüre von Abschriften persönlicher Gespräche zu verschwenden.) Die kurzen zusammenfassenden Berichte über Gespräche, die nach Meinung des FBI Angelegenheiten der nationalen Sicherheit betrafen, wurden über einen Zeitraum von einem Jahr in mein Büro, in das des Präsidenten und in das von Haldeman geschickt. Im Mai 1970, ein Jahr nach der ersten Abhöraktion, befahl Nixon, mein Büro aus der Empfängerliste zu streichen, und seither habe ich keine derartigen Berichte mehr zu Gesicht bekommen. Anschließend hat augenscheinlich nur noch Haldeman sie bekommen, bis das ganze Programm im Februar 1971 eingestellt wurde.

* Von den siebzehn Personen waren nur sechs Gegenstand der Berichte, die meinem Büro zugestellt wurden. Drei waren, wie ich später erfahren habe, vom Büro Haldemans und nicht von meinem Büro namhaft gemacht worden. Von den in den Denkschriften des FBI als von mir oder Oberst Haig namhaft gemachten Persönlichkeiten wurden vier oder fünf bei der Besprechung am 25. April durch Hoover in seinem Gespräch mit Nixon bezeichnet. Zu ihnen gehörten drei Angehörige meines Stabes. Weitere Namen ergaben sich im Verlauf der Überwachung anderer Persönlichkeiten, und wir wurden durch das FBI auf sie aufmerksam gemacht. Weitere vier Personen sind augenscheinlich von Nixon benannt worden.

Wenn ich heute über dieses Thema nachdenke, dann kann ich nicht viel mehr dazu sagen als im ersten Band meiner Memoiren:

... Hier möchte ich nur feststellen, daß ich mich nur widerwillig mit Methoden einverstanden erklärt habe, an deren Rechtmäßigkeit ich nicht zweifelte und von denen uns gesagt wurde, sie entsprächen unter den gegebenen Verhältnissen der üblichen Praxis und seien von früheren Regierungen energischer und rücksichtsloser angewendet worden. Die Absicht, die auch ich entschieden unterstützte, war, bestimmte Persönlichkeiten (die nie entdeckt worden sind) daran zu hindern, das Leben amerikanischer und südvietnamesischer Soldaten zu gefährden, indem sie ihnen anvertraute militärische Informationen preisgaben, um die Politik zu untergraben, zu der wir uns nach gewissenhafter Prüfung entschieden hatten und die nach unserer Auffassung im nationalen Interesse lag und rechtlich zu vertreten war. Ich glaube heute, daß die seither erlassenen einschränkenden Bestimmungen im Hinblick auf den Einsatz von Abhörvorrichtungen im Interesse der nationalen Sicherheit einem noch fundamentaleren nationalen Interesse dienen – aber deshalb halte ich diejenigen, die das in sie gesetzte Vertrauen mißbraucht, die Politik der Vereinigten Staaten zu sabotieren versucht und das Leben amerikanischer Soldaten gefährdet haben, nicht für weniger unmoralisch.[12]

Im Rückblick ist mir auch klargeworden, daß elektronische Überwachungsmethoden zwar von vielen demokratischen Regierungen angewendet werden, daß aber das Abhören der Telefone eigener Mitarbeiter ein besonders schmerzliches menschliches Problem aufwirft. Ich habe mich damit niemals ganz abfinden können, diese Maßnahme gehört zu dem Teil meiner Arbeit im Staatsdienst, über deren Wert ich selbst die stärksten Zweifel hege. Seinerzeit habe ich dieses Vorgehen der Alternative vorgezogen, diejenigen aus ihren Posten zu entfernen nur wegen des Verdachts, ohne Genehmigung Informationen weitergegeben zu haben. Zweifellos haben Nixon und die Angehörigen seines inneren Kreises sich hämisch darüber gefreut, daß einige Kollegen des Außenseiters aus Harvard und Freundes von Rockefeller des Geheimnisverrates verdächtigt wurden. Und einige Beamte des FBI haben die Gelegenheit wahrgenommen, ihre Beurteilung in Fällen zu rechtfertigen, wo man ihre Vorbehalte im Hinblick auf die sicherheitspolitischen Unbedenklichkeitserklärungen für die Angehörigen meines Stabes nicht beachtet hatte. Aus diesen Gründen bin ich vielleicht im Unterbewußtsein dazu geneigt gewesen, unter allen Umständen den Eindruck zu vermeiden, daß ich dieses Programm aus persönlichen Gründen ablehnte. Dieses Verhalten ändert aber nichts an der fundamentalen Tatsache, daß das einzige Motiv für solche Operationen, soweit ich es beurteilen konnte, der Schutz vor der Preisgabe vertraulicher Informationen während eines komplexen Krieges gewesen ist. Ich hatte keinen Grund, an der Behauptung des Justizministers zu zweifeln, daß dieses Verfahren legal und in Ordnung sei. Dennoch möchte ich meinem Bedauern darüber Ausdruck verleihen, daß mancher einzelne durch Maßnahmen schwer belastet worden ist, die heute dank eines Gerichtsbeschlusses nur noch in modifizierter Form angewendet werden dürfen.

Nachdem ich das gesagt habe, fühle ich mich dazu berechtigt, meiner Bestürzung darüber Ausdruck zu verleihen, daß Leute, die genau wußten, daß ich zwischen meinen Pflichten, wie ich sie verstand, und dem Wunsch, sie zu schonen, hin und her gerissen war, mich seither mit Gerichtsverfahren und gedruckten Anschuldigungen verfolgen. Einigen von ihnen habe ich seinerzeit sogar gesagt, daß meine Vorgesetzten sie verdächtigten und sie unter Beobachtung stünden. Ich bin aber auch denen dankbar, die abgehört wurden, aber meine guten Freunde geblieben oder es geworden sind, denn sie haben das Unrecht, das ihnen widerfahren ist, mit Verständnis für die Praktiken, Motive und Umstände jener Zeit vergolten.

Die Auswirkungen auf die Außenpolitik

Meine Sorge während der Watergate-Krise galt in erster Linie nicht den Untersuchungsverfahren, die damals Schlagzeilen machten, sondern der Glaubwürdigkeit der Vereinigten Staaten als Großmacht. Eine tragische Entwicklung hatte uns in die innere Zerrissenheit zurückgeführt, von der die erste Amtsperiode des Präsidenten Nixon gekennzeichnet war. Diesmal war die Ursache des nationalen Traumas keine außenpolitische Krise wie Vietnam, aber trotzdem war unsere internationale Position schwer belastet. Wir konnten diplomatische Initiativen ergreifen und haben es auch getan; wir konnten mit aller Schärfe vor einer Bedrohung unserer Sicherheit warnen, und auch das ist geschehen. Aber die Autorität, die notwendig war, solchen Warnungen Nachdruck zu verleihen, war im Schwinden begriffen, und zwar aus Gründen, welche diejenigen, die für die amerikanische Außenpolitik verantwortlich waren, nicht beeinflussen konnten, denn wir befanden uns in einem Fegefeuer, in dem es keine Sieger, sondern nur Opfer gab. Eine Zeitlang ließ sich noch nicht deutlich erkennen, in welcher Weise unsere Außenpolitik durch Watergate belastet wurde. Patriotismus und das Gefühl für das Ausmaß des Verhängnisses veranlaßten viele unserer alten Kritiker, ihre Angriffe einzustellen. Ich selbst schien wie durch einen Zauber unverwundbar zu sein und wurde in einer Weise unterstützt, wie dies für einen nicht gewählten Staatsbeamten fast unvorstellbar ist. Es war, als ob die Öffentlichkeit und der Kongreß instinktiv die unserer Nation drohende Gefahr spürten und einen neuen Mittelpunkt geschaffen hätten, um den sie sich scharen könnten, um die nationalen Interessen zu verteidigen. Aber ich war nur ein blasser Ersatz für den realen Mittelpunkt – und diese Stimmung verging sehr rasch.

Die Geschmacklosigkeit der Enthüllungen entsprach der Böswilligkeit, mit der sie aufgenommen wurden. Ein Journalist, der nicht gerade als Nixons Freund bekannt war, rief mich an und sagte mir, daß er von dem »Blutdurst« vieler seiner Freunde schockiert sei: Sie alle konnten augenscheinlich nichts anderes mehr denken als: »Gebt es ihm, gebt es ihm! Als seien sie Zuschauer bei einem Gladiatorenkampf und warteten auf den Todesstoß.« William Safire berichtet von einem bekannten Zeitungsredakteur, der ihm 1973 um diese Zeit erklärt hatte, daß ein »Aderlaß« unbedingt notwendig sei.[13]

Überall spürte man den Zerfall der Autorität. Am 10. Mai 1973 erhielten wir Berichte, nach denen chinesische Beamte ihre ausländischen Gäste in diskreter Form gefragt hatten, welchen Schaden Nixons Autorität genommen habe. Sie schienen zu glauben, daß »organisierte Gruppen« in den Vereinigten Staaten, welche die Außenpolitik des Präsidenten zum Scheitern bringen wollten, die Opposition formierten.

In der Sowjetunion, wo ich in der Zeit vom 4. bis zum 9. Mai den für Juni vorgesehenen Besuch Breschnews in den Vereinigten Staaten vorbereitete, wurden mir die gleichen Fragen gestellt. Zunächst hatte die sowjetische Führung Watergate augenscheinlich als ein vorübergehendes Phänomen behandelt. Aber als sich die Enthüllungen häuften und die Untersuchungen immer weiter gingen, konnte man feststellen, daß Breschnew versuchte, sich von Nixon zu distanzieren. Anfang Mai sagte mir Breschnew, daß er beabsichtigte, seine Frau und seine Kinder nach Amerika mitzunehmen. Am 12. Juni, weniger als eine Woche vor seinem Eintreffen in den Vereinigten Staaten, teilte man uns plötzlich mit, daß seine Frau nicht mitkommen könnte: »Die Ärzte sind strikt dagegen. Seine Tochter und sein Sohn haben andere zwingende Gründe dafür, diese Reise jetzt nicht zu unternehmen.« Auch ein Zwischenaufenthalt Breschnews in Houston wurde ohne Erklärung oder Rücksprache abgesagt. Man konnte sich nicht des Eindrucks erwehren, daß Watergate in den sowjetischen Überlegungen eine Schlüsselrolle spielte, da in der gleichen Note erklärt wurde, Breschnew werde gegen den Rat seiner Ärzte mit Nixon nach San Clemente gehen, denn

> ... wenn irgend jemand glauben sollte, mein Vorschlag, nicht nach Kalifornien zu fliegen, habe irgend etwas mit den innenpolitischen Ereignissen in den Vereinigten Staaten zu tun, dann ist das absolut

nicht wahr, Herr Präsident. Es gibt keine Basis für eine solche Interpretation. Der Präsident weiß sehr gut, daß wir von Anfang an und ohne zu zögern in den Beziehungen zu ihm einer klaren Linie gefolgt sind und daß unsere Achtung und mein persönlicher Respekt in keiner Weise nachgelassen haben.

Diese offensichtlich besorgte Haltung konnte ebenso plausibel als der schwerfällige Versuch der Sowjets gedeutet werden, den Präsidenten an seine geschwächte Position zu erinnern. Jedenfalls war es im höchsten Grade demütigend, sich vorstellen zu müssen, daß der Präsident es nötig haben könnte, vom Generalsekretär des Zentralkomitees der Kommunistischen Partei der Sowjetunion die Bestätigung des Fortbestandes der persönlichen Wertschätzung entgegenzunehmen.

Die Erosion der Autorität der Exekutive wirkte sich nicht nur auf die Beziehungen zu unseren Gegnern aus, sondern belastete auch das Verhältnis zu unseren Freunden. Der Botschafter der Bundesrepublik Deutschland, Berndt von Staden, sagte mir, die zynischen Berichte der westdeutschen Presse über den Besuch des Bundeskanzlers Willy Brandt Anfang Mai wären zweifellos dadurch veranlaßt worden, daß er zur gleichen Zeit stattfand, in der Nixon in seiner Fernsehrede den Rücktritt von Haldeman und Ehrlichman bekanntgegeben hatte. Als ich mich am 8. Juni mit dem französischen Außenminister Michel Jobert traf, konnte ich seinen Worten entnehmen, daß er glaubte, der Zweck des Europa-Jahrs sei es, unsere innenpolitischen Spannungen abzubauen, was mich veranlaßte, ihn daran zu erinnern, daß die Vorbereitungen dafür lange vor Watergate getroffen worden waren (und Jobert wußte das sehr gut aus einem Gespräch, das ich im Dezember 1972 mit dem französischen Präsidenten Georges Pompidou geführt hatte). Das gleiche Thema kam zur Sprache, als ich mich am 30. Juni in San Clemente mit den Vertretern unserer Verbündeten beim Nordatlantikrat traf (die Herren unternahmen eine Reise durch die Vereinigten Staaten). Das gleiche geschah bei einem Treffen mit dem italienischen Botschafter am 24. Juli und bei einem Besuch des deutschen Außenministers Walter Scheel und des britischen Kabinettssekretärs Burke Trend im Juli. Alle diese Männer waren höflich und sogar mitfühlend, aber die Politik einer Großmacht stützt sich auf Respekt und nicht auf Mitleid.

Am 4. August unterbrach der Premierminister von Singapur, Lee Kuan Yew, ein hochintelligenter, urteilsfähiger Mann und aufrichtiger Freund der Vereinigten Staaten, eine Konferenz der Regierungschefs des Commonwealth in Ottawa, um zu einem privaten Zusammentreffen mit mir zum Kennedy-Flughafen nach New York zu fliegen. Der einzige Zweck dieser Reise war es, sich einen Eindruck von den Auswirkungen Watergates auf die Außenpolitik der Vereinigten Staaten zu verschaffen. »Sie sind der Anker der ganzen nichtkommunistischen Welt«, sagte er mir in fast verzweifeltem Ton, »und aus aufrichtiger und berechtigter Empörung schleift dieser Anker durch den Schlamm.« Er fürchtete, daß, wenn Nixon aus irgendeinem Grund stürzen sollte, auch die starke Außenpolitik, die Nixon vertrat, unterminiert werden könnte. 1976 würde ein neuer Präsident gewählt werden, der seine Wahl als Bestätigung seiner gegen den Krieg gerichteten, neo-isolationistischen Haltung ansehen würde – was nicht geschehen dürfe: »Mein Überleben hängt davon ab«, sagte er.

Wie schon so oft bewies Lee Kuan Yew auch hier seine prophetische Gabe. Die mit uns befreundeten Länder brauchten damals zur Wahrung ihrer Sicherheit einen starken Präsidenten und brauchen ihn auch noch heute; sogar unsere Gegner bevorzugen ein berechenbares und einiges Amerika. Damals war es meine Pflicht, meinen alten Freund aus Singapur gegen meine eigene Überzeugung zu beruhigen. Ich sagte ihm, daß wir die Stärke der Nation und ihre Geschlossenheit bewahren würden; wir würden diese Krise wie schon so viele andere überwinden. Ich versicherte ihm, die Politik unserer Nachfolger, wer sie auch sein mochten, werde dafür sorgen, daß die Stärke Amerikas erhalten blieb. Ich weiß nicht, ob der so aufmerksame Lee Kuan Yew mir geglaubt hat; ich möchte daran zweifeln. Mir war es zu peinlich, ihn danach zu fragen.

Mitte 1974 schrieb der bekannte Leitartikler der *Washington Post*, Chalmers Roberts, mit großem Verständnis für die Lage in *Foreign Affairs:*

> Jede Außenpolitik besteht aus Handlungen und Unterlassungen. Sie wird beeinflußt von Stimmungen und Nuancen, durch die Beurteilung von Stärken und Schwächen, durch die Einschätzung der Absichten einer Regierung durch die andere sowie die Handlungsfähigkeit dieser Regierungen, durch die Vorstellung eines nationalen Führers von politischem Rang eines gegnerischen oder mit ihm befreundeten Führers in dessen eigenem Land und den Auswirkungen dieser Gegebenheiten auf die Stärke und die Politik dieses Landes.[15]

Genau das war das Problem. Mit jedem neuen Tag schränkte Watergate unsere Handlungsfreiheit ein. Wir verloren die Fähigkeit, uns glaubhaft zu engagieren, denn wir konnten uns nicht mehr für die Zustimmung des Kongresses verbürgen. Dabei mußten wir alles tun, um Konfrontationen zu vermeiden, weil wir fürchteten, ihnen in dem Sumpf innenpolitischen Mißtrauens nicht mehr gewachsen zu sein. (Als wir unsere Streitkräfte gegen Ende des Nahost-Krieges im Oktober 1973 in Alarmbereitschaft versetzten, wurde ich auf einer Pressekonferenz gefragt, ob das ein Watergate-Manöver sei.) Uns standen weder Zuckerbrot noch Peitsche zur Verfügung, und deshalb konnten wir nur ungeduldig und frustriert zusehen, wie zuerst Hanoi und dann Moskau unsere peinliche Lage auszunutzen begannen.

In dieser Lage mußte mein Büro immer mehr Verantwortung dafür übernehmen, die Vereinigten Staaten außenpolitisch aktionsfähig zu erhalten. Im Weißen Haus herrschte eine völlig andere Atmosphäre als während der ersten Amtsperiode des Präsidenten. Verschwunden waren die meisten arroganten jungen Männer der Ära Haldeman, die in ihrer Überheblichkeit geglaubt hatten, daß alles sich planen ließe und jedes Problem sich mit Hilfe der geeigneten Verfahren lösen lassen könnte. Nur Ronald Ziegler war als Leiter der Presseabteilung auf seinem Posten geblieben und erfüllte seine praktisch unmögliche Aufgabe loyal und hingebungsvoll. Hinter dem Stab des Weißen Hauses stand auch nicht mehr die Autorität eines starken Präsidenten, und es fehlte die Selbstsicherheit, welche diesen Männern die Überzeugung gegeben hatte, daß man an einer großen Sache mitwirke. Die ranghöheren Mitarbeiter des Weißen Hauses mußten sich ihr Recht von Fall zu Fall durch ihre Leistungen, ihre Überzeugungskraft und die Fähigkeit erkämpfen, Verständnis für das nationale Interesse in einer ungeheuer schwierigen Lage zu wecken, in der das bedrohlichste die Unfähigkeit war, das Ausmaß der Gefahr zu artikulieren, in der wir uns befanden.

Auf jeder Pressekonferenz fragte man mich nach den Auswirkungen von Watergate auf die Außenpolitik. Ich bestritt immer wieder jeden Zusammenhang. Wenngleich jedermann wußte, daß meine Behauptung nicht richtig war, konnten wir nur noch etwas retten, wenn wir so taten, als ginge uns das alles nichts an. Einer Großmacht gibt man kein Pardon, weil sie innenpolitische Schwierigkeiten hat. Wir konnten die uns drohende Gefahr, wenn überhaupt, nur abwenden, wenn wir Selbstvertrauen demonstrierten und weiterhin erklärten, daß wir das nationale Interesse gegen alle außen- und innenpolitischen Hindernisse verteidigen würden.

Aber ich hatte böse Vorahnungen. Im Mai 1973 sagte ich einem Freund, daß ich den Eindruck hätte, unser Land befände sich in einer »selbstmörderischen Stimmung«, was unsere Position in der Welt untergraben müßte: »Das im Lauf von fünf Jahren in der Form von kleinen Kupfer- und Nickelmünzen angesammelte Kapital wird jetzt mit Tausenddollarnoten verschwendet.« Einem anderen Freund vertraute ich am 1. Juli an: »Während keiner Krise in den vergangenen fünfzehn Jahren habe ich geglaubt, daß das Land sich in Gefahr befände. Aber jetzt bin ich wirklich davon überzeugt, daß wir unter Umständen irreparablen Schaden erleiden könnten.« Und etwas später habe ich gesagt:

Bei jedem Ihnen bisher bekannten Vorhaben liegt der Unterschied zwischen Größe und Mittelmäßigkeit in einer Nuance. Man kann das nicht beschreiben. Und wir haben zwei Jahre gebraucht, in denen niemand begriff, was wir taten, um unser Ziel zu erreichen. Ein Erfolg schuf die Notwendigkeit für den nächsten. Wenn die Entwicklung beginnt, in die entgegengesetzte Richtung zu laufen, dann wird es ebenso sein. Während der ersten zwei Jahre wird man nichts sehen, und dann wird man anfangen, die Scherben aufzusammeln. Ich kann zum Capitol gehen und sagen, meine Herren, hier liegen die Gefahren. Sie werden einen Nahost-Krieg erleben, wenn das so weitergeht.

So hat sich die Lage auch ungefähr entwickelt, aber mit Selbstmitleid läßt sich keine Abhilfe schaffen. Ich konnte nicht zum Kongreß gehen und die Abgeordneten warnen, weil ich nicht gewußt hätte, welchen politischen Kurs ich ihnen empfehlen sollte. Die Anhörungen der Senatsausschüsse waren theatralisch und die Verfahren unfair; es gab keine Möglichkeit, die Zeugen ins Kreuzverhör zu nehmen, und niemand kannte im voraus die Anklagepunkte. Aber der Schmutz, der dabei zum Vorschein kam, war ganz real. Der Kern des Problems lag innerhalb der Regierung und nicht bei denen, die es aufdeckten, so selbstgerecht sie auch sein mochten. Nachdem Watergate geplatzt war, ließ sich der Lauf der Dinge nicht mehr beeinflussen. Viele alte Gegner Nixons begriffen sehr gut, welcher Schaden dem Ansehen ihres Landes zugefügt wurde, und waren entsetzt. Das Beste, was sie tun konnten, war, den wenigen, die noch über Autorität verfügten, um das Steuer des leckgeschlagenen Staatsschiffes in die Hand zu nehmen, ihre Aufgabe zu erleichtern.

Auf diese Weise wurde mir, einem im Ausland geborenen Amerikaner, die ungewöhnliche Aufgabe zuteil, unsere Außenpolitik zusammenzuhalten und unsere Öffentlichkeit zu beruhigen. Das war nicht mein Verdienst; den Anstoß dazu gab der Instinkt für die nationale Selbsterhaltung. Ich habe zwar nichts dagegen unternommen, als die öffentliche Meinung während Nixons erster Amtsperiode aus mir den guten Jungen machte, aber diese neuere und höhere Verantwortlichkeit war zu elementar und zu furchteinflößend, um sie zu suchen. Die Verantwortung, die mir jetzt aufgebürdet wurde, mußte darauf verwendet werden, den Eindruck zu stärken, daß Amerika auch weiterhin stark, entschlossen und aktiv an der Weltpolitik teilnahm. Ich mußte die Überzeugung vermitteln, daß wir trotz aller Heimsuchungen unser Schicksal meistern konnten.

Ich hätte mir selbst diese Rolle nicht ausgesucht, und ich war überrascht, daß ich mich ihr nicht gewachsen fühlte, wenngleich ich alles getan habe, meine Gefühle nicht zu zeigen. Aber alle Überlebenden des

Debakels hatten die unausweichliche Pflicht, ihren besten Beitrag für den nationalen Zusammenhalt zu leisten, und ich habe mein Bestes getan. Dadurch war ich zu einem Stil in der Diplomatie gezwungen, der zum Spektakulären neigte. Ich mußte eine Selbstsicherheit zur Schau stellen, die potentielle Gegner vor jeder Herausforderung zurückschrecken ließ. Gelegentlich war meine Haltung natürlich auch Ausdruck meiner persönlichen Eitelkeit, aber vieles entsprach einer bewußten Absicht aufgrund tiefer und schmerzlicher Überlegung. Wir brauchten die sichtbare und, wenn notwendig, theatralische Bestätigung dafür, daß Amerika diese Krise überleben und immer noch am Aufbau einer besseren Welt mitwirken konnte. Es läßt sich ermessen, in welcher Bedrängnis Nixon sich befand, denn sonst hätte er mein Auftreten niemals akzeptiert; daß er es mit solchem Anstand getan hat, ist ein Beweis für seine Zuverlässigkeit und seinen Patriotismus und muß ihm zur Ehre angerechnet werden.

Doch die politische Voraussetzung für die Überwindung dieser Periode bestand darin, mit allen Entscheidungen den Eindruck zu erwekken, daß der Präsident die Zügel in der Hand habe. Nixon hatte nicht mehr den Handlungsspielraum oder die Mitarbeiter, um so verwickelte Manöver in Szene zu setzen wie in seiner ersten Amtsperiode. Er war ebenso wie ich darauf angewiesen, sich ausschließlich mit dem Wesentlichen zu beschäftigen. Bei der Ausübung seiner Regierungsgeschäfte bediente er sich jetzt mehr konventioneller Verfahren. Und ich bemühte mich um den nationalen Konsens in der Außenpolitik. Die langen Gespräche zwischen uns wurden nachdenklicher, nachdem die Abhörvorrichtungen entfernt worden waren, und auf seltsame Weise nicht mehr so stark von Befürchtungen belastet und weniger verrückt; als das Schlimmste vorüber war, ging es nur noch um Grundsätze.

Ich bemühte mich jetzt zunehmend um die Unterstützung beider im Kongreß vertretenen Parteien. Obwohl mein Versuch sich bei einigen neuralgischen Problemen wie Indochina oder der jüdischen Auswanderung aus der Sowjetunion als unmöglich erwies, war die Einigkeit in außenpolitischen Fragen größer als auf jedem anderen Gebiet. Es war, als ob die Politiker im Kongreß auch von der Flutwelle in Angst und Schrecken versetzt worden seien, die das Land erfaßt hatte und die Gerechten und die Ungerechten zu verschlingen drohte.

Da ich die Außenpolitik zusammenhielt, hatte ich zweifellos auch das Gewissen einiger unversöhnlicher Feinde Nixons beruhigt. Aber es gab keine andere Wahl, und letzten Endes war Nixons Schicksal besiegelt, als der Stab des Weißen Hauses sich auflöste und seine ehemaligen Anhänger sich gegen ihn wendeten. Von diesem Augenblick an war es die Pflicht der Nation, ihre Sicherheit und Glaubwürdigkeit zu bewahren, indem sie eine geschlossene Front bildete und sich hinter die gemeinsame Sache stellte. Am Rande des Abgrundes gibt es nur eine wichtige Aufgabe: Man muß sich Raum schaffen, in dem man sich bewegen kann.

So war es zum Teil meine, zum Teil aber auch Haigs Aufgabe, die ebenso für unsere Mitarbeiter galt, unserem schwer angeschlagenen Präsidenten den Rücken zu stärken, dessen Standhaftigkeit Respekt verdiente und dessen Leiden eine seltsame Herzlichkeit weckte. Denn die schlimmste Strafe für Nixon lag in der Erkenntnis, daß er sich schließlich selbst alles angetan hatte. Unter dieser ungeheuren Belastung hat er in der Außenpolitik mit großem Weitblick gehandelt. Offenbar hat er es in der Überzeugung getan, daß, auch wenn er gezwungen werden sollte, als Präsident zurückzutreten, er es der Nation schuldig sei.

V. Das Europa-Jahr

Die Voraussetzungen

Ebenso wie das Weiße Haus ist der Elysée-Palast Residenz und Amtssitz eines Staatsoberhaupts. Man erreicht ihn durch ein majestätisches Tor der engen und verkehrsreichen Rue du Faubourg-Saint-Honoré. Dann überquert man einen mit Kies bestreuten Hof, der die einfache und elegante Fassade des Gebäudes eindrucksvoll zur Wirkung bringt. Eine breite Freitreppe führt zu einem Absatz, wo die Besucher auf Einlaß warten. Das Arbeitszimmer des Präsidenten ist, gemessen an den Räumen der Staatsoberhäupter größerer Länder, nicht sehr geräumig, aber exquisit mit Gobelins und französischen Möbeln eingerichtet. Von hier aus überblickt man einen stillen gepflegten Park, über den hinweg man die Wipfel der Bäume an den Champs-Elysées sehen kann. Das Ganze ist ein bukolisches Refugium in einer von geschäftigem Leben erfüllten Großstadt.

Die gelassene Heiterkeit dieses Anblicks entsprach der Haltung des großen, gewichtigen Mannes mit buschigen Augenbrauen, der an seinem reich geschnitzten Schreibtisch saß. Georges Pompidou, dem ich Anfang Dezember 1972 meinen Besuch abstattete, war eine beeindrukkende Persönlichkeit. Bevor er 1969 die Nachfolge Präsident Charles de Gaulles antrat, hatte er dem großen General sechs Jahre als Premierminister gedient und war dann plötzlich 1968 während der Nachwehen der Studentenrevolte, in deren Verlauf vorübergehend große Teile von Paris besetzt wurden, entlassen worden. Es war ein beachtenswerter Erfolg, daß es Pompidou gelungen ist, als fast vergessener Politiker wieder ans Licht der Öffentlichkeit zu treten, und zwar noch zu Lebzeiten de Gaulles, und die Mehrheit der Gaullisten für sich zu gewinnen, obwohl er den Stil, wenn auch nicht die Substanz der französischen Außenpolitik veränderte.

Als de Gaulle im April 1969 von seinem Präsidentenamt zurücktrat, schrieb ich Nixon, daß die Position des französischen Präsidenten stärker gefährdet sei, als es den Anschein habe. Der Einfluß des Präsidenten war davon abhängig, daß er die parlamentarische Mehrheit hinter sich hatte, was auf die Dauer sehr schwierig war, denn die Wahlen für die Nationalversammlung erfolgen nach einem anderen Zeitplan als die Präsidentschaftswahlen. Wenn bei den Parlamentswahlen die Stimmenmehrheit für eine andere Partei als die des Präsidenten abgegeben wurde oder der Präsident diese Partei nicht beherrschte, dann durfte sie ihren eigenen Premierminister ernennen, zu dem hin das Gleichgewicht der Kräfte sich dann verschob. Dabei konnte es geschehen, daß die für die französische Nachkriegspolitik typische Situation eintrat, eine parlamentarische Instabilität. De Gaulle hatte versucht, die Tür zur Vergangenheit Frankreichs zu schließen, aber das war ihm nicht ganz gelungen.

Meine Analyse war theoretisch korrekt, erwies sich aber zumindest als verfrüht. Jedes französische Parlament seit de Gaulle ist vom jeweiligen Präsidenten beherrscht worden. Pompidou war zu seiner Zeit der Mann, der das politische Leben in Frankreich ebenso bestimmte, wie de Gaulle es getan hatte, und wenn er auch nicht so majestätisch auftrat wie sein Vorgänger, so war sein Regierungsstil doch nicht weniger fürstlich. Mit skeptischem, durchdringenden Verstand, der sich niemals herabließ, bitter zu werden, glich er durch seinen analytischen Scharfsinn und seine Intelligenz aus, was ihm an weltpolitischer Erfahrung fehlte. Er war Universitätsprofessor und Bankier gewesen. Er war ebenso gebildet wie welterfahren. Zwar belasteten ihn nicht die antiamerikanischen Vorurteile seines Vorgängers (und einiger hoher Beamten am Quai d'Orsay, dem französischen Auswärtigen Amt), aber er teilte die Meinung französischer Intellektueller, Amerika sei schließlich doch zu naiv, zu schwerfällig und zu instabil, als daß man den Vereinigten Staaten das Schicksal Europas anvertrauen dürfte. Andererseits war er realistisch genug, zu begreifen, daß Amerika zu mächtig war, um ignoriert zu werden, und Frankreich zu schwach, um ohne Unterstützung durch die Vereinigten Staaten auszukommen.

Es hat Pompidou zutiefst gekränkt, als Demonstranten, die gegen französische Waffenverkäufe an Libyen protestierten, ihn und seine Frau Anfang 1970 bei einem Besuch der Vereinigten Staaten in Chicago tätlich angriffen. Während dieser Vorfall nichts an dem zuvorkommenden und versöhnlichen Stil seiner Diplomatie änderte, veranlaßte es ihn doch zu einer in gewisser Weise reservierten und vielleicht sogar nachtragenden Haltung, die er nie ganz aufgegeben hat. Diese Gefühle kamen in seinem letzten, von körperlichen Qualen überschatteten Lebensjahr vehement zum Ausdruck, als seine Selbstbeherrschung durch einen Knochenkrebs, dessen verheerende Wirkungen nur seine intimsten Freunde kannten, auf die äußerste Probe gestellt wurde. Ich hielt ihn für einen außerordentlich weitblickenden und intelligenten politischen Führer, für einen Mann, der, welche Zweifel er auch hinsichtlich der Fähigkeit Amerikas, weltpolitische Ereignisse in den Griff zu bekommen, hegen mochte, seinen Grundsätzen gemäß alles tun würde, um die Grundwerte, die Kraft und die Entschlossenheit der Demokratien zu stärken.

Während Nixons erster Amtsperiode waren die Beziehungen zwischen den Vereinigten Staaten und Frankreich sehr gut. Nixon und Pompidou waren sich in ihrer unsentimentalen Anerkennung der Bedeutung des Gleichgewichts der Kräfte einig und beurteilten die Motive der Sowjetunion mit gleicher Skepsis. Pompidou mißtraute der Möglichkeit eines Wiedererwachens des deutschen Nationalismus; Nixon mißtraute Willy Brandt, und in der Praxis verfolgten beide Männer in dieser Frage die gleichen Ziele. Pompidou war beeindruckt von Nixons ritterlicher Geste, sofort seine Teilnahme an de Gaulles Beisetzung bekanntzugeben, denn damit hatte er alle anderen Länder veranlaßt, sich von Persönlichkeiten des gleichen protokollarischen Rangs vertreten zu lassen. Im März 1970 hatte der Präsident in New York unerwartet an einem Essen zu Pompidous Ehren teilgenommen, um zu zeigen, daß er mit den gegen Pompidou gerichteten Demonstrationen nicht einverstanden war. Nixon war Pompidou dankbar für dessen diskrete und praktische Hilfe beim Zustandekommen meiner Geheimgespräche mit den Nordvietnamesen in Paris. Schließlich respektierte Nixon auch das umfassende Verständnis des französischen Präsidenten für Fragen der Weltpolitik. Als Bewunderer de Gaulles hatte er Verständnis für gaullistische Tendenzen in Pompidous Auffassungen; ein starkes Frankreich war nach Ansicht des Präsidenten ein Aktivposten für den Westen, auch wenn es gelegentlich gewisse Schwierigkeiten gab.

Am 8. Dezember 1972 suchte ich Pompidou während der Schlußphase der Verhandlungen mit den Nordvietnamesen in Paris auf und unterrichtete ihn dabei noch detaillierter über den Inhalt meiner Gespräche als unsere eigenen Ministerien. Rückblickend erscheint dieser Umstand sogar mir erstaunlich. Er hat unser Vertrauen niemals mißbraucht oder irgendwelche Sondervergünstigungen für seine Hilfe verlangt, die mir die Verhandlungen in Paris ermöglicht hat. Er unterhielt sich mit mir auf französisch, und ich glaube, daß ich ihn dabei immer verstanden habe. Meine Antworten in Englisch wurden von dem brillanten Dolmetscher Constantin Andronikov übersetzt, dessen englische Aussprache zweifellos besser war als meine.

Die Vietnam-Verhandlungen waren damals ebenso wie meine politische Karriere auf einem Tiefpunkt angekommen. Le Duc Tho bediente sich seiner bekannten Verschleppungstaktik, nachdem wir im Oktober fast eine Einigung erzielt hatten. Er schien darauf zu setzen, daß wir durch innenpolitische Zwänge veranlaßt werden könnten, die Regierung in Saigon aufzulösen und Hanoi den totalen Sieg zu überlassen, wenn er nur den Abschluß lange genug hinauszögerte.

Pompidou hörte sich meinen Vortrag in der für ihn charakteristischen höflichen Haltung an, bevor er ruhig sagte: »Das sind Kleinigkeiten. Ich glaube, Sie sind zum Erfolg verdammt.« Damit berührte er den Kern der Sache. Beide Seiten waren so sehr auf das Zustandekommen einer Vereinbarung angewiesen, daß ein Rückzug praktisch unmöglich war. Irgendwie mußte der Krieg in kürzester Frist beendet werden. Unsere an Verzweiflung grenzende Nervosität war in Wirklichkeit nur Ausdruck der letzten krampfhaften Bemühungen, nach einem zehn Jahre dauernden Ringen zum Erfolg zu kommen. Um mir seine Zuversicht verständlich zu machen, stellte mir Pompidou noch eine weitere Frage – vielleicht aus Neugier, vielleicht aber auch, um mich zu ermutigen: »Und wo wird anschließend der Schwerpunkt Ihrer Politik liegen?«

Es war irgendwie beruhigend und sogar tröstlich, über eine Zukunft befragt zu werden, die nicht mehr von dem indochinesischen Alptraum belastet sein würde, und in einer Periode schmerzlicher innerer Spaltungen über eine Welt nachzudenken, in der man konstruktive Arbeit leisten würde.

Wenige Tage später zeigte er mir, daß seine Fragen nicht nur Ausdruck der Höflichkeit oder der Versuch gewesen waren, mich aus meiner trüben Stimmung zu reißen. In spektakulärer Weise stellte er sich mit seiner ganzen Autorität öffentlich hinter einen neuen atlantischen Dialog. In einem Interview mit dem Leitartikler James Reston von der *New York Times* erklärte Pompidou, daß er für das neue Jahr 1973 Konsultationen »auf höchster Ebene« empfehlen würde, um die wirtschaftlichen und vor allem die politischen Beziehungen zwischen den Demokratien klarzustellen. Er sagte, daß er sich auf Gespräche mit seinen

Kollegen auf beiden Seiten des Atlantik freue, um die gemeinsamen Ziele der Vereinigten Staaten, der Europäischen Gemeinschaft und Japans in einer neuen Ära zu definieren und zu bestätigen. Die Finanz- und Handelspolitik sollte gegenüber diesen wichtigeren Grundsatzfragen zurücktreten, die in den vergangenen Jahren vernachlässigt worden seien.[1] Das war eine weitblickende Aussage. Angesichts der Kontroversen zwischen Frankreich und den Vereinigten Staaten, die später daraus entstanden sind, liegt eine gewisse Ironie in der Tatsache, daß das zum Scheitern verurteilte Europa-Jahr im Arbeitszimmer des Präsidenten der französischen Republik geboren wurde.

Die atlantischen Beziehungen müssen zu neuem Leben erweckt werden

Daß die atlantischen Beziehungen auf eine neue und gesündere Basis gestellt werden mußten, war Anfang 1973 für alle Beteiligten eine Selbstverständlichkeit. Denn die Verhältnisse hatten sich an vielen Fronten dramatisch verändert. Am 1. Januar 1973 waren drei neue Mitglieder in die Europäische Wirtschaftsgemeinschaft aufgenommen worden – Großbritannien, Irland und Dänemark – und schlossen sich den sechs Staaten an, die sie 1958 begründet hatten (Frankreich, die Bundesrepublik Deutschland, Italien, Belgien, die Niederlande und Luxemburg). Und das neue Europa der Neun bemühte sich jetzt ebensosehr um die politische wie um die wirtschaftliche Einigung. Diese Erweiterung und Stärkung der europäischen Einheit beendete das bisher selbstverständliche amerikanische Übergewicht im Westen, das die Periode seit 1945 gekennzeichnet hatte. Mit Ausnahme der beiden Supermächte war Europa nun wirtschaftlich und militärisch stärker als irgendeine andere Region in der Welt. Wenn es sich vereinigte, mußte es auch seine Identität artikulieren. Nachdem wir uns geistig vom Vietnam-Trauma befreit hatten, erwarteten wir, daß sich Europa an der Regeneration unserer politischen Bestrebungen beteiligte; schließlich war es der Teil der freien Welt, zu dem wir die stärksten historischen, kulturellen und moralischen Bindungen besaßen.

Ich war jedoch nicht so optimistisch wie andere in meinen Erwartungen, daß sich diese Hoffnungen bald würden verwirklichen lassen. Seit einer Generation hatten es bedeutende Amerikaner aus beiden politischen Parteien als selbstverständlich angesehen, daß ein vereintes Europa uns einen Teil unserer globalen wirtschaftlichen Lasten abnehmen, gleichzeitig aber unserer politischen Führung folgen würde. Sie dachten dabei nur an das ohnmächtige Europa Ende der vierziger Jahre, das wirtschaftlich und militärisch von den Vereinigten Staaten abhängig gewesen war. Dabei vergaßen sie die Tatsache, daß Europa das Konzept der Souveränität entwickelt hatte. Über Jahrhunderte hatten europäische Staatsmänner die Philosophie des Nationalismus verfeinert und waren nicht bereit gewesen, die Interessen einer einzelnen Nation gegenüber umfassenderen Zielsetzungen zurückzustellen, was ja die beiden Weltkriege unseres Jahrhunderts mit ihren katastrophalen Auswirkungen zur Folge gehabt hatte.

Zwar hatte sich seit 1945 vieles geändert, aber ich hatte immer bezweifelt, daß sich Europa zusammenschließen werde, um einen Teil *unserer* Lasten zu übernehmen, oder daß es sich mit seiner untergeordneten Rolle zufriedengeben würde, sobald es europäische Vorstellungen verwirklichen konnte. Der Hauptanreiz für Europa, im Rahmen westlicher Politik eine größere gemeinsame Aufgabe zu übernehmen, würde darin bestehen, auch seine eigenen europäischen Vorstellungen realisieren zu können. Sie ließen sich zweifellos mit den politischen Zielen der Vereinigten Staaten in Einklang bringen, denn auf den meisten Gebieten liefen die europäischen Interessen mit den unseren parallel. Aber die Beziehungen würden sich von denen des »Goldenen Zeitalters« des Marshall-Plans unterscheiden, der so gut zu den amerikanischen Vorstellungen gepaßt hatte, daß man alle Schwierigkeiten mit einem Überfluß an materiellen Mitteln lösen und dann die Führung in die Hand nehmen könnte. Nachdem Europa wirtschaftlich stark geworden war und sich politisch vereinigt hatte, konnte eine atlantische Zusammenarbeit kein amerikanisches Unternehmen mehr sein, bei dem Konsultationen in erster Linie amerikanische Vorstellungen zum Inhalt hatten. Jetzt mußten gleichberechtigte souveräne Kräfte einen gemeinsamen Mittelpunkt finden; es mußte zu einer konkreten und nicht nur zu einer vermeintlichen Partnerschaft kommen. Theoretisch ließ sich ein solcher Vorschlag ohne weiteres machen, aber die Durchführung erforderte eine geduldige und feinfühlige Anpassung an die neuen Gegebenheiten auf beiden Seiten des Atlantik, die in mancher Hinsicht als schmerzlich empfunden werden würde.

Charles de Gaulle hatte als erster den potentiellen Widerspruch in der amerikanischen Haltung zwischen unserem Eintreten für die europäische Integration und unserem gleichzeitigen Verlangen, die führende Stellung der Vereinigten Staaten zu bewahren, erkannt. De Gaulle hat diese Erkenntnis allerdings in einer für uns sehr verletzenden Form zum Ausdruck gebracht. Er hat nicht nur erklärt, daß Europa *frei* sein sollte, um seine eigenen Interessen zu verfolgen, sondern auch, daß diese Interessen sich wahrscheinlich von den unseren unterscheiden würden. Ja, er hat sogar gesagt, daß die Identität Europas wesentlich von dieser Voraussetzung abhinge. Es war deshalb kaum überraschend, daß die Gespräche der Regierungen Kennedy und Johnson mit de Gaulle über das Wesen der europäischen Einheit und die Zusammenarbeit auf dem Gebiet der Verteidigung zu einer schmerzlichen Konfrontation führten. 1963 legte de Gaulle sein Veto gegen den Eintritt Großbritanniens in den gemeinsamen Markt mit der Begründung ein, daß Großbritannien ein »trojanisches Pferd« Amerikas sei. 1966 veranlaßte er den Austritt Frankreichs aus dem integrierten Verteidigungskommando der NATO und zwang das Hauptquartier der NATO, Paris zu verlassen. Eine wie schwere Kränkung darin lag, spiegelt sich in der Rückfrage des Präsidenten Lyndon Johnson, ob wir auch unsere Soldatenfriedhöfe verlegen sollten.

Pompidou definierte die Aufgaben eines vereinten Europa in taktvollerer Form. Für eine europäische Integration hatte er mehr Verständnis als de Gaulle und sagte nicht so deutlich wie dieser, daß Europa nur eine lockere Gruppierung von Nationalstaaten sein könnte. Er legte aber einen ebenso großen Wert darauf, daß Europa in der Weltpolitik eine ganz eigene Rolle spielen müßte. Am 19. Oktober 1972 vor dem historischen Gipfeltreffen der Europäischen Gemeinschaft, auf dem der entscheidende Entschluß gefaßt wurde, die vollkommene politische Vereinigung voranzutreiben, definierte Pompidou seine Haltung gegenüber den Vereinigten Staaten als Bereitschaft zur Zusammenarbeit, aber auch als die Entschlossenheit, eine Herausforderung anzunehmen:

> Unsere Beziehungen zu diesem großen Land, der stärksten Wirtschaftsmacht der Welt, mit der acht unserer Länder im Atlantischen Bündnis vereinigt sind, sind so eng, daß es absurd wäre, sich ein Europa vorzustellen, das zu diesem Land in Opposition steht. Aber gerade der Umstand, daß diese Bindungen so eng sind, macht es erforderlich, daß Europa gegenüber den Vereinigten Staaten seine Individualität behauptet. Westeuropa, das dank des wesentlichen Beitrags amerikanischer Soldaten von der militärischen Besetzung befreit und mit amerikanischer Hilfe wieder aufgebaut worden ist, das seine Sicherheit im Bündnis mit den Vereinigten Staaten bewahrt und bisher die amerikanische Währung als Hauptelement seiner Währungsreserven akzeptiert hat, darf und kann seine Bindungen an die Vereinigten Staaten nicht aufgeben. Aber es darf auch nicht darauf verzichten, seine Existenz als eine neue Realität zu festigen.

Die Regierung Nixon hatte keine Schwierigkeiten mit der Vorstellung, daß Europa die Freiheit haben müsse, seine eigene Politik zu führen. Wir stimmten mit Pompidous Beurteilung überein, daß unsere Interessen in den Grundsatzfragen auch künftig wahrscheinlich parallel laufen würden. Aber seit vielen Jahren hatte niemand den Versuch unternommen, zu definieren, welches diese Grundlagen waren. Auch hatte noch kein amerikanischer Führer mit der Realität eines so selbstbewußten Europa leben müssen. Man hatte de Gaulle als eine Ausnahmeerscheinung und nicht als einen Propheten angesehen. Auf keiner Seite des Atlantik hatte man ernsthaft die Fragen angesprochen, welche die Zukunft des Westens bestimmen würden: Wie stark mußte der Zusammenhalt sein und wie weit durfte die Vielgestaltigkeit gehen?

Die Probleme, die Europa und Amerika gemeinsam bewältigen mußten, bestanden nicht nur darin, die Entscheidungsprozesse im Bündnis aufeinander abzustimmen, sondern es gab auch konkrete Herausforderungen als Folge weittragender Veränderungen der Weltlage seit den vierziger Jahren, als das Bündnis geschaffen wurde. Ein entscheidendes Problem war die Verteidigung Europas.

Ende der vierziger und in den fünfziger Jahren waren die Vereinigten Staaten der Sowjetunion auf dem Gebiet der Kernwaffen weit überlegen. Die Verteidigung Europas stützte sich daher im wesentlichen auf die Drohung mit einem amerikanischen nuklearen Gegenschlag. Die von der Regierung Eisenhower entwickelte sogenannte Doktrin der massiven Vergeltung war nicht in einem detaillierten Operationsplan definiert worden; in der Praxis bedeutete sie, daß, wenn Europa angegriffen werden sollte, wir unsere strategischen Kernwaffen gegen die Sowjetunion einsetzen würden. Solange die sowjetischen strategischen Kräfte schwach und verwundbar waren – mit anderen Worten, solange ein »Sieg« in einem allgemeinen, mit Kernwaffen geführten Krieg noch eine militärische Bedeutung haben konnte –, konnte sich das militärische Establishment der NATO den Luxus erlauben, nicht auf die Langzeitbedrohung der sowjetischen Überlegenheit mit konventionellen Waffen und die geographische Nähe der Sowjetunion zu reagieren. Was unseren Verbündeten Sorgen bereitete, war nicht die Strategie, auf die man sich geeinigt hatte, sondern die Möglichkeit, daß wir nicht bereit sein könnten, ihr zu folgen. Ihre eigene Geschichte war für die Europäer Anlaß genug, sich solche Gedanken zu machen, denn es war auch in neuerer Zeit vorgekommen, daß europäische Staaten ihre Verbündeten im Stich gelassen hatten. Die Lösung der Europäer bestand darin, starke amerikanische Streitkräfte *in Europa* zu stationieren, wenngleich man sich auf eine Strategie geeinigt hatte, nach der ein sowjetischer Angriff den nuklearen Gegenschlag *aus Amerika* auslösen würde. Der Zweck war ebenso deutlich zu erkennen wie undiplomatisch zu artikulieren: Ein sowjetischer Angriff, der sich gleichzeitig gegen amerikanische und verbündete Bodenstreitkräfte richtete, würde uns fast automatisch zwingen, mit dem Einsatz von Kernwaffen zu antworten.

Da es politisch unvorstellbar war, daß Amerika seine Streitkräfte im Ausland stationierte, ohne daß auch die europäischen Staaten einen gewissen Beitrag leisteten, stellten alle unsere Verbündeten militärische Kräfte zur Verteidigung des zentralen Frontabschnitts auf. Aber das Ergebnis war eine planlose Dislozierung nationaler Verbände in Bereitstellungsräumen, die auf die Besatzungszeit zurückgingen, und diese Verbände waren mit den unterschiedlichsten Waffensystemen ausgerüstet, und es bestand kein einheitlicher Versorgungsplan. Darin war im Grunde nicht einmal ein Symptom für den Mangel an Leistungsfähigkeit zu sehen, sondern zeigte vielmehr die psychologische Wirklichkeit. Die europäischen Armeen waren nicht dazu geschaffen, einen Krieg in Europa zu gewinnen, und man erwartete es auch nicht von ihnen. Sie waren gewissermaßen ein »Stolperdraht«, der vor der »nuklearen Schwelle« lag. Diese Vorstellung war ein Euphemismus dafür, daß die Vereinigten Staaten gezwungen waren, den nuklearen Gegenschlag zu führen.

Die nukleare Überlegenheit Amerikas, auf welche sich diese Strategie stützte, begann Ende der fünfziger Jahre an Gewicht zu verlieren, als die Sowjetunion interkontinentale Fernlenkwaffen (ICBM) entwikkelte. Während der ersten Jahre ging die sowjetische Aufrüstung langsam voran, und ihre Fernlenkwaffen waren verwundbar. Aber die Kuba-Krise von 1962 ließ die Sowjets erkennen, was die strategische Unterlegenheit für sie bedeutete, und sie entwickelten nun mit großer Energie ein Rüstungsprogramm, das diesem Mangel abhelfen sollte. 1971 verfügte die Sowjetunion über die gleiche Zahl von Fernlenkwaffen wie wir. Doch anstatt die Nachrüstung einzustellen, nachdem sie die Parität mit uns erreicht hatte, wie es die Regierung Johnson erwartete, rüstete die Sowjetunion weiter auf und überflügelte uns in der Zahl ihrer Fernlenkwaffen (während wir den Sowjets mit unseren strategischen Bombenflugzeugen immer noch weit überlegen waren). Als die Zahl der strategischen Waffen mit den ersten SALT-Vereinbarungen im Mai 1972 eingefroren wurde, gingen die Sowjets energisch daran, ihre Waffen qualitativ zu verbessern.

Aus diesem Grund bedurfte die Strategie der NATO, die sich bisher auf die nukleare Überlegenheit der Vereinigten Staaten gestützt hatte, 1973 dringend der Revision. Über eine gewisse Zeit, vielleicht noch bis 1980, würden die Vereinigten Staaten bei der Zahl der einsatzfähigen Sprengköpfe eine deutliche Überlegenheit behalten, denn wir waren den Sowjets um mindestens fünf Jahre in der Entwicklung der mit Mehrfachsprengköpfen ausgerüsteten Fernlenkwaffen (MIRV) voraus. Doch damit war die Stunde der Wahrheit nur hinausgezögert, ließ sich aber nicht vermeiden. Das Atlantische Bündnis stand vor der dringenden Notwendigkeit, eine neue Militärdoktrin zu entwickeln. Die Verpflichtung der Vereinigten Staaten, einen sowjetischen Angriff mit dem nuklearen Gegenschlag abzuwehren, die wir in den fünfziger und sechziger Jahren übernommen hatten, als die Lage für uns noch so günstig war, würde jetzt allmählich ihre Glaubwürdigkeit verlieren. Je näher die Zeit rückte, in der das strategische Gleichgewicht erreicht war, um so bedenklicher würde die historische Überlegenheit der sowjetischen Bodentruppen in Europa werden, besonders angesichts der unaufhörlich fortschreitenden sowjetischen Aufrüstung bei allen anderen Waffenkategorien (und dazu gehörte zum ersten Mal auch eine Flotte, die in der Lage war, überall in der Welt zu intervenieren).

Doch die leidenschaftliche innenpolitische Debatte über den Vietnam-Krieg verhinderte in Amerika zu lange eine ernsthafte Analyse und eine wirksame Reaktion auf diese Lage. Wichtige neue Waffensysteme wurden abgelehnt, weil man behauptete, daß ihre Herstellung eine Verschwendung und Gefahr, eine Ausgeburt der Zwangsvorstellungen von Militär und Industrie sei. Ein damals oft verwendetes Schlagwort hieß »Neuordnung der nationalen Prioritäten«. Mit anderen Worten bedeutete das eine Kürzung des Verteidigungsetats. Wir hatten Glück, daß unsere in Europa stationierten Truppen nicht dem Rotstift der Kongreß-Ausschüsse zum Opfer fielen. 1971 gelang es uns gerade noch, das »Mansfield-Amendment« abzuwehren, eine Gesetzesvorlage, die den Abzug der Hälfte unserer in Europa stationierten Truppen verlangte.[2] Viele, die der Regierung Nixon nach Jahren vorgeworfen haben, sie sei zu »weich« gewesen, haben sich Anfang der siebziger Jahre in Stillschweigen gehüllt, als die Administration diese Kämpfe auszufechten hatte – oder sie standen auf der anderen Seite. Der Schaden war größer, als es sich aus den Statistiken erkennen läßt: Wir haben in der Form von Ideen und Programmen, die nicht verwirklicht werden konnten, weil wir uns der Ablehnung durch den Kongreß und die Medien sicher waren, einen hohen Preis bezahlen müssen. Für die lokale Verteidigung geeignete Streitkräfte waren besonders hart getroffen, denn auf sie konzentrierte sich die fixe Idee, wir müßten unser militärisches Engagement im Ausland abbauen.

Europa war sogar noch weniger bereit, sich einer veränderten Weltlage zu stellen. Viele unserer Verbündeten behandelten ihre eigene militärische Kapazität auch weiterhin als einen symbolischen Ausgleich für die von den Vereinigten Staaten in Europa übernommenen Verpflichtungen. Sie konnten sich nicht dazu entschließen, eine realistische Option für die örtliche Verteidigung zu entwickeln, fürchteten die Verwüstung ihrer Territorien und weigerten sich, auf den Schutz zu verzichten, den ihnen unsere strategischen Kernwaffen garantierten, obwohl die Voraussetzungen nach den neuen technologischen Entwicklungen kaum noch gegeben waren. Auch wollten sie aus der bevorstehenden strategischen Parität nicht die Folgerungen ziehen, die wir ihnen vor Augen führten. Auf unser Ersuchen, selbst größere Anstrengungen zu unternehmen, reagierten sie mit dem bewährten Mittel, nur das Unvermeidliche zu tun, und schufen damit praktisch ein ganz neues Grundkonzept. Das Bündnis wurde nur noch durch die größte gemeinsame Platitüde zusammengehalten, wie man einmal vom Britischen Commonwealth gesagt hat. Ähnliche Tendenzen gab es bei den Wirtschaftsbeziehungen, wo es im Gegensatz zu dem vielleicht zu komplexen Koordinierungsmechanismus der NATO kein offiziell anerkanntes Konsultationsverfahren gab. Mit dem Anwachsen der wirtschaftlichen Stärke der Europäischen Gemeinschaft intensivierte sich der Konkurrenzkampf mit den Vereinigten Staaten, und die in den europäischen Ländern vereinbarten Außenhandelszölle begannen, sich auf die amerikanische Produktion auszuwirken. Das hätte uns nicht überraschen dürfen. Auf der einen Seite nahm ein gestärktes Europa einen größeren Teil unserer Exportgüter auf, andererseits liegen die Vorteile eines Gemeinsamen Markts für seine Mitglieder darin, daß er die eigene Industrie gegenüber derjenigen aller anderen Länder bevorzugt. Dennoch war es für die Amerikaner ein gewisser Schock, jetzt auf die Konkurrenz der Nationen zu stoßen, deren wirtschaftliches Überleben sie in der Nachkriegszeit gesichert hatten.

Unsere für Wirtschaftsfragen zuständigen Behörden unterrichteten das Ovale Zimmer täglich über die Auswirkungen der von neuem entstandenen Selbstsicherheit der Europäischen Gemeinschaft. Man beklagte die Tatsache, daß die europäischen Nationen ihre ehemaligen Kolonien durch besondere Handelsvereinbarungen bevorzugten und damit unseren Zugang zu diesen Märkten erschwerten. Das Netz der besonderen Beziehungen zwischen der Europäischen Gemeinschaft und anderen Nationen in Europa und im Mittelmeerraum wurde immer engmaschiger. Dabei kam es zu unaufhörlichen Kontroversen wegen der gemeinsamen Agrarpolitik der Gemeinschaft. Den Europäern mißfiel die Schocktaktik, mit der wir 1971 begonnen hatten, das internationale Währungssystem zu reformieren. Viele beklagten, daß wir mit der Abschaffung des modifizierten Goldstandards unsere Inflation exportierten und unsere Verbündeten damit belasteten, indem wir uns weigerten, im eigenen Land Disziplin zu üben.

Anfang der siebziger Jahre wurden die liberalen Währungs- und Handelssysteme, welche über zwanzig Jahre lang die Grundlage für die Prosperität des Westens gewesen waren, durch Geldentwertung, Währungskrisen und protektionistische Rivalitäten ernsthaft gefährdet.

Über diese unmittelbar wirksamen Spannungen hinaus war kaum etwas geschehen, um eine gemeinsame Politik gegenüber den Entwicklungsländern und den internationalen Verbrauchsgütermärkten zu gestalten, zu deren wichtigsten der Ölmarkt, die Achillesferse des Westens, gehörte. Wie Pompidou in seinen weitblickenden Äußerungen im Dezember gegenüber James Reston erklärt hatte, ließ sich auf technischer Ebene keine Lösung finden; es waren politische Entscheidungen notwendig, und alles mußte dem dringenden Erfordernis unserer politischen und moralischen Einheit untergeordnet werden.

Die Tatsache, daß über unsere politischen Ziele noch keine Einigkeit erzielt worden war, kam in Europas Reaktion auf die Verbesserung unserer Beziehungen zur Sowjetunion zum Ausdruck. Diese Situation war nicht ohne Ironie, denn von all unseren politischen Bestrebungen schien uns die Entspannung zunächst am meisten den Wünschen der Europäer zu entsprechen, die uns sogar in dieser Richtung unter Druck gesetzt hatten. Seit dem Tag seiner Amtseinführung war Nixon von unseren Verbündeten als überzeugter kalter Krieger behandelt worden, dessen Aggressivität durch Europas staatsmännische Weisheit gezähmt werden müßte. Die westeuropäischen Führer stellten sich der Öffentlichkeit ihrer Länder als Vermittler zwischen amerikanischer Starrheit und sowjetischer Aggressivität dar. Moskau-Reisen Macmillans, Wilsons, de Gaulles und Brandts und die Unterzeichnung von Deklarationen, die sich für die Entspannung einsetzten, wurden zum täglichen Brot der europäischen Außenpolitik. Bei keiner Begegnung mit einem westeuropäischen Staatsmann fehlten während der beiden ersten Regierungsjahre Nixons die taktvollen Hinweise auf die Dringlichkeit eines Abbaus der Spannungen (und wenn es für notwendig gehalten wurde, dann waren es auch unmißverständliche Zurechtweisungen).

Das dauerte allerdings nur so lange, bis wir diesem Rat folgten und unsere eigene Entspannungspolitik 1972 gewisse Erfolge zu zeitigen begann. Wir hatten viele Gründe, einen solchen Kurs zu verfolgen; unter anderem bestand das Bedürfnis, die engen Beziehungen zwischen der Sowjetunion und ihrem nordvietnamesischen Verbündeten zu lokkern, um in den Vereinigten Staaten trotz den mächtigen neoisolationistischen, gegen unsere Verteidigungspolitik geführten Angriffe des Kongresses und der Medien eine starke Außenpolitik treiben zu können. Wir hatten aber auch noch ein anderes Motiv, das etwas mit gewissen Tendenzen im Atlantischen Bündnis zu tun hatte. Wir wollten nicht zulassen, daß die NATO als Hindernis einer friedlichen Koexistenz angesehen wurde. Wir bemühten uns daher darum, die Europäer von einseitigen Initiativen gegenüber Moskau abzuhalten, indem wir ihnen zeigten, daß die Vereinigten Staaten in jedem Wettstreit um die besseren Beziehungen zu Moskau die stärkeren Trümpfe in der Hand hatte. Diese Taktik erwies sich als erfolgreich. Die europäischen Forderungen, wir sollten Zugeständnisse machen, nahmen in dem Maß ab, in dem wir unsere eigene politische Linie gegenüber Moskau entwickelten. In fast allen westeuropäischen Ländern war das Bündnis jetzt nicht mehr umstritten. Das Ironische daran war jedoch, daß einige Staatsmänner, die uns zu einer versöhnlicheren Haltung gedrängt hatten, jetzt in der Verbesserung der sowjetisch-amerikanischen Beziehung eine Entwicklung sahen, die zu dem lange befürchteten sowjetisch-amerikanischen Kondominium führen könnte, zu dem Alptraum de Gaulles von einem »Super-Jalta«, bei dem die Welt zwischen den Supermächten aufgeteilt werden würde.

Zwar hielten wir das Mißtrauen der Europäer für nicht gerechtfertigt, ließen uns gelegentlich allerdings dadurch irritieren, aber diese Unsicherheit war auf der anderen Seite ein Zeichen dafür, daß die atlantischen Nationen keine gemeinsame politische Linie mehr verfolgten. In Wirklichkeit engagierten wir uns für die neue Initiative jedoch in erster Linie so leidenschaftlich aus psychologischen und moralischen Erwägungen. Wir waren überzeugt, daß es nicht mehr genügte, wenn die Demokratien auch in Zukunft nur ihr Erbe verwalteten. Sie hatten die Wechselfälle der Geschichte überlebt, indem sie an ihren Überzeugungen festgehalten hatten. Inzwischen war jedoch eine Generation herangewachsen, die nichts mehr von den Gefahren der vierziger Jahre wußte, die dieses Bündnis veranlaßt, und auch nichts mehr von den Visionen der Männer, die ihre politischen Institutionen gestaltet hatten. Die Erfahrung, welche die Vorstellungen dieser jungen Generation in Amerika entscheidend beeinflußt hatte, war die häßliche Vietnam-Debatte der siebziger Jahre. In Europa war es die Langeweile der Wohlstandsgesellschaft. Es war schon lange Zeit her, seit der Idealismus und das Selbstvertrauen der westlichen Tradition ihren Ausdruck in neuen großen Aufgaben gefunden hatten. Jede große Leistung ist ein Traum gewesen, bevor sie Wirklichkeit wurde. Als wir das Europa-Jahr ins Leben riefen, glaubten wir, an die idealistische Tradition der Demokratien anzuknüpfen. Wir wußten nicht, worauf wir uns eingelassen hatten.

Die Erkundungsphase

Das Jahr begann mit einem Mißton. Alle unsere europäischen Verbündeten mit der anerkennenswerten Ausnahme des britischen Premierministers, Edward Heath, distanzierten sich mehr oder weniger von dem letzten schmerzlichen Nachhall des Vietnam-Krieges, den Bombenangriffen zu Weihnachten. Die meisten europäischen Medien beteten die damals umlaufende Falschmeldung nach, daß wir es auf die massive Vernichtung der Zivilbevölkerung abgesehen hätten. Die von vielen europäischen Politikern gemachten Andeutungen waren für uns nicht weniger beleidigend.

Nixon war außer sich. Da er zutiefst vom Wert des Atlantischen Bündnisses überzeugt war – 1947 war er Mitglied des Herter-Ausschusses gewesen, der für das Repräsentantenhaus die Möglichkeit für einen Wiederaufbau Europas untersucht und den Grund für den Marshall-Plan gelegt hatte –, konnte er nicht verstehen, weshalb sich unsere Verbündeten in einem so entscheidenden und für uns schmerzlichen Augenblick gegen uns wandten. Mehr als einen Monat nach den Bombenangriffen und eine Woche nach dem Zustandekommen der Pariser Vereinbarungen, am 1. Februar 1973, sagte Nixon in einem Gespräch mit Heath: »Was Sie getan haben, ist nicht unbemerkt geblieben; was andere getan haben, ist auch nicht unbemerkt geblieben. Es ist schwer zu verstehen, daß sich Verbündete gegen einen wenden.« Am 15. Februar sprach Nixon im selben Sinn mit General Andrew Goodpaster, dem damaligen alliierten Oberbefehlshaber in Europa. Nixons Verbitterung hinderte ihn aber nicht daran, seine Initiative für eine Vertiefung der atlantischen Beziehungen weiter zu verfolgen. Noch während die Fotografen beim Besuch Goodpasters im Zimmer waren, erklärte Nixon noch einmal seine Absicht, 1973 zum »Europa-Jahr« zu machen.

Es gab einen Mann, der sich um kein Hindernis kümmerte, kleinliche Überlegungen ungeduldig beiseite schob und sich durch latente Spannungen nicht aus der Ruhe bringen ließ. Das war der Vater der Europäischen Gemeinschaft, Jean Monnet. Als in Europa nach dem Kriege chaotische Verhältnisse herrschten, begriff er, daß die Zeit der traditionellen europäischen Nationalstaaten zu Ende war und der Kontinent, wenn er sich von den Heimsuchungen des Krieges erholen sollte, eine große Leitidee brauchte, und das war die Europäische Einheit. Monnet war ein bedeutender Staatsmann, auch wenn er nicht der offizielle Vertreter seines Staates war. Große historische Leistungen entwickeln sich oft aus ganz einfachen Vorstellungen, denn ein Unternehmen, das die Zustimmung und Mitarbeit der Massen benötigt, wird nur selten durch seine Komplexität gefördert. Monnets Beitrag zur europäischen Einheit bestand in zwei nach außen hin ganz einfachen Vorstellungen: 1. Die verschiedenen europäischen Staaten würden, solange sie sich nur eifersüchtig um ihre eigene Souveränität bemühten, nicht den Sprung in die Zukunft wagen, der zur europäischen Einheit führen sollte, wenn man ihnen keine Anreize dafür bot. 2. Die Vereinigten Staaten könnten sehr wohl diesen Anstoß geben, solange sie nicht fürchten müßten, daß sich ein vereintes Europa gegen Amerika wenden werde.

Das Ungewöhnlichste an Monnets Vorstellungen war, daß er die Regierungen durch eine Gruppe zum Handeln bewegen wollte, die mit den Regierungsgeschäften nichts zu tun hatte. 1955 schuf Monnet den Aktionsausschuß für die Vereinigten Staaten von Europa. Mit klarem Blick für das Notwendige versammelte er hier bedeutende Persönlichkeiten, von denen man erwarten durfte, daß sie ohne Rücksicht darauf, welche Parteien in den einzelnen Ländern die Regierung stellten, einen entscheidenden Einfluß haben würden. Diese Tatsache allein hätte aus den Bestrebungen Monnets kaum mehr werden lassen als aus denen ungezählter internationaler Interessengruppen, die sich mit anderen wichtigen Fragen beschäftigten. Was diesem Ausschuß die Dynamik und Monnet seinen bedeutenden Einfluß verlieh, war die Tatsache, daß er einzigartige Beziehungen zu führenden Persönlichkeiten in Amerika unterhielt und sie beeinflussen, ja, man könnte sagen, in seinen Bann ziehen konnte. Monnet hatte sich für Amerika als Deus ex machina entschieden, der Europa veranlassen sollte, sich zu vereinigen. Darin lag ein Beweis für seine intime Kenntnis der amerikanischen Psyche, denn sein Programm sprach die von den Amerikanern vertretenen Vorstellungen für die Gestaltung der Zukunft an: Die Ära der traditionellen Nationalstaaten lag hinter uns; politische Probleme sollten pragmatisch gelöst werden; eine gesunde Wirtschaft ist die Voraussetzung für politische Stabilität, und ein vereintes Europa kann einen Teil der Lasten übernehmen, welche die Vereinigten Staaten bisher allein zu tragen hatten.

Der Mann, der diese schwere Aufgabe übernehmen konnte, machte äußerlich nicht den Eindruck einer so starken Persönlichkeit. Der typische, feingliedrige und etwas pedantische Franzose, dessen inneres Feuer nur in seinen leuchtenden Augen zum Ausdruck kam, wäre in einer größeren Gruppe von Menschen niemandem aufgefallen. Er war die Verkörperung einer seiner Maximen: »Jedermann ist ehrgeizig. Es fragt sich nur, ob sein Ehrgeiz darin liegt, etwas zu sein oder etwas zu tun.« Monnet wollte etwas tun. Nichts war ihm mehr zuwider als großspurige Reden. Er strebte nicht nach persönlichem Erfolg, sondern zog es vor, in der Stille zu wirken. Monnet gehörte zu den selten anzutreffenden Propheten, in deren Gegenwart die Menschen sich entspannen. Dieser so einzigartige Revolutionär veränderte das bestehende System, ohne sich die Verfechter der bestehenden Ordnung zu Feinden zu machen.

Dabei spürte man kaum, daß seine Vorstellungen sich nicht sehr von denen eines anderen bedeutenden Franzosen unterschieden. Wie Charles de Gaulle glaubte Monnet, daß Europa, wenn es seinen Einfluß geltend machen wollte, stark sein müßte. Die Zusammenarbeit mit anderen Nationen konnte nur dann zum Erfolg führen, wenn die einzelne Nation sich die Fähigkeit bewahrte, unabhängig zu handeln. Anders als de Gaulle war Monnet davon überzeugt, daß Europa uns nicht herausfordern, sondern mit uns zusammenarbeiten werde. Aber diese Frage ließ sich schwer entscheiden, denn weder Monnet noch de Gaulle konnten mit Sicherheit voraussagen, wie Europa seine Stärke einsetzen werde, nachdem es sich vereinigt hatte. Monnet lehnte es nicht ab, daß Europa energisch seinen Standpunkt vertrat, wenn es zu Interessenkonflikten kommen sollte; de Gaulle hatte nichts gegen eine Zusammenarbeit einzuwenden, solange es um die gleichen Interessen ging – wie sich in seiner energischen Unterstützung westlicher Bestrebungen während der Berlin-Krise Ende der fünfziger Jahre und während der Kuba-Krise von 1962 zeigte.

Ich habe mir oft überlegt, wie ein Gespräch zwischen Monnet und de Gaulle ausgesehen haben könnte. »Sie Narr«, sagt der nur in meiner Fantasie lebende Monnet, »sehen Sie nicht, daß Sie die Amerikaner erschrecken, ohne daß es nötig wäre? Sie versuchen, von ihnen etwas zu erzwingen, was sie uns freiwillig geben werden. Nur die Geschichte wird entscheiden, was wir mit unserer Stärke und Einigkeit wirklich erreichen können.«

»Sie Träumer«, antwortet mein hypothetischer de Gaulle, »begreifen Sie nicht, daß gewisse Dinge wertlos sind, wenn man sie geschenkt bekommt? Wir werden sie nur benutzen können, wenn wir sie uns nehmen.«

Vielleicht hätten beide Männer recht. Ohne Monnet gäbe es keine europäische Einheit und ohne de Gaulle keine europäische Identität – und auf diese Weise entsteht das Paradox, daß das nationalistischste Land in Europa den bedeutendsten Beitrag zum Entstehen einer europäischen Gemeinschaft geleistet hat.

Im Januar 1973, während meines Aufenthalts in Paris zu letzten Verhandlungen über die Vietnam-Vereinbarungen, traf ich mich mit dem damals vierundachtzigjährigen, schon recht hinfälligen Monnet. Der alte Herr pflegte immer wieder zu prüfen, ob seine Freunde und Jünger den hohen Ansprüchen genügten, die er an sie stellte. Wenn sie ihn enttäuschten, verwandelte sich sein freundliches Augenzwinkern in einen stahlharten, forschenden Blick. Sobald Monnet feststellte, daß man in den Bemühungen um die Verwirklichung seiner hohen Ziele nachließ, mobilisierte er seine Armee mächtiger Freunde, besonders in den Vereinigten Staaten – und kein Staatsbeamter konnte sich dem geschlossenen Angriff dieser Truppe mit Gleichmut stellen.

Diesmal gab es keinen Anlaß, irgend jemanden unter Druck zu setzen. Er war überzeugt, noch ein letztes schöpferisches Vorhaben verwirklichen zu können, und ich war gern bereit, es ihm zu glauben. Monnet hielt es für unbedingt erforderlich, die Vereinigten Staaten und Europa in einem noch fester gefügten System wirtschaftlich und sicherheitspolitisch aneinanderzubinden, und genau diese Absicht verbanden wir mit der Schaffung des Europa-Jahrs. Er drängte Nixon zu einer Europa-Reise und empfahl ihm die Teilnahme an einer Konferenz des Ministerrats der Europäischen Gemeinschaft, um dort eine kollektive Erklärung über gemeinsame Ziele und Programme zu unterschreiben. Amerika sollte Europa von nun an als politische Einheit behandeln, und zwar gleichgültig, ob die dafür notwendigen Institutionen schon geschaffen waren oder nicht. Mit anderen Worten: Die Vereinigten Staaten sollten den Prozeß der europäischen Einigung vollenden, der mit dem Marshall-Plan begonnen hatte, ob nun die Europäer schon dazu bereit wären oder nicht.

Als ich Nixon Monnets Absichten vortrug, war er grundsätzlich einverstanden, lehnte es aber zunächst ab, Westeuropa schon jetzt als Einheit zu behandeln. An den Rand des Absatzes, in dem ich Monnets Vorschlag erwähnte, daß wir der Europäischen Gemeinschaft einen Teil unserer Aufgaben aufbürden sollten, schrieb Nixon: »K- (1) ist das möglich? (2) liegt es in unserem Interesse?« Aber schließlich konnte Nixon Monnets durchdringender Logik ebensowenig ausweichen wie seine Vorgänger. Aber wenn Monnets Vorstellungen auch nichts von ihrer intellektuellen Überzeugungskraft verloren, so hing sein Einfluß doch davon ab, ob die Amerikaner bereit waren, ihre Vorstellungen von den europäischen Institutionen durchzusetzen, und von der Haltung der europäischen Politiker, auf deren Prioritätsliste die atlantischen Beziehungen an erster Stelle standen. Mit einer solchen Zustimmung konnte man 1973 kaum rechnen. Nixon und ich wünschten der Europäischen Gemeinschaft alles Gute, glaubten aber, daß sie sich im Gefolge europäischer Entscheidungen entwickeln sollte und nicht auf amerikanischen Druck hin. Es war uns mehr oder weniger gleichgültig, wie und wann die politische Vereinigung zustande kam, solange Europa seine Identität nicht dazu ausnutzte, sich gegen uns zu stellen. Doch gerade dieses Konzept von einem vereinten Europa gewann immer mehr Boden. Die europäischen Politiker, die sich am stärksten für eine Vereinigung Europas einsetzten, begannen zwischen einer atlantischen Gemeinschaft und der europäischen Identität einen Konflikt zu erblicken. Die Bemühungen um ein vereintes Europa verbrauchten mehr Energie und Hingabe als die Schaffung atlantischer Institutionen, die für sie jetzt eine Selbstverständlichkeit waren. Es gab sogar Politiker, die glaubten, neue Initiativen zur Stärkung des atlantischen Zusammenhalts könnten von der wichtigeren Aufgabe ablenken, ein vereintes Europa zu schaffen. Im Gegensatz zu Monnet glaubten sie nicht, daß wir beide Vorhaben miteinander verbinden könnten.

Alle diese Tendenzen vereinigten sich in der Haltung von Edward Heath, dem britischen Premierminister und ersten europäischen Führer, mit dem Nixon über das Europa-Jahr sprach. Daß wir die ersten Konsultationen über diese Fragen mit Großbritannien führten, war nur natürlich, denn darin bestanden im wesentlichen die noch immer so bezeichneten »besonderen Beziehungen«. Seit Generationen hatten amerikanische Regierungen ihre Vorhaben mit London abgestimmt, besonders im Hinblick auf das Atlantische Bündnis. Die Briten hatten energisch für es gekämpft. Ihre Methoden, sich die Großmachtstellung zu bewahren, waren ein so integraler Teil der amerikanischen Entscheidungsprozesse, daß die Vorstellung, sie nicht zu konsultieren, als ein Verstoß gegen die natürliche Ordnung der Dinge erschienen wäre. Unsere britischen Kollegen waren so tüchtig und selbstsicher, daß sie den Eindruck erwecken konnten, sie täten uns einen Gefallen damit, wenn sie uns an ihren über Jahrhunderte gesammelten Erfahrungen teilnehmen ließen. Ganz unrecht hatten sie dabei nicht.

Aber gerade diese Ordnung der Dinge war Heath entschlossen, zu ändern. Er zog eine führende Stellung in Europa einer angesehenen Beraterrolle in Washington vor und hielt diese beiden Funktionen für unvereinbar.

Heath war der erste konservative Premierminister, der die Führung seiner Partei nach einer Wahl durch die Abgeordneten der Tories im Parlament übernommen hatte und nicht, wie es bisher üblich gewesen war, als Folge eines Konsenses der wichtigsten konservativen Parteiführer, die diese Entscheidung in ihren Clubs und anderswo miteinander absprachen. Und seine Herkunft war ebenso ungewöhnlich wie der Wahlvorgang, dem er seine Position zu verdanken hatte. Als Angehöriger des Mittelstandes war er zum Führer einer Partei aufgestiegen, die im wesentlichen die Haltung der Oberschicht vertrat, obwohl diese auch nicht mehr ihrer Zusammensetzung entsprach. Er hatte mit den Unsicherheiten zu kämpfen, die das britische Klassensystem denjenigen aufzwingt, die nicht durch Geburt der Oberschicht angehören. Es gibt Leute, die diese Umstände zu tarnen versuchen und den Akzent, die Gestik und die Weltgewandtheit der oberen Klassen annehmen.

Ted Heath entschied sich für einen anderen Weg. Er machte den Eindruck eines seiner Veranlagung nach warmherzigen Mannes und muß in seiner Jugend fröhlich und unbeschwert gewesen sein, aber er hatte sich durch eiserne Selbstdisziplin gestählt und verdankte seinen Erfolg nicht seiner Persönlichkeit, sondern seinen Leistungen. Er vermied jede Zurschaustellung persönlichen Charmes, obwohl er früher in reichem Maß darüber verfügt haben muß, sondern setzte sich durch geistige Überlegenheit und eine manchmal etwas distanzierte Art durch. Er verbarg alles Persönliche hinter der Mauer hervorragender Leistungen. So war es dazu gekommen, daß sein Lächeln nicht mehr Ausdruck der Freude war. Die wenigen Ausflüge in den Bereich menschlicher Wärme, die er sich erlaubte, unternahm er nur zaghaft und trennte sie scharf von seinem politischen Handeln. Sein Charakter und seine kühle Integrität hätten die erwähnten »besonderen Beziehungen« unmöglich machen können, auch wenn diese Haltung nicht seinen Überzeugungen entsprach.

Psychologisch glich Heath mit seinen Komplexen in mancher Hinsicht Präsident Nixon. Aber Heath war anpassungsfähiger. Er unterdrückte nicht die warmherzige und großzügige Seite seines Wesens wie Nixon so oft, sondern sublimierte sie in seiner Leidenschaft für Musik und Segeln. So zeigte Heath nur selten den Mangel an Selbstvertrauen, der Nixon so oft sehr geschadet hat, wenngleich er ebenso wie der amerikanische Präsident ein Einzelgänger war. Er verkehrte völlig gelöst mit den Angehörigen der Oberklasse, die ihn eigentlich beunruhigte, wenn es ihm auch nicht besondere Freude bereitet haben mag; Nixon dagegen befand sich ständig auf feindlichem Territorium. Heath war anders als Nixon ein in sich geschlossener Charakter; die einzelnen Segmente seiner Persönlichkeit paßten besser zueinander. Seltsamerweise wurden dadurch seine ideologischen und manchmal sogar dogmatischen Neigungen gefördert. Er war weniger flexibel und weniger empfindsam. Er war der bessere, überzeugendere Redner, aber als Staatsmann weniger geschmeidig.

Die Ähnlichkeit der psychischen Veranlagungen war doch nicht groß genug, um die letztlich bestehenden Unterschiede überbrückbar zu machen. Nixons Beziehung zu Heath war die eines abgewiesenen Liebhabers, dem man gesagt hat, daß eine Freundschaft noch möglich sei, der sich aber noch so deutlich an die Zurückweisung erinnert, daß ihn diese Aussicht nicht befriedigen kann. Zu Beginn empfand Nixon aufrichtige Bewunderung für Heath, dessen unerwarteten Sieg im Jahr 1970 er mit Jubel begrüßte. Er rechnete damit, daß sich eine enge persönliche Freundschaft zwischen ihm und dem britischen Premierminister entwickeln werde. Diese Hoffnung wurde enttäuscht.

Von allen politischen Führern Großbritanniens war Heath derjenige, den die Beziehungen zu den Vereinigten Staaten am wenigsten interessierten und dem auch die einzelnen Amerikaner am gleichgültigsten waren. Ich persönlich habe Heath sehr geschätzt und bewundert. In vielfältiger Weise bin ich länger mit ihm befreundet gewesen als mit irgendeinem anderen führenden britischen Politiker, was ihn aber nicht daran gehindert hat, der schwierigste britische Regierungschef zu sein, mit dem wir es zu tun gehabt haben. Ob es die Erinnerung daran gewesen ist, daß die Vereinigten Staaten 1956, als Heath der Chefeinpeitscher der Konservativen Partei war, auf Großbritannien so starken Druck ausgeübt haben, damit das Suez-Abenteuer mißlang (er hat noch gelegentlich davon gesprochen), oder ob der Grund in seinen Vorstellungen von der Zukunft Europas lag, die denen de Gaulles recht ähnlich waren: Heath hat sich uns gegenüber so unsentimental verhalten, daß von »besonderen Beziehungen« eigentlich nicht mehr die Rede sein konnte. Die vertraulichen Konsultationen, mit denen die Politik Großbritanniens und der Vereinigten Staaten in der Nachkriegsperiode koordiniert worden war, wurden jetzt durch formale diplomatische Noten ersetzt. Heath hielt es nicht für notwendig, meiner Anregung, die ich ihm über den britischen Botschafter gegeben hatte, zu folgen und die persönliche Verbindung zum Präsidenten mit gelegentlichen Telefongesprächen zu intensivieren, auf die Nixon so großen Wert legte. Er wollte sich nicht wie sein Vorgänger, Harold Macmillan, von den Franzosen vorwerfen lassen, daß er ein amerikanisches »Trojanisches Pferd« sei. Vor zehn Jahren hatte Heath die britische Delegation bei den Verhandlungen über den Eintritt Großbritanniens in den Gemeinsamen Markt geleitet, gegen den de Gaulle unvermittelt sein Veto einlegte. Ein Grund dafür war die Vereinbarung gewesen, die Macmillan mit Präsident Kennedy in Nassau über die Zusammenarbeit auf dem Gebiet der Kernenergie getroffen hatte.

Die Politik von Heath hatte bei all ihrer Nachgiebigkeit fast heroische Züge: Er wollte nicht nur die diplomatischen Gepflogenheiten ändern, sondern auch die Haltung seines Volkes. Die meisten Briten standen mit dem Herzen auf der Seite Amerikas und des Commonwealth. Europa begann für sie nicht auf den britischen Inseln, sondern erst jenseits des Kanals, denn die Gefahren für den Bestand Großbritanniens waren immer aus Europa gekommen und wenigstens in neuerer Zeit – durch die Hilfeleistungen der Freunde aus Übersee abgewendet worden. Für die meisten Briten bedeutete daher der Beitritt zur Europäischen Gemeinschaft bestenfalls eine nur ungern vollzogene Anpassung an politische Notwendigkeiten. Im Gegensatz dazu erkannte Heath nicht nur an, daß die Zukunft Großbritanniens an der Seite Europas lag, sondern diese Lage war ihm auch viel lieber. Als daher die anderen europäischen Führer sich in der Zeit zwischen 1970 und 1972 darum bemühten, ihre Beziehungen zu uns zu verbessern – Willy Brandt in der Bundesrepublik Deutschland, um ein Gegengewicht zu seinen Ouvertüren nach Osten zu finden, und Pompidou, um nicht in die Isolierung zu geraten, die seinem Vorgänger gedroht hatte –, ging Heath paradoxerweise in die entgegengesetzte Richtung. Seine Beziehungen zu uns waren immer korrekt, gingen aber nur selten über die reservierte Haltung hinaus, die – im Namen Europas – die enge Zusammenarbeit mit uns verhinderte, obwohl diese ohne Schwierigkeiten möglich gewesen wäre.

Schon die äußeren Umstände der Begegnungen zwischen dem Präsidenten und dem Premierminister Anfang Februar 1973 zeigten deutlich, wie gespannt die Beziehungen geworden waren. Um seiner besonderen Hochachtung Ausdruck zu verleihen, lud Nixon Heath und sein Gefolge schon am zweiten Tag nach Camp David ein, um dort das Gespräch in einer entspannten, informellen und persönlichen Atmosphäre fortzusetzen. Aber belangloses Geplauder lag beiden Männern nicht; sie fühlten sich sicherer, wenn sie sich am Konferenztisch gegenübersaßen und über konkrete Fragen verhandelten. Auf dem Weg nach Camp David mußte der Hubschrauber des Präsidenten etwa auf halber Strecke landen, weil der Landsitz des Präsidenten im Nebel lag. Die Reise wurde im Kraftwagen fortgesetzt. Der britische Kabinettssekretär, Sir Burke Trend (der heutige Lord Trend) und ich saßen im zweiten Wagen und stellten Spekulationen darüber an, mit welchem Thema sich unsere beiden Chefs jetzt beschäftigen würden. Wir fürchteten wie alle Berater, daß unsere Chefs uns für überflüssig halten könnten, hatten aber auch die altruistischere Sorge, daß man uns später für die Ausführung von Entschlüssen verantwortlich machen könnte, von denen wir nicht in Kenntnis gesetzt worden waren. Vor allem aber konnten wir uns nicht vorstellen, wie diese beiden so zurückhaltenden Männer auf dem Rücksitz eines Autos ein unverbindliches Gespräch führten, dessen Themen nicht in einer Tagesordnung festgelegt waren und das nicht in der gewohnten offiziellen Umgebung stattfand. Ich habe nie erfahren, worüber sich Nixon und Heath unterhalten haben. Später hat Nixon mir nur kurz gesagt, daß es »recht hart zugegangen« sei.

Als wir nach unserer Ankunft in Camp David endlich zur Tagesordnung übergingen, kam es zu interessanten Gesprächen, die jedoch zu keinen konkreten Ergebnissen führten. Nixon glaubte, daß er es mit einem Mann verwandten Geistes und einem Partner zu tun habe, der die gleichen Ziele verfolgte wie er. Mit seiner ersten Annahme hatte er nicht unrecht. Aber für Heath war die Wiederbelebung der atlantischen Beziehungen keine vordringliche Aufgabe. Er stimmte der Beurteilung der Weltlage durch Nixon zu und ging auf einige Punkte näher ein. Als es jedoch darum ging, zu gemeinsamen Schlüssen zu kommen, gelang es uns nicht, den Sinn der verschleierten Formulierungen des britischen

Premierministers zu ergründen. Angesichts der Intelligenz von Heath muß darin eine bestimmte Absicht gelegen haben. Die Lage in Südostasien und im Nahen Osten analysierte Heath mit großem Scharfsinn und übte beißende Kritik an dem neuen, nach links tendierenden australischen Premierminister Gough Whitlam, dessen von keiner Sachkenntnis getrübte Stellungnahme zu den amerikanischen Bombenangriffen zu Weihnachten Nixon sehr geärgert hatte. Als sich das Gespräch jedoch den atlantischen Beziehungen zuwandte, wurde es immer schwieriger, Gemeinsamkeiten zu finden.

Mit für seine Verhältnisse sehr überzeugenden Worten erläuterte Nixon das Grundproblem. Ein in gefährlicher Weise isolationistisch eingestelltes Amerika und eine nur nach innen blickende, protektionistische Europäische Gemeinschaft riskierten eine ernste Konfliktsituation. Die öffentliche Meinung und die Realitäten der nuklearen Rüstung erforderten deutliche Bemühungen um einen Abbau der Spannungen. Die gleichen Faktoren könnten aber auch das Bündnis schwächen, wenn wir uns zuerst nicht auf eine Reihe gemeinsamer Ziele einigten. Nixon empfahl dringend, daß Großbritannien und die Vereinigten Staaten Studiengruppen bilden sollten, um Ziele und Strategien zu koordinieren. Er schlug ein Gipfeltreffen aller Regierungschefs der demokratischen Industrienationen vor, das einen neuen Impuls für die Zusammenarbeit der freien Völker symbolisieren sollte.

Die Diagnosen von Heath hätten nicht zutreffender sein können. Was jedoch die Lösung der Probleme betraf, vermied er es geschickt, klar Stellung zu nehmen. Ihrer Darstellung durch Nixon stimmte er zu, wollte aber die konkrete Weiterentwicklung der Partnerschaft auf einen Zeitpunkt verschieben, zu dem sich die europäischen Institutionen weiterentwickelt haben würden. Den Vorschlag Nixons, Studiengruppen einzusetzen, nahm er nicht auf. Wir waren so naiv, das dem Umstand zuzuschreiben, daß er glaubte, angesichts unserer »besonderen Beziehungen« erübrigten sich solche Gremien. Es fanden tatsächlich so viele Gespräche statt, zu denen auch die alle zwei Monate stattfindenden Begegnungen zwischen Burke Trend und mir gehörten, daß alle offenen Fragen im Rahmen der schon bestehenden Gesprächsgruppen behandelt werden konnten.

Die widerstrebende Haltung von Heath gründete sich nicht auf taktische, sondern auf grundsätzliche Überlegungen. Er baute den bestehenden Konsultationsmechanismus nicht ab, der ihm nützen konnte, wenn er sich über unsere Haltung informieren wollte. Aber er wollte diesem Mechanismus keine neuen Aufgaben zuteilen. Europa sollte als *geschlossene Einheit* die Antworten auf unsere Fragen formulieren, und er war entschlossen, unter allen Umständen den Eindruck zu vermeiden, daß Großbritannien und die Vereinigten Staaten geheime bilaterale Absprachen getroffen hätten. Die Haltung von Heath kam zum Teil nicht ganz deutlich zum Ausdruck, weil sein Außenminister, Sir Alec Douglas-Home, und seine Kollegen im Außenministerium an der bisher üblichen Zusammenarbeit festhielten und alles taten, um die Verzögerungstaktik ihres Premierministers zu verschleiern. Andererseits deuteten wir sein Schweigen als Zustimmung, besonders weil im Augenblick keine dringenden konkreten Fragen entschieden werden mußten. So rechneten wir mit der Unterstützung der Briten bei der nach unserer Auffassung gemeinsamen Aufgabe, den atlantischen Zusammenhalt zu stärken. So endete das Treffen mit Heath unentschieden – wenngleich wir damals noch nicht ganz begriffen, wie geringe Fortschritte wir gemacht hatten.

Während wir glaubten, mit Heath auf politischer Ebene harmonisch zusammenarbeiten zu können (was im Hinblick auf weltpolitische Probleme auch zutraf), im persönlichen Bereich aber mit Schwierigkeiten rechnen zu müssen, war es bei unseren Beziehungen zum Kanzler der Bundesrepublik Deutschland, Willy Brandt, gerade umgekehrt. Persönlich mochte ich ihn gern – bei Nixon war das anders –, aber seine Politik machte uns beiden Sorgen. Im ersten Band meiner Memoiren habe ich auf ein Porträt Brandts verzichtet, weil ich fürchtete, daß die Ambivalenz meiner Beurteilung zu Mißverständnissen führen könnte, aber jetzt muß ich den Versuch unternehmen.

Ich habe Brandt in den fünfziger Jahren als Regierenden Bürgermeister des umkämpften Berlin kennengelernt, als er sich mutig für die Freiheit der Menschen dort einsetzte. Er machte den Eindruck eines freimütigen, energischen, freundlichen, offenherzigen und zugleich in eigenartiger Weise distanzierten Menschen, der zu dem Drama, in dem er eine Schlüsselrolle spielte, einen gewissen Abstand wahrte. Er fühlte sich der Freiheit seines Volkes verpflichtet, schien jedoch seltsam unberührt von den Problemen, welche diese Freiheit gefährdeten. Ich hatte das Gefühl, daß, wenn das Schicksal ihn nicht auf diese Barrikaden geführt hätte, er sie höchstwahrscheinlich nicht aus eigenem Antrieb bestiegen hätte. Das lag zum Teil daran, daß Brandt ein leidenschaftlicher Mensch war, der mehr der Intuition des Augenblicks als der Logik einer ihn leitenden Grundidee zu folgen schien. Es bestand sogar eine Kluft zwischen der Rolle, die das Schicksal ihm bestimmt hatte – und die er hervorragend zu spielen wußte – und seinen persönlichen Zwängen. Was er sagte, waren gewöhnliche Binsenwahrheiten; was er tat, symbolisierte die Probleme der Zeit, ohne sie zu definieren.

Brandt hatte ein Jahrzehnt sowjetischer Störmanöver erlebt. Deshalb mußte er sich Gedanken darüber machen, wie man diesem Alptraum ein Ende bereiten könnte. Die amerikanische Untätigkeit während des traumatischen Mauerbaus in Berlin scheint ihn davon überzeugt zu haben, daß sich die Einheit Deutschlands oder wenigstens die Linderung der Folgen der deutschen Teilung nicht dadurch erreichen ließen, wenn sich die Deutschen ausschließlich auf Amerika und die NATO stützten. Sein deutscher Nationalismus bestärkte ihn in dieser pragmatischen Erkenntnis. Zunächst ließ es sich kaum erkennen, aber im Laufe der Zeit bemühte sich Brandt immer energischer darum, dem nationalen Interesse Deutschlands damit zu dienen, daß er eine neue außenpolitische Richtung einschlug. Er wandte sich von Konrad Adenauers starrem Antisowjetismus ab, um den entschlossenen Versuch zu unternehmen, Spannungen und Mißtrauen zwischen Ost und West zu verringern in der Hoffnung, daß die Sowjetunion einen Abbau der Barrieren zwischen den beiden Hälften des geteilten Deutschland zulassen werde. Aber was vielleicht als praktische Überlegung begonnen hatte, wurde durch Brandts emotionale Natur im Laufe der Zeit in einen psychologischen Zwang verwandelt. Die Psychologen sagen, daß Gefangene sich ihren Zustand gelegentlich dadurch erträglicher machen, indem sie ihren Wärtern ungewöhnliche Eigenschaften zuschreiben; so entsteht eine seltsame Mischung aus Haß und Bewunderung. In der Entwicklung Brandts vom Ertragen eines unerträglichen Zustandes bis zum Bemühen um Ausgleich, vom Widerstand gegen den Kommunismus bis zum Eintreten für die Entspannung und von der Entspannungspolitik bis zu einer Haltung, die sich nicht mehr in jedem Fall ohne weiteres vom Neutralismus unterscheiden läßt, liegt ein Element dieser Gefangenenpsychose. Brandts Warmherzigkeit und Aufgeschlossenheit bildeten ideale Voraussetzungen für eine symbolische Rolle bei der Neuorientierung und Transzendierung der deutschen Nachkriegspolitik. Wer kann die bewegende historische Szene vergessen, in welcher der deutsche Kanzler bei seinem Besuch in Polen spontan vor den Opfern des Warschauer Gettos niederkniete? Und doch besaß Brandt nach seinem Bruch mit den alten Stereotypen weder die innere Kraft noch die intellektuellen Fähigkeiten, die Kräfte zu zügeln, die er freigesetzt hatte. Er wurde vielmehr ihr Gefangener und schwelgte in dem Beifall, den sie ihm zollten, anstatt sie mit dem richtigen Sinn für die Proportionen oder eine in die weitere Zukunft gerichtete Kritik zu disziplinieren.

1973 stand Brandt deutlich unter politischem Druck und lag mit sich selbst im Streit. Zunächst glaubte ich, sein langes, auf eine Verstimmung hindeutendes Schweigen sei Depressionen zuzuschreiben; dann stellte ich fest, daß er seine Hauptaufgabe gelöst und jetzt in der Tat nichts mehr zu sagen hatte, sondern sich eingestehen mußte, keinen weiteren Beitrag mehr leisten zu können. Er besaß die seltene Gabe, die

Hoffnungen auf eine humanere Welt zu verkörpern, aber gerade die Spontaneität seiner Gesten machte es ihm unmöglich, das Erreichte in den Griff zu bekommen. Er war ein Paradox: Er hatte den Lauf der Geschichte verändert, war aber dadurch selbst überflüssig (und in mancher Hinsicht gefährlich) geworden. Denn er sehnte sich ständig nach dem Hochgefühl, das er im Augenblick des Durchbruchs erlebt hatte, das sich jedoch nur durch ein immer gewagteres und riskanteres Eintreten für eine Version der Entspannung erreichen ließ, in der sich Nationalismus und der Verzicht auf jede Konfrontation vereinigten.

Brandts historische Leistung bestand darin, einen Weg gefunden zu haben, mit der Teilung Deutschlands zu leben, die seine Vorgänger in Bonn während der ganzen Nachkriegszeit nicht hatten akzeptieren wollen. Nach der sogenannten Hallstein-Doktrin hatte sich Bonn dazu verpflichtet, die diplomatischen Beziehungen zu jeder Regierung abzubrechen, die das kommunistische Regime in der DDR anerkannte. Im Rahmen seiner neuen Ostpolitik suchte Brandt, die Beziehungen zur DDR zu festigen, und gab die deutschen Ansprüche auf die von Polen und der UdSSR annektierten Ostgebiete auf. Auf der einen Ebene bedeutete die schmerzliche Entscheidung Brandts, die Teilung seines Landes hinzunehmen, die mutige Anerkennung der Realität; denn die Wiedervereinigung Deutschlands ließ sich ohne den Zusammenbruch der sowjetischen Machtposition nicht erreichen, und diesen Zusammenbruch konnte Bonn nicht herbeiführen. Dieser Teil der Ostpolitik wurde von den Vereinigten Staaten unterstützt und gefördert. Allerdings sicherten wir sie durch unser Verlangen ab, daß annehmbare Vereinbarungen zum Schutz Berlins getroffen wurden.

Es gab aber immer auch noch einen zweiten Aspekt der Politik Brandts, demgegenüber wir unsere Zurückhaltung niemals haben aufgeben können, besonders in der Form, in der sie von Brandts politischem Vertrauten, Egon Bahr, artikuliert wurde. Denn Brandt stellte seine Politik nicht wirklich als eine Hinnahme der Teilung Deutschlands dar. Er erklärte vielmehr, daß sie der Weg sei, der zur deutschen Wiedervereinigung führte, wenn man gute Beziehungen zum Osten herstellte und aus der Bundesrepublik einen Magneten für Osteuropa machte. Der erste Abschnitt auf diesem Wege würde durch bessere Lebensbedingungen für die siebzehn Millionen Deutsche in der DDR gekennzeichnet sein. Die Reisemöglichkeiten würden sich verbessern und damit auch die persönlichen Kontakte. Der Handel mit Osteuropa und der Sowjetunion würde an Volumen zunehmen. Im Laufe der Zeit, so lautete die Argumentation, würden enge Beziehungen hergestellt werden und die Trennungslinie zwischen dem östlichen und westlichen Europa würde an Deutlichkeit und Schärfe verlieren.

Wir fragten uns allerdings, auf welcher Seite der Trennungslinie der Magnet entstehen würde. Wir fürchteten, daß die kommunistische Welt mit der Zeit, wenn auch zunächst unmerklich, in die stärkere Position geraten könnte. Es war schon für die anderen westlichen Alliierten schwierig genug, eine Entspannungspolitik zu treiben, die zur Euphorie ermutigen könnte. Sie ließ sich allzu leicht mit einer Psychotherapie verwechseln, und dann bestand die Gefahr, daß man auf sowjetische Gegenleistungen verzichtete. Für Bonn intensivierten sich alle diese Gefahren, weil die Sowjetunion praktisch siebzehn Millionen Deutsche als Geiseln in der Hand hatte. Wir mußten uns besorgt fragen, ob Westdeutschland in der Lage sein würde, ständig gleichzeitig nach zwei Seiten zu blicken. Die Gefahr lag nicht in einem Austritt aus der NATO; keine deutsche Regierung wäre bereit, auf diesen Schutz gegen einen direkten Angriff zu verzichten. Was uns zu denken gab, war die Tendenz, Kontroversen außerhalb Europas zu vermeiden, auch wenn es dabei um fundamentale Sicherheitsinteressen ging; wir fürchteten eine schleichende Abkehr von der politischen Linie des Westens außer in den Fragen der militärischen Verteidigung Europas. Schließlich besorgte uns eine vorsichtigere Haltung gegenüber sowjetischen Herausforderungen, die dazu führen konnte, daß die Reaktionen des Westens an Wirkung verloren. Einmal habe ich einem meiner Mitarbeiter gesagt, ich fürchtete mich vor dem Augenblick, da »kein deutscher Kanzler sich die Feindschaft der Sowjetunion leisten kann. Wenn es soweit gekommen ist, dann wird die Lage sehr gefährlich.« Das ist bisher noch mit keinem deutschen Kanzler geschehen, aber im Verlauf von Brandts persönlicher Odyssee sind wir sehr nahe an diesen Punkt herangekommen.

Das Unbehagen über die Richtung, welche Brandts Politik nehmen könnte, wurde von seinen wichtigsten Partnern im westlichen Bündnis geteilt. Es bildete ein Hauptthema in den Gesprächen, die Pompidou, Heath und Nixon führten, ob die Ostpolitik Brandts, wenn vielleicht auch unbeabsichtigt, früher oder später zur Neubelebung eines latenten deutschen Nationalismus führen würde. Ein ungebundenes, mächtiges Deutschland, das versuchte, zwischen Ost und West zu manövrieren, bedeutete, welcher Ideologie es auch folgte, die klassische Herausforderung des Gleichgewichts in Europa, denn die Seite, auf die sich Deutschland stellte, würde der anderen überlegen sein. Um diese Situation zu verhüten oder sie vielleicht zu umgehen, versuchten alle Kollegen Brandts – und auch Nixon –, Deutschland zuvorzukommen, indem sie eine eigene aktive Entspannungspolitik trieben. In diesem Sinne hatte die Ostpolitik Auswirkungen, die weit über die beabsichtigten hinausgingen. Sie trug zu einem Wettrennen nach Moskau bei und schürte im Lauf der Zeit das Mißtrauen zwischen den Verbündeten. Brandt selbst wurde nach seinem Ausscheiden aus dem Amt zum leidenschaftlichen Fürsprecher einer politischen Linie, die sich einerseits aus Sicherheitsgründen auf die NATO stützte, andererseits jedoch praktisch zum europäischen Neutralismus führen mußte.

Was bei Brandt Sentimentalität war, das war bei Egon Bahr, Brandts wichtigstem Mitarbeiter in schwierigen Verhandlungen, den ich Mitte der fünfziger Jahre kennengelernt hatte, kühle Berechnung. In seiner äußeren Erscheinung wirkte er unauffällig, war jedoch intellektuell äußerst beweglich, unermüdlich und bewies, daß man auch in untergeordneter Stellung durch Hingabe und Ausdauer viel bewirken kann. Er war die treibende intellektuelle Kraft hinter Brandts Ostpolitik. Sein Scharfsinn und sein Verhandlungsgeschick waren für das Zustandekommen der Verträge Bonns mit der Sowjetunion, Polen und Ostdeutschland und der Vier-Mächte-Vereinbarungen über Berlin entscheidend gewesen.

Als Nixon und ich uns nach anfänglichem Zögern mit der Ostpolitik abgefunden hatten, die angesichts eines offenen amerikanischen Widerstandes gescheitert wäre, war Bahr bei allen wirklich vertraulichen Gesprächen zwischen dem Weißen Haus und dem Kanzleramt mein Gegenspieler gewesen. Bahr und ich waren uns bewußt, daß wir von verschiedenen, einander sogar widersprechenden Voraussetzungen ausgingen, wir fanden jedoch ein gemeinsames Vokabular, das parallele Interessen zum Ausdruck brachte. Außenseiter mögen sich darüber streiten, wer wen manipuliert hat. Wer sich ernsthaft mit internationalen Angelegenheiten beschäftigt, weiß, daß eine gemeinsame Politik nur Bestand haben kann, wenn beide Seiten ihr eigenes Interesse verfolgen.

Bahr lehnte jedenfalls die Möglichkeit eines getrennten Vorgehens gegenüber Moskau, das ohnedies im Wesen der Ostpolitik lag, nicht ab, sondern bemühte sich sogar aktiv darum, denn er sah darin den Schlüssel zur deutschen Wiedervereinigung – nicht, weil er, wie mancher bei uns glaubte, prosowjetisch eingestellt war. Er war vielmehr ein altmodischer deutscher Nationalist. Er hatte sich, obwohl er Halbjude war, im Zweiten Weltkrieg darum bemüht, Offizier zu werden, und es hatte ihn tief gekränkt, daß er abgewiesen wurde. Wie Bismarck wollte er die zentrale Lage Deutschlands dazu ausnutzen, nationale Ziele zu erreichen. Bahr war so sehr von seiner eigenen Geschicklichkeit überzeugt, daß er glaubte, den Fallgruben ausweichen zu können, die zur Katastrophe geführt hatten, als Deutschland bei früherer Gelegenheit einen eigenen politischen Weg gehen wollte.

Aus dieser im wesentlichen nationalistischen Perspektive reagierte

Bahr auf das Europa-Jahr. Ich habe dieses Thema zum erstenmal Anfang Januar in Washington mit ihm besprochen; Anfang April fragte ich ihn nach seinen Ansichten, bevor ich meine Rede zum Europa-Jahr hielt. Wie die meisten politischen Führer nahm Bahr jedes politische Ereignis zum Anlaß, unabhängig entwickelte eigene Vorstellungen vorzutragen. In einer wohlüberlegten Antwort bestätigte er die konventionelle These von der Bedeutung der atlantischen Beziehungen. Er erklärte, daß, soweit man vorausschauen könnte, Europa des militärischen Schutzes der Vereinigten Staaten bedürfen werde. Diese Bindungen dürften nicht durch Meinungsverschiedenheiten auf wirtschaftlichem Gebiet belastet werden. Bahr vertrat aber auch die Auffassung, daß das Problem der Sicherheit sich in den letzten Jahren grundsätzlich gewandelt habe. Während der ganzen Nachkriegsperiode wäre das strategische Kernwaffenpotential Amerikas der Schlüssel zur Sicherheit Europas gewesen. Wenn es an Glaubwürdigkeit verlöre, dann wäre kein europäisches Land – viel weniger jedoch Europa als Ganzes – bereit, das wirtschaftliche Opfer zu bringen und konventionelle Streitkräfte aufzustellen, die stark genug wären, um die Sowjets von einem Einfall in Westeuropa abzuschrecken. Aus diesen Binsenwahrheiten zog Bahr eine revolutionäre Schlußfolgerung. Eine Ausgewogenheit in der Rüstung der Vereinigten Staaten und der Sowjetunion würde zu dem Versuch der beiden Supermächte führen, einen mit Kernwaffen geführten Krieg auszuschließen, denn sie hätten ein gemeinsames Interesse daran, das für sie wichtiger sein könnte als die gegenüber ihren Verbündeten eingegangenen Verpflichtungen. Wenn sich Europa nicht mehr auf die strategische Überlegenheit Amerikas verlassen könnte und wenn Europa keine Anstrengungen unternähme – oder dies aus innenpolitischen Gründen nicht könnte –, sich selbst zu verteidigen, dann müßten Europa und vor allem die Bundesrepublik zur Wahrung ihrer Sicherheit eine Entspannung in den Beziehungen zum Osten suchen. Die Streitkräfte in Mitteleuropa sollten verringert und nicht verstärkt werden; es sei notwendig, die Kontakte zwischen Ost und West zu vermehren.

Deshalb stellte sich Bahr gegen den Kern unserer neuen außenpolitischen Linie; er wollte nichts davon hören, daß die politische Koordinierung innerhalb des Bündnisses gestärkt werden müßte, weil ein atlantischer Block die für seine Version der Entspannung notwendige Flexibilität einschränken würde. Wenigstens sollte jede europäische Nation die Freiheit haben, in ihren Ost-West-Beziehungen eine eigene Linie zu finden. Dabei hat Bahr niemals erklärt, warum die Sowjetunion, die durch die Nachlässigkeit des Westens die Überlegenheit gewonnen hatte, uns die Konsequenzen daraus erlassen sollte, indem sie sich für

Bahrs Spiel entschied, um dem Beispiel unserer einseitigen Abrüstung zu folgen.

Dieser Vorschlag bedeutete außerdem, daß es unter bestimmten Voraussetzungen im Interesse Europas liegen könnte, sich von den Vereinigten Staaten zu lösen, um seine Manövrierfähigkeit gegenüber der Sowjetunion zu bewahren. Darin bestand die intellektuelle Basis, Europa dafür zu gewinnen, der sowjetischen Strategie der »selektiven Entspannung« zu folgen, wobei die Demokratien gegeneinander ausgespielt würden und Europa sich von Amerika lösen müßte.

Wenn Bahrs Analyse richtig war, dann würde das nukleare Gleichgewicht die Bedeutung des amerikanischen Schutzes aushöhlen, und die konventionelle Unterlegenheit Europas würde eine »politische« Lösung erfordern – eine elegante Formulierung für die Unterwerfung unter die sowjetische Macht. Dieser Umstand ließ sich mit den engeren Ost-West-Wirtschaftsbeziehungen verschleiern, aber wenn es wirklich zu solchen Beziehungen käme, dann nähme damit auch die Abhängigkeit Westeuropas von Moskau zu. Der Kreml hätte eine neue Möglichkeit, im Rahmen des Ost-West-Handels auf solche westlichen Länder Druck auszuüben, für die der Osthandel zum entscheidenden Faktor bei der Bekämpfung der Rezession geworden wäre.

Das Europa-Jahr begann jetzt, bisher unausgesprochene Differenzen in der politischen Perspektive zwischen den Vereinigten Staaten und wenigstens einigen seiner europäischen Verbündeten deutlich zu machen. Die gemeinsamen Befürchtungen, die das Bündnis während der ersten beiden Jahrzehnte seiner Existenz zusammengehalten hatten, waren entweder nicht mehr vorhanden oder lieferten, wo sie fortbestanden, die Argumente für eine Beschwichtigungspolitik gegenüber Moskau und für eine Umgestaltung der westlichen Partnerschaft. In der Haltung von Heath war uns der wichtigste Aspekt entgangen, denn wir hatten seine Zurückhaltung als Ausdruck seines Charakters und nicht als Folge seiner Überzeugung gedeutet. Brandts Grundhaltung begriffen wir nur zu gut. Wir sahen darin aber nur eine Möglichkeit und noch keine konkrete Gefahr und glaubten, dieser potentiellen Gefahr entgegentreten zu müssen, indem wir das Bündnis festigten – und mit dieser Überzeugung gingen wir in das Europa-Jahr.

Jetzt war es Zeit für nochmalige Beratungen mit Frankreich über die letzten Entwicklungen seit meinem Zusammentreffen mit Pompidou im Dezember. Am 29. März sprach ich mit dem neuen französischen Botschafter in Washington, Jacques Kosciusko-Morizet über die Möglichkeiten eines gemeinsamen Vorgehens.

Kosciusko hätte nie einen Preis für persönlichen Charme gewinnen können. Er war das klassische Produkt der *grandes écoles*, jener unverwechselbar französischen Institutionen, von deren Absolventen Pétain mit großem Scharfsinn gesagt hat: »Sie wissen alles. Leider wissen sie sonst nichts.« Kosciusko war hochintelligent, ein glänzender Analytiker und unsentimental. Eine Außenpolitik, die sich auf das nationale Interesse gründete, bedeutete für ihn die Verwirklichung eines Konzepts, das vor mehr als dreihundert Jahren in Frankreich entwickelt worden war. Er begriff sofort, daß wir nicht den Wunsch hatten, wieder in die Kontroversen der sechziger Jahre einzutreten. Wir würden keine Einwände gegen die europäische Autonomie machen und in der Frage der nationalen Identität, die bei de Gaulle so sehr im Vordergrund gestanden hatte, keine Lanzen brechen. Ich sagte ihm, daß wir Europa nicht das Recht bestreiten wollten, eine eigene Außenpolitik zu machen. Wir würden uns jedoch darum bemühen, die verschiedenen Beurteilungen aufeinander abzustimmen, nicht aber, ein juristisches Instrument zu schaffen, uns die Meinungsvielfalt zu verbieten. Auf dieser Basis begrüßten wir den Vorschlag Pompidous für ein Gipfeltreffen der verbündeten Regierungschefs, den er Reston im Dezember vorgetragen hatte. Als ersten Schritt empfahl ich ein Treffen zwischen Nixon und Pompidou. Ich erläuterte ihm unser Hauptanliegen: »Es geht um die Frage, ob die westliche Welt einer konsequenten gemeinsamen Politik folgen will, oder ob es uns wie den Griechen gehen soll, die von den außerhalb der griechischen Welt stehenden Kräften überwunden wurden.«

Kosciusko sagte, daß er sich seine Anweisungen aus Paris holen werde. Noch bevor er diese Reise unternehmen konnte, gewann die Partei des Präsidenten Pompidou die alle vier Jahre stattfindenden Parlamentswahlen mit einer bequemen Mehrheit. In der daraus resultierenden Kabinettsumbildung löste Pompidou seinen nicht sehr standfesten bisherigen Außenminister Maurice Schumann durch den gewissenhaften und ernsten Michel Jobert ab. Wir hielten diesen Wechsel damals für eine glückliche Entscheidung, denn wir im Weißen Haus kannten Jobert als einen in vielen Fragen besonders hilfsbereiten Mitarbeiter Pompidous, der im Elysee-Palast die gleiche Stellung eingenommen hatte wie ich hier. Anfang April kehrte Kosciusko nach Washington zurück und teilte uns mit, daß die französische Regierung mit einem französisch-amerikanischen Gipfeltreffen einverstanden sei. Gegen unser Grundkonzept für das Europa-Jahr bestünden keine Einwände.

Wie üblich gab es bei der Auswahl des Ortes, an dem sich Nixon und Pompidou treffen sollten, Schwierigkeiten, da wir auf die Empfindlichkeit der Franzosen Rücksicht nehmen mußten. Nixon schuldete Pompidou noch einen Gegenbesuch, nachdem der französische Präsident im

Februar und März 1970 in den Vereinigten Staaten gewesen war. Aber in Paris wollte man Nixon nur ungern im Rahmen einer größeren Europa-Reise empfangen. Wir konnten andererseits nicht nur für einen Besuch Frankreichs nach Europa gehen, ohne alle anderen Verbündeten zu brüskieren. Deshalb mußten wir, wie schon bei anderen Gelegenheiten, nach einer geeigneten Insel im Atlantik suchen. 1971 waren wir auf die Azoren gekommen, 1973 entschieden wir uns für Island und 1975 für Martinique. Es ließ sich schon jetzt ausrechnen, wann die französisch-amerikanischen Beziehungen anfangen würden zu stagnieren, weil es für das Zusammentreffen ihrer Regierungschefs keine geeignete Insel mehr gab.

Am 13. April unterrichtete ich Kosciusko von dem ungefähren Inhalt meiner Rede zum Europa-Jahr, die ich am 23. April halten wollte. Paris erhob keine Einwände. Wir deuteten das als stillschweigendes Einverständnis.

Jetzt mußten wir nur noch die Italiener konsultieren, ein Verfahren, das gewöhnlich auf beiden Seiten zu Widersprüchlichkeiten führte. Die italienische Führung wollte ebenso wichtig genommen werden, wie diejenigen anderer europäischer Länder vergleichbarer Größe. Aber die Italiener wollten jede innenpolitische Krise vermeiden, die sich daraus ergeben konnte, daß sie amerikanischen Vorschlägen folgten. Noch weniger wollten sie die guten Beziehungen zu den anderen Mitgliedern der Europäischen Gemeinschaft aufs Spiel setzen. Sie wollten also beteiligt werden, ohne daß daraus Kontroversen entstanden. Wir entschlossen uns deshalb zu Konsultationen, aus denen sich keine Verpflichtungen ergaben.

Der Besuch des italienischen Premierministers Giulio Andreotti am 17. April in Washington verschaffte uns die Gelegenheit, ihm unsere Argumente vorzutragen. Vor dem Treffen schrieb ich in einer Denkschrift an Nixon: »Er (Andreotti) wird uns wahrscheinlich gegenüber seinen europäischen Kollegen soweit unterstützen, wie es seine innenpolitische Stellung und das bescheidene außenpolitische Gewicht Italiens zulassen.« Diese Einschränkungen hatten eine größere Bedeutung als die positiven Erwartungen; sie bedeuteten, daß wir von Rom keine Hilfe erwarten durften. Denn die innenpolitische Position Andreottis war alles andere als gesichert, und sein Einfluß innerhalb der Europäischen Gemeinschaft aus diesem Grunde nur sehr gering. Hinter seiner professoralen Haltung verbarg sich ein messerscharfer politischer Verstand, und er interessierte sich mehr für außenpolitische Fragen als alle seine Vorgänger, soweit ich sie kennengelernt hatte. Aber er wollte es natürlich auf jeden Fall vermeiden, daß außenpolitische Probleme seine Stellung, die ohnedies von so vielen Schwierigkeiten belastet war, schließlich unhaltbar machten. Darüber hinaus ist der italienische Premierminister Vorsitzender eines Ausschusses und nicht Regierungschef, und seine Vollmachten, dem Außenminister Befehle zu geben, sind sehr begrenzt. Sein Einfluß hängt viel mehr von seiner und seines Außenministers Stellung innerhalb der Christlich Demokratischen Partei als von ihrem Rang innerhalb der Regierungshierarchie ab.

Andreottis Energie verbrauchte sich beim Manövrieren in einem turbulenten politischen System, wo es für ihn nur einen extrem engen Handlungsspielraum gab. Seit zehn Jahren war die Politik in Italien durch die »Öffnung nach links« beherrscht, eine Entwicklung, die Anfang der sechziger Jahre zum Teil von den Vereinigten Staaten in diese Richtung getrieben worden war, um die Linkssozialisten als vermeintliche Barriere gegen die Kommunisten in die Regierung zu bringen. Auf nationaler Ebene waren die Sozialisten mit den Christlichen Demokraten verbündet, in der Provinz jedoch mit den Kommunisten. Ein zusammenhängendes innenpolitisches Programm auf lange Sicht war deshalb unmöglich. Der einzige Ausweg aus diesem Dilemma bildete eine Unbeweglichkeit, welche die Krise noch verschärfte, die sie hätte lösen sollen.

Andreotti versuchte, aus der strukturellen Sackgasse herauszukommen, indem er die Parteien von den Sozialdemokraten (diejenigen Sozialisten, die sich weigerten, mit den Kommunisten zusammenzuarbeiten) bis zu der dem freien Unternehmertum verpflichteten liberalen Partei in einer funktionierenden Koalition zusammenfaßte. Eine solche Gruppierung war zwar ideologisch homogener als die »Öffnung nach links«, ihr widersprach aber die parlamentarische Arithmetik. Ihre Mehrheit war hauchdünn, besonders da die Christlichen Demokraten keine geschlossene Partei waren, sondern sich aus den verschiedensten Fraktionen zusammensetzte, wobei sich der linke Flügel in erster Linie von den Kommunisten durch seine religiöse Orientierung unterschied. Den rechten Flügel trennte in erster Linie die Erinnerung an die nationale Katastrophe von den Faschisten. So sah sich Italien gezwungen, zwischen einem ideologischen Zusammenhalt auf Kosten der parlamentarischen Instabilität und der parlamentarischen Stabilität auf Kosten eines weltanschaulichen und damit praktischen Chaos zu wählen.

Es überrascht daher nicht, daß das Gespräch zwischen Andreotti und Nixon sich nicht in erster Linie mit dem Europa-Jahr, sondern mit den subtilen Details der innenpolitischen Szene Italiens beschäftigte, deren schwer durchschaubare und rücksichtslose Manöver sich nach der Entstehung des italienischen Nationalstaates von den Stadtstaaten auf die politische Arena in Rom verlagert hatten. Andreotti konnte auch nicht der Versuchung widerstehen, der alten italienischen Illusion Ausdruck zu verleihen, Italien könnte wegen seiner geographischen Nähe etwas zur Lösung des Nahostproblems beitragen. Doch wenngleich jeder italienische Regierungschef, mit dem ich gesprochen habe, diesen Vorschlag machte, hat keiner von ihnen so gehandelt, als glaubte er wirklich an diese Möglichkeit.

Andreotti versicherte uns seines guten Willens und versprach, eine neue Initiative in der atlantischen Politik zu unterstützen, ohne sich präzise über einen möglichen Beitrag zu äußern. Wir konnten mit wohlwollendem Verständnis rechnen, aber die italienische Regierung würde nicht in vorderster Front einer neuen Initiative stehen.

Während ich diese Zeilen schreibe, stelle ich mit Erstaunen fest, daß sich keine Unterlagen über die Absicht finden lassen, auch Japan im voraus zu seiner Haltung zu hören, obwohl wir es an unserer Initiative beteiligen wollten. Daß wir diese Haltung einnahmen, bedeutete zunächst einen klaren Triumph der abstrakten Theorie über die praktischen Erfahrungen. Es zeigt allzu deutlich die sich als Selbstzweck empfindende Qualität der bürokratischen Dynamik, daß es offenbar niemandem aufgefallen war, wie unsinnig die Bezeichnung »Europa-Jahr« für eine Initiative gewesen ist, die Japan einschloß. Japan gehörte in der Tat zu der umfassenden Gemeinschaft der demokratischen Industrienationen, und insoweit hatten wir recht, wenn wir auch dieses Land an unserem Vorhaben beteiligen wollten; andernfalls hätten wir es verdient, scharf darüber getadelt zu werden.*

Doch während Japan im wirtschaftlichen Zusammenhang eine entscheidende Rolle spielte, war es an den politischen und die Verteidigung betreffenden Fragen, mit denen sich die freie Welt herumschlagen mußte und die sich deutlich auf Europa konzentrierten, weniger interessiert.

Das Unternehmen hätte zu sehr peinlichen Konsequenzen geführt, wären die japanischen Politiker nicht so geschickt darin, ein ungerechtfertigtes Engagement durch milde Höflichkeit abzuwehren, die es dem Gesprächspartner niemals erlaubt, auf den Kern der Sache zu kommen. Nur wenn die Japaner durch ein verletzend schlechtes Betragen in die Enge getrieben werden, machen sie direkt dagegen Front. Wenn irgend möglich, ziehen sie die Verhandlungen so lange hinaus, bis der Verhandlungspartner verzweifelt mit erhobenen Händen kapituliert. Da die Japaner nie die Absicht gehabt hatten, sich dem Europa-Jahr anzuschließen, wurde es nicht in die Liste der »Nixon-Schocks« vermerkt, daß wir sie nicht konsultiert hatten – wie etwa meine Geheimreise nach

* Meine Rede vom 23. April wurde auch wirklich von einigen Leuten kritisiert, weil ich Japan bei diesem Unternehmen eine zu unbedeutende Rolle zugewiesen hätte.[3]

China und die Aufgabe des modifizierten Goldstandards im Sommer 1971. Die Japaner waren erleichtert, nicht zu einem Unternehmen Stellung nehmen zu müssen, aus dem sie sich heraushalten wollten. Nun konnten sie als Unbeteiligte beobachten, wie sich die undurchschaubaren Europäer und Amerikaner über die Frage in die Haare gerieten, um ihre freundschaftlichen Beziehungen zu verbessern.

Unsere Konsultationen wurden am 19. April 1973 abgeschlossen. Sir Burke Trend war zu einer seiner regelmäßig stattfindenden Besprechungen mit mir nach Washington gekommen, und ich übergab ihm den Text der Rede, mit der ich eine atlantische Initiative bekanntgeben wollte. Er schien damit einverstanden zu sein; wir hörten keine Kritik – aber auch sonst keinen Kommentar – aus London.

Vielleicht hätten wir aus dem Fehlen präziser Reaktionen auf unsere Anregungen erkennen müssen, daß unsere Verbündeten, die uns schon seit Jahren gedrängt hatten, den atlantischen Beziehungen eine höhere Priorität zu geben, uns enttäuschen würden. Doch soweit wir uns des Zögerns der Europäer bewußt waren, hielten wir es für einen weiteren Anlaß, uns noch intensiver um die Ausarbeitung gemeinsamer Ziele zu bemühen. Die beste Methode, die Aufmerksamkeit unserer Gesprächspartner auf die von uns angestrebten Ziele zu lenken, bestand nach unserer Auffassung darin, einen formalen Vorschlag vorzulegen.

Die Rede zum »Europa-Jahr«

In den vier Jahren, die ich in der amerikanischen Administration als Berater für die nationale Sicherheit tätig gewesen war, hatte ich noch niemals eine förmliche öffentliche Rede über ein konkretes Thema gehalten. Die Ansprache zum »Europa-Jahr« war meine erste. Das Forum, vor dem ich sprach, war die Jahreskonferenz der Redakteure der Associated Press am 23. April 1973 im Hotel Waldorf-Astoria in New York. Weder Nixon noch ich rechneten mit Kontroversen. Wir glaubten, Wegbereiter in der Kreativität der atlantischen Partnerschaft zu sein.

Ich begann mit dem Hinweis, daß wir 1973 nicht deshalb zum Europa-Jahr erklärt hätten, weil Europa bisher eine geringere Bedeutung gehabt habe, sondern weil neue Umstände für die freien Nationen eine Herausforderung darstellten:

> 1973 ist das Europa-Jahr, weil die Ära, welche durch die vor einer Generation getroffenen Entscheidungen gestaltet worden ist, zu Ende geht. Der Erfolg jener Politik hat neue Realitäten geschaffen, die uns zwingen, neue Wege zu gehen:
> Die Wiedererstarkung Westeuropas ist ebenso wie der Erfolg seiner

Bemühungen um die wirtschaftliche Vereinigung eine unbestrittene Tatsache.

Das strategische Rüstungsgleichgewicht zwischen Ost und West hat sich von der Überlegenheit Amerikas zu einer annähernden Ausgewogenheit verschoben, was uns nötigt, die Erfordernisse für unsere gemeinsame Sicherheit in einem neuen Licht zu sehen.

Die Bedeutung anderer Gebiete der Welt hat zugenommen. Japan hat sich zu einem bedeutenden Machtzentrum entwickelt. Auf vielen Gebieten muß Japan an »atlantischen« Lösungen beteiligt werden, damit diese Vorhaben zum Erfolg führen.

Wir befinden uns in einer Periode des Nachlassens von Spannungen. Doch während sich die scharfen Gegensätze der vergangenen zwei Jahrzehnte verringern, erleben wir neue erfolgreiche Bemühungen um die nationale Identität und neue nationale Rivalitäten.

Vor einer Generation noch nicht erkennbare Probleme sind entstanden, die neue Methoden der Zusammenarbeit erforderlich machen. Ein Beispiel dafür ist die Sicherstellung der Energieversorgung der Industrienationen.

Diese Faktoren haben eine dramatische Veränderung des psychologischen Klimas im Westen bewirkt – eine Veränderung, die für die Staatsmänner des Westens gegenwärtig die profundeste Herausforderung bedeutet. In Europa ist die Stabilität für eine neue Generation, die den Krieg und seine Erschütterungen nicht aus eigener Erfahrung kennt, eine Selbstverständlichkeit. Sie fühlt sich der Einigkeit, die diesen Frieden ermöglicht hat, und den Anstrengungen, die seine Erhaltung erfordert, weniger verpflichtet. In den Vereinigten Staaten haben über Jahrzehnte getragene globale Belastungen dazu geführt, daß wir heute weniger bereit sind, uns auf der Basis vorwiegend amerikanischer Verantwortlichkeit auch weiterhin global zu engagieren, und die bösen Erfahrungen aus dem Krieg in Südostasien haben diese Tendenzen verstärkt.

Die für das Jahresende geplante Reise des Präsidenten nach Europa war ein Ereignis, mit dem sich unsere amtlichen Stellen – und wahrscheinlich auch die Öffentlichkeit – so intensiv beschäftigten, daß ich glaubte, jetzt ein bestimmtes Programm damit verknüpfen zu können. Ich sagte, daß, wenn der Präsident gegen Ende des Jahres nach Europa gehen würde, wir und unsere Verbündeten eine »neue Atlantik-Charta« ausarbeiten sollten; eine gemeinsame Willenserklärung. Zu den gemeinsamen Problemen gehörten die Verteidigung, der Welthandel und die Ost-West-Beziehungen. Sie erforderten die Koordinierung des Vorgehens der einzelnen Nationen. Dann beschrieb ich diese unterschiedlichen Perspektiven mit Worten, die ich bald bedauern sollte:

Die Außenpolitik ist der Gegenstand häufiger Konsultationen, die jedoch im wesentlichen zwischen den traditionellen Nationalstaaten stattfinden. Die Vereinigten Staaten haben globale Interessen und Verantwortlichkeiten. Unsere europäischen Verbündeten haben regionale Interessen. Beide Interessensphären befinden sich nicht unbedingt im Konflikt, aber in der neuen Ära sind sie auch nicht automatisch identisch.

Der Zweck meiner Rede war, deutlich zu machen, welchen Beitrag die Vereinigten Staaten zur Festigung des Bündnisses zu leisten bereit waren und was wir von Europa erwarteten. Das Energieproblem bezeichnete ich (schon Monate vor dem arabischen Ölembargo und der Preisexplosion bei der Opec) als das Schlüsselthema der Zusammenarbeit:

Wir werden die Bestrebungen zur Vereinigung Europas auch weiterhin unterstützen. Gestützt auf die Grundsätze der Partnerschaft werden wir Zugeständnisse machen, um diese Entwicklung zu fördern. Wir erwarten jedoch, daß die Europäer uns im Geiste des gegenseitigen Gebens und Nehmens entgegenkommen werden.

Wir werden uns nicht den feierlichen Verpflichtungen entziehen, die wir gegenüber unseren Verbündeten eingegangen sind. Wir werden unsere Streitkräfte auch weiterhin in Europa stationieren und sie nicht einseitig abziehen. Andererseits erwarten wir, daß jeder Bündnispartner einen gerechten Anteil an den gemeinsamen Bemühungen für die gemeinsame Verteidigung übernimmt.

Wir werden weiterhin im allgemeinen Interesse um den Abbau der Spannungen gegenüber unseren Gegnern auf der Grundlage konkreter Verhandlungen bemüht sein. Wir begrüßen die Teilnahme unserer Freunde an einem konstruktiven Ost-West-Dialog.

Wir werden die Interessen unserer Freunde in Europa oder in Asien niemals absichtlich verletzen. Dafür erwarten wir, daß sie mit ihrer Politik unsere Interessen und unsere Verantwortlichkeiten ernst nehmen.

Wir sind bereit, zur Lösung neu auftretender gemeinsamer Schwierigkeiten im Geist einer fruchtbaren Zusammenarbeit beizutragen. Das Energieproblem stellt uns zum Beispiel vor schwierige Aufgaben: die Sicherstellung der Versorgung, die Auswirkungen der Ölpreise auf die Stabilität der internationalen Währungen, gemeinsame politische und strategische Interessen und die Beziehungen zwischen ölverbrauchenden und ölproduzierenden Ländern auf lange Sicht. Auf diesem Gebiet könnte es zu Rivalitäten kommen, es sollte aber ein Gebiet für eine sinnvolle Zusammenarbeit sein.

Die Rede sollte nach unserer Auffassung ein Aufruf sein, um eine neue Periode der Kreativität in allen demokratischen Industriestaaten einzuleiten. In den Vereinigten Staaten selbst hofften wir, das selbstzerstörerische Erbe des Vietnam-Krieges zu überwinden. Im Ausland sollten die irritierenden Diskussionen über wirtschaftliche und andere Fragen beendet werden, indem unsere Verbündeten neue Vorstellungen von der Zukunft entwickelten und sich gemeinsam um ihre Verwirklichung bemühten. Aber der Zeitpunkt, zu dem wir die Rede schon vor mehr als einem Monat geplant hatten, war falsch gewählt, und das hatte katastrophale Folgen.

In den Vereinigten Staaten wurde unsere Initiative durch Watergate überschattet. Nur eine Woche nach meiner Rede traten Ehrlichman und Haldeman zurück. Der Skandal nahm die Aufmerksamkeit der Öffentlichkeit – wie ich im vierten Kapitel geschildert habe – so stark in Anspruch, daß die *Washington Post* sich kaum mit dem Hauptinhalt meiner Rede, sondern nur mit den wenigen Bemerkungen über Watergate beschäftigte, die ich in der Fragestunde gemacht hatte und mit denen ich um Verständnis für einige der Beschuldigten gebeten hatte. Einige Zeitungen wie die *New York Times*, der *Christian Science Monitor* und der *Washington Star* unterstützten in ihren Leitartikeln zwar die in meiner Rede gemachten Vorschläge, aber die *Washington Post* bezweifelte, daß die Initiative von Watergate unberührt bleiben könnte: »Der Schaden wird sich so lange nicht beheben lassen, bis der Präsident mit den geeigneten Maßnahmen die Welt davon überzeugen kann, daß seine Regierungsfähigkeit nicht erschüttert ist.«[4] Die *Post* sollte recht behalten. Selbst die Befürworter des Konzepts waren verständlicherweise nicht geneigt, sich hinter den Aufruf der angeschlagenen Nixon-Administration zur Stärkung des moralischen Zusammenhalts des Westens zu stellen.

Die Reaktion unserer Verbündeten war ebenso halbherzig wie bei den vorangegangenen Konsultationen. Von der Begeisterung, mit der einst der Marshall-Plan aufgenommen worden war, als der britische Außenminister Ernest Bevin die Initiative für eine positive Reaktion der europäischen Nationen ergriffen hatte, war nichts mehr zu spüren. Nach einer Sitzung des französischen Kabinetts am 26. April bezeichnete ein französischer Sprecher meine Rede als »interessant« und sagte, daß unsere Vorschläge eine aufmerksame Prüfung verdienten, die von Frankreich »in dem Geist vorgenommen werden wird, der uns schon immer ausgezeichnet hat, im Geist der Bündnistreue, wobei der notwendige Respekt vor unserer Unabhängigkeit gewahrt bleiben muß«. Das konnte alles bedeuten.

Am gleichen Tag erinnerte ich den französischen Botschafter daran, daß unsere Vorschläge den Äußerungen Pompidous vom vergangenen Dezember entsprachen. Ich hatte sie im März und im April Kosciusko-Morizet im einzelnen erläutert. Kosciusko leugnete das nicht. Er brummte etwas darüber, daß es nicht möglich sei, Europa nur »regionale Aufgaben« zuzuweisen, wie ich es in meiner Rede vorgeschlagen hatte. Ich erwiderte: »Wir haben nichts dagegen einzuwenden, wenn Europa eine globale Rolle übernehmen will. Aber bisher haben wir nicht feststellen können, daß die europäischen Staaten diese Absicht haben.« Dann kam Kosciusko auf den Kern des Problems zu sprechen. Es werde Europa schwerfallen, sich zu einem so umfangreichen Themenkreis mit einer Stimme zu äußern. Wir zwängen Europa in dem Jahr, in dem die Europäische Gemeinschaft die ersten tastenden Versuche zur Schaffung einer politischen Einheit unternähme, eine ungeheuer schwierige Aufgabe auf. Der Versuch, die atlantische Einheit zu festigen, könnte die ersten zögernden Schritte auf dem Wege zur Europäischen Gemeinschaft entscheidend behindern.

Am 24. April erklärte das britische Außenministerium in einer freundlichen Note, daß ich »in konstruktiver Absicht eine durchaus wichtige Rede« gehalten hätte, Großbritannien werde sie »gemeinsam mit unseren europäischen Verbündeten genau prüfen«. Großbritannien verwies dabei insbesondere auf Frankreich. Der britische Außenminister Sir Alec Douglas-Home, den wir wegen seiner Integrität und seines aufrichtigen Bemühens um die Beziehungen zu den Vereinigten Staaten besonders schätzten, äußerte sich am 27. April mit freundlichen, aber die Briten zu nichts verpflichtenden Worten:

> Das zentrale Thema der Rede Dr. Kissingers und der jüngsten Erklärungen des amerikanischen Außeministers ist die Notwendigkeit der weiteren vertrauensvollen Zusammenarbeit zwischen dem neuen, erweiterten Europa und den Vereinigten Staaten von Amerika. Der Horizont dieser Zusammenarbeit soll, wie er meint, erweitert werden, um auch Japan und Kanada einzuschließen. Ich gebe ihm darin recht. Denn wenngleich das alle Verhandlungen komplizieren wird, ist nichts so sehr geeignet, die Prosperität in einer Atmosphäre der Sicherheit zu garantieren.

Die Regierung der Bundesrepublik Deutschland begrüßte es, daß ich mich bereit erklärt hatte, die Schaffung der Europäischen Gemeinschaft zu unterstützen, vermied aber jede weitere Reaktion mit der Begründung, daß Bundeskanzler Willy Brandt in weniger als einer Woche zu einem schon lange geplanten Besuch Nixons nach Washington reisen werde. Italien äußerte sich zustimmend, allerdings skeptisch zur Teilnahme Japans – und wurde damit allen Möglichkeiten gerecht. Die kleineren europäischen Länder behielten sich ihre Stellungnahme für die Zeit nach einem Treffen der Außenminister der Europäischen Gemeinschaft vor, das in einigen Wochen stattfinden sollte. Japan konnte es verständlicherweise nicht ganz begreifen, weshalb es in einer Atlantik-Charta aufgenommen werden sollte. Eine sofortige Stellungnahme wurde den Japanern dadurch erspart, daß ihr Außenminister nach Europa reiste. Als er in Paris eintraf, erklärte er, ohne zu irgendwelchen konkreten Problemen Stellung zu nehmen, daß er den Plan für eine neue Atlantik-Charta unterstütze und volles Verständnis dafür habe. Damit hielt sich Japan alle Möglichkeiten für eine endgültige Reaktion offen und deutete nicht einmal an, ob es schließlich teilnehmen werde. Tokio wollte sich noch nicht mit einer zu deutlichen Stellungnahme festlegen.

So mußten wir erkennen, daß alle unsere wichtigen Partner Vorwände gefunden hatten, die Reaktion auf eine wichtige, sie betreffende amerikanische Initiative hinauszuschieben. Wir erkannten das noch deutlicher, als Willy Brandt am 1. Mai zu einem offiziellen Besuch in Washington eintraf. Es war ein Jammer, daß Nixons erster Gesprächspartner im Europa-Jahr ausgerechnet der europäische Staatsmann war, dessen Politik ihn am meisten beunruhigte und dessen Persönlichkeit der des amerikanischen Präsidenten vielleicht am wenigsten entsprach. Nixons Haltung läßt sich am besten aus der Reaktion auf einen Brief erkennen, den er vor Brandts Besuch von dem aus Ungarn stammenden amerikanischen Schriftsteller Hans Habe erhalten hatte. Habe beschuldigte Brandt, daß dieser bewußt das westliche Bündnis unterminiere und dazu von seinen antiamerikanischen Vorurteilen veranlaßt werde. Zu jener Zeit war es im Weißen Haus üblich, daß alle an den Präsidenten gerichteten Briefe über außenpolitische Fragen den Weg über mein Büro nahmen. Sehr häufig wurde hier eine inhaltliche Zusammenfassung und eine Stellungnahme in Form einer Aktennotiz beigefügt. Ich schickte Nixon am 15. März mit Habes Brief meine Stellungnahme. Der Präsident ließ mir die Schriftstücke mit der folgenden Randbemerkung zurückgeben: »K- Eine sehr scharfsinnige und sehr beunruhigende Analyse. Ich glaube, er ist der Wahrheit nur allzu nahe.«

Brandt war ebenso vorsichtig wie Nixon. Er verhielt sich übermäßig korrekt, aber gerade die peinliche Beachtung der äußeren Form zeigte uns, daß wir seine an Antipathie grenzenden Zweifel an dem amerikanischen Präsidenten nur mit äußerster Selbstdisziplin würden zerstreuen können. Aber dieses beiderseitige Mißtrauen war angesichts der innenpolitischen Schwierigkeiten, die uns bedrängten, nur eine Nebensächlichkeit. Am Abend vor dem ersten Zusammentreffen der beiden Staatsmänner hatte Nixon die Rede gehalten, in der er den Rücktritt von Haldeman und Ehrlichman bekanntgab. Bis zu seinem eigenen Rücktritt nach etwas mehr als fünfzehn Monaten hat den Präsidenten nichts so erschüttert wie dieser Entschluß. Daß es Nixon gelang, den Besuch Brandts zu absolvieren, ohne sich anmerken zu lassen, was ihn innerlich bewegte, war eine bemerkenswerte Leistung.

Selbstbeherrscht und ruhig führte der amerikanische Präsident ein tiefgründiges Gespräch mit dem deutschen Bundeskanzler. Man mußte Nixon schon gut kennen, um zu bemerken, daß seine Gedanken ganz woanders waren, während Brandt sprach. Wenn man genau hinsah, fielen einem der gläserne, melancholische Blick und der starre Ausdruck auf, die immer deutlicher werdenden Anzeichen der inneren Qualen, unter denen Nixon im Gefolge von Watergate zu leiden hatte. Seine Gedanken kreisten um eine weit von hier entrückte Welt, die seine Energie und Aufmerksamkeit zunehmend in Anspruch nahm. Anders äußerte sich seine Verzweiflung nicht. Watergate hatte ihn in eine wehmütige Stimmung versetzt, und wie ein kleiner Junge, der sich im Dunklen durch laute Selbstgespräche Mut macht, erklärte er immer wieder, daß er überzeugt sei, unsere innenpolitischen Kontroversen würden sich nicht auf unsere Außenpolitik auswirken. Er war ein zu erfahrener Politiker, um sich Illusionen zu machen, aber er wußte auch, daß er nichts anderes sagen durfte.

Ich konnte nicht feststellen, ob Brandt sich der Verzweiflung Nixons bewußt war; irgendwie muß er es gespürt haben. Wie hätte man sonst die Veränderung in seiner Haltung erklären sollen? Es war nur eine Nuance, aber doch deutlich genug, um die Beziehungen zwischen beiden Männern unwiderruflich auf eine neue Ebene zu stellen. Ob er es beabsichtigt hat oder nicht, Brandt wurde um ein geringes weniger respektvoll; sein Ton wurde in einer für ihn uncharakteristischen Art kühl und geschäftsmäßig. Man spürte nichts mehr von seiner früheren Zuvorkommenheit, und es fehlten jetzt auch die langen Pausen, mit denen der Kanzler den Präsidenten bisher nicht wenig verunsichert hatte. Vor etwas mehr als zwei Jahren hatte Nixon Brandts Ostpolitik gerettet, indem er mich bevollmächtigte, die Berlin-Verhandlungen in meinen Gesprächen mit dem sowjetischen Botschafter Anatoly Dobrynin in Brandts Sinn zu unterstützen. Aber diesmal war Brandt nicht bereit, sich dafür zu revanchieren. Die kühle Sachlichkeit, mit der er die einzelnen Gesprächsthemen abhandelte, offenbarte, welcher Strategie er folgte – er wollte alles im ungewissen lassen.

Der Kanzler tat so, als begrüßte er unsere Initiative, aber wir brauchten keine abstrakten Zusicherungen des guten Willens, und Brandt machte keine konkreten Vorschläge, um zu verwirklichen, was er angeblich unterstützte. Er hielt es für vorteilhaft, einen umfassenden atlantischen Dialog über wirtschaftliche, politische und Sicherheitsfragen zu führen. Aber er sagte nichts über die konkreten Methoden, mit denen solche Vorhaben verwirklicht werden könnten, und hielt es auch nicht für dringend erforderlich, über alle diese Themen gleichzeitig zu verhandeln. Wenn man sich in einer Frage nicht einigen konnte, dann sollte dadurch der Fortschritt auf anderen Gebieten nicht blockiert werden, meinte Brandt und nahm so mit einer Hand fort, was er mit der anderen gegeben hatte. Wenn er behauptete, daß es nicht notwendig sei, über eine breite Palette der verschiedensten Probleme zu verhandeln, dann verwässerte er damit unseren Vorschlag, denn niemand hatte bisher in Frage gestellt, daß kontroverse Probleme einzeln behandelt werden müßten.

Brandt sagte, er hoffe, daß die Wirtschaftsexperten für ihre Verhandlungen politische Anweisungen bekommen würden, schwieg sich aber über das Wesen der politischen Ziele aus, die zu erreichen seien, und sagte auch nichts darüber, wie sie artikuliert werden sollten. Er begrüßte die Möglichkeit einer Europa-Reise des Präsidenten und schlug vor, daß der Präsident mit den Regierungschefs der verbündeten Länder auf einem großen Gipfel im Rahmen der NATO zusammentreffen sollte. Aber auch hier baute Brandt einen Stolperdraht ein. Denn ein NATO-Gipfel würde es – abgesehen von der Wahrscheinlichkeit französischer Einwendungen – aus Verfahrensgründen unmöglich machen, über die Beziehungen der Vereinigten Staaten zur Europäischen Gemeinschaft zu sprechen, denn einige Mitglieder dieser Gemeinschaft gehörten nicht zur NATO, während nicht alle NATO-Mitglieder der Gemeinschaft angehörten.

Um Fragen zu erörtern, welche die kürzlich erweiterte Europäische Gemeinschaft betrafen, sollte der Präsident sich nach Brandts Auffassung während seines Aufenthalts in Brüssel mit den *Außenministern* treffen. Aber man durfte den Präsidenten kaum zu einer Konferenz mit den Außenministern der Mitgliedsstaaten der Europäischen Gemeinschaft auffordern, während sich die Regierungschefs in Brüssel aufhielten, um an der NATO-Konferenz teilzunehmen. Auf einer solchen Konferenz konnten auch keine Entscheidungen getroffen werden, und zwar schon allein wegen des Unterschieds im protokollarischen Rang. Unseren Vorschlag zur Schaffung einer neuen Atlantik-Charta erwähnte Brandt nicht, und in seinem Trinkspruch bei dem am gleichen Abend gegebenen Staatsdiner qualifizierte er sogar seine bis dahin gemachten erstaunlich mageren Zugeständnisse. Jetzt sagte er, daß er nicht in der Lage sei, auch auf den wenigen Gebieten, über die zu diskutieren er sich bereit erklärt hatte, irgendwelche Verpflichtungen zu übernehmen:

Keiner von uns (damit meinte er die europäischen Regierungschefs, die Washington besucht hatten) begegnet Ihnen jetzt noch ausschließlich als Vertreter seines eigenen Landes, sondern wir sind bis zu einem gewissen Grad schon zugleich auch Vertreter der Europäischen Gemeinschaft.

So bin auch ich zwar nicht als Europas Sprecher, sondern entschieden als ein Sprecher *für* Europa hier.

Wir hätten diese Aussage durchaus als eine Theorie über die Beziehungen zwischen der Europäischen Gemeinschaft und den Vereinigten Staaten akzeptieren können. Das Problem bestand jedoch darin, daß solche Gedanken in der Zeit eine praktische Bedeutung gewinnen mußten, in der sich die Europäische Gemeinschaft erst entwickelte. Da noch keine gesamteuropäischen politischen Institutionen geschaffen waren, gab es auch noch keine Möglichkeit, den Kontakt mit Europa an einem zentral gelegenen Punkt aufzunehmen. Brandt stellte uns daher vor ein Paradox: Wenn jeder europäische Regierungschef im Namen Europas sprach, es aber nicht vertreten konnte, und die wirklichen Vertreter Europas Beamte ohne Verhandlungsvollmacht waren, wer hatte dann die Berechtigung, zu verhandeln?

Jeder Zweifel daran, daß Brandt nach Washington gekommen war, um die Dinge zu verzögern, wurde durch die Art und Weise zerstreut, mit der die deutsche Delegation die Presse unterrichtete. Zu unserer Überraschung erfuhren wir – und alle deutschen Medien berichteten in diesem Sinne –, daß die in dem gemeinsamen Kommuniqué so bezeichnete »ausgewogene Partnerschaft« die indirekte Ablehnung eines jeden amerikanischen Versuchs sei, die Vorherrschaft für sich zu beanspruchen – eine Absicht, deren wir uns nicht bewußt waren. Daß das Wort »Atlantik-Charta« nicht in das Kommuniqué aufgenommen worden war, wurde als Erfolg begrüßt, als wäre es ein Beweis für die staatsmännische Klugheit der Unterhändler, die Vereinigten Staaten daran gehindert zu haben, das Schicksal der Vereinigten Staaten mit dem Europas zu verknüpfen. Die Pressesprecher hatten auch nicht der Versuchung widerstehen können, Watergate zum Anlaß zu nehmen, den Vereinigten Staaten eins auszuwischen. Die *Frankfurter Allgemeine Zeitung*, eine der führenden deutschen Tageszeitungen, schrieb in einem Leitartikel:

Der Erfolg der Gespräche Brandts, bei dem er nach dem Urteil deutscher Diplomaten den größten Teil der Bonner Vorstellungen durchsetzen konnte, war auch von der gegenwärtigen innenpolitischen Situation in Amerika beeinflußt. Nixon brauchte angesichts der allgemeinen Unruhe über den »Watergate«-Skandal eine Bekräftigung der weltweiten Bedeutung aller außenpolitischen Aktionen eines amerikanischen Präsidenten, und die Anwesenheit Brandts, dessen Popularität in Amerika sich in Auftritten vor dem außenpolitischen Senatsausschuß und vor dem National Press Club eindrucksvoll bestätigte, konnte aus diesem Grund nur gelegen kommen und auch konzessionsbereit stimmen.

Der neue deutsche Botschafter, der zuverlässige Berndt von Staden, mit dem mich heute eine herzliche Freundschaft verbindet, trat seinen Posten daher unter wenig günstigen Voraussetzungen an. Er war schon vor ein paar Wochen in Washington eingetroffen, aber die diplomatischen Gepflogenheiten erlauben es nicht, daß Botschafter ihre Aufgaben übernehmen, bevor sie ihr Beglaubigungsschreiben überreicht haben. Das Protokollbüro des amerikanischen Außenministeriums wartet gewöhnlich einige Wochen, bis mehrere neue Botschafter gemeinsam dem Präsidenten vorgestellt werden können. Staden erhielt die Gelegenheit, dem Präsidenten am Tage der Ankunft Brandts seine Aufwartung zu machen. Mit dieser höflichen Geste wollte man es ihm ermöglichen, an den Gesprächen teilzunehmen. Nach der Abreise seines Kanzlers bekam er unseren Unmut mit aller Deutlichkeit zu spüren, der sich angesichts der durch Watergate entstandenen Nervosität nicht milderte. Aber der stets besonnene und versöhnliche Staden versicherte uns, weder Brandt noch der deutsche Außenminister Walter Scheel hätten gegenüber der Presse derartige Andeutungen gemacht. Staden war ein zu aufrichtiger Mann, um zu lügen. Wir vermuteten daher, daß eine andere, der Führungsspitze nahestehende Persönlichkeit die Presse unterrichtet hätte – wahrscheinlich der offizielle Pressesprecher. Da alle führenden deutschen Zeitungen im wesentlichen das gleiche berichteten, mußten sie von offizieller Seite in diesem Sinne unterrichtet worden sein.

Das nächste Symptom für die uns zunächst fast unerklärliche Zurückhaltung der Europäer war die Reaktion auf den am 3. Mai veröffentlichten jährlichen außenpolitischen Bericht des Präsidenten. Es war das vierte Papier zu diesem Thema, das während der Amtsperiode von Nixon herausgegeben wurde – der einzigartige Versuch eines Präsidenten, die von ihm geleitete Außenpolitik in einem umfassenden Jahresbericht darzulegen. Der Schwerpunkt lag bewußt bei der Definition abstrakter Begriffe, wobei wichtige Ereignisse diese illustrierten, aber nicht in einem bürokratisch geordneten Katalog zusammengefaßt waren. Der Zweck dieser Veröffentlichung war es, dem Kongreß, der Öffentlichkeit, den Medien und den verantwortlichen Politikern im Ausland Einblick in unser Denken zu verschaffen, was angesichts der bei uns oft unter Ausschaltung der Bürokratie im engeren Kreis getroffenen Entscheidungen besonders wichtig war. Es handelte sich bei diesem Papier um den prägnantesten Leitfaden, der Beamten zur Verfügung stand, die sich bemühten, die von der Regierung festgelegte politische Linie zu verfolgen, jedoch nicht immer in die Entscheidungsprozesse eingeweiht wurden. Gelegentlich verwendeten wir den außenpolitischen Bericht dazu, wesentliche Veränderungen in der politischen Linie anzudeuten. Alljährlich brachten meine wichtigsten Mitarbeiter – Winston Lord, Peter W. Rodman, William G. Hyland, Richard T. Kennedy, Marshall Wright und andere – viele Wochen damit zu, Aufsätze zu verfassen, von denen wir hofften, daß sie gründlich, aufschlußreich und lesbar waren. Meine Aufgabe war es, sie zu redigieren. Dazu benötigte ich zwei Wochen, in denen ich nichts anderes unternehmen konnte.

So sehr wir uns auch darum bemüht haben, es ist uns niemals gelungen, unser wichtigstes Ziel zu erreichen und mit den außenpolitischen Berichten eine gründliche öffentliche Diskussion anzuregen. Das lag zum Teil an dem unersättlichen Hunger der Medien nach aktuellen Neuigkeiten; Konzepte und Bestrebungen sind zu abstrakt, um Schlagzeilen zu machen. Es lag aber auch am gewaltigen Umfang des Dokuments (der erste Bericht umfaßte 160 Druckseiten, der zweite 234). Deshalb hatten es auch die Journalisten, die sich wirklich darum bemühten, dem Inhalt des Schriftstücks gerecht zu werden, schwer. Vielleicht haben wir auch die Presse niemals ausreichend über den Sinn des Ganzen informiert. Da mir diese Aufgabe zufiel, möchte ich allerdings nur ungern zugeben, daß es so gewesen ist. Das einzige Kapitel, das im allgemeinen die Aufmerksamkeit der amerikanischen Medien erregte, war – zum Kummer der Verfasser und ihrer Familien, die wochenlang auf ihre Väter hatten verzichten müssen –, dasjenige, das sich mit Indochina beschäftigte. Rückblickend muß ich sagen, daß, weil die ganze Nation vom Vietnam-Problem wie besessen war, es auch gar nicht anders hätte sein können, wenngleich die aufmerksame Lektüre des Berichts deutliche Hinweise darauf gegeben hätte, daß unsere Außenpolitik gegenüber China und der Sowjetunion neue Initiativen entwickelte. Doch im übrigen wurde der ganze Bericht von ausländischen Diplomaten und gewissenhaften Journalisten und Leitartiklern gründlich studiert, denn diese Leute wußten, daß darin mit seltener Klarheit das Denken der Verantwortlichen auf höherer politischer Ebene zum Ausdruck kam.

1973 glaubten wir, den mit dem Vietnam-Problem verbundenen Zwangsvorstellungen begegnen zu können, indem wir das Erscheinen des Berichts auf einen Zeitpunkt verlegten, zu dem dieses Thema von den Titelseiten der Zeitungen verschwunden war. Nixon selbst kündigte die Veröffentlichung des Berichts in einer Rundfunkansprache am 3. Mai an.* Auf diesen Kunstgriff war der erfindungsreiche William Safire 1968 verfallen, um den Präsidentschaftskandidaten Nixon der Öffentlichkeit vorzustellen. Nach Safires Auffassung war der Rundfunk das geeignete Medium, wenn man den Eindruck erwecken wollte, daß der Sprecher ein vernünftiger und klar denkender Mann sei, ohne eine Diskussion über konkrete Fragen riskieren zu müssen.

Aus dem Bericht war sehr deutlich zu ersehen, wie stark sich die Vereinigten Staaten dem atlantischen Bündnis verpflichtet fühlten, und er enthielt zudem einen dringenden Appell für neue, ernste Bemühungen, um gemeinsame Ziele zu erreichen:

> Als das Nachlassen der Ost-West-Spannungen deutlicher erkennbar wurde, haben sich einige unserer Verbündeten gefragt, ob sich die Vereinigten Staaten auch künftig gegenüber Europa verpflichtet fühlen, oder statt dessen ein neues Gleichgewicht der Kräfte anstreben würden, durch das sich die alten Bindungen schwächen und die Unterscheidung zwischen Verbündeten und Gegnern verschwinden müßten.
>
> Aber die Vereinigten Staaten werden die Sicherheit Europas oder die Interessen unserer Verbündeten niemals aufs Spiel setzen. Doch unser Zusammenhalt läßt sich am besten durch die Erkenntnis übereinstimmender Ziele und durch eine gemeinsame politische Linie, aber nicht durch verbale Beteuerungen festigen. Seit fast zehn Jahren haben wir im Bündnis über Fragen der Verteidigung und Entspannung diskutiert, und dabei haben einige Mitglieder eine Richtung vertreten, von denen sich die Vorstellungen der anderen hinsichtlich der Prioritäten unterschieden. Diese Streitgespräche sollten jetzt beendet werden. Wir müssen eine gemeinsame Front bilden und unseren Kurs für das vor uns liegende Jahrzehnt gemeinsam bestimmen.

Diesmal gelang es uns endlich, Vietnam aus den Schlagzeilen der Zeitungen zu verdrängen, wenn auch nicht in der von uns beabsichtigten Weise. Jetzt wurden wir von dem Sturm der Entrüstung erfaßt, der Haldemans und Ehrlichmans Rücktritt vor drei Tagen folgte.

Wieder scheuten sich die europäischen Regierungschefs vor einer Reaktion auf das Angebot Nixons, die Partnerschaft zu festigen. Sie versteckten sich hinter ihren Experten, und die Experten verhinderten

* Es sollte auch der letzte außenpolitische Bericht sein, denn nachdem ich im September 1973 Außenminister geworden war, hatte ich nicht mehr die Zeit, ein so umfassendes Dokument herstellen zu lassen. Das wirft ein interessantes Schlaglicht auf das Funktionieren des Beamtenapparats, und es ist ein Jammer, denn ich glaube auch noch heute, daß eine intelligente Erläuterung der Grundkonzepte und politischen Ziele einer Regierung der Öffentlichkeit, der Bürokratie und dem Ausland viel über die Politik eines Präsidenten zu sagen hat und das Verständnis seines Handelns fördert.

jeden Fortschritt unter dem Vorwand von Verfahrensfragen. Die Reaktion wurde den Medien überlassen, die, durch eine zweite Garnitur von Regierungsbeamten ins Bild gesetzt, die europäische Öffentlichkeit aufriefen, sich gegen die »erpresserischen« amerikanischen Taktiken und den von den Vereinigten Staaten ausgeübten Druck zur Wehr zu setzen. Die deutschen Zeitungen feierten noch immer den Erfolg Brandts, der sich geweigert hatte, den Ausdruck »Atlantik-Charta« in dem Schlußkommuniqué nach seinem Besuch in Washington aufzunehmen. Die französische Presse war kaum freundlicher. Sie warnte vor dem Versuch, die verschiedenen Probleme miteinander zu verknüpfen, denn sie erblickte darin eine Bedrohung der europäischen Autonomie. Sie begrüßte zwar einen Dialog, wollte ihn aber offenbar eines jeden konkreten Inhalts berauben. Im Leitartikel der einflußreichen französischen Zeitung *Le Monde* hieß es am 1. Mai:

> In dem Vorschlag des Präsidenten Nixon für globale Verhandlungen über die Beziehungen zwischen den Vereinigten Staaten, Europa und Japan spielt er die Bedeutung der bestehenden europäischen Institutionen herunter, von denen keine für alle Aspekte des Problems zuständig ist.
>
> Man muß abwarten, ob Europa seine Individualität am besten durch eine Opposition gegen die Vereinigten Staaten finden kann, was man in Paris immer noch zu glauben scheint, oder durch ein weiteres Zusammengehen mit den Vereinigten Staaten, wie man in Bonn glaubt.

Meine Bemerkung über die regionale Rolle Europas in meiner Rede zum Europa-Jahr wurde endlos wiederholt und scharf kritisiert, aber niemand machte sich die Mühe, darauf hinzuweisen, daß ich von Umständen gesprochen hatte, die wir bedauerten. Ich hatte dabei von einer deutlich erkennbaren Tatsache gesprochen, die durch das Verhalten der Europäer in früherer Zeit und auch in der unmittelbar hinter uns liegenden Periode klar bestätigt wurde. Europa hatte sich im Verlauf der Nachkriegsperiode seiner Verantwortlichkeit in Übersee entledigt und hatte sich auch nicht andeutungsweise bereit gezeigt, dafür neue Verantwortungen zu übernehmen. Trotz der von uns geäußerten Befürchtungen hatte sich Großbritannien eben erst aus dem Persischen Golf zurückgezogen. Wir hatten Schwierigkeiten, unsere Verbündeten zur Stärkung ihrer Verteidigungskräfte im Rahmen der NATO zu bewegen. Vielleicht war es nicht klug gewesen, die Dinge beim Namen zu nennen, aber das Bekritteln meiner Ausdrucksweise durch die Europäer entsprang einer Mischung aus Heuchelei und Ausflüchten. Noch ehe das Jahr zu Ende war, bedienten sich die europäischen Nationen während des Nahostkrieges der gleichen Phrasen, und sie wiederholten sich in dem Jahrzehnt der Krisen im Iran und in Afghanistan – und zwar, um der amerikanischen Forderung nach gemeinsamem Handeln zu entgehen.

Die einzigen Zeitungen, die zu begreifen schienen, was die amerikanische Regierung eigentlich wollte, waren die britischen. Die Londoner *Times* bezeichnete den Bericht als »einen umfassenden und wohldurchdachten Situationsbericht, den man heute als Grundtext zum amerikanischen Denken betrachten muß«. Zu Europa äußerte sich die Zeitung wie folgt:

> Der wichtigste Punkt ist, daß er zwar Handel und Verteidigung verknüpft, aber nicht meint, die amerikanischen Verpflichtungen gegenüber Europa würden gegen die Handelspolitik der Europäischen Gemeinschaft oder gegen politische Zugeständnisse der Sowjetunion eingehandelt werden. Das ist natürlich richtig.

Doch selbst dieses wohlwollende Blatt konnte sich der Bemerkung nicht enthalten, daß sich die Westdeutschen »ebenso wie alle anderen überlegen, wie sich die innenpolitische Katastrophe des Präsidenten Nixon auf seine Außenpolitik auswirken wird«.

Der konservative *Daily Telegraph* meinte, »einige der scharfsinnigsten und analytischsten Passagen« im Bericht des Präsidenten seien in dem Abschnitt über Europa und das atlantische Bündnis zu finden:

> Zum gegenwärtigen Stadium der Debatte hat man sehr stark den Eindruck, jeder wollte jedem sagen, daß etwas getan werden müsse, um dann darauf zu warten, bis die anderen es tun oder Vorschläge dazu machen. Das ist wahrscheinlich in einer Periode unvermeidlich, in der sich so vieles Wichtige gleichzeitig entwickelt, und zwar zum Teil parallel zueinander, aber offensichtlich auch in direkt entgegengesetzer Richtung. Aber es ist die Pflicht der Staatsmänner, vorauszudenken. Europäische Führer, vergeßt das nicht!

Das war nach unserer Auffassung der Kern des Problems. Nicht einmal die technischen Probleme konnten gelöst werden, wenn man sie nur rein pragmatisch anpackte. Vor allem würden wir, wenn wir den Zeitpunkt versäumten, die Generation nicht inspirieren können, die seit den großen schöpferischen Aktivitäten des Westens herangewachsen waren.

Jobert führt den Reigen an

Im Mai hätten uns die Demonstrationen europäischer Gleichgültigkeit wahrscheinlich veranlassen sollen, unsere Initiative auf einen späteren Zeitpunkt zu verschieben. Schließlich würden unsere Verbündeten nach jeder realistischen Beurteilung der Lage durch einen neuen Anstoß zur Intensivierung der atlantischen Beziehungen wenigstens ebensoviel gewinnen wie wir. Aber Watergate trieb uns mehr zur Eile als zur Bedachtsamkeit. Nixon wußte, daß die gleichen Kritiker, die ihm vorwarfen, die Initiative für das Europa-Jahr sei ein Ablenkungsmanöver, auch behaupten würden, daß ein Fehlschlag in diesen Bemühungen auf seine innenpolitischen Schwierigkeiten zurückzuführen sei. Da er so tat, als habe seine Autorität nicht gelitten – und anders hätte er sie auch nicht bewahren können –, verfolgte er alle einmal begonnenen Unternehmungen mit unnachgiebiger Starrköpfigkeit. Darüber hinaus war er zutiefst vom Wert einer gefestigten atlantischen Beziehung überzeugt. Dieses Erbe wollte er seinem Nachfolger unter allen Umständen hinterlassen. So wurde Watergate zugleich zur Hauptursache dafür, daß wir in eine Sackgasse gerieten, und zu dem Hindernis, das es uns nicht erlaubte, uns daraus zu befreien. Wir kämpften weiter und fanden uns schließlich in der absurden Lage wieder, daß wir eifriger darum bemüht waren, unsere Verpflichtungen gegenüber den atlantischen Beziehungen zu bestätigen und zu stärken, als Europa es wollte.

Den nächsten Schritt auf dem Wege zur Verwirklichung dieses so schwer zu erreichenden Zieles tat ich in London. Am 10. Mai legte ich dort einen Zwischenaufenthalt ein, um die britische Führung über den Inhalt der Gespräche zu unterrichten, die ich eben mit Breschnew in der Sowjetunion geführt hatte (siehe 7. Kapitel). Man hätte in White Hall nicht verständnisvoller, aber auch nicht zurückhaltender sein können. Die einzelnen Minister und hohen Staatsbeamten lenkten das Gespräch in ihrer geschickten und höflichen Art immer wieder auf Verfahrensfragen und vermieden jede Diskussion über den konkreten Inhalt unseres Vorschlags. Sie waren mehr als bereit, darüber nachzudenken, in welchem Forum die Konsultationen der Verbündeten stattfinden sollten, solange es nicht zu einem Gipfeltreffen führte oder den Briten irgendwelche besonderen Verpflichtungen auferlegte.

Dabei wurden alle möglichen klugen Vorschläge gemacht. Heath dachte an einen Lenkungsausschuß, in dem vier Staaten (Frankreich, Großbritannien, die Bundesrepublik Deutschland und die Vereinigten Staaten) vertreten sein sollten, der entweder offiziell von der NATO designiert werden oder inoffiziell zusammentreten sollte. Wir stimmten zu. Der damalige Chef des Außenministeriums, Denis Greenhill, sagte, daß dieser Ausschuß durch Arbeitsgruppen erweitert werden könnte, deren Aufgabe es wäre, sich mit während der Beratungen auftretenden Sonderproblemen zu beschäftigen. Auch damit waren wir einverstanden. Irgend jemand kam auf den Gedanken, zu einem etwas späteren Zeitpunkt eine Konferenz der stellvertretenden Außenminister der NATO-Staaten einzuberufen. Auch dagegen hatten wir nichts einzuwenden. Das Schlimme war nur, daß jeder britische Vorschlag es uns überließ, die Zustimmung der anderen Verbündeten zu gewinnen, und es vollkommen offen ließ, worüber gesprochen werden sollte oder was Großbritannien tun werde, wenn sich die anderen Verbündeten weigerten, diesen Vorschlägen zu folgen. Wir durften also nicht damit rechnen, daß Großbritannien bei der Formulierung einer europäischen Reaktion auf unsere Initiative den Anfang machen würde, oder, wie sich dann herausstellte, bereit wäre, seine eigenen Ideen zu verteidigen, wenn wir sie vortrugen und Frankreich Einwände hatte.

Daß für Heath die europäischen Beziehungen wichtiger waren als die atlantischen, zeigte nichts so deutlich wie das große Interesse der Briten für die Haltung Frankreichs. Es war für uns verwirrend, wie besorgt sich die Briten immer wieder nach den Auffassungen der Franzosen erkundigten. Sie waren sichtlich erleichtert, als ich ihnen mitteilte, daß ich vorhätte, eine Woche später mit Jobert und Pompidou zu sprechen – als seien die Telefonleitungen zwischen London und Paris unterbrochen. Obwohl wir den Hintergrund noch nicht deutlich erkannt hatten, deutete alles darauf hin, daß die Briten uns mit gutem Willen und Ratschlägen entgegenkommen, aber schließlich doch dem Beispiel Frankreichs folgen würden.

Damit wurde Paris zum Schlüssel, der das Tor zum Europa-Jahr öffnen konnte, und am 17. Mai hatte ich meine erste Begegnung mit dem Schlosser, auf den es ankam, in seiner neuen Funktion als Außenminister, mit Michel Jobert, der noch vor einem Monat mein Kollege als Sicherheitsberater des französischen Präsidenten gewesen war. Ich kannte Jobert als einen diskreten, sich im Hintergrund haltenden Mann mit großen Fähigkeiten und der aufrichtigen Bereitschaft, mit uns zusammenzuarbeiten. Er hatte auf französischer Seite mit großem Feingefühl und Takt die technische Seite bei den Vorbereitungen für meine Geheimverhandlungen mit Le Duc Tho in Paris geleitet. Mit ihm hatten wir uns in Verbindung gesetzt, wenn es um die Lösung delikater Probleme ging, die sich während Nixons erster Amtsperiode gelegentlich in den französisch-amerikanischen Beziehungen ergaben. Er hat uns dabei niemals enttäuscht.

Aus diesem Grund und weil wir damals so herzliche Beziehungen entwickelt hatten, erwarteten wir alles andere als eine Konfrontation mit Frankreich. Wir waren auch durchaus bereit, uns über das Europa-Jahr zuerst mit der französischen Führung zu verständigen, ja, wir gaben diesem Verfahren sogar den Vorzug, denn wir waren überzeugt, daß die kühle Abwägung ihrer nationalen Interessen die Franzosen zu den gleichen Schlüssen führen werde, zu denen auch wir gekommen waren, daß nämlich die Solidarität des Westens für die Sicherheit und Freiheit Europas unerläßlich sei.

Mit dieser Beurteilung der Lage hatten wir uns schmerzlich getäuscht. Noch ehe das Jahr zu Ende war, sahen wir uns mit Frankreich in die gleiche häßliche Konfrontation gedrängt, für die wir unsere Vorgänger kritisiert hatten. Die Gründe dafür sind mir bis heute noch nicht ganz klar. Wir waren bereit, den Franzosen in Verfahrensfragen nachzugeben, und wir glaubten, Ideen verwirklichen zu wollen, die uns ursprünglich von Pompidou vorgelegt worden waren. Wir hatten nichts dagegen einzuwenden, wenn Frankreich unsere Initiative dazu benutzte, seine Stellung in Europa zu festigen, und waren durchaus bereit, mit anzusehen, daß das Erbe Monnets von französischen Staatsmännern verwirklicht wurde. Die Hauptursachen für unsere Enttäuschung waren nach meiner Ansicht der Umstand, daß Michel Jobert immer mehr an Einfluß gewann, während Pompidou physisch zugrunde ging und Nixon in den USA politisch zusammenbrach.

Über einen Zeitraum von etwa vier Wochen arbeiteten Jobert und ich harmonisch zusammen – jedenfalls gelang es ihm, diesen Eindruck in mir zu erwecken. Er bot mir sogar seine Hilfe für den Entwurf der neuen »Atlantik-Charta« an, und in der Tat sind wesentliche Abschnitte der im Juni 1974 unterzeichneten gemeinsamen Erklärung unter Joberts Ägide von dem klugen französischen Botschafter beim Nordatlantikrat, François de Rose, verfaßt worden. Aber dieses Dokument hatte durch Joberts geschickte Taktiken bis dahin jede Bedeutung verloren. Während ein Monat nach dem anderen verging, unternahm er mit dämonischer Geschicklichkeit alles, um unsere Politik zu hintertreiben. Das ändert nichts an meiner Überzeugung, daß kein Außenminister, den ich kennengelernt habe, intelligenter als Jobert war und nur sehr wenige an ihn heranreichten. Und so seltsam das auch klingen mag, trotz all unserer Konflikte mochte ich ihn persönlich sehr gern. Es entwickelte sich zwischen uns sogar eine Art Freundschaft – die sich allerdings mit Erbitterung paarte. Er war ein kultivierter, ungewöhnlich liebenswürdiger Mann, und jeder Gedankenaustausch mit ihm war ein Vergnügen. Elegant und zynisch, mit einem ausdrucksvollen Gesicht, das von den leuchtenden Augen beherrscht wurde, war Jobert ein hochintelligenter Mann und ein leidenschaftlicher Diskussionspartner. Als Angehöriger einer Nation, in der die Rhetorik noch als Kunstform gepflegt wird, konnte er beißende Aphorismen von sich geben.

Was Michel Jobert fehlte, waren weder Intelligenz noch analytischer Verstand, sondern der richtige Sinn für die Verhältnismäßigkeit. Ich glaube nicht, daß er es von Anfang an auf eine Konfrontation mit den Vereinigten Staaten abgesehen hatte. Er verfolgte zunächst das traditionelle Ziel der französischen Außenpolitik in der gaullistischen fünften Republik. Er wollte wenigstens den Eindruck erwecken, daß Frankreich alles, was geschah, aus eigener Kraft gestaltete. Bei einem späteren Gespräch hat Jobert mir gesagt, daß es ihm nicht genügen könnte, einen amerikanischen Vorschlag einfach zu akzeptieren. Frankreich brauchte »einen gewissen Handlungsspielraum«, und ihm wäre es gleichgültig, wenn Journalisten daraus eine Konfrontation machten; das werde sogar die Verständigung erleichtern:

> Wir werden Zwischenfälle, besondere Vorkommnisse, Fortschritte und Unsicherheiten erleben – und das wird ihrem Vorhaben vielleicht helfen, weil es dadurch bedeutender erscheint. Andernfalls wäre die Sache zu einfach; die Menschen würden das Interesse verlieren. Deshalb müssen wir den Anschein wahren, daß der Dialog schwierig sei.

Ich hatte den Eindruck, daß Jobert sich schließlich nicht nur unserer Initiative anschließen, sondern sogar die Führung bei der Verwirklichung unserer Ziele übernehmen werde, und glaubte, er verlangte nur, die führende Rolle spielen zu können, um dafür zu sorgen, daß wir das Europa-Jahr nicht dazu benutzten, Frankreich innerhalb der Europäischen Gemeinschaft zu isolieren. Er fragte mich, ob wir schon den Text einer atlantischen Deklaration entworfen hätten. Als ich ihm sagte, das wäre noch nicht geschehen, schien er mir nicht recht glauben zu wollen. In Wirklichkeit hatten wir gezögert, mit der Formulierung eines solchen Textes zu beginnen, bevor unsere wichtigsten Verbündeten uns zugestimmt hatten, denn wir wollten verhindern, daß sie den Entwurf gemeinsam aushöhlten und zu Tode kritisierten. Jobert drängte uns, ihm diesen Entwurf so bald wie möglich vorzulegen. Er erklärte, daß er ihn, wenn er damit einverstanden sei, der Europäischen Gemeinschaft vorlegen werde. Wir sollten jedoch unseren zweifellos starken Einfluß nicht dazu benutzen, daß Frankreich innerhalb der Gemeinschaft überstimmt würde, oder uns auf die atlantische Partnerschaft berufen, um das Entstehen einer europäischen Identität zu verzögern.

Angesichts des Bestrebens von Großbritannien und Deutschland, mit Frankreich Schritt zu halten, fiel es mir nicht schwer, Paris eine führende Rolle zuzugestehen. Ich erklärte mich gern einverstanden und versicherte ihm, daß wir innerhalb der europäischen Institutionen nichts unternehmen würden, um Frankreich zu isolieren. So zeigten wir während der ersten Wochen des Europa-Jahrs der Europäischen Gemeinschaft – auf Veranlassung Frankreichs – die kalte Schulter! Der verschlagene Jobert hatte uns also vor einen noch unauflöslicheren inneren Widerspruch gestellt als Brandt. Er verlangte von uns, unser Interesse an der europäischen Einheit dadurch unter Beweis zu stellen, daß wir die europäischen Institutionen übergingen und es Frankreich überließen, einen Konsens mit den anderen europäischen Hauptstädten herzustellen. Damit war uns die Initiative aus der Hand genommen.

Es ist immer falsch, einem anderen soveränen Staat freie Hand zu lassen. Es zeigte sich bald, daß Jobert, ob er es nun beabsichtigt hatte oder nicht, jede Chance für sich zu nutzen verstand. Unter rücksichtsloser Ausnutzung unserer Vorbehalte gegenüber der Europäischen Gemeinschaft, zu denen er uns ermutigt hatte, organisierte er jetzt die europäischen Minister und Beamten – auch unter den günstigsten Umständen schwierige Verhandlungspartner – gegen uns und machte sich zu ihrem Sprecher. Eine amerikanische Initiative hatte es Jobert ermöglicht, den Versuch zur Verwirklichung des gaullistischen Traums zu unternehmen, Europa auf einer antiamerikanischen Basis zu vereinigen.

Ich kann nicht beurteilen, ob Jobert von Anfang an ein so ausgeklügeltes Spiel mit uns treiben wollte oder ob er allmählich und gegen seine ursprüngliche Absicht in diese Lage geraten ist, weil sich die Gelegenheit dazu ergab. Ich neige eher zu der zweiten Alternative, und zwar zum Teil deshalb, weil Frankreich aus der Konfrontation, die durch Joberts Taktiken unvermeidlich wurde, nichts zu gewinnen hatte. Sobald die Fronten sich geklärt hatten und die europäischen Nationen sich gezwungen sahen, zwischen den Vereinigten Staaten und Frankreich zu wählen, konnte angesichts der Tatsache, daß sie auf unseren Schutz angewiesen waren, am Ausgang eines solchen Ringens kein Zweifel bestehen. Doch bevor es dazu kam, verlor Jobert als Folge von Pompidous Tod seinen Posten als Außenminister, und die französisch-amerikanischen Streitigkeiten lösten sich für den Rest des Jahrzehnts auf wie eine Rauchwolke im Wind.

Was Jobert dazu veranlaßt haben könnte, die Zusammenarbeit mit uns aufzugeben, ist augenscheinlich die Faszination des persönlichen Ansehens gewesen, das er als handelnder Politiker im Rahmen des französisch-amerikanischen Konflikts zu gewinnen suchte. Wie eine Gestalt aus einem Theaterstück von Pirandello wurde Jobert schließlich zu dem, was er zunächst nur vorgegeben hatte zu sein. Als wir uns kennenlernten, glaubte er, daß meine Bewunderung für de Gaulle grenzenlos sei. Er sagte, der Gaullismus wäre durch Rhetorik abgemilderte Immobilität. Am Schluß hatte er die Ideen des Gaullismus so weit auf die Spitze getrieben, wie es sich der große General niemals hätte vorstellen können, der zu sehr Historiker war, um einen Streit auf die persönliche Ebene zu verlagern, und der niemals so weit gegangen wäre, das globale Gleichgewicht zu gefährden. Nachdem Jobert zunächst die Rolle des Gegners übernommen hatte, um, wie er behauptete, die psychologische Basis für die spätere Zusammenarbeit zu schaffen, faszinierte ihn diese Rolle so sehr, daß er zum Vokabular der Zusammenarbeit nicht mehr zurückfinden konnte. Er vergaß, daß Diskussionen nicht Selbstzweck sind; sie haben nur einen Wert als Zwischenstadium in einem Prozeß, der zur Einigung führt, und zwar auch, wenn die Gesprächspartner politische Gegner sind. Ich habe den Verdacht – und ich weiß, daß auch Persönlichkeiten aus Pompidous näherer Umgebung meine Auffassung teilen –, daß Jobert zu seiner extremen Haltung durch die bis dahin unvorstellbare Idee getrieben worden ist, er könnte die Nachfolge seines todkranken Präsidenten antreten, wenn er in der Öffentlichkeit den Eindruck erweckte, ein hartnäckiger Verteidiger des französischen Nationalismus zu sein.

Die Lage wurde noch auswegloser, weil Jobert seine leidenschaftlichen Gefühle hinter einer zynischen Nonchalance versteckte. Das Räderwerk der diplomatischen Maschinerie wird durch versöhnliche äußere Formen geölt, die es ermöglichen, politische Meinungsverschiedenheiten von persönlicher Animosität zu unterscheiden. Die fein ausgeklügelten Rituale des Protokolls sind ein Symbol dafür, daß der Diplomat, auch wenn er einen Standpunkt einnimmt, der dem seines Gesprächspartners diametral entgegengesetzt ist, einem bestimmten Ziel, einem Grundsatz und einem Interesse dient, dabei aber niemals eine persönliche Vendetta austrägt. Jobert weigerte sich, diese Spielregeln zu beachten. Bei jeder Konfrontation ging er sofort zum persönlichen Angriff über. Wenngleich unsere privaten Gespräche in freundlichem und herzlichem Ton geführt wurden, versäumte er niemals die Gelegenheit, in Gegenwart anderer die verletzendsten Formulierungen zu finden. Er beschränkte seine beißenden Bemerkungen auch nicht auf Angriffe gegen die Vereinigten Staaten. Auf der Energiekonferenz in Washington im Februar 1974 griff er den damaligen deutschen Finanzminister Helmut Schmidt so persönlich an, wie es mit den politischen Absichten der französischen Regierung unvereinbar war.

Jobert war ein großes Talent und hätte es weit bringen können, wäre sein Präsident nicht gerade in dem Augenblick schwer erkrankt, in dem er selbst an prominenter Stelle einen verantwortlichen Posten übernahm. Pompidou war im wesentlichen maßvoll, vorsichtig und ausgewogen. Ich kann mir nicht vorstellen, daß er die Lage so hätte außer Kontrolle geraten lassen, wenn er noch gesund gewesen wäre. Doch nun, da sein Präsident ihm keine Richtlinien mehr geben konnte, sah sich Jobert plötzlich vor die Möglichkeit eines persönlichen Erfolgs gestellt, der in seiner bisherigen Anonymität undenkbar gewesen wäre, und wurde zu einem Meteor, der für kurze Zeit das Firmament der Diplomatie in ein grelles Licht tauchte, um ebenso rasch in der Versenkung zu verschwinden.* Das war ein großer Jammer.

* 1981 kehrte Jobert als Außenhandelsminister unter Präsident François Mitterand ins öffentliche Leben zurück.

Als wir am 17. Mai 1973 zum ersten Mal zusammentrafen, deutete noch nichts auf die künftigen Konflikte hin. Wir sprachen vor allem darüber, wie die Präsidenten Pompidou und Nixon auf dem bevorstehenden Gipfeltreffen in Island gemeinsam etwas für das Europa-Jahr tun könnten. Jobert sagte, er sei mit diesem Vorhaben einverstanden, meinte jedoch, wir brauchten Geduld und er werde sich an der damit verbundenen harten Arbeit beteiligen. Er rechnete damit, daß mein für den nächsten Tag vorgesehenes Gespräch mit Pompidou zu konkreten Ergebnissen führen würde.

Diese Erwartung bestätigte sich. Als ich am 18. Mai im Elysee-Palast vom Präsidenten empfangen wurde, konnte ich feststellen, daß sich Pompidou als erster europäischer Regierungschef ernsthaft mit der Substanz des Europa-Jahrs beschäftigte. Er unternahm nicht den Versuch, auf Verfahrensfragen auszuweichen, sondern ging sofort auf den Kern des Problems ein. Er sagte, daß er einige Bemerkungen zu der von mir im April gehaltenen Rede machen müßte. Er teilte nicht die Auffassung meiner Kritiker, die sich daran stießen, daß ich von einer regionalen Rolle Europas gesprochen hatte. Hätte ich behauptet, Europa habe nicht das Recht, eine eigene Meinung zu haben, dann wäre das etwas anderes. Das hätte ich jedoch nicht getan, und diesen Umstand hätten die meisten Journalisten, die mich kritisierten, übersehen. Ich hätte nur von einer objektiv richtigen Tatsache gesprochen. Es sei »mehr oder weniger richtig«, fuhr Pompidou fort, daß Europa eine zweitrangige Macht wäre (eine Behauptung, mit der Pompidou viel weiter ging als ich). Er räumte auch ein, daß die vielfältigen Probleme, vor denen die atlantischen Nationen jetzt stünden, gleichzeitig gelöst werden müßten. So sei es zum Beispiel nicht möglich, Meinungsverschiedenheiten auf wirtschaftlichem Gebiet auszuräumen, ohne die Wirtschaftsprobleme in den Rahmen einer gemeinsamen politischen und militärischen Strategie zu stellen. Der Präsident sagte, daß er sich darauf freue, alle diese wichtigen Fragen mit Nixon in Reykjavik ausführlich besprechen zu können.

Pompidou begriff, daß besonders die Ost-West-Entspannung eine Übereinstimmung in allen grundsätzlichen Fragen erforderte. Besondere Sorgen bereitete es ihm, daß Nixon den Sowjets zu weit entgegengekommen sein könnte. Was ihn besonders beunruhigte, waren die Vereinbarungen zur Verhinderung eines Krieges mit Kernwaffen, die im Juni von Nixon und Breschnew unterzeichnet werden sollten und über deren Inhalt wir Pompidou auf dem laufenden hielten (siehe 7. Kapitel).

Er interpretierte diese Vereinbarung – wie ich glaubte zu Unrecht – als einen Verzicht der Supermächte auf einen Krieg mit Kernwaffen, der Europa und China Zwängen aussetzte, die unterhalb der Schwelle eines mit allen verfügbaren Waffen zu führenden Krieges lagen. Er fragte mich, ob Nixon andere politische Vorstellungen habe als ich und ob wir immer noch eine Politik des Gleichgewichts zwischen den verschiedenen Machtzentren verfolgten oder uns gegen China auf die Seite der Sowjetunion stellten. Und welche Haltung würden wir gegenüber einem »getarnten« sowjetischen Vorrücken einnehmen, das »ohne Gewaltanwendung, aber als ›voranwandernde Flutwelle‹ auf uns zukäme«? Mit anderen Worten, was würden wir unternehmen, wenn kommunistisch beherrschte Kräfte in wichtigen Ländern der Dritten Welt oder vielleicht sogar in europäischen Parlamenten die Macht übernähmen?

Das waren tiefschürfende und weitblickende Fragen, und sie bezeichneten die Schlüsselprobleme des nächsten Jahrzehnts. Die amerikanische Entspannungsstrategie stützte sich auf die gemäßigten Elemente in den Vereinigten Staaten, wollte bei unseren Verbündeten den Eindruck vermeiden, sie könnte zu internationalen Spannungen führen, und den Sowjets die Gelegenheit für ein zumutbares Entgegenkommen geben, sie war jedoch niemals ein politisches Ziel an sich. Für den Fall, daß die Sowjets an ihrer Expansionspolitik festhielten, waren wir entschlossen, mit Festigkeit darauf zu reagieren, und unsere Politik war darauf gerichtet, dafür eine möglichst breite Basis zu schaffen. Doch Pompidou hatte ihre Schwächen erkannt: Bei der Entspannungspolitik bestand die Gefahr, daß man Taktik mit Strategie und Rhetorik mit der Realität verwechselte. Wenn ein so feinfühliger Politiker wie Pompidou hier seine Zweifel hatte, dann bestand das Risiko, daß wir bei dem Bemühen, unsere Friedensliebe zu demonstrieren, die traditionellen Gegner des sowjetischen Expansionismus demoralisierten. Wenn wir das Argument entkräfteten, daß die NATO ein Hindernis für den Frieden sei, dann erschwerten wir es ihr vielleicht auch, die Gefahr richtig zu erkennen. Das alles könnte die Dynamik der von Pompidou so bezeichneten »voranwandernden Flutwelle« verstärken – die sich 1973 nur als leichte Kräuselung der Wasserfläche am Horizont erkennen ließ.

Ob die Quadratur des Kreises dem Präsidenten der Vereinigten Staaten in einer normalen Amtsperiode gelungen wäre, läßt sich nicht sagen. Offensichtlich glaubten wir nicht nur, daß dies möglich wäre, sondern waren auch überzeugt, daß wir den Zusammenhalt des Westens auf die Dauer auf keine andere Weise stärken könnten. In der stickigen Atmosphäre von Watergate, als sich alle Hoffnungen Nixons auf eine Verbreiterung seiner innenpolitischen Basis durch eine gemäßigte Politik zerschlugen, gingen wir das doppelte Risiko ein: daß die getarnten

Vorstöße der Sowjets die Öffentlichkeit verwirrten, während unsere Versuche, zum Widerstand dagegen aufzurufen, nicht die notwendige Unterstützung fanden.

Pompidou hatte in der Tat die Grundsatzfrage gestellt, mit der sich die Amerikaner am wenigsten gern beschäftigten: Widersetzen wir uns als stärkste freie Nation in der Welt der Tatsache des Wandels oder der Methode, mit der dieser Wandel herbeigeführt werden soll? Wollen wir nur die mit illegitimen Methoden bewirkte sowjetische Expansion verhindern (wobei sich darüber streiten läßt, wie man den Begriff der Illegitimität definieren will), oder kommt es uns darauf an, das geopolitische Gleichgewicht der Kräfte unter allen Umständen und ohne Rücksicht darauf, mit welchen Methoden es gefährdet wird, zu verteidigen – auch wenn, wie Pompidou es ausdrückte, der Angriff gegen dieses geopolitische Gleichgewicht als eine »voranwandernde Flutwelle« getarnt wird?

Das traditionelle Vertrauen zu den Grundsätzen des Völkerrechts und die historisch begründete Abneigung, in Kategorien des Gleichgewichts der Kräfte zu denken, führen die Amerikaner dazu, sich lieber den Methoden zu widersetzen, mit denen ein Wandel bewirkt wird, als den konkreten Veränderungen selbst, und selbstverständlich können und sollten wir nicht unbedingt jeden Status quo blind zu verteidigen suchen. Das Ziel der amerikanischen Außenpolitik müssen sowohl Gerechtigkeit als auch Stabilität sein, und beide sind selbstverständlich eng miteinander verknüpft. Doch gibt es Veränderungen im internationalen Kräfteverhältnis, welche die Sicherheit unserer Nation bedrohen können und gegen die wir uns wehren müssen, gleichgültig wie sie entstanden sind. Während eines Zeitraums von hundert Jahren hat England Krieg geführt, um zu verhindern, daß sich eine Großmacht – gleichgültig mit welchen Methoden – in den Besitz des Hafens von Antwerpen setzte. Die Beherrschung der Meere, die Voraussetzung für das Überleben Großbritanniens, war, wie man glaubte, nicht gewährleistet, wenn eine sichere Flottenbasis in so unmittelbarer Nähe der britischen Lebenslinie errichtet wurde. Aus einer ähnlichen Tradition kommend, fragte Pompidou jetzt, ob es für die Geduld der Vereinigten Staaten ähnliche Grenzen gäbe. Seine Frage brachte mich in Verlegenheit. Intellektuell stimmte ich ihm zu. Die Sicherheit der freien Völker hing davon ab, ob die Vereinigten Staaten ein Konzept ihres nationalen Interesses entwickeln konnten, das wir ohne Rücksicht auf die äußere Form, in der es bedroht wurde, verteidigen würden. Ich wußte aber auch, daß diese Vorstellungen dem traditionellen außenpolitischen Denken in den Vereinigten Staaten zuwider liefen und daß ich die Frage des französischen Präsidenten nicht eindeutig beantworten konnte.

Die Grundkonzepte der Außenpolitik in der Amtsperiode des Präsidenten Nixon trugen mit ihrer Dynamik dazu bei, daß das nationale Interesse in diesem Sinne verstanden wurde, und unser Volk wurde dazu erzogen, die Komplexität dieser Politik besser zu begreifen. Zu unserem Unglück verursachte jedoch der Vietnam-Krieg eine Verwirrung der Begriffe, und Watergate drohte, die ganze öffentliche Diskussion zu ersticken. Aus Gründen, die mit unserer Außenpolitik nichts zu tun hatten, verloren wir die Fähigkeit, unsere fundamentalen Erkenntnisse deutlich zu machen: daß unsere Nation die Pflicht hatte, die Sicherheit der freien Völker zu verteidigen, wenn sie ihre eigene Sicherheit bewahren wollte, und daß es eine problematische Aufgabe ist, der Gefährdung des Gleichgewichts der Kräfte schon in den frühen Stadien einer solchen Entwicklung Widerstand zu leisten. Denn wenn man wartet, bis die Gefahr deutlich erkennbar wird, dann wächst der Preis für einen solchen Widerstand ins Unermeßliche; im Nuklearzeitalter kann er untragbar hoch werden.

Eine Nation und ihre Führer haben die Wahl zwischen der mit exorbitanten Risiken gekoppelten moralischen Gewißheit oder der Bereitschaft, aufgrund unbeweisbarer Vermutungen zu handeln, um Herausforderungen zu begegnen, solange die Lage noch nicht außer Kontrolle geraten ist. Ich bevorzuge das letztere Verfahren. Wir haben angesichts der Tatsache, daß unser Handlungsspielraum immer geringer wird, auch keine andere Wahl. Aber eine solche Politik belastet uns, weil es sich niemals beweisen läßt, ob es wirklich notwendig gewesen ist, die Opfer zu bringen, die sie uns abverlangt. Hätte Frankreich 1936 die Wiederbesetzung des Rheinlands durch Hitler nicht zugelassen – und das war nun einmal das entscheidende Ereignis, das schließlich zum Ausbruch des Zweiten Weltkriegs geführt hat –, dann wäre das für den denkbar geringsten Preis gelungen. Aber dennoch würden in diesem Fall bis heute Doktorarbeiten über die Streitfrage geschrieben werden, ob Hitler ein mißverstandener Nationalist oder ein Wahnsinniger gewesen sei, der nach der Weltherrschaft strebte. Vier Jahre später wußte jeder, was Hitler war, aber diese Erkenntnis hatte Millionen von Menschenleben gekostet.

Es ist die Pflicht des Staatsmannes, die Kluft zwischen den Erfahrungen seiner Nation und seinem politischen Weitblick zu überbrücken. Wenn er seinem Volk zu weit voraus ist, wird er sein Mandat verlieren; wenn er sich auf das Konventionelle beschränkt, dann verliert er seinen Einfluß auf die Ereignisse. Die Qualitäten, die einen großen Staatsmann auszeichnen, sind Weitblick und Mut, nicht sein analytischer Verstand. Er muß eine Vorstellung von der Zukunft und den Mut haben, auf sie zuzugehen, während sie für die meisten seiner Landsleute noch im Dunklen liegt. Leider trifft es zwar zu, daß sich die Größe eines Staatsmannes daran erkennen läßt, daß er, vor schwierige Entscheidungen gestellt, die richtige trifft, aber nicht jeder, der vor solche Entscheidungen gestellt wird, ist ein großer Staatsmann. Er kann auch ein Narr sein.

In dem Jahr, in dem Watergate über uns hereinbrach und ein zehn Jahre dauerndes Ringen in Indochina hinter uns lag, habe ich mich mit Pompidou mehr in der Eigenschaft eines Professors als in der eines Diplomaten unterhalten. Ich sagte ihm, daß wir das Gleichgewicht der Kräfte in der Welt um jeden Preis bewahren würden. Man könnte sich Veränderungen vorstellen, die wir nicht zulassen würden, in welcher Form sie sich uns auch präsentierten – und sei es in der Form einer »voranwandernden Flutwelle«. Ich sagte, daß er sich daher irrte, wenn er glaubte, Nixon habe sich für die Sowjetunion und gegen China entschieden. Grundsätzlich wäre es uns lieber, hier keine Entscheidung treffen zu müssen, es könnte aber von uns verlangt werden:

> Es hat keinen Sinn, dem Stärksten gegenüber dem Schwächsten den Vorzug zu geben. Wenn es der Sowjetunion gelänge, China zu entmachten, dann würde Europa zu einem Finnland und würden die Vereinigten Staaten vollkommen isoliert werden. Es liegt daher in unserem Interesse, es weder zu wünschen, noch zuzulassen, daß die Sowjetunion China vernichtet. Wie kann man China unterstützen? Heute wäre ein solcher Gedanke in der amerikanischen Öffentlichkeit unvorstellbar. Wir brauchen eine Reihe von Jahren, um die Beziehungen zu China herzustellen, die die Vorstellung plausibel erscheinen lassen, daß ein gegen China gerichteter Angriff auch ein Angriff gegen die fundamentalen Interessen der Vereinigten Staaten sein könnte. Das ist unsere klare politische Linie.

Was nun das »getarnte Vorrücken der Sowjets« angeht, so sagte ich, daß wir alles tun würden, um ein Nachlassen der Wachsamkeit des Westens zu verhindern, zu dem es unter solchen Umständen nur allzu leicht kommen könnte. Aus diesem Grund wollten wir den atlantischen Beziehungen eine neue moralische Dimension geben, damit sich alle vermehrt um die Verwirklichung neuer Ziele und Wertvorstellungen bemühten. Auch die beabsichtigte Reise Nixons nach Reykjavik sei von diesem Geist getragen.

Doch während ich diese ermutigenden Worte aussprach, war ich selbst in trüber Stimmung. Die durch Watergate belasteten Vereinigten Staaten würden wahrscheinlich nicht den innenpolitischen Rückhalt finden, um solche Ideen verwirklichen zu können, und die über die Haltung gegenüber Moskau zerstrittenen Europäer würden vielleicht nicht auf uns hören, nachdem Amerika den inneren Zusammenhalt wiedergefunden hatte. Diese Befürchtungen zuzugeben, hätte jedoch die Gefahren nur noch erhöht. Manchmal kann man nichts Besseres tun, als sich seinen Glauben trotz aller bösen Vorzeichen zu bewahren und darauf zu vertrauen, daß die Vorsehung das Schlimmste verhüten werde.

Pompidou zeigte großes Verständnis. Er kannte unsere Schwierigkeiten, und ironischerweise war die Zeit, die ihm noch blieb, zu kurz, als daß er hätte mehr unternehmen können, als seine Qualen mit Linderungsmitteln zu verringern. In dieser Stimmung beschäftigte er sich vor allem mit taktischen Fragen. Er sagte, daß er nach Island gehen werde, um »positive Dinge« zu erreichen. Er wäre bereit für ein »realistisches Gespräch« über ein neues Dokument, in dem die Verbündeten ihre Solidarität und ihre Langzeitziele bestätigen müßten: »Wir müssen so miteinander reden, daß die Europäer nicht den Eindruck gewinnen, als ob die Vereinigten Staaten uns unser Verhalten vorschrieben.« Nach monatelangen fruchtlosen Gesprächen hatte ich nun zum ersten Mal den Eindruck, daß wir endlich vor einem entscheidenden europäisch-amerikanischen Dialog stünden, wie wir ihn uns vorgestellt hatten.

Eisberge in Reykjavik

Das Gipfeltreffen zwischen Nixon und Pompidou in Reykjavik am 31. Mai und 1. Juni 1973 erfüllte solche Hoffnungen nicht. Daß wir diese Gespräche in der Absicht aufnahmen, zu einem Durchbruch zu kommen, beweisen unsere internen Debatten. Unsere Wirtschaftsbehörden waren zum Beispiel überzeugt, daß unsere Bemühungen um ein fluktuierendes Währungssystem bei der Konferenz auf den Azoren im Jahr 1971 fast erfolglos geblieben waren, als Pompidou und Nixon beschlossen hatten, zur Bekämpfung der Währungskrise von der limitierten Goldkonvertibilität abzugehen.[6] Trotz der damaligen Zusage Nixons gegenüber Pompidou, den Wert des Dollars zu verteidigen – was die Festlegung der Wechselkurse bedeutete –, kam es im März 1973 praktisch zur Einführung der fließenden Wechselkurse, die unser Finanzministerium seit jeher bevorzugt hatte und gegen die sich die Franzosen ebenso hartnäckig wehrten, und zwar, weil wir es ablehnten oder nicht dazu in der Lage waren (dabei kommt es darauf an, aus welcher Perspektive man die Dinge betrachtet), uns an unsere Zusagen zu halten.

Nun standen wir wieder vor einem französisch-amerikanischen Gipfel, und mein Freund George Shultz fürchtete, wir könnten diese schwer erkämpften Vorteile – als die wir sie damals ansahen – für ein

Linsengericht verkaufen, denn dafür hielten die Wirtschaftsexperten die von uns ins Auge gefaßte Atlantik-Charta. In seiner klugen und ruhigen Art legte Shultz dem Präsidenten unmittelbar vor unserer Abreise eine Denkschrift vor. Der Grundgedanke war, daß Nixon unsere Haltung zu einer Reform des Währungssystems nicht zugunsten von vagen französischen Zusagen hinsichtlich der politischen Zusammenarbeit aufgeben sollte. Diese Haltung des Finanzministeriums war verständlich; die politische Führung mußte solche Vorschläge ablehnen. Ich erwähne diesen Zwiespalt hier nur, um zu zeigen, welche Ironie darin lag, daß die Befürchtungen unserer eigenen Mitarbeiter denen unserer europäischen Kritiker widersprachen.

Nixon und ich standen zwischen zwei Feuern, dem Zögern unseres Beamtenapparats und dem Mißtrauen einiger unserer Verbündeten; in dieser Lage wollten wir jetzt im Geiste meines mit Pompidou geführten Gesprächs in das Gipfeltreffen gehen. Jobert hatte mich gebeten, ihm eine »private«, das heißt inoffizielle Denkschrift zu schicken – wenn so etwas zwischen Diplomaten auf höherer Ebene überhaupt möglich ist. Er sagte, daß Pompidou und er unsere Haltung zur Vorbereitung des Gipfels prüfen und konstruktiv reagieren würden. Zwar konnte in diesem Vorschlag wieder eine jener für Jobert so charakteristischen versteckten Fallen oder das Produkt seines spielerischen und doch beißenden Zynismus stecken, mit dem er uns nur allzu gern als Bittsteller erscheinen ließ, aber ich glaubte trotzdem, daß es nichts schaden könnte, wenn wir auf seinen Vorschlag eingingen; die Franzosen würden sich über kurz oder lang doch mit unserem Standpunkt auseinandersetzen müssen. Am 26. Mai ließ ich Jobert durch unseren Botschafter John Irwin eine Denkschrift überreichen, die eine Zusammenfassung unserer Vorstellungen enthielt. Die Überschrift lautete »Das beabsichtigte Ergebnis des Zusammentreffens zwischen den Präsidenten Nixon und Pompidou in Island«. Der entscheidende Abschnitt erläuterte, welchen Inhalt nach unserer Auffassung eine »atlantische Deklaration« haben sollte:

> Wir möchten uns darüber verständigen, daß es notwendig sei, mit der Formulierung einer Reihe von die atlantischen Beziehungen betreffenden Grundsätze zu beginnen, wie sie zur Zeit des Europa-Besuchs des amerikanischen Präsidenten gegen Ende dieses Jahres gelten sollten. Diese Grundsätze könnten in einem Dokument festgehalten werden, das in der Form einer Deklaration veröffentlicht wird, hinter der die Mitgliedsländer des nordatlantischen Bündnisses und der europäischen Gemeinschaft stehen. Wir sind jedoch, was die Form angeht, in der eine solche Reihe von Grundsätzen zusammengefaßt wird, und hinsichtlich der Bezeichnung dieses Dokuments flexibel.

Aber wir würden uns gern darüber einigen, welche Kategorien von Themen in dem Katalog der Grundsätze aufgenommen werden sollen, zum Beispiel:

• eine neue Erklärung über die Werte und umfassenden Interessen, welche die atlantischen Nationen gemeinsam vertreten,
• eine Definition gemeinsamer Sicherheitsinteressen und Ziele, unter den in den siebziger Jahren gegebenen Verhältnissen,
• die Grundvorstellungen über die Ost-West-Beziehungen und über die Beziehungen zu anderen Gebieten,
• die Grundsätze für die Zusammenarbeit bei der Lösung von Problemen gemeinsamen Interesses wie Umweltfragen, Energieversorgung, Austausch von Technologien usw.
• und die Grundsätze der Gestaltung von Wirtschaftsbeziehungen einschließlich von Handelsgesprächen und unseren Bemühungen zur Reform des internationalen Währungssystems.

Die Franzosen hatten bis zu unserem Zusammentreffen in Island keine Zeit mehr für eine Antwort.

In der Zwischenzeit trafen Heath und Pompidou zu einem inoffiziellen Gespräch zusammen, ein neuer Beweis für die Reserviertheit der Europäer. Weder Briten noch Franzosen unterrichteten uns auch nur oberflächlich über den Inhalt dieser Gespräche, obwohl das Hauptthema eine amerikanische Initiative gewesen war. Die Franzosen sagten uns kein Wort – als gingen uns ihre Konsultationen mit den Briten nichts an. Heath schrieb uns einen unverbindlichen, im Ton freundlichen, im Inhalt spärlichen Brief, in dem er wiederholte, was Pompidou uns schon selbst gesagt hatte, daß nämlich der französische Präsident mit einer »positiven Haltung« nach Island kommen werde. Von diesem Augenblick an verhielt sich Heath wie ein Außenstehender, der peinlich berührt jeden Augenblick mit dem Ausbruch eines Familienstreits rechnet.

Über den Inhalt der privaten Gespräche hatten wir kaum etwas erfahren, aber die Haltung der Öffentlichkeit war besorgniserregend. Der von Pompidou und Brandt für die nächste Zeit ins Auge gefaßte atlantische Gipfel rückte in weite Fernen, denn jetzt weigerten sich Heath und Pompidou, sich auf ein Datum festzulegen solange bilaterale und multilaterale Konsultationen nicht deutlich machten, daß eine Konferenz auf höherer Ebene notwendig sei. Das war natürlich eine Tautologie: Da die Ergebnisse von Konsultationen vom guten Willen der beteiligten Regierungen abhängig waren, konnten diejenigen, die ein Gipfeltreffen ablehnten, praktisch ein Veto einlegen, indem sie das Vorhaben immer wieder hinauszögerten. Durch ihre Weigerung, einen Zeitpunkt für den Gipfel festzusetzen, forderten Heath und Pompidou die Beteiligten sogar zu einer solchen Taktik heraus. Sie verhinderten auch jeden Versuch, den Fortgang der Gespräche zu beschleunigen, was angesichts eines bevorstehenden Gipfeltreffens oder sogar einer Reise des Präsidenten nach Europa möglich gewesen wäre. Um jedes Mißverständnis zu vermeiden, ließen die beiden Regierungschefs die Presse durch ihre Mitarbeiter informieren, daß sie nicht daran glaubten, die Konsultationen könnten Ende 1973 abgeschlossen werden.

Aber Nixon beschäftigte sich in erster Linie mit Watergate und ich mit einer weiteren Verhandlungsrunde über Vietnam. Weder er noch ich hatten bis dahin begriffen, daß das Europa-Jahr zu einem gefährlichen Rückschlag führen könnte. Ohne die verheerenden Auswirkungen von Watergate noch recht erkennen zu können, von Verfahren bedrängt, die alles nur noch mehr verwirren konnten, und von der Überzeugung durchdrungen, den richtigen Weg zu gehen, ließen wir uns nicht so sehr von kühlen Überlegungen leiten, sondern versuchten, die Antworten zu finden, die unseren Vorstellungen entsprachen. Wir weigerten uns anzuerkennen, daß es für eine neue Ära der Kreativität entweder zu spät oder zu früh war, denn nur die Aussicht auf solche Erfolge hatte es uns ermöglicht, die Seelenqualen zu ertragen, die der Vietnam-Krieg uns auferlegte.

Bevor wir uns dem Inhalt der Gespräche in Island zuwenden konnten, sollte noch ein Treffen mit den Führern jenes Landes stattfinden, in dem eine bewundernswert tapfere Bevölkerung auf steinigem Ödland und im unwegsamen Gebirge während des Sommers im fast ununterbrochenen Tageslicht und in der endlosen Dunkelheit des Winters dem kargen Boden und der mitleidlosen See den Lebensunterhalt abringt. Wie es die diplomatische Etikette vorschreibt, dankten Nixon, Außenminister Rogers und ich den führenden Mitgliedern der isländischen Regierung für ihre Gastfreundschaft. Sie begegneten uns höflich, zeigten aber für den französisch-amerikanischen Gipfel nur geringes Interesse. Sie beschäftigte in erster Linie der unmittelbar bevorstehende Kabeljaukrieg gegen Großbritannien.

Dabei ging es um die Fischereirechte in den Territorialgewässern vor der Küste. Island beanspruchte für sich die ausschließlichen Fischereirechte in den zwischen Island und Großbritannien gelegenen Gewässern, was wiederum Auswirkungen auf Fragen der Verteidigung und den Zugang zu den am Boden der Tiefsee liegenden Mineralien hatte. Welches auch die völkerrechtliche Grundlage für die Ansprüche Islands gewesen sein mochte, das kleine Land wollte sie erzwingen, indem es drohte, der NATO die Benutzung von Luftbasen auf isländischem Boden zu verweigern, wenn notwendig durch einen gegen Großbritannien geführten Krieg. Britische Trawler und ein britisches

Kriegsschiff waren schon von isländischen Schnellbooten angegriffen worden, die durch geschickte Manöver ihre geringe Feuerkraft auszugleichen wußten. Die isländischen Minister stießen scharfe Drohungen aus und erklärten, daß sie ihre militärischen Abwehrmaßnahmen intensivieren würden, während Nixon und Rogers sie anflehten, auf so gefährliche Zwangsmaßnahmen zu verzichten.

Ich versuchte, mir über die Lage klar zu werden. Eine von zweihunderttausend Menschen bewohnte Insel drohte einer Weltmacht mit einer Bevölkerung von fünfzig Millionen mit einem Krieg, und den Anlaß bildete die Kabeljaufischerei. Eine Supermacht hielt es für notwendig, erstens dazu Stellung zu nehmen und zweitens nicht die stärkere, sondern die schwächere Seite zu besänftigen. Während Nixon und Rogers alles taten, um sie zu beruhigen, bestanden die isländischen Minister unversöhnlich auf einem Vorgehen, das in früheren Zeiten dem Selbstmord gleichgekommen wäre. Ich dachte an eine Äußerung, die Bismarck vor mehr als hundert Jahren gemacht hatte, daß nämlich die Schwachen stärker durch ihre Unverschämtheit und die Starken schwächer durch ihre Zurückhaltung werden. Die Szene im Rathaus von Reykjavik – die zur Besonnenheit mahnende Großmacht, das aufgebrachte kleine Land, das einer zweihundertfünfzigmal so großen Nation mit dem Kriege drohte und erklärte, daß es aus der NATO austreten werde (ohne die es wehrlos wäre) – das sprach Bände über die Verhältnisse in unserer Welt und darüber, wie die Schwachen uns alle tyrannisieren können.

Am gleichen Abend – es war der 30. Mai – suchte ich Michel Jobert in der Erwartung auf, mit ihm ein Routinegespräch zur Vorbereitung des Treffens der beiden Regierungschefs zu führen. Wie 1971 auf den Azoren war es den Franzosen auch hier gelungen, für sich die beste Unterkunft reservieren zu lassen – eine große Villa, in der ich Jobert gegen 10 Uhr abends besuchte. In Island war es um diese Zeit noch taghell. Aus irgendwelchen Gründen war es Jobert lieber, daß im Zimmer die gleichen Lichtverhältnisse herrschten wie in südlicheren Breiten. Vor den Fenstern hingen schwere Vorhänge, und es herrschte die Dunkelheit, an die er um diese Stunde gewöhnt war. Deshalb brannte auch elektrisches Licht. Jobert kam sofort zur Sache und nahm jetzt eine ganz andere Haltung ein als Pompidou vor zwei Wochen, als er mich mit der Demonstration seines guten Willens ermutigt hatte. Nun trug mir Jobert einen ganzen Katalog gegen die Vereinigten Staaten gerichteter Beschwerden vor. Wenn Pompidou nach Island gekommen war, um, wie er mir gesagt hatte, etwas »Positives« zu erreichen, dann hatte er sich dieses Ziel offenbar für seine persönliche Begegnung mit Nixon vorbehalten.

Doch diese Vermutung war unwahrscheinlich. Was Jobert mir sagte, mußte auch Pompidous Auffassungen entsprechen, auch wenn die scharfen Formulierungen des französischen Außenministers zweifellos seine eigenen waren. Ich konnte unmöglich erkennen, wie weit er jetzt Pompidous Haltung beeinflußt hatte. Jobert erklärte, daß der Zeitplan für unsere Initiative in erster Linie aus der Perspektive der amerikanisch-sowjetischen und nicht der atlantischen Beziehungen von Bedeutung sei. Er vermutete, die Vereinigten Staaten versuchten, für den bevorstehenden Besuch Breschnews in den Vereinigten Staaten möglichst viele Trumpfkarten in die Hand zu bekommen. Angeblich wollten wir bei Breschnew den Eindruck erwecken, daß wir nicht nur unsere eigenen Interessen verträten, sondern auch die aller atlantischen Nationen. Jedenfalls ließ Jobert deutlich erkennen, daß Frankreich alle Entscheidungen bis zum Abschluß des Gipfeltreffens zwischen Breschnew und Nixon hinauszögern wollte, damit wir die atlantische Zusammenarbeit nicht dazu benutzen konnten, die Sowjets zu Zugeständnissen zu bewegen, die nur den Vereinigten Staaten allein und nicht auch Frankreich Vorteile brächten.

Aber diese geradezu perversen Überlegungen genügten ihm noch nicht, sondern er äußerte auch noch weitere Vorbehalte: Wenn ich recht damit hätte, daß wir die atlantische Erklärung nicht als Hebel für unsere Verhandlungen mit Moskau nutzen wollten, dann müßte es unsere Absicht gewesen sein, Europa bei den bevorstehenden Handelsgesprächen unter Druck zu setzen. Und selbst wenn wir keine Nebenabsichten damit verbänden, werde unsere Initiative den französischen Interessen schaden, weil sie in der Europäischen Gemeinschaft zu einem Tauziehen um Verfahrensfragen geführt habe. Wenn wir vorhätten, die NATO einzuschalten, dann könnte sich das Europa-Jahr in ein Instrument verwandeln, um Frankreich unter Druck zu setzen und zu veranlassen, wieder Vollmitglied zu werden. Für den Fall, daß wir beabsichtigten, die Europäische Gemeinschaft zu unserem Gegenstück zu machen, dann wäre darin praktisch ein amerikanischer Versuch zu erkennen, die anderen Mitglieder zu beeinflussen und damit die Führungsrolle Frankreichs zu verwässern (wenn nicht Schlimmeres). Schließlich fragte Jobert, ob wir vielleicht daran dächten, eine völlig neue Organisation zu schaffen, in der alle bestehenden Institutionen zu einem atlantischen Superkonzert zusammengefaßt werden sollten.

Wie Jobert erklärte, hielt Frankreich nichts von dem europäisch-amerikanischen Gipfeltreffen, das vorzuschlagen wir, wie er behauptete, Brandt bei seinem Besuch in Washington gedrängt hatten (in Wirklichkeit hatte Pompidou es in seinem Interview mit Reston vorgeschlagen, und Brandt hatte uns damit überrascht, daß er es befürwortete). Der einzige Zweck dieses Treffens könnte nur sein, Frankreich zu isolieren oder seinen Einfluß zu schwächen. Dann fragte Jobert, wann wir den Entwurf einer Deklaration veröffentlichen würden, den ich, wie er meinte, schon in der Tasche hätte. Wann würde er diesen Entwurf zu sehen bekommen? Er konnte es nicht glauben, daß ein solcher Entwurf gar nicht existierte. Um uns nicht der Illusion zu überlassen, daß wir *irgend etwas* richtig gemacht haben könnten, fügte Jobert hinzu, wir hätten mit unserer Währungspolitik die ganze Welt in Unordnung gebracht. Entweder wüßten die Vereinigten Staaten nicht, was sie täten, oder wir strebten bewußt nach einer finanziellen Vorherrschaft durch die Überflutung der Welt mit billigen und nicht konvertiblen Dollars. Indem wir jetzt die Entwicklung einer neuen Strategie verlangten, wollten wir nur die Tatsache verschleiern, daß wir angesichts der nuklearen Ausgewogenheit keine wirklichen Risiken für die Verteidigung Europas einzugehen bereit wären.

Jobert machte aus dem Europa-Jahr einen Ringkampf. Welches Thema er auch ansprach, seine Stellungnahme wurde zu einem Angriff gegen unsere Motive oder zum Anlaß, die Dinge hinauszuzögern. Er unterstellte uns eine geradezu paranoide Verschlagenheit, und schon die Art, mit der er seine Verdächtigungen zum Ausdruck brachte, ließ jede Erwiderung sinnlos erscheinen: Wenn wir dessen fähig waren, was Jobert uns vorwarf, dann konnten wir ihn auch nicht vom Gegenteil überzeugen.

Ich unternahm den vorsichtigen Versuch, ihm unsere bekannte traditionelle Haltung zu erläutern. Wir bemühten uns darum, den Westen bei der Verfolgung seiner moralischen und politischen Zielsetzungen zu stärken, und das sei keine Trumpfkarte für die Begegnung mit einem sowjetischen Führer oder für die bevorstehenden Handelsgespräche. Wir hatten das Europa-Jahr angeregt, um über die durch die gespannten Ost-West-Beziehungen entstandenen Belastungen hinwegzukommen und waren überzeugt, daß ohne solche Bemühungen die Demokratien die politische Zielrichtung und den Zusammenhalt verlieren müßten. Was die Verfahrensfragen beträfe, so seien wir zusammengekommen, um uns darüber zu einigen; wir könnten nur in Zusammenarbeit mit Frankreich weiterkommen. Über Wirtschaftsfragen könnte am besten verhandelt werden, wenn Pompidou unsere Methoden im einzelnen kritisierte und seine Kritik nach Möglichkeit mit Lösungsvorschlägen verbände. Wir sollten hier in dem gleichen Geist nach Lösungen suchen wie vor achtzehn Monaten auf den Azoren. Die Schwierigkeiten in der Verteidigungspolitik seien die Folge der technologischen Entwicklung und nicht von uns beabsichtigt. Wir brauchten eine vernünftige Doktrin für die Verteidigung Europas, damit die Unsicherheiten, mit denen wir rechnen müßten, uns nicht eines Tages vor die schreckliche Wahl zwischen Selbstmord und Kapitulation stellten, die auch er zu fürchten schien.

Jetzt änderte Jobert seine Methode. Plötzlich war er so verständnisvoll, wie es sein Charakter erlaubte. Er deutete an, daß er nur Pompidous Ideen vorgetragen habe, er selbst sei entgegenkommender. (Das ist ein alter Trick von Beratern, die das Vertrauen ihres Präsidenten besitzen, um ihren Mangel an Flexibilität bei Verhandlungen zu erklären, wenn sie es nicht zu persönlichen Konfrontationen kommen lassen wollen. Auch ich habe mich gelegentlich ähnlich verhalten.) Er sagte, daß es von entscheidender Bedeutung sein werde, wie Nixon seinen Standpunkt am nächsten Morgen dem französischen Präsidenten darstellte. Allerdings sagte Jobert uns nicht, wie eine solche Darstellung das bestehende Mißtrauen zerstreuen sollte. Man konnte sich nur vorstellen, daß Jobert Nixon für diese Gespräche die Rolle des Examenskandidaten zuteilte, der von einem strengen und schwer zu befriedigenden Professor geprüft werden sollte.

In gedrückter Stimmung kehrte ich in mein Hotel zurück. Das Treffen der beiden Regierungschefs würde uns nicht weiterbringen. Wir würden es sehr schwer haben, aus der Sackgasse herauszukommen. Auf eine solche Auffassung warteten allerdings nicht die Journalisten, die für Berichte aus dem Weißen Haus zuständig waren. Sie drängten sich in der Halle und hofften, daß der Zufall ihnen irgendwelche Informationen zuspielen würde. Sie löcherten mich mit zynischen Fragen, um anzudeuten, daß wir irgendeine Sensation vorbereiteten, um die Folgen von Watergate abzuschwächen. War dieses Treffen wirklich notwendig? Hatten wir uns nicht schon in großen Zügen über den Inhalt einer atlantischen Deklaration geeinigt, und wurde Reykjavik daher nicht zur Scharade, um Nixon als den erfolgreichen Unterhändler darzustellen und den Anhörungen im Kongreß die Zähne zu ziehen? Mit anderen Worten: Würden wir die Unverfrorenheit haben, die Aufmerksamkeit der Öffentlichkeit vom Spektakel eines hart bedrängten Präsidenten abzulenken, indem wir vorgaben, die Regierungsgeschäfte fest in der Hand zu haben und etwas für das nationale Interesse zu tun?

Am folgenden Morgen begab sich Nixon in das Museum, wo das Treffen mit Pompidou stattfinden sollte. Zwei weitere Konferenzen waren vorbereitet worden. Die Außenminister und ihre Mitarbeiter sollten die außenpolitischen Fragen behandeln, während die Wirtschaftsminister und ihre Beraterstäbe über Wirtschaftsfragen sprachen. Damit hatte Nixon einen Vorwand, Bill Rogers auszuschalten, und Pompidou konnte auf Valéry Giscard d'Estaing verzichten. Auf Bitten Nixons hin nahm ich an der Unterredung der beiden Präsidenten als Protokollführer teil, was Jobert zweifellos verärgert hat. Nachdem er zum Außenminister »aufgestiegen« war, fand er sich jetzt auf einer niedrigeren Ebene wieder. Wie sehr sich Pompidous schwere Krankheit auf seine Stimmung auswirkte, zeigte sich, als ein französischer Sprecher ausdrücklich darauf hinwies, daß sein Präsident einen Dialog auch ohne Assistenz von Beratern führen könnte – eine kleinliche und unfaire Bemerkung, besonders da ich in der gleichen Rolle bereits an den Unterredungen auf den Azoren teilgenommen hatte.

Nixon war weniger selbstsicher als gewöhnlich, denn Watergate hatte einen großen Teil seiner Zeit in Anspruch genommen und an seinen Nerven gezehrt. Aber es war auffallend, wie sehr sich Pompidou in den zwei Wochen, die seit unserem letzten Zusammentreffen vergangen waren, verändert hatte. Vielleicht hatte aber auch der fürstliche Rahmen des Elysee-Palasts diesen Eindruck verwischt. Sein Gesicht war von starken Dosen Cortison, die er nehmen mußte, geschwollen. Von seiner höflichen Zuvorkommenheit hatte er nichts verloren, aber man hatte den Eindruck, daß es ihn große Mühe kostete, Haltung zu wahren. Er zeigte die für Krebspatienten charakteristische Distanziertheit, als hätten die Fragen, mit denen er sich hier beschäftigen mußte, angesichts seines ganz persönlichen Ringens jede Bedeutung verloren. Ohne Zweifel hat Pompidous Leiden zu der zunehmenden Reizbarkeit der französischen Politiker beigetragen. Es war eine ziemliche Zumutung, ihn zur Teilnahme an einer neuen Initiative aufzufordern, die über einen unbegrenzten Zeitraum hinweg wirksam werden sollte, während er sich über seinen Tod Gedanken machte. In normalen Zeiten hätte Pompidou für sich vielleicht die Rolle des Gegengewichts übernommen, um unser Ungestüm und unseren Mangel an Verständnis für die Feinheiten des europäischen Denkens auszugleichen, und er hätte sich sehr wohl daran beteiligen können, unsere Zukunft in den Rahmen eines weiteren Horizonts zu stellen. Doch da er glaubte, seinen potentiellen Nachfolgern nicht vertrauen zu dürfen – eine Haltung, die man bei Regierungschefs häufig antrifft, die in den meisten Fällen psychologisch durch die Vorstellung gestützt werden müssen, sie seien unersetzlich –, verstärkte sich Pompidous angeborene Skepsis und veranlaßte ihn, neue politische Initiativen zu vermeiden, die in anderen Händen zu unvorhersehbaren und vielleicht abträglichen Folgen führen könnten. Am Ende seines Lebens kehrte er zum orthodoxen Gaullismus zurück, dem er selbst entstammte. Er hatte nicht mehr die Energie, sich den Paladinen seines Vorgängers zu stellen, die er ignoriert hatte, solange sich die Zukunft noch ohne sichtbares Ende vor ihm ausdehnte.

So war die Begegnung in Reykjavik gekennzeichnet durch entscheidende Unterschiede in der Perspektive. Der in arge Bedrängnis geratene Nixon hielt sich noch immer für einen seiner Aufgabe gewachsenen Regierungschef, der zu Beginn seiner zweiten Amtsperiode ein politisches Programm auf weite Sicht plante. Pompidou schwebte zwischen der Gegenwart, die er nur zu gut kannte, und der Ewigkeit, die kennenzulernen er sich fürchtete. An diesen Unvereinbarkeiten ist der Dialog schließlich gescheitert.

Nixon, der sich der Herausforderung durch Jobert bewußt war, zeigte sich von seiner besten Seite. Nachdem er seiner Bewunderung für de Gaulle Ausdruck verliehen hatte, erläuterte er unsere Initiative mit beredten Worten. Sorgfältig widerlegte er die Argumente Joberts vom vergangenen Abend und wich einer Konfrontation durch die geschickte Behauptung aus, die in Wirklichkeit von Jobert gemachten Äußerungen stammten von einem nicht genannten französischen Journalisten:

> ... hat die Festsetzung des Zeitpunkts für unsere Europa-Initiative nichts mit dem russischen Gipfel oder den politischen Institutionen in den Vereinigten Staaten zu tun. Wenn wir dieses Jahr 1973 zum Europa-Jahr erklären, dann, weil ich der Ansicht bin, daß wir in diesem Jahr der sogenannten Entspannung mit Rußland, in diesem Jahr, in dem Europa seine Kräfte sammelt, in eine sehr große Gefahr geraten würden, wenn in Europa ein allmählicher politischer Auflösungsprozeß seinen Anfang nähme. Es ist falsch, auch weiterhin zu behaupten, daß die Vereinigten Staaten sich einfach mit den Russen und Chinesen zusammensetzen könnten, denn damit werden die Bedeutung, die wir den Beziehungen zu unseren wirklichen Freunden beimessen, und das Interesse für sie herabgesetzt. Wenn ich mich mit Russen treffe, dann mache ich mir über ihre Absichten ebensowenig irgendwelche Illusionen wie Sie. Aber ich beklage mich nicht.
>
> Wenn wir den Augenblick nicht nutzen, dann rechne ich mit einem Wettrennen nach Moskau – jedes Land im Westen und in Europa wird nach Moskau gehen, um dort zu verhandeln und Vereinbarungen zu treffen. Natürlich muß es Einzelgespräche geben, aber wir brauchen auch eine Grundauffassung, die uns alle gemeinsam inspiriert. Sonst werden uns diese intelligenten und entschlossenen Männer im Kreml einzeln verschlingen. Sie können uns nicht alle auf einmal verdauen, aber sie können einen nach dem anderen fressen. Deshalb ist es so wichtig, die atlantische Gemeinschaft zu bewahren – und ich glaube auf höchster Ebene müssen die großen Vier, Heath, Brandt, Pompidou und die Vereinigten Staaten sehr freimütige Gespräche darüber führen, wohin wir von hier aus gehen.
>
> Ich habe keinen fertigen Plan für die Zukunft; die Zukunft muß von

uns allen gestaltet werden. Trotz allem, was ich in der französischen Presse lese, bin ich sehr weit von dem Wunsch entfernt, Frankreich in die NATO oder in andere Institutionen zurückzugewinnen, von denen Frankreich meint, daß die Zugehörigkeit zu ihnen nicht in seinem Interesse läge.

Trotz der manchmal etwas komplizierten Ausdrucksweise war die Erklärung großzügig, und Nixon lag mit ihr richtig. Es gab die Gefahren des Neo-Isolationismus in Amerika und der nationalen Engstirnigkeit in Europa. Technologische Entwicklungen erforderten neue Konzepte der Verteidigungspolitik, aber darin lag nicht eine besondere politische Forderung der Vereinigten Staaten, sondern die Anerkennung der Realität. Die Sowjets versuchten mit Sicherheit, in Europa den Eindruck zu erwecken, daß wir und sie die Absicht hätten, uns die Vorherrschaft in der Welt zu teilen. Es mußte etwas getan werden, um über das europäische Dilemma hinwegzukommen, das durch den scheinbaren Widerspruch zwischen unteilbaren Verteidigungsanstrengungen und der politischen Autonomie der einzelnen Staaten bestand. Wie ich Jobert später am 8. Juni sagte, als er uns wieder beschuldigte, daß wir mit dem Europa-Jahr eigennützige Ziele verfolgten: »Wir wollen damit einem umfassenderen Eigennutz dienen. Wenn sich in Europa das Gefühl der Ohnmacht entwickelt, weil es sich von uns distanziert hat, dann werden in acht Jahren beide Seiten verloren haben.« Diese Voraussage hat sich leider nur allzu deutlich bewahrheitet.

Pompidou antwortete mit so lapidaren Sätzen, daß der Kern des Problems durch elegante Widersprüche verschleiert wurde. Er begann mit einer Analyse der Weltlage. Sie war scharfsinnig, aber nicht so zutreffend, wie wir es von Pompidou gewohnt waren. Es gelang ihm nicht, zu klaren Schlüssen zu kommen; welchem Aspekt er sich auch zuwandte, alles wurde durch die Komplexität der Darstellung verdunkelt. Er sagte, daß die Vereinigten Staaten sich mit dem militärischen und daher auch mit dem außenpolitischen Gleichgewicht einverstanden erklärt hätten. Und doch, »was hätten sie anderes tun können, ohne gewaltige Summen ausgeben zu müssen?« Die Vereinigten Staaten bemühten sich, die Sowjetunion zu umgarnen, um den Status quo einzufrieren (durch Texte, Vereinbarungen und Verträge). Trotzdem kümmerten sich die Sowjets nicht um die Entspannung, sondern setzten in diesem weltpolitischen Schachspiel ihre Figuren überall hin. Es gäbe viele Schwachstellen wie etwa Jugoslawien, denn Tito sei ein alter Mann. Wohin würde das alles führen? Die neuen amerikanischen Beziehungen zu China wären ein wichtiger Faktor. Aber würden sie den Tod von Tschou und Mao überleben? Japan nahm an Bedeutung zu und befand sich in einer schwierigen Position zwischen China, der Sowjetunion und den Vereinigten Staaten, und die Japaner »haben gesagt, daß sie *zunächst* an die Vereinigten Staaten gebunden seien«. (Kursiv des Verfassers.)

In dieser so ungewissen Lage war Pompidou, was das Schicksal Europas betraf, nicht optimistisch. Er glaubte nicht, daß das Jahr 1973 die ersten entscheidenden Schritte auf dem Wege zu einem vereinten Europa erleben werde. Es gäbe daher auch noch keinen klar zu definierenden Partner für unseren transatlantischen Dialog. Bestenfalls werde Europa zu einer bedeutenden Wirtschaftsmacht werden, die fähig sein könnte, wirtschaftliche Probleme zu lösen. In Großbritannien wäre Heath der einzige Europäer; einem anderen sei Pompidou noch nicht begegnet. Pompidou teilte Nixons Besorgnisse hinsichtlich der Bundesrepublik Deutschland, die, wie der Franzose sagte, »anfängt, von ihren zwei Optionen zu sprechen und behauptet, an den Westen gebunden zu sein, während sie in das spezifisch deutsche Problem verwickelt wird, das sie veranlaßt, sich nach Osten zu wenden«. Etwas später sagte er: »Deutschland versucht, gleichzeitig nach beiden Seiten zu blicken.« Die Italiener seien besorgt. Sie seien bereit, jedem amerikanischen Vorschlag zuzustimmen, aber nicht einem vorher getroffenen Arrangement zwischen den Vereinigten Staaten und anderen europäischen Ländern, an dem sie nicht beteiligt worden wären. Das gleiche träfe auf Holland zu. Innerhalb der europäischen Gemeinschaft kämpfte Holland um die Preise für Karotten und Weizen. »Es gibt zwar Ergebnisse, aber sie sind mager. Es ist ein unbefriedigendes System, aber im Augenblick fehlt der Wille, auf dieses System zu verzichten.«

Das alles war durchaus richtig. Aber Pompidou bot keine Lösungen für die verworrenen Probleme an, die er angesprochen hatte, und sprach nicht von Vorstellungen, die er von der Zukunft hatte. Seine Haltung kam am klarsten darin zum Ausdruck, was er am Schluß seiner Ausführungen sagte, daß nämlich im Rahmen eines Forums nichts erreicht werden könnte. In bissigem Ton erklärte er, daß nur Amerikaner ein Europa-Jahr ausrufen könnten. Für Frankreich sei jedes Jahr *das* Europa-Jahr. Aber im Augenblick läge Europa im Sterben. Andererseits seien die Vorstellungen über den Inhalt einer atlantischen Deklaration sehr vage.

> Wer sagt was? Wenn es das Bündnis ist, dann muß es aus dem Atlantikrat kommen. Sind es die Vereinigten Staaten und ein europäisches Land? Sind es die Vereinigten Staaten und die Europäische Gemeinschaft? Das ist schwierig, denn die Gemeinschaft ist keine politische, sondern nur eine wirtschaftliche Realität.

Damit hatte Pompidou nicht ganz unrecht. Die Mitgliedstaaten bei der NATO und bei der Gemeinschaft deckten sich nur zum Teil. Die Funktionen beider Institutionen waren verschieden. Und doch waren diese Haarspaltereien nicht der Kern von Pompidous Problem. Wenn die atlantische Deklaration von der NATO verkündet wurde, der außer Irland schließlich alle Nationen angehörten, auf die es ankam, dann erlangte eine Organisation, der Frankreich nur militärische Funktionen zugestehen wollte, politische Bedeutung. Aber wenn die Europäische Gemeinschaft sie herausgab, wurden die Vereinigten Staaten zum Partner bei den Überlegungen und Entschlüssen dieser Organisation, was sich gegen den Ehrgeiz Frankreichs richtete, hier die Hauptrolle zu spielen. Frankreich wollte weder etwas von seiner Unabhängigkeit im Bündnis verlieren noch den Anspruch aufgeben, die führende europäische Nation zu sein. An dieser Klippe mußten die hochfliegenden Pläne, einen stärkeren atlantischen Zusammenhalt zu schaffen, scheitern.

Mit seiner Darstellung der Verfahrenschwierigkeiten hatte Pompidou recht, aber es ist die Aufgabe des Staatsmannes, Widersprüche zu lösen, nicht nur, über sie nachzudenken. Pompidous Beitrag bestand daher entweder im Eingeständnis auch auf die Dauer unlösbarer Schwierigkeiten oder in der bewußten Verhinderung einer bedeutenden Initiative mit dem Ziel, der Politik der Demokratien eine klare Richtung zu geben. Damit setzte er sie dem Risiko aus, ihre Substanz im Streit über taktische Fragen zu vergeuden, während sich im Laufe der Zeit ein immer stärker werdendes Gefühl der Ohnmacht entwikkelte, das die innenpolitischen Strukturen schwächen und die von außen kommenden Gefahren erhöhen mußte.

Nixon schloß die Konferenz dieses Vormittags mit dem lahmen Vorschlag, eine inoffizielle Arbeitsgruppe aus Persönlichkeiten zu schaffen, die das persönliche Vertrauen der Regierungschefs Großbritanniens, Frankreichs, der Bundesrepublik Deutschland und der Vereinigten Staaten besaßen. Heath hatte uns schon im Mai einen ähnlichen Vorschlag gemacht. Darin steckte das von de Gaulle 1958 entwickelte Konzept eines *directoire.* Wir hatten diesen Gedanken auch in unserer an Jobert gerichteten Denkschrift vom 26. Mai erwähnt. Zunächst hatten wir den Eindruck, daß Pompidou sich damit einverstanden erklären werde. Diese Annahme war verständlich, denn die Idee entsprach einem schon vor langer Zeit gemachten französischen Vorschlag. So interpretierten wir wenigstens einige vor der Mittagspause gemachte, nicht ganz eindeutige Bemerkungen des französischen Präsidenten.

Als Pompidou zur Nachmittagssitzung zurückkehrte, hatte er seine Meinung geändert; vielleicht hatte Jobert ihm diese Idee auch ausgeredet. Aber es war auch denkbar, wenn schon nicht sehr wahrscheinlich, daß wir ihn am Vormittag mißverstanden hatten. Wie sich jetzt herausstellte, dachte Pompidou an Konsultationen zwischen den großen Vier auf *bilateraler* Basis. Frankreich wollte sich an keinem neuen Forum über die atlantische Deklaration beteiligen, sondern nur an Beratungen in schon bestehenden Gremien oder an Zweiergesprächen teilnehmen. Wenn ich gleichzeitig mit britischen und deutschen Vertretern sprechen wollte, dann hätte Pompidou keine Einwände, Frankreich werde an solchen Gesprächen aber nicht teilnehmen. (Pompidou wußte sehr gut, daß sich damit alle Aussichten auf solche Unterredungen zerschlugen, weil weder Heath noch Brandt damit einverstanden wären.) Das einzige »Zugeständnis«, das Pompidou anbot, bestand darin, daß die stellvertretenden Außenminister als Angehörige des Nordatlantischen Rats zusammenkommen könnten, *vorausgesetzt*, daß in anderen Gremien entsprechende Fortschritte erzielt wurden, in denen Frankreich natürlich das Vetorecht hatte. Um die Pille mit Zuckerguß zu überziehen, schlug er vor, daß ich mich gelegentlich der neuen Gesprächsrunde mit Le Duc Tho in einer Woche mit Jobert in Paris treffen könnte. Pompidou war auch bereit, Jobert Ende des Monats in die Vereinigten Staaten zu schicken. So ließ sich alles um weitere vier Wochen hinausschieben, was uns hindern würde, vor irgendeinem anderen Forum Fragen zu Sprache zu bringen, die Frankreich nicht erörtert wissen wollte.

Damit mutete uns Pompidou ein geradezu monströses Verfahren zu. Wenn die Vier bilaterale Beratungen pflegten, dann würden sechs Verhandlungen zum gleichen Thema gleichzeitig stattfinden (und wenn sich Italien anschloß, würden es acht sein). Dabei bestanden keine Aussichten auf Übereinstimmung, denn alles, was mit einem Partner besprochen worden war, müßte allen anderen mitgeteilt werden, was zu Verwirrung, Mißverständnissen und einer Verschlechterung der Atmosphäre führen mußte. Wenn es keine gemeinsame Linie und keine detaillierten Vorschläge gab, mußte ein Chaos entstehen. Doch wenn wir den bestehenden Gremien den Entwurf eines Positionspapiers vorlegten – und das wäre die einzig vernünftige Methode –, dann würde man uns vorwerfen, daß wir Europa gegen Frankreich organisierten und versuchten, die NATO mit einem amerikanischen Dokument zu überfahren.

Als wir den Vorschlag für das Europa-Jahr machten, hatten wir mit einer gemeinsamen Reaktion der europäischen Länder gerechnet, die innerhalb von wenigen Monaten zu Ergebnissen führen würde. Wir waren nie auf den Gedanken gekommen, daß wir noch nach sechs Wochen keinen Gesprächspartner finden würden (oder so viele, daß es die gleiche Wirkung hätte) und daß es weder ein Verhandlungsforum noch den Entwurf eines Dokuments geben werde.

Auch die jetzt noch folgenden Gespräche führten zu keinem Ergebnis. Pompidou kritisierte unser Währungssystem mit aller Schärfe, machte aber, anders als bei der Konferenz auf den Azoren, keinen detaillierten Vorschlag zur Lösung der anstehenden Probleme – was sicherlich ganz vernünftig war. Die Differenzen zwischen den beiden Seiten waren zu groß, um durch eine Direktive der beiden Regierungschefs überbrückt zu werden. Ein Kompromiß zwischen der Konvertierbarkeit in Gold (der französische Standpunkt) und der Nichtkonvertierbarkeit (unsere Auffassung) war nicht denkbar.

Die Abschlußsitzung, an der alle Minister teilnahmen, zeigte, daß wir in eine Sackgasse geraten waren. Nixon hielt eine leidenschaftliche Rede und sprach dabei noch einmal von seiner Bewunderung für de Gaulle. Er bedauerte es, daß seine Vorgänger den großen Mann nicht verstanden hätten, und erklärte, daß er entschlossen sei, etwa noch bestehendes Mißtrauen abzubauen. Er werde dafür sorgen, daß die Angehörigen seiner Administration Frankreich auf der Basis des Vertrauens und der Zusammenarbeit behandelten.

Nixon hat es nie recht verstanden, daß Lobreden auf de Gaulle Pompidou eher irritierten als in seiner Haltung bestätigten. Im allgemeinen wollen sich Regierungschefs von ihren Vorgängern unterscheiden und nicht in ihrem Schatten stehen. Schließlich hatte de Gaulle seinerzeit Pompidou als Premierminister entlassen, und nur der unerwartete Rücktritt des Generals hatte es verhindert, daß Pompidou für den Rest seines Lebens in der Versenkung verschwand.

Jedenfalls fühlte sich Pompidou nicht verpflichtet, auf die Worte des amerikanischen Präsidenten näher einzugehen. Er erwiderte zynisch: »Präsident Nixon und ich haben uns dem Gaullismus verpflichtet gefühlt, aber dabei hat es weder Sieger noch Besiegte gegeben.« Das ist eine Formel, die immer von der Seite angewandt wird, die glaubt, gesiegt zu haben. Um niemanden der Illusion zu überlassen, daß etwas erreicht worden sei, fügte er hinzu: »Wir haben nicht versucht, irgend etwas zu entscheiden.« Bei der Beschreibung dessen, was hier erreicht worden sei, drückte sich Pompidou witzig, aber unklar aus:

> Im Innersten gleichen sich unsere Gedanken, über die Methoden haben wir uns nicht in jedem Fall einigen können, aber wir stimmen im Hinblick auf unsere gemeinsamen Interessen überein und darin, daß Frankreich und die Vereinigten Staaten nicht nur durch eine gefühlsstarke Tradition, sondern auch durch die Gemeinsamkeit wesentlicher Interessen geleitet werden. Ich bin überzeugt, daß auf dieser Konferenz nichts Neues geboren wurde, aber wir haben ein Samenkorn in den Boden gelegt, das später aufgehen wird; und das Vorausplanen bereitet mehr Freude als die Ausführung.

Pompidou wollte sich nicht näher dazu äußern, welches Samenkorn in die Erde gelegt worden sei. Es bestand aber kaum ein Zweifel daran, daß das Säen den an dieser Konferenz Beteiligten kein besonderes Vergnügen bereitet hatte und daß es sehr lange dauern würde, bis dieser Same keimte.

Fast unmittelbar darauf kam es zu einer neuen Kontroverse. Die Delegationen hatten Island noch nicht verlassen, als ein französischer Sprecher, der die Presse davon unterrichtete, daß in Zukunft bilaterale Konsultationen stattfinden würden, sich von der Idee eines Treffens der stellvertretenden Außenminister distanzierte und sich skeptisch über eine atlantische Deklaration äußerte. Wir hatten der Presse das Gegenteil gesagt. Der Umstand, daß ich Pompidou den Text unserer ganz anders lautenden öffentlichen Erklärung vorgelegt und seine Zustimmung erwirkt hatte, konnte die Gemüter natürlich nicht beruhigen.

In den folgenden Tagen mußten wir erkennen, daß es der französische Sprecher war, der Pompidou richtig verstanden hatte, was wir von Anfang an hätten wissen können. Der Staatssekretär des Außenministeriums am Quai d'Orsay, der elegante Geoffroy de Courcel, den wir als einen Gaullisten der alten Garde kannten, wiederholte gegenüber unserem Botschafter John Irwin auf der Rückreise von Island nach Paris, daß die Verpflichtungen Frankreichs gegenüber der Europäischen Gemeinschaft Konsultationen mit den großen Vier im Wege stünden. Diese zartfühlende Rücksichtnahme Frankreichs auf seine Partner überraschte uns. Frankreich hatte seit Jahren an Beratungen teilgenommen, die sich auf die Finanzminister der großen Vier beschränkten, und hatte sich entschieden der Beteiligung irgendwelcher anderer Staaten widersetzt. Jetzt gab Frankreich diese Zurückhaltung auch keineswegs auf, um den europäischen Partnerstaaten die Gelegenheit zu geben, sich an der Diplomatie des Europa-Jahrs zu beteiligen. Auf einer Sitzung der Außenminister der Europäischen Gemeinschaft am 5. Juni widersetzte sich Jobert einem Gipfeltreffen der Gemeinschaft mit dem amerikanischen Präsidenten, weil er es für unangemessen hielt, daß sich die Europäer um Nixon scharten. Im gleichen Atemzug wandte sich Jobert auch gegen unsere, nach seiner Meinung viel zu optimistischen Erklärungen über die Konferenz in Reykjavik, blockierte die Ernennung einer Arbeitsgruppe zur Vorbereitung einer europäischen Stellungnahme zum atlantischen Dialog und lehnte es kategorisch ab, eine atlantische Deklaration zu veröffentlichen.

So wurde meine Unterredung mit Jobert am 8. Juni in Paris zu einem Duell. Wenn es nicht möglich war, eine kleinere Gruppe zu bilden, und eine Konferenz aller Mitglieder der Gemeinschaft unangemessen schien, welches Forum blieb uns dann noch? Nachdem Jobert seine

Auffassung bekräftigt hatte, daß wir die Initiative für das Europa-Jahr aus innenpolitischen Gründen ergriffen hätten, bestand er auf bilateralen Konsultationen – das einzige Resultat der Konferenz von Reykjavik, an dem ihm etwas zu liegen schien. Dann kam er auf seine alte Forderung zurück und verlangte Einsicht in unseren nicht existierenden Entwurf für eine Atlantik-Charta. Unsere bilateralen Gespräche sollten damit beginnen, daß wir ihm alle Dokumente zeigten, die wir hatten.

Um der übermäßigen Skrupel willen, die wir im Hinblick auf die Empfindlichkeiten der Europäer und besonders der Franzosen hegten, hatten wir uns noch nicht zu einem Entwurf der Charta entschließen können. Wir wollten das Ergebnis von Konsultationen abwarten, um nicht den Eindruck zu erwecken, daß wir beabsichtigten, den anderen unsere Auffassungen aufzuzwingen. Ich schlug daher vor, daß die großen Vier versuchen sollten, ein solches Dokument zu erarbeiten, wobei jedes Land die Verantwortung für einen besonderen Abschnitt des ersten Entwurfs übernahm. Dabei müßten alle Gespräche bilateral geführt werden. Das Verfahren war zwar sehr schwerfällig, aber ich wollte den französischen Bedenken entgegenkommen. Zunächst schien Jobert mit meinem Vorschlag einverstanden. Frankreich würde den Abschnitt über die politische Evolution Europas verfassen. Aber später schien er es für richtiger zu halten, daß jedes Land – Frankreich, Großbritannien, die Bundesrepublik Deutschland und die Vereinigten Staaten – aufgefordert werden sollte, einen vollständigen Entwurf vorzulegen. Doch bevor diese Arbeit beginnen konnte, verlangte Jobert wieder, unseren Entwurf zu sehen. Da ich nun überzeugt war, daß wir nicht vorankommen würden, wenn ich ihm nicht irgend etwas zeigte, erklärte ich mich bereit, bis zu Joberts Amerika-Besuch im Juni einen Entwurf herzustellen. Er gab mir daraufhin zu verstehen, daß auch die Franzosen sich dann mit einem eigenen Entwurf beschäftigen würden, vielleicht als Gegenvorschlag zu unserer Version. So peinlich es ist, es zugeben zu müssen: Ich war ihm wieder in die Falle gegangen. Denn wenn ich Jobert einen Entwurf vorlegte, dann war ich ihm auf Gedeih und Verderb ausgeliefert. Zeigte ich den Entwurf auch anderen Verbündeten, dann würde er mir vorwerfen, sie gegen ihn mobilisiert zu haben. Wartete ich auf seine Reaktion, dann konnte er unsere Position mit seinen Partnern unterminieren, indem er unser Papier zerpflückte oder verhinderte, daß es überhaupt weitergegeben wurde.

Wie unsinnig unsere Lage war, zeigte sich am folgenden Tag, als ich mich in Paris mit Joseph Luns traf, der eben Generalsekretär der NATO geworden war. In mancher Hinsicht war Joseph Luns ein Symbol für die Veränderungen in den atlantischen Beziehungen. Als ich ihn kennenlernte, war er niederländischer Außenminister in einem gemäßigt konservativen, starken Kabinett, das sich entschieden für die NATO einsetzte. Wir kannten Luns als einen zuverlässigen Freund der Vereinigten Staaten, einen kämpferischen Verteidiger der Geschlossenheit der NATO und vertrauten ihm damals schon so sehr, daß er uns 1969 während eines Aufenthalts in Washington mit seiner freundschaftlich polternden Taktik davon überzeugen konnte, der niederländischen Luftfahrtgesellschaft KLM zusätzliche Landerechte zu gewähren. Der damalige Unterstaatssekretär im Außenministerium, Elliot Richardson, stellte ihn bei einem Essen im Außenministerium mit den folgenden Worten vor: »Die Beziehungen zwischen den Vereinigten Staaten und den Niederlanden bestehen schon seit dreihundert Jahren, und Joseph Luns ist während des größten Teils dieser Zeit niederländischer Außenminister gewesen.«

Aber innerhalb weniger Jahre war er im eigenen Land zum Anachronismus geworden. Das politische Spektrum in den Niederlanden hatte sich stark nach links verschoben; die Dimensionen der durch die NATO gewährleisteten Sicherheit verloren im öffentlichen Bewußtsein an Bedeutung, und der Geist eines moralistischen Semineutralismus blühte auf. In einer solchen Struktur hatte Luns, der die Auffassung vertrat, daß der Westen absolute Werte repräsentiere, die verteidigt werden müßten, keinen Platz mehr. Er trat von seinem Posten als Außenminister zurück, und seine Landsleute waren erleichtert, als er nach seiner Ernennung zum Generalsekretär der NATO aus der politischen Arena in den Niederlanden verschwand. In Brüssel handelte er sich mit seinem leidenschaftlichen Wesen den Hohn der kühlen Vertreter einer modernen Richtung wie auch die Bewunderung und Zuneigung derjenigen unter uns ein, die wußten, wie wichtig es war, daß der Posten des Generalsekretärs von einer starken Persönlichkeit eingenommen wurde, die von der moralischen Bedeutung der Einigkeit der Demokratien zutiefst überzeugt war.

Luns war der erste europäische Politiker, der unsere Initiative uneingeschränkt begrüßte. Leider war er nicht der Vertreter einer Regierung, und die Institution, für die er sprach, erfreute sich nicht des besonderen Wohlwollens der Franzosen. Luns sagte mir, er habe an die Außenminister aller im Bündnis vereinigten Staaten geschrieben, sich hinter unsere Initiative gestellt und die guten Dienste der NATO bei allen Konsultationen angeboten. Er war bereit, mit den ständigen Vertretern der NATO-Staaten bei den wöchentlichen gemeinsamen Mittagessen zu sprechen und sogar mit dem Entwurf für ein Dokument zu beginnen. Nun bat er mich um Anregungen dafür. Aber Frankreich stand solchen Bemühungen im Wege. Als Folge der Manöver Joberts war es uns jetzt nicht mehr möglich, mit denen zu sprechen, die uns helfen wollten (denn in diesem Fall mußten wir den Vorwurf fürchten, daß wir versuchten, Frankreich zu isolieren). Deshalb beschränkte sich der Kreis unserer möglichen Gesprächspartner auf diejenigen, die nicht geneigt waren, mit uns zusammenzuarbeiten.

Ich wollte meine Bemühungen um Joberts Zustimmung noch nicht aufgeben und Pompidou nicht verärgern, ohne noch einen Versuch unternommen zu haben, und deshalb enthielt ich mich zunächst jeder Stellungnahme. Ich sagte Luns, daß ich den Austausch der Entwürfe mit Jobert abwarten wollte, bevor ich die NATO offiziell einschaltete, und erklärte, daß wir keine andere Wahl hätten, denn wenn sich Frankreich gegen das Europa-Jahr wandle, werde dieses dahinwelken. Luns schloß sich meiner Meinung an, wenn auch ein stillschweigendes Einverständnis nicht seine starke Seite war. Er verabscheute Manöver, und wenn er auf Hindernisse stieß, dann ging er gewöhnlich frontal dagegen an. Er warnte mich und sagte, daß einige der kleineren Länder beunruhigt seien. Er hatte recht. Aber wir glaubten, daß wir uns zwischen der Irritation der kleineren Länder und der unverhüllten Opposition Frankreichs entscheiden müßten, dessen Verzögerungstaktik mindestens die moralische Unterstützung Großbritanniens haben würde, während die Bundesrepublik Deutschland sie stillschweigend duldete.

Warten auf Jobert

Ende Juni 1973 warteten wir immer noch vergeblich. Zwei Monate nach unserer Initiative hatte noch niemand konkrete Ideen zu der Frage vorgelegt, was das Europa-Jahr bewirken sollte. Es existierte weder ein Arbeitsprogramm noch ein Diskussionsforum oder eine offizielle Reaktion der europäischen Staaten. Ich wartete auf Jobert. Wir hatten zwei Versionen des von mir zugesagten Entwurfs vorbereitet, die wir ihm bei seinem Besuch vorlegen wollten. Das Außenministerium hatte einen vielleicht etwas zu langen Text verfaßt, der unsere Ziele in einer so konzilianten Form erläuterte, daß fast alle scharfen Ecken und Kanten abgeschliffen waren. Mein Mitarbeiterstab hatte ein knapperes Dokument erarbeitet, das wahrscheinlich mehr Angriffsflächen bot.

Am 27. Juni kam der Generaldirektor für politische Angelegenheiten des belgischen Außenministeriums, Etienne Davignon, nach Washington. Als entschlossener Verteidiger europäischer Institutionen hatte er bewiesen, daß man mit Intelligenz und Hingabe im Rahmen eines vereinten Europa einen Einfluß gewinnen konnte, der in keinem Verhältnis zur wirklichen Stärke des eigenen Landes stand. Bevor er zu mir nach San Clemente herauskam, sprach er mit Unterstaatssekretär William Porter und dem Unterstaatssekretär für europäische Angelegenheiten, Walter Stoessel. Aus der Perspektive der Europäischen Gemeinschaft vertrat Davignon etwa die gleichen Auffassungen wie Luns. Er fürchtete, daß unsere bilateralen Verhandlungen mit Frankreich es den anderen acht Mitgliedern der Europäischen Gemeinschaft wesentlich erschweren könnten, Frankreich zu Zugeständnissen zu bewegen. Die Beziehungen der Gemeinschaft zu den Vereinigten Staaten mußten neu definiert werden, weil es im Hinblick auf die Zuständigkeiten im Verantwortungsbereich der Gemeinschaft und nicht der NATO zu den heftigsten Meinungsverschiedenheiten kommen würde. Nach Davignon blockierte Jobert jeden Fortschritt bei den Sitzungen der Gemeinschaft mit zwei Argumenten: Vor Abschluß seiner weiteren Konsultationen mit den Vereinigten Staaten könnten keine Entscheidungen getroffen werden, und das habe auch gar keine Eile, weil der Status quo kaum irgendwelche Nachteile brächte und es, wie Frankreich bewiesen habe, nicht notwendig sei, mit Washington übereinzustimmen, um gute Beziehungen zu den Vereinigten Staaten zu unterhalten. Alles hing daher von Jobert ab, der mich am 29. und 30. Juni in San Clemente besuchen wollte.

In der Außenpolitik kommt es oft an den ungewöhnlichsten Orten zu wichtigen Entscheidungen. Das Weiße Haus an der Westküste bestand aus zwei Reihen parallel zueinander errichteter, einstöckiger Fertighäuser mit einem zementierten Fußweg dazwischen. Die im Osten gelegene Reihe bestand aus einem Konferenzraum, einem Empfangsraum, Stabs- aund Verwaltungsgebäuden und einem kleinen Speisezimmer. Die Fenster der zweiten Reihe gingen zum Ozean hinaus; sie enthielt vier Büros mit je einem Vorzimmer für die Sekretärinnen. Die relative persönliche Bedeutung jedes einzelnen Mitarbeiters im Weißen Haus läßt sich recht gut daran messen, wieweit sein Arbeitszimmer vom Büro des Präsidenten entfernt ist. Danach war die Hierarchie der Mitarbeiter des Weißen Hauses wie folgt gegliedert: An erster Stelle stand Haldeman, ihm folgten Ehrlichman und ich. Der Bau der ganzen Anlage war von Haldeman rücksichtslos vorangetrieben worden, so daß sie innerhalb von drei Monaten zwischen April und Juni 1969 bereitstand, um Nixon als Sommeraufenthalt zu dienen. (Da Nixon behauptete, niemals einen Urlaub zu nehmen, wurden seine Zwischenaufenthalte in San Clemente so dargestellt, als werde der Arbeitsstab des Weißen Hauses für diese Zeit an die Westküste verlegt.) Vor jedem größeren Büro befand sich eine kleine Terrasse mit einer Telefonkonsole und mit Blick auf den Golfplatz des Präsidenten. Dahinter lag der Pazifische Ozean.

Auf meiner Terrasse nahmen Michel Jobert und ich das diplomatische Geplänkel in der hellen kalifornischen Sonne wieder auf – taten dabei aber doch noch so, als seien wir Partner in einem gemeinsamen Unternehmen. Jobert hatte die französische Militärgeschichte gründlich genug studiert, um den Wert eines sofortigen Frontalangriffs zu erkennen. Er begann mit der Forderung, daß wir es aufgeben müßten, seine Partner in der Europäischen Gemeinschaft über den Verlauf der Verhandlungen zu unterrichten. Das war vielleicht eine Reaktion auf Davignons Besuch. Jobert hatte nichts mitgebracht, keinen Entwurf für die Atlantik-Charta und keine Vorschläge für das Verfahren oder das Forum, in dessen Rahmen künftige Gespräche stattfinden sollten. Er ließ vielmehr erkennen, daß es der Hauptzweck seines Besuchs gewesen sei, sich über das kürzlich stattgefundene Gipfeltreffen Nixons mit Breschnew unterrichten zu lassen. Dieses Thema nahm auch den größten Teil unseres Gesprächs in Anspruch. Als wir schließlich zum Europa-Jahr zurückkehrten, sagte Jobert, daß er die weite Reise nach San Clemente nur unternommen habe, um unseren Entwurf für die atlantische Deklaration in Empfang zu nehmen – eine zeitraubende Methode im Zeitalter der Telekommunikation. Als Zeichen des guten Willens überreichte ich ihm beide Entwürfe – im Normalfall ein unpraktisches Verfahren, denn es versetzt die Gegenseite in die Lage, sich für die vorteilhafteste Version zu entscheiden und festzustellen, in welchen Punkten es bei dem Verhandlungspartner Meinungsverschiedenheiten gibt. Jobert lehnte es ab, die Schriftstücke sofort zu lesen. Er werde »lesen und prüfen« – oder er werde »prüfen und lesen«. Er beteuerte, alles tun zu wollen, damit wir vorankämen. Wenn er mit unseren Entwürfen einverstanden sei, würde dadurch die Sache erleichtert; dann könnten wir das Problem multilateralen Gremien vorlegen. Er sagte nicht, was geschehen würde, wenn er nicht einverstanden sein sollte.

Der wirkliche Wert von Joberts Besuch wurde am treffendsten durch eine protokollarische Katastrophe bei einem Essen symbolisiert, das ich ihm in Los Angeles gab. Ich hatte bekannte Persönlichkeiten aus Politik, Wirtschaft und der Unterhaltungsindustrie eingeladen. Alles lief ganz glatt, bis sich Jobert erhob und mir mit einem Trinkspruch in französischer Sprache antwortete. Mein Freund, der unberechenbare und geniale Schauspieler Danny Kaye, der die Regeln des diplomatischen Protokolls nicht ganz beherrschte, unterbrach ihn und fragte den französischen Außenminister, weshalb er diese Sprache gewählt habe. Könnte er nicht so freundlich sein, sich in einer Sprache zu äußern, welche die meisten Gäste verstehen würden? Jobert erwiderte kühl, daß er französisch spräche, damit seine Begleitung ihn verstehen könnte. Nun erklärte Danny Kaye, er werde die Rolle des Dolmetschers übernehmen, und damit sei das Problem sicher gelöst.

Zu meiner Überraschung war Jobert, dem vielleicht noch niemals ein Mensch wie Danny Kaye auf einer diplomatischen Veranstaltung begegnet war, damit einverstanden. Der Minister brachte einen eleganten Trinkspruch in englischer Sprache aus, den Danny mit Stentorstimme mit völlig unsinnigen, französisch klingenden Lauten in einer nicht existierenden Sprache wiedergab, die in verblüffender Weise die präzise Intonation des Französischen und Bruchstücke französischer Worte enthielt, so daß die Uneingeweihten ein paar Minuten brauchten, um festzustellen, daß das Ganze nur ein Jux war. Jobert schien jedoch keinen Spaß daran zu haben. Andererseits wurde uns hier eine Kunst vorgeführt, die nicht so sehr darin bestand, das Leben zu imitieren, als es zu symbolisieren: Unser Gespräch begann, sich in seiner Bedeutung dem eleganten Gefasel Danny Kayes zu nähern.

Während wir auf Joberts Reaktion oder seinen Gegenentwurf warteten, bemühten wir uns, den transatlantischen Dialog weiterzubringen – diesmal mit der Bundesrepublik Deutschland. Aber wenn es um das Europa-Jahr ging, schien es immer wieder Schwierigkeiten zu geben.

Seit Willy Brandt den Posten des Bundeskanzlers übernommen hatte, war der vertrauliche Meinungsaustausch mit ihm über Egon Bahr gelaufen. Ich hatte Anfang 1973 mit Bahr über unser Projekt gesprochen, und er hatte uns Anfang April in einer Denkschrift die Unterstützung der Bundesrepublik zugesagt. So war es nur natürlich, daß wir uns auch jetzt wieder an ihn wandten. Ich hatte Bahr nach meinen Gesprächen mit Jobert in San Clemente nach Washington eingeladen. Nach einigem Zögern erklärte er sich bereit, zu kommen, sagte den Besuch dann aber ohne Erklärung ab. Am 30. Juni wiederholte ich meine Einladung. Jobert hatte in der Zwischenzeit den deutschen Außenminister, Walter Scheel, davon unterrichtet, daß ich mich für Bahr als meinen Gesprächspartner zum Thema des Europa-Jahrs entschieden hatte, und damit die Atmosphäre belastet. Jetzt mußte ein interner deutscher Streit über Zuständigkeiten entstehen.

Am 2. Juli unterrichtete Nixon den deutschen Bundeskanzler Brandt telegrafisch über den Inhalt der Gespräche mit Jobert (zum Teil, damit man in Bonn nicht nur die französische Version zur Verfügung hatte) und forderte Brandt auf, einen Vertreter zu bilateralen amerikanisch-deutschen Gesprächen nach Washington zu schicken, damit die atlantische Deklaration fertiggestellt werden könnte, bevor Nixon im Herbst nach Europa kam. Er überließ es Brandt, einen Vertreter zu benennen.

Am 7. Juli traf die sehr kühle Antwort Brandts ein. Er reagierte nicht auf die Ankündigung der Europa-Reise Nixons im Herbst, sondern ignorierte sie ganz einfach und erklärte sich mit bilateralen Gesprächen über die atlantische Deklaration einverstanden, die er zurückhaltend wie folgt kennzeichnete: Es handelte sich dabei um »gewisse Grundsätze über die allmähliche Weiterentwicklung der Beziehungen zwischen den Vereinigten Staaten von Amerika und einem sich zusammenschließenden Westeuropa«. Es zeigte sich deutlich, daß das Europa-Jahr nicht durch eine übertriebene deutsche Begeisterung gefährdet werden würde.

In seinem Brief benannte Brandt jetzt den deutschen Außenminister Walter Scheel als Partner für bilaterale Erkundungsgespräche. Entweder war Bahr in einem bürokratischen Tauziehen unterlegen, oder Brandt wollte sich persönlich nicht zu sehr mit dem Europa-Jahr identifizieren lassen. Vielleicht spielten beide Gründe eine Rolle.

Liebenswürdig und mit besänftigenden Formulierungen gewappnet traf Walter Scheel am 12. Juli in Washington ein. Die von ihm zur Schau gestellte Vertraulichkeit weckte den Eindruck, daß alles nur Tünche wäre. Aber das war ein schwerer Irrtum. Seine versöhnliche Art verband sich mit scharfer Intelligenz. Er trieb seine Ostpolitik mit großem Geschick, aber es bestand niemals der geringste Zweifel daran, daß er sich nach besten Kräften für die Einheit des Westens einsetzte. Daß Scheel aus hartem Holz geschnitzt war, zeigte sich an der Geschicklichkeit, mit der er als Führer der Freien Demokraten seine Partei von einer Position unmittelbar rechts der Mitte leicht nach links manövrierte – eine subtile Gewichtsverlagerung, die es den Freien Demokraten ermöglichte, in der deutschen Politik als Zünglein an der Waage weiterzubestehen und ihr einen Einfluß verschaffte, der in keinem Verhältnis zur Zahl ihrer Mitglieder stand. Zweifellos war Scheel ein überzeugter Demokrat und stand in den philosophischen Konflikten unserer Zeit seinen Mann, und doch hatte ich den Eindruck, daß er es für sein Land am günstigsten hielt, wenn es sich einen gewissen Handlungsspielraum bewahrte, der auch für seine Partei in der Innenpolitik so entscheidend gewesen war. Scheel hatte sehr wohl begriffen, welche überragende Bedeutung die Beziehungen zu den Vereinigten Staaten für die Sicherheit Deutschlands und daher auch für die deutsche Außenpolitik hatten. Nun legte er mir einen deutschen Entwurf für die atlantische Deklaration vor. Es war der bisher solideste und entsprach von allen bisher vorgelegten am meisten unseren Grundvorstellungen. Ich forderte Scheel auf, ein offizielles Dokument daraus zu machen. Er versprach mir, das im Laufe der nächsten zwei bis drei Wochen zu tun. Wir haben den Entwurf nie wieder zu Gesicht bekommen; er fiel dem Druck der Franzosen und der Tatsache zum Opfer, daß wir unsere Konsultationen wenige Wochen später aufgeben mußten.

So zugänglich Scheel auch in der Sache war, in Verfahrensfragen machte er Schwierigkeiten. Im Hinblick auf den Besuch des amerikanischen Präsidenten war er ebenso zurückhaltend wie Brandt. Was den Zeitpunkt betraf, so sagte er nur, daß die Reise irgendwann vor Abschluß der europäischen Sicherheitskonferenz stattfinden sollte. Da die Konferenz erst in der vorigen Woche zusammengetreten war und mit Sicherheit mehrere Jahre in Anspruch nehmen würde, hätten wir es mit den Vorbereitungen nicht sehr eilig. Scheel sprach auch das inzwischen vertraute Dilemma an, in dem wir hinsichtlich des Verfahrens steckten, und meinte, daß es verhältnismäßig leicht sei, die Regierungschefs der NATO-Staaten zu versammeln, aber schwierig, vor diesem Forum über die europäisch-amerikanischen Wirtschaftsbeziehungen zu sprechen, während es möglich sei, dieses Thema im Rahmen der Europäischen Gemeinschaft zu erörtern, wenn auch nicht in Gegenwart der Regierungschefs.

Scheel schlug nun vor, daß wir zwei Deklarationen entwerfen sollten, die eine zu Themen im Zuständigkeitsbereich der NATO und die andere zu Fragen, die im Rahmen der Europäischen Gemeinschaft gelöst werden könnten. Aber auch bei diesem Versuch tauchten die alten Schwierigkeiten auf. Frankreich wollte einer Konferenz nicht zustimmen, an der sich die Regierungschefs der Gemeinschaft und der amerikanische Präsident beteiligten. Daher meinte Scheel, daß Nixon in Brüssel mit dem Präsidenten der Europäischen Kommission (einem Zivilbeamten), dem Präsidenten der Europäischen Gemeinschaft (dieses Amt würde, da sich die einzelnen Regierungschefs in regelmäßigen Zeitabständen ablösten, während der nächsten sechs Monate vom dänischen Premierminister wahrgenommen werden) und den neun Außenministern in ihrer Eigenschaft als Mitglieder des politischen Beratungsausschusses zusammentreffen könnte. Nun war es undenkbar, daß Regierungschefs, nachdem sie auf einer NATO-Konferenz die Sicherheit des Westens garantiert hatten, ein Gespräch über wirtschaftliche und politische Fragen in derselben Stadt mit dem Präsidenten ablehnten und statt dessen ihre Außenminister beauftragten, über diese Themen zu sprechen. Schließlich wies ich auch darauf hin, wie unsinnig es wäre, daß uns fast alle unsere Verbündeten zu einem Gipfelgespräch mit Leonid Breschnew nach Abschluß der europäischen Sicherheitskonferenz drängten. Weshalb wollten sie sich denn nicht selbst an einem Gipfeltreffen mit dem Präsidenten der Vereinigten Staaten beteiligen? Aus welchem Grund war es so viel leichter, ein Gipfeltreffen mit Breschnew zu arrangieren? Aber Scheel wollte um keinen Schritt zurückweichen. Wir verschoben die Entscheidung auf die Zeit nach Fertigstellung der Deklarationsentwürfe.

Das Monsterverfahren, das Jobert uns aufgezwungen hatte, hatte verheerende Folgen. Die verschiedensten Deklarationsentwürfe flatterten durch die Luft wie die Blätter im Herbstwind. Außer dem deutschen Entwurf, den wir kannten, hatten die Niederländer der NATO ein eigenes, recht schmächtiges Papier übergeben; Jobert hatte versprochen, den französischen Entwurf nur uns zu zeigen; und es gab zwei amerikanische Entwürfe, die ausschließlich für Jobert bestimmt waren.

Niemand konnte jetzt mehr sagen, wer wirklich was gesehen oder gebilligt hatte. Mir fiel es schwer, zu glauben, daß die Deutschen ihren Entwurf verfaßt hatten, ohne sich mit irgend jemandem beraten zu haben. Aber es war sinnlos, Jobert einen amerikanischen Entwurf prüfen zu lassen, während Scheel seine Vorstellungen zu Papier brachte, ohne unsere Haltung im einzelnen zu kennen.

Ich beschloß daher, Scheel die beiden amerikanischen Entwürfe zu geben, und nachdem wir so weit gegangen waren, legten wir sie am 8. Juli auch der britischen Regierung vor. Ich wußte, daß ich mich damit gegenüber Jobert ins Unrecht setzte, denn ich hatte ihm gesagt, daß ich seine Reaktion abwarten würde. Aber Jobert hatte unseren Entwurf jetzt schon zehn Tage, und die bilateralen Verhandlungen, denen wir auf Drängen Frankreichs zugestimmt hatten, schufen ihre eigenen Notwendigkeiten. Es war unmöglich, nicht alle unsere wichtigsten Partner von dem zu unterrichten, was wir anderen sagten.

Doch es zeigte sich, daß es zu spät war, um Jobert bei einem neuen Manöver zuvorzukommen. Jobert war Anfang Juli in London gewesen und hatte die britischen Politiker sofort gefragt, was sie von den amerikanischen Entwürfen hielten (und zwar bevor wir sie ihnen übergeben hatten). Als sie ehrlich bestritten, sie zu kennen, beschuldigte er sie, mit uns gegen Frankreich zusammenzuarbeiten; er erklärte, es sei undenkbar, daß wir diese Dokumente nicht unserem ältesten Verbündeten gezeigt hätten. Damit schlug der listige Jobert zwei Fliegen mit einer Klappe. Hätten wir London die Entwürfe übergeben, dann wäre es ihm gelungen, für Frankreich den gleichen Status wie für Großbritannien zu erreichen. War das nicht geschehen, dann hätte er die anglo-amerikanischen Beziehungen gerade in dem Augenblick belastet, in dem sich eine Entscheidung nicht mehr vermeiden ließ. Das letztere ist ihm gelungen. Über die Einzelheiten des Besuchs von Jobert in London habe ich erst Näheres erfahren, nachdem Heath und ich aus unseren Ämtern ausgeschieden waren, aber bereits im Juli 1973 war mir klar, daß White Hall in der entscheidenden Verhandlungsphase den Eindruck gehabt hat, von uns diskriminiert worden zu sein, denn die Briten behandelten uns jetzt noch kühler als während der bisherigen Amtsperiode von Heath.

Die zweite Klappe fiel am 16. Juli. Der französische Geschäftsträger in Washington überbrachte mir einen Brief Joberts, mit dem dieser unsere *beiden* Entwürfe ablehnte. Das vom Außenministerium erarbeitete Dokument hielt er für »weniger großzügig« als meines; es erschien ihm aber auch »besser durchdacht«. Aber es war doch so langweilig, daß es seiner Prüfung nicht standhielt. Einen eigenen Beitrag wollte Jobert nicht leisten. Er erklärte, daß er nicht die Absicht habe, polemisch zu sein, denn damit könnte er uns nur verwirren. Aus »Freundschaft« gab er mir jedoch den Rat, ich sollte mich bei den von mir gewünschten bilateralen Gesprächen auf realistischere Dokumente stützen. Aber einen Text, der einen solchen »Realismus« besser zum Ausdruck brachte, wollte er mir nicht vorlegen. Er behauptete, mich damit in eine peinliche Lage zu bringen, und schrieb, daß er es für klüger hielte, zu schweigen. Mit anderen Worten, wir durften so viele Dokumente vorlegen, wie wir wollten, man war nicht bereit, uns zu sagen, was man von uns erwartete. Auch teilte man uns nicht die Gründe für die Ablehnung unserer Vorschläge mit. In der Zwischenzeit verwendete Jobert unsere Entwürfe, um unsere Beziehungen zu den anderen europäischen Ländern negativ zu beeinflussen – ein sehr geschickt durchgeführtes, aber sinnloses diplomatisches Spiel, denn Joberts Siege brachten ihm und seinem Land keine Vorteile und belasteten die Beziehungen Frankreichs zu den Vereinigten Staaten.

Doch unsere Initiative wurde dadurch blockiert. Am 23. Juli trafen sich die Außenminister der Europäischen Gemeinschaft in Kopenhagen. Drei Monate nach meiner Rede zum Europa-Jahr und nach wochenlangen bilateralen Konsultationen waren sie endlich zusammengekommen, um sich mit der Substanz unserer Vorschläge zu beschäftigen. Wieder flüchteten sich unsere Verbündeten in Verfahrensfragen, aber jetzt ging es um mehr als um eine Verzögerung. Nach dem offiziellen Beschluß sollten die politischen Direktoren der Gemeinschaft (höhere Beamte in den Außenministerien) bis Mitte September für ihre Minister gewisse Grundsätze formulieren. Sobald die Gemeinschaft ihre Beratungen abgeschlossen hätte, sollte der Vorsitzende des Ministerrats uns die Ergebnisse mitteilen. Die Europa-Reise Nixons wurde mit keinem Wort erwähnt.

Nach wenigen Tagen begannen wir zu begreifen, daß mit dem, was in Kopenhagen geschehen war, nicht nur das Europa-Jahr für zwei weitere Monate auf Eis gelegt worden war, und man dem Besuch des amerikanischen Präsidenten in Europa die kalte Schulter gezeigt hatte – zwei Ereignisse, für die es in den atlantischen Beziehungen kein Beispiel gab –, sondern daß der Dialog zwischen Europa und Amerika sich jetzt zu einer Konfrontation entwickelte. Nachdem Jobert darauf bestanden hatte, daß wir die Europäische Gemeinschaft nicht konsultierten, benutzte er den von uns gehaltenen Abstand dazu, die Gemeinschaft zu einem Verfahren zu veranlassen, das in keiner Weise mehr den vertraulichen Konsultationen entsprach, die unsere Außenpolitik noch vor zwei Jahrzehnten gekennzeichnet hatten. Es war üblich geworden, daß die atlantischen Nationen und besonders die großen Länder in zahlreichen inoffiziellen Kontakten über wichtige Fragen einen Gedankenaustausch pflegten, dessen Lebendigkeit sich durch die Spontanität dieses Verfahrens noch erhöhte. Jetzt war es soweit, daß die europäischen Nationen beschlossen, an einem Papier (über eine so wichtige Frage wie die atlantischen Beziehungen) zu arbeiten, ohne uns zu konsultieren. Man war nicht bereit, uns die Entwürfe zu zeigen, und wir würden nicht die Gelegenheit erhalten, unseren Auffassungen Ausdruck zu verleihen. Wenn die Außenminister der Gemeinschaft das Dokument nach einigen Monaten fertiggestellt hatten, dann sollte es uns vom dänischen Außenminister vorgelegt werden, der für den Rest des Jahres in der Gemeinschaft den Vorsitz führen würde. Er wäre nur bevollmächtigt, den Entwurf vorzulegen, unsere Stellungnahme zu registrieren und den anderen Außenministern zu berichten, die unsere Auffassungen auf der nächsten Monatssitzung beraten sollten. Nachdem sie sich über eine angemessene Reaktion geeinigt hatten, sollte sich der gleiche Vorgang wiederholen. In den zwischen den Auftritten des dänischen Außenministers entstehenden Pausen dürften die anderen Minister nicht einmal inoffiziell mit uns über einen Vorgang sprechen, der als amerikanische Initiative begonnen hatte.

Heath äußerte sich sehr deutlich über dieses neue Verfahren in einem Telegramm an Nixon vom 25. Juli. Er erklärte, daß künftig die Neun sich über alles gegenseitig informieren würden, »was sie im Rahmen eines bilateralen Gedankenaustausches mit den Vereinigten Staaten in Erfahrung bringen«. Mit anderen Worten: Das war das Ende des vertraulichen bilateralen Gesprächs, das zunächst von unseren Verbündeten als das *einzige* akzeptable Verfahren gefordert worden war. Alles, was bisher stattgefunden hatte, würde allen Beteiligten mitgeteilt werden. Plötzlich begriffen wir, weshalb der britische Kabinettsekretär Burke Trend, dem die britische Regierung aufgetragen hatte, die Kontakte mit mir in allen Fragen aufrechtzuerhalten, die das Europa-Jahr betrafen, so unzugänglich gewesen war. Seit April hatte er jedes Gespräch mit mir vermieden und mich auf die Zeit nach Abschluß der Konferenz von Kopenhagen vertröstet. Anschließend hatte er nicht mehr die Berechtigung, bilaterale Konsultationsgespräche zu führen. Heath äußerte sich sehr deutlich dazu:

> Ich glaube, daß wir am ehesten zu dem Erfolg kommen werden, den Sie und ich wünschen, wenn man erkennt, daß wir uns an diese Entscheidung im Hinblick auf das gegenwärtige Vorhaben halten. Wenn

wir das tun, werden sich die Chancen für eine angemessene Reaktion der Neun im Herbst verbessern.

Während der ganzen Nachkriegsperiode war Großbritannien auf die »besonderen Beziehungen« als Ausdruck einer Vorzugsstellung in Washington stolz gewesen. Wenn aber alles, was wir einander mitteilten, automatisch auch an die Neun weitergegeben wurde, konnte man kaum noch von »besonderen« Beziehungen sprechen. Europa hatte auf die Initiative zum Europa-Jahr mit einem Verfahren reagiert, bei dem diejenigen, die mit uns sprachen, keine Verhandlungen führen durften, während diejenigen, die hätten verhandeln können, nicht mehr die Berechtigung hatten, mit uns zu sprechen.

Besonders schmerzlich war dabei der Umstand, zu wissen, einem geschickten Manöver Joberts zum Opfer gefallen zu sein. Es war ihm nur gelungen, weil er nicht damit gerechnet hatte, daß alles mit einer Konfrontation enden könnte. Jobert hatte unser Bestreben, Frankreich versöhnlich zu stimmen, rücksichtslos dazu ausgenutzt, uns zu isolieren. Auf Joberts Verlangen hatten wir uns jeder Einmischung der kleineren Länder widersetzt, die offizielle Vorschläge oder ein breiteres Beratungsforum verlangt hatten. Um die Isolierung Frankreichs zu verhindern, hatten wir uns unter schweren Bedenken zu bilateralen Gesprächen mit Frankreich, Großbritannien und der Bundesrepublik Deutschland bereiterklärt und uns nicht direkt mit dem Gemeinsamen Markt in Verbindung gesetzt. Um keine alten Empfindlichkeiten zu berühren, hatten wir Joseph Luns' Vorschlag abgelehnt, die NATO als Beratungsforum zu benutzen.

Jetzt erkannten wir deutlich, was während der drei Monate des Wartens auf Europa geschehen war. Jobert hatte die Befürchtungen der kleineren Länder, die großen Vier könnten ihnen ihr Verhalten vorschreiben wollen, ebenso ausgenutzt wie die Weigerung Westdeutschlands, die Ostpolitik durch eine Mitarbeit im Rahmen einer größeren Gruppe zu behindern, und die Entschlossenheit von Heath, sich zu Europa zu bekennen, indem er eine Koalition der Neinsager zustande brachte. Von Heath unterstützt hatte sich Jobert in den Verhandlungen mit uns einen Freiraum geschaffen, weil wir niemals auf den Gedanken gekommen wären, daß das ganze Unternehmen zu einer Konfrontation ausarten könnte. So ist es kein Wunder, daß die Emotionen in einer durch Watergate schwer angeschlagenen Regierung hohe Wellen schlugen.

Das Ergebnis bestand in einer ungewöhnlich kühlen Antwort des Präsidenten an Heath:

Wenngleich ich Ihnen darin zustimme, daß wir in der allgemeinen Richtung auf das, was wir zu erreichen hoffen, einen gewissen Fort-

schritt gemacht haben, muß ich Ihnen offen sagen, daß ich mir über die Lage, in der wir uns zu befinden scheinen, ernste Sorgen mache.
Ich habe geglaubt, daß wir in dem Gespräch über die später so genannte Initiative zum Europa-Jahr bei unserem Treffen im Januar übereingekommen waren, daß dies ein bedeutendes Unternehmen im gemeinsamen Interesse zu einer kritischen Zeit wäre. Bei jenem Treffen und bei dem folgenden wiederholten Austausch von Meinungen über diesen Kanal und in Gesprächen mit Ihren Vertretern sind wir gemeinsam davon ausgegangen, daß die Wiederbelebung der atlantischen Beziehungen zumindest ebenso im Interesse Europas wie in unserem eigenen läge und daß es außergewöhnlicher Anstrengungen mit starken Auswirkungen auf die Öffentlichkeit erforderte.
Wir haben nichts gegen den Gedanken einzuwenden, daß sich die Europäer untereinander darüber abstimmen sollten, wie sie den Dialog mit uns zu führen wünschen. Da wir uns durch Verfahrensfragen nicht aufhalten lassen wollten, haben wir bilaterale Kanäle eingerichtet, weil die Europäer diesem Verfahren den Vorzug gaben und weil keine anderen Kanäle zur Verfügung zu stehen schienen. Jeder Versuch, multilaterale Gespräche aufzunehmen und auch einige bei dem im Mai erfolgten Besuch von Dr. Kissinger in London gemachte Vorschläge sind zurückgewiesen worden. Wir haben uns schließlich mit bilateralen Gesprächen einverstanden erklärt, weil wir mit Ihnen der Meinung waren, daß die Franzosen nicht isoliert werden dürften. Es hat aber niemals ein Zweifel darüber bestanden, daß wir multilateralen Kontakten den Vorzug gegeben hätten. Wir haben wiederholt erklärt, daß die verschiedenen bilateralen Gespräche ebenso wie alle Diskussionen im Rahmen bestehender multilateraler Gremien sobald wie möglich auf der multilateralen Ebene zusammengezogen werden sollten. Wenn wir darum bemüht gewesen sind, die Vertraulichkeit unserer bilateralen Kontakte zu wahren, dann ist das vor allem auf das Verlangen der Europäer hin geschehen und weil wir ihrer Auffassung zustimmten, daß dies unter den gegebenen Umständen die beste Methode wäre, um Fortschritte zu erzielen. Mich befremdet, was Sie über die Ausnutzung unserer privaten bilateralen Kontakte durch das Land sagen, das als erstes darauf bestanden hatte.

Die gleichen Auffassungen vertrat Nixon in noch schärferer Form in einem Brief vom 30. Juli an Brandt, der sich dem inzwischen zur Routine gewordenen europäischen Argument angeschlossen hatte, daß die Konferenz in Kopenhagen eine bedeutende Reaktion auf unsere Initiative darstellte. Nixon ergriff die Gelegenheit, um zu sagen, daß er Europa unter diesen Umständen nicht besuchen und keine Dokumente unterzeichnen werde, die nicht auch die Unterschrift anderer Regierungschefs trügen – ein Schlag gegen die Vorstellung, daß er mit den Außenministern und nicht den Regierungschefs der Gemeinschaft zusammentreffen sollte:

Ich muß Ihnen mit allem Freimut meine Überraschung über das Verfahren zum Ausdruck bringen, das sich aus den europäischen Überlegungen ergeben hat. Drei Monate nach unserer Initiative und nach zahlreichen Beratungen, die wir auf das Verlangen der Europäer auf bilateraler Basis geführt haben, stellen wir jetzt fest, daß die Europäer nicht bereit sind, vor Mitte September mit uns über konkrete Fragen zu sprechen. Nachdem eine Reihe europäischer Regierungen einschließlich der Ihren uns versichert hatten, sie würden uns als Reaktion auf die unseren ihre konkreten Vorstellungen erläutern, haben sich die Europäer jetzt dazu entschieden, diese Auffassungen so lange für sich zu behalten, bis sie durch Gespräche, an denen wir nicht beteiligt werden, zu einer von ihnen allen getragenen kollektiven Haltung gelangt sind. Die Absicht, soweit ich sie verstehe, ist, uns dann diesen kollektiven Standpunkt vorzutragen und anschließend den Gedankenaustausch so zu führen, daß wir aufgefordert werden, mit europäischen Sonderbeauftragten zu sprechen. Ich muß Ihnen ehrlich sagen, daß ich es erstaunlich finde, wie ein Bemühen mit dem Ziel, einen neuen Geist atlantischer Solidarität zu schaffen, und dessen ganzes Wesen darin bestehen sollte, daß es in allen Phasen gemeinsam angestrebt wird, sich jetzt fast in eine europäisch-amerikanische Konfrontation verwandelt hat.

Unter diesen Umständen müssen Sie wissen, daß wir keine weiteren Initiativen auf bilateraler oder multilateraler Ebene mehr ergreifen werden, sondern das Ergebnis der Konferenz der Neun im September abwarten wollen, um dann zu entscheiden, ob und wie wir vorgehen werden.

Lassen Sie mich jedoch jetzt sagen, daß ich im Hinblick auf meine in Aussicht gestellte Reise nach Europa zu dem folgenden Entschluß gekommen bin: Ich werde nicht nach Europa kommen, wenn es keine Ergebnisse gibt, die mit dem Bedürfnis vereinbar sind, die atlantischen Beziehungen zu stärken. Begegnungen im Rahmen multilateraler Gremien, an denen meine europäischen Kollegen glauben, sich nicht beteiligen zu können, kann ich nicht in Erwägung ziehen. Ich glaube nicht, daß solche Begegnungen den in unserer Initiative ins Auge gefaßten Zwecken dienen würden, und ich glaube, wir sind, als Sie uns im Mai besucht haben, übereingekommen, daß ich in Europa keine Erklärungen unterzeichnen werde, die nicht auch von den anderen Regierungschefs unterzeichnet werden.

Wir wissen nicht, welche Wirkung diese Briefe gehabt hätten, wenn sie von einem Präsidenten geschrieben worden wären, dessen Autorität noch nicht angeschlagen war. Aber unsere Verbündeten wußten, daß Watergate mit der Entdeckung des Abhörsystems im Weißen Haus einen neuen Höhepunkt erreicht hatte. Es besteht kaum ein Zweifel daran, daß es ohne Watergate gar nicht erst notwendig geworden wäre, diese Briefe zu schreiben. Wie die Dinge lagen, wußten unsere Verbündeten nicht nur, daß ich sie entworfen hatte – das war das übliche Verfahren –, sondern auch, daß der Präsident aus innenpolitischen Gründen den angesprochenen Fragen nicht seine volle Aufmerksamkeit schenken konnte. Auf jeden Fall war es zu spät für irgendwelche Gegenbeschuldigungen, wie sich sehr deutlich bei den nächsten Konsultationen mit Großbritannien zeigte.

An dem Tage, als der Brief an Brandt abgeschickt wurde (es war der 30. Juni) traf Sir Burke Trend zu britisch-amerikanischen bilateralen Gesprächen in Washington ein. Angesichts der in Kopenhagen getroffenen Entscheidungen hatte er kein Gesprächsthema, und daher wurde die Sitzung mit meinem klugen und sanften Freund peinlich. Wir erkannten beide, daß es, wenn sich diese Tendenzen fortsetzen sollten, zu einem Wendepunkt in den atlantischen Beziehungen kommen mußte. Um einer abstrakten Doktrin von der europäischen Einheit zu dienen und in ein paar theoretischen Fragen recht zu bekommen, hatte man etwas aufgegeben, was aufzubauen eine ganze Generation sich bemüht hatte. Die atlantischen und insbesondere die britisch-amerikanischen Beziehungen hatten sich auf der Grundlage des gegenseitigen Vertrauens und der Konsultationen außerordentlich günstig entwickelt. Jetzt legte man ihnen die Zwangsjacke eines legalistischen Formalismus an. Trend hatte zu lange im bisher gewohnten Rahmen, dessen Kern das gegenseitige Vertrauen bildete, mit uns zusammengearbeitet, um sich bei seinem jetzigen Auftrag wohl zu fühlen. Er beherrschte seinen Kummer so weit, wie es ihm der Ehrenkodex des britischen Staatsdienstes und sein eigenes Ehrgefühl vorschrieben. Aber die Probleme gingen inzwischen weit über die Ebene der Hierarchie hinaus, die seinem diplomatischen Rang entsprach.

Daß die britische Regierung entschlossen war, die bisher üblichen Methoden aufzugeben, wurde noch klarer, als sie – wieder ohne uns vorher konsultiert oder gewarnt zu haben – der NATO Anfang August den Entwurf eines Textes für eine atlantische Deklaration vorlegte. Diese Geste war um so überraschender, als London nie auf die von uns am 8. Juli übermittelten Texte reagiert hatte. (Die negative Antwort darauf traf bei uns erst am 17. August ein.) Der britische Entwurf zeichnete sich durch seine Milde aus. Darüber hinaus sollte er getrennt von allen Initiativen der Europäischen Gemeinschaft gehalten werden – um zu vermeiden, daß ein zu umfangreiches Dokument entstand, und er sollte in den »natürlichen Zeitplan« des Bündnisses eingefügt werden. Das sollte heißen, daß ein Gipfeltreffen frühestens bei der nächsten Sitzung des NATO-Rats im Dezember stattfinden könnte, zu einer Zeit, in der Nixon, wie er ausdrücklich erklärte, nicht nach Europa kommen konnte, weil er sich auf die neue Sitzungsperiode des Kongresses vorbereiten mußte. Als wir uns – die wir immer noch in den alten Kategorien zu denken gewohnt waren – darüber beklagten, zu wenig konsultiert worden zu sein, antwortete die Regierung Ihrer Majestät:

> Wir haben jedoch schon Schwierigkeiten mit einigen der kleineren Mitglieder der Neuner-Gemeinschaft wegen der Verzögerung, mit der sie von dem Inhalt einiger unserer Gespräche mit dem Weißen Haus unterrichtet worden sind. Wir glauben daher, daß wir uns, wo immer möglich, von Anfang an um multilaterale Gespräche bemühen sollten. Das Wesen der atlantischen Beziehungen ist nicht etwas, über das man sich nur in bilateralen Gesprächen einigen kann. Im Unterschied zu Erläuterungen müssen Aktionen multilateral erfolgen.

Um die gleiche Zeit erfuhren wir, daß die Gemeinschaft den Text eines Entwurfs für die Deklaration Japan vorgelegt und dabei erklärt hatte, daß ein zwischen Europa und Japan ausgehandeltes Dokument konkreten Inhalt haben werde, während es, wenn wir uns daran beteiligten, notwendigerweise unverbindlich bleiben müßte. Man hatte uns niemals etwas über ein solches Projekt gesagt und uns noch weniger zu dessen Inhalt konsultiert. Hier handelte es sich um einen bewußten Affront, denn eine solche Taktik hätte sich erübrigt. Japan war in erster Linie daran interessiert, aus der Schußlinie zu bleiben. Japanische Diplomaten fragten gelegentlich höflich, aber mit demonstrativer Gleichgültigkeit nach jenem ungewöhnlichen Europa-Jahr, an dessen Durchführung teilzunehmen sie aufgefordert worden waren. Sie ließen zwar deutlich erkennen, daß es sie verärgern würde, wenn sie von einem ernsthaften Unternehmen ausgeschlossen würden, daß sie aber kaum Interesse daran hätten, sich an einem westlichen Familienstreit zu beteiligen. Auf diese Weise verwandelte sich ein Unternehmen, das ins Leben gerufen worden war, um den atlantischen Zusammenhalt zu fördern, in ein Instrument, mit dessen Hilfe alle Demokratien gegen die Vereinigten Staaten mobilisiert werden sollten.

Wenngleich bürokratische Trägheit und die durch Watergate erzeugte verzweifelte Stimmung uns zwangen, die ganze Prozedur über uns ergehen zu lassen, hatte das Europa-Jahr seine Bedeutung verloren.

Der offizielle Teil unseres Vorschlags, eine neue Deklaration über die atlantischen Beziehungen, wurde schließlich ein Jahr später fertiggestellt, als Nixon der einzige noch im Amt befindliche Regierungschef unter den großen Vier war – und er trat sechs Wochen danach zurück. Aber diese Deklaration hatte im Verlauf eines Jahres kleinlicher Streitigkeiten ihre moralische und psychologische Bedeutung verloren.

Wieder zeigte sich, daß sich die Geschichte nicht auf Kommando wiederholen läßt. Mit allzu großer Selbstsicherheit hatte man versucht, die Idee zu kopieren, daß ein Amerikaner mit einer dramatischen Rede Europa inspirieren könnte wie der amerikanische Außenminister George C. Marshall bei der Ankündigung des Marshall-Plans. Der Ausdruck »Atlantik-Charta« war ein Echo der in den vierziger Jahren getroffenen berühmten Vereinbarung zwischen Roosevelt und Churchill. Ermutigt durch europäische Ermahnungen, daß wir unsere Aufmerksamkeit wieder mehr dem Westen zuwenden und uns weniger mit Südostasien beschäftigen sollten, und verführt von unserer eigenen Sehnsucht nach historischen Initiativen, haben wir erleben müssen, daß sich eine Lage nicht meistern ließ, die sich seit 1947 drastisch verändert hatte. Damals hatte Außenminister Marshall Nationen, die keine Alternative hatten, praktisch ein Geschenk angeboten: die massive amerikanische Hilfe beim Wiederaufbau Europas. Das Problem Europas war es damals gewesen, sich selbst zu organisieren, um sich dieses Geschenk zu sichern – eine angenehme Aufgabe, die sich auch für den einzelnen Politiker als sehr nützlich erweisen kann. Aus der atlantischen Deklaration von 1973/1974 ergaben sich keine unmittelbaren Vorteile. Sie zwang jede Regierung, sich mit einer langen Liste schwieriger Probleme auseinanderzusetzen – eine Aufgabe, die gewählte politische Führer im allgemeinen sehr gern ihren Nachfolgern überlassen.

Unsere Frustration hatte komplexe psychologische Gründe. Wir waren nur allzu eifrig darum bemüht, uns von dem Trauma des Vietnam-Krieges zu befreien, und deshalb haben wir dem Umstand, daß Europa sich an diesem in erster Linie amerikanischen Problem nicht beteiligen konnte – jedenfalls nicht im gleichen Maß – nicht genügend Bedeutung beigemessen.

Es gab auch noch andere große Hindernisse, über die ich im 16. Kapitel sprechen werde. Aber am meisten sind wir von Watergate behindert worden. Das Europa-Jahr hätte zum Erfolg werden können, wenn der Skandal nicht seine Auswirkungen auf alle Aspekte dieses Projekts gehabt hätte. Ein starker Präsident auf der Höhe seines öffentlichen Ansehens, der sich der Zustimmung der amerikanischen Bevölkerung sicher sein konnte, hätte für den moralischen Zusammenhalt der freien Nationen zwingende Argumente vorbringen können. Die Europäer wären eifrig darum bemüht gewesen, zusammen mit ihm im Rampenlicht zu stehen. Im Verlauf des Jahres 1973 war das Gegenteil der Fall. Jeder Umgang mit Nixon war gefährlich geworden, und der schwerverwundete Präsident war auch nicht mehr in der Lage, die öffentliche Meinung in den Vereinigten Staaten hinter sich zu bringen, und zwar in einer Weise, die unsere Verbündeten nicht mehr hätten übersehen können. Wäre Nixon nicht zu einer politischen Hypothek für die europäischen Regierungen geworden, dann hätten sie sich höchstwahrscheinlich nicht so entschieden von ihm distanziert. So mußten sie sich im Laufe der Zeit immer ernstere Gedanken darüber machen, welches Risiko sie eingingen, wenn sie gemeinsam mit einem zunehmend in Mißkredit geratenen Regierungschef eine feierliche Erklärung unterzeichneten. Wäre damit ein sofort erkennbarer Gewinn verbunden gewesen, dann wären sie dieses Risiko vielleicht eingegangen. Aber die atlantische Deklaration warf ein Schlaglicht auf das Dilemma des politischen Führers in einer modernen Demokratie: Der Zeitraum, der verstreichen muß, bis eine Politik Früchte trägt, ist länger als die Amtszeit des Politikers, während sich die Nachteile, die eine solche Politik bewirkt, sofort zeigen. Jeder europäische Regierungschef mußte damit rechnen, daß er für die Teilnahme an Bemühungen um eine sicherere Zukunft unter Umständen auch mit der Schmach belastet würde, die ihm drohte, wenn er sich mit Nixon identifizierte, bevor der amerikanische Präsident von Watergate verschlungen wurde. Und die Fragen, die wir aufgeworfen hatten, waren alle sehr komplex; deshalb war es besser, sie zu ignorieren und damit zu begraben.

Heute, nach fast zehn Jahren, schmerzt es mich aber doch noch immer, mit welch gleichgültiger Härte einige unserer Verbündeten auf Nixons Autoritätsverlust reagiert haben. Hier stand ein Mann, der sein ganzes öffentliches Leben der Stärkung des atlantischen Bündnisses geweiht hatte. Während seiner ersten Amtsperiode hatte er viel getan, um das Vertrauen der europäischen Führer zu gewinnen. Er hatte einen häßlichen Streit mit Frankreich beendet, er hatte seine Vorurteile überwunden und geholfen, Brandts Ostpolitik zu retten, er hatte Heath immer wieder bewiesen, daß er ihn bewunderte. Trotz einiger schwerer Unterlassungssünden im Jahr 1971 hatte er alles unternommen, um seine europäischen Kollegen regelmäßig zu konsultieren. Doch ohne es an Höflichkeit fehlen zu lassen, haben alle diese Regierungschefs Schritte unternommen, die zu tun keiner von ihnen gewagt hätte, wenn ein regierungsfähiger Präsident auch nur einigermaßen von der öffentlichen Meinung unterstützt worden wäre.

Wenn ich am Schluß Bilanz ziehe, dann muß ich sagen, daß es richtig gewesen ist, diesen Versuch zu unternehmen, auch wenn er zunächst scheitern mußte. Denn ich glaube noch immer, daß wir die richtigen Fragen gestellt haben. Die Führer der demokratischen Industrienationen hatten es zu lange versäumt, sich mit den Grundfragen zu beschäftigen, indem sie ihre amerikanischen Beziehungen für innenpolitische Zwecke einsetzten. Zu Zeiten internationaler Spannungen bestand die Kritik darin, daß die amerikanische Politik die Sicherheit Europas gefährdete. Als wir dem Rat unserer Partner folgten und die Spannungen zwischen den Vereinigten Staaten und der Sowjetunion abbauten, fürchteten sie ein amerikanisch-sowjetisches Kondominium. Im Grunde verlangten die Europäer, daß sich die Vereinigten Staaten zur Verteidigung Europas verpflichteten, hofften jedoch, militärische Operationen von ihrem Territorium fernhalten zu können. Die europäischen Regierungen ersuchten uns um detaillierte Zusicherungen bei allen Themen, über die wir mit der Sowjetunion verhandelten, waren aber selbst nicht bereit, sich bei ihren eigenen einseitigen Initiativen eine ähnliche Zurückhaltung aufzuerlegen. Diese inkonsequente Haltung, lange genug eingenommen, mußte den Zusammenhalt des Westens in einem Morast aus miteinander im Konflikt stehenden politischen Bestrebungen ersticken, die von sehr kurzlebigen innenpolitischen Zwängen veranlaßt waren. Darüber hinaus beraubte die Überbewertung taktischer Fragen die Politik der Demokratien ihrer moralischen Durchschlagskraft. Ohne eine klare Vorstellung von der Zukunft zu haben, wurde die Öffentlichkeit zunehmend von technischen Problemen demoralisiert, die von Nichtfachleuten nicht begriffen werden konnten. Die Furcht und nicht eine klare Zielsetzung wurde zum beherrschenden Faktor der Politik vieler Demokratien; man hielt es für politisch klug, sich anzupassen, nicht aber, das Schicksal selbst in die Hand zu nehmen. Die Ursachen für diesen Zustand gehen tief, lassen sich aber nicht allein mit außenpolitischen Initiativen beseitigen. Und doch hätten die im Rahmen des Europa-Jahrs vorgetragenen Ideen dazu beitragen können, diese Schwierigkeiten zu überwinden.

Allerdings wurden die meisten praktischen Vorschläge für das Europa-Jahr verwirklicht. Vor dem Rücktritt Nixons wurde die atlantische Deklaration unterzeichnet. In der Amtszeit des Präsidenten Gerald Ford begannen regelmäßige Konsultationen über einen weitgefächerten Themenkreis, die noch heute fortgesetzt werden. Aber die Aufgabe, inspirierende Vorstellungen für die Zukunft zu entwickeln, ist unter den jetzt unvergleichlich viel schwierigeren Umständen immer noch nicht gelöst.

VI. Es gärt im Nahen Osten

Zeit für eine neue Initiative?

Eigenartigerweise hat sich die innenpolitische Schwäche der Vereinigten Staaten, die durch das Trauma von Vietnam und Watergate entstanden war, am wenigsten auf unsere Nahostpolitik ausgewirkt. Kein Nahostproblem hatte bisher zu einer innenpolitischen Kontroverse geführt; die Länder in jenem Gebiet haben weniger als andere versucht, die zunehmend peinliche Lage, durch welche unsere Autorität geschwächt wurde, auszunutzen, denn ohne das Vertrauen zu einem starken Amerika wäre auch ihre Situation unhaltbar geworden. Jedes Land stützte sich in seiner Art auf eine starke amerikanische Politik, mit deren Hilfe sehr unterschiedliche Ziele erreicht werden sollten. Israel brauchte die Hilfe Amerikas zum Überleben. Die gemäßigten Araber rechneten mit dem Einfluß der Vereinigten Staaten auf Israel, um so den Frieden zu sichern. Sogar die radikalen Araber brauchten uns, wenn auch nur als Alibi; sie neigten dazu, unseren schädlichen Einfluß zu übertreiben, hielten es aber für unmöglich, die durch Watergate in den Vereinigten Staaten entstandenen inneren Spannungen zu durchschauen.

Nixon begann seine zweite Amtszeit in der festen Absicht, im Nahen Osten eine diplomatische Friedensinitiative zu eröffnen, hatte zunächst aber noch keinen detaillierten Plan dafür. Zwei Tage vor seiner Wiederwahl hatte er gesagt, daß der Nahe Osten in seiner zweiten Amtsperiode »einen sehr hohen Stellenwert« haben werde. Am 5. November hatte Außenminister Rogers von sich aus erklärt, daß die Vereinigten Staaten damit rechneten, bald »sehr aktiv« zu werden.[1] Und nach Beendigung des Vietnam-Krieges richtete sich die Aufmerksamkeit der Öffentlichkeit immer mehr auf den Nahen Osten. In der ersten Februarwoche 1973 sprachen die Leitartikler Rowland Evans und Robert Novak von dem »zunehmenden Druck der arabischen Länder, die mit den Vereinigten Staaten befreundet sind« und die sich angeblich darum bemühten, Nixon und mich stärker in die Nahostpolitik einzuschalten. In einem Leitartikel der *New York Times* in der gleichen Woche hieß es, daß die bevorstehenden Besuche einer Reihe führender Persönlichkeiten aus dem Nahen Osten in Washington Nixon die »natürliche Gelegenheit« geben werden, »neue Initiativen zu ergreifen«. In der *Baltimor Sun* hieß es, daß solche Initiativen »überfällig« seien. Und die *Washington Post* drängte Nixon, dem Nahen Osten seine »ständige persönliche Aufmerksamkeit« zuzuwenden, nachdem das Vietnam-Problem erledigt sei. Die Zeitung erklärte, daß die Haltung Israels »unglaublich kurzsichtig« wäre.[2]

Es gab aber dennoch viele Gründe zur Vorsicht. In der ersten Amtszeit des Präsidenten hatten wir erfahren, daß übereifrig verfolgte Friedenspläne zu nichts führen; sie hatten sich angesichts der Leidenschaften der Beteiligten und der Uneinigkeit in unserer Regierung festgefahren. Die Wahlen in Israel waren für Ende Oktober 1973 angesetzt. Die Erfahrung hatte uns gelehrt, daß keine israelische Regierung die im Rahmen des Friedensprozesses notwendigen schwierigen Entscheidungen treffen konnte, solange die Zukunft des Staates Israel nicht gesichert war. Wir wollten daher die Zeit bis dahin zu Erkundungsgesprächen zwischen mir und dem nationalen Sicherheitsberater des Präsidenten Anwar el-Sadat, Hafiz Ismail ausnutzen. Um einen praktisch durchführbaren Vorschlag machen zu können, mußten wir eine klare Vorstellung von den Absichten Ägyptens haben.

In unserer Regierung hatte eine Umstrukturierung stattgefunden, als deren Folge sich die Zuständigkeiten für den Nahen Osten verschoben. Während der ersten Amtsperiode Präsident Nixons war der Nahe Osten dem Außenministerium überlassen worden, teilweise um Rogers zu besänftigen, aber auch, weil Nixon glaubte, daß die Nahostpolitik innenpolitische Schwierigkeiten heraufbeschwören könnte, und dieses Risiko wollte er von sich abwälzen. So war auch mein Einfluß auf die Nahostpolitik während der ersten Amtsperiode Nixons viel geringer als auf anderen Gebieten. Ich konnte Denkschriften verfassen, ich konnte warnen, und gelegentlich konnte ich gewisse Dinge verzögern. Aber außer in der Jordanien-Krise habe ich die diplomatischen Initiativen der Vereinigten Staaten nicht selbst geleitet. Bis Mitte des Jahres 1972 haben wir das System der dem Weißen Haus zur Verfügung stehenden geheimen Nachrichtenverbindungen, mit dem wir vertrauliche Verhandlungen mit anderen Regierungen unter Umgehung des Außenministeriums führten, in unseren Beziehungen zum Nahen Osten nicht angewendet. Zwar hat mich dieses System, das im Laufe der Zeit zur Norm werden sollte, gelegentlich geärgert, aber in Wirklichkeit diente es derjenigen Strategie, der ich den Vorzug gab. Es bewirkte über lange Zeit hinaus ein Unentschieden, das die Araber zur Mäßigung und die Sowjets an die äußere Peripherie der Nahostpolitik trieb. Ende 1971 begann Nixon, mir die Verantwortung zu übertragen. Er fürchtete, daß das Außenministerium mit seiner Neigung für abstrakte Theorien geneigt sein könnte, Pläne zu entwickeln, die in weiten Kreisen auf Widerstand stießen. Mein Auftrag bestand in erster Linie darin, dafür zu sorgen, daß es zu keinen Erschütterungen kam, die sich nachteilig auf die Wahlen von 1972 auswirkten. Praktisch bedeutete dies, daß ich mich um eine Verzögerung der Entwicklung bemühen sollte. Der Umstand, daß ich mich zu dieser Zeit in erster Linie mit der Abschlußphase der Vietnam-Verhandlungen beschäftigen mußte, zwang mich, diese Anweisung Nixons noch genauer zu befolgen. Die einzige Maßnahme, die ich damals ergriff, bestand in der Einrichtung eines geheimen Kanals zu Sadats Sicherheitsberater. Aber bis zum Juli 1972, als Sadat alles sowjetische Militärpersonal aus Ägypten auswies, gab es über diesen Kanal kaum irgendwelche Kontakte.[3]

Die Gründe für die Verzögerung waren mehr technischer als politischer Natur. Die Nahostkrise setzte sich aus den verschiedensten Komponenten zusammen, die für jeden zur Falle werden konnten, der es an Aufmerksamkeit fehlen ließ. Vorsicht war geboten. Im einzelnen handelte es sich um den arabisch-israelischen Konflikt, das ideologische Ringen zwischen gemäßigten und radikalen Arabern und den Einfluß und die Rivalität der Supermächte, wobei die Sowjets auf militärischem Gebiet eine immer bedeutendere Rolle spielten. Jedes dieser Probleme hatte seine eigenen Ursachen, aber hier waren sie alle eng miteinander verknüpft. Das eine ließ sich nicht lösen, ohne daß man auch die anderen in den Griff bekam. Die Schaffung des Staates Israel mit amerikanischer (und damals auch sowjetischer) Hilfe hatte den arabischen Nationalismus aufflammen lassen und führte zum Krieg. Israel wurde durch Waffengewalt eine Nation und mußte es anschließend ertragen, daß seine Nachbarn es nicht anerkannten, sondern ächteten und leidenschaftlich haßten. Im Juni 1967 durchstießen die Isrealis die nach dem Waffenstillstand festgelegte Linie, nachdem Ägypten unter Gamal Abdel Nasser, veranlaßt durch falsche sowjetische Informationen, den israelischen Hafen Eilat blockierte und seine Armee drohend auf die entmilitarisierte Sinai-Halbinsel gegen die israelische Grenze vorrücken ließ. Der Krieg endete nach sechs Tagen, in denen Israel weite ägyptische und syrische Gebiete sowie das Westufer des Jordan besetzt hatte, was eine Demütigung der Araber bedeutete und ihre antiisraelischen Gefühle noch stärker zum Ausdruck kommen ließ.

Israel, das noch nie innerhalb international anerkannter Grenzen gelebt hatte, sah keinen wesentlichen Unterschied darin, daß es seine Grenzen jetzt an einer anderen, ebenfalls nicht anerkannten Linie festgelegt hatte. Zur Konfrontation mit den feindlichen Arabern verdammt, wollten die Israelis einen möglichst breiten Sicherheitsgürtel um ihr Land ziehen. Die arabischen Länder sahen sich zwischen ihrer philosophisch begründeten Ablehnung der Existenz des israelischen Staats und der praktischen Realität hin- und hergerissen, die bedeutete, daß der Status quo sich nur durch diplomatische Schritte verändern ließ. Gemäßigte arabische Regierungen wie die jordanische und die (unter Nasser noch zwischen Radikalismus und Mäßigung hin- und herschwankende) ägyptische suchten vorsichtig nach einer Formel, die Israel innerhalb seiner Vorkriegsgrenzen (von 1967) anerkannte, aber bis zur Lösung der Frage nach dem Status der arabischen Palästinenser nicht mehr zugestehen wollte als die Beendigung des Kriegszustandes – eine andere Form des Waffenstillstandes –, nicht aber den Frieden, dessen Abschluß Israel forderte.

Die Palästinenserfrage hatte sich als Folge des Verhaltens der radikalen Araber und der israelischen Vorstellung festgefahren, daß die Israelis aus Sicherheitsgründen nicht auf das Westufer des Jordans verzichten könnten. Syrien weigerte sich, über *irgendwelche* Bedingungen zu verhandeln. Es bestritt das Existenzrecht Israels, gleichgültig innerhalb welcher Grenzen. Noch im Dezember 1973, als ich zu meinem ersten Besuch von Tel Aviv nach Damaskus flog, berichtete die unter staatlicher Kontrolle stehende syrische Presse, daß der amerikanische Außenminister aus »besetztem Gebiet« (das heißt aus Israel) eingetroffen sei. Der Irak stellte sich mit seinem ganzen Einfluß hinter die Radikalen, ebenso auch Libyen und Algerien. Die palästinensische Befreiungsorganisation (PLO), deren Anspruch, alle Palästinenser zu vertreten, noch nicht von den arabischen Staaten anerkannt worden war, verlangte die Schaffung eines weltlichen Staates in Palästina, mit anderen Worten, Israels Verschwinden. Und Israel identifizierte seine Sicherheit mehr und mehr mit der israelischen Präsenz am Westufer des Jordan. Die auf diese Weise festgefahrene Lage hat die Nahostpolitik in den Jahren zwischen den Kriegen von 1967 und 1973 blockiert.

Das Symbol für diese verfahrene Lage war der Beschluß des Sicherheitsrats der Vereinten Nationen Nr. 242 vom 22. November 1967. Er sprach von einem »gerechten und dauernden Frieden« innerhalb »sicherer und anerkannter Grenzen«, wobei jedoch keines dieser Adjektive näher definiert wurde. Dieser Beschluß, den einige arabische Staaten abgelehnt hatten und den diejenigen, die ihn akzeptierten, ebenso wie Israel nach ihrem Gutdünken auslegten, wurde mehr zum Ausdruck der Tatsache, daß man in eine Sackgasse geraten war, als zu einem Werkzeug, um die Probleme zu lösen. Die arabischen Führer, die überhaupt bereit waren, zu verhandeln, erklärten, der Beschluß verlangte Israels totalen Abzug bis zu den Grenzen, wie sie vor dem Juni 1967 bestanden hatten. Dagegen wehrte sich Israel und erklärte, daß die Vorkriegsgrenzen seinem Land keine Sicherheit garantieren könnten. Die Israelis bestanden darauf, einen Teil der den Nachbarstaaten fortgenommenen Gebiete zu behalten. Um seine Interessen in zweifacher Weise abzusichern, stellte Israel eine Forderung auf, die so vernünftig erschien, wie sie unerfüllbar war: Es verlangte direkte Verhandlungen mit den arabischen Staaten. Mit anderen Worten, Israel verlangte als Vorbedingung für Verhandlungen die Anerkennung durch diese Staaten. Die Araber verlangten mit gleicher Schärfe die Anerkennung ihrer territorialen Forderungen als Voraussetzung für die Aufnahme diplomatischer Verhandlungen. Kein auch noch so gemäßigter arabischer Führer konnte dem Verlangen Israels zustimmen und dabei in der zu jener Zeit durch die demütigende Niederlage, den arabischen Radikalismus und den Einfluß der Sowjetunion beherrschten Atmosphäre überleben. Kein israelischer Premierminister konnte auch nur einen Tag im Amt bleiben, wenn er als Eintrittspreis für Verhandlungen den Anspruch auf die besetzten Gebiete aufgab. Israel jagte der Illusion nach, gleichzeitig fremde Gebiete besetzen und einen Frieden erreichen zu können. Seine arabischen Gegner verfolgten die entgegengesetzte Illusion, verlorene Gebiete zurückgewinnen zu können, ohne ein Friedensangebot zu machen.

Zu Beginn von Nixons erster Amtsperiode unternahmen jedoch Jordanien und Ägypten trotzdem die ersten zaghaften Versuche, den Weg für Verhandlungen zu ebnen. König Hussein von Jordanien war von allen arabischen Führern am ehesten bereit, die Existenz Israels als harte Tatsache anzuerkennen und mit den Israelis zu verhandeln. Man hatte allerdings allgemein den Eindruck – und er hat nichts getan, um diese Ansicht zu widerlegen –, daß er sich der Politik irgendeiner weniger gefährdeten arabischen Nation anschließen werde, denn er hatte sich schon die Feindschaft der radikalen Araber zugezogen, weil er sich 1967 geweigert hatte, die diplomatischen Beziehungen zu den Vereinigten Staaten abzubrechen, und weil er 1970 die PLO aus seinem Land ausgewiesen hatte. Deshalb hielt man den gemäßigten, westlich orientierten König für nicht stark genug, den mit Sicherheit zu erwartenden Angriff der Radikalen gegen den Friedensprozeß abzuwehren. Nach der konventionellen Auffassung würde Jordanien der *zweite* arabische Staat sein, der Frieden schloß.

So wurde Ägypten zum Brennpunkt der Nahostdiplomatie. Die Bedeutung Ägyptens, die es seiner Größe, seiner Tradition, seinem kulturellen Einfluß und den Opfern in einer Reihe arabisch-israelischer Kriege zu verdanken hatte, erhöhte sich als Folge taktischer Notwendigkeiten. Ägypten war das erfolgreichste arabische Land und der kulturelle Mittelpunkt dieses ganzen Gebiets. Seine Lehrer stellten das Rückgrat des Bildungssystems der arabischen Welt. An seinen Universitäten versammelten sich Studenten aus der ganzen Region. Es hatte die längste ununterbrochene Geschichte als politisch organisiertes Staatsgebilde – die einzige Ausnahme bildete vielleicht China. Und Ägypten hatte die Hauptlast des arabisch-israelischen Konflikts getragen. Als Monarchie und als Republik hatte es sich an einem Ringen beteiligt, das weit über die engen nationalen Interessen Ägyptens hinausging. Es hatte seine jungen Männer für die Idee der arabischen Einheit und für das Selbstbestimmungsrecht der Palästinenser geopfert. Dabei hatte es die Sinai-Halbinsel verloren und immer wieder seinen Bestand als Nation aufs Spiel gesetzt. Ägypten hatte sich das Recht erworben, Frieden zu machen.

Für uns hatte ein erster, von Ägypten ausgehender Schritt besondere Bedeutung. Die Lösung territorialer Streitfragen erschien hier leichter, weil die Sinai-Halbinsel für Israel strategisch nicht so wichtig und nicht so sehr mit historischen Erinnerungen belastet war wie die anderen Territorien, besonders das Westufer des Jordan.

Doch solange Nasser Präsident war, lähmte er Ägyptens Aktionsfähigkeit durch die Ambivalenz seiner Politik. Einerseits deutete er die allgemeine Bereitschaft zur Teilnahme am Friedensprozeß an – aber die in seinem Programm enthaltenen Forderungen ließen sich nicht erfüllen: Er verlangte den Rückzug Israels auf die Grenzen von 1967 als Gegenleistung für die Beendigung des Kriegszustandes mit Ägypten; der Friede sollte von einer Beilegung der Differenzen zwischen Israel und den Palästinensern abhängig gemacht werden, die damals jedoch noch die Vernichtung des jüdischen Staats forderten. Auch Nasser war nicht bereit, direkt mit Israel zu verhandeln. Vielmehr sollten *wir* die Israelis zum Rückzug auf die alten Grenzen bewegen, und Nasser wollte als Gegenleistung dafür die diplomatischen Beziehungen zu den Vereinigten Staaten wiederherstellen. Radio Kairo blieb indessen das Zentrum der anti-amerikanischen und gegen alle westlichen Staaten gerichteten Propaganda im ganzen Nahen Osten. Kurz gesagt, Nasser beanspruchte die Führung der arabischen Welt von einer anti-amerikanischen Position aus, um alle Zugeständnisse, die er uns abringen konnte, so darstellen zu können, als habe er sie durch arabische Militanz, die sich auf sowjetische Waffen und die diplomatische Hilfe der Sowjetunion stützte, erzwungen. Die Vereinigten Staaten hatten kein Interesse, ihm die Verfolgung eines solchen politischen Kurses zu ermöglichen. Nasser machte uns das großzügige Angebot, seine übertriebenen Forderungen zu erfüllen, um dafür die diplomatischen Beziehungen wieder aufzunehmen, deren Wiederherstellung – wenn überhaupt – ebensosehr im ägyptischen wie im amerikanischen Interesse lag. Der von Nasser angebotene Waffenstillstand mit Israel war dagegen praktisch schon in Kraft.

Die Sowjetunion reagierte auf diese Situation, in der wir am toten Punkt angelangt waren, mit einer Mischung aus Böswilligkeit und Verwirrung. Sowjetische Waffen bestärkten die Araber in ihrer starren Haltung. Aber dadurch erhöhte sich nur die Gefahr, daß alle endgültig steckenblieben – sie wurde nicht dadurch beseitigt. Es gelang Moskau zu keiner Zeit, sich aus dieser Zwickmühle zu befreien. Solange es jede Forderung seiner Klienten unterstützte, konnte es weder den Verhandlungsprozeß beschleunigen, noch etwas zur Stärkung der eigenen Position unternehmen. Wir hatten schließlich keine Ursache, das Programm der radikalen Araber zu unterstützen, die uns heftig kritisierten. Und wenn wir, was sehr unwahrscheinlich war, unsere Meinung ändern sollten, dann brauchten wir die Sowjetunion nicht als Vermittler. Mit anderen Worten, Moskau konnte nur wirksam zu einer Lösung beitragen, indem es sich, wenn auch nur teilweise, von den arabischen Forderungen distanzierte und damit seine freundschaftlichen Beziehungen zur arabischen Welt gefährdete. Wenn die Sowjets diesen Weg nicht gingen, riskierten sie, sich hinter Forderungen zu stellen, deren Verwirklichung sie nicht garantieren konnten, und dadurch mußte das Vertrauen zur Sowjetunion und ihrer Stärke erschüttert werden. Moskau konnte auch die Glut der Krise anfachen, aber wenn der Brand um sich griff, dann konnten die Sowjets diese Lage nur für sich ausnutzen, wenn sie eine Konfrontation zwischen den Großmächten riskierten, eine Möglichkeit, der die Sowjetunion bisher sorgfältig aus dem Weg gegangen war. Wie alle anderen Beteiligten spielte auch die Sowjetunion auf Zeitgewinn. Sie übernahm die Rolle des Anwalts der Araber, der seinen Fall nicht vor Gericht bringen kann, und suchte die Entscheidung dadurch hinauszuzögern, indem sie die arabischen Länder mit Waffen versorgte – aber damit erhöhte sich nur das Niveau einer möglichen militärischen Konfrontation, ohne daß sich die dahinterstehenden Realitäten veränderten.

Die Regierung Nixon war diesem Unentschieden auf der Grundlage einander widersprechender Empfehlungen begegnet. Das Außenministerium drängte auf eine diplomatische Lösung, mit der die Verstimmung zwischen der arabischen Welt und den Vereinigten Staaten abgebaut werden sollte. Dazu gehörte der sogenannte Rogers-Plan für einen Rückzug Israels auf seine ursprünglichen Grenzen. Aber damit war das Problem nicht gelöst, wie man Israel dazu bewegen sollte, alle seine Eroberungen zurückzugeben, während Syrien sich *grundsätzlich* weigerte, auf irgendwelche Bedingungen einzugehen, und Ägypten ohne Syrien und die Palästinenser, die entschlossen waren, Israel von der Landkarte zu streichen, nicht bereit war, Frieden zu machen. In dieser Lage hätten diplomatische Initiativen die Spannungen eher verschärfen als abbauen können. Unsere Vorschläge würden wahrscheinlich abgelehnt werden, so daß wir die Position der Sowjetunion und der radikalen Araber gestärkt hätten. Obendrein war Nixon der Auffassung, daß wir noch zu stark in Indochina engagiert seien, um uns hinter Vorschläge stellen zu können, die er von Anfang an für unrealistisch hielt. Er glaubte, daß Verhandlungen nur Aussicht auf Erfolg hätten, wenn man die Minimalforderungen beider Seiten aufeinander abstimmen könnte. Während Nixons erster Amtsperiode waren aber beide Seiten nicht bereit, von ihren Maximalforderungen abzugehen. Israel lehnte es ab, die Grenzlinien auf allen Seiten zurückzunehmen, und die Araber verlangten den totalen Rückzug Israels, während sie jedoch deutlich zögerten, sich zum Frieden zu verpflichten oder die Sicherheit Israels zu garantieren.

Nasser starb am 28. September 1970. Sein Nachfolger, Anwar el-Sadat war kaum bekannt und wurde gewaltig unterschätzt. Unsere Fachleute hielten ihn im allgemeinen für einen Übergangspräsidenten, der sehr bald von dem bekannteren Ali Sabri, dem Generalsekretär der Arabischen Sozialistischen Union, abgelöst werden würde, von dem wir wußten, daß er Moskau nahestand. Zudem hatte sich Sadat nicht sofort deutlich von dem bisherigen politischen Kurs Nassers distanziert. Er begann vielmehr mit einem komplizierten Manöver, in dessen Verlauf er seine Position in der arabischen Welt stärkte, aber gleichzeitig Ägypten auf einen realistischeren, nationalistischen Kurs brachte. Einerseits sprach er überzeugender und konkreter von der Notwendigkeit einer Beilegung des Konflikts als sein Vorgänger; andererseits bediente er sich Nassers antiwestlicher Rhetorik. Im Mai 1971 fielen Ali Sabri und seine Anhänger einer von Sadat veranlaßten Säuberungsaktion zum Opfer. Im gleichen Monat unterzeichnete der ägyptische Präsident einen Freundschaftsvertrag mit der Sowjetunion über zwanzig Jahre. Wir in Washington konnten uns nicht vorstellen, was er damit erreichen wollte. Das Spiel, mit dem er Moskau über seine wahren Absichten hinwegtäuschen wollte, hatte auch uns verwirrt.

Um aus der Sackgasse herauszukommen, ergriff das Außenministerium eine neue Initiative. Im März 1971 schlug es einen Teilabzug der israelischen Streitkräfte am Suez-Kanal vor. Dieser Versuch schlug fehl, weil Sadat darauf bestand, daß ein solcher Teilabzug nur die erste Phase eines vereinbarten totalen Truppenabzugs sein dürfte. Die Israelis ihrerseits verlangten eine entsprechende Räumung des Gebiets westlich des Suez-Kanals durch die ägyptische Armee. Das bedeutete, daß als Gegenleistung für einen Abzug israelischer Kräfte aus unbestritten ägyptischem Gebiet die ägyptischen Streitkräfte sich noch tiefer in ihr eigenes Land zurückziehen sollten. 1972 hatte man auf diplomatischem Gebiet kaum irgendwelche Fortschritte machen können. Die Sowjets drängten auf eine sofortige Gesamtlösung, die Israelis forderten direkte Verhandlungen, die Ägypter verlangten eine umfassende

Lösung in einzelnen Phasen, die Syrer und die PLO weigerten sich kategorisch, an Verhandlungen teilzunehmen – und das amerikanische Außenministerium bemühte sich um einen vorläufigen Truppenabzug am Suez-Kanal, während das Weiße Haus sich so verhielt, als sei das eigene Außenministerium eine souveräne ausländische Macht.

Ironischerweise paßte diese so unübersichtliche und verworrene Lage genau in die Strategie, die nach meiner Auffassung die einzige realistische amerikanische Option darstellte. Es lag nicht im Interesse der Vereinigten Staaten, Israel unter dem Druck radikaler Kräfte eine Lösung aufzuzwingen, denn damit würde nur die Überzeugung gestärkt werden, daß man mit Amerika am besten unter Druck verhandeln könnte. In der arabischen Welt mußten wir die gemäßigten gegenüber den radikalen Kräften und die westlich orientierten Regierungen gegen die Klienten der Sowjetunion stärken. Ich war daher grundsätzlich gegen jedes Zugeständnis an Ägypten, solange sich Nasser (oder auch Sadat) einer antiwestlichen Rhetorik bedienten, zu der sie durch die in Ägypten stationierten sowjetischen Kampftruppen veranlaßt wurden, und hielt es für sinnlos, gemeinsam mit der Sowjetunion vorzugehen, solange Moskau die gleiche Haltung einnahm wie die Araber. Ich war überzeugt, Ägypten oder ein anderer Staat werde früher oder später erkennen, daß Vertrauen auf sowjetische Hilfe und radikale Rhetorik nur dazu führen können, die darauf gesetzten Hoffnungen zu enttäuschen. Wenn es soweit wäre, dann könnte ein solches Land bereit sein, auf die militärische Präsenz der Sowjets zu verzichten – in einer viel kritisierten Presseerklärung vom 26. Juni 1970 hatte ich den Ausdruck »ausweisen« verwendet –, um dann nicht utopische, sondern erreichbare Ziele anzusteuern. *Das* wäre der geeignete Augenblick für eine größere amerikanische Initiative. Wenn notwendig, müßten wir in diesem Fall auch unseren israelischen Freunden empfehlen, nach ganz neuen Möglichkeiten für die Lösung des Konflikts zu suchen.

Während seiner ersten Amtszeit hat Nixon sich niemals offiziell für eine der beiden Strategien entschieden; weder für meine Empfehlung, den Druck radikaler Kräfte abzublocken, noch für die Auffassung des Außenministeriums, ihnen den Wind aus den Segeln zu nehmen, indem man ihnen Kompromißlösungen anbot. Der Präsident neigte eher dazu, sich meiner Analyse anzuschließen, setzte meine Vorschläge jedoch nicht in die Tat um, sondern sah stillschweigend zu, wie sich die Initiativen des Außenministeriums im Sande verliefen. Meine Beziehungen zu Nixon, die nie einfach gewesen sind, waren im Hinblick auf den Nahen Osten komplexer als auf den meisten anderen Gebieten. Nixon war überzeugt, daß er den jüdischen Wählern nichts verdankte und er auch niemals ihre Zustimmung gewinnen könnte, wie sehr er sich auch darum bemühte. Es wäre ihm daher am liebsten gewesen, wenn er noch während seiner Amtszeit eine umfassende Regelung hätte diktieren können. Viele seiner schriftlichen und mündlichen Kommentare zu diesem Thema bestätigen eine solche Haltung. Im Oktober 1972 gab ich Nixon eine Denkschrift des Verteidigungsministers Melvin Laird weiter, in der Laird dringend vertrauliche Kontakte mit Ägypten empfahl, um die kürzlich erfolgte Ausweisung der Sowjets durch Sadat auszunutzen und sich den Arabern zu nähern. (Geheime Kontakte mit Ägypten, von denen Laird nichts wußte, bestanden schon.) Nixon gab mir die Denkschrift mit folgender Randbemerkung zurück: »K- Ich neige dazu, Laird zuzustimmen. Das Verhalten der jüdischen Gruppe in Amerika gegenüber dem Problem der sowjetischen Visa zeigt deutlich, daß sie jüdische Interessen über die der Vereinigten Staaten stellen. Das *können* wir nicht tun.«

Solche Kommentare hat Nixon sehr häufig von sich gegeben, ist aber kaum je bereit gewesen, die darin enthaltenen Absichten in die Tat umzusetzen. Ich erwähne sie hier, weil es eine Geschichtsfälschung wäre, wenn ich es nicht tun würde, aber auch, um zu illustrieren, eine wie eigenartige Beziehung zwischen dem Präsidenten und seinem Sicherheitsberater bestand. Von entgegengesetzten Seiten des emotionalen Spektrums zu Israel ausgehend, begegneten wir uns auf politischer und strategischer Ebene, weil wir vom nationalen Interesse der Vereinigten Staaten ähnliche Vorstellungen hatten. Nixon teilte viele Vorurteile des entwurzelten kalifornischen unteren Mittelstandes, aus dem er gekommen war. Er glaubte, daß die Juden eine mächtige zusammenhängende Gruppe in der amerikanischen Gesellschaft bildeten, in ihrer großen Mehrzahl liberal wären, die Interessen Israels über alles andere stellten, im großen und ganzen mehr Sympathien für die Sowjetunion als andere ethnische Gruppen hätten, gefährliche politische Gegner seien, weil sie die Medien beherrschten, und vor allem war er überzeugt, daß Israel zu einer Friedensregelung gezwungen werden müßte; man dürfe es nicht zulassen, daß es die Beziehungen der Vereinigten Staaten zu den arabischen Ländern in Gefahr brächte.

Das alles hinderte ihn aber nicht daran, herzliche persönliche Beziehungen zu vielen einzelnen Juden zu haben und ihnen in seiner Administration mehrere Schlüsselstellungen einzuräumen. Persönlich schien er sich sogar bei den Vertretern einer Gruppe, die sich ebenso wie er selbst als Außenseiter betrachteten, besonders wohlzufühlen.[4] Seine Vorurteile kamen jedoch in gewissen Anordnungen zum Ausdruck, die gefühlsmäßigen Eingebungen des Augenblicks entsprangen und von denen seine Mitarbeiter wußten, daß es nicht ratsam war, sie zu befolgen. Auf solche Befehle kam er selbst nie wieder zurück. Ich habe nicht gezählt, wie oft der Präsident mir gesagt hat, alle Hilfsprogramme für Israel einzustellen und auf diese Weise auf das Verhalten irgendwelcher eigenwilliger jüdischer Kongreßabgeordneter zu reagieren. Senator Jacob Javits schien eine besondere Begabung dafür zu haben, Nixons Unwillen zu erregen. Noch drei Tage vor seinem Rücktritt erließ Nixon eine solche Anordnung. Haig und ich beschlossen, dazu eine Direktive zu entwerfen, wollten aber abwarten, ob der neue Präsident sie unterzeichnen oder zurückweisen werde. (Ford tat das letztere.) Ebenso häufig verlangte Nixon, daß wir bekannte jüdische Persönlichkeiten über irgendwelche moralischen Verstöße von Kommunisten unterrichteten, als sei es notwendig, gerade die Juden über das Verwerfliche des Kommunismus zu belehren.

Doch wenn es darauf ankam, stellte sich Nixon in jeder Krise entschlossener hinter Israel als fast jeder andere Präsident mit Ausnahme von Harry Truman. Er bewunderte die Tapferkeit der Israelis und achtete die Entschlossenheit, mit der die israelische Führung ihre nationalen Interessen verteidigte. Die Leistungsfähigkeit der israelischen Armee war nach seiner Auffassung für die Demokratien von großem Wert. Wenngleich Nixon davon überzeugt war, daß die Besetzung arabischen Territoriums durch Israel die radikalen, antiwestlichen Kräfte gestärkt hatte, war er klug genug, zu begreifen, daß das Gegenteil nicht zutraf: Wollte man Israel gemeinsam mit den radikalen Arabern unter Druck setzen, dann diente eine solche Maßnahme eher den sowjetischen als den westlichen Interessen. Und in Krisenzeiten hat Nixon niemals die Prioritäten aus dem Auge verloren, gleichgültig, wen er schließlich für schuldig hielt. Er wußte, daß wir nicht wirksam vermitteln konnten, wenn nicht feststand, daß wir nicht auf sowjetischen Druck reagierten. So kam Nixon am Schluß, wenn auch auf anderem Wege, zu den gleichen Folgerungen wie ich: Das Interesse der Vereinigten Staaten erforderte den Beweis, daß die Sowjets und die radikalen Araber nicht in der Lage waren, die politischen Ziele der arabischen Staaten durchzusetzen, und daß kein Fortschritt erzielt werden konnte, bevor nicht wenigstens die gemäßigten Araber bereit waren, einen echten Kompromißfrieden zu schließen.

Ich ging mit meinen Überlegungen von der anderen Seite des emotionalen Spektrums aus. Wenngleich ich meine Religion nicht praktizierte, konnte ich nie vergessen, daß dreißig Mitglieder meiner Familie in den Konzentrationslagern der Nazis gestorben waren. So konnte ich auch nicht dazu beitragen, daß es als Folge einer wohlmeinenden Politik, die außer Kontrolle geraten könnte, zu einem neuen Holocaust kam. Die meisten israelischen Führer waren meine persönlichen Freunde. Trotzdem mußte ich ebenso wie Nixon meine emotionalen

Präferenzen meinen Vorstellungen vom nationalen Interesse der Vereinigten Staaten unterordnen. Angesichts des historisch begründeten Mißtrauens gegenüber meiner Religion hatte ich sogar die besondere Verpflichtung, es zu tun. Das ist nicht immer leicht gewesen, sondern gelegentlich recht schmerzlich. Aber Israels Sicherheit konnte auf die Dauer nur gewahrt werden, wenn es an die strategischen Interessen der Vereinigten Staaten und nicht an die Gefühle einzelner gebunden wurde. Auf dieser Basis reichte sich dieses ungleiche Paar – der Kommunistenhasser aus Südkalifornien und der Flüchtling aus Nazi-Deutschland – die Hände, um endlich aus der Sackgasse der Nahostdiplomatie herauszukommen.

Ende 1971 und 1972 entstand als Folge von drei Umständen zwischen dem Präsidenten und seinem Sicherheitsberater in der Nahostpolitik die Partnerschaft, die schon auf anderen Gebieten der amerikanischen Außenpolitik vorhanden war. Die erste Ursache habe ich schon erwähnt: Es war Nixons Wunsch, in einem Wahljahr eine innenpolitische Konfrontation zu vermeiden, bei der es um den Nahen Osten ging. Deshalb forderte er mich Ende 1971 auf, vertrauliche Gespräche mit Israel und der Sowjetunion über den Nahen Osten aufzunehmen, um dieses Problem bis zur Zeit nach den Präsidentschaftswahlen hinauszuzögern. Diese Verzögerung ließ sich ohnedies nicht vermeiden. Wir hatten mit den Gipfeltreffen in Peking und Moskau und mit der Frühjahrsoffensive der Nordvietnamesen alle Hände voll zu tun.

Die zweite Ursache war der Moskauer Gipfel im Mai 1972. Man hatte der Sowjetunion mit Recht vorgeworfen, daß sie dazu neige, auch während unserer besonderen Bemühungen um die Entspannung zu Konflikten zu ermutigen. Doch 1972 bemühten sich die Sowjets im Nahen Osten im allgemeinen darum, beruhigend zu wirken. Wenigstens verringerten sie den Umfang ihrer Waffenlieferungen an Ägypten und taten auf diplomatischem Gebiet für eine Friedensregelung im Nahen Osten nicht mehr, als die Schritte zu verfolgen. Sadat beschwerte sich ständig darüber, daß die Sowjets mit ihren Waffenlieferungen im Rückstand seien.[5] Den Höhepunkt dieser Entwicklung stellte die Zustimmung des sowjetischen Außenministers Andrei Gromyko auf dem Moskauer Gipfel zu einem Abschnitt im Schlußkommuniqué dar, aus dem man nichts anderes herauslesen konnte, als daß Moskau den Nahen Osten auf Eis legte. Erschöpft von stundenlangen Verhandlungen erklärte sich Gromyko schließlich auch mit einer Reihe allgemeiner Arbeitsgrundsätze »einverstanden«, an denen sich die Nahostverhandlungen orientieren sollten. Darin lag eine erstaunliche Annäherung an unseren Standpunkt (denn hier ging es zum Beispiel auch um eine Klausel, in der sich die Sowjetunion augenscheinlich mit Grenzverschiebungen zugunsten Israels einverstanden erklärte).[6]

Selbstverständlich hatte Moskau Mitte 1972 gute Gründe, dafür zu sorgen, daß es im Nahen Osten nicht zu größeren Erschütterungen kam. Die Sowjets befanden sich in einer verzweifelten Lage und brauchten dringend amerikanische Getreidelieferungen. Vielleicht haben sie damit gerechnet, daß, wenn zum Vietnam-Krieg noch eine Nahost-Krise hinzukäme, das zarte Netz der Ost-West-Beziehungen zerreißen könnte. Es ist der Sowjetunion niemals gelungen, über das Dilemma hinwegzukommen, daß die von ihr abhängigen Staaten einen Krieg verlieren könnten, der aus Spannungen, die sie über einen bestimmten Punkt hinausgetrieben hatten, entstanden war. Das heißt jedoch mit anderen Worten nur, daß die Sowjets bereit waren, einen *gewissen* Preis für die Entspannung zu zahlen.

So hat es jedenfalls Anwar el-Sadat gesehen, und das führte zu dem dritten historisch bedeutsamen Ereignis jener Periode, zu der Ausweisung sowjetischer Truppen aus Ägypten. Für Sadat ließ das Kommuniqué nach dem Moskauer Gipfel das Faß überlaufen. Ägypten empfand die augenscheinliche Einigung der Sowjets mit den Vereinigten Staaten als »heftigen Schock«, schreibt er in seinen Erinnerungen. In einer öffentlichen Rede hat er damals gesagt, er werde es niemals akzeptieren, daß die sowjetische Politik dem Nahen Osten nur einen vierten oder fünften Rang zubilligte.[7] Deshalb verlangte er am 18. Juli 1972 mit einem kühnen Manöver, das später zu seinem Markenzeichen wurde, den Abzug des sowjetischen Militärpersonals aus Ägypten innerhalb einer Woche. Diese Maßnahme hatte einen doppelten Zweck: Sie beseitigte ein Hindernis für einen ägyptischen Angriff gegen Israel, denn Sadat war überzeugt – und wahrscheinlich mit Recht –, daß seine sowjetischen Berater im Fall des Beginns militärischer Operationen nicht mit ihm zusammenarbeiten würden. Zugleich ermöglichte er dadurch die Aufnahme diplomatischer Kontakte mit den Vereinigten Staaten. Noch im gleichen Monat reaktivierte er den direkten Kanal zum Weißen Haus. Das System der Geheimverbindungen verband uns von nun an auch mit dem Nahen Osten.

Im Herbst 1972 versuchten Kairo und das Weiße Haus, eine Zusammenkunft zwischen mir und dem nationalen Sicherheitsberater Sadats, Hafiz Ismail, zu arrangieren. Sie wurde zunächst auf einen der letzten Oktobertage festgesetzt, mußte aber dann verschoben werden, weil die Vietnam-Verhandlungen unsere ganze Zeit und Energie in Anspruch nahmen.

Trotz dieser Verzögerungen ernteten wir gegen Ende von Nixons erster Amtsperiode die ersten Früchte der von uns verfolgten Strategie.

Die militärische Präsenz der Sowjetunion in Ägypten bestand nicht mehr. Sadat kam auf uns zu, und wenngleich wir seine Absichten noch nicht völlig durchschauten, unterschieden sich seine Methoden deutlich von den radikalen Erpressungsmethoden seines Vorgängers. Die sowjetische Führung war nervös und wußte nicht, wie sie ihren schwindenden Einfluß wieder stärken sollte. Zunächst beschränkte sie sich auf rituelle Gemeinplätze, mit denen sie jedoch nur die Tatsache unterstrich, daß sie in diesem Gebiet immer weniger zu sagen hatte. Die Zeit arbeitete für uns. Nichts konnte ohne unsere Einwilligung geschehen. Wer sich auf die sowjetische Hilfe verlassen hatte, mußte sich jetzt von seinen Illusionen trennen. So eröffneten sich neue Wege für eine stärkere und ausgewogenere Position der Vereinigten Staaten.

Vorbereitungen für Ismail: ein diplomatisches Menuett

Äußere Erscheinung und Wirklichkeit stimmen im Nahen Osten selten überein. Anfang 1973 konnte man am Erscheinungsbild der Lage keine Anzeichen dafür erkennen, daß entscheidende strategische Gewichtsverlagerungen bevorstanden. Nachdem palästinensische Terroristen im September 1972 bei den Olympischen Spielen in München israelische Athleten ermordet hatten, führte Israel mehrere Vergeltungsschläge in Syrien und im Libanon; die Spirale der Gewalt erreichte einen neuen Höhepunkt. Die arabischen Nationen bemühten sich, die gemeinsame Front gegen Israel zu konsolidieren. Ende Januar 1973 trafen sich achtzehn arabische Außen- und Verteidigungsminister in Kairo, bildeten dort den gemeinsamen arabischen Verteidigungsrat und ernannten den ägyptischen Kriegsminister, Marschall Ahmed Ismail Ali, zum Oberbefehlshaber an der jordanischen, syrischen und ägyptischen Front. Außerdem kamen die arabischen Minister mit Jordaniens Zustimmung darin überein, die jordanische Front zu »reaktivieren«. (Was das bedeutete, war zunächst durchaus nicht klar, denn die Jordanier erklärten gleichzeitig, daß sie an ihrem politischen Grundsatz festhielten, den Fedajin die Rückkehr nach Jordanien und die Operationen gegen Israel zu verweigern. Das praktische Ergebnis dieser beiden Entscheidungen war, daß sie einander ausschlossen – ein Vorgang, den man bei Konferenzen arabischer Außenminister nicht selten beobachten kann.)[8]

Am 11. Februar 1973 gab der ägyptische Premierminister, Dr. Aziz Sidqi, bekannt, daß Ägypten auf bestimmte innenpolitische Programme verzichten werde, um Geldmittel für den »Kampf gegen Israel« freizumachen. Es werde ein »Kriegsbudget« aufgestellt werden. Angesichts der Tatsache, daß Ägypten schon früher ähnliche Drohungen nicht wahrgemacht hatte, nahmen wir diese Ankündigung nicht zu ernst, besonders, da unsere Nachrichtendienste in der Einschätzung übereinstimmten, daß sich keine realistische militärische Option für Ägypten erkennen ließe. In der Tat wurde Sadat in der arabischen Welt auch weiter wegen seiner angeblichen Tatenlosigkeit angegriffen – ein Beweis dafür, daß kein Beteiligter seinen ausgeklügelten Plan begriffen hatte.

Denn Sadat steuerte auf den Krieg zu und verwendete dabei eine ungewöhnliche Taktik, die niemand durchschaute: Wenn ein politischer Führer seine wirklichen Absichten oft genug und mit großen Worten bekanntgibt, wird ihm niemand glauben. Zunächst hatte Sadat erklärt, daß 1971 das »Jahr der Entscheidung« sein werde. Das hatten wir ihm geglaubt. Ein Grund dafür, daß wir so neuralgisch auf den Angriff Indiens gegen Pakistan reagiert hatten, hatte sogar darin bestanden, daß wir einem vergleichbaren Aufflammen ägyptischer Ambitionen den Wind aus den Segeln nehmen wollten. Ob aus diesen oder anderen Gründen: Sadat unternahm weder 1971 noch 1972 irgendwelche militärischen Schritte. Es schollen zwar auch weiterhin finstere Drohungen aus Kairo, aber noch am 20. Dezember 1972 beurteilten wir die Lage so, daß Sadat, wenn überhaupt, nur sehr wenige militärische Optionen hätte. Die militärische Überlegenheit Israels schien unanfechtbar. Sadat konnte dem Dilemma, in dem er sich befand, nicht dadurch ausweichen, daß er mit allen ihm zur Verfügung stehenden Kräften eine militärische Offensive begann, weil sie einfach scheitern mußte. Zwar war Sadat nach dieser Lagebeurteilung fähig, einen Angriff mit begrenztem Ziel zu führen, aber dafür gab es keinen vernünftigen militärischen Grund. Auch bei einem solchen Versuch würde er geschlagen werden. Das einzige Ergebnis mußte deshalb darin bestehen, die internationalen Besorgnisse und das Drängen nach Verhandlungen zu verstärken. Ein ägyptischer Fehlschlag würde alle Beteiligten nur noch tiefer in die diplomatische Sackgasse geraten lassen. Auch wenn es zu Verhandlungen kommen sollte, rechnete man mit neuen Schwierigkeiten: Ein Waffenstillstand, bei dem sich die Streitkräfte am Suez-Kanal nur voneinander lösen sollten, würde in Ägypten keine Zustimmung finden, aber auch eine endgültige Friedensregelung schien ausgeschlossen, weil sich Israel nicht mit dem Rückzug auf die Grenzen von 1967 einverstanden erklären würde. Schließlich würden die anderen arabischen Staaten jeden mit Ägypten geschlossenen Separatfrieden blockieren. Daraus folgte, daß Ägypten keine andere Wahl hatte, als auf die diplomatische Initiative der Vereinigten Staaten zu warten.

Aber Sadat war durch unsere Beurteilung der Lage nicht gebunden. Während wir neue diplomatische Schritte vorbereiteten, versuchte er, mit militärischen Mitteln aus der Sackgasse herauszukommen.

Mit Beginn seiner zweiten Amtsperiode verwickelte Nixon mich immer tiefer in die Nahostverhandlungen, aber ohne dem Außenministerium die inzwischen gewährten Befugnisse zu nehmen. Bei jedem Treffen mit führenden Politikern aus dem Nahen Osten vermied er eine klare Stellungnahme und schlug ihnen vor, mit mir Erkundungsgespräche zu führen – eine großartige Methode, Zeit totzuschlagen, aber er riskierte damit auch ein Chaos. Da Nixon seinem Außenminister Rogers nicht die Verhandlungsvollmacht entzog, die er ihm eingeräumt hatte, entwickelten sich jetzt drei parallel laufende diplomatische Wege. Der offizielle Weg über das Außenministerium hatte ein vorläufiges Auseinanderziehen der Truppen am Suez-Kanal zum Ziel. Bei meinen Geheimgesprächen mit Hafiz Ismail erklärte ich mich bereit, mich bisher noch nicht im einzelnen erörterten ägyptischen Vorschlägen zuzuwenden, sobald wir unsere vertrauliche Zusammenkunft arrangiert hatten. Über meinen besonderen Kanal zum sowjetischen Botschafter Anatoli Dobrynin sprach ich über die Möglichkeit eines gemeinsamen sowjetisch-amerikanischen Vorgehens im Nahen Osten. Um alle drei Wege in einen einigermaßen vernünftigen Zusammenhang zu bringen, versuchte ich, alle neuen Initiativen des Außenministeriums in Nixons zweiter Amtsperiode zu verzögern und die Annahme sowjetischer Vorschläge so lange zu verschieben, bis ich bei der Zusammenkunft mit Hafiz Ismail feststellen konnte, was die Ägypter im Sinn hatten.

Das war nicht ganz einfach, denn ich war der einzige Mensch, der wußte, daß es diese drei Kanäle gab, denn das Außenministerium wurde ohne ersichtlichen Grund im dunkeln gelassen. Eine solche Regierungsmethode hätten wir auch ohne Watergate niemals eine ganze Amtsperiode durchhalten können.

Wie in der Nahostpolitik immer wieder geschehen, scheiterten zunächst alle Bemühungen des Außenministeriums. Von 1969 bis 1971 hatten die verschiedenen Pläne für eine umfassende Lösung beide Seiten veranlaßt, sich gegen die amerikanischen Vorschläge zu stellen. Nun beschloß das Ministerium, sich erneut für einen Teilabzug der Streitkräfte am Suez-Kanal als Übergangslösung einzusetzen, und zwar nach der gleichen Methode, die während der ersten Amtsperiode so kläglich gescheitert war: Es begann eine Initiative, ohne alle darin enthaltenen Möglichkeiten ausführlich mit einer der beiden Parteien erörtert zu haben.

Um zu beweisen, daß es auch in der Lage war, über verschiedene Kanäle zu verhandeln, schickte das Außenministerium dem Chef unserer

Interessenvertretung in Kairo, Joseph N. Greene jr.*, zwei Tage nach der Amtseinführung des Präsidenten bestimmte Anweisungen, ohne sie mit dem Weißen Haus abgesprochen zu haben. (Ich weiß natürlich nicht, ob Rogers privat mit Nixon darüber gesprochen hatte.) Unbeeindruckt von der Ablehnung einer ähnlichen vorläufigen Vereinbarung über die Streitkräfte am Kanal im September 1972 durch Sadat, beauftragte das Außenministerium ihn, jetzt den im wesentlichen gleichen Vorschlag zu machen, und zwar als »den einzigen erkennbaren Vorschlag, der gegenwärtig Aussichten auf reale Fortschritte bietet«.

Wie nicht anders zu erwarten, lehnte Ägypten die Initiative ab – weil Sadat das Ergebnis der Gespräche Ismails mit mir abwarten wollte. Am 27. Januar sprach Ismail mit Greene und sagte ihm, Ägypten sei an einer vorläufigen Regelung nicht interessiert, werde aber vielleicht über die »Eröffnungsphase« einer »umfassenden« Lösung zu reden bereit sein. Auch ein solcher Versuch war 1971 fehlgeschlagen, denn wäre Israel bereit gewesen, sich auf die Grenzen von 1967 zurückzuziehen, dann bedürfte es keiner Zwischenlösung. Doch Ismail ergriff auch sofort die Gelegenheit, sich über die einseitige Unterstützung Israels durch die Vereinigten Staaten zu beschweren. Einerseits sei Ägypten bereit, den Konflikt auf der Grundlage von Bedingungen beizulegen, die nach ägyptischer Auffassung der arabischen Bevölkerung gerecht wurden, und es würde dafür sorgen, daß keine andere Nation ihr Veto einlegte; andererseits werde es aber keinen Separatfrieden schließen. Ismail sagte Greene jedoch nicht, wie er diese beiden Standpunkte miteinander versöhnen wollte. Es wäre interessant, zu wissen, was damals in seinem Kopf vorgegangen ist, denn durch unsere irrsinnigen Methoden war er in die Lage geraten, mit zwei amerikanischen Vertretern verhandeln zu müssen, von denen der eine nicht wußte, welchen Vorschlag der andere gemacht hatte.

Ismail nutzte alle Möglichkeiten geschickt aus, die ihm mit diesen beiden Kanälen geboten wurden. Über den vertraulichen Kanal zu mir versuchte er, uns geschickt unter Druck zu setzen, indem er uns daran erinnerte, daß er Anfang Februar in eine schon lange geplante Gesprächsrunde mit der Sowjetunion eintreten werde. Mit anderen Wor-

* Wenn die diplomatischen Beziehungen abgebrochen werden, darf in manchen Fällen eine kleine diplomatische Mission zurückbleiben, die technisch der Botschaft eines dritten Landes zugeordnet wird und bevollmächtigt ist, die Interessen des Landes zu vertreten, zu dem jetzt keine offiziellen diplomatischen Beziehungen mehr bestehen. So gab es in Kairo von 1967 bis 1973 eine kleine amerikanische Interessenvertretung, die, von amerikanischen Diplomaten besetzt, in der spanischen Botschaft untergebracht war. Eine solche Interessenvertretung wird gewöhnlich, aber nicht immer, mit Personal eines niedrigeren Ranges besetzt. Sie kann die Kommunikation mit der Regierung des Gastlandes erleichtern und in manchen Fällen sogar selbst Verhandlungen führen.

ten: Ägypten könnte unwiderrufliche Entschlüsse fassen, wenn wir nicht rechtzeitig ein persönliches Zusammentreffen vereinbarten. Ich erwiderte, daß eine geheime Zusammenkunft zwischen uns vor Abschluß der Vietnam-Verhandlungen unmöglich wäre, forderte ihn jedoch auf, mir über diesen Kanal die unverbindlichen Auffassungen der ägyptischen Seite mitzuteilen. Ismail nahm diesen Köder nicht an. Statt dessen unterrichtete er mich von seinem für Ende Februar geplanten Besuch in London und sagte, daß dieser eine sehr günstige Gelegenheit für ein persönliches Treffen böte. Leider stand ich unmittelbar vor der Abreise nach Hanoi und Peking und hatte keinen Vorwand, zu dem vorgeschlagenen Termin nach London zu fliegen. Ich nahm jedoch die ägyptische Anregung auf, unser Treffen durch Gespräche mit unseren Mitarbeitern vorzubereiten, und schickte einen Beauftragten nach Kairo, der Ismail über die Besonderheiten unseres Regierungsapparats unterrichten sollte. Es gab Grenzen für meine Geheimreisen, besonders nachdem bekannt geworden war, welche Rolle ich bei den verschiedenen Verhandlungen gespielt hatte, und die Presse mich aufmerksam beobachtete.* Wenn ich ganz offiziell nach London käme, müßte die britische Regierung eingeschaltet werden, und man müßte zur Tarnung einen Anlaß erfinden, um unsere Bürokratie herauszuhalten.

Die Ägypter haben im Verlauf ihrer vieltausendjährigen Geschichte zweifellos oft erlebt, daß sich Angehörige anderer Kulturen eigenartig verhielten, und so konnte sie nichts überraschen. Wenn irgend etwas sehr kompliziert ist und von der Norm abweicht, dann gewinnt es in den Augen der Ägypter sogar an Wert. So zeigte sich auch Ismail bereit, auf meine Vorschläge einzugehen, und wir einigten uns schließlich auf ein Verfahren, dem alle Beteiligten zustimmten und an dem sie alle beteiligt wurden. Das amerikanische Außenministerium sollte Ismail zu einem offiziellen Besuch am 23. Februar 1973 nach Washington einladen. Dort würde er von Nixon empfangen werden und im Außenministerium mit hohen amerikanischen Beamten zusammentreffen. Nach Abschluß des offiziellen Besuchsprogramms sollte er sich am 25. Februar nach New York begeben, wo unser geheimes Zusammentreffen in einer für diesen Zweck gemieteten Wohnung am Stadtrand stattfinden würde. Für ausführliche private Gespräche über die Beziehungen zwischen Ägypten und den Vereinigten Staaten standen uns zwei Tage zur Verfügung.

So erhielt der überraschte Jerry Greene in Kairo plötzlich auf dem normalen Dienstweg die Anweisung, Hafiz Ismail eine offizielle Einla-

* Nachdem ich Moskau im April 1972 in geheimer Mission besucht hatte, habe ich keine geheimen Auslandsreisen mehr unternommen.

dung zu einem Besuch in Washington zu überbringen. Das Außenministerium konnte das Ereignis, daß aus den während einer Zeit von fünf Jahren nur über größere Distanz aufgenommenen Kontakten plötzlich eine auffällige Umarmung geworden war, nur mit der unerklärlichen Unberechenbarkeit des Weißen Hauses erklären. Ismail selbst sollte nun auch an der Quelle der zweigleisigen Politik der Vereinigten Staaten ausgesetzt werden, denn weder ich noch ein anderes Mitglied meines Stabes nahmen an den Besprechungen im Außenministerium teil, während das Außenministerium von meinem geheimen Zusammentreffen mit Ismail nicht einmal unterrichtet worden war. Das war nicht die beste Methode, um für ein gemeinsames Vorgehen zur Erreichung eines gemeinsamen Zieles Propaganda zu machen. Es demonstrierte Ägypten aber wenigstens, daß auch wir, ohne uns besonders anzustrengen, levantinische Methoden perfekt beherrschten.

Aber Kairo beteiligte sich nicht nur an diesen Manövern innerhalb unserer Bürokratie, sondern verstand es auch, die Rivalitäten der Supermächte für sich auszunutzen, die sich darum bemühten, im Nahen Osten Einfluß zu gewinnen. Um die Position Ägyptens für die bevorstehenden Gespräche in Washington zu stärken, besuchten Hafiz Ismail und der damalige Kriegsminister Marschall Ali im Februar 1973 Moskau. Der Kreml befand sich in einer unbequemen Lage. Die sowjetischen Führer erkannten, daß sie für die Sorglosigkeit, mit der sie die ägyptischen Interessen 1972 auf dem Moskauer Gipfel behandelt hatten, einen sehr hohen Preis hatten zahlen müssen. Aber sie wußten auch, daß sie, wenn sie auf Lösungen drängten, die für Israel unannehmbar waren, sie ihre Ohnmacht unter Beweis stellen (und unserer Strategie in die Hände spielen) würden; wenn sie jedoch eine Lösung mit militärischen Mitteln erzwangen, dann würden sie dadurch eine Niederlage der Araber herbeiführen. (Ihre zynischen Äußerungen uns gegenüber zeigten, daß sie die Kampfkraft der Araber sehr niedrig einschätzten.)

Die sowjetische Politik hat sich niemals durch besondere Feinfühligkeit ausgezeichnet. So versuchte die Sowjetunion, aus ihrem Dilemma herauszukommen, indem sie – vielleicht unbeabsichtigt – ein hochexplosives Gebräu zusammenmixte. Wahrscheinlich haben die Sowjets Ismail noch einmal erklärt, daß sie mit einer Zwischenlösung nicht einverstanden seien. Sie waren offenbar davon überzeugt, daß jede Vereinbarung unter der Ägide der Vereinigten Staaten den sowjetischen Einfluß schwächen werde. Doch während sie die Spannungen auf diese Weise verstärkten, haben sie Ägypten augenscheinlich vor einem Konflikt gewarnt, der das Risiko eines Krieges zwischen der Sowjetunion und den Vereinigten Staaten in sich bergen könnte. Doch unmittelbar vor dieser Schwelle haben sie Ägypten freie Hand gelassen, seine eigenen Interessen zu verfolgen – und damit ließen sie auch die Möglichkeit eines begrenzten Krieges gegen Israel offen. Sehr bald darauf entschloß sich die sowjetische Führung zu der bisher umfangreichsten Waffenlieferung an den Nahen Osten. Vielleicht hat die Sowjetunion darin, daß sie sich mit einem begrenzten Krieg, nicht aber mit einer Konfrontation einverstanden erklärte, die mit allen verfügbaren Mitteln geführt wurde, die sicherste Methode gesehen, eine endgültige Entscheidung hinauszuzögern; in Wirklichkeit ermöglichte sie damit jedoch eine Explosion, die sie nicht mehr würde in Grenzen halten können. Sie schürte eine Krise, die es ihr ermöglichen sollte, als Sprecher für die Interessen der arabischen Staaten aufzutreten. Es fehlten ihr jedoch die Möglichkeiten, zu gestalten, was sie in Gang gesetzt hatte. Dieses sowjetische Eingreifen führte schließlich dazu, daß die Sowjetunion in Ägypten alles verlor, was bewies, daß wirkungslose halbe Maßnahmen nicht ein Monopol des bürgerlichen Westens sind.

Am 18. Februar unterrichtete uns Breschnew in einer über den vertraulichen Kanal an Nixon gerichteten Botschaft von den Ergebnissen der Gespräche Ismails in Moskau. Danach könnte es zu einer stufenweisen Beilegung des Konflikts kommen, was jedoch »im Rahmen eines Gesamtplanes (in einem Paket) geschehen (müßte), in dem alle Elemente der Regelung koordiniert und gegeneinander ausgewogen werden«. Darüber hinaus »kann es zwischen Israel und Ägypten eine von der zwischen Israel und den anderen an dem Konflikt beteiligten arabischen Ländern getroffenen Regelung getrennte israelisch-ägyptische Vereinbarung geben«. Am Schluß schrieb Breschnew: »Aus unseren Gesprächen mit Herrn Ismail haben wir den Eindruck gewonnen, daß die Araber, wenn bis dahin auf dem Wege zur politischen Lösung dieses vitalen Problems kein Fortschritt erzielt worden ist, andere mögliche Maßnahmen zu seiner Lösung ergreifen können.« Nachdem die Sowjets nun auf eine Konfrontation herumgeschwenkt waren, warnten sie uns mit der für sie charakteristischen Unverfrorenheit vor einer Entwicklung, die sie selbst in Gang gesetzt hatten.

Mit anderen Worten: die Sowjets legten unter Androhung eines Krieges ein radikales arabisches Programm vor, das in eine Sackgasse oder zur Konfrontation führen mußte. Indem Moskau sich sowohl gegen eine Zwischenvereinbarung als auch gegen einen israelisch-ägyptischen Separatfrieden stellte, forderte es praktisch das Scheitern aller Friedensbemühungen heraus. Vielleicht hat der Kreml damit gerechnet, daß eine Krise die Vereinigten Staaten zwingen werde, sich selbst zu engagieren. Aber übermäßige Verschlagenheit zahlt sich in der Diplomatie nur sehr selten aus. Das Dilemma Moskaus bestand darin, daß die Sowjets nur zu einer Beilegung des Konflikts beitragen konnten, wenn sie ihre arabischen Klienten zum Kompromiß drängten. Da sie dies nicht tun wollten, förderten sie einerseits das endgültige Scheitern aller Friedensbemühungen und weigerten sich andererseits, die Konsequenzen zu tragen, und stellten sich damit unter Umständen selbst in die Rolle eines Zuschauers am Rande der Ereignisse.

Ismail in Washington

Als Hafiz Ismail am 23. Februar 1973 in Washington eintraf, wußten wir erstaunlich wenig über Ägyptens Vorstellungen. Wir hielten die bisher gepflegten vertraulichen Kontakte für ein gutes Vorzeichen. Andererseits mußten wir jedoch bedenken, daß die Ägypter immer wieder Beratungen mit Moskau geführt hatten und sich ihre Propaganda immer noch mit aller Schärfe gegen uns richtete. Die Ausweisung der sowjetischen Militärs war bedeutungsvoll. Wir konnten jedoch nicht ausschließen, daß ein Grund in dem Bestreben Sadats gelegen haben könnte, für eigene militärische Initiativen freie Hand zu bekommen. Soweit wir erkennen konnten, verfolgte Sadat eine etwas weniger aggressive strategische Linie als Nasser. Damit wollte er wahrscheinlich *uns* veranlassen, den Israelis die arabischen Maximalforderungen zu überbringen, und zwar für ägyptische Zugeständnisse, die später von den Palästinensern abgelehnt werden konnten, die ihrerseits stark von der Sowjetunion beeinflußt wurden. Es ließ sich sehr schwer erkennen, was Sadat wirklich wollte; vielleicht hatte er sich damals noch nicht endgültig entschieden.

Denn Sadat saß in dem gleichen Boot wie alle anderen Beteiligten – und da er weitblickender war, hat ihn das vielleicht um so mehr geängstigt. Er wußte, daß die übertriebenen Forderungen der Araber niemals erfüllt werden konnten, daß jedoch ein Verzicht darauf ihn in der arabischen Welt isolieren werde, ohne daß er sich der Zustimmung der Israelis sicher sein konnte. Aus den öffentlichen Erklärungen der Israelis durfte man sogar entnehmen, daß eine Beilegung des Konflikts die Abtretung ägyptischen Gebiets erforderlich machen werde, und dem konnte Sadat niemals zustimmen. Er war klug genug, um zu wissen, daß es ohne arabische Zugeständnisse niemals einen Frieden geben werde. Aber in einer als Folge der Niederlage von 1967 entstandenen Atmosphäre der Frustration und Demütigung würde es fast unmöglich sein, die arabischen Länder zu solchen Zugeständnissen zu bewegen. Deshalb nahm Sadat im Augenblick die Idee einer Zwischenlösung auch so kühl auf, denn er fürchtete, daß man ihm seine Nachgiebigkeit als Schwäche und nicht als staatsmännische Klugheit auslegen könnte. Um über einen Ausweg aus diesem Dilemma zu sprechen, war Ismail nach Washington gekommen.

Nixon hatte nichts dagegen einzuwenden, daß sich die Vereinigten Staaten diplomatisch einschalteten, und zwar zunächst nur exploratorisch, um nach den für Oktober vorgesehenen Wahlen in Israel das ganze Gewicht des amerikanischen Einflusses ins Spiel zu bringen. Wir würden jedoch nicht weiterkommen, wenn wir den Anschein erweckten, daß wir eine Patentlösung in der Tasche hätten oder man uns die Verantwortung für die Lösung des ganzen Problems aufbürden könnte. Wir konnten uns nicht darauf einlassen, einen Friedensschluß zu erzwingen. In den von mir vorgeschlagenen »Gesprächspunkten« (Nixon versah das Papier mit der Randbemerkung »OK«) empfahl ich Nixon, Ismail deutlich zu zeigen, wo unsere Grenzen lagen:

> Der von mir (Nixon) in Vietnam eingeschlagene Kurs beweist jedoch, daß wir unsere Freunde nicht verraten. Eine Großmacht wird nicht mächtiger, wenn sie sich so verhält. Es gibt ganz bestimmte Grenzen für das, was zu tun wir Israel zwingen können.
>
> Ägypten darf sich keine Illusionen machen. Es ist keine Friedensregelung vorstellbar, bei der seine Maximalforderungen erfüllt werden können. Andererseits hat Ägypten ohne eine solche Regelung kaum die Aussicht, irgend etwas zu gewinnen. Das liegt nicht an uns; so ist die Realität, wie wir sie begreifen. Sowohl Ägypten als auch Israel werden schwierige Entscheidungen treffen müssen.

Mit anderen Worten: Wir waren bereit, Israel zu drängen, Zugeständnisse zu machen, aber dadurch wurde auch eine flexible Haltung der ägyptischen Seite erforderlich. Jedenfalls weckte meine Denkschrift die ganze in Nixon schlummernde Ambivalenz. Ich hatte darin von drei Optionen gesprochen: 1. könnten wir »beiseite stehen und beide Seiten weiter über ihre jeweilige Haltung nachdenken lassen«; 2. könnten wir eine Zwischenlösung anstreben und 3. inoffiziell auf eine Vereinbarung über die allgemeinen Grundsätze einer Gesamtlösung hinwirken.

Von der ersten Möglichkeit – daß wir uns völlig heraushalten sollten – wollte Nixon nichts hören und schrieb prophetisch an den Rand, daß unsere Inaktivität zum Kriege führen müßte:

> K- Auf keinen Fall. Das muß man (Botschafter Yitzhak) Rabin kategorisch erklären, bevor ich mit ihr (Golda Meir) spreche. Ich habe über zwei Präsidentschaftswahlen hinaus gewartet, und dieses Jahr will ich über den toten Punkt hinauskommen – ich bin absolut nicht einverstanden. Hier stehen wir vor einer Explosion.

Zu der zweiten Option (einer Zwischenvereinbarung) äußerte sich Nixon nicht. Er hielt die dritte Option für die beste: vertrauliche Gespräche mit dem Ziel einer Gesamtlösung, und schrieb: »Das bevorzugte Aktionsprogramm. Um den äußeren Schein zu wahren, halten Sie die offiziellen Verbindungswege offen – aber sorgen Sie dafür, daß sie die vertraulichen Kontakte nicht behindern.« Mit anderen Worten: das klassische Muster aus der ersten Amtszeit – die offiziellen Verhandlungen sollten die vertraulichen tarnen. Diese Methode war jedoch nicht richtig, um mit der Vielschichtigkeit des Nahen Ostens fertig zu werden. Nixon sagte mir auch nicht, wie ich es fertigbringen sollte, in offiziellen Verhandlungen den Plan des Außenministeriums für eine vorläufige Zwischenlösung zu verfolgen, was ja die Alternative zu Verhandlungen mit dem Ziel einer Gesamtlösung und damit in gewissem Sinne unvereinbar war.

Die Vehemenz der Randbemerkungen Nixons zeigte, für wie dringend notwendig er es hielt, daß wir in dieser Sache vorankamen. An das Ende der Denkschrift schrieb er:

> K- Sie wissen, daß sich meine Überzeugung, wir müßten fest an der Seite Israels stehen, auf umfassendere Überlegungen stützt als das Bestreben, das Überleben Israels zu sichern – diese Überlegungen zwingen uns, energisch auf eine Gesamtlösung zuzugehen. Wir sind heute die *einzigen* mächtigen Freunde Israels in der Welt. Und doch kann ich nicht erkennen, daß sie auch nur *um ein Jota* von ihrem Standpunkt abweichen – zugegeben, Jordanien und Ägypten sind uns ihrerseits auch nicht genug entgegengekommen. Jetzt ist es Zeit, etwas zu unternehmen – und man muß es ihnen *deutlich* sagen.
>
> Es ist Zeit, daß wir aufhören, uns mit der starren Haltung Israels herumzuschlagen. Unsere bisherige Haltung hat sie dazu geführt, zu glauben, daß wir sie *ohne Rücksicht* auf ihre Uneinsichtigkeit nicht im Stich lassen würden.

In dieser Atmosphäre mußte Mohammed Hafiz Ismail seine ersten Erfahrungen mit der Vielschichtigkeit unseres Regierungsapparats machen. Innerhalb von achtundvierzig Stunden begegnete er dem amerikanischen Präsidenten, von dem er nur allgemeine Redensarten zu hören bekam, wurde im Außenministerium zu einer Zwischenlösung gedrängt, die nicht die Unterstützung des Weißen Hauses hatte, und besprach mit Nixons Sicherheitsberater bei einer geheimen Zusammenkunft, an der das Außenministerium nicht beteiligt war, eine Gesamtlösung. Ismail fand jedoch mit erstaunlicher Sicherheit den Weg durch diesen Irrgarten. Der hochgewachsene, aufrechte Mann mit dem schon schütter werdenden grauen Haar zeigte die Haltung des ehemaligen Offiziers und die natürliche Würde des gebildeten Ägypters. Seit viertausend Jahren hatten es die Völker Ägyptens mit den Schwächen eifriger Ausländer zu tun gehabt und sich immer wieder den Handlungsspielraum bewahrt, indem sie ihnen persönlich, undurchdringlich, subtil und unendlich zurückhaltend begegneten. Obwohl sich die rassische Zusammensetzung der ägyptischen Bevölkerung nach zahlreichen Eroberungen im Lauf der Zeit verändert hatte, gab es noch immer den archetypischen Ägypter, dessen Gesicht wir an den Statuen und in den Tempeln sehen können, den ältesten historischen Zeugen, über die eine Nation auf dieser Welt verfügt. Der Ausdruck dieser Gesichter ist zugleich sanft und überlegen, die Haltung dieser Menschen zugleich demütig und standhaft. Sie wirken menschlich und schauen dabei in eine Unendlichkeit, die weit über die engen Grenzen menschlicher Maßstäbe hinausgeht.

Hafiz Ismail gehörte zu diesem Typus. Ich bin 1973 zweimal mit ihm zusammengetroffen. Nach dem Oktoberkrieg trat er im Rahmen einer der von Sadat in bestimmten Zeitabständen vorgenommenen Kabinettsumbildungen von seinem Posten zurück. Er zeigte sich nicht sehr flexibel, aber Ägyptens Lage vor dem Krieg ließ auch keine Flexibilität zu. Er legte uns das ägyptische Maximalprogramm in so verbindlicher Form vor, daß er den Eindruck erweckte, viel nachgiebiger zu sein, als er es wirklich war. Mit seiner Höflichkeit verdeckte er das strategische Grundkonzept Sadats, die Voraussetzungen für eine endgültige Entscheidung zu schaffen. Ein Durchbruch, den er nach unserer Ansicht anstrebte, ist ihm nicht gelungen, aber er hat dem Ziel Sadats, den Status quo zu erhalten, ohne den Eindruck zu erwecken, daß man mit einer Krise rechnen müßte, mit äußerstem Geschick gedient.

Zunächst wurde Ismail am Freitag, dem 23. Februar, um 11.20 Uhr von Nixon empfangen. Wie üblich äußerte sich der Präsident im persönlichen Gespräch mit Ismail viel weniger deutlich als in seinen Randbemerkungen zu meiner Denkschrift. Ismail überreichte dem Präsidenten eine Botschaft Sadats, die in höflicher Form die Drohung enthielt, daß er sich energisch für eine Gesamtlösung einsetzen werde: »Die Umstände lassen es jetzt geraten erscheinen, weitere Anstrengungen für die Erreichung einer umfassenden und gerechten Regelung zu unternehmen«, denn »die Lage in unserer Region hat sich so weit verschlechtert, daß es andernfalls zu einer Explosion kommen könnte«. Nixon bedauerte, daß bisher keine Fortschritte erzielt worden seien, sagte jedoch, »wichtig« wäre es, »zu sehen, wo wir stehen, um die Möglichkeit dafür zu erkunden, daß wir irgendwie vorankommen«.

Der Vortrag Ismails beschäftigte sich mit dem gleichen Thema wie der Brief seines Präsidenten. Der jetzt schon seit dreißig Monaten bestehende Waffenstillstand sei kein Selbstzweck, erklärte er, denn seine praktische Konsequenz sei eine Bestätigung der Eroberungen Israels. Vielmehr müsse der Waffenstillstand dadurch beendet werden, daß man entweder auf den Friedensschluß zuginge oder wieder zum Krieg zurückkehrte. Zwei Probleme müßten gelöst werden: die Besetzung ägyptischen Territoriums durch Israel und das Palästinenser-Problem, welches die »Kernfrage« sei. Wenn Israel sich bereit erklärte, sich aus ägyptischem Gebiet zurückzuziehen, wäre Kairo bereit, über Sicherheitsgarantien zu verhandeln und den Kriegszustand zu beenden. Der endgültige Friede zwischen Ägypten und Israel erforderte eine für die Palästinenser akzeptable Lösung. Syrien erwähnte Ismail nicht.

Nixon, dem es immer unangenehm war, über Details zu verhandeln, nahm die noch zwischen Ismail und mir vorgesehenen Geheimgespräche zum Vorwand, um einer klaren Antwort auszuweichen. Er befürwortete jetzt sogar ein Programm, das sich in gewisser Weise vom Inhalt der Randbemerkungen zu meiner Denkschrift unterschied. Zu meiner Überraschung schien er sich jetzt doch für die Zwischenlösung am Suez-Kanal entschieden zu haben. Er sagte, er verstünde die Befürchtung Ägyptens, daß eine Zwischenlösung eingefroren werden könnte. Sie böte aber dennoch den Vorteil, daß sie in der Praxis durchführbar sei. Deshalb sollte Ismail mit mir über diese Möglichkeit als einer Brücke für weitere Schritte sprechen. Nixon gab allerdings zu, daß wir grundsätzlich einer Dauerlösung den Vorzug gäben, und erklärte, sich nach besten Kräften darum bemühen zu wollen. Er hielt es jedoch nicht für möglich, das gesamte Nahostproblem mit all seinen Aspekten auf einmal zu lösen. Auch diese Frage sollte von Ismail und mir untersucht werden, allerdings nur streng vertraulich.

Nachdem wir nun vom Präsidenten den Auftrag erhalten hatten, gleichzeitig nach einer Zwischenlösung und einer umfassenden Regelung zu suchen, also Vorgespräche zu führen und eine endgültige Lösung auszuhandeln, gingen Ismail und ich nach New York, um dort am 25. und 26. Februar unsere vertraulichen Gespräche zu führen. Für diesen Zweck hatten wir ein elegantes Haus in der ländlichen Atmosphäre einer mittelständischen Vorortsiedlung gemietet. Die offiziellen Sitzungen fanden am Eßzimmertisch und die vertraulichen Gespräche im Wohnzimmer statt. Am zweiten Tag aßen wir gemeinsam zu Mittag.*

Unsere Regierung hatte zu diesem Zeitpunkt ihren Zusammenhalt schon soweit verloren, daß nur Ismail wußte, was die einzelnen Behörden über das Thema dachten, welches wir behandelten. Das Außenministerium hatte keine Ahnung, daß ich mich mit den Ägyptern getrof-

* Zur Begleitung Ismails gehörten Dr. Mohammad Hafiz Gahnim vom Zentralkomitee der Arabischen Sozialistischen Union, Dr. Abd al-Hadi Makhluf, Ismails Bürochef, und zwei andere Mitarbeiter, Mahir al-Sayyid und Dr. Ihab Said Wahba. Ich hatte die Angehörigen meines Stabes als Sicherheitsberater, Harold Saunders und Peter Rodman, sowie Bonnie Andrews als Protokollführerin mitgebracht.

fen hatte. Ich selbst war nicht sofort über das Gespräch Ismails mit Rogers unterrichtet worden; ein Bericht darüber traf erst viel später im Weißen Haus ein.

Die Eröffnung einer komplizierten Verhandlungsrunde gleicht dem Beginn einer arrangierten Heirat. Die Partner wissen, daß die Formalitäten sehr bald vorüber sein und sie dann feststellen werden, wen sie wirklich vor sich haben. Keiner von ihnen kann vorhersagen, in welchem Augenblick sie genötigt sein werden, einander zu akzeptieren; wann der abstrakte Wunsch, Fortschritte zu machen, wenigstens zu einer Spur gegenseitigen Verständnisses führen wird; welche Meinungsverschiedenheit bei ihrer Überwindung bisher noch nicht entdeckte Gemeinsamkeiten deutlich macht; welche dagegen in eine Sackgasse führt, wo der Versuch, erträgliche Beziehungen herzustellen, endgültig scheitert. Da die Zukunft von der Vorsehung gnädig mit einem Schleier verhüllt ist, versuchen beide Parteien etwas zu tun, was zu tun sie nicht wagen würden, wenn sie wüßten, was vor ihnen liegt.

Auf fast jeder ersten Sitzung einer neuen Verhandlungsrunde suche ich mich zurückzuhalten. Ich vermeide es, Vorschläge zu machen. Vielmehr bemühe ich mich darum, die atmosphärischen Voraussetzungen zu begreifen, die meinen Gesprächspartner motivieren könnten. Dabei bemühe ich mich, zu erkennen, mit welchen Zugeständnissen ich rechnen darf und wo die Grenze des Entgegenkommens liegt, und bemühe mich nach Kräften darum, keinen Zweifel an der Grundhaltung meiner Seite zu lassen. Nur Romantiker glauben, daß sie bei Verhandlungen Erfolg haben könnten, wenn sie mit Tricks arbeiten, und nur Pedanten meinen, daß es Sinn hätte, den Verhandlungspartner zu verwirren. In einer Gemeinschaft souveräner Staaten wird eine Vereinbarung nur eingehalten, wenn *alle* Partner davon überzeugt sind, daß sie in ihrem Interesse liegt. Sie müssen das Gefühl haben, an dem Zustandekommen beteiligt gewesen zu sein. Die Kunst der Diplomatie liegt nicht darin, die andere Seite zu übertölpeln, sondern sie davon zu überzeugen, daß ein Verhandlungsergebnis im gemeinsamen Interesse liegt, oder daß es unangenehme Folgen haben wird, wenn keine Übereinstimmung erreicht werden kann.

So war es auch diesmal. Zunächst erläuterte ich Ismail das ungewöhnliche Verhalten unserer Regierung. Ich sagte, daß wir über ein System mit zwei Kanälen verfügten, deren sich Ägypten schon bedient hatte, als es den direkten Kontakt zum Weißen Haus aufnahm. Dieses System könnte nur funktionieren, wenn beide Seiten völlig offen miteinander verkehrten. Sollte Kairo versuchen, uns zu manipulieren, indem es den einen Kanal gegen den anderen ausspielte, so werde es uns zweifellos in eine peinliche Lage bringen, aber um den Preis, daß sich die Verhandlungen endgültig festfuhren. Soweit das taktische Problem. Die eigentliche Herausforderung läge in der Herstellung einer Vertrauensbasis. Ich bat Ismail: »Sagen Sie mir ganz offen, was Sie denken und fühlen.« Bevor wir unsere Vorschläge auf den Tisch legten, mußten wir ein Grundkonzept finden:

> Es hat keinen Sinn, irgend etwas zu unternehmen – Karten zu zeichnen usw., wenn wir nicht genau wissen, was wir erreichen wollen, und wenn wir keine Vorstellung davon haben, was sich erreichen läßt. Sonst verschaffen wir uns nur für drei Monate guten Willen und hinterher großes Mißtrauen. Sie müssen überzeugt sein, daß Sie, wenn Sie es mit dem Weißen Haus zu tun haben, sich auf unser Wort verlassen können. Ich würde Ihnen lieber ehrlich sagen, daß wir irgend etwas nicht tun könnten, als Ihnen zu erklären, daß wir etwas tun würden, um dann doch nicht zu meinem Wort zu stehen.

Als Hafiz Ismail und ich uns in dem New Yorker Vorort trafen, waren wir von diesem Vertrauensverhältnis noch weit entfernt. Er war nicht gekommen, um über die Möglichkeit einer Vermittlung durch uns und damit über einen Kompromiß zu sprechen, sondern um uns vor ein höfliches Ultimatum zu stellen, dessen Forderungen wir nicht erfüllen konnten. Während er näher erläuterte, was er Nixon gesagt hatte, erklärte Ismail jetzt, daß eine endgültige Friedensregelung noch im Jahr 1973 erfolgen müßte; wenigstens hoffte er, bis zum September eine Einigung über die Grundprinzipien zu erreichen. Er ging aber nicht im einzelnen darauf ein, was er damit meinte oder was geschehen würde, wenn bis zu diesem Zeitpunkt keine Vereinbarung getroffen werden konnte. Eine Zwischenvereinbarung – den Teilabzug der Truppen am Suez-Kanal – lehnte Ismail ab, es sei denn als Teil eines vereinbarten Gesamtplans, der innerhalb kurzer Zeit abschnittweise in Kraft gesetzt würde. In diesem Fall erübrigte sich allerdings eine solche Zwischenvereinbarung. Vor allem müßte Israel sich damit einverstanden erklären, daß es sich, bevor irgend etwas anderes geschah, auf die Grenzen von 1967 mit *allen* Nachbarn zurückziehen werde, wobei man vielleicht am Westufer des Jordan gewissen Korrekturen zustimmen könnte. Nur auf dieser Grundlage werde sich Ägypten an dem Verhandlungsprozeß beteiligen und auch nur dann über Sicherheitsmaßnahmen sprechen. Zu letzteren könnten zum Beispiel entmilitarisierte Zonen gehören, die aus Gründen des Prestiges und der Ausgewogenheit auf *beiden* Seiten internationaler Grenzen errichtet werden sollten. Internationale Überwachungsorganisationen könnten an strategischen Punkten wie am Sharm el-Sheikh oder am Golf von Akabah eingesetzt werden. Im Gegenzug werde Ägypten den Kriegszustand mit Israel beenden – aber noch nicht zu einem regelrechten Friedensschluß bereit sein. Es werde die internationalen Wasserwege für israelische Schiffe öffnen sowie die feindliche Propaganda und den Boykott derjenigen ausländischen Firmen beenden, die Handelsbeziehungen mit Israel unterhielten. Ägypten werde aber der Aufnahme voller diplomatischer Beziehungen oder einer Öffnung der Grenzen nicht zustimmen. Ein solcher »vollständiger Friede« oder eine solche »Normalisierung« würden erst nach einer umfassenden Regelung mit *allen* anderen Beteiligten einschließlich von Syrien und den Palästinensern möglich sein.

Der gleiche Grundsatz des totalen Truppenabzugs, verbunden mit Sicherheitsmaßnahmen, sollte auch für die Golan-Höhen gelten. Hinsichtlich des Jordan-Westufers war Ismail flexibler. Hier könnte man entweder mit König Hussein oder mit einer nicht näher bezeichneten Gruppe palästinensischer Führer verhandeln. Ägypten werde jedes Ergebnis akzeptieren, dem die Beteiligten zustimmen könnten, und zwar sogar auch den Bedingungen des sogenannten Allon-Plans, der militärische Außenposten Israels am Jordan vorsah. Es gäbe jedoch zwei unabdingbare Forderungen. Die Kontrolle Ostjerusalems durch die Araber sei wesentlich und kein Verhandlungsgegenstand. Zweitens behielt sich Ägypten das Recht vor, seine Auffassungen darüber zum Ausdruck zu bringen, wer die Regierungsgewalt am Westufer des Jordans übernehmen sollte, wenn Jordanien eine Sondervereinbarung aushandelte – ein Hinweis auf den zunehmenden Einfluß der PLO. Dieser Einfluß war für Hussein ebenso bedrohlich wie für Israel. Er bedeutete, daß Hussein dazu mißbraucht werden könnte, Israel zu Gebietsabtretungen zu veranlassen, ohne diese Gebiete dann für sich behalten zu können. Für Israel wurden Verhandlungen mit Hussein auf diese Weise nur zum Eintrittspreis für eine Konfrontation mit seinem Todfeind, der PLO, die immer noch die Vernichtung des israelischen Staates verlangte. Eine gewisse Flexibilität deutete sich nur in der Erklärung Ismails an, daß Ägypten nicht darauf bestehen werde, die verschiedenen Verhandlungen gleichzeitig stattfinden zu lassen. Kairo wäre bereit, als ersten Schritt eine Vereinbarung zwischen Israel und Ägypten auszuarbeiten. Es werde sie aber nicht unterzeichnen, bevor die Verhandlungen mit Syrien und Jordanien begonnen hatten, und es werde den vollständigen Frieden nicht wieder herstellen, bevor diese Verhandlungen wirklich abgeschlossen waren.

Diese Vorstellungen waren weitreichend, aber einseitig und unterschieden sich nicht wesentlich von den Forderungen, die in die Sackgasse geführt hatten. Der Preis für den Rückzug an die Vorkriegsgrenzen wäre jetzt nicht der Friede, sondern die Beendigung des Kriegszustandes – dieser Preis ließ sich kaum von dem gegenwärtigen Waffenstillstand unterscheiden. Der offizielle Friede würde erst eintreten, nachdem die Syrer und Palästinenser sich in einem außerordentlich schwer zu durchschauenden Verfahren mit Israel geeinigt hatten. Dadurch erhielten praktisch die am schwierigsten zu berechnenden Beteiligten das Recht, gegen den gesamten Friedensprozeß ihr Veto einzulegen.

In der Hoffnung, daß sich bei einer näheren Erörterung der Probleme Möglichkeiten zeigen könnten, die bei dem ersten Gespräch nicht deutlich geworden waren, bat ich um die Klärung bestimmter Fragen, deren eine einen konkreten Vorschlag in sich barg: Wäre Ägypten bereit, die Fragen nach der Souveränität und der Sicherheit voneinander zu trennen? Wenn Israel die ägyptische Souveränität bis an die Grenzen von 1967 anerkannte, würde Ägypten es dann zulassen, daß Israel einige Verteidigungsstellungen auf ägyptischem Territorium beließ? Ismail wollte sich nicht verbindlich äußern und war ganz offensichtlich nicht von der Idee begeistert, auf die ich zunächst so stolz gewesen war.[9] Und damit endeten die Gespräche mit Hafiz Ismail.

Er verließ uns in wenig optimistischer Stimmung. Die Andeutung, daß es zu separaten Vereinbarungen zwischen Ägypten und Israel kommen könnte, war so sehr durch unannehmbare Vorbedingungen belastet, daß man eher das Gefühl einer Herausforderung hatte als das einer ernsthaften Verhandlung. Wir brauchten mehr Zeit, um herauszufinden, was Sadat wirklich wollte. Ismail und ich verabredeten ein neues Zusammentreffen nach Ablauf der nächsten Monate.

Bis dahin überdachten wir die uns von König Hussein und der israelischen Premierministerin Meir gemachten Vorschläge.

Hussein

Vor und nach dem Treffen mit Ismail sprachen wir mit unserem alten Verbündeten, König Hussein, zum erstenmal am 6. Februar.

Der König regierte einen jener Staaten, deren willkürliche Grenzziehung weniger das Ergebnis historischer Entwicklungen oder geographischer Notwendigkeiten war, sondern vielmehr zeigte, wo die von Frankreich und Großbritannien errichteten Einflußsphären bei Abschluß des Ersten Weltkrieges gelegen hatten. Geschaffen als Pufferstaat zwischen dem französischen Mandat in Syrien, dem britischen Protektorat im Irak – beides historische Zentren des arabischen Nationalismus – und dem britischen Mandat Palästina, lag es in einem öden Wüstengebiet als Gegengewicht in einem Kräftespiel, das von entfernt gelegenen Mächten als solches begriffen und manipuliert wurde. Es stellt ein Zeugnis für die Weisheit der beiden einzigen Monarchen dar, die es in Jordanien gegeben hat, Husseins und seines Großvaters Abdullah, daß es ihnen gelungen ist, trotz der anfänglichen Geringschätzung der arabischen Nationalisten und der selbstherrlichen und überlegenen Haltung der imperialistischen Mächte Unabhängigkeit und Würde zu erkämpfen. Sie erreichten dieses Ziel noch dazu in einer Zeit, als sich die nationalistischen Bewegungen ebenso gegen die herrschenden Monarchien wie gegen die europäischen Kolonialreiche richteten. Die Haschemiten-Könige waren daher zu einem gefährlichen Balanceakt gezwungen. Sie brauchten die Unterstützung von außen gegen den Druck radikaler Kräfte, besonders als andere arabische Staaten und die immer stärker werdende Sowjetunion diesen Kräften immer fühlbarer zu Hilfe kamen. Aber sie verhielten sich nicht wie die Stellvertreter von Ausländern, sondern bemühten sich vielmehr um eine Form des arabischen Nationalismus, der einerseits die arabische Identität stärkte und andererseits die Freundschaft mit dem Westen pflegte. So demonstrierten sie erfolgreich, daß sich arabische Bestrebungen auch in einer gemäßigten Weise verwirklichen lassen.

Das Entstehen des Staates Israel verlangte von Jordanien Beweglichkeit in einer neuen Dimension. Seine Herrscher mußten die jordanische Souveränität auf dem Westufer des Jordan bestätigen; damit übernahmen sie das Erbe der Leiden des palästinensischen Volkes, das ihnen den Einlaß in die Hauptarena der arabisch-israelischen Konfrontation garantierte. Die Haschemiten-Könige waren zwar über die Gründung des neuen Judenstaates nicht glücklicher als ihre arabischen Brüder, erkannten aber, daß es unmöglich war, ihn zu zerstören, und waren die ersten, die sich bereit fanden, über Möglichkeiten der Koexistenz nachzudenken. Diese Haltung mußte König Abdullah mit dem Leben bezahlen, als er 1951 einem Attentat zum Opfer fiel. Während der folgenden fünfzehn Jahre verweigerte König Hussein ebenso wie seine arabischen Kollegen Israel die Anerkennung, wobei er sich immer der Tatsache bewußt war, daß die radikalen Kräfte in Ägypten, Syrien und im Irak seinen Sturz ebenso anstrebten wie die Vernichtung Israels und seinen Sturz vielleicht sogar als erster Schritt zur Erreichung jenes Ziels ansahen. Er wachte daher eifersüchtig über der Unabhängigkeit seines Landes und stützte sich dabei auf den Westen. 1956 wies er die britischen Offiziere aus, die seine Armee ausbildeten und sie in mancher Hinsicht auch befehligten. Doch als eine radikale Welle den Nahen Osten nach der Revolution im Irak 1958 zu verschlingen drohte, landeten amerikanische Streitkräfte im Libanon und britische Truppen wurden für wenige Wochen in Jordanien stationiert.

Fast zehn Jahre später, im Jahr 1967, wurde Jordanien in den Sechs-Tage-Krieg hineingezogen. Wenngleich Nasser das Königreich sehr verächtlich behandelt hatte, kam Hussein seinen Verpflichtungen gegenüber der arabischen Solidarität mit Großmut nach und trat in einen Krieg ein, den Nasser schon verloren hatte. Das Ergebnis war, daß Jordanien vom Westufer des Jordan und aus der Altstadt von Jerusalem vertrieben wurde. Jordaniens Beteiligung an dem anschließenden Friedensprozeß komplizierte nur noch seine ohnedies gefährdete Existenz. Denn Hussein sah sich zwischen den Leidenschaften seiner arabischen Brüder und seinem eigenen Realismus gefangen, wofür er denn auch mit mehreren Anschlägen radikaler Araber auf sein Leben bezahlen mußte. Obendrein befand er sich in der paradoxen Situation, derjenige arabische Führer zu sein, der am ehesten bereit war, Frieden zu schließen, während Israel am wenigsten bereit war, sich von denjenigen eroberten Gebieten zu trennen, die zu Jordanien gehört hatten, weil sie nach jüdischer Auffassung am stärksten mit der Tradition Israels verbunden waren. Obwohl Hussein die fundamentalen Forderungen Israels, direkte Verhandlungen aufzunehmen, praktisch erfüllt hat, wird dadurch die Friedensregelung nicht beschleunigt. So verblieb Jordanien in der Mitte zwischen den streitenden Parteien. Es brachte zwar dem arabischen Nationalismus gewaltige Opfer, wurde jedoch von den Radikalen angegriffen, die damals die nationalistische Bewegung beherrschten. 1970 sah sich Jordanien gezwungen, gegen die palästinensischen Guerillas vorzugehen, die auf jordanischem Territorium einen Staat innerhalb eines Staates schufen, fühlte sich aber trotzdem auch weiterhin der arabischen Sache verpflichtet. Trotz der Gegensätze zu Israel wollte Jordanien nicht das ganze Gebiet in einen neuen Konflikt ziehen, weil damit auch der letzte Rest der gemäßigten Haltung vernichtet würde, die das Wesen des haschemitischen Herrschaftssystems ausmachte.

Daß Hussein dieser Herausforderung standgehalten hat, macht ihn zur außergewöhnlichen Persönlichkeit. Seine legendäre Höflichkeit, die der Uneingeweihte als Nachgiebigkeit deuten könnte, war eine hervorragende Methode, sich alle rivalisierenden Kräfte auf Armeslänge vom Leibe zu halten. Seine Stellung wurde gefährdet durch die starre Haltung Israels, die Umarmung des Westens, die hegemonialen Bestrebungen Ägyptens und das revolutionäre Feuer Syriens und des Irak. Doch unter all diesen Belastungen erwies er sich als selbständige Persönlichkeit. Hussein versuchte nicht, Amerika die Schuld für die Demütigung von 1967 in die Schuhe zu schieben, brach auch die Beziehungen zu uns nicht ab wie mehrere andere arabische Staaten, sondern verlangte weiterhin eine Lösung, die der arabischen Sache gerecht wurde – auch der Sache derjenigen, deren Ziel es war, ihn zu stürzen.

Bei seinem ersten Besuch in Washington nach der Ausweisung des sowjetischen Militärpersonals aus Ägypten teilte Hussein nicht die allgemeine Genugtuung über dieses Ereignis. Denn er vermutete – und wie sich herausstellte, hatte er recht – daß sich Sadat die Sowjets vom Halse schaffen wollte, weil sie zögerten, ihn bei einem militärischen Unternehmen zu unterstützen. Hussein glaubte aber auch, daß diese Niederlage der Sowjets drei gefährliche Konsequenzen in der sowjetischen Politik zur Folge haben könnte. Die Sowjets würden ihre Waffenlieferungen an Ägypten verstärken, um das zu schützen, was ihnen an Einfluß in Kairo geblieben war. Zweitens würden sie mit aller Härte auf einer umfassenden Friedensregelung bestehen, um jeder ägyptischen Neigung entgegenzuwirken, eine separate Regelung zu treffen – das erklärte, weshalb sich Gromyko im Herbst 1972 so entschieden geweigert hatte, einer Zwischenvereinbarung zuzustimmen. Drittens würden sie auch Syrien weiterhin mit großen Mengen von Waffen beliefern, um es abzuhalten, dem Beispiel Kairos zu folgen, und um aus Syrien eine neue Speerspitze der sowjetischen Politik zu machen.

Die düsteren Prognosen Husseins beschränkten sich nicht auf den arabisch-israelischen Konflikt. Er warnte vielmehr auch vor sowjetischen Ambitionen im Persischen Golf, besonders im Irak, der, mit sowjetischen Waffen schwer gerüstet, sich allen gemäßigten Regierungen in diesem Gebiet entgegenstellen würde, auch wenn das Regime in Bagdad weiterhin Differenzen mit der Sowjetunion haben sollte. Daher machte er das Angebot, zur Stabilisierung der arabischen Emirate in der unteren Golfregion jordanische Streitkräfte zur Verfügung zu stellen. Unsere Behörden in ihrer Selbstzufriedenheit wollten sich indessen nicht bereit finden, die geringen Geldmittel zur Verfügung zu stellen, die für die Unterstützung einer solchen Politik notwendig waren. Es bedurfte einer Anordnung des Weißen Hauses, um dem bürokratischen Tauziehen ein Ende zu bereiten.

Hussein erklärte wiederholt seine Bereitschaft, mit Israel Frieden zu schließen, aber obwohl vertrauliche Kontakte geknüpft wurden, stieß er auf unüberwindliche Hindernisse. Er war das Symbol für das Schicksal der gemäßigten Araber. Auf der einen Seite hätte er einen Krieg gegen Israel nicht durchhalten können, war aber andererseits nicht bereit, mit den radikalen Arabern gemeinsame Sache zu machen. Er war bereit, eine diplomatische Lösung zu finden, ja sogar eine sehr großzügige, aber Israel sah keine Veranlassung, mit Jordanien zu verhandeln, solange Hussein allein stand. Jede Rückgabe eroberten Gebiets bedrohte nach Auffassung der Israelis ihre Sicherheit mehr als der Status quo, und das Westufer des Jordan mit seiner historischen Vergangenheit würde in Israel heftige innenpolitische Kontroversen entfachen. Die nationalreligiöse Partei, ohne welche die Regierungskoalition nicht regieren könnte, weigerte sich strikt, auch nur den kleinsten Teil des Westufers an Jordanien zurückzugeben.

Wir baten Hussein, uns einen Plan vorzulegen, der sich als Verhandlungsgrundlage eignete. Er versprach uns, nach einem zweiwöchigen Urlaub in Florida nach Washington zurückzukommen, um mit uns über einen solchen Plan zu sprechen.

Bei meinem Zusammentreffen mit Hussein am 6. Februar kam ich zum ersten Mal unmittelbar mit einer Sache in Berührung, die für den Friedensprozeß im Nahen Osten tragische Folgen haben sollte – das zwischen Sadat und Hussein bestehende persönliche Mißtrauen. Schlicht gesagt: Sadat konnte Hussein nicht leiden – oder hatte auch grundsätzlich etwas gegen Könige. Im Anfangsstadium seiner komplexen diplomatischen Bemühungen brauchte Sadat die Palästinenser oder glaubte es wenigstens, um als überzeugter Vertreter der arabischen Sache zu gelten. Wenn er sich hinter die von Hussein geführten Verhandlungen stellte, dann gefährdete er dadurch unter Umständen seine Beziehungen zu den radikalen Arabern, besonders zu Syrien, deren Unterstützung er brauchte, wenn er sich die militärische Option offen halten wollte. Deshalb hielt Sadat einen gewissen Abstand zu Hussein und behinderte dadurch den einzigen Mann, mit dem Israel vielleicht mit einiger Aussicht auf Erfolg über das Westufer des Jordans hätte verhandeln können. Hussein seinerseits hegte gegenüber Ägypten ein tiefes Mißtrauen und fürchtete, daß die Unberechenbarkeit Sadats Jordanien ebenso schaden werde wie zuvor die gleiche Haltung Nassers. Es war ein Jammer, daß die beiden gemäßigten Führer einander nicht die Unterstützung gewährten, welche die diplomatischen Bemühungen um eine befriedigende Lösung im Nahen Osten gefördert hätte. Vielmehr gerieten sie schließlich in eine Sackgasse, aus der es nur einen Ausweg gab, den Krieg.

Ich kann nicht behaupten, daß mir zu jener Zeit alle diese Strömungen und Gegenströmungen so deutlich bewußt gewesen sind wie später. Man brauchte aber kein besonders ausgeprägtes Feingefühl, um festzustellen, wie sehr Seine Majestät den Ägyptern und ihren Methoden mißtraute, als der König am 27. Februar nach Washington kam und ich ihn über meine Gespräche mit Ismail unterrichtete. Hussein und sein Chefberater und späterer Premierminister, Zaid Rifai, sahen in den Vorschlägen der Ägypter nichts, was nicht schon seit Jahren Bestandteil der ägyptischen Außenpolitik gewesen wäre. Sie empfahlen uns, Kairo zu einer Präzisierung seiner Vorschläge zu veranlassen. Aber unsere jordanischen Freunde hielten es für entscheidend wichtig, die Sowjets aus dem ganzen Prozeß herauszuhalten. So gewannen wir einen Eindruck von den Vorstellungen zweier arabischer Führer, die ihr gegenseitiges Mißtrauen an der Zusammenarbeit hinderte. Sadat bediente sich der Palästinenser, um das Vorgehen Jordaniens durch deren Veto wirkungslos zu machen, während Hussein unsere Befürchtungen über die Starrheit der Sowjets wachzuhalten suchte, um den Abschluß eines Separatfriedens zwischen Israel und Ägypten hinauszuzögern.

Hussein, damals der einzige arabische Führer, der bereit war, näher auf die Friedensbedingungen einzugehen, übergab mir ein Papier, in dem die Fragen, die er vor ein paar Wochen mit Nixon und mir erörtert hatte, näher erläutert wurden. Jordanien wollte über das Westufer des Jordan direkt mit Israel verhandeln. Es sollten Grenzberichtigungen vorgenommen werden, wenn Israel dafür den Gaza-Streifen zurückgab. Sobald die Souveränität Jordaniens wieder hergestellt war, dürfte Israel am Jordan-Ufer militärische Vorposten oder sogar israelische Siedlungen einrichten, vorausgesetzt, daß es sich dabei um einzelne Enklaven auf jordanischem Territorium handelte. Die Annexion des Jordan-Tals durch Israel werde er nicht hinnehmen. Mit trauriger Miene sagte der König, daß er Israel alle diese Vorschläge schon auf direktem Wege unterbreitet habe, sie aber zurückgewiesen worden seien. Jetzt bedürfte es eines amerikanischen und nicht eines neuen jordanischen Vorschlags. Er sagte, daß wir für den Friedensprozeß vielleicht noch zwei oder drei Jahre Zeit hätten, aber dann würde es in diesem Gebiet zur Explosion kommen. Das war seine einzige Fehleinschätzung. Doch leider war sie entscheidend, denn sie bestätigte unsere Neigung, den Ausgang der israelischen Wahlen am 30. Oktober abzuwarten, und deshalb ließ auch unsere Aufmerksamkeit nach.

Golda Meir

Unser nächster Gast, die israelische Premierministerin Golda Meir, hatte es nicht so eilig wie Hussein. In einem Gespräch mit Nixon am 1. März erklärte sie, »wir haben es noch nie so gut gehabt«, und behauptete, es sei sehr günstig, daß sich die Lage festgefahren hätte, denn die Araber hätten keine militärischen Möglichkeiten. Golda Meir war ein Original. Diese intelligente und urwüchsige Frau, die mit beiden Beinen fest auf der Erde stand, hatte das Gefühl, die Mutter ihres Volkes zu sein. Für sie war jeder Quadratzentimeter israelischen Bodens mit dem Blut ihrer Kinder gedüngt. Sie kannte den menschlichen Charakter aus Erfahrung zu gut, um sich auf so unsichere Formulierungen wie die Anerkennung der Existenz Israels zu verlassen, und wußte nur zu gut, daß bei der Frage der Anerkennung ihrer Existenz das Sicherheitsproblem aller anderen Nationen begann und nicht endete.

Golda war als junges Mädchen mit den ersten Pionieren nach Israel gekommen. Die Vorstellung, israelisch besetzte Gebiete zurückgeben zu müssen, verursachte ihr fast körperliche Schmerzen. Sie verlangte daher so unumstößliche und eiserne Garantien für die Sicherheit ihres Landes, daß man sich kaum vorstellen konnte, was den Bestand Israels besser sichern könnten als der physische Besitz strategisch wichtiger Gebiete. Mit großem Geschick verstand sie es, Fragen aufzuwerfen, die uns in die Defensive drängten oder Israel der Notwendigkeit enthoben, sofort schwierige Entscheidungen zu treffen. 1973 kämpfte sie unter dem Banner der »direkten Verhandlungen«, einer Forderung, die deutlich zeigte, wie absurd die Haltung selbst der gemäßigten Araber war, die verlangten, daß Israel seine Eroberungen aufgab, sich aber weigerten, am Konferenztisch über einen Truppenabzug zu verhandeln. Von uns verlangte sie, die Haltung unserer beiden Länder aufeinander abzustimmen, ein vernünftig klingender Vorschlag, dessen praktische Konsequenz es jedoch gewesen wäre, daß sie das Vetorecht hinsichtlich unserer Taktiken hätte.

Bei ihrem Treffen mit Nixon leitete Frau Meir ihren Frontalangriff mit Komplimenten ein, für die der amerikanische Präsident sehr empfänglich war. Sie dankte ihm dafür, daß er »die Welt revolutioniert und in den Herzen der Menschen zum ersten Mal die Hoffnung geweckt habe, wir näherten uns einer Zeit, in der es keine Kriege mehr geben werde«. Dieser Feststellung wollte Nixon natürlich nicht widersprechen, fügte aber doch vorsichtig hinzu: »Wir sehen die immer noch bestehenden Gefahren durchaus realistisch. Hier sagen viele, da in der Welt Frieden herrscht, könnten wir die Rüstung beschränken und die freiwerdenden Mittel zur Beseitigung der Gettos einsetzen. Aber wir brauchen mehr (Waffen), solange sich die Haltung unserer Gegner nicht geändert hat.« Frau Meir stimmte zu und erzählte Nixon, daß sie ihren sozialistischen Kollegen Willy Brandt gewarnt und ihm gesagt hätte, er sollte nicht sentimental werden und seine Wachsamkeit nicht aufgeben. Überzeugt, daß jeder, der Brandt nicht traute, ähnlich dachte wie er selbst, meinte Nixon: »Mein Grundsatz in der Außenpolitik ist es, andere so zu behandeln, wie sie einen selbst behandeln.« »Plus zehn Prozent«, fügte ich hinzu, denn ich dachte daran, welche Erfahrungen ich in vielen Jahren mit meinem Chef gemacht hatte.

Nun wandte sich das Gespräch praktischen Dingen zu. Golda wollte zwei Dinge erreichen. Erstens wollte sie Zeit gewinnen, denn je länger der Status quo erhalten blieb, desto eher konnte Israel damit rechnen, die besetzten Gebiete für sich behalten zu können. Zweitens brauchte sie Nixons Zustimmung zu einem neuen Paket im Rahmen des militärischen Hilfsprogrammes für Israel.

Was die Verhandlungen betraf, so war Goldas Haltung ganz einfach. Sie hielt Israel für militärisch unangreifbar, und genau genommen war es nicht notwendig, daß sich die Lage irgendwie veränderte. Da aber die Amerikaner sich erfahrungsgemäß von ihren Ideen nicht abbringen ließen, war sie bereit, in Gespräche einzutreten, wollte sich aber nicht auf ein Ergebnis der Verhandlungen festlegen. Sie hatte den Eindruck, daß im Hinblick auf Jordanien die Lage sich stabilisiert hätte, denn hier bestünden schon direkte Kontakte (doch kein objektiver Beobachter hätte behaupten können, daß dadurch eine Friedensregelung beschleunigt würde). Mit Ägypten war sie bereit, eine Zwischenvereinbarung über einen beiderseitigen Truppenabzug am Suez-Kanal als ersten Schritt auf dem Wege zu einer endgültigen Lösung zu treffen. Aber einer endgültigen Festlegung der Grenzen wollte sie vor Beginn der Verhandlungen nicht zustimmen. Sie erklärte, daß die Ägypter nach jemandem suchten, der ihnen helfen könnte, ohne Gegenleistung alles zu bekommen. Zuerst habe es Kairo mit den Sowjets und jetzt mit den Vereinigten Staaten versucht: »Das Schlimme ist, daß die Ägypter das Ende vor den Anfang setzen wollen.« Mit unserem bizarren zweigleisigen Verfahren war sie einverstanden. Während die offiziellen Verhandlungen über eine Zwischenvereinbarung geführt wurden, könnte ich vertraulich mit Hafiz Ismail die allgemeinen Grundsätze einer Gesamtlösung erörtern, solange Israel über diese Gespräche informiert würde. Das war durchaus fair, wenn auch kein wirklicher Grund, die Lage optimistischer zu betrachten, denn es blieben noch alle Möglichkeiten offen.

Die Situation komplizierte sich noch mehr durch das ständig wiederkehrende Problem der amerikanischen Waffenlieferungen an Israel. Eine der Schwächen des Verfahrens, das Israel mit unseren Rüstungsgütern versorgte, war der Umstand, daß die Verträge jeweils nach einem oder zwei Jahren erneuert werden mußten. So mußte jede neue Lieferung die Araber aufs neue verärgern und führte außerdem zu einer internen Debatte innerhalb unserer Regierung über die Prioritäten. Da die strategischen Notwendigkeiten sich durch innenpolitischen Druck verstärkten, entschied sich die Regierung regelmäßig für ein neues Paket von Waffenlieferungen und heizte damit die Empörung in der arabischen Welt an.

So war es auch diesmal. Auf Frau Meirs Drängen erklärte sich Nixon am 1. März grundsätzlich zu neuen Flugzeuglieferungen bereit. Zu diesem Vorhaben gehörten auch Pläne für eine Koproduktion in Israel. Die Reaktionen der arabischen Welt suchten wir dadurch zu mildern, indem wir das Vorhaben nicht offiziell bekanntgaben. Aber es gab zu viele Politiker in den Vereinigten Staaten und in Israel, deren innenpolitische Position von solchen Entscheidungen abhing, so daß auch diese

Vereinbarung innerhalb von zwei Wochen an die Öffentlichkeit durchsickerte,[10] was so kurze Zeit nach Ismails Besuch in Kairo eine Explosion verursachte.

Unsere Aufgabe war sehr delikater Natur. Wir mußten Ägypten aufgrund eines realistischen Programms dazu bewegen, sich mit direkten Verhandlungen einverstanden zu erklären, und Israel veranlassen, weitergehende Zugeständnisse zu machen, als es sich je vorgestellt hatte. Wenn wir aber bei den Arabern zu große Hoffnungen weckten, die sich dann nicht erfüllten, mußte es zu antiamerikanischen Reaktionen kommen. Wenn wir Israel zu sehr in die Enge trieben, könnte es, solange es noch die militärische Überlegenheit hatte, mit einem Präventivkrieg beginnen. Zugleich mußten wir uns gegen das heftige Drängen der Sowjets auf eine sowjetisch-amerikanische Vereinbarung wehren, wo Bedingungen gefordert wurden, die sich noch weniger erfüllen ließen als die von Ismail gestellten (siehe 7. Kapitel). Ich habe es niemals für sinnvoll gehalten, mit Moskau eine Vereinbarung zu treffen, solange die Sowjets nicht bereit waren, die Araber ebenso stark unter Druck zu setzen, wie sie es von uns gegenüber Israel verlangten. Als ich Sir Thomas Brimelow am 5. März über den Besuch von Ismail unterrichtete, drückte ich auch ihm gegenüber meine Zweifel aus:

> Eine bilaterale sowjetisch-amerikanische Absprache über ein gemeinsames Vorgehen im Nahen Osten, das mit unserem Druck auf Israel beginnen sollte, würde zweierlei bewirken: Es könnte daraus ein neuer Nahost-Krieg entstehen, und die Sowjets könnten in Versuchung geraten, in diesem Nahost-Krieg zu intervenieren, weil es eine gemeinsame amerikanisch-sowjetische Haltung gab. Und drittens liegt es auf der Hand, daß es nach einer Regelung und der Festlegung der Grenzen eine nächste Runde geben wird, in der es um einen Streit zwischen den Palästinensern und Israel über die Zukunft Palästinas kommen muß. (Aus meinen Gesprächen mit Ismail geht klar hervor, daß ein Friedensschluß schließlich von der Haltung der Palästinenser abhängig ist – die das geringste Interesse daran haben, irgend etwas zu regeln.)
> So wird sich hier schließlich das Gegenteil von dem ereignen, was wir in Vietnam erlebt haben. In Vietnam war die Folge der Vereinbarungen unser Abzug aus Indochina; im Nahen Osten wird eine Friedensregelung uns hineinziehen, denn wir werden das schützen müssen, was wir erzwungen haben.

Ich war überzeugt, daß wir den sowjetischen Einfluß würden schwächen müssen, wenn Fortschritte erzielt werden sollten:

> Sie haben keine Veranlassung, nachgiebiger zu sein als die Araber, aber jeden Grund, härter zu sein, und deshalb wird man uns oder Sa-

dat die Schuld an jeder nicht befriedigenden Regelung geben. Denn die nächste Runde wird zwischen den Radikalen und den Gemäßigten in diesem ganzen Gebiet ausgetragen werden.

Wenn wir schriftlich einen detaillierten Friedensplan vorlegen, dann sind wir der Kritik aller Beteiligten ausgeliefert und verantwortlich dafür, daß Fortschritte gemacht werden und man eine Lösung findet.

Aus diesen Gründen war ich im Hinblick auf die Vorlage eines detaillierten Plans, zu der wir von allen Seiten gedrängt wurden, außerordentlich zurückhaltend. Das Schlimmste, was einem Diplomaten passieren kann, ist, sich zu etwas verpflichtet zu haben, was man nicht in die Tat umsetzen kann. Wir mußten daher sehr vorsichtig sondieren, um nicht in ein diplomatisches Minenfeld zu geraten.

Die zweite geheime Zusammenkunft mit Ismail

Durch dieses Minenfeld zu gehen war noch bedeutend schwieriger, als ich erwartet hatte. Denn unmittelbar nach meinem Zusammentreffen mit Hafiz Ismail im Februar kam es im Nahen Osten wieder zum Ausbruch von Gewalt. Die amerikanischen Diplomaten, Botschafter Cleo A. Noel jr. und der stellvertretende Missionschef George Curtis Moore, wurden entführt und am 2. März in Khartoum von Angehörigen der palästinensischen Terrororganisation Schwarzer September brutal ermordet. Libysche Düsenjäger beschossen am 21. März über dem Mittelmeer ein amerikanisches Aufklärungsflugzeug, und es kam zu einer neuen Spirale von Kommandounternehmen und Gegenschlägen beiderseits der libanesischen Grenze.

Gleichzeitig wurden unsere Beziehungen zu Ägypten immer gespannter. Nachdem Ismail nach Ägypten zurückgekehrt war, teilte er uns mit, wie sehr ihn der Empfang in den Vereinigten Staaten befriedigt habe; die vertraulichen Gespräche mit mir hätten seine Erwartungen sowohl hinsichtlich ihrer Ausführlichkeit als auch des Freimuts, mit dem sie geführt worden waren, bei weitem übertroffen. Er hoffte, bei unserem nächsten Treffen mehr ins Detail gehen zu können, und erklärte sich sogar einverstanden, meinen Vorschlag, »die Souveränität und das Problem der Sicherheit voneinander zu trennen«, zu prüfen und nach einem Ausgleich zwischen beiden zu suchen. Wenn die Souveränität Ägyptens auf der Sinai-Halbinsel wieder hergestellt würde, dann ließen sich unter Umständen konkrete Sicherheitsvereinbarungen treffen, um die Bedürfnisse Israels zu befriedigen. Am 9. März teilte ich Ismail mit, daß ich mit den Israelis sprechen werde, um »ihre Position besser kennenzulernen, soweit sie sich auf die möglichen

Hauptpunkte der in Ihrem Plan vorgeschlagenen Vereinbarungen beziehen«.

Aber die Stimmung änderte sich rasch. Ägypten wußte zunächst nicht recht, wie es sich zu den Morden in Khartoum stellen sollte. Einerseits waren die Ägypter empört über die Brutalität des Verbrechens, aber andererseits brauchten sie die Unterstützung der radikalen Araber bei den Kriegsvorbereitungen, die ohne unser Wissen schon im Gange waren. Darüber hinaus wollten sie die Vereinigten Staaten am Friedensprozeß beteiligen. Angesichts dieses Dilemmas verstärkte sich die Reizbarkeit der ägyptischen Regierung. Ein höherer ägyptischer Beamter in Kairo warnte uns und teilte uns mit, daß einige Angehörige der Regierung sich den Friedensbemühungen widersetzten, und die Presseverlautbarungen über den Verkauf amerikanischer Düsenjäger an Israel »erleichtern uns die Dinge nicht«. Am 20. März beantwortete Ismail meine Note vom 9. März und erklärte, daß die Lieferung hochwertiger Rüstungsgüter an Israel eine Fortsetzung unserer vertraulichen Gespräche gefährde. In meiner Antwort vom 23. März ging ich nicht auf Ismails Vorwürfe ein, sondern schrieb, daß ich mich darauf freute, die von Ismail bei unserem letzten Treffen zugesagten detaillierten Erläuterungen zu hören.

Indessen machten die Ägypter ihrerseits den Amerikanern, die für die Fortführung des Dialogs zwischen beiden Ländern verantwortlich waren, das Leben schwer. Angesichts der besonderen arabischen Methoden in der Diplomatie hatten sie wahrscheinlich keine andere Wahl. In der von Leidenschaften erfüllten Atmosphäre der arabischen Welt hat das Wahren von Geheimnissen eine besondere Bedeutung. Da arabische Führer sich mit ihren Brüdern solidarisch verbunden fühlen, aber auch ausgesprochene Individualisten sind, hätte keiner von ihnen Sadats Versicherung geglaubt – ja, eine solche Erklärung hätte sie sogar zutiefst beunruhigt –, daß sich nichts bewegte. Da die arabischen Führer bei der Beurteilung ihrer Kollegen voraussetzen, daß diese ebenso denken und handeln wie sie selbst, sind sie davon überzeugt, daß ihre »Brüder« ständig mit geschickten Manövern darum bemüht sind, ihrem jeweils eigenen Vorteil zu dienen, während sie vorgeben, nur die gemeinsame arabische Sache zu verteidigen. In diesem lauten Stimmengewirr läßt sich die Geheimhaltung am besten wahren, wenn man alle seine Partner mit einem babylonischen Durcheinander von Gesprächen überschüttet, das es ihnen schließlich unmöglich macht, zwischen epischer Dichtung und Realität zu unterscheiden.

So erfuhren wir am 6. März, daß ägyptische Beamte die Saudis von meinen vertraulichen Gesprächen mit Ismail unterrichtet hatten. Da die Welt der Diplomatie vom Informationsaustausch lebt, breitete sich diese Nachricht rasch aus. Britische Beamte in Kairo erkundigten sich bei ihren amerikanischen Kollegen danach, was geschehen war. Ich selbst hatte die britische Regierungsspitze über Sir Thomas Brimelow unterrichtet, aber Whitehall hatte die Angelegenheit auf unseren Wunsch vertraulich behandelt und die Mitteilung nicht an die britischen Vertretungen in Kairo weitergegeben. Sadat gewährte dann Arnaud de Borchgrave von *News Week* ein Interview, in dem er andeutete, daß es vor Ismails Besuch in Washington einen Meinungsaustausch gegeben habe. Diese Mitteilung wurde zwar nur in der arabischen Version des in Kairo der Presse übergebenen Interviews veröffentlicht, doch dadurch wurde Jerry Greene alarmiert, der jetzt annehmen mußte, daß hinter seinem Rücken irgend etwas geschehen war.

Nichts läßt sich mit der Wut eines Beamten im Auswärtigen Dienst vergleichen, der sich übergangen fühlt, besonders wenn er der Chef einer diplomatischen Vertretung ist, und sei sie auch noch so klein wie etwa unsere sogenannte Interessenvertretung in Kairo. Der beleidigte Diplomat hat zwei Möglichkeiten. Wenn er klug ist, erkundigt er sich bei seinen Vorgesetzten diskret danach, was geschehen sei, und überläßt es Washington, die bürokratische Ordnung wieder herzustellen. Er kann aber auch verlangen, daß seine Zuständigkeit beachtet wird, die Angelegenheit auf dem Dienstweg melden und sie damit in das von Computern gesteuerte Verteilersystem einspeisen. Hier entstehen dann so viele Kopien seiner Beschwerde, daß eine Geheimhaltung nicht mehr möglich ist. Derartige Manöver tragen im allgemeinen nicht dazu bei, den Verantwortungsbereich zu erweitern, für den der betreffende Diplomat zuständig ist. Er wird auf diese Weise zum Opfer seiner eigenen Initiative und verringert außerdem die Optionen seiner Vorgesetzten in Washington.

Jedenfalls entschied Greene sich für das aggressivere Verfahren – vielleicht hat auch irgend jemand in Washington ihn dazu angeregt. Nach Bekanntwerden von Sadats Interview fragte Greene zunächst diskret bei seinem Außenminister an, ob es irgendwelche geheimen Kanäle gäbe, von denen er (Greene) nichts wußte. Die gleiche Frage richtete er an den örtlichen Vertreter der CIA. Dieser ehrenwerte Mann fühlte sich – ganz im Gegensatz zu der Legende, nach der die ganze Arbeit der CIA aus Täuschungsmanövern besteht – verpflichtet, um des lieben Friedens in der diplomatischen Vertretung willen zu bestätigen, daß es vertrauliche Kontakte gegeben hatte, sagte aber nichts über deren Inhalt. Greene wiederum, der die Regeln innerbürokratischer Plänkeleien durchaus beherrschte, verfaßte daraufhin einen offiziellen Bericht über die saudiarabische Version meiner Gespräche mit Ismail, die er sich von einem saudischen Beamten verschafft hatte, und gab ihn in einem offiziellen Telegramm an das Außenministerium weiter, wo er natürlich über die entsprechende Verteilerliste einen großen Empfängerkreis erreichte. Um gerecht zu sein, muß man sagen, daß sich Greene in keiner beneidenswerten Lage befand. Schuld daran war nicht er, sondern unser System. Jetzt konnten Verhandlungen über den Nahen Osten nur noch unter Einschaltung der zuständigen Behörden geführt werden. Am 9. April unterrichtete ich daher den stellvertretenden Außenminister für den Nahen Osten und Südostasien, Joseph J. Sisco, über meine Gespräche mit Ismail. Nixon sprach am 13. April mit Sisco und schlug, um das Außenministerium versöhnlicher zu stimmen, seine Beteiligung vor. Siscos Stellvertreter, Alfred L. (Roy) Atherton jr., nahm daraufhin an den Gesprächen teil, die ich einen Monat später mit Ismail führte. Die zweigleisige Verhandlungsmethode des Weißen Hauses konnte im Hinblick auf den Nahen Osten jetzt nicht mehr angewendet werden.

Während dieser ganzen Zeit schüttete Sadat Öl ins Feuer, ohne irgendwelche Konsequenzen fürchten zu müssen, denn niemand nahm seine Kriegsdrohungen ernst. Am 23. März hörten wir, daß Sadat daran dächte, die Lage am Kanal »aufzuheizen«. Am 26. März bildete der ägyptische Präsident sein Kabinett um, angeblich zur Vorbereitung der »totalen Konfrontation« mit Israel. In dem *News Week* Interview mit Borchgrave erklärte Sadat, daß die Wiederaufnahme des Kampfes jetzt »unvermeidlich« sei.[11] Niemand glaubte, daß er über die Mittel verfügte, seine Drohung wahr zu machen. Augenscheinlich hatte er von Kommandounternehmen und dem erneuten Einsatz der Artillerie gesprochen.

Am 7. April teilte mir Hafiz Ismail mit, daß die ägyptische Regierung bei allem, was sie jetzt unternähme, von zwei Voraussetzungen ausginge:

1. daß das Weiße Haus wirklich entschlossen sei, sich direkt mit dem Nahost-Problem zu beschäftigen.
2. daß die amerikanische Seite nach Erkundungsgesprächen mit Israel zu der Überzeugung gekommen sei, der ägyptisch-amerikanische Dialog könnte zu nützlichen Ergebnissen führen. Mit anderen Worten, Israel sollte die Vereinigten Staaten von seiner Bereitschaft überzeugt haben, während der nächsten Monate konkrete Fortschritte auf dem Weg zu einer Gesamtlösung ermöglichen zu wollen.

Ägypten verlangte also eine Garantie für eine Gesamtlösung auf der Grundlage seiner umfassenden Vorschläge als Vorbedingung für eine neue Gesprächsrunde. Auf diese Forderung einzugehen, würde mit Sicherheit zu massiven Enttäuschungen führen. In meiner Antwort vom

11. April legte ich mich in keiner Weise fest, sondern erklärte, daß ich ein zweites Zusammentreffen begrüßen würde. Was nun Ismails »Vorbedingungen« betraf, so sagte ich, daß ein Gespräch über die von Ismail so bezeichneten »Hauptpunkte einer Vereinbarung« oder die allgemeinen Grundsätze einer Verknüpfung der Einigung über die Lage am Suez-Kanal einer Gesamtvereinbarung dienen könnte. Ich vermied es jedoch, mich im einzelnen zu der endgültigen Festlegung der Grenzen zu äußern. Dann erinnerte ich Ismail an die Notwendigkeit, den Inhalt unserer Gespräche vertraulich zu behandeln, widersprach bestimmten Interpretationen, die in der arabischen Welt verbreitet wurden, und fügte in beruhigendem Ton hinzu: »Die amerikanische Seite hat Verständnis für die Besorgnis der ägyptischen Seite im Hinblick auf bestimmte Erfahrungen aus der Vergangenheit. Sie würde jedoch nicht über diese Kanäle weiterverhandeln, wenn sie fürchten müßte, daß sich ähnliches wiederholen wird.«

Aber Sadat ließ sich von seinem Konfrontationskurs nicht mehr abhalten. Besorgniserregende Berichte sprachen von einer Verlegung arabischer Streitkräfte innerhalb dieses Gebiets: Libysche und saudische Flugzeuge seien in Ägypten und marokkanische und andere Truppen in Syrien stationiert worden. Wir hielten diese Bewegungen immer noch für psychologische Kriegsführung und nicht für ernsthafte Kriegsvorbereitungen. Am 20. April legte die CIA eine Lagebeurteilung vor, nach der Sadat seine Warnungen ernster gemeint haben könnte, aber auch die CIA glaubte nicht, daß er sich schon entschieden hätte. Nach einer Aufzählung der einzelnen militärischen Maßnahmen, die von den arabischen Staaten getroffen worden waren, kam der Bericht zu dem Schluß, daß es keine Anzeichen für die Planung bestimmter militärischer Operationen für einen bestimmten Zeitpunkt gäbe.

In Wirklichkeit hatte Sadat sich schon im Sommer 1972 für den Krieg entschieden. Was ihn zu dieser Herausforderung des Schicksals getrieben hatte, war nicht der Umstand, daß sich die Verhandlungen festgefahren hatten, sondern die Tatsache, daß alle Beteiligten konkret in eine Sackgasse geraten waren. Sadat war intelligent genug, um zu begreifen, daß er die an Israel verlorenengegangenen ägyptischen Gebiete nicht auf einmal zurückbekommen konnte. Irgendwo würde er wesentliche Zugeständnisse machen müssen. Aber der zeitliche Ablauf der Ereignisse stellte einen entscheidenden Faktor dar. Wenn er in einzelnen Phasen ablaufende Verhandlungen vorschlug – später bezeichneten wir dieses Verfahren als das »schrittweise Vorgehen« –, dann würde er die Unterstützung Syriens und der Sowjetunion verlieren, auf die er seine Drohungen stützte, auf denen wiederum seine Verhandlungen basieren sollten. Deutete er seine Bereitschaft für einen Separatfrieden an, dann stand er nackt da und hatte für die Verhandlungen nichts mehr in der Hand.

So entschloß sich Sadat, den Gordischen Knoten mit einem Krieg zu zerschlagen. Nominell setzte er seine diplomatischen Bemühungen fort, aber in einem Tempo, das es uns unmöglich machte, die Probleme zu klären, geschweige denn sie zu lösen, denn er setzte jeweils so kurze Fristen, daß für eine gründliche Beratung keine Zeit mehr blieb. Der Nutzen der diplomatischen und militärischen Vorbereitungen für Sadat bestand darin, eine Staubwolke zu erzeugen, hinter der er das Unternehmen vorbereitete, das jeder für das Unwahrscheinlichste hielt: einen gemeinsamen Angriff Ägyptens und Syriens gegen Israel. Aber Sadat war sich als einziger bewußt, welche diplomatische Revolution er mit seinem Unternehmen auslösen würde. Wir hatten ihn mit unseren Manövern zu einer Neuorientierung veranlassen wollen, aber erkannten noch nicht, daß Sadat einen Krieg für notwendig hielt, bevor er die entscheidenden Schritte tun könnte, um den Friedensprozeß mit einem konkreten Geben und Nehmen einzuleiten. In der Atmosphäre, die nach der arabischen Demütigung im Gefolge der Niederlage im Sechs-Tage-Krieg entstanden war, würde man alle Zugeständnisse höchstwahrscheinlich der militärischen Schwäche Ägyptens und nicht der staatsmännischen Klugheit Sadats zuschreiben.

Vor diesem Hintergrund konnte mein zweites Treffen mit Ismail nicht zum Erfolg führen, was ich damals allerdings noch nicht begriffen hatte. Sadat kannte die Schwächen des arabischen Zusammenhalts, den er zu stärken suchte, zu gut, um zu glauben, daß er sein militärisches Vorhaben um mehr als wenige Monate hinausschieben könnte. Ihm war das unter den arabischen Führern herrschende Mißtrauen zu vertraut, um sich Illusionen darüber zu machen, daß er sich die militärische Option über eine längere Verhandlungsperiode offenhalten konnte. Wäre ich Mitte 1973 in der Lage gewesen, ihm die Grenzen von 1967 auch für den Fall zu garantieren, daß er keinen Frieden mit Israel schloß, dann hätte er diesen Vorschlag akzeptiert – wenn auch nur ungern, denn dieser hätte, wie er mir später sagte, dem ägyptischen Stolz kaum genügt. Aber ein solcher Vorschlag ließ sich, wenn überhaupt, nicht innerhalb eines zeitlichen Rahmens realisieren, den die Koalition akzeptiert hätte, die er unter so schwierigen Voraussetzungen zusammenzubringen suchte; auch das wußte er.

So kamen Hafiz Ismail und ich zum zweiten Mal am 20. Mai 1973 in einem jahrhundertealten französischen Bauernhaus in der Provinz zwischen Paris und Chartres zusammen, das von seinem amerikanischen Besitzer in dem sehr schlichten Stil eingerichtet worden war, den sich nur sehr reiche Leute leisten können. Die bäuerliche Atmosphäre in den mit Deckenbalken ausgestatteten Räumen war erhalten geblieben, und ein weiträumiger Garten mit einem Wasserfall betonte die ländliche Atmosphäre. Unsere erste offizielle Sitzung fand im ersten Stock statt. Nach dem Mittagessen unternahm ich mit Ismail in der Frühjahrssonne einen Spaziergang durch den Garten. In dieser schönen Umgebung führten wir, wie Diplomaten so etwas nennen, »nützliche« – das heißt im Grunde unproduktive – Gespräche. Die Schwierigkeit bestand darin, daß Ismail von seinem mir schon bekannten Programm nicht abweichen wollte, das sich, wie er gewußt haben muß, im Ganzen niemals an Israel verkaufen lassen würde. Er tat so, als nähme er Anstoß an meiner Anregung, daß Ägypten, um die Verhandlungen in Gang zu bringen, einen neuen Vorschlag auf den Tisch legen sollte. Es bedurfte jedoch keines sehr großen Scharfblicks, um zu erkennen, daß die Haltung Ägyptens – die Ägypter hatten seit Februar 1971 immer wieder die gleichen Vorschläge gemacht, und diese waren immer wieder abgelehnt worden – uns nicht die Möglichkeit geben würde, eine neue Verhandlungsrunde mit Israel einzuleiten, das dafür ohnedies keine Veranlassung sah. (Vor meinem Treffen mit Ismail war Golda Meir auf eine schon früher geäußerte Auffassung zurückgekommen und hatte in einer persönlichen Note ihre Zweifel daran geäußert, ob es klug sei, gleichzeitig über eine umfassende Friedensregelung und ein schrittweises Vorgehen zu sprechen.) Ich erhob Einwände gegen einige in zu scharfem Ton abgefaßte Passagen der an die Saudis gerichteten ägyptischen Note, die nach meinem Eindruck einen aggressiven Ton erkennen ließen, den ich in unseren bisherigen Gesprächen nicht hatte feststellen können. Ismail leugnete diesen Ton nicht, erklärte jedoch, daß er im Umgang mit anderen arabischen Staaten eine psychologische Notwendigkeit sei.

Ich machte auch einen Vorschlag für eine Methode, mit der die Zwischenlösung mit einer Gesamtvereinbarung verknüpft werden könnte, es zeigte sich aber sehr deutlich, daß Ägypten weder seine Isolierung riskieren wollte, die als Folge einer Zwischenlösung eintreten könnte, noch damit einverstanden war, die langwierigen Verhandlungen aufzunehmen, die eine Gesamtlösung erforderte. Auch meinen Plan zu einer Teilung der Souveränitäts- und Sicherheitsfragen nahm Ismail sehr kühl auf. Er bezeichnete die Teilung als »verwässerte Souveränität«, sagte aber, er werde mit Sadat darüber sprechen und mich von dem Ausgang dieses Gesprächs unterrichten. Er hat sich an diese Zusage jedoch nicht gehalten.

Der amerikanische Beamte, der den Treffpunkt für uns ausgesucht hatte, meldete mir nach meiner Abreise, daß Ismail sichtlich enttäuscht und in trüber Stimmung noch lange Zeit im Garten gesessen und den

Wasserfall hinter dem Haus betrachtet habe. Seine Mitarbeiter hätten ihn allein gelassen, aber schließlich wäre seine junge Tochter zu ihm gekommen und hätte es offensichtlich verstanden, ihn aufzuheitern. Später hätte er dem amerikanischen Beamten gesagt, er hoffte, den Kontakt zu mir trotz aller Schwierigkeiten, die solche Bemühungen um den Frieden mit sich brächten, aufrechterhalten zu können. Unsere Beziehungen wären wichtig, auch wenn es zu einem bewaffneten Zusammenstoß kommen sollte.

Denn Ismail wußte, daß sich Sadat zum Krieg entschlossen hatte. Davon hätte ihn nur die amerikanische Garantie abbringen können. Das gesamte arabische Programm innerhalb kürzester Zeit zu verwirklichen, war vollkommen unmöglich. Obwohl er selbst Soldat war, steckte in Ismail so viel von der ungewöhnlichen Menschlichkeit des Ägypters, daß er verabscheute und fürchtete, was die Vernunft ihn als unvermeidlich erkennen ließ. Der Nahe Osten steuerte auf den Krieg zu. Wir kannten die Zukunft noch nicht, aber er zweifelte nicht mehr daran.

VII. Die Entspannung: von Zavidovo bis San Clemente

Vier Tage nach Haldemans und Ehrlichmans Entlassung bestieg ich das Flugzeug nach Moskau. Zweifellos hat diese Entwicklung auf der innenpolitischen Bühne in den Vereinigten Staaten die Sowjets verwirrt, aber es war auch für den besten Kenner der amerikanischen Szene um diese Zeit noch nicht möglich, das bevorstehende Erdbeben vorauszusagen. Im Frühjahr 1973 waren die sowjetisch-amerikanischen Beziehungen so frei von Spannungen wie selten. Für Juni war ein zweites Gipfeltreffen zwischen Breschnew und Nixon vorgesehen, diesmal auf amerikanischem Boden, und ich sollte es während meines kurzen Aufenthalts in der Sowjetunion vom 4. – 9. Mai vorbereiten. Diesmal saß ich Breschnew nicht am Konferenztisch gegenüber, sondern lernte ihn von einer Seite kennen, die mir noch heute Rätsel aufgibt, wenn ich mir überlege, ob es zwischen uns und der Sowjetunion jemals eine stabile Koexistenz geben kann.

Nach der Landung auf dem Moskauer Flughafen Wnukowo II wurden meine Kollegen und ich nicht in dem luxuriösen Gästehaus auf den Lenin-Bergen im Westteil der Hauptstadt untergebracht, sondern fuhren zum Jagdhaus des Politbüros nach Zavidovo. Das war das etwa

150 km nordwestlich von Moskau gelegene sowjetische Gegenstück zu Camp David. Unsere Wagenkolonne raste mit einer Geschwindigkeit von etwa hundertsechzig Stundenkilometern über die Straßen, wobei die Wagen einander in dichtem Abstand folgten und die Polizeifahrzeuge immer wieder aus der Kolonne ausscherten und einfädelten. Entweder war dieses Manöver der psychologischen Kriegführung beabsichtigt oder es entsprach der in den russischen Romanen aus dem 19. Jahrhundert geschilderten Neigung zum Selbstmord. Die amerikanische Delegation und ihre sowjetische Begleitung hätten es mit Sicherheit nicht überlebt, wenn der erste Wagen plötzlich hätte anhalten müssen.

Doch so gefährlich dieses Unternehmen auch gewesen sein mochte, es war als eine besondere Ehre gedacht. Bisher hatten die Sowjets noch keinen westlichen Politiker nach Zavidovo eingeladen. Wie man mir sagte, waren die einzigen ausländischen Gäste dort bisher Tito und der finnische Präsident Urho Kekkonen gewesen. Angesichts dessen, was sich seither ereignet hat, mag einem diese, wenn auch etwas schwerfällige, joviale Herzlichkeit als recht durchsichtiges Manöver erscheinen. Aber damals haben sich unsere sowjetischen Gastgeber unter Breschnews Führung sicher aufrichtig darum bemüht, zu zeigen, daß ihnen gute Beziehungen zu den Vereinigten Staaten viel bedeuteten. Sie gaben sich die allergrößte Mühe, uns den Aufenthalt so angenehm wie möglich zu machen, und gingen damit gelegentlich so weit, daß es uns bedrückte. Die Gespräche wurden in einer entspannten Atmosphäre geführt; man spürte nichts von dem sonst für die sowjetische Diplomatie so typischen Bemühen, jede Gelegenheit zu nutzen, einen taktischen Vorteil für die eigene Seite herauszuschlagen.

Lag darin eine Kriegslist, mit der man uns in Sicherheit zu wiegen suchte, während der Kreml sich auf eine geopolitische Offensive vorbereitete? Oder hatte Nixons Festigkeit die Sowjets so weit ernüchtert, daß sie sich entschlossen hatten, eine Zeitlang Zurückhaltung zu üben, um vielleicht aus den Wirtschaftsbeziehungen mit uns etwas zu gewinnen? War die Entspannung für sie nur ein taktisches Manöver? Oder bestand eine konkrete Möglichkeit für den Beginn einer langen Periode der Stabilität in den amerikanisch-sowjetischen Beziehungen? Könnte der Moskauer Gipfel von 1972 ein Wendepunkt gewesen sein, oder war er von Anfang an darauf gerichtet, eine nur vorübergehende, euphorische Stimmung zu erzeugen?

Wir werden es niemals erfahren – und wahrscheinlich wissen es auch die sowjetischen Führer nicht. Im Verlauf der folgenden zwölf Monate unterminierte Watergate Nixons Fähigkeit, sich dem sowjetischen Expansionismus entgegenzustellen, und seine Autorität, realistisch mit der Sowjetunion zu verhandeln. Wir verloren Peitsche und Zuckerbrot. Man wird sich noch lange darüber streiten, ob unsere Ostwestpolitik von vornherein durch die Dynamik des sowjetischen Systems oder durch die unseren Auffassungen inhärente Ambivalenz zum Scheitern verurteilt war. Diese Frage verlor jede Bedeutung, als die Autorität der Exekutive in den Vereinigten Staaten zusammenbrach. Zum Glück für unsere Gemütsverfassung lag diese Zukunft bei unserem Eintreffen in Zavidovo noch im dunkeln.

Die amerikanische Delegation wurde in einer von der DDR gebauten Villa untergebracht, die aussah wie ein überdimensionales Schweizer Chalet, dessen plumpe Überladenheit in der kommunistischen Welt als Statussymbol gilt. Von außen erinnerte das Gebäude von weitem an den alpinen Stil, das Innere bot einen Überfluß an viktorianischem Plüsch. Einige rangniedere Mitglieder meiner Delegation zogen in ein älteres Haus an der gegenüberliegenden Seite des vor meiner Villa gelegenen großen Rasenplatzes, das an ein Studentenheim erinnerte. Sie richteten sich glücklich in einer Reihe von Appartements ein, die früher für das Politbüro vorgesehen waren, bevor man einen neueren und moderneren Flügel angebaut hatte.

Das größte und prächtigste Haus in diesem Gebäudekomplex gehörte Breschnew. Es war eine im gleichen Stil wie meine Unterkunft gebaute, zweistöckige schloßartige Villa. Das Parterre bestand aus einer Reihe von mit schwer gepolsterten Möbeln eingerichteten Empfangsräumen, einem Speisezimmer und einem Kinosaal. Im ersten Stock befanden sich ein geräumiges Wohnzimmer, ein Arbeitszimmer und ein Schlafzimmer. Jedes Zimmer im oberen Stockwerk ging auf einen überdachten Balkon hinaus. Im rechten Winkel zu Breschnews Villa lag eine Sporthalle, in der auch ein Schwimmbecken mit olympischen Ausmaßen untergebracht war. Die Verbindung zwischen beiden Gebäuden bestand aus einem zweistöckigen überdachten Durchgang.

Sehr bald nach meinem Eintreffen kam Breschnew zu mir herüber und begrüßte mich mit stürmischer Herzlichkeit. Wenig später lud er meine Kollegen und mich zum Abendessen in seine Villa ein, die er uns vorher mit dem ganzen Stolz des erfolgreichen Emporkömmlings zeigte. Er frage mich, was so etwas in den Vereinigten Staaten kosten würde. In meiner Taktlosigkeit machte ich den Fehler, den Preis auf vierhundertausend Dollar zu schätzen. Breschnew machte ein langes Gesicht. Mein Assistent, Helmut Sonnenfeldt, war psychologisch geschickter, korrigierte mich und nannte die Summe von zwei Millionen. Damit kam er der Wahrheit wahrscheinlich viel näher. Breschnew strahlte sichtlich erleichtert und setzte seine Führung fort. Mit geradezu knabenhaftem Stolz zeigte er mir ein Album mit Glückwunschtelegrammen, die ihm führende Kommunisten zur Verleihung des Lenin-Friedenspreises geschickt hatten. Der fast uneingeschränkte Beherrscher der kommunistischen Partei der Sowjetunion schien es nicht eigenartig zu empfinden, daß er sich einer Auszeichnung rühmte, die ihm seine eigenen Kreaturen verliehen hatten, und daß er stolz die Glückwünsche derjenigen präsentierte, über deren Karriere und politisches Überleben er verfügte.

Breschnew führte fast alle Verhandlungen für die Sowjetunion selbst; nur wenn es um die Behandlung hochtechnischer Fragen ging, wie etwa bei der europäischen Sicherheitskonferenz, führte Außenminister Andrei Gromyko die sowjetische Verhandlungsdelegation. Breschnews Repertoire an Witzen schien noch unerschöpflicher zu sein als im vergangenen Jahr, aber jetzt waren sie mit einer Vertraulichkeit gewürzt, die wahrscheinlich weiter ging als beabsichtigt. Er hielt sich auch beim Trinken weniger zurück. Eine angeblich bekannte russische Geschichte war leicht antisemitisch – vielleicht wollte er damit andeuten, daß er mich zum Ehrenarier befördert hatte!

Welchem Zeitplan er folgte, war wie üblich rätselhaft. Niemand sagte uns etwas über die Tageseinteilung oder die Themen, über die beim nächsten Zusammentreffen gesprochen werden sollte, obwohl Breschnew offenbar kein anderes Programm hatte. Die Gespräche wurden willkürlich anberaumt, ohne daß wir rechtzeitig davon unterrichtet wurden. Nur für den Abschluß der Vereinbarungen über die Verhinderung eines mit Kernwaffen geführten Krieges (über die ich später im einzelnen berichten werde) gab es eine genau festgelegte Tagesordnung. Als das Ergebnis unserer Besprechungen nicht Breschnews Hoffnungen entsprach, zog er sich schmollend in seine Villa zurück und weigerte sich, den Termin für die nächste Sitzung festzulegen. So geschehen, als über den Nahen Osten gesprochen wurde und wir uns über irgendeine Frage im Rahmen der Verhandlungen über die Kernwaffen nicht einigen konnten. Der sowjetische Botschafter in Washington, Anatoly Dobrynin, bemühte sich nach Kräften, keine Spannungen aufkommen zu lassen. Er stellte Breschnew als eine Persönlichkeit hin, auf deren zarte Gefühle Rücksicht genommen werden müßte, und erklärte in solchen Fällen, daß sein Chef sich erst wieder beruhigen müßte. Als ich bei meiner Haltung blieb und einfach keine neuen Gedanken mehr vortrug, erschien Breschnew plötzlich wieder auf der Bildfläche, als sei nichts geschehen. Wenn sein Trick die Wirkung verfehlte, versuchte er das beste daraus zu machen und die Atmosphäre des guten Willens mit übertriebener Freundlichkeit wieder herzustellen.

Meine Mitarbeiter Hal Sonnenfeldt, Philip Odeen, William Hyland,

Peter Rodman und Richard Campbell hatten das übliche Problem, ihre Besprechungen so zu führen, daß sie dabei nicht abgehört und in der Tonbandbibliothek des KGB verewigt wurden. Seltsamerweise fühlten wir uns im Jagdhaus des Politbüros irgendwie sicherer als in dem staatlichen Gästehaus in Moskau, wo wir sonst untergebracht waren. Wir glaubten, daß der sowjetische Geheimdienst bei der Anbringung von Abhöranlagen im Feriensitz der eigenen obersten Führung unter Umständen weniger eifrig gewesen sein könnte als in den für ausländische Gäste vorgesehenen Unterkünften. Wir hatten natürlich unseren sogenannten Zerhacker mitgebracht, das Tonbandgerät, das über Kassette unzusammenhängendes Geschwätz hören ließ, angeblich unsere Stimmen übertönte und es unmöglich machte, sie abzuhören. Ich weiß jedoch nicht, ob dieses Gerät seinen Zweck erfüllt hat, und ich möchte mir nur ungern vorstellen, daß ich meine Nerven umsonst mit dieser infernalischen Geräuschmaschine strapaziert habe. Es war ein Wettrennen zwischen der Technologie des KGB und unserem Gemütszustand. Meine Mitarbeiter und ich entflohen jedenfalls gelegentlich diesem schrecklichen Tonbandgerät und begaben uns an einen Ort, den wir für absolut abhörsicher hielten, auf den Balkon vor dem Arbeitszimmer Breschnews, wo wir uns während der Sitzungspausen aufhielten, denn wir hielten es für unwahrscheinlich, daß Breschnew so unklug sein könnte, der sowjetischen Geheimpolizei die Anbringung eines Abhörapparats in seinem eigenen Büro zu erlauben.

Der Haupteindruck, den wir bei diesem Potpourri aus übermütiger Lebensfreude, Wachsamkeit und einer augenscheinlich ziellosen Verhandlungsführung gewannen, war Breschnews persönliche Unsicherheit im Hinblick auf seine bevorstehende Reise in die Vereinigten Staaten. Es ist einer der großen Vorzüge unseres Landes, daß es offenbar eine besondere, fast magische Qualität besitzt, die sogar seine Gegner spüren. Breschnew mag der Generalsekretär einer Partei sein, deren großes Ziel die Weltrevolution ist, der Führer eines Angriffs gegen das kapitalistische System, dessen Vertreter wir in erster Linie sind, und doch schien seine Hauptsorge darin zu bestehen, ob er bei uns, in dem von seinen Medien unaufhörlich als Hochburg des Imperialismus bezeichneten Land, als Gleichberechtigter behandelt werden würde.

Die kommunistische Regierungsform hatte sich nicht gemildert, was die seit jeher vorhandene ambivalente Haltung der Russen gegenüber Amerika vielleicht noch verstärkte. Diese Haltung zeigte sich auch in dem ständigen Betonen des Status und in dem Zweifel, ob er auch wirklich anerkannt werden würde, in einer prahlerischen Zurschaustellung der Stärke und der gleichzeitigen Unsicherheit gegenüber unserer Einschätzung solcher Qualitäten. Was Breschnews Systemanalytiker ihm auch über das jetzt entstehende Gleichgewicht der militärischen Kräfte beider Länder gesagt haben mochten, er betrachtete Amerika augenscheinlich immer noch als das Land, über das er in seiner Jugend gelernt hatte, es verfüge über eine gewaltige technische Überlegenheit, eine ans Wunderbare grenzende Industriekapazität und eine unerhört leistungsfähige Landwirtschaft, über materielle Möglichkeiten, mit denen sich die des russischen Kolosses kaum vergleichen ließen.

Ich konnte Breschnew nicht oft genug versichern, daß wir in unserer Haltung gegenüber der Sowjetunion vom Prinzip der Gleichberechtigung ausgingen – eine Haltung, die in Peking unvorstellbar wäre, denn die chinesischen Führer hielten sich für kulturell weit überlegen, was immer auch die Statistiken über die relative materielle Stärke aussagen mochten. Immer wieder ließ sich Breschnew bestätigen, daß er in Amerika höflich empfangen werden würde, daß wir ihn nicht sowjetfeindlichen Demonstrationen aussetzen wollten und er die Gelegenheit haben werde, dem »einfachen« Volk zu begegnen – hohe Anforderungen, die sich nicht immer miteinander vereinbaren ließen. Er äußerte auch die Absicht, seine Familie mitzubringen, und sprach von Besichtigungsfahrten, die er unternehmen wollte – immer mit einer Mischung aus Hochachtung, Zweifeln und Unsicherheit. Daß ich für fünf Tage in das Jagdhaus des Politbüros eingeladen worden war, sollte zweifellos zeigen, mit welcher Art von Gastfreundschaft Breschnew in den Vereinigten Staaten aufgenommen werden wollte.

Ich muß gestehen, daß mich diese Unsicherheit rührte, auch wenn ich wußte, daß er der Vertreter eines Landes war, das seine Sicherheit durch Einschüchterung zu gewährleisten suchte und seine Vormachtstellung durch die Unterdrückung anderer Völker festigen wollte. Diesmal entstand als Folge der persönlichen Empfindsamkeit Breschnews ein enger menschlicher Kontakt, wie ich ihn später nie wieder erlebt habe. So erschien er manchmal ganz unerwartet, um mich zu einem Ausflug in das weite Land mit seinen Seen, Wiesen und tiefen Wäldern abzuholen. Eines Tages fuhr er in dem schwarzen Cadillac vor, den Nixon ihm auf Dobrynins Anraten im vergangenen Jahr als Staatsgeschenk mitgebracht hatte. (Breschnew war ein Autonarr, der sich bei jedem Staatsbesuch einen in dem betreffenden Land hergestellten Wagen schenken ließ, und die jeweiligen sowjetischen Botschafter waren nicht zu schüchtern, diesen Vorschlag zu machen.) Mit Breschnew am Steuer rasten wir über die schmalen, gewundenen Landstraßen mit einer Geschwindigkeit, die einem das Stoßgebet entlockte, an der nächsten Kreuzung möge ein Polizist diesem grausamen Spiel ein Ende bereiten – was allerdings sehr unwahrscheinlich war, denn wenn es hier auf dem Lande überhaupt irgendwo einen Verkehrspolizisten gab, würde er es wohl kaum gewagt haben, das Auto des Generalsekretärs anzuhalten. Am Ende der Fahrt hielten wir an einem Bootssteg, Breschnew verstaute mich auf einem Tragflügelboot, das zum Glück nicht von ihm selbst gelenkt wurde, aber ich hatte doch den Eindruck, daß es den Geschwindigkeitsrekord brechen sollte, den der Generalsekretär auf dem Wege hierher aufgestellt hatte. Mein Gehirn wurde auf dieser stürmischen Bootsfahrt so durchgerüttelt, daß ich mich an Einzelheiten nicht mehr erinnern kann. An einem anderen Vormittag entführte Breschnew meine attraktive Sekretärin, Bonnie Andrews, und nahm auch sie zu einer Bootsfahrt mit. Wie sie mir berichtete, kehrte sie wie ich ebenso erschöpft, aber unverletzt zurück.

Eines Nachmittags fand ich in meiner Villa einen Jagdanzug vor, den unsere Gastgeber nach meinem Eintreffen in Zavidovo für mich bestellt hatten. Es war ein eleganter, uniformähnlicher olivfarbener Anzug mit hohen Stiefeln, für den ich wahrscheinlich niemals wieder Verwendung haben werde. Breschnew, der ein ähnliches Kostüm angelegt hatte, holte mich in einem Jeep ab, an dessen Steuer jedoch zu meiner Erleichterung ein Jagdaufseher saß. Da ich die Jagd als Sport verabscheue, sagte ich Breschnew, daß ich ihn nur in meiner Eigenschaft als Berater begleiten wollte. Er erklärte jedoch, daß man schon einige Wildschweine für mich zum Abschuß bestimmt hätte. Ich erwiderte, ich sei ein so schlechter Schütze, so daß diese Tiere doch wohl an Herzversagen sterben müßten.

Nach einigen groben Scherzen und Hänseleien mußte ich Breschnew schließlich doch ins Jagdrevier begleiten. Gromyko und Sonnenfeldt fuhren in einer anderen Richtung davon. Mitten im Wald hatte man in halber Höhe einen Hochsitz mit einer roh gezimmerten Bank und einer Schießscharte gebaut. Hier warteten Breschnew, der Dolmetscher Viktor Suchodrow, der Jagdaufseher und ich darauf, daß der Keiler, dem das Unternehmen galt, das Futter annahm, das einige Forstbeamte in grünen Uniformen auf dem Boden ausgestreut hatten. Es herrschte absolute Stille. Nur Breschnew berichtete im Flüsterton von seinen Jagdabenteuern – von seinem mutigen Verhalten, als sein Jeep von einem mächtigen Keiler attakiert wurde, und von dem Wisent, der sich mit dem Getreide und den Kartoffeln, die man als Lockspeise ausgelegt hatte, den Magen vollstopfte, um sich dann an der zum Hochsitz hinaufführenden Leiter hinzulegen und einzuschlafen, während der sowjetische Verteidigungsminister, Rodion Malinowsky, auf dem Hochsitz warten mußte, bis er von einem Suchkommando gerettet wurde.

Es dauerte etwa eine Stunde, bis die Dämmerung einsetzte und eine Rotte Wildschweine das ausgelegte Futter annahm. Mich begeisterten die eleganten Bewegungen und die Aufmerksamkeit der Tiere, wenngleich ihr Hunger sie bald jede Vorsicht vergessen ließ. Während Breschnew sich in aller Ruhe seine Beute aussuchte, dachte ich über die Verwundbarkeit der Gierigen nach, doch meine rudimentären philosophischen Überlegungen wurden sehr bald durch einen mächtigen Keiler widerlegt, der aus dem tiefen Schatten der Bäume herankam. Man konnte sehr bald erkennen, wie es dem Tier gelungen war, zu dieser imponierenden Größe heranzuwachsen. Es war nicht gierig, sondern untersuchte vorsichtig das Futter, das vor ihm am Boden lag. Der Keiler beschnupperte den Boden nach jedem Schritt, blickte hinter jeden Baum und kam nur ganz langsam näher. Er hatte überlebt, weil er keine unnötigen Risiken eingegangen war. Doch sein vorsichtiges Verhalten weckte Breschnews besondere Aufmerksamkeit: Er erlegte ihn mit einem Schuß. Nur der Jubel Breschnews hinderte mich daran, über dieses Erlebnis als Lehrbeispiel für die Gefahren des übermäßigen Intellektualismus nachzudenken.

Ich kann nicht sagen, welche Beiträge zur Alltagsphilosophie ich auf diesem Jagdausflug noch hätte leisten können, wenn Breschnews Jagdleidenschaft ihn nicht veranlaßt hätte, jetzt einen noch tiefer im Wald gelegenen Hochsitz aufzusuchen. Zum Glück für die Wildschweine – denen meine ganze Sympathie galt – wurde es sehr bald stockdunkel, und Breschnew schoß auf weite Entfernung zweimal vorbei.

Wir blieben noch einige Stunden auf dem zweiten Hochsitz, und irgend jemand versorgte uns aus dem Jeep mit kaltem Aufschnitt, dunklem Brot und Bier. Die gespaltene Persönlichkeit des Generalsekretärs, der sich abwechselnd prahlerisch und unsicher, aggressiv und milde zeigte, wurde mir bei dieser Mahlzeit in der romantischen, freien Natur sehr deutlich. Seine grausame Wildheit kam besonders zum Ausdruck, wenn er über China sprach. Er schilderte mir zunächst die Erfahrungen seines Bruders, der dort als Ingenieur gearbeitet hatte, bevor Chruschtschow alle sowjetischen Berater abgezogen hatte. Er hielt die Chinesen für verschlagen, arrogant und nicht mit menschlichen Maßstäben zu messen. Die Art, wie sie ihre obersten Führer vernichteten, sei kannibalisch (eine erstaunliche Aussage aus dem Munde eines Mannes, dessen politische Karriere zur Zeit der stalinschen Säuberungen begonnen hatte); Breschnew erklärte, er hielte es nicht für ausgeschlossen, daß sie wirklich Kannibalen seien. Jetzt baute sich China ein nukleares Arsenal auf, was die Sowjetunion nicht tatenlos hinnehmen könnte; irgend etwas würde geschehen müssen. Er sagte allerdings nicht, was.

Natürlich wollte Breschnew eine Andeutung darüber hören, wie sich die Vereinigten Staaten im Fall eines sowjetischen Präventivangriffs verhalten würden. Ich ermutigte ihn nicht, sondern erklärte ganz einfach, daß die Erstarkung Chinas eines jener Probleme sei, die deutlich zeigten, wie wichtig es sei, Meinungsverschiedenheiten auf friedlichem Wege beizulegen. Breschnew ignorierte verächtlich diese hochherzige Theorie und kehrte zu seinem Lieblingsthema zurück. Er behauptete, das Anwachsen von Chinas militärischem Potential sei eine Bedrohung für jedermann. Jede militärische Unterstützung Chinas durch die Vereinigten Staaten werde zum Kriege führen. Ich erinnerte ihn (ganz sinnlos) daran, daß zwischen den Vereinigten Staaten und Peking nicht einmal diplomatische Beziehungen bestünden. Schließlich warnte ich ihn und sagte, die Geschichte habe gezeigt, daß Amerika einen Angriff gegen China nicht gleichgültig hinnehmen werde. Aber die sowjetische Führung wollte das Gespräch nicht mit dieser Feststellung beenden. Am folgenden Tag nahm mich Dobrynin beiseite, um mir deutlich zu machen, daß unser Gedankenaustausch auf dem Hochsitz über China nicht als Privatgespräch behandelt werden könnte. Breschnew habe alles durchaus ernst gemeint.

Die Zwiespältigkeit des russischen Nationalcharakters und seiner eigenen Persönlichkeit zeigte sich sehr deutlich, als Breschnew plötzlich seine drohende Haltung aufgab und sentimental wurde. Er erzählte aus seiner Jugend in der Ukraine und von den Erfahrungen seines Vaters im Ersten Weltkrieg. Aus diesem blutigen Gemetzel habe sein Vater gelernt, daß der Friede das höchste Ziel sei; von diesem Standpunkt sei er niemals abgewichen. Breschnew vertrat die gleiche Auffassung: Wir hätten einen geschichtlichen Wendepunkt erreicht, an dem wir aufhören sollten, für Kriegshelden Denkmäler zu errichten. Sie sollten Friedensstiftern und nicht Feldherren vorbehalten bleiben. Der Wunsch seines Vaters wäre es gewesen, auf dem höchsten Punkt in der Ukraine (der, wenn mich meine geographischen Kenntnisse nicht täuschen, keine sehr große Erhebung sein kann) ein solches Monument zu errichten. Breschnew wollte seine Amtszeit dazu verwenden, einen Zustand herzustellen, bei dem ein Krieg zwischen den Vereinigten Staaten und der Sowjetunion undenkbar wäre.

Dann erinnerte er sich an seinen Aufstieg in der kommunistischen Hierarchie, das plötzliche Aufrücken in eine hohe Stellung im Jahr 1936 und die persönlichen Eindrücke im Zweiten Weltkrieg. Bevor er als Soldat ins Feld ging, hatten seine Frau und er sich feierlich gelobt, während der Zeit seiner Abwesenheit niemals aneinander zu zweifeln, so lange der Krieg auch dauern sollte; es wurden vier Jahre daraus. Mit bewegenden Worten schilderte er das Wiedersehen nach der langen Trennung wie beide ihr Versprechen und das gegenseitige Vertrauen bewahrt hätten. Er erzählte mir, wie schwierig es gewesen wäre, sich 1945, als es kaum etwas zu kaufen gab, eine Uniform für die Siegesparade auf dem Roten Platz zu beschaffen, und wie es ihm schließlich doch gelungen wäre, nur um zu erleben, daß die prächtige Uniform bei einem Platzregen völlig durchweicht und verdorben wurde. Während dieses ganzen Berichts sprach er mit leiser Stimme, und nichts erinnerte mehr an die prahlerischen Redensarten vor wenigen Minuten. Sein Thema war jetzt der Friede, und mit seiner undeutlichen und manchmal stockenden Redeweise war er plötzlich zum alten Mann geworden, erschöpft und ausgelaugt von einem lebenslangen Drängen nach dem Traum der Menschheit.

Welches war nun der wirkliche Breschnew? Der politische Führer, der mit drohender Gebärde über China wetterte, oder der alte Mann, der seine Friedensliebe beteuerte? Wahrscheinlich war er in beiden Fällen ehrlich gewesen. Doch war der Friede, von dem er redete, die Grabesruhe der sowjetischen Vorherrschaft oder eine Anerkennung der Notwendigkeiten der Koexistenz? Und wieder ist sicherlich beides richtig gewesen. Welche Auffassung sich durchsetzen würde, hing von den äußeren Umständen und den Möglichkeiten ab, die sie der Sowjetunion boten. Wahrscheinlich würde die Entscheidung, ob es zum Krieg kam oder nicht, von der Fähigkeit des Westens abhängen, gleichzeitig und wirkungsvoll auf die beiden einander entgegengesetzten Tendenzen in der sowjetischen Politik zu reagieren. Die Bolschewiken glaubten an die überragende Bedeutung materieller und militärischer Faktoren. Der alternde Führer war durch die hohen Anforderungen eines erbarmungslosen Systems erschöpft. Zweifellos würde Breschnew kaum weniger als irgendein anderer sowjetischer Führer der Versuchung widerstehen können, eine Gelegenheit für die Veränderung des Gleichgewichts der Kräfte wahrzunehmen. Nichts konnte uns von der Verpflichtung entbinden, auf alles vorbereitet zu sein. Aber trotz all dieser Zwänge könnte es geschehen, daß in der Sowjetunion Männer die Führung übernehmen, die erkennen, daß es unmöglich ist, menschliche Hoffnungen auf ewig zu unterdrücken, und die dadurch veranlaßt werden, die Voraussetzungen für eine wirkliche Koexistenz zu erforschen. Die Politik des Westens muß mit beiden Möglichkeiten rechnen. Sie muß sich dem Expansionismus kompromißlos widersetzen und auf einen ernstzunehmenden Kurswechsel in Moskau in der richtigen Weise reagieren können.

Ich schreibe diesen Bericht, während ich mir der Brutalitäten, zu denen es während Breschnews Amtszeit von der Tschechoslowakei bis Polen gekommen ist, voll bewußt bin. Es ist durchaus möglich, daß der KGB diese Gesprächsthemen vorgeschlagen hat, um den Eindruck zu erwecken, daß menschliche Beziehungen möglich seien und der aufrichtige Wunsch nach Frieden bestünde. Aber die Fairneß zwingt mich zu sagen, daß ich keinen anderen sowjetischen Führer kenne, der mir dieses Thema hätte glaubhafter machen können. Vielleicht war es nur Ausdruck von Breschnews schauspielerischer Begabung, aber das glaube ich nicht. Als guter Kommunist war Breschnew selbstverständlich darum bemüht, den Sieg seiner Ideologie herbeizuführen. Überzeugt von der Bedeutung objektiver Faktoren, konnte er es sich nicht leisten, aus einer Überlegenheit keinen Nutzen zu ziehen, die er als Folge unserer innenpolitischen Spaltungen immer deutlicher erkannte. Es war damals – ebenso wie heute und in der Zukunft – unsere Hauptaufgabe, dafür zu sorgen, daß sich keine derartigen Gelegenheiten ergeben. Breschnew war aber auch in vieler Hinsicht ein typischer Vertreter des elementaren Rußland, eines Volkes, das sich durch seine Leidensfähigkeit am Leben erhalten hat, das sich nach dem Ende seiner Leiden sehnt und dem es das Schicksal oder der Ehrgeiz seiner Herrscher verwehrt hat, diesen Traum zu verwirklichen.

Die sanfte und sentimentale Stimmung auf dem Hochsitz im Jagdrevier verflog sehr rasch. Nach Zavidovo zurückgekehrt, gerieten wir sofort wieder in die Routine der Verhandlungen und Vorbereitungen für Breschnews Besuch in den Vereinigten Staaten. Sie und andere Umstände überschatteten bald diesen einzigartigen, kurzen Einblick in die menschliche Sphäre, der mir, solange ich im Amt war, nicht ein zweites Mal gewährt wurde.

Entspannung: Was war das?

Die Verhandlungen mit der Sowjetunion hatten eine sich über die vergangenen zehn Jahre erstreckende wechselvolle Vorgeschichte. Seit unserem Amtsantritt wurden wir immer wieder zur Entspannungspolitik gegenüber der Sowjetunion gedrängt. Als wir drei Jahre später damit begannen, begrüßte man unsere Initiative in übertriebener Weise als einen Wendepunkt der Geschichte. Später hat man uns vorgeworfen, gerade die Entspannung sei schuld an unserem gegenwärtigen Dilemma. Dadurch wurde die Entspannung eher zum Barometer für unsere innenpolitischen Kontroversen als zum Gegenstand ernstzunehmender Analysen. Für den Staatsmann ist jedoch ein außenpolitisches Problem keine Theorie, sondern es besteht aus einer Reihe von Realitäten, und die Realitäten, denen sich Nixon in seiner ersten Amtsperiode stellen mußte, waren hart. Wir mußten einen Krieg in Indochina beenden, während wir im eigenen Lande heftige Angriffe gegen alle wichtigen Stützen einer starken Außenpolitik abzuwehren hatten. Darauf folgte die Ohnmacht des Präsidenten als Konsequenz von Watergate. Die Entspannung war nicht Ursache dieser Entwicklungen, sondern sie war eine notwendige Voraussetzung dafür, daß wir mit unseren Schwierigkeiten fertig wurden. Jede Erörterung dieses Themas muß damit beginnen, daß man diese Tatsache begreift.

Heute, nach zehn Jahren, muß die Entspannungspolitik die Konsequenzen der selbstzerstörerischen innenpolitischen Erschütterungen um Vietnam und Watergate tragen. Vietnam veranlaßte die Amerikaner, sich in Zukunft vor jedem ausländischen Engagement zu scheuen und eröffnete damit dem sowjetischen Expansionismus eine neue Möglichkeit. Watergate schwächte die Exekutive und erschwerte es ihr, sich dem sowjetischen Druck zu widersetzen. Während des größten Teils eines Jahrzehnts hatten es die politisch Verantwortlichen mit einer öffentlichen Meinung zu tun, die sich nach innen wendete, und mit einem Kongreß, der die Verteidigungsprogramme und den Handlungsspielraum der Exekutive systematisch auf ein Mindestmaß zurückschraubte. Hätte man es in dieser Lage auf eine Konfrontation ankommen lassen, dann wäre dadurch die Katastrophe herausgefordert worden. Diejenigen von uns, die für die amerikanische Außenpolitik verantwortlich waren, haben in keinem Augenblick vergessen können, daß wir uns am Rande eines Abgrunds befanden.

Die an dieser Tragödie Beteiligten leiden heute an einem kollektiven Gedächtnisschwund. Liberale haben verständlicherweise nur ungern die Verantwortung für die Konsequenzen der von ihnen in den siebziger Jahren verfochtenen großen politischen Ziele übernommen. Die Konservativen haben die Probleme zu verschleiern versucht, weil eine Administration, die sie für die ihre hielten, über Watergate gestrauchelt ist, und weil viele von ihnen mehr an einem ideologischen antikommunistischen Kreuzzug zu Hause interessiert waren als an geopolitischen Auseinandersetzungen in fernen Ländern, wo die außenpolitischen Probleme wirklich entschieden werden. Viele Konservative haben den traditionellen Isolationismus auferstehen lassen, um Amerikas moralische Reinheit vor der Verschmutzung durch Maßnahmen zu schützen, die aus taktischen und Nützlichkeitsgründen notwendig gewesen wären. Und einige »Neokonservative«, die nach Beendigung des Vietnam-Krieges aus dem liberalen Lager zu den Konservativen übergewechselt waren, zeigten nun die Leidenschaft des Konvertiten und waren kaum geneigt, sich an ihren eigenen Beitrag zum Zusammenbruch der internationalen Zurückhaltung zu erinnern. Sie vergaßen, daß sie die gleiche Außenpolitik, die sie fünf Jahre später als strategischen Rückzug schmähten, als viel zu aggressiv angegriffen hatten.* Daß die Regie-

* Die bekannte Zeitschrift *Commentary* kritisierte zum Beispiel 1970 Nixon wegen seines ABM-Programms, wegen der MIRV-Tests und weil er die SALT-Verhandlungen angeblich nicht ener-

rung Nixon im Kampf gegen solche Kritiker fast allein stand, wenn sie die militärische Stärke und die geopolitische Glaubwürdigkeit der Vereinigten Staaten verteidigte, ist in der revisionistischen Analyse, die Nixon und nicht seine Gegner dafür verantwortlich machte, daß beides geschwächt wurde, kaum zum Ausdruck gekommen.[2] Jahrelang sind wir von der Linken heftig angegriffen worden, weil wir uns der Machtübernahme durch die Kommunisten in Indochina widersetzten. Wir haben das getan, weil wir die globalen Konsequenzen eines Zusammenbruchs der amerikanischen Glaubwürdigkeit fürchteten. Jetzt mußten wir uns plötzlich gegen die Angriffe zum Teil der gleichen Leute wehren, die sich inzwischen der Rechten angeschlossen hatten, weil wir das Staatsschiff durch die Stürme zu steuern versuchten, die wir vorausgesagt und denen wir uns widersetzt hatten.

Es ist deshalb wichtig, daß wir uns daran erinnern, was die Entspannungspolitik war und was sie nicht gewesen ist. Als Richard Nixon das Amt des Präsidenten übernahm, ging ihm der wohlverdiente Ruf voraus, daß er sein Leben lang Antikommunist gewesen wäre. Er verachtete die liberalen Intellektuellen, die den Vereinigten Staaten die Schuld am Kalten Kriege gaben und zu glauben schienen, daß das sowjetische System durch aufrichtige Bemühungen und guten Willen verändert werden könnte. Nixon mißtraute den sowjetischen Motiven zutiefst und war überzeugt, daß Verhandlungen aus einer Position der Stärke geführt werden müßten. Kurz gesagt, er war der klassische Kalte Krieger. Doch nach einer bewegten vierjährigen Amtszeit war es dieser Mann, der so gar nicht den konventionellen Vorstellungen des Intellektuellen von einem Friedensstifter entsprach, der paradoxerweise mit den Sowjets über den am weitesten gefächerten Themenkreis zu den Ost-West-Beziehungen verhandelte, der in fünfundzwanzig Jahren zur Sprache gekommen war. Nicht sehr viel später beschuldigte man ihn, gegenüber den Kommunisten zu weich zu sein, und benutzte damit ein Schlagwort, das zum Standardrepertoire seines Wahlkampfs gehört hatte.

Es war jedoch eher ein scheinbares Paradox. Wir glaubten nicht, in einem Nachlassen von Spannungen ein Zugeständnis an die Sowjets sehen zu müssen. Wir hatten unsere eigenen Gründe dafür. Wir gaben das ideologische Ringen nicht auf, sondern versuchten nur – so schwer diese Aufgabe auch sein mochte –, dieses Ringen durch die Erfordernisse des nationalen Interesses zu disziplinieren. Unsere Entspannungspolitik war auch nicht ganz erfolglos. Ohne Zweifel ist Hanoi

gisch genug vorantrieb. Der Herausgeber der Zeitschrift verurteilte mit aller Schärfe die Vietnam-Politik Nixons und hat bei einer Gelegenheit eine amerikanische Niederlage fast als wünschenswert bezeichnet.[1]

durch die Verbesserung unserer Beziehungen zur Sowjetunion (und zu China) isoliert worden. 1972 hat Moskau die Verminung nordvietnamesischer Häfen und die Bombenangriffe gegen Hanoi und Haiphong hingenommen; Ende des Jahres ging Hanoi auf Friedensbedingungen ein, die es jahrelang verächtlich abgelehnt hatte. In Europa verringerte sich, nachdem man festgestellt hatte, daß auch die Amerikaner mit den Russen sprechen konnten, die Neigung, die Vereinigten Staaten für alle Spannungen verantwortlich zu machen und die eigene Sicherheit in einem Quasi-Neutralismus zu suchen. Später half uns die Entspannungspolitik, im Nahen Osten eine diplomatische Revolution herbeizuführen.

Ich glaube auch, daß die Tatsachen genau das Gegenteil von dem beweisen, was unsere Kritiker uns vorgeworfen haben: Die Entspannungspolitik hat den amerikanischen Verteidigungsanstrengungen geholfen und ihnen nicht geschadet. Bevor das Wort Entspannung *(détente)* in Amerika überhaupt bekannt wurde, strich der Kongreß während Nixons erster Amtsperiode vierzig Milliarden Dollar aus dem Verteidigungsbudget. Damals empfahl sogar ein so überzeugter Verfechter amerikanischer Stärke wie Senator Henry M. Jackson öffentlich geringe Streichungen im Verteidigungsetat und »eine besonnene Haltung in Verteidungsfragen«.[3] Nach der Unterzeichnung von SALT I erhöhte sich unser Verteidungsbudget, und die Regierungen Nixon und Ford setzten den Bau strategischer Waffen (der MX-Fernlenkrakete, des B-1 Bombers, der Marschflugkörper, des U-Boots Trident und technisch vervollkommneter Sprengköpfe) durch, die noch heute nach zehn Jahren das Rückgrat unseres Verteidigungsprogramms sind und deren Bau der Kongreß *vor* der Verbesserung unserer Beziehungen zu Moskau blockiert hatte.

Die Entspannungspolitik hat uns nicht daran gehindert, der sowjetischen Expansion entgegenzutreten. Im Gegenteil, sie ermöglichte den notwendigen psychologischen Rahmen für einen solchen Widerstand. Nixon wußte, wo er den sowjetischen Abenteuern Grenzen setzen mußte, ob sie nun von den Sowjets selbst oder von ihren Stellvertretern unternommen wurden, wie in Cienfuegos, in Jordanien, am Suez-Kanal oder während des indisch-pakistanischen Krieges. Er zog diese Grenzen mutig und mit kühler Entschlossenheit und blieb dabei noch glaubwürdiger, weil die Öffentlichkeit in den Vereinigten Staaten begriff, daß seine Haltung nicht das Ergebnis von Aggressivität oder Böswilligkeit war. Wenn wir aus dem Vietnam-Krieg etwas gelernt hatten, dann, daß wir eine militärische Konfrontation nur bestehen konnten, wenn das amerikanische Volk überzeugt war, keine andere Wahl zu haben.

Jeder amerikanische Präsident lernt sehr bald, daß er nur einen sehr geringen Handlungsspielraum hat. Die Vereinigten Staaten und die Sowjetunion sind ideologische Rivalen. Die Entspannung kann daran nichts ändern. Das Zeitalter der Kernwaffen zwingt uns zur Koexistenz. Auch daran können rhetorische Feldzüge nichts ändern.

Wir müssen heute unsere Lektion aus dem Zweiten Weltkrieg lernen. Er brach aus, als die Demokratien die Absichten eines totalitären Aggressors nicht begreifen wollten, in ihrer Torheit versuchten, ihn zu beschwichtigen, und ihm die militärische Überlegenheit überließen. Das darf nie wieder geschehen, so schwer auch die Lasten einer angemessenen Verteidigung sein mögen. Wir dürfen aber auch nicht vergessen, was wir aus dem Ersten Weltkrieg gelernt haben, als Europa *trotz* des bestehenden militärischen Gleichgewichts in einen Krieg getrieben wurde, den niemand wollte, und eine Katastrophe erlebte, die sich niemand hatte vorstellen können. Die allgemeine Aufrüstung zwang zu Entscheidungen; Großmannssucht und Prestigedenken beeinflußten die Diplomatie. Die politischen Führer machten sich der Todsünde der Staatskunst schuldig: Sie ließen sich die Kontrolle über die Entwicklung aus der Hand gleiten.

Ein amerikanischer Präsident hat daher eine doppelte Verantwortung: Er muß sich dem sowjetischen Expansionismus widersetzen, und er muß sich des ungeheuren Risikos einer globalen Konfrontation bewußt sein. Seine Politik muß Abschreckung und Koexistenz einschließen, sowohl Eindämmung als auch das Bemühen, Spannungen abzubauen. Wenn aus dem Verlangen nach Frieden Konflikte um jeden Preis vermieden werden, wenn die Vertreter der gerechten Sache auf Stärke verzichten und sich hinter einer moralischen Haltung verschanzen, dann wird die in der ganzen Welt herrschende Kriegsfurcht zu einer Waffe für die Erpressung durch die Starken, kleine oder große friedliche Nationen sind dann rücksichtslosen Aggressoren auf Gnade und Ungnade ausgeliefert. Aber wenn wir ideologische Konflikte ohne eine strategische Grundlage austragen, wenn die Konfrontation zum Selbstzweck wird, werden wir den Zusammenhang innerhalb unserer Bündnissysteme verlieren und schließlich auch das Vertrauen unserer Bevölkerung. Diese Gedanken bildeten die Grundlage der Entspannungspolitik der Regierung Nixon.

Die Nixon-Administration verfolgte eine Außenpolitik, die sowohl moralistische Kreuzzugsideen als auch einen eskapistischen Isolationismus ablehnte und sich auf eine sorgfältige Analyse des nationalen Interesses stützte. Das Ziel der amerikanischen Politik war, das Gleichgewicht der Kräfte aufrechtzuerhalten, um darauf eine konstruktive Zukunft aufzubauen.[4] Wir standen am Beginn einer Periode, in der die Verantwortung der Vereinigten Staaten darin bestehen sollte, eine zielbewußte, politisch reife Führung in einer viel komplexeren Gesamtlage zu stellen, als wir sie bisher jemals erlebt hatten. Diese Periode könnte viel länger sein, als wir sie in unseren bisherigen Berechnungen hatten berücksichtigen müssen.

Ende der sechziger Jahre begann eine Periode, in der die Vereinigten Staaten ihre gewaltige nukleare und wirtschaftliche Überlegenheit zu verlieren begannen. Der Vorrat an sowjetischen Kernwaffen war so stark angewachsen, daß demnächst das nukleare Gleichgewicht erreicht sein würde. Die Wirtschaftskapazität Europas und Japans mußte dazu führen, daß beide nach mehr Einfluß in der Weltpolitik strebten. Die Vereinigten Staaten würden lernen müssen, ihre Außenpolitik auf Voraussetzungen zu gründen, die denjenigen entsprachen, mit denen andere Nationen im Lauf der Geschichte ihre Außenpolitik getrieben hatten. Der Anteil unserer Wirtschaft am weltweiten Bruttosozialprodukt sank alle zehn Jahre um zehn Prozent; von zweiundfünfzig Prozent im Jahr 1950 auf vierzig Prozent im Jahr 1960 und fiel 1970 auf etwa dreißig Prozent (während ich dies schreibe, sind es nur noch zweiundzwanzig Prozent). Das bedeutet, daß wenn sich die ganze übrige Welt gegen uns vereinigte oder wenn eine uns feindliche Macht oder Machtgruppierung die Vorherrschaft gewann (vor der uns China warnte), dann würde sich Amerika in einer gefährlich unterlegenen Position wiederfinden. Die Vereinigten Staaten wären zwar immer noch die stärkste Nation, könnten sich jedoch nicht mehr durchsetzen. Wir würden das globale Gleichgewicht der Kräfte ernstnehmen müssen, denn wenn es sich einmal zu unseren Ungunsten zu verschieben begann, dann ließ sich eine solche Entwicklung kaum mehr rückgängig machen. Wenn wir nicht mehr in der Lage waren, so lange zu warten, bis die Bedrohung von außen uns zum Handeln zwang, dann würden wir an die Stelle materieller Mittel ein neues Konzept setzen müssen. Wir brauchten die innere Stärke, um aufgrund von Lagebeurteilungen schon zu einem Zeitpunkt handeln zu können, in dem sich die Richtigkeit unserer Beurteilung noch nicht nachweisen ließ.

Wie läßt sich ein Krieg mit Kernwaffen vermeiden, ohne daß man sich mit Kernwaffen erpressen läßt, und wie soll man es verhindern, daß aus dem Verlangen nach Frieden eine Beschwichtigungspolitik entsteht? Wie soll man die Freiheit verteidigen und den Frieden erhalten? Das ist die alles andere in den Schatten stellende Frage unserer Zeit. Das Schlimme – nein, das Tragische liegt darin, daß hinter dem doppelten Konzept der Eindämmung und der Koexistenz, des Bewahrens des Gleichgewichts der Kräfte bei dem gleichzeitigen Bemühen um eine positivere Zukunft, keine automatische Übereinstimmung steht. Aus seiner eigenen Geschichte hatte Amerika die Vorstellung gewonnen, daß es sich nicht um das globale Gleichgewicht kümmern müßte, weil seine geographische Lage und seine überlegene Stärke es befähigten, in der Isolation die Entwicklung der Ereignisse abzuwarten. So entstanden zwei Grundauffassungen. Die liberale Auffassung behandelte die Außenpolitik wie ein Teilgebiet der Psychiatrie, doch nach Auffassung der Konservativen war sie ein Aspekt der Theologie. Die Liberalen setzten die zwischenstaatlichen Beziehungen mit den menschlichen Beziehungen gleich. Vertrauen und unilaterale Gesten des guten Willens waren ihre Grundtugenden. Die Konservativen erblickten in der Außenpolitik eine Version des ewigen Ringens zwischen Gut und Böse. Für sie gab es in diesem Konflikt keinen Kompromiß, er konnte nur mit dem Sieg einer Seite enden. Das Konzept der Abschreckung widersprach der liberalen Ideologie und ihrer emotionalen, aber abstrakten Vorstellung von Frieden; die Koexistenz zerrieb sich an dem liturgischen Antikommunismus der Rechten. Der Idealismus der Amerikaner veranlaßte beide Gruppen, sich nun aus entgegengesetzten Richtungen gegen uns zu wenden. Die große Masse der Liberalen lehnte alles ab, was etwas mit dem Gleichgewicht der Kräfte zu tun hatte: In der ersten Hälfte des zwanzigsten Jahrhunderts glaubte man, daß die Vereinigten Staaten es nicht nötig hätten, an ihr nationales Interesse zu denken. Wir glaubten, daß die Menschheit sich auf der Grundlage gemeinsamer moralischer Grundsätze oder von Normen des internationalen Rechts organisieren ließe. Die Sorge um die Reinerhaltung unserer Ideale veranlaßte dagegen die Konservativen, den Kommunismus in Quarantäne zu setzen. Mit dem Teufel durfte man keinen Kompromiß schließen. Die Liberalen fürchteten die Konfrontation; die Konservativen hielten es für gefährlich, sie zu scheuen.

Am 8. Oktober 1973 versuchte ich in einer Rede auf der Pacem in Terris-Konferenz in Washington die Komplexität unserer Politik gegenüber der Sowjetunion verständlich zu machen:

> Diese Administration hat sich über das sowjetische System niemals Illusionen gemacht. Wir haben immer erklärt, daß auf einen Fortschritt auf technischen Feldern wie etwa beim Handel auch der Fortschritt auf dem Wege zu stabilen internationalen Beziehungen folgen müßte – und daß das zweite Ausdruck des ersten sein sollte. Ein gesichertes militärisches Gleichgewicht und eine flexible Verteidigungsfähigkeit bildeten für uns die beste Garantie der Stabilität. Wir haben die Abrüstung auf beiden Seiten gefordert. Wir haben alle Fortschritte in unseren Beziehungen mit der Sowjetunion nicht nach atmosphärischen Kriterien beurteilt, sondern danach, wie gut konkrete Probleme gelöst wurden und wie verantwortungsbewußt die andere Seite auf internationaler Ebene gehandelt hat.

Die Koexistenz hat für uns auch weiterhin eine sehr präzise Bedeutung:
Wir werden uns dem Versuch eines jeden Landes widersetzen, die globale oder regionale Vorherrschaft zu gewinnen.
Wir werden uns jedem Versuch widersetzen, die Entspannungspolitik zur Schwächung unserer Bündnissysteme auszunutzen.
Wir werden darauf reagieren, wenn das Nachlassen von Spannungen zum Anheizen von Konflikten in internationalen Spannungsgebieten benutzt wird.
Die Sowjetunion darf diese Grundsätze nirgendwo auf der Welt mißachten, ohne damit ihre gesamten Beziehungen zu den Vereinigten Staaten zu gefährden.

Aber unser Bemühen, gleichzeitig dem Expansionismus Einhalt zu gebieten und die Möglichkeiten für eine historische Weiterentwicklung offenzuhalten, also die Analyse und Strategie der Konservativen mit der Taktik der Liberalen zu verbinden, erwies sich in der für uns so schmerzlichen Periode, als auf die durch Vietnam ausgelösten innenpolitischen Unruhen sofort eine neue innenpolitische Krise im Gefolge von Watergate entstand, als zu ehrgeizig. Die Konservativen blieben ihren Auffassungen treu. Sie wollten mit dem Kommunismus nichts zu tun haben, welche taktischen Erwägungen auch dahinter stehen mochten. Für sie bedeuteten Verhandlungen mit Moskau die moralische Abrüstung Amerikas. Sie lehnten unser Argument ab, daß wir, wenn wir die weltweite Friedenssehnsucht nicht berücksichtigten, uns international isolieren und unsere Nation im Streit um die gleichen Probleme spalten würden, die eine Polarisierung Amerikas in der Vietnam-Frage bewirkt hatten.

Die Haltung der Liberalen war komplexer. Sie lehnten die Theorie vom Gleichgewicht der Kräfte aus tiefster Überzeugung ab, denn sie bildete die Grundlage der Eindämmungspolitik gegenüber der Sowjetunion. Doch was konnten sie gegen die Entspannung einwenden, die sie so lange Zeit auf ihre Fahnen geschrieben hatten und die jetzt auch von dem verhaßten Kalten Krieger Nixon betrieben wurde? Ihre Frustration steigerte sich, als Nixon der Versuchung nicht widerstehen konnte, sie mit den eigenen Waffen zu schlagen und seine Politik mit ihren Argumenten zu rechtfertigen. Diese Neigung zur Übertreibung, der man auf einem so heiklen Gebiet nicht nachgeben sollte, reizte liberale Kritiker zunächst zum Angriff gegen die Entspannungspolitik als eines neuen Versuchs, das Gleichgewicht der Kräfte herzustellen, aber, wem das nicht weit genug ging, als ein taktisches Manöver, der Taktik des kalten Krieges vergleichbar, bei dem es nicht um den wirklichen Abbau von Spannungen ginge.

Aber die Liberalen gaben diese für sie selbst sehr unbequeme Haltung, die jedoch den Vorzug hatte, daß sie immerhin in etwa die Voraussetzungen unserer Politik angriff, sehr bald wieder auf. Anfang 1973 verlegten die liberalen Kritiker plötzlich ihre Angriffe auf eine neue Ebene. In jener zwielichtigen Periode, als Nixon schon spürte, welche Gefahren ihm drohten, während seine Gegner noch von seiner Unverwundbarkeit überzeugt waren, begannen zahlreiche Liberale, sich in eine Richtung zu bewegen, an die der Meister in der Kunst des Manipulierens niemals gedacht hatte. Sie nahmen jetzt die Haltung ein, die er auf seinem Marsch in die Mitte des Spektrums freigemacht hatte. Jetzt waren es mit einemmal die Liberalen, die ein ideologisches Haar in der Suppe der Entspannung fanden, die sie bis dahin mit solchem Eifer gekocht hatten. Immer häufiger hörte man die Meinung, daß Nixon es mit der Entspannung zu weit getrieben habe. In seinem Wunsch, gute Beziehungen zum Kreml herzustellen, habe er die Menschenrechte vernachlässigt; die Administration sei sich des moralischen Problems nicht bewußt gewesen, das jeder Umgang mit dem Kreml beinhaltete. Solche Argumente wären für die Konservativen eine Selbstverständlichkeit gewesen, denn sie machten sich ernste Sorgen darum, daß die Aufweichung der Trennungslinien den Widerstandswillen des Westens schwächen könnte. Aber denjenigen, die sich systematisch einer Steigerung der Verteidigungsausgaben widersetzt und es kritisiert hatten, daß wir der sowjetischen Expansion in weit entfernten Gebieten entgegentraten – was das Wesen unserer Eindämmungspolitik war –, stand eine solche Haltung eigentlich nicht zu.

Aus alledem ergaben sich gefährliche Widersprüche. Einerseits hätten wir aus Vietnam lernen sollen, daß wir nicht das moralische Recht hatten, uns in weit von uns entfernt gelegenen Gebieten zu engagieren. Andererseits wurde unsere Regierung jetzt der unmoralischen Gleichgültigkeit beschuldigt, wenn sie nicht auf die strengere Beachtung der Menschenrechte in allen Gesellschaftssystemen drängte, ob die betreffenden Länder nun mit uns befreundet waren oder nicht. So entstand eine neue Doktrin der politischen Einmischung in die inneren Angelegenheiten anderer Staaten, während wir gleichzeitig unter Druck gesetzt wurden, amerikanische Kräfte von anderen Kontinenten abzuziehen. Im Hinblick auf die Sowjetunion sagten unsere liberalen Kritiker nicht, wie wir uns in einer aus dieser Haltung entstehenden Konfrontation mit dem Kreml verhalten sollten, wenn sowohl das Verteidigungsbudget als auch die Exekutive in der von Watergate aufgeheizten Stimmung angegriffen wurden.

Inmitten dieser Strömungen und Gegenströmungen wurde unsere Politik gegenüber der Sowjetunion durch unsere einander widersprechenden Kritiker in eine Karikatur ihrer selbst verwandelt. Für uns war sie der Versuch, die Beziehungen zwischen Gegnern in vernünftiger Weise zu regeln; unsere Kritiker verurteilten sie, weil es ihr nicht gelang, freundschaftliche Beziehungen herzustellen. In jeder Krise wurden empörte Stimmen laut, die sich darüber beschwerten, daß es der Entspannungspolitik nicht gelungen sei, diese Krise zu verhindern. Der Maßstab des Erfolges unserer Politik war für uns die Fähigkeit, auch in Krisenzeiten strategische Ziele zu erreichen und gleichzeitig Risiken zu verringern – der Nahostkrieg von 1973 ist ein gutes Beispiel dafür. Solange es in Moskau nicht zu entscheidenden innenpolitischen Veränderungen kommt, kann keine Ostwestpolitik das Entstehen von Krisen mit Sicherheit verhindern – insbesondere nicht, wenn wir darauf verzichten müssen, mit Zuckerbrot und Peitsche zu arbeiten, was die Folge der heftigen Angriffe gegen die Handlungsfreiheit der Exekutive nach 1973 war. Die von unseren Kritikern angebotene Alternative war nichts anderes als eine Taktik der Nadelstiche, die nur zu weiteren Krisen führen konnte, ohne uns die notwendige taktische Flexibilität zu gewähren. Sobald es sich zeigte, daß sich die Sowjets von Nebenabsichten leiten ließen, tat man so, als sei diese Entdeckung ganz neu. Für uns war es selbstverständlich, daß wir nicht mit dem Wohlwollen der kommunistischen Supermacht rechnen durften. Wir glaubten, daß wir ihre Absichten erfolgreicher durchkreuzen könnten, wenn wir Festigkeit zeigten, manövrierfähig blieben und klare Ziele vor Augen hatten. Diese Ziele sollten auf die Dauer eher mit der Unterstützung durch unsere öffentliche Meinung und die unserer Verbündeten rechnen können als eine geistlose Wiederholung primitiver Schlagworte.

Zweifellos hoffte die sowjetische Führung, die Demokratien – mit Hilfe kommunistischer Tarnorganisationen und einer zu optimistischen Beurteilung der Weltlage im Westen – davon zu überzeugen, daß das scheinbare Nachlassen der Spannungen nicht unserer Wachsamkeit, sondern dem Sinneswandel der Sowjetunion zu verdanken sei. Die kühl rechnenden, harten Männer im Kreml glaubten, eine zunehmend größere Zahl westlicher Politiker werde sich innenpolitisch auf die Entspannung einstellen, einen höheren Preis dafür bezahlen und die Gefahr der Konfrontation dadurch zu verringern suchen, daß die Vereinigten Staaten für alle Krisen verantwortlich gemacht wurden. Das war eine echte Gefahr. Aber der entgegengesetzte Kurs war noch gefährlicher. Wenn die Öffentlichkeit eine Konfrontation nicht für notwendig hält, dann werden in jedem Lande Spannungen entstehen, unsere Bündnisse werden zerbrechen, und überall wird der Ruf nach Frieden um jeden Preis laut werden. Kein demokratischer Führer, der noch über einen Funken Selbstachtung verfügt, wird sich halten können, wenn er so tut, als seien Wachsamkeit und Frieden unvereinbar. Unsere Bündnisse werden auseinanderfallen, wenn man den Eindruck gewinnt, daß sie eine Gefahr für den Frieden darstellen. Die Entspannung ist in der Tat gefährlich, wenn sie nicht auch eine Strategie der Eindämmung beinhaltet. Aber die Eindämmung wird unmöglich, wenn ihr Ziel nicht der Friede ist. Das Heilmittel liegt nicht darin, daß man es vermeidet, den Begriff der Koexistenz zu definieren; man muß diesem Begriff einen Inhalt geben, der *unseren* Grundsätzen und *unseren* politischen Zielvorstellungen entspricht.

Die subtilste Kritik an unserer Politik bestand in der Behauptung, die Wahrung nationaler Interessen widerspräche dem amerikanischen Idealismus und dem Nationalcharakter der Amerikaner. Nach dieser These müssen die Amerikaner an ihren allgemeinen Wertvorstellungen festhalten, oder es wird ihnen an der Entschlossenheit und der inneren Kraft fehlen, die sie brauchen, um der sowjetischen Herausforderung mit Erfolg zu begegnen. Mit anderen Worten, Amerika muß sich dem Kommunismus auf moralischer Ebene entgegenstellen und sowjetischen Übergriffen nicht nur auf geopolitischer Ebene begegnen, oder die amerikanische Außenpolitik hat auf Treibsand gebaut.[5] Ich habe für diese Auffassungen zwar durchaus Verständnis, aber ein Staatsmann muß jede theoretische Erkenntnis zu den konkreten Gegebenheiten in Beziehung setzen. Kreuzzüge werden selten mit dem Durchhaltevermögen geführt, das man braucht, um ein sich über lange Zeit hinausziehendes Ringen zu bestehen. Wenn man sich in eine Ideologie verrennt, ist man unter Umständen nicht mehr bereit, scheinbar nebensächlichen Herausforderungen zu begegnen; sie erscheinen als Nebensache, weil es dabei nicht um die wirkliche große Entscheidung geht – so geschehen in Angola und Vietnam (nach den Pariser Vereinbarungen) und später am Persischen Golf. Während die Sowjetunion immer kühner wird und zunehmend radikalere Forderungen stellt, um die Vorherrschaft zu gewinnen, würde das globale Gleichgewicht der Kräfte gefährdet werden, wenn die Vereinigten Staaten nicht bereit wären, sich der geopolitischen Herausforderung zu stellen oder das militärische Gleichgewicht der Kräfte aufrecht zu erhalten. Die Überbetonung der Ideologie würde eine für Amerika charakteristische Verwundbarkeit erzeugen: Die mit Eifer verfochtene Theorie, daß wir verpflichtet seien, andere zu erlösen, würde uns anfällig gegenüber sowjetischen Friedensoffensiven machen, die den Eindruck erwecken, als ob die Sowjets ihre politische Zielrichtung geändert hätten. Unsere moralischen Überzeugungen müssen uns in die Lage versetzen, die Ambivalenz zu erkennen, die untrennbar mit jeder großen Anstrengung verbunden ist, oder wir werden am Schluß waffenlos dastehen.

Jeder Staatsmann geht ein großes Risiko ein, wenn er die künftige Entwicklung beurteilt. Sowohl die Vereinigten Staaten als auch die Sowjetunion glauben, daß die geschichtliche Erfahrung ihnen recht gäbe. Unmittelbar vor dem Gipfel von 1973 habe ich die Motive Breschnews in einer an Nixon gerichteten Denkschrift analysiert. Die Haltung des amerikanischen Präsidenten zeigt sich zum Teil ganz deutlich darin, welche Sätze er in dieser Denkschrift unterstrichen hat (sie sind hier in Kursiv wiedergegeben):

Wie alle sowjetischen Führer nach dem Kriege *sieht Breschnew in den Vereinigten Staaten zugleich den Rivalen, die tödliche Bedrohung, das Vorbild, die Hilfsquelle und einen Partner, der ebenso wie die Sowjetunion physisch überleben will.* Diese miteinander im Konflikt stehenden Impulse sind die Ursache für die Ambivalenz der Motivationen in Breschnews Politik gegenüber den Vereinigten Staaten. Auf der anderen Seite will er zweifellos *als der Führer in die Geschichte eingehen, der Rußland den Frieden und ein besseres Leben gebracht hat.* Das *erfordert eine versöhnliche und zur Zusammenarbeit bereite Politik. Er bleibt aber dennoch ein überzeugter Kommunist, für den die Politik ein Ringen ist, an dessen Ende es einen Sieger gibt.* Er will, daß die Sowjetunion *dieser Sieger ist.* Seine wiederholten Bemühungen, mit uns Vereinbarungen zu treffen, die auf eine Art Kondominium hinauslaufen – am deutlichsten erkennt man das bei seinem Vorschlag für einen nuklearen Nichtangriffspakt – werden in der Absicht gemacht, einerseits den Frieden zu sichern und andererseits unsere Bündnisse und sonstigen Bindungen an andere Staaten zu unterminieren.

Mit an Sicherheit grenzender Wahrscheinlichkeit verteidigt Breschnew seine Entspannungspolitik bei den Debatten im Politbüro auch weiterhin mit der Begründung, daß der historische Konflikt mit uns als des stärksten kapitalistischen Landes zwar unausweichlich sei, daß die Sowjetunion in diesem Konflikt jedoch schließlich die größten Vorteile für sich gewinnen wird. *Das Glücksspiel,* auf das sich Breschnew hier einläßt, liegt darin, daß der Erfolg dieser Politik, wenn sie Dynamik entwickelt und über eine lange Zeit verfolgt wird, gerade das System unterminieren muß, dem Breschnew seine Machtvollkommenheit und Legitimität zu verdanken hat. Unser Ziel ist es andererseits, auf die Dauer gerade diese Wirkungen zu erzielen.

Die wichtigste Frage ist, *ob die Sowjets auf die Dauer ihren eigenen Block zusammenhalten können, während sie darauf warten, daß der Westen als Folge der über lange Zeit hinaus verfolgten Entspannungspolitik* und der durch die wirtschaftliche Konkurrenz gegebenen Anreize zusammenbricht. Mit Sicherheit sind unsere Chancen angesichts der historischen Meinungsvielfalt in Osteuropa ebenso gut wie die Breschnews.

Mit anderen Worten, ich lehnte die Vorstellung unserer Kritiker ab, nach der die Sowjetunion aus einem friedlichen Konkurrenzkampf mehr gewinnen würde als die Demokratien. Diese Auffassung ist Ausdruck der Ausweglosigkeit und das Gegenteil von dem, was ich für richtig halte. Sie zeigt einen unbegründeten historischen Pessimismus und einen bedenklichen Mangel an Vertrauen zum amerikanischen Volk. Nixon wollte nichts davon wissen. In seiner berühmten »Küchendiskussion«, die 1959 in Moskau geführt wurde, hatte er die prahlerische Behauptung Chruschtschows, er werde uns beerdigen, verächtlich beiseite geschoben – und recht behalten. In den seither vergangenen zwanzig Jahren hat sich nichts geändert, woraus wir schließen dürften, daß die kommunistische Welt, die über weniger natürliche Hilfsquellen verfügt und schlechter organisiert ist, den Westen in einem sich über lange Zeit hinausziehenden Konkurrenzkampf überholen könnte. Wenn die Sowjetunion den Westen mit ihrem militärischen Potential überholt, dann nicht in der Folge der Entspannungspolitik, sondern weil die Demokratien es versäumt haben, das Notwendige zu tun. Das Argument, das amerikanische Volk könnte eine komplexe Herausforderung nicht begreifen und keine komplexe Strategie dagegen entwikkeln, es sei unfähig, gleichzeitig eine Politik der Abschreckung und der Koexistenz zu verfolgen und müsse seine Politik daher allein auf grobe physische Gewalt stützen, ist Ausdruck eines Mangels an Vertrauen zur Demokratie.

Wenn sich der Westen nicht selbst Fesseln anlegte, dann würde er meiner Überzeugung nach die historische Wette gewinnen. Das Wirtschaftssystem der Sowjetunion zeigte enorme Schwächen; die ideologische Anziehungskraft des Kommunismus war verblaßt; die politische Basis des Sowjetreichs war anfällig gegen Erschütterungen. In der sechzigjährigen Geschichte dieses Staates war es noch niemals gelungen, die oberste Führung durch ein normales und legitimes Verfahren abzulösen. Praktisch war es nur dreimal zum Führungswechsel gekommen. Von den vier Generalsekretären der kommunistischen Partei waren zwei (Lenin und Stalin) im Amt gestorben; der dritte (Chruschtschow) war durch eine Art Putsch entmachtet worden; der vierte (Breschnew) war Anfang 1973 noch damit beschäftigt, seine Machtstellung zu sichern, während man schon die Anzeichen dafür erkennen konnte, daß sich sein Gesundheitszustand zusehends verschlechterte. Es war dem System nicht gelungen, sich ernsthaft mit dem Verlangen der intellektuellen und technischen Elite, wie sie sich bei jeder Industrialisierung entwickelt, auseinanderzusetzen und an den politischen Entscheidungsprozessen teilnehmen zu lassen. Als Ausgleich dafür, daß sich der politische Ehrgeiz dieser Leute nicht befriedigen ließ, wurden sie zu einer »neuen Klasse« von Karrieristen; diese Entwicklung mußte zur Stagnation führen. Schließlich würde sich die Sowjetunion mit der immer stärker anwachsenden nichtrussischen Bevölkerung auseinandersetzen müssen, die sich sehr bald in der Majorität befinden würde – was zu erheblichen Integrationsproblemen führen mußte.

Auch die immer schwieriger zu lösenden Wirtschaftsprobleme der Sowjetunion wurden zunehmend deutlicher erkennbar. 1972 wuchs das Bruttosozialprodukt um anderthalb Prozent und entsprach damit der Zunahme der Gesamtbevölkerung, ein deutliches Anzeichen für die zu erwartende Stagnation. Das System der totalen Planung verhindert offenbar das Wachstum in einem dem Umfang des Wirtschaftssystems entsprechenden Maß. Alle Anreize wirken in die falsche Richtung. Die leitenden Angestellten in den Fabriken melden ein zu geringes Produktionspotential, um nicht Normen erfüllen zu müssen, die sich nicht erfüllen lassen, weil es Engpässe in anderen Industriezweigen gibt, die von ihnen nicht beseitigt werden können. Die Planer stellen keine Marktanalysen an, um festzustellen, wonach die Verbraucher verlangen, und dasselbe gilt sogar für die Bedürfnisse der Industrie. In diesem Vakuum erzeugen sie Waren schlechter Qualität, die niemand haben will. Qualität läßt sich durch Direktiven nicht garantieren; daher neigt jeder Betriebsleiter dazu, sein Soll so zu erfüllen, daß er dabei möglichst wenig auf andere Sektoren des sowjetischen Systems angewiesen ist. (Ein osteuropäischer Planer hat mir einmal erzählt, als die Quote für die Herstellung von Lokomotiven nach Gewicht festgelegt wurde, erzeugte sein Land die schwersten Lokomotiven der Welt; als man dazu überging, das Soll durch die Anzahl der fertiggestellten Lokomotiven festzulegen, waren es die leichtesten und am stärksten reparaturanfälligen. In jedem Falle war man in die Richtung des geringsten Widerstandes gegangen.)

Da die Betriebsleitungen nicht berechtigt sind, die Produktionspläne zu ändern, sehen sie sich gezwungen, am Rande der bürokratischen Legalität zu arbeiten. Sie horten knappes Material oder versuchen, sich dieses Material auf krummen Wegen zu beschaffen. So entsteht schließlich das Paradox, daß eine totale Planwirtschaft einen schwarzen Markt oder vielmehr einen geheimen freien Markt braucht, um überhaupt zu funktionieren. Doch dadurch wird nur die klassische Schwäche der kommunistischen Wirtschaftssysteme erhöht: Chronische Materialknappheit und chronischer Überfluß an bestimmten Dingen bestehen Seite an Seite.[6] Das Dilemma des Kommunismus liegt darin, daß es augenscheinlich unmöglich ist, eine moderne Wirtschaft im Rahmen eines totalen Planungssystems funktionsfähig zu erhalten, aber vielleicht ist es auch nicht möglich, einen kommunistischen Staat *ohne* eine totale Planwirtschaft zu regieren.

Der Daseinszweck der kommunistischen Partei ist sein Machtmonopol – aber daraus entsteht eine neue Anomalie. Die kleine Gruppe der Eingeweihten, die für sich die Fähigkeit in Anspruch nehmen, einen tieferen Einblick in die geschichtlichen Zusammenhänge zu haben als jeder andere, leitet aus dieser Überzeugung die monomane innere Leidenschaft ab, die man für eine Revolution braucht. Aber wenn diese Leute die politische Macht fest in der Hand haben, welches sind dann ihre Aufgaben? Man braucht sie nicht in der Regierung oder beim Militär. Sie sind nur die Bewahrer einer politischen Legitimität, die schon seit langer Zeit ihr moralisches Ansehen und ihren revolutionären Schwung verloren hat. Ihre besondere Aufgabe besteht in der Lösung innerer Krisen, die ihr zentralisiertes System hervorgebracht hat, und äußerer Krisen, welche die Folgen ihrer ideologischen Starrheit sind. Der Parteiapparat entwickelt Parallelen zu jeder bestehenden Hierarchie, ohne irgendeine Funktion zu erfüllen. Die Mitglieder dieses Parteiapparats sind Wachhunde ohne Daseinsberechtigung. Ihre Aufgabe besteht darin, die Bevölkerung unter Druck zu setzen und für Ordnung zu sorgen, und sie verfügen, abgeschirmt gegen alle anderen Bürger, über Privilegien, die zur Korruption und zum Zynismus herausfordern.

In jedem kommunistischen Staat – und das ist fast ein historischer Witz – kommt es schließlich wenn nicht zur offenen, so doch zur latenten Krise um die Rolle der kommunistischen Partei. In Polen wäre die Partei fast hinweggefegt worden, weil sie bedeutungslos und ohnmächtig geworden war – und wir stehen erst am Beginn dieses Prozesses entscheidender Wandlungen. Wenn Moskau durch eine entschlossene Politik des Westens daran gehindert wird, seine internen Spannungen in internationale Krisen umzumünzen, dann wird es sich wahrscheinlich damit abfinden müssen, die prahlerische Behauptung, daß die Geschichte auf seiner Seite stünde, als eine Illusion anzuerkennen. Ich bin fest davon überzeugt, daß eine lange Friedensperiode den Pluralismus des demokratischen Systems fördern wird – seine wirtschaftliche Lebensfähigkeit, die Impulse für den technologischen Fortschritt und die Kreativität der freien Völker.

Die klare geopolitische Linie, welche die Nixon-Regierung bei den Ost-West-Beziehungen verfolgte, wurde zwar in den Vereinigten Staaten nur schwer begriffen, wirkte sich aber positiv auf das Verhalten der sowjetischen Führung aus. Die Männer im Kreml nutzen zwar gern die Neigungen westlicher Politiker aus, die eine wirksame Diplomatie mit guten persönlichen Beziehungen verwechseln, aber es fällt ihnen schwer, sich auf eine sentimentale Außenpolitik einzustellen. Kein westlicher Führer, der sich darauf spezialisiert hat, die Russen zu »verstehen«, als ginge es bei der Außenpolitik um gute persönliche Beziehungen, hat damit jemals Erfolg gehabt. Die sowjetischen Führer gehen durch eine harte Schule. Sie haben sich in einem System durchgesetzt, das rücksichtslos die Zaghaften und von Skrupeln Belasteten ausmerzt. Nur ein starkes Machtstreben – oder die an Fanatismus grenzende ideologische Überzeugung – kann sie veranlaßt haben, eine Laufbahn zu ergreifen, in der es nur wenige Gewinner und für die Verlierer katastrophale Rückschläge gibt. Der persönliche gute Wille, jene Fata Morgana der westlichen Diplomatie, kann sie zu nichts bewegen. Ihre Ideologie stellt die überragende Bedeutung materieller Faktoren und den objektiven Ausgleich der Kräfte in den Vordergrund. Sie können ein nachgiebiges Verhalten gegenüber der Außenwelt in einem für das sowjetische System so charakteristischen Machtkampf nicht rechtfertigen, wenn sie nicht nachweisen, daß die konkreten Verhältnisse eine solche Haltung erfordern.

Deshalb sind unsentimentalere Realisten in der sowjetischen Hauptstadt augenscheinlich beliebter, denn die dort herrschende Ideologie lehnt die Vorstellung ab, daß der Mensch den vorbestimmten Lauf der Geschichte ändern könnte. Und Nixon war in der Tat ein Realist. Kaum jemand wäre weniger geneigt, Koexistenz mit Psychotherapie oder Frieden mit guten persönlichen Beziehungen zu verwechseln. Seine persönliche Unsicherheit ließ ihn daran zweifeln, daß er irgend jemanden mit seinem Charme betören könnte – schon gar nicht die hartgesottenen sowjetischen Führer. Er wußte, daß es für wohlausgewogene Risiken, die jede Aggression zu einem zweifelhaften Unternehmen machten, keinen Ersatz gab und bemühte sich energisch um die Erhaltung des Gleichgewichts der Kräfte. Er fürchtete sich aber auch nicht, darüber nachzudenken, was die Sowjets veranlassen könnte, mit den Vereinigten Staaten zusammenzuarbeiten, und zwar auch, während er gleichzeitig versuchte, den Expansionismus für sie als zu gefährlich erscheinen zu lassen. Wenn mit der Zeit auch andere Faktoren ins Spiel kamen, ließe sich vielleicht ein stabiler Friede herstellen, dessen Grundlage die Überzeugung und nicht die zwingende Notwendigkeit war. Unter solchen Voraussetzungen waren im Mai 1972 der ehemalige Kommunistenverfolger und der Generalsekretär der sowjetischen kommunistischen Partei in Moskau zusammengekommen, um die Grenzen der Koexistenz abzustecken.

Ich glaube, daß es Nixon in normalen Zeiten gelungen wäre, die Symmetrie zwischen den beiden Säulen der Eindämmung und der Koexistenz herzustellen. Nixon wäre in der Lage gewesen, den Konservativen zu beweisen, daß die Entspannungspolitik ein Mittel war, mit dem der ideologische Wettbewerb ausgetragen werden konnte, und nicht ein Zeichen dafür, daß man den Kampf aufgegeben hatte. Und er hätte sich des Drucks der Liberalen erwehren können, denn die Mehrheit der gemäßigten Kräfte hätte sich hinter seine Politik gestellt, weil sie es sich zur Aufgabe machte, konkrete Probleme zu lösen. Dann hätte er den Nachweis für seine Bemühungen um den Frieden dazu verwenden können, die freien Völker des Bündnisses hinter sich zu bringen, um ein neues Konzept für die Verteidigungspolitik zu entwickeln.

Aber schon zu Beginn seiner zweiten Amtsperiode war Nixon kein normaler Präsident mehr. Der Schaden war fast irreparabel. In der Zeit zwischen dem Moskauer Gipfel von 1972 und dem Besuch in Wladiwostock 1974 waren die Chancen für eine stabile Koexistenz zwischen den Vereinigten Staaten und der Sowjetunion auf lange Sicht so gut, wie sie in der ganzen Nachkriegszeit nicht gewesen waren. Die UdSSR hatte im Nahen Osten einen schweren Rückschlag erlitten und ihn akzeptiert; die zwischen uns bestehenden Konflikte bestanden weiter, aber es ließ sich damit leben. Wir hatten mit einem ganzen Netz von Vereinbarungen ein breites Fundament gelegt. Mit Anreizen und der Androhung von Rückschlägen war es uns augenscheinlich gelungen, mäßigend auf die Sowjets einzuwirken. Noch niemals hatte es bessere Voraussetzungen für die Erprobung aller Möglichkeiten im Rahmen einer subtilen Kombination von Festigkeit und Flexibilität gegeben.

Wir werden niemals erfahren, was möglich gewesen wäre, hätte Amerika seine Autorität in dieser traurigen Periode nicht so weitgehend verspielt. Die Angriffe des Kongresses auf den geschwächten Präsidenten beraubten ihn der Möglichkeit, durch Eindämmungsmaßnahmen und Anreize die Sowjets zur Mäßigung zu bewegen, schwächten unsere Widerstandskraft und trieben uns dabei in die Konfrontation, ohne uns die Mittel an die Hand zu geben, uns darin zu behaupten. Der innenpolitische Rückhalt für unsere Ostwestpolitik schwand dahin. In der Debatte um die Auswanderung von Juden aus der Sowjetunion, durch welche 1973 die amerikanisch-sowjetischen Handelsvereinbarungen ausgehöhlt wurden, verloren wir die Möglichkeit, den Russen irgendwelche Anreize zu bieten. Unsere Druckmittel wurden als Folge des fortschreitenden Verlusts der Autorität unserer Exekutive in der Zeit von 1973 bis 1976 wirkungslos. Das Ergebnis waren die Katastrophe in Indochina, eine Beschneidung der Vollmachten des Präsidenten als Oberbefehlshaber der amerikanischen Streitkräfte, eine Blockierung der Militärhilfe für unsere wichtigsten Verbündeten und die nahezu vollständige Ausschaltung unserer Nachrichtendienste. Bald konnten die Sowjets der Versuchung nicht mehr widerstehen, die geschwächte

Position des Präsidenten und die inneren Spaltungen in den Vereinigten Staaten, die ihren Auslandsverpflichtungen nicht mehr nachkommen konnten, auszunutzen. 1975 waren die Sowjets zu ihrer Politik der Abenteuer zurückgekehrt, gestärkt durch eine beispiellose Ausrüstung mit modernen Waffen.

Unsere innenpolitische Schwäche und die Stärke der Sowjetunion waren zum Teil die Ursachen dafür, daß aus der Entspannung für viele unserer Verbündeten das wurde, was die Konservativen gefürchtet hatten, eine Flucht aus der Realität des Gleichgewichts der Kräfte, bei der die Substanz der Außenpolitik durch nur atmosphärisch wirkende Beteuerungen des guten Willens ersetzt wurde. In einer Periode der durch die Ölpreisexplosion verursachten Wirtschaftsrezession wendeten sich einige europäische Länder dem Ostwesthandel als Allheilmittel zu, so daß der Handel nicht mehr das Instrument einer wohldurchdachten Außenpolitik blieb. Vor ihrer eigenen Bevölkerung spielten diese Politiker die Rolle der »Vermittler« zwischen der Sowjetunion und den Vereinigten Staaten.

So hatte Amerika für die Uneinigkeit im Innern große Opfer gebracht. Alles begann mit der Debatte über die Frage, welcher Zusammenhang zwischen dem Handel mit der Sowjetunion und den Menschenrechten bestünde.

Getreide und Auswanderer

Auf keinem Gebiet der Außenpolitik sind so drastische Frontwechsel vollzogen worden wie in der Haltung zum Ostwesthandel. Seit der Amtseinführung der Nixon-Regierung im Jahr 1969 hatten unsere liberalen Kritiker uns gedrängt, die noch aus der Zeit des Kalten Krieges bestehenden Handelsbeschränkungen aufzuheben.[7] Weniger als sechs Monate nach der Besetzung der Tschechoslowakei durch die Sowjetunion griffen führende Journalisten, Akademiker und die Mehrheit der demokratischen Kongreßabgeordneten (wie auch einige liberale Republikaner) unsere Doktrin der Verknüpfung an, die einen Zusammenhang zwischen einer schrittweisen Aufhebung der Handelsbeschränkungen und dem außenpolitischen Verhalten der Sowjetunion herstellte. Da die Beziehungen zwischen den Vereinigten Staaten und der UdSSR 1969 und 1970 sehr gespannt waren, gewährten wir keinerlei Exportlizenzen. Nun behauptete man, daß diese Methode gefährlich und wirkungslos sei; wir spielten den Verfechtern einer harten stalinistischen Politik im Kreml in die Hand; der Handel mit der Sowjetunion gewährte nicht den Sowjets, sondern uns selbst Vorteile; er werde den

Frieden fördern; er werde die Liberalisierung des kommunistischen Regimes beschleunigen und, wenn wir unsere Handelsbeziehungen mit der Sowjetunion nicht ausbauen wollten, dann würden es unsere Verbündeten tun. Einige konservative Geschäftsleute stimmten den Argumenten der Liberalen zu und betrachteten die Verknüpfung des Handels mit der Außenpolitik als den illegitimen Versuch, ihre geschäftlichen Vorteile gegen politische Gewinne einzutauschen, an denen sie kein unmittelbares Interesse hätten.

Die Nixon-Administration hielt an ihrem Kurs fest. Wir lockerten die Handelsbeschränkungen nach dem ersten Durchbruch bei den SALT-Verhandlungen im Mai 1971 und dem Abschluß der Berlin-Verhandlungen im August des gleichen Jahres geringfügig. Erst nach dem Moskauer Gipfel von 1972 erklärten wir uns mit weiteren Verbesserungen einverstanden – achteten dabei aber sorgfältig darauf, unsere Maßnahmen mit der Zurückhaltung der Sowjets auf außenpolitischem Gebiet zu verknüpfen. Wir gewährten keine Blancokredite, die von uns zur Verfügung gestellten Mittel durften vielmehr nur für ganz bestimmte Projekte verwendet werden. Dabei gaben wir den Sowjets zu verstehen, daß unsere relative Flexibilität eine außenpolitische Herausforderung nicht überleben werde.

Später, als die Stimmung in der Öffentlichkeit umgeschlagen war, wurde manchmal behauptet, daß die Nixon-Administration in naiver Weise geglaubt habe, die Sowjetunion durch wirtschaftliche Anreize zur Mäßigung bewegen zu können. Angesichts der festen Entschlossenheit Nixons, den sowjetischen Expansionismus durch das militärische Gegengewicht einzudämmen, und seines Zögerns bei der Liberalisierung des Ostwesthandels während seiner ersten Amtszeit ist das ein ausgesprochenes Fehlurteil. Wir glaubten in der Tat, daß ein sorgfältig überwachter Handel die Koexistenz auf der Grundlage des Gleichgewichts der Kräfte fördern werde. Wirtschaftsbeziehungen konnten sich nach unserer Auffassung günstig auswirken, aber nur, wenn man den Sowjets nicht die Möglichkeit gab, sich auf neue Abenteuer einzulassen. Nachdem wir ein weiteres Vordringen der Sowjets 1970 und 1971 verhindert hatten, waren wir bereit, die Möglichkeiten für eine Koexistenz nüchtern und sorgfältig zu prüfen, aber nicht, um Argumente zu übernehmen, die wir über vier Jahre lang konsequent abgelehnt hatten.

Das erste große Gerangel entstand um das Getreidegeschäft zwischen den Vereinigten Staaten und der Sowjetunion. 1972 nutzten die Sowjets die Vorteile unseres freien Marktes aus und kauften aufgrund staatlicher Konzessionen Getreide im Wert von fast einer Milliarde Dollar, bevor noch irgend jemand begriffen hatte, was geschah[8] – annähernd unseren gesamten landwirtschaftlichen Überschuß. Wie sich herausstellte, bestand das Verhängnisvolle daran nicht im Verlangen unserer Regierung, unbedingt zu verkaufen, obwohl Nixon sicherlich erkannt hatte, welchen Nutzen ihm das zu günstigen Bedingungen abgeschlossene Getreidegeschäft in einem Wahljahr bringen konnte. Den Sowjets ist dieses Geschäft in erster Linie deshalb gelungen, weil sie als kluge Kaufleute damit gerechnet hatten, daß jede Getreidefirma versuchen werde, ihre Abschlüsse vor ihren Konkurrenten geheimzuhalten. Wenn sie daher ihre Aufträge auf eine große Zahl von Lieferanten verteilten, dann glaubten die Sowjets mit Recht, daß die Habgier der einzelnen Firmen den Umfang der sowjetischen Getreidekäufe bis zur Unterzeichnung der Verträge verschleiern werde.

Das Vorhaben der Sowjets wurde dadurch erleichtert, daß es kein Erfassungssystem der Regierung gab. Hier zeigte sich auf dramatische Weise, wie schwierig es ist, eine Marktwirtschaft auf außenpolitische Erfordernisse abzustimmen. Wenn jeder Käufer in den Markt eindringen kann, dann werden seine Möglichkeiten nur durch seine Zahlungsfähigkeit begrenzt. Wenn die Regierung daher bestimmte politische Ziele erreichen will, muß sie in der Lage sein, in den Markt einzugreifen, um ohne Rücksicht auf die wirtschaftlichen Voraussetzungen einen Ausverkauf zu verhindern, sobald die politischen Bedingungen erfüllt sind. Dazu sind Lizenzen oder ähnliche einschränkende Maßnahmen erforderlich – für viele Unternehmer der Inbegriff des Bösen schlechthin, und zu ihnen gehören auch manche, die sich für überzeugte Antikommunisten halten.

Anfang 1973 erfuhren wir, daß die Sowjets wieder mit einer schlechten Ernte rechnen mußten. Als Vorbedingung für unsere Hilfe versuchten wir, die Sowjets zu zwingen, ihre Getreidekäufe über mehrere Jahre zu verteilen. Das Weiße Haus verlangte für die Verträge eine Laufzeit von fünf Jahren und die Festsetzung einer Höchstmenge, um unseren Farmern die Vorausplanung zu erleichtern, Schaden von unserem Inlandmarkt abzuwenden und uns die Möglichkeit zu geben, einen gewissen politischen Druck auszuüben. Aber diese Haltung war nur möglich, wenn wir die Getreideverkäufe so lange einstellten, bis die Sowjets auf unsere Bedingungen eingegangen waren. Unsere Farmer waren mit den Langzeitverträgen durchaus einverstanden; daß wir die Getreideverkäufe jedoch zunächst einstellen wollten, gefiel ihnen weniger, und sie hatten in unserem Landwirtschaftsminister, Earl Butz, einen geschickten, leidenschaftlichen und unermüdlichen Fürsprecher. Er war als Dekan einer Universität in einer bürokratischen Arena geschult worden, die auf diesem Gebiet die höchsten Anforderungen stellt. Als ich Butz aufforderte, zu untersuchen, ob er die Berechtigung habe, die Getreideverkäufe zu verzögern (durch die Anweisung, daß sie dem

Landwirtschaftsministerium gemeldet werden müßten), wich er einer direkten Antwort aus. Nach einigen Wochen, am 3. Mai, frischte ich sein Gedächtnis auf:

> Mir geht es in dieser Angelegenheit darum, den Sowjets nicht zu erlauben, in aller Stille einen großen Teil der diesjährigen Getreideernte für sich beiseitezuschaffen, was den amerikanischen Verbraucher und unsere anderen internationalen Kunden zwingen würde, für den Rest höhere Preise zu bieten.

Aber Butz wollte sich nicht den Zorn der Farmer zuziehen. Für ihn war es viel günstiger, den Diplomaten mit den gestreiften Hosen die Schuld zuzuschieben. Er schlug deshalb vor, daß *ich* die Sowjets veranlassen sollte, ihre Käufe zu begrenzen – ein vorzüglicher Rat: Anstatt unsere landwirtschaftliche Leistungsfähigkeit in den Verhandlungen mit den Sowjets als Hebel zu benutzen, sollten wir sie jetzt bitten, uns einen Gefallen zu tun und weniger zu kaufen, als der Markt zuließ. Unter normalen Umständen konnte diese Methode nur erfolgreich sein, wenn ich zu erkennen gab, daß wir sonst andere Möglichkeiten finden würden, um die Verkäufe zu begrenzen. Der Vorschlag von Butz war eine elegante Methode, dafür zu sorgen, daß außenpolitische Kriterien die Getreidekäufe der Sowjets nicht beeinflußten.

Die Koalition der Befürworter des Getreidehandels aus Liberalen und Unternehmern wurde allmählich von einer anderen, aus Konservativen und Liberalen bestehenden Gruppe überholt. Sie verlangte, daß wir den Ostwesthandel dazu benutzten, von den Sowjets eine Änderung ihrer Auswandererpolitik zu erzwingen. Sie übernahmen damit unsere Doktrin von der Verknüpfung, gaben ihr aber die denkbar extremste Deutung und gingen damit weit über unsere ursprünglichen Absichten hinaus. Zugeständnisse in den Handelsbeziehungen wurden jetzt nicht mehr mit der sowjetischen Außenpolitik verknüpft, womit wir einverstanden waren, sondern mit innenpolitischen Praktiken in der Sowjetunion. Damit wurde der Ostwesthandel zu einer innenpolitischen Frage in den Vereinigten Staaten, die im Laufe der Zeit unsere Beziehungen zur Sowjetunion belastete, ohne eine Strategie für den Abbau der dadurch entstehenden Spannungen zu liefern. Ironischerweise bestand diese Herausforderung aus einer Maßnahme, welche die Liberalen schon zu Beginn der Amtszeit der Nixon-Administration von uns verlangt hatten: die Gewährung der Meistbegünstigungsklausel für die Sowjetunion.

Die Bezeichnung Meistbegünstigungsklausel ist irreführend. Sie gewährt keine besonderen Vorteile, sondern garantiert dem betreffenden Land nur die Behandlung nach den gleichen Zollvorschriften, die auch für alle anderen Nationen (es sind mehr als hundert) gelten, mit denen wir normale Handelsbeziehungen unterhalten. Mit anderen Worten, die Behandlung nach der Meistbegünstigungsklausel beendet die Diskriminierung des Landes, dem sie gewährt wird. Sie läßt die Entwicklung normaler Handelsbeziehungen nach den Erfordernissen der jeweiligen Wirtschaftslage zu, was unseren Handelsfirmen die gleichen Vorteile bringt wie den ausländischen. Wir rechneten aber nicht damit, daß sich die sowjetischen Exporte in die Vereinigten Staaten nach Gewährung der Meistbegünstigungsklausel rasch oder wesentlich steigern würden. Für die Sowjets hatte die Meistbegünstigungsklausel jedoch mehr einen symbolischen als einen wirtschaftlichen Wert. Sie vermittelte den Eindruck der Gleichberechtigung auf wirtschaftlichem Gebiet.

Im September 1972 schlossen wir die Verhandlungen über die sowjetischen Schulden aus dem Pacht- und Leihvertrag ab (die über einen Zeitpunkt von fünfundzwanzig Jahren storniert worden waren). Diese Verhandlungen hatte unser Handelsminister, Peter G. Peterson, mit großem Geschick geführt. Damit wurde der Weg für einen Handelsvertrag mit der UdSSR frei, dessen wichtigster Teil die Gewährung der Meistbegünstigungsklausel war. Am 10. April 1973 – unmittelbar bevor die Watergate-Bombe platzte – legte Nixon dem Kongreß diesen Vertrag vor. So brachte er noch im Sturz eine Debatte in Gang, die die Beziehungen zwischen den Vereinigten Staaten und der Sowjetunion seither aufs schwerste belastet hat.

Es war verbitternd, daß unsere Kritiker sich ausgerechnet ein Gebiet aussuchten, wo wir mit Recht auf unser Verhalten stolz sein durften; die Auswanderung der Juden aus der Sowjetunion. Zu Beginn seiner ersten Amtsperiode hatte Nixon beschlossen, diese Frage über den vertraulichen Kanal, den wir über Anatoly Dobrynin unterhielten, gegenüber der sowjetischen Führung zur Sprache zu bringen – ohne die Öffentlichkeit zu unterrichten, denn wir glaubten, die Sowjets könnten gewisse Praktiken in ihrer eigenen innenpolitischen Zuständigkeit eher ändern, wenn wir sie nicht öffentlich herausforderten. Schon 1969 machte ich Dobrynin den Vorschlag, jede freiwillige Berücksichtigung der moralischen Sorgen unserer Bevölkerung im Hinblick auf sowjetische Emigrationspraktiken anzuerkennen. Darin steckte ein vorsichtig, aber mit aller Deutlichkeit vorgetragener Wunsch: Wir wollten Taten sehen, dafür selbst aber keinen Beifall ernten. Moskau änderte die für Auswanderer geltenden Bestimmungen, wir haben jedoch niemals erfahren, ob auf unsere Anregung hin oder aus anderen Gründen. Während 1968 nur vierhundert sowjetische Juden hatten auswandern dürfen, waren es 1973 fast fünfunddreißigtausend.

Darüber hinaus reichte ich in gewissen Zeitabständen Listen von

Härtefällen ein. Dabei handelte es sich um Personen, die nicht auswandern durften, weil auf sie irgendwelche einschränkenden Sicherheitsbestimmungen zutrafen oder die andere Schwierigkeiten mit den sowjetischen Behörden hatten. Ich sagte Dobrynin, daß wir als Regierung, wenn die Sowjets auf unsere humanitären Wünsche eingingen, den Propagandawert der ins Ausland entlassenen Personen nicht für uns ausschlachten würden. Dobrynin nahm die Listen kommentarlos entgegen. Wir konnten jedoch feststellen, daß die meisten von uns als Härtefälle bezeichneten Personen die Erlaubnis erhielten, auszuwandern. Einmal übergab uns Dobrynin offiziell eine Statistik, auf der summarisch dargestellt war, wie die Sowjetunion Härtefälle behandelte.

Weshalb die Sowjetunion diese Praxis unmittelbar nach dem Moskauer Gipfel eingestellt hat, werden wir erst wissen, wenn die sowjetischen Archive oder die Memoiren der sowjetischen Führer veröffentlicht worden sind. Jedenfalls verordnete ein Erlaß des Präsidiums des Obersten Sowjet vom 3. August 1972 die Zahlung einer hohen »Ausreisesteuer« von Emigranten. Theoretisch sollten dem sowjetischen Staat damit seine Auslagen für die Ausbildung des betreffenden Emigranten vergütet werden. Die praktische Folge war, daß der Auswandererstrom sich zu einem Tröpfeln verlangsamte. Angesichts der allgemeinen Verbesserungen in den Beziehungen zwischen den Vereinigten Staaten und der Sowjetunion und der Tatsache, daß die Liberalisierung der Auswanderung die Sowjets in einem günstigeren Licht erscheinen ließ, war diese Entscheidung geradezu unerklärlich.

Am wenigsten glaubwürdig war die Erklärung Dobrynins, der behauptete, irgendein Funktionär auf mittlerer Ebene habe eine Routineentscheidung getroffen, die der zuständige Minister, der selbst ein Techniker war, mechanisch ratifiziert hätte. Doch das sowjetische System arbeitet anders, besonders wenn es sich um eine außenpolitisch bedeutsame Frage handelt. Ich vermute, daß die Ausreisesteuer eine von Panik diktierte Reaktion auf die Ausweisung sowjetischer Truppen aus Ägypten durch Sadat war. Wahrscheinlich fürchtete die sowjetische Führung um ihren Ruf in der arabischen Welt und wollte durch diese Maßnahme ihre Glaubwürdigkeit unter Beweis stellen, denn die meisten jüdischen Auswanderer ließen sich anschließend in Israel nieder. Die lahme Ausrede Dobrynins zeigte jedoch, wie ich glaubte, daß der Kreml sich seiner Sache nicht ganz sicher war; er suchte nach einem Sündenbock und nach einem Ausweg.

Aber der Geist war schon aus der Flasche. Am 4. Oktober 1972 empfahl der gefürchtete Senator Henry Jackson eine Zusatzbestimmung zum Handelsgesetz, nach der die Meistbegünstigungsklausel jedem kommunistischen Land, das die Auswanderung behinderte, verweigert werden sollte. Senator Jackson war bekannt als entschiedener Gegner sowjetischer Tyrannei. Er hatte schon zu einer Zeit, als so etwas durchaus nicht üblich war, vor der sowjetischen Aufrüstung gewarnt. Während Nixons erster Amtsperiode hatte er beim Ringen um ein ausreichendes Verteidigungsbudget, eine ehrenhafte Beendigung des Vietnam-Krieges und eine starke Außenpolitik eng mit der Administration zusammengearbeitet. Zu meiner Überraschung sah ich mich jetzt in Gegnerschaft zu einem alten Verbündeten gedrängt, aus der eine zunehmend gespannte Beziehung wurde. Was diesen Konflikt besonders schmerzhaft machte, war mein Gefühl, mit Jackson in den meisten Fragen besser übereinzustimmen als mit vielen neuen Verbündeten, die seinen Gesetzesvorschlag aus anderen grundsätzlichen Erwägungen für falsch hielten.

Bis zu einem gewissen Grade ergänzten sich unsere Bemühungen gegenseitig. Aber allmählich wurde seine Vorlage für ihn zum Selbstzweck. Wenn sie einmal angenommen worden war, dann konnte man sie nicht mehr als Hebel benutzen, denn die Sowjets konnten ihre Politik nicht auf den Erlaß eines kapitalistischen Gesetzes hin ändern, sondern mußte erwarten, daß sie in die entgegengesetzte Richtung gingen. So förderte das von Jackson vorgelegte und vom Kongreß erlassene Gesetz die Auswanderung nicht, sondern hatte schließlich zur Folge, daß die Zahl der Auswanderer sich wesentlich verringerte.

Aber die Zeit war nicht günstig für einen vernünftigen Dialog. Plötzlich fand Jackson Anhänger unter den Liberalen, die seinen Standpunkt in Sachen der Verteidigung und der Außenpolitik bis dahin stets bekämpft hatten. Die *New York Times,* die uns 1969 und 1970 wegen der angeblich unerhörten Vorstellung getadelt hatte, man sollte den Handel mit dem außenpolitischen Verhalten der Sowjetunion verknüpfen, entdeckte plötzlich die Bedeutung des Handels als Instrument, mit dem sich ein entscheidender Wandel in der sowjetischen Innenpolitik herbeiführen ließe. In einem Leitartikel vom 25. November 1972 bekannte sich die *Times* zum ersten Mal zu ihrer Version des Prinzips der Verknüpfung:

> Rußlands brutale Unterdrückung der Menschenrechte von vielen ihrer eigenen Bürger, die Einführung einer Kopfsteuer für Juden, um sie am Verlassen der Sowjetunion zu hindern, und die Drohung mit künftigen noch strengeren Einschränkungen sowie die an andere Länder gerichtete Aufforderung, amerikanisches Kapital zu enteignen – alle derartigen Maßnahmen sollen die öffentliche Meinung in Amerika anheizen und die Weiterentwicklung der sowjetisch-amerikanischen Handelsbeziehungen gefährden.

Am 21. Februar 1973 machte die *Washington Post*, die sich auch schon seit langer Zeit für eine Belebung des Ostwesthandels ausgesprochen hatte, aus einem unter großen Schwierigkeiten erreichten stillschweigenden Zugeständnis der Sowjets eine offizielle sowjetische Verpflichtung, die es jedoch nie gegeben hatte:

> Die ausgesprochene Neigung der Abgeordneten auf dem Kapitol, Handel und Auswanderung miteinander zu verknüpfen, ist für den Präsidenten das Mittel, den Russen zu sagen: Wenn er seiner Verpflichtung nachkommen soll, ihnen die Gleichberechtigung bei der Verzollung russischer Importwaren zu gewähren, dann müssen sie auch ihre Verpflichtungen im Hinblick auf die jüdischen Emigranten erfüllen.

Ende 1973 verlief sich diese Debatte, wie vieles andere, in Washington im Sand. Am 3. September erklärte die *New York Times*, daß sie zwischen Watergate und der Unterdrückung von Dissidenten im sowjetischen Polizeistaat keinen Unterschied erkennen könnte; die Zeitung leistete so ihren Beitrag zu der damals herrschenden wahnhaften Stimmung, als sie meinte, ein Bündnis zwischen Nixon und Breschnew für die Unterdrückung der Opposition in beiden Ländern feststellen zu können:

> Die Administration gab bekannt, daß Finanzminister Shultz demnächst als Leiter einer aus höheren Beamten bestehenden Delegation nach Moskau gehen wird, um die Gespräche über die Ausweitung des sowjetisch-amerikanischen Handels fortzuführen. Die Unterdrückungsmaßnahmen in der Sowjetunion stören das Weiße Haus augenscheinlich ebenso wenig wie sich der Kreml für Watergate interessiert. Die Welt erlebt jetzt ein Defacto-Bündnis zwischen Nixon und Breschnew, das sich gegen die Dissidenten im jeweils anderen Lande richtet.

Am 10. Oktober 1972 legte der Abgeordnete Charles Vanik aus Ohio einen ähnlichen Gesetzesantrag vor wie Jackson. Er wurde von so energischen Befürwortern des Ostwesthandels unterstützt wie den Abgeordneten Donald M. Fraser aus Minnesota und Benjamin S. Rosenthal aus New York, die gemeinsam mit dem Abgeordneten John H. Buchanan jr. aus Alabama im Dezember 1972 eine Reise in die Sowjetunion unternahmen. Im April 1973 veröffentlichten sie einen Bericht zum Thema »Spannung und Entspannung«, der zu dem ganz neuen Schluß kam:

> Wir sind überzeugt, daß verbesserte Beziehungen zu der Sowjetunion – und besonders verbesserte Handelsbeziehungen – für beide Länder und die Sache des Weltfriedens nützlich sind. Aber sowohl der Präsident als auch die Sowjets müssen begreifen, daß normale Beziehun-

> gen zwischen unseren Ländern so lange nicht hergestellt werden können, wie Juden und andere sowjetische Bürger verfolgt und – durch welche Maßnahmen auch immer – an der Ausübung ihres Rechts zur Auswanderung gehindert werden.[9]

Einerseits drängte man uns, das zu tun, was uns in beachtlichem Umfange schon gelungen war, die Auswanderung aus der Sowjetunion zu erleichtern. Andererseits mußte man immer deutlicher erkennen, daß dieses Drängen ganz andere Gründe hatte. Jetzt wollte man die Kritik an Nixons angeblichen moralischen Schwächen auf ganz neue politische Gebiete einschließlich der Außenpolitik ausdehnen, auf denen Nixons Leistungen bisher nicht in Zweifel gezogen worden waren. Dazu gehörte schon eine ziemliche Unbekümmertheit, denn während Jackson bereit war, die Konsequenzen einer Konfrontation mit der Sowjetunion auf sich zu nehmen, waren es viele seiner Anhänger, wie sich bald herausstellen sollte, nicht. Wenn solche Angriffe gegen Moskau die Sowjetunion veranlaßten, sich in neue Abenteuer zu stürzen, dann mußten wir fragen, wer von den tapferen Verfechtern der Menschenrechte sich hinter uns stellen würde, wenn wir uns diesen Abenteuern entgegenstemmten. Zwei Jahre später hatten viele, die sich jetzt lautstark für eine feste Haltung der Vereinigten Staaten einsetzten, die Gelegenheit, diese Frage zu beantworten, als die Sowjetunion und Kuba in Angola intervenierten. Die meisten Mitglieder der liberal-konservativen Koalition, die es in der Frage der Menschenrechte auf eine Konfrontation hätten ankommen lassen, vermieden sie jetzt angesichts einer flagranten Bedrohung der internationalen Sicherheit.

Zu Beginn der Kampagne gegen die sowjetischen Emigrationspraktiken hatte es sich zum Glück noch nicht sehr deutlich gezeigt, daß eine der Säulen unserer Außenpolitik aufs äußerste gefährdet war. Wir beschäftigten uns mit dieser Frage in der Absicht, die Sowjetunion zur Aufhebung der neu eingeführten Auswanderersteuer zu veranlassen. Das von Jackson eingebrachte Gesetz hat außerdem wahrscheinlich dazu beigetragen, die sowjetische Führung davon zu überzeugen, daß ein Kurswechsel angezeigt sei. Am 30. März kam Dobrynin zu mir und brachte eine »für den Präsidenten bestimmte vertrauliche« Note mit. Darin hieß es – und das war durchaus verständlich –, daß die Regelung der Auswanderung ausschließlich in die Zuständigkeit des sowjetischen Staates gehörte. Die Note beklagte die »geräuschvolle Kampagne« zum Thema Auswanderung und bezeichnete sie als »künstlich und böswillig«. Doch das Ergebnis der so lautstark vorgetragenen Forderungen war die gute Nachricht, daß die Ausreisesteuer aufgehoben worden sei. In der sowjetischen Note wurde behauptet, daß das neue Gesetz von vornherein nur nach Gutdünken der Behörden auf besondere Fälle hätte angewendet werden sollen. In Zukunft sollte es nur unter »ungewöhnlichen« Umständen aus Gründen der Staatssicherheit gelten. Entsprechend würden nur solche »gewöhnlichen und unbedeutenden Gebühren erhoben werden, wie sie auch schon vor Inkrafttreten des Erlasses vom 3. August 1972 erhoben worden sind.«

Vertrauliche Noten von Breschnew wurden im allgemeinen nicht an den Kongreß weitergegeben; so würde auch diese Note, wenn die Sowjets hier keine Ausnahme machten, uns bei unseren Auseinandersetzungen mit Jackson nicht helfen. Da die Sowjets uns ausdrücklich darauf aufmerksam gemacht hatten, daß die neue Bestimmung nach den jeweiligen Erfordernissen angewendet werden würde, ließ sich nicht ausschließen, daß sie plötzlich auch wieder strenger ausgelegt werden konnte. Ich bat deshalb um die Erlaubnis, die Note an den Kongreß weiterleiten zu dürfen. Weit über das in der Diplomatie Übliche hinausgehend, fragte ich nach, ob ich auch die israelische Regierung unterrichten dürfte. Schließlich bat ich um bindendere Zusagen als die bloße Erklärung, daß keine willkürlichen Maßnahmen getroffen werden würden. Dabei erschien mir die Zusage, daß die Verordnung über die Ausreisesteuer de facto aufgehoben worden sei, besonders wichtig.

Die Sowjets beantworteten meine Anfrage am 10. April in einer Form, die mir deutlich zeigte, wie wichtig ihnen die Beziehungen zwischen den Vereinigten Staaten und der Sowjetunion waren. Sie erklärten sich damit einverstanden, Breschnews Note dem Kongreß als offizielle Erklärung bekanntzugeben. Was Israel betraf, so erklärte Moskau, daß Israel keine Veranlassung hätte, über die sowjetische Auswanderungspolitik Gespräche zu führen, besonders nicht mit den Vereinigten Staaten. Aber mit dieser Erklärung wollten die Sowjets offenbar nur das Gesicht wahren, denn dann hieß es: »Es ist Sache des Präsidenten, zu entscheiden, wie er unsere Mitteilung verwendet und wen er von ihrem Inhalt unterrichtet.« Um Mißverständnisse zu vermeiden, entwarf ich eine offizielle Erklärung über die sowjetische Haltung, die auch den Vorbehalt enthielt, daß die Steuer nicht wieder eingeführt werden würde. Bevor ich sie dem Kongreß vorlegte, zeigte ich sie Dobrynin, der sich am 16. April damit einverstanden erklärte. (Der vollständige Text ist in den Anmerkungen abgedruckt.)[10]

Nachdem sich die Sowjetunion offiziell damit einverstanden erklärt hatte, auf die Ausreisesteuer zu verzichten, teilte ich Dobrynin mit, daß jetzt dem Inkrafttreten des zwischen den Vereinigten Staaten und der Sowjetunion 1972 abgeschlossenen Handelsvertrages nichts mehr im Wege stünde. Damit hatte ich mich gründlich getäuscht.

Denn der zunehmende Machtverlust des Präsidenten hatte alle bisher geltenden Erwartungen zunichte gemacht. Nixon rechnete mit einem großen Erfolg, als er am 18. April führende Kongreßabgeordnete, unter ihnen auch Senator Jackson, ins Weiße Haus bat, um sie über die sowjetische Note zu unterrichten. Die Sowjetunion hatte auf Drängen der Vereinigten Staaten ein internes sowjetisches Gesetz aufgehoben, uns schriftlich davon unterrichtet und sich einverstanden erklärt, daß wir die sowjetische Note dem Kongreß vorlegten. Es war Nixon gelungen, das Haupthindernis zu beseitigen, das sich der Gewährung der Meistbegünstigungsklausel entgegenstellte, und er hatte bewiesen, was sich durch vertrauliche diplomatische Bemühungen für die Menschenrechte tun ließ. Das glaubte er wenigstens.

Aber dann erlebte Nixon einen schweren persönlichen Rückschlag. Am Tage zuvor hatte er eingeräumt, es bestünde die Möglichkeit, daß an Watergate hohe Beamte seiner Administration beteiligt gewesen wären. In dieser Lage suchte der Kongreß nicht die Zusammenarbeit mit ihm, sondern nach einer Gelegenheit, seine Unabhängigkeit zu beweisen. Die Abgeordneten versammelten sich im Roosevelt-Zimmer des Weißen Hauses und hörten dem Präsidenten höflich zu. Niemand hätte ein solches Zurückweichen der Sowjetunion für möglich gehalten. Trotzdem mußte man den Eindruck haben, daß es einigen dieser Männer, die hofften, 1974 wiedergewählt zu werden, lieber gewesen wäre, wenn wir die Sowjetunion nicht zum Nachgeben veranlaßt, sondern die Frage offengehalten hätten. Schweigend saßen sie da und ärgerten sich über die Überrumpelungstaktik des Präsidenten, um sich dann hinter den angriffslustigen Jackson zu stellen. Dieser erklärte kühl, daß die Sowjets noch nicht genug getan hätten. Die Erklärung über die Aufhebung der Ausreisesteuer genüge nicht, die Sowjets müßten außerdem die Ausstellung einer Mindestanzahl von Ausreisevisen garantieren und die Auswanderung nicht nur für Juden, sondern für sowjetische Bürger aller Nationalitäten erleichtern.

Diese Forderung war erstaunlich. Wer über das sowjetische Regierungssystem auch nur einigermaßen zutreffend unterrichtet war, wußte, daß die Sowjetunion auf solche Bedingungen niemals eingehen würde. Sie konnte sich nicht öffentlich auf eine bestimmte Zahl festlegen, was bedeutet hätte, daß es eine unübersehbare Masse von auswanderungswilligen sowjetischen Bürgern gäbe. Und wenn die Sowjetunion die gleichen Zugeständnisse für sowjetische Bürger aller Nationalitäten machte, dann konnte niemand mehr sagen, was aus dem sowjetischen System würde. Doch bei der jetzt herrschenden Stimmung in den Vereinigten Staaten konnte es sich kein Abgeordneter leisten, diese Forderung nicht zu unterstützen, ohne den Vorwurf zu riskieren, er sei, was die sowjetische Auswandererpolitik betraf, zu »weich«. Wenn wir jedoch als Folge des vom Kongreß ausgehenden

Drucks in eine Sackgasse gerieten, dann konnte man immer der Administration die Schuld in die Schuhe schieben und behaupten, daß sie die ihr vom Kongreß übertragene Aufgabe nicht energisch und überzeugend genug in Angriff genommen habe. So hüllten sich die Kollegen Jacksons auch weiterhin in Schweigen und überließen es uns, die Fronten zu klären. Bei dieser Gelegenheit wurden wir zum ersten Mal mit den Widerständen konfrontiert, auf die wir in Zukunft im Gefolge des Watergate-Skandals immer häufiger stoßen sollten: Der Kongreß stellte uns vor unerfüllbare Aufgaben, die unsere Glaubwürdigkeit im Ausland unterhöhlten, gab uns aber nicht die Mittel an die Hand, mit den Konsequenzen der daraus resultierenden Spannungen fertigzuwerden.

Zweifellos sind die kommunistischen Nationen bereit, einen *gewissen* Preis für die Intensivierung des Handels mit dem Westen zu bezahlen; diese Erkenntnis stand auch hinter unserer Methode, den Handel mit der Auswanderung zu verknüpfen. Aber wir glaubten, daß wir die Sowjets eher zu Zugeständnissen bei ihrem Verhalten auf internationaler Ebene bewegen könnten, woran auch andere Länder ein bestimmtes, völkerrechtlich begründetes Interesse haben, und nicht in Angelegenheiten, die seit jeher in den alleinigen Zuständigkeitsbereich eines Staates fallen, besonders wenn es sich dabei um einen Staat handelt, in dem die innere Sicherheit aus historischen und ideologischen Gründen einen so hohen Stellenwert hat. Wenn die Sowjetunion ihre innenpolitischen Praktiken als Reaktion auf einen öffentlich geführten Frontalangriff einer fremden Nation ändern müßte, dann würden ihre schon fast paranoiden Herrscher darin eine direkte Aushöhlung ihrer Autorität erkennen. In einem solchen Fall mußte man mit dem besonders hartnäkkigen Widerstand der Sowjetunion rechnen, weil sie ja die für Auswanderer geltenden Bestimmungen schon aufgrund unserer vertraulichen diplomatischen Bemühungen abgemildert hatte.

Das Schlimme war, daß Senator Jackson und die Nixon-Administration im Grunde das gleiche Ziel ansteuerten: Sie wollten die Emigration aus der Sowjetunion erleichtern. Bei unseren Meinungsverschiedenheiten ging es nur um die Taktik. Die Administration zweifelte am Erfolg eines in der Öffentlichkeit ausgeübten Drucks; Jackson hingegen behauptete, daß keine andere Methode zum Erfolg führen werde. Manchmal konnte man sich kaum des Eindrucks erwehren, daß ihm mehr an der Symbolik der Konfrontation als am Erfolg gelegen war. Schließlich ging es ihm auch um die Sympathien der jüdischen Wähler bei seiner Bewerbung um die Präsidentschaftskandidatur – ein verständliches Motiv bei einer angesehenen Persönlichkeit, die das Glück hatte, als Bürger der Vereinigten Staaten geboren zu sein.

Der Autoritätsschwund des Präsidenten wirkte sich für uns sehr nachteilig aus. Jacksons Gesetzesvorlage, eingebracht, um einer größeren Zahl von Juden die Auswanderung zu ermöglichen, wurde auch noch weiter verfolgt, nachdem die Sowjets die einschränkenden Bestimmungen bereits aufgehoben hatten, um damit Angehörigen *aller* Nationalitäten die Auswanderung zu erleichtern. Nixon und ich haben diese Anliegen nicht unterstützt, da wir Jacksons Absichten mißverstanden. Wir glaubten, daß er sich schließlich doch noch mit uns einigen würde, um das Erreichbare zu ermöglichen, aber er schraubte statt dessen seine Forderungen immer höher. Das Zerbrechen des nationalen Zusammenhalts und der Verzicht auf die notwenigen äußeren Formen machten es den Disputanten schwer, aufeinander zu hören. Die Administration hatte das Gefühl, ihrer Rechte beraubt zu werden, und diese Haltung machte den Umgang mit dem Kongreß immer schwieriger. Unsere Kritiker spürten unsere Verwundbarkeit, und auch das war nicht die ideale Voraussetzung für einen ernsthaften Dialog. Für mich war die Vorstellung ein Alptraum, es in der Atmosphäre von Watergate zu einer Konfrontation mit Moskau kommen zu lassen, besonders wenn es um eine Frage ging, in der die Sowjets bereits wesentliche Zugeständnisse gemacht hatten. Wir selbst hatten kaum einen Hebel in der Hand, und wenn es zur Krise kam, dann mußten wir damit rechnen, von der Öffentlichkeit im Stich gelassen zu weden. Jackson glaubte, daß Watergate ihm die Gelegenheit gäbe, sein ganzes Programm durchzusetzen, und nachdem er diese Richtung einmal eingeschlagen hatte, wurde er dabei von seinen Wählern unterstützt. Viele, die sich hinter ihn stellten, waren zwar bereit, eine unnachgiebige Haltung einzunehmen, wären aber kaum in der Lage gewesen, mit einer Konfrontation fertigzuwerden. In meiner Rede auf dem Pacem-in-Terris-Kongreß vom 8. Oktober 1973 unternahm ich den geradezu verzweifelten Versuch, auf die Gefahren hinzuweisen:

> Wir werden die Unterdrückung fundamentaler Freiheiten niemals dulden. Wir werden auf die Beachtung humaner Grundsätze drängen und unseren Einfluß für die Wahrung der Gerechtigkeit geltend machen. Aber das vorliegende Problem führt uns an die Grenzen solcher Bemühungen. Einen wie starken Druck können wir ausüben, ohne die sowjetische Führung zu veranlassen, daß sie zu außenpolitischen Praktiken zurückkehrt, welche die internationalen Spannungen erhöhen? Sind wir dafür gerüstet, die Krisen zu meistern und die Mittel für unsere Verteidigung aufzubringen, die bei einer Rückkehr zum Kalten Kriege erforderlich wären? Und wird Druck zur vollständigen Liberalisierung der Auswanderung führen, dem Wohl der Völker Osteuropas und der Sowjetunion dienen oder ihre Hoffnung auf Freiheit stärken?

Hat die Entspannung zu einer vermehrten Unterdrückung geführt – oder hat die Entspannung das derzeitige Verlangen nach einer Öffnung der Grenzen gestärkt?

Diese Fragen lassen sich nicht leicht beantworten. Vielleicht hat die Regierung falsch beurteilt, wie weit die andere Seite uns entgegenkommen will. Aber im Rahmen einer fairen Diskussion muß man zugeben, daß wesentliche Fragen gestellt sind und daß von ihrer Beantwortung unser aller Schicksal abhängen könnte.

Aber diese Erklärung brachte uns auch nicht weiter. Das Ringen um Jacksons Gesetzesvorlage ging noch während des ganzen Jahres 1974 weiter. (Ich werde im 22. Kapitel über die späteren Verhandlungen mit Jackson berichten). Der Kongreß erschwerte es uns immer mehr, etwas gegen das aggressive Verhalten der Sowjetunion zu unternehmen, und verweigerte uns die dafür notwendigen Mittel im Verteidigungshaushalt (obwohl Jackson selbst immer in vorderster Front für ein starkes Verteidigungspotential kämpfte). So sah der Teilaspekt umfassenderer Probleme aus – der Folgen des Vietnam-Traumas und der Zerfall der Regierungsautorität nach Watergate; alle diese Geschehnisse beraubten uns der Möglichkeit, mit Vergünstigungen und Druckmitteln auf Moskau einzuwirken.

Fernlenkwaffen und Fantasie

Senator Henry Jackson war das unverzichtbare Bindeglied zwischen den beiden Gruppen, die unsere Beziehungen zu den Sowjets kritisierten – zwischen den Liberalen, denen es in erster Linie um die Menschenrechte ging, und den Konservativen, die alle Verhandlungen mit der Sowjetunion argwöhnisch und mit Sorge betrachteten. Der große Taktiker Nixon hatte sich niemals vorstellen können, daß er, der Inbegriff des Kalten Kriegers, schließlich von seiner alten Basis am rechten Flügel der Republikanischen Partei angegriffen werden würde. Aber als er 1972 ein Jahr der Verhandlungen mit einem Gipfeltreffen in Moskau und einer Reihe von Vereinbarungen zum Höhepunkt führte, waren seine früheren Freunde zunächst verwirrt und dann enttäuscht. Einige trösteten sich damit, indem sie mir die Schuld in die Schuhe schoben; andere begannen einen Guerillakrieg und griffen insbesondere die Vereinbarung über die Begrenzung der strategischen Rüstung an. Manches, was in diesem Zusammenhang behauptet wurde, war reine Fantasie, vieles hatte innenpolitische Hintergründe, und in der Atmosphäre von Watergate hatte alles schädliche Folgen. Die Konservativen zerfleischten einander und erreichten damit nur, daß die Liberalen im

Kongreß gerade in dem Augenblick die Oberhand gewannen, als die von außen kommenden Gefahren immer größer wurden.

Der erste Vertrag über die Begrenzung der strategischen Rüstung (SALT I) enthielt ein revolutionäres Element, verborgen in der beiderseitigen Verpflichtung der Sowjetunion und der Vereinigten Staaten, die Aufstellung von Flugabwehrsystemen (ABM) auf die Dauer auf eine Gesamtzahl von nicht mehr als zweihundert Raketen zu begrenzen, wobei zwei Raketenstellungen mindestens tausenddreihundert Kilometer voneinander entfernt eingerichtet werden durften. Zum ersten Mal in der Geschichte hatten damit zwei Großmächte ihre Sicherheit bewußt von der gegenseitigen Verwundbarkeit abhängig gemacht. Aber es war nicht diese beispiellose Vereinbarung, die zu scharfen Auseinandersetzungen führte. Was zur gegenseitigen Verbitterung führte, war ein Problem, das während der Verhandlungen niemand für umstritten hielt. Es war die für einen Zeitraum von fünf Jahren ausgehandelte vorläufige Vereinbarung, nach der sich beide Seiten verpflichteten, ihre strategischen Offensiv-Fernlenkwaffen, und zwar die land- und die seegestützten, auf dem Mitte 1972 erreichten Stand einzufrieren. Man rechnete damit, daß diese Zwischenlösung in den folgenden fünf Jahren durch eine Langzeitvereinbarung abgelöst werden könnte.[11]

Diese Zwischenvereinbarung wirkte sich weder auf unser strategisches Arsenal noch auf die Verteidigungsplanung aus. Sie war gewissermaßen ein Schnappschuß von dem Zustand im Augenblick der Unterzeichnung, von dem strategischen Kräfteverhältnis, wie es sich im Lauf der vergangenen zehn Jahre entwickelt hatte. Die Sowjetunion hatte ihre strategischen Fernlenkwaffen nach der Kuba-Krise von 1962 sehr rasch vermehrt. 1971 verfügte sie über die gleiche Anzahl von interkontinentalen Fernlenkwaffen wie wir. Zur Zeit des Gipfeltreffens von 1972 hatte sie uns überholt. Wir waren jedoch noch immer mit der Zahl der uns zur Verfügung stehenden Sprengköpfe weit überlegen, ein Vorsprung, der sich während der fünfjährigen Laufzeit der Vereinbarungen noch erhöhen würde. Wir rüsteten unsere Fernlenkwaffen bereits mit Mehrfachsprengköpfen, die auf verschiedene Ziele gelenkt werden konnten (MIRV), aus, während die Sowjets ein solches System noch nicht erprobt hatten.

So verlangte SALT von den Sowjets ein spürbares Opfer. Sie hatten jährlich zweihundert neue Abschußrampen gebaut. Nun mußten sie etwa zweihundertzehn ICBM älterer Typen abbauen, um auf die vereinbarte Höchstzahl zu kommen. Wir hatten den Ausbau während der Amtszeit des Präsidenten Johnson eingestellt. Es lief bei uns auch kein neues Produktionsprogramm für Fernlenkwaffen, und der Kongreß hätte während des Vietnam-Krieges ein solches Programm auch nicht gebilligt. Für uns war das Opfer theoretisch. Das einzige Gebiet, auf dem wir als Folge des SALT-Vertrages hätten Beschränkungen hinnehmen müssen, war bei den von U-Booten abzuschießenden Fernlenkwaffen (SLBM). Aber die Joint Chiefs of Staff hielten unnachgiebig an ihrem Widerstand gegen den Bau der damals verfügbaren und von U-Booten abzuschießenden Poseidon-Raketen oder der Träger-U-Boote fest. Sie wollten lieber die Entwicklung des leistungsfähigeren U-Boot Trident und der entsprechenden Rakete abwarten, die frühestens 1978, also *nach* dem Auslaufen der Zwischenvereinbarungen abgeschlossen sein würde.[12] Außerdem waren bei SALT I strategische Bombenflugzeuge nicht mitgezählt und ihr Bau auch nicht beschränkt worden. Auf diesem Gebiet waren wir den Sowjets weit überlegen. Ebenso schloß der Vertrag die in und um Europa und im Pazifik stationierten Flugzeuge und Flugzeugträger sowie die Kernwaffen Frankreichs und des Vereinigten Königreichs (oder Chinas) nicht ein, die auf kürzeren Strecken einzusetzen waren. Kurz gesagt, wenn es ein Ungleichgewicht gab, dann war es nicht durch SALT geschaffen worden, es entsprach vielmehr den über einen Zeitraum von zehn Jahren getroffenen Entscheidungen, mit denen wir uns selbst gewisse Beschränkungen auferlegt hatten. SALT stellte uns nun die Zeit zur Verfügung, dieses Ungleichgewicht zu korrigieren. Und SALT I verlangte nicht den Verzicht auf ein einziges Programm zur Entwicklung von Offensivwaffen. Die vereinbarte Einfrierung bildete eine wesentliche Voraussetzung dafür, daß wir unseren Rückstand aufholen konnten. Nach Abschluß von SALT I haben wir unsere strategischen Streitkräfte ganz wesentlich modernisiert.

Aber ein Marsmensch, der zu uns gekommen wäre, um unsere innenpolitische Debatte zu beobachten, hätte diesen Erfolg nicht erkennen können. Er hätte in der Presse gelesen, daß SALT I den Sowjets ein Ungleichgewicht bei den Fernwaffen »zugestand«. Daraus hätte er geschlossen, daß der Vertrag eine Lücke bei den Fernlenkwaffen zuließ – anstatt sie zu schließen. Er wäre sich des seltsamen Phänomens nicht bewußt geworden, daß ein Rüstungsniveau, das wir uns freiwillig auferlegt hatten und für die Dauer des Vertrages nicht ändern konnten, plötzlich »gefährlich« wurde, weil es im Rahmen dieser Vereinbarungen bestätigt wurde.

Anstatt uns in diesem Nebelschleier mit Phantomen herumzuschlagen, hätten wir eigentlich darüber sprechen sollen, wie wir in diese Position geraten waren. Die zahlenmäßige Unausgewogenheit lag im Grund an der strategischen Doktrin der »gesicherten gegenseitigen Vernichtung«, die in den sechziger Jahren entwickelt worden war. Nach dieser Doktrin kam es nicht darauf an, ob wir mehr oder weniger Fernlenkwaffen hatten als die Sowjetunion, solange sie nur genügten, die großen Städte und Fabrikanlagen in weiten Teilen der Sowjetunion dem Erdboden gleichzumachen.*

Umgekehrt ging man auch von der Vorstellung aus, daß die Sowjetunion über die Kapazität verfügte, die Vereinigten Staaten abzuschrekken, so lange sie über genügend Fernlenkwaffen verfügte, um die amerikanischen Ballungsräume und Industriezentren zu vernichten. Damit wurde die Strategie zur wirtschaftlichen Analyse: Solange eine genügend große Zahl unserer Waffen einen ersten sowjetischen Schlag mit Kernwaffen überlebte, mit dem die theoretisch kalkulierte Verwüstung angerichtet werden sollte, blieb die Abschreckungswirkung unserer Waffen bestehen. Nach diesen Überlegungen glaubte man, daß unser Bedarf an strategischen Streitkräften weitgehend unabhängig von der Bedrohung sei, der wir begegnen mußten. Die Verwundbarkeit eines Teils unserer Kräfte – wie etwa der ICBM – war bedeutungslos, vorausgesetzt, es blieben genügend Sprengköpfe intakt, um den Gegnern einen Schaden zufügen zu können, den diese als unannehmbar hoch ansahen.

Die Strategie der nuklearen Vergeltung war entwickelt worden, als die Vereinigten Staaten mit ihren strategischen Waffen der Sowjetunion weit überlegen waren. Nachdem das Gleichgewicht hergestellt war, mußte die Bereitschaft jedes Präsidenten, die Existenz der amerikanischen Bevölkerung zum Schutz entfernt gelegener Länder zu riskieren, an Glaubwürdigkeit verlieren. Diese Doktrin ließ die psychologischen und politischen Hemmungen der für die Einsatzbefehle Verantwortlichen unbeachtet oder unterschätzte sie gewaltig. Die strategische Zielplanung ließ dem Präsidenten in einer Krise nur zwei Optionen: Er konnte entweder nachgeben oder die Vernichtung von zig Millionen Menschen veranlassen (zuerst würden es Bürger der Sowjetunion und bei dem unvermeidlichen Gegenschlag die Bürger unseres Landes sein). Eine solche Strategie war moralisch fragwürdig, auch zu einer Zeit, in der wir die Überlegenheit hatten. Wenn wir uns nun dem strategischen Gleichgewicht näherten, drohte sie zu einer Formel zu werden, die entweder den Selbstmord oder die Kapitulation vorprogrammierte. Nun würde alles davon abhängen, ob die sowjetische Führung unsere Entschlossenheit so sehr fürchtete, daß sie nicht mehr be-

* 1965 hat Verteidigungsminister Robert McNamara den Begriff der »gesicherten Zerstörung« als die Kapazität definiert, die notwendig ist, ein Viertel bis ein Drittel der sowjetischen Bevölkerung und zwei Drittel der sowjetischen Industrie zu vernichten. Drei Jahre später wurden die Prozentsätze *niedriger* angesetzt; 1968 waren es nur noch ein Fünftel bis ein Viertel der sowjetischen Bevölkerung und die Hälfte der sowjetischen Industrieanlagen.[13]

reit war, Risiken einzugehen. Diese Einstellung ließ sich nur durch eine rücksichtslose Diplomatie bewirken, die es plausibel machte, daß wir notfalls eine Katastrophe auslösen würden, auch wenn dabei unsere Bevölkerung und unsere Ballungszentren vernichtet wurden – eine Haltung, die mit den Überzeugungen unseres Volkes unvereinbar war und höchstwahrscheinlich bei unseren Verbündeten zur Panik oder zu einer Beschwichtigungspolitik führen mußte.

Mit anderen Worten, eine Überlegenheit der Sowjetunion auf dem Gebiet der strategischen Waffen war nicht notwendig, um sich über das veränderte militärische Kräfteverhältnis Sorgen zu machen. Selbst ein Gleichgewicht bei den strategischen Waffen zwischen den Vereinigten Staaten und der Sowjetunion bedeutete einen revolutionären Wandel bei den Voraussetzungen, auf die sich die Sicherheit des Westens in der ganzen Nachkriegszeit gestützt hatte. Während der ersten fünfundzwanzig Jahre des Nuklearzeitalters war die Aufrechterhaltung des militärischen Gleichgewichts eine relativ einfache Sache gewesen. Die Sowjetunion war auf dem eurasischen Kontinent mit ihren Bodentruppen immer überlegen gewesen, ihre militärische Reichweite war jedoch im allgemeinen auf Regionen beschränkt, die sich mit motorisierten Fahrzeugen erreichen ließen, das heißt, auf die benachbarten europäischen Territorien und in gewissem Maß auf China. Andererseits lagen Afrika, der größte Teil des Nahen Ostens und auch Südostasien außerhalb des Wirkungsbereichs sowjetischer Interventionen mit stärkeren militärischen Kräften. Und selbst die theoretisch von sowjetischen Bodentruppen bedrohten Gebiete wurden durch drei Faktoren geschützt:

• 1. durch so weit überlegene amerikanische strategische Streitkräfte, daß sie die Sowjetunion entwaffnen oder wenigstens den Gegenschlag auf ein erträgliches Niveau reduzieren könnten;

• 2. durch eine starke amerikanische Überlegenheit bei den überall an der Peripherie der Sowjetunion eingesetzten Kernwaffen mittlerer Reichweite;

• und 3. in Europa durch beträchtliche amerikanische und verbündete-Bodenstreitkräfte, die für die Sowjets insofern ein hohes Risiko darstellen, als ein Angriff gegen sie einen Gegenschlag der Vereinigten Staaten mit Kernwaffen auslösen würde.

Es ist daher kein Wunder, daß die größeren Krisen während der ersten zwanzig Jahre nach dem Kriege – in Berlin, Korea, dem Nahen Osten oder in Kuba – schließlich eingedämmt wurden, weil der Preis für ihre Ausweitung über einen bestimmten Punkt hinaus Moskau jedesmal viel zu hoch erschien.

In den sechziger Jahren begann eine Verschiebung des militärischen Gleichgewichts, die zunächst angesichts unserer gewaltigen Überlegenheit kaum wahrnehmbar war, sich aber im Lauf der Jahre beschleunigte. In den siebziger Jahren konnten wir schon erkennen, daß, wenn die Sowjets ebenfalls Mehrfachsprengköpfe entwickelten, der größere Umfang ihrer Fernlenkwaffen (technisch ausgedrückt ihr höheres Wurfgewicht) schließlich dazu führen mußte, daß sie über mehr Sprengköpfe mit einer überlegenen Explosivkraft verfügen würden. Dann würden wir nicht nur unsere »Gegenschlagkapazität« verlieren (unsere Fähigkeit, ihre am Boden stationierten Fernlenkwaffen zu zerstören), sondern es konnten auch unsere am Boden stationierten Fernlenkwaffen sehr viel leichter durch sowjetische ausgeschaltet werden. So würde sich die strategische Gleichung, die während der ganzen bisherigen Nachkriegszeit gegolten hatte, in ihr Gegenteil verkehren: Unsere Drohung mit dem nuklearen Schlag und Gegenschlag würde ausgehöhlt. Wenn Krisen nicht mehr die Furcht vor der Eskalation zum totalen Krieg auslösten, dann wurden sie auch wahrscheinlicher. Die Gefahr für unsere Verbündeten, daß es zu militärischen Konfrontationen unterhalb der nuklearen Schwelle kommen könnte, mußte sich entsprechend erhöhen.

Die bevorstehende Verschiebung des strategischen Gleichgewichts hätte zu einer Überprüfung der Strategie zwingen müssen, nach der die Gefahr eines mit Kernwaffen geführten totalen Krieges Europa und andere Gebiete schützen sollte. Und es hätten größere Anstrengungen unternommen werden müssen, die lokalen und regionalen konventionellen Streitkräfte zu stärken. Zu unserem Unglück haben die durch Vietnam entstandenen innenpolitischen Spannungen Anfang der siebziger Jahre ein Umdenken und eine Abkehr von überholten Vorstellungen gerade in dem Augenblick verhindert, in dem es am dringendsten notwendig gewesen wäre. Das Verteidigungsbudget war der Brennpunkt der Antikriegspropaganda, stand aber leider nicht im Mittelpunkt vernünftiger Analysen.

Man behauptete, das Verlangen, neue Waffen zu entwickeln, sei übertrieben und ein Symptom für eine militärische Psychose, es sei verschwenderisch und gefährlich. Das ABM-Programm wurde vom Senat mit einer Mehrheit von nur einer Stimme genehmigt und dann im Verlauf der Finanzierung abgewürgt. Der Bau des Transportflugzeugs vom Typ C–5A, das im Nahostkrieg von 1973 einen Verbündeten gerettet hat, ist einige Male fast verhindert worden. Sogar die Fernlenkwaffen mit Mehrfachsprengköpfen (MIRV), das einzige neue strategische Waffensystem, das uns zur Verfügung stand, um der zahlenmäßigen Überlegenheit der Sowjets in den siebziger Jahren etwas entgegenzusetzen, waren nicht immun. 1973 hat es eine einzige Stimme verhindert, daß der Bau des mit Fernlenkwaffen ausgerüsteten U-Boots vom

Typ Trident, das einzige damals produktionsreife strategische Offensivprogramm, nicht eingestellt wurde. Ironischerweise waren es gerade die entschiedensten Gegner des Wettrüstens, die eine Flexibilität bei den militärischen Optionen ablehnten; sie hielten an den blutrünstigsten strategischen Zielplanungen für Kernwaffen fest, weil die Massenvernichtung von Zivilisten nach der Wahnsinnslogik des Nuklearzeitalters die geringste Zahl strategischer Kernwaffen erfordert.

In dieser Atmosphäre hat es die Nixon-Administration die größten Anstrengungen gekostet, wenigstens das aus den sechziger Jahren übernommene Arsenal bis zum Ende des Vietnam-Krieges zu behalten. Es bereitete gewaltige Schwierigkeiten, Geldmittel für neue Programme freizubekommen, ob es sich nun um Kernwaffen oder die Ausrüstung der konventionellen Streitkräfte handelte. Aus diesem Grunde kam die Initiative für die Verhandlungen über die Einfrierung der Offensivwaffen aus dem Pentagon, in Form einer Denkschrift des stellvertretenden Verteidigungsministers David Packard vom Oktober 1970 – eine Tatsache, an die man sich später nur ungern erinnert hat. Anfang der siebziger Jahre war es bestenfalls möglich, unsere militärische Lage auf dem Stand zu erhalten, den der Kongreß zuließ, und die Doktrin von der gesicherten Vernichtung so weit zu modifizieren, daß Optionen möglich wurden, die zu weniger katastrophalen Folgen führten.*

Mit anderen Worten, nicht geschickte sowjetische Unterhändler haben uns die ersten SALT-Vereinbarungen abgerungen, die Lage, die darin zum Ausdruck kam, war die Lage, in die wir uns selbst durch frühere Entscheidungen und unsere innenpolitischen Unruhen gebracht hatten. Es lag daher in unserer Macht, sie zu ändern, und die Administration ging daran, das zu tun. Sie verwendete die Debatte über SALT dazu, ihre Forderung nach Gewährung von Zusatzmitteln zur Stärkung unserer strategischen Streitkräfte zu wiederholen – für den Bau des strategischen Bombenflugzeugs vom Typ B-1, für das mit Fernlenkwaffen ausgerüstete Trident-U-Boot, für die Marschflugkörper und für zielgenauere Sprengköpfe bei den Fernlenkwaffen. Alle diese Waffen konnten nach Auslaufen der Zwischenvereinbarungen (1977) in die Produktion gehen. Dann würden wir in der Lage sein, bei einem Wettrüsten mit der Sowjetunion gleichzuziehen oder hätten bei einer neuen

* In den von mir und meinem Stab verfaßten außenpolitischen Berichten Nixons in den Jahren 1970 bis 1973 verlangte der Präsident wiederholt eine Umstellung der strategischen Zielplanung, aber bis zur Übernahme des Verteidigungsministeriums durch James R. Schlesinger geschah kaum etwas. Doch paradoxerweise verwandelte sich eine komplexere Zielplanung in eine riskante Gegenschlagsoption, bei der es, wenn man sich einmal darauf eingelassen hatte, keine Möglichkeit für eine Begrenzung gab, und das, nachdem unsere Gegenschlagskapazität abgenommen hatte.

Verhandlungsrunde über SALT etwas in der Hand, über das sich verhandeln ließe.

Doch bei Beginn von Nixons zweiter Amtsperiode begann die Aushöhlung der politischen und moralischen Autorität, die er jedoch benötigte, um gleichzeitig das militärische Gleichgewicht wiederherzustellen und eine vernünftige Rüstungskontrollpolitik zu führen. Die Liberalen im Kongreß widersetzten sich der Erhöhung des Verteidigungsbudgets – das war nicht die »Friedensdividende«, mit der sie gerechnet hatten. (Das Klima im Kongreß hat Erhöhungen der Verteidigungsausgaben erst um 1975 zugelassen). Und die Konservativen fühlten sich angesichts der ideologischen Ambivalenz einer Rüstungskontrolle nicht wohl. Aus früheren Verbündeten wurden Gegner. Watergate hatte die Atmosphäre vergiftet.

In Wirklichkeit hatte jede Seite stichhaltige Gründe für ihre Haltung. Für unser Land wäre es günstiger gewesen, wenn Jackson und die Regierung Verbündete und nicht Gegner gewesen wären. Die Nixon-Administration hat sich um die Vereinigten Staaten verdient gemacht, als sie angesichts der unaufhörlichen Angriffe des Kongresses und der Medien unsere Verteidigungskraft bewahrte. Jedes neue strategische Programm, das noch nach einem Jahrzehnt weitergeführt wird (und auch einige der von der Regierung Carter aufgegebenen), wurde von den Präsidenten Nixon und Ford in die Wege geleitet.

Aber Jackson und seine Freunde hatten nicht unrecht, wenn sie fürchteten, theoretische Erwägungen über die Rüstungskontrolle hätten dazu beigetragen, daß sich einige Kongreßabgeordnete, die als Meinungsmacher Schlüsselstellungen innehatten, und sogar Beamte der Administration scheuten, der rücksichtslosen sowjetischen Aufrüstung entschlossen zu begegnen. Nachdem die Rüstungskontrolle in den sechziger Jahren zum Modebegriff geworden war, stieß die Entwicklung neuer Waffensysteme nicht nur auf die traditionellen Vorbehalte der Liberalen, die erklärten, sie wären sinnlos (weil wir bereits eine »Over-kill-Kapazität« besaßen), sondern auch auf das Argument, daß sie die Aussichten auf einen erfolgreichen Abschluß der SALT-Verhandlungen gefährdeten. So genehmigte der Kongreß viele neue Programme nicht deswegen, weil ihre Durchführung für notwendig gehalten wurde, sondern in der Absicht, uns bei unseren Verhandlungen etwas in die Hand zu geben, worauf wir als Gegenleistung gegen sowjetische Zugeständnisse verzichten könnten. Auf diesen Standpunkt haben sich mehrere Sprecher der Administration gestellt – und auch ich. Welches der Nutzen einer solchen Taktik auch sein mochte, sie führte dazu, daß diese Programme nicht sehr energisch durchgeführt wurden. Dem Pentagon fiel es schwer, die notwendige Begeisterung –

oder die knappen Mittel – für Projekte aufzuwenden, auf die wir unter Umständen verzichten wollten. Sehr bald fing auch die Sowjetunion an, sich bewußt an diesem Spiel zu beteiligen. Von den ABM bis zu den Marschflugkörpern mühte sie sich systematisch darum, bei den SALT-Verhandlungen unsere militärischen und technologischen Entwicklungen zu behindern. Sie versuchte, die innenpolitische Debatte in den Vereinigten Staaten anzuheizen, und unterstützte mit ihrer Propaganda die Kräfte im Kongreß, die sich gegen die Einführung neuer Waffen wehrten. Die Theorie, daß die Entwicklung neuer amerikanischer Waffen Vereinbarungen über eine Rüstungskontrolle behinderten, wurde von vielen mit großem Eifer vertreten, obwohl sich das Gegenteil nachweisen ließ. 1967, bevor wir ein ABM-Programm hatten, schlug Präsident Lyndon Johnson dem sowjetischen Premierminister Alexei Kossygin in Glassboro vor, beide Seiten sollten auf ABM (Raketen zur Abwehr von Fernlenkwaffen) verzichten. Kossygin erklärte verächtlich, das sei eine der lächerlichsten Ideen, die er je gehört habe. Nachdem die Nixon-Administration das ABM-Programm im Kongreß 1970 mit einer Stimme Mehrheit durchgesetzt hatte, weigerten sich die sowjetischen SALT-Unterhändler, über irgendein anderes Thema zu sprechen. Nur unter den allergrößten Anstrengungen konnten wir es erreichen, daß bei den Verhandlungen über eine Begrenzung sowohl der Offensiv- als auch der Defensivwaffen gesprochen wurde. (Andererseits hat die Carter-Regierung damit, daß sie auf den strategischen Bomber B–1 verzichtete, das MX-Programm hinauszögerte und den Bau der Trident-U-Boote verlangsamte, die SALT II–Verhandlungen nicht beschleunigen und die Bedingungen für uns nicht verbessern können.)

Der Konflikt zwischen der Nixon-Regierung und ihren Kritikern wurde, wie bei allen innenpolitischen Auseinandersetzungen, mit großer Erbitterung ausgetragen. Da man von gemeinsamen Voraussetzungen ausging, führten die Meinungsverschiedenheiten zu dem Vorwurf, daß es der anderen Seite an gutem Willen fehlte. Das Mißtrauen gegenüber den Motiven machte eine Diskussion über sachliche Fragen zunehmend schwieriger. Im Grundsatz vertraten Nixon und ich die gleichen Auffassungen wie Senator Henry Jackson. Was die sowjetischen Auswanderer betraf, so lagen unsere Meinungsverschiedenheiten vor allem auf taktischem Gebiet. Die Administration glaubte, daß wir am ehesten die innenpolitische Unterstützung für eine starke Verteidigung gewinnen könnten, wenn wir zeigten, daß uns auch etwas an der Rüstungskontrolle gelegen war. Jackson war überzeugt, die SALT-Verhandlungen würden im Lauf der Zeit dazu führen, daß der Kongreß unsere Rüstungsprogramme nicht mehr unterstützte, weil der falsche Eindruck entstünde, daß der Friede gesichert sei.

Beide Seiten hätten sich zusammentun sollen, um ein starkes Verteidigungsprogramm und ein realistisches Rüstungskontrollprogramm durchzusetzen. Aber Jackson bestand auf einer Kraftprobe, zu der ihn Nixons traditionelle liberale Gegner drängten, da sie das innerparteiliche Gerangel zu ihren Gunsten ausnutzen wollten. Ihre neuentdeckte Begeisterung für die Menschenrechte hielt sie jedoch nicht davon ab, eine Herabsetzung des Verteidigungsbudgets zu verlangen. Am 8. März 1973 erklärte Nixon in trüber Stimmung vor dem nationalen Sicherheitsrat:

> Ich habe heute morgen mit Senator (John) McClellan und Senator (Milton) Young gefrühstückt. Beide haben bisher unsere Politik energisch unterstützt, besonders in militärischen Angelegenheiten. Sie sagten, was den Senat beträfe, so würden wir in Verteidigungsangelegenheiten große Schwierigkeiten haben. Sogar Senator McClellan spricht davon, daß wir unsere NATO-Streitkräfte verringern sollten. Er sagte, er täte das nicht, weil er es wünschte, er müßte aber diese Haltung einnehmen, damit der Senat nicht noch stärkere Kürzungen verlangt. Mit Ausnahme der Senatoren Jackson und (John) Tower wird uns niemand im Senat auf diesem Gebiet den Rücken stärken.

So hatte Nixon natürlich die größten Schwierigkeiten, diejenigen ernst zu nehmen, die ihn beschuldigten, bei seinen Verhandlungen mit den Sowjets zu weich zu sein. Solche Vorwürfe waren schwer hinzunehmen, nachdem man uns dafür geschmäht hatte, daß wir uns während der ersten Amtsperiode des Präsidenten ohne Unterstützung von außen entschlossen für die Erhaltung der Ehre und Glaubwürdigkeit der Vereinigten Staaten eingesetzt hatten. Eine geistige Übereinstimmung hätte sich auch unter den günstigsten Voraussetzungen nur schwer erreichen lassen, aber Watergate steigerte das gegenseitige Mißtrauen so weit, daß es keine Hoffnung auf Verständigung mehr gab.

SALT II in der Sackgasse

Theoretisch hätte unser Verteidigungsproblem durch logisches Abwägen sorgfältig ausgearbeiteter Alternativen gelöst werden können, durch einen Vorgang, den der Außenseiter als den normalen Ablauf der Regierungsgeschäfte ansieht. Die Wirklichkeit sieht jedoch anders aus. Entscheidungen entstehen durch eine Mischung aus persönlichen Überzeugungen, bürokratischem Egoismus und administrativem Kuhhandel, unter dem Druck des Kongresses und der Öffentlichkeit, wobei sich die Trennungslinien zwischen diesen Elementen im Verlauf der Diskussion und auch im Bewußtsein der Beteiligten oft verwischen. In diesem Falle waren, so erstaunlich es klingen mag, Falken und Tauben nicht bereit, die Maßnahmen zu ergreifen, die das Schwinden unserer strategischen Überlegenheit notwendig machte. Die Programme, die das Pentagon vorantrieb – Trident, B-1 und die Modernisierung der Sprengköpfe – steigerten im allgemeinen unsere Zweitschlag-Kapazität. Sie stellten einen Schutz gegen einen sowjetischen Überraschungsangriff dar. Sie berücksichtigten jedoch nicht das Dilemma, wie wir auf den sowjetischen Expansionismus reagieren sollten, solange wir über keine glaubwürdige Gegenschlagskapazität verfügten und mit unseren konventionellen Streitkräften unterlegen waren. Das Verteidigungsministerium wagte es nicht, das Problem der konventionellen Streitkräfte anzusprechen, da wir die allgemeine Wehrpflicht abschaffen wollten – eine Maßnahme, die erforderlich war, um den Kriegsgegnern den Wind aus den Segeln zu nehmen. Die Tauben wiederum glaubten, daß auch die vorhandenen Bodenstreitkräfte noch zu stark seien. Sie erblickten in der fatalen Kombination aus nuklearer Parität und lokaler Unterlegenheit keine Bedrohung der internationalen Sicherheit.

In dieser Atmosphäre setzten wir uns mit unseren Vorbereitungen für die SALT II-Verhandlungen zwischen zwei Stühle. Unsere Überlegungen gediehen weder bis zu einer gründlichen Analyse unserer Langzeitstrategie, noch beschäftigten sie sich mit der fundamentalen Frage, ob unsere Teilnahme an den SALT-Verhandlungen uns helfen werde, mit den vor uns stehenden Sicherheitsproblemen fertig zu werden. Das Verteidigungsministerium setzte sich für die Weiterführung der bestehenden Programme ein, wenngleich die logische Grundlage dafür immer fadenscheiniger wurde. Es war zwischen seinem Wunsch, die Politik des Präsidenten zu unterstützen (der sich für eine neue SALT-Gesprächsrunde einsetzte) und seiner Furcht vor Gegenmaßnahmen des Senators Jackson hin und her gerissen. Letzterer war neben dem Vorgesetzten das rangälteste Mitglied des Streitkräfteausschusses, dessen Unterstützung das Ministerium brauchte, wenn es die Anforderungen für notwendige Geldmittel durch den Kongreß bringen wollte. Das Außenministerium und die Behörde für Rüstungskontrolle und Abrüstung (ACDA) – bevor Fred Iklé ihre Leitung als Direktor übernahm – waren in erster Linie daran interessiert, daß wir verhandlungsfähige Vorschläge machten, was sich im allgemeinen danach richtete, welche Vorschläge die Sowjets als annehmbar bezeichneten. Deshalb widersetzten sie sich objektiv den wenigen neuen strategischen Programmen, die das Spießrutenlaufen durch den Kongreß überlebt hatten.

Es läßt sich schwer sagen, wie Nixon in normalen Zeiten auf diese Zwänge reagiert hätte. Er hatte ein überwältigendes Mandat erhalten und schwierigere Leistungen vollbracht als die gleichzeitige Durchsetzung einer starken Verteidigung und einer wirksamen Rüstungskontrolle. Doch diese Frage wurde bald gegenstandslos, als Watergate ihm die Möglichkeit nahm, lange genug darüber nachzudenken, wie er den SALT-Verhandlungen intellektuellen Schwung geben sollte. Sogar während seiner ersten Amtsperiode hatte ich Schwierigkeiten gehabt, Nixon zu veranlassen, sich auf die technischen Fragen, die bei SALT zur Sprache kamen, zu konzentrieren. Jetzt, kurz nach dem Rücktritt von Haldeman und Ehrlichman, wies er mich ausdrücklich an (am 1. Mai), die Auswahl aus den verschiedenen Möglichkeiten nach eigenem Gutdünken zu treffen. Das habe ich nicht getan. Ich habe ihm vielmehr auch weiterhin die verschiedenen Optionen vorgetragen, aber ich erfüllte lediglich eine bürokratische Pflicht, denn seine Zustimmung zu den Empfehlungen meines Stabes zu SALT erfolgte fast automatisch.

Praktisch kamen jedoch dadurch die Regierungsgeschäfte zum Stillstand. Präsidentenberater können die Entscheidungen des Präsidenten stark beeinflussen, aber sie können nicht selbst Entscheidungen treffen, besonders, wenn wichtige Ministerien ihre Überzeugung energisch vertreten. Während Nixons erster Amtszeit war mein Einfluß am stärksten gewesen, wenn die Ministerien es vermeiden wollten, in öffentlichen Kontroversen Stellung zu nehmen (wie bei den Vietnam-Verhandlungen), oder wenn niemand die Verantwortung für einen bedeutenden Kurswechsel übernehmen wollte (wie im Falle von China).

Damals hatte ich als Vorsitzender interministerieller Ausschüsse die Auffassungen der verschiedenen Behörden kennengelernt, hatte zu Analysen anregen und die Zahl der Optionen verringern können. Damals konnte ich diese Erfahrungen in vertraulichen Verhandlungen verwenden und einigermaßen sicher sein, wo ich mit der Unterstützung der Behörden rechnen könnte und wo ich Schwierigkeiten haben würde. Die Regierungsbehörden glaubten trotzdem immer noch, daß sie einen Teil der Verantwortung für das Ergebnis von Verhandlungen trügen, auch wenn sie fehlschlugen.

Aber 1973 hatten sie festgestellt, daß die wichtigsten Verhandlungen geführt wurden, ohne daß sie von dem Inhalt unterrichtet waren. Deshalb konnte ich für Fehlschläge verantwortlich gemacht werden, und die Kontroversen, die auch bei erfolgreichen Verhandlungen nicht ausblieben, wurden auf meinem Rücken ausgetragen. Jedes Ministerium stellte Maximalforderungen, so sinnlos diese im Einzelfall auch sein mochten. Wenn ihre Forderungen nicht vollständig erfüllt wurden, dann waren die betreffenden Behörden nicht schuld daran. Der unvermeidliche Kompromiß, den man für eine Lösung finden mußte und auf den sie unter normalen Umständen auch gedrängt hätten, konnte jetzt der unzureichenden Wachsamkeit des Unterhändlers angelastet werden. Kurz gesagt: Meine Position war unhaltbar geworden.

Unsere Vorbereitungen für SALT II nahmen plötzlich einen theologischen Charakter an. Über zehn Jahre hatten wir ganz bewußt eine Struktur der Streitkräfte entworfen, die sich in vieler Hinsicht von der sowjetischen unterschied. Unsere Fernlenkwaffen waren klein und voraussichtlich vielfältig verwendbar, die sowjetischen waren schwer und verfügten über eine gewaltige Sprengkraft. Die Sowjets konzentrierten sich auf am Boden stationierte Fernlenkwaffen mit einem hohen Wurfgewicht; wir hatten unsere Feuerkraft auf die verschiedensten Waffen verteilt, zu denen auch Bombenflugzeuge und von U-Booten abzuschießende Fernlenkwaffen gehörten. Die Sowjets waren uns in der Zahl ihrer am Boden stationierten Fernlenkwaffen und im Wurfgewicht überlegen; wir verfügten dagegen über eine größere Zahl von Mehrfachsprengköpfen. Zu dieser Struktur der Streitkräfte hatten wir uns bewußt entschlossen. Während meiner ganzen Amtszeit haben weder die Zivilisten noch die Militärs im Pentagon strukturelle Veränderungen unserer Streitkräfte verlangt. Als nun die SALT II-Verhandlungen begannen, forderten sie uns auf, daß wir in den Verhandlungen auf eine vollkommene Symmetrie gegenüber den sowjetischen Streitkräften dringen sollten, die sie selbst allerdings niemals angestrebt, ja sogar verhindert hatten – und die sie auch nicht zu erreichen suchten, nachdem sie ihnen prinzipiell zugestanden worden war.

Vielleicht hätten wir die SALT-Verhandlungen um ein Jahr verschieben sollen, um im eigenen Haus eine vernünftige Ordnung wiederherzustellen. Aber die bürokratische Dynamik und die Befürchtung, eine Verzögerung könnte auf Watergate zurückgeführt werden und daher den Präsidenten schwächen, machten eine Verzögerung unmöglich. Außerdem hofften wir, daß diese Fragen sich ebenso wie bei SALT I während der Verhandlungen klären ließen. Unser Dilemma bestand in innenpolitischen Zwängen, die uns hinderten, uns für eine der beiden strategisch sinnvollen Optionen zu entscheiden: entweder massiv aufzurüsten, um die Sowjets durch die Bedrohung mit einer Gegenschlagkapazität zur Mäßigung zu veranlassen, oder den Status quo einzufrieren, solange wir mit unseren Mehrfachsprengköpfen überlegen waren.

Das Verteidigungsministerium beurteilte die Lage ganz anders. Es wollte sich mit der Anzahl der Abschußrampen zufriedengeben, für deren Bau wir uns entschieden hatten, obwohl damit ein strategisches Ungleichgewicht verbunden war, aber die Zahlen sollten nicht in einer schriftlichen Vereinbarung festgelegt werden. In einem Vertrag sollten »gleichwertige Aggregate« vereinbart werden, mit anderen Worten, für jedes Waffensystem sollte es auf der anderen Seite eine gleich starke

Entsprechung geben, und zwar bei den ICBM, den SLBM und den schweren Bombenflugzeugen – ein symbolisches Verhandlungsziel, das unseren innenpolitischen Zwängen entsprach, nicht aber einer politischen oder strategischen Analyse.* Es ist unmöglich, in Verhandlungen etwas zu erreichen, wofür man sich nicht auch selbst energisch einsetzt. Praktisch bedeutete dieser Vorschlag, die Sowjets aufzufordern, einseitig abzurüsten, ohne ein amerikanisches Programm zu opfern oder die amerikanische Aufrüstung zu gefährden, falls der Vorschlag nicht akzeptiert wurde. Dieses Ziel zu erreichen hat man großzügigerweise mir überlassen. Ich wurde dadurch an die Geschichte von dem Admiral erinnert, der im Zweiten Weltkrieg behauptete, die Lösung für das U-Boot-Problem gefunden zu haben. Er schlug vor, den Ozean aufzuheizen, damit die U-Boote im kochenden Wasser an die Oberfläche

* Die strategische Bedeutung gleichwertiger Aggregate hing davon ab, auf welchem Niveau die zahlenmäßige Ausgewogenheit festgeschrieben wurde. Besonders beliebt war zum Beispiel der Vorschlag, das Wurfgewicht der Fernlenkwaffen auf beiden Seiten einander anzugleichen. Als Folge der in den sechziger Jahren gefaßten einseitigen Beschlüsse für die Produktion auf beiden Seiten war das Wurfgewicht der sowjetischen Waffen etwa viermal so groß wie das der amerikanischen. Andererseits glich das Gewicht der Sprengköpfe bei den von unseren Bombenflugzeugen mitgeführten Geschossen diesen Unterschied wieder aus. Die Befürworter einer Begrenzung des Wurfgewichts, die für uns die günstigsten Bedingungen aushandeln wollten, drängten deshalb darauf, daß dieses Kriterium nur für die ICBM gelten sollte. Dafür hatten sie eine logische Begründung, denn die von Bombenflugzeugen mitgeführten Waffen eigneten sich nicht für Überraschungsangriffe: Sie brauchten zu lange Zeit, um ihr Ziel zu erreichen. Aber niemand hat sich darüber geäußert, weshalb die Sowjets auf unseren Vorschlag eingehen oder womit wir sie angesichts des ihnen bekannten amerikanischen Rüstungsprogramms dazu bewegen sollten. Wenn es aber auf beiden Seiten die gleichen Begrenzungen für das Wurfgewicht der ICBM gab und das Höchstgewicht auf das sowjetische Niveau festgelegt wurde, während für die MIRV keine Einschränkungen ausgehandelt wurden, dann würden *beide* Seiten eine Erstschlagskapazität entwickeln – wodurch jeder Grundsatz der Rüstungskontrolle verletzt wurde, weil in einer Krise jede Seite in die Versuchung geraten könnte, den ersten Schlag zu führen. Wenn wir uns aber nicht dem sowjetischen Niveau anglichen – und es gab weder Programme noch Vorschläge dafür –, dann gab es nur eine theoretische »Ausgewogenheit«; nur die Sowjets verfügten in diesem Fall über eine Erstschlagskapazität – was noch gefährlicher war, denn zu der Unterlegenheit unserer konventionellen Streitkräfte käme die strategische Instabilität hinzu. Eine gemeinsame oberste Grenze auf dem sowjetischen Niveau ließ sich zweifellos leicht aushandeln, wenn wir den Verstand verloren, denn sie war bedeutungslos; in diesem Fall gab es keine Begrenzung für sowjetische Programme, und wir hatten die Möglichkeit, etwas zu tun, was wir wahrscheinlich niemals tun würden. Mit dem Versuch, die Ausgewogenheit in der anderen Richtung zu erreichen und die Sowjets zu veranlassen, auf unser Niveau herunterzukommen, würden wir jedoch nur Illusionen nachjagen. Die Sowjets würden Gegenleistungen von uns verlangen, zum Beispiel, daß wir uns mit der Unausgewogenheit bei den Abschußrampen einverstanden erklärten – was undenkbar war, denn für das amerikanische Verteidigungsministerium war die Gleichheit der Aggregate ein unumstößlicher, fast religiöser Glaubenssatz. Deshalb hätten wir mit einer massiven Aufrüstung unserer strategischen Streitkräfte drohen müssen. Angesichts der aufgeheizten Stimmung im Kongreß während der letzten Phasen des Vietnam-Krieges und zu Beginn der Watergate-Affäre bestand dafür jedoch keine Möglichkeit. Wir hatten Glück, wenn wir behalten durften, was wir schon besaßen.

kämen. Als man ihn fragte, wie er das bewerkstelligen wollte, antwortete er: »Ich habe Ihnen nur die Idee vorgetragen; die technische Durchführung ist Ihre Sache.«

Das Außenministerium ging in das andere Extrem. Es schlug ein Moratorium für alle Erprobungen von MIRV und den Ausbau der entsprechenden Abschußrampen vor. Dieser Vorschlag war nicht mehr verhandlungsfähig, denn damit wäre es den Sowjets unmöglich gemacht worden, auf dem Gebiet der MIRV überhaupt etwas zu tun. Auch das Pentagon konnte sich nicht für diese Idee begeistern, denn dann hätte es auf Trident verzichten müssen, die einzige neue amerikanische Fernlenkwaffe, die damals entwickelt wurde. Die Begrenzung für MIRV stellte uns angeblich auch vor zahlreiche Verifizierungsprobleme. (Bei näherer Untersuchung stellte sich jedoch heraus, daß sie sich hätten lösen lassen.«

So sah ich mich also zum ersten Mal, seit ich ein Regierungsamt übernommen hatte, bürokratisch isoliert – und vor unlösbare, absurde Probleme gestellt.

Während diese tiefgründigen Debatten weitergingen und trotz seines Verlangens nach Ausgewogenheit *reduzierte* das Verteidigungsministerium auch weiterhin unsere Streitkräfte durch administrative Entscheidungen fast während der ganzen sieben Jahre, in denen die SALT-II-Verhandlungen geführt wurden. Zum Beispiel verfolgte das Pentagon im Rahmen des von ihm 1973 veröffentlichten Fünf-Jahres-Programms – ohne vom Weißen Haus beauftragt zu sein oder sich dabei auf SALT zu berufen – den Plan, etwa hundert Flugzeuge vom Typ B-52 einzumotten und nur zweihundertfünfzig Maschinen vom Typ B-1 zu bauen, um die dann noch verhandene B-52-Flotte dadurch zu ersetzen – was insgesamt eine zahlenmäßige Verringerung unserer strategischen Streitkräfte um etwa zweihundertneunzig Einheiten bedeutete. Auf diese Weise bekam die Sowjetunion ein Gratisgeschenk, ohne daß wir bei den Verhandlungen auch nur den Versuch unternehmen konnten, eine Gegenleistung zu verlangen.

Es erscheint vielleicht seltsam, daß so folgenschwere Entscheidungen von einem Ministerium getroffen werden konnten, ohne daß sie vom Weißen Haus genehmigt worden waren, und genau genommen waren sie nicht genehmigt worden. Doch für das Weiße Haus ist es sehr schwer zu sagen, an welchem Punkt es sich einschalten darf, wenn es sich um Fragen des Budgets handelt. Unser Verteidigungsbudget ist größer als das Gesamtbudget eines jeden europäischen Landes. In den ersten Phasen kann das Büro für Management und Budget im Weißen Haus einen beachtlichen Einfluß ausüben – aber nur auf die Bruttogesamtsumme. Wenn sich das Büro des Sicherheitsberaters in dieser

Phase in Einzelheiten eingeschaltet hätte, um zu sagen, welche Waffensysteme wir erhalten wissen wollten, um bei den SALT-Verhandlungen etwas dafür einzuhandeln, dann wäre dieser Vorschlag vom Verteidigungsministerium und den uniformierten Militärs als Affront aufgefaßt worden. Sie sind außerordentlich empfindlich, wenn es um ihr vermeintliches Vorrecht geht, als erste zu empfehlen, wie die genehmigten Geldmittel unter den einzelnen Teilstreitkräften aufgeteilt werden sollen.

In den sechziger Jahren war das Pentagon durch die Einmischung der sogenannten zivilen Schreibtischstrategen so sehr vor den Kopf gestoßen worden, daß es sich jetzt bei seinen Planungen nur ungern in die Karten blicken ließ. 1971 hatte ich mich beim Verteidigungsministerium danach erkundigt, weshalb sowjetische Waffen weniger kosteten als vergleichbare amerikanische. An der Antwort auf diese Frage arbeitete das Ministerium immer noch, als ich aus meinem Amt ausschied. Das gleiche Schicksal hatte meine Bitte um eine umfassende Studie über die Strategie der Seestreitkräfte und ihre Erfordernisse. In jedem Fall erhoben die Joint Chiefs Einwände, verschleppten die Angelegenheit nach bewährtem Muster und beriefen sich auf den Grundsatz, daß Beamte außerhalb des Verteidigungsministeriums über Detailplanungen nicht unterrichtet werden dürften. Erst nachdem James Schlesinger 1973 Verteidigungsminister geworden war, gelang es uns, eine Übersicht über die Zielplanung der strategischen Streitkräfte zu bekommen, die wir 1969 angefordert hatten. Inzwischen hatte das Wachstum der sowjetischen strategischen Streitkräfte unsere Möglichkeiten stark eingeschränkt.

Zu Beginn von Nixons Amtszeit glaubte ich, mit der Schaffung eines Untersuchungsausschusses für das Verteidigungsprogramm, an dem auch das Außenministerium und die Wirtschaftsbehörden beteiligt wurden, wäre ein gewisser Fortschritt gemacht worden. Verteidigungsminister Laird unterstützte dieses Vorhaben, weil er den Befürwortern höherer Sozialausgaben verdeutlichen wollte, welche schwerwiegenden Folgen es haben müßte, das Verteidigungsbudget um diese Summen zu kürzen. Mir war das ganz recht, denn ich glaubte, daß ich jetzt die Möglichkeit bekommen würde, die strategische Doktrin und das Rüstungsniveau in einer früheren Phase als bisher üblich zu beeinflussen. Wie sich herausstellte, konnte Laird seine Absichten besser durchsetzen als ich die meinen. In der Praxis berief Laird den Ausschuß nur ein, wenn er Kürzungen im Verteidigungsbudget abwenden wollte. Das Weiße Haus erhielt in die Einzelheiten der Verteidigungsplanung erst während des Sommers Einblick, bevor es im Oktober in die endgültige Form gebracht wurde. Bis dahin hatten sich die Teilstreitkräfte über die Verteilung der Mittel schon geeinigt. Als veraltet geltende Waffensysteme wurden zuerst abgeschafft, und zwar zum Teil, weil man sich für die Einführung von neuen Systemen leichter entschloß, wenn es die alten nicht mehr gab. Ungelöste Probleme wurden dabei auf ein Minimum reduziert; dabei handelte es sich in den meisten Fällen um rein technische Fragen. Damit kam man einem Wunsch des Präsidenten nach, der das letzte Wort haben wollte, ohne daß seine Mitarbeiter gehindert wurden, sich eingehend mit strategischen Grundsatzfragen zu beschäftigen. Auf diese Weise kam es dazu, daß wir den Sowjets im Verlauf unserer Budgetentscheidungen Zugeständnisse machten, bevor wir etwas dafür aushandeln konnten – obwohl ich mich immer wieder ebenso lautstark wie vergeblich dagegen gewehrt habe. Die Budgetplanung und unsere Verhandlungsführung waren leider nicht aufeinander abgestimmt.

Diese Verhältnisse waren den Vorbereitungen für die SALT II-Verhandlungen, die im Oktober 1972 begannen, nicht gerade förderlich. Die Sowjets verlangten den Abzug amerikanischer, mit Fernlenkwaffen ausgestatteter U-Boote von den vorgeschobenen Basen sowie eine beiderseitige »Beschränkung« in der Entwicklung neuer strategischer Waffen. Da unsere Regierung noch keine klare Position entwickelt hatte und mit den Präsidentschaftswahlen sowie den Abschlußverhandlungen über Vietnam beschäftigt war, entschlossen wir uns zu einer bewährten und aufrichtig gemeinten Antwort: Wir schlugen »Erkundungsgespräche« vor. Ihr Zweck war, nach den Anweisungen für die SALT-Delegation vom 8. November 1972, festzustellen, welche Haltung die Sowjetunion einnahm, und ein »Arbeitsprogramm« zu entwikkeln. Mit anderen Worten: Die Delegation sollte dafür sorgen, daß es möglichst nicht zu Kontroversen kam.

Sie hielt sich mit der Gewissenhaftigkeit, die wegen unserer eigenen inneren Spaltungen die unverzichtbare Voraussetzung für erfolgreiche Verhandlungen war, an diese Instruktionen. Sechs Monate lang wurden Denkschriften mit theoretischem Inhalt hin- und hergeschoben, während wir unsere Kräfte in fast ausschließlich akademischen Debatten über Optionen verbrauchten, die, auch wenn wir uns darüber hätten einigen können, zur Realität der Verhandlungsgegenstände keine Beziehung hatten.

Anfang 1973 wurden die SALT-Gespräche wieder aufgenommen. Die Delegationen beider Seiten trafen sich in Wien und legten einander ihre Maximalforderungen vor, ohne sich ernsthaft anzustrengen, Lükken zu schließen. Dazu mußte die Stellungnahme der jeweiligen Regierung eingeholt werden. Auf Sitzungen des sogenannten Verifizierungsausschusses im Rahmen des nationalen Sicherheitsrats im Februar und März 1973 stellte es sich heraus, daß es bei jedem Vorschlag, der unser MIRV-Programm berührte, innenpolitisch bedingte Grenzen geben würde.* Das Außenministerium neigte dazu, für die Erprobung der MIRV ein Moratorium vorzuschlagen. Der stellvertretende Verteidigungsminister William Clements und der Vorsitzende der Joint Chiefs of Staff, Admiral Thomas Moorer, waren strikt dagegen. Sie erklärten, zwar könnten wir dann immer noch unsere neuen Trident-Fernlenkwaffen mit jeweils nur einem Sprengkopf erproben, aber ohne die MIRV verlöre das Trident-Programm seine logische Grundlage und würde im Kongreß abgewürgt werden. Der neue Verteidigungsminister, Elliot Richardson, schloß sich dieser Auffassung an. Diese Herren hatten zweifellos recht; bei dem Verfahren, das bei der Aufstellung unseres Budgets angewendet wird, muß man damit rechnen, daß ein Waffensystem, das mit einem Moratorium belegt ist, nicht genehmigt wird. Man kann nicht die finanziellen Mittel für ein System bekommen, auf das man im Verlauf der Verhandlungen verzichten will.

Auf der Sitzung des Nationalen Sicherheitsrats am 8. März 1973 wurde der Präsident vor die Entscheidung gestellt, ob eine Begrenzung des MIRV-Programms in unsere Verhandlungsposition aufgenommen werden sollte. Es fragte sich, welche Bedingungen dafür auszuarbeiten seien. Sollten die schweren sowjetischen Fernlenkwaffen nicht mit Mehrfachsprengköpfen ausgerüstet werden dürfen? Sollten die MIRV eingefroren und ihre Erprobung für die nächsten zwei oder drei Jahre verboten werden? Oder gab es irgendeine andere Möglichkeit? Und welchen Preis wollten wir dafür bezahlen, wenn die Sowjets sich beim Bau von Mehrfachsprengköpfen Beschränkungen auferlegten? Die Planlosigkeit dieser Diskussion bestätigte aufs neue die bei uns schon lange herrschende Verwirrung. Ohne daß seine außenpolitischen Berater eine Ahnung davon hatten, war Nixon zu dieser Zeit in erster Linie damit beschäftigt, sich aus dem Netz von Watergate zu befreien. Technische Probleme wie Wurfgewichte, Aggregate oder die Ausrüstung von Fernlenkwaffen mit Mehrfachsprengköpfen langweilten ihn bestenfalls. Sein abwesender Blick und seine sporadischen sarkastischen Äußerungen zeigten deutlich, daß er sich nichts sehnlicher wünschte als das Ende der Sitzung, ohne eine Entscheidung treffen zu müssen, die ihn neben all seinen innenpolitischen Sorgen noch in eine außenpolitische Kontroverse verwickeln könnte.

Außerdem hatte Nixon einen sehr guten Instinkt dafür, wann der

* Der Verifizierungsausschuß war ein interministerieller Unterausschuß des nationalen Sicherheitsrats und für die Planung der SALT-Verhandlungen verantwortlich. Zu ihm gehörten Vertreter des Außenministeriums, des Verteidigungsministeriums, der CIA, der Joint Chiefs of Staff, des ACDA und des Stabes des Nationalen Sicherheitsrats unter meinem Vorsitz.

richtige Augenblick zum Handeln gekommen war. Die Sowjets hatten bisher noch nicht angedeutet, daß sie zu ernsthaften Gesprächen bereit seien. Wir selbst hatten bisher fast nur vorläufige theoretische Überlegungen angestellt. Niemand hatte den Grundsatz, daß ein Präsident kein politisches Kapital aufs Spiel setzen darf, ohne vorher festgestellt zu haben, daß er sehr große Erfolgschancen hat, besser begriffen als Nixon. So endete die Sitzung mit der salomonischen Entscheidung, eine interministerielle Denkschrift auszuarbeiten, in der die uns zur Verfügung stehenden Optionen aufgeführt und nach Möglichkeit vereinfacht dargestellt werden sollten. Angesichts der zahlreichen Meinungsverschiedenheiten innerhalb der Regierung würde es nicht einmal einfach sein, sich über eine Definition dieser Meinungsverschiedenheiten zu einigen. Sie beizulegen würde auch ohne Watergate Monate in Anspruch nehmen, und als Folge von Watergate wurde die Lösung des Problems auch wirklich auf die Amtszeit des Präsidenten Ford verschoben. Doch obwohl Nixon nicht in der Lage war, für die SALT-Verhandlungen klare Entscheidungen zu treffen, zögerte er nicht, sich sehr eindeutig über unsere strategischen Ziele zu äußern. Er schloß die Sitzung mit dem leidenschaftlichen Appell, daß wir es uns niemals leisten dürften, die Nummer 2 zu sein, und daß wir alles Notwendige tun sollten, um wenigstens das strategische Gleichgewicht zu wahren. Aber er sagte nicht, welchen Maßstab wir anlegen sollten, um zu beurteilen, wann diese Forderungen bei der strategischen Planung oder im Rahmen der SALT-Verhandlungen erfüllt waren, und das war schließlich die entscheidende Frage.

Den Meinungsverschiedenheiten in Washington entsprach Moskaus Verschleppungstaktik. Die amerikanische Debatte über die »Unausgewogenheit« muß im Kreml ihr Gegenstück gehabt haben. Schließlich hatten die SALT I-Vereinbarungen keinem amerikanischen Programm Beschränkungen auferlegt, sie hatten jedoch die Sowjets gezwungen, mehrere Programme einzustellen. Die Sowjets hatten noch keine MIRV erprobt und waren darüberhinaus zweifellos noch nicht bereit, in ernsthafte Verhandlungen über ihre Begrenzung einzutreten.

Diese Behinderungen verstärkten sich durch das Drängen Breschnews auf den Abschluß der Vereinbarungen zur Verhinderung eines mit Kernwaffen geführten Krieges (wir werden auf dieses Problem noch näher eingehen). Er fürchtete, daß gleichzeitige intensive Verhandlungen über beide Themen sein Lieblingsprojekt verzögern könnten. Gelegentlich versuchte er sogar, diese Vereinbarungen mit Hilfe von SALT zu beschleunigen, wie sich bei Gesprächen, die ich Anfang März 1973 mit Dobrynin führte, zeigte. Dobrynin behauptete, die sowjetischen Militärs hielten es nicht für sinnvoll, eine Vereinbarung über die Begrenzung strategischer Waffen zu treffen, solange die geltenden Vereinbarungen noch eine Laufzeit von vier Jahren hatten. Dobrynin sagte, wir müßten begreifen, daß SALT angesichts der in der Sowjetunion üblichen bürokratischen Verfahren nur sehr langsam vorankommen könnte. Um sich persönlich einschalten zu können, brauchte Breschnew den erfolgreichen Abschluß der Vereinbarungen zur Verhinderung eines mit Kernwaffen geführten Krieges.

Zu behaupten, der Generalsekretär der sowjetischen kommunistischen Partei brauchte einen Vorwand, um an Entscheidungen der sowjetischen Bürokratie teilzunehmen, war eine unglaubliche Unverfrorenheit. Aber Dobrynin entwickelte mit erstaunlicher Fantasie Variationen zu diesem Thema und behauptete, Breschnew werde von allen Seiten von seinen Kollegen bedrängt, die ihm immer wieder abweichende Auffassungen vorlegten. Dobrynin erklärte außerdem, das sowjetische Verteidigungsministerium hätte für SALT kaum eine Verwendung. Er sagte, das Ministerium teilte der Delegation absichtlich den fantasielosesten und starrköpfigsten General zu und wiese ihn an, jede Initiative des Außenministeriums, das technisch die Verhandlungen leitete, zu blockieren. Wenn der Leiter der sowjetischen Delegation, Wladimir Semjonow, den General bäte, sich neue Anweisungen geben zu lassen, dann weigerte sich dieser und behauptete, wenn es notwendig sei, neue Anweisungen zu geben, dann werde das Verteidigungsministerium es von selbst tun. Die Haltung des Verteidigungsministeriums käme angeblich in einer Bemerkung zum Ausdruck, die der sowjetische Verteidigungsminister, Marschall Gretschko, gegenüber Dobrynin über SALT gemacht hätte: »Wenn Sie wissen wollen, was ich persönlich darüber denke, dann werde ich es Ihnen sagen. Wenn Sie meine offizielle Meinung wissen wollen, dann lautet die Standardantwort: nein.«

Die Vorstellung, daß der Chef der sowjetischen Verhandlungsdelegation kein Mandat des Politbüros hätte, war völlig abwegig, und die Behauptung, daß die sowjetische Regierung in sich zerstritten sei, während sie mit einer fremden Macht verhandelte, zeigte, daß sich die Sowjets geschickt auf falsche amerikanische Vorstellungen einstellten, die »Tauben« im Kreml kämpften tapfer gegen die Vertreter der »harten Linie«. Der sowjetische General, der 1973 an den SALT-Verhandlungen teilnahm, Nikolai Orgakow, wurde später Chef des sowjetischen Generalstabs und übernahm damit einen Posten, den man kaum einem zweitrangigen Offizier anvertrauen würde. Allerdings zweifle ich nicht daran, daß die sowjetischen Militärs den modischen Theorien über eine Rüstungskontrolle mit dem gleichen Mißtrauen begegnet sind wie die Generale überall in der Welt.

Die festgefahrenen Verhandlungen in Genf wurden von Zeit zu Zeit durch optimistische Berichte unserer Verhandlungsdelegation belebt, die in der besten Tradition amerikanischer Unterhändler sehr bald ein großes Interesse für den eigenen Erfolg entwickelten. So meldete die Delegation am 27. März, ein Mitglied der sowjetischen Delegation hätte angedeutet, wenn wir uns auch weiterhin mit der bei SALT I festgelegten Unausgewogenheit bei der Gesamtzahl der Abschußrampen einverstanden erklärten, könnten die Sowjets bereit sein, die Zahl der landgestützten und mit Mehrfachsprengköpfen ausgestatteten Fernlenkwaffen eines Typs auf beiden Seiten auf jeweils dreihundert bis fünfhundert zu begrenzen – nach unserer Auffassung kein uninteressanter Vorschlag. Dadurch würde die Verwundbarkeit unserer Minuteman-Stellungen hinausgezögert, und die Sowjets könnten ihre schweren Fernlenkwaffen nicht mit Mehrfachsprengköpfen ausstatten. Wir selbst hatten ohnedies nicht vorgehabt, mehr als fünfhundertfünfzig unserer Fernlenkwaffen mit Mehrfachsprengköpfen auszurüsten. Aber für einen ersten Vorschlag der Sowjets klang er untypisch kompliziert und zu konkret. Dobrynin hat diesen Vorschlag niemals erwähnt, und er war gewöhnlich der Vermittler, der mit uns über Probleme sprach, die für die sowjetische Seite wirklich wichtig waren. Dobrynin reagierte auch nicht darauf, als ich ihn danach fragte. Es ist daher möglich, daß ein amerikanischer Unterhändler die russische Verwunderung über einen seiner komplexen Vorschläge als Zustimmung gedeutet hat, um die von ihm bevorzugte Version als sowjetischen Vorschlag zu melden. Ähnliches war schon häufiger vorgekommen.

Was uns die Sowjets offiziell vorschlugen, war so einseitig, daß man staunen mußte, wie irgend jemand ernsthaft glauben konnte, daß man über so etwas diskutiert, geschweige denn verhandelt. Die Sowjets erklärten ganz einfach, daß man während der Laufzeit der neuen Vereinbarungen die Entwicklung *aller* neuen strategischen Waffen verbieten sollte. Allerdings sollte die Modernisierung schon vorhandener Waffen weitergehen dürfen. Doch seltsamerweise bezeichneten die Sowjets jede Fernlenkwaffe, die sie erprobten (wir stellten vier neue Typen fest) als eine »modernisierte« Version einer schon vorhandenen. Da wir gerade anfingen, nach zehn Jahren unsere erste neue strategische Fernlenkwaffe zu entwickeln (die Trident), hatte unsere Regierung kaum ein Interesse daran, diesen Vorschlag sachlich zu analysieren.

Als ich mich Ende April 1973 auf meine Reise nach Zavidovo vorbereitete, berief ich drei weitere Sitzungen des Verifizierungsausschusses für den 25., 27. und 30. April ein. Aber niemand legte irgendwelche neuen Ideen vor. Das Verteidigungsministerium und der Joint Chiefs of Staff hatten nur einen Vorschlag: gleiche Aggregate in jeder Waffenkategorie und bei jedem Waffensystem ohne Rücksicht darauf, daß unsere Streitkräfte ganz anders gegliedert waren als die sowjetischen. Nachdem wir jahrelang gehört hatten, wie gefährlich es sein würde, wenn die schweren sowjetischen Fernlenkwaffen mit Mehrfachsprengköpfen ausgerüstet wurden, sagte man uns jetzt, daß der Verzicht der Sowjets auf Mehrfachsprengköpfe nicht viel bringen werde – was mich zu der Frage veranlaßte: »Wenn das richtig ist, kann mir dann irgend jemand erklären, was zum Teufel mit diesen Verhandlungen erreicht werden soll?« Darauf modifizierte Clements diese Haltung geringfügig und sagte, daß die Ausrüstung der sowjetischen SS-9 mit Mehrfachsprengköpfen weittragende Folgen haben werde. Diese Entwicklung zu verhindern »wäre zwar wünschenswert, aber nur, wenn wir nicht zu viel dafür bezahlen müssen«. Mit anderen Worten: Man dürfte dafür nicht auf eine Gleichstellung der Aggregate verzichten, ein Vorhaben, für welches das Verteidigungsministerium kein Bauprogramm vorlegen konnte, solange über SALT keine Vereinbarung getroffen war. Wenn es aber bei den Mehrfachsprengköpfen keine Begrenzungen gab, was wurde dann aus allen schönen Theorien über eine Rüstungskontrolle, die sich darauf gründeten, daß die Erstschlagskapazität abgebaut werden müßte, indem man die Vorteile für den Angreifer reduzierte? Auf der Sitzung des Verifizierungsausschusses am 25. April äußerte ich meine Besorgnis:

> Eine Ausgewogenheit bei den Mehrfachsprengköpfen bei gleicher Anzahl der Fernlenkwaffen würde dem Angreifer große Vorteile bieten. Die Ausgewogenheit wäre nur kosmetisch, nicht wirklich. Der Erstschlag würde belohnt. Vielleicht ist das unvermeidlich, aber wenn man über fünfmal so viele Sprengköpfe verfügt wie Raketen und es weniger Ziele gibt als Fernlenkwaffen, dann hat der Erstschlag gute Aussichten auf Erfolg – und darin besteht ein gefährlicher Beitrag zu Instabilität.

Während das Verteidigungsministerium alle bestehenden Programme durch SALT II ratifiziert sehen wollte, waren das Außenministerium und ACDA bereit, entweder auf alle neuen Programme zu verzichten, oder verlangten das Recht, zunächst einmal »das Gelände zu sondieren«. Die Vorstellung, daß wir nach neuen Möglichkeiten suchen sollten, ohne vorher unseren eigenen Standpunkt gefunden zu haben – und es uns nicht gelungen war, uns zu einigen –, veranlaßte mich zu einer sarkastischen Antwort:

> Was wollen Sie erkunden, wenn Sie selbst nicht wissen, was Sie wollen? Ich würde eher von unserem als von Ihrem Standpunkt ausgehen. Es wäre traurig um unsere Regierung bestellt, wenn unsere Lösungsvorschläge für uns nicht günstiger wären als die der Gegenseite.

Da sich die Ministerien nicht auf einen gemeinsamen Standpunkt einigen konnten und der Präsident durch Watergate gelähmt war, bestanden die Anweisungen, die wir am 3. Mai unserer SALT-Delegation schickten, aus einer bunten Mischung der von den einzelnen Behörden bevorzugten Lösungsvorschläge. Niemand war überstimmt worden, und alle Lieblingsprojekte waren in einem Paket zusammengeschnürt. Die Vorschläge verlangten gleichstarke Aggregate und setzten die Zahl der Abschußrampen auf höchstens zweitausenddreihundertfünfzig fest. Diese Stückzahl lag um etwa zweihundertfünfzig unter derjenigen der gegenwärtig vorhandenen sowjetischen und um etwa hundertfünfzig *über* unseren. Dazu sollten die Zahlen der landgestützten mit Mehrfachsprengköpfen ausgerüsteten Fernlenkwaffen eingefroren und weitere Erprobungen dieser Waffe verboten werden. So wurde es der Sowjetunion verwehrt, ihre Fernlenkwaffen mit Mehrfachsprengköpfen auszurüsten. Diese Fernlenkwaffen machten fünfundachtzig Prozent des gesamten Wurfgewichts der sowjetischen strategischen Waffen aus. Die amerikanischen Rüstungsprogramme brauchten nach diesen Vorschlägen nicht eingeschränkt zu werden. Mit anderen Worten: Wir boten den Sowjets an, vierhundertfünfzig Sprengköpfe (bei den hundertfünfzig Fernlenkwaffen des Typs Minuteman III, auf die wir verzichten wollten) gegen ein Minimum von fünftausend sowjetischen Sprengköpfen einzutauschen (wobei es darauf ankam, wie viele Sprengköpfe die Sowjets an jeder einzelnen landgestützten Fernlenkwaffe anbringen wollten). Es überrascht daher nicht, daß dieser Vorschlag sehr bald in der Rumpelkammer der einseitigen Vorschläge verschwand, mit denen jede Seite ihrem Behördenapparat zu imponieren suchte, während sie darüber nachdachte, ob es wirklich notwendig sei, schmerzliche Entscheidungen zu treffen.

Als ich in Zavidovo eintraf, war SALT in die Sackgasse geraten.

Nun legte ich Breschnew den Inhalt der Anweisungen des Präsidenten zum Thema der Mehrfachsprengköpfe vor, die Nixon nach Genf geschickt hatte, dort aber noch nicht vorgelegt worden waren. Auf dem Flug nach Moskau hatte ich mich am 4. Mai auf dem Flughafen in Kopenhagen mit unserem Chefunterhändler, dem tüchtigen und unerschütterlichen U. Alexis Johnson, getroffen und ihn gebeten, dieses Thema bei den Verhandlungen noch nicht anzusprechen, damit ich es Breschnew als Sondervorschlag des Präsidenten vorlegen konnte.

Breschnew war zwar grob, aber alles andere als dumm. Auf durchsichtige Manöver fiel er nicht herein. Er wollte nichts von einem Vorschlag hören, der die Sowjets daran hinderte, ihre besten Fernlenkwaffen mit Mehrfachsprengköpfen auszurüsten. Nun deutete ich gegenüber Dobrynin die Möglichkeit an – ich sagte ihm, ich dächte nur laut darüber nach –, daß sich die Sowjetunion verpflichten könnte, ihre schweren Fernlenkwaffen nicht mit Mehrfachsprengköpfen auszurüsten, wenn die Vereinigten Staaten die Verpflichtung eingingen, keine Marschflugkörper zu entwickeln, die eine Reichweite von mehr als dreitausend Kilometer hätten. Der schwache Punkt in diesem Vorschlag war die Tatsache, daß das Pentagon noch nicht bereit war, eine solche Waffe zu entwickeln oder zu produzieren (ein Versäumnis, das ich sofort nach meiner Rückkehr korrigierte), und daß die Reichweite zu groß war, um das Angebot für die Sowjets attraktiv erscheinen zu lassen. Dobrynin fragte bei Breschnew nach, der ein gewisses Interesse zeigte, aber sagte, daß er den Vorschlag zunächst mit seinen Militärs besprechen müsse und deshalb noch keine Entscheidung treffen könnte, solange ich in Zavidovo wäre. Er ist nie wieder darauf zurückgekommen. Höchstwahrscheinlich wollte er vor Abschluß des sowjetischen Versuchsprogramms für Mehrfachsprengköpfe grundsätzlich nicht über eine Begrenzung dieser Waffen sprechen.

Nun kehrten wir zu der Idee zurück, während des Gipfeltreffens im Juni eine »allgemeine Grundsatzerklärung« über SALT zu unterzeichnen – der übliche Ausweg für Diplomaten, die sich nicht einigen können, nicht zugeben wollen, daß sie am toten Punkt angekommen sind, aber geschickte Formulierungen finden, die es jeder Seite erlauben, auf ihrem Standpunkt zu beharren. Am 6. April hatten die Sowjets in Genf einen Entwurf vorgelegt, der ihre einseitigen Forderungen in Gestalt allgemeiner Grundsätze enthielt. Wir hatten dieses Papier unbeachtet gelassen und weder darüber verhandelt noch alternative Formulierungen angeboten. Am 25. April übergab mir Dobrynin eine Zusammenfassung des Genfer Entwurfs, in der die Sowjets immer noch eine sehr einseitige Haltung einnahmen. Danach sollten zum Beispiel unsere in Europa stationierten Flugzeuge in die Zahl der zu berücksichtigenden Aggregate aufgenommen werden – was uns dazu gezwungen hätte, entweder die Zahl unserer strategischen Waffen zu reduzieren (als Ausgleich für die in Europa stationierten Flugzeuge) oder einen Teil der für die Verteidigung der NATO vorgesehenen Luftstreitkräfte abzuziehen. Deshalb erregte dieser Vorschlag die Besorgnis unserer Verbündeten in der NATO, und zwar aus strategischen Gründen, aber auch, weil es ihnen nicht gefiel, daß sie betreffende Sicherheitsfragen Gegenstand von Verhandlungen waren, an denen sie nicht teilnahmen. Darüber hinaus hatten die Sowjets die Gelegenheit dazu ausgenutzt, eine Klausel einzufügen, die praktisch von uns verlangte, unsere Zusammenarbeit mit Großbritannien auf dem Gebiet der Kernwaffen zu beenden. Schließlich enthielt das Papier auch noch den Vorschlag, an den in den Zwischenvereinbarungen festgelegten Zahlen auch nach dessen Auslaufen festzuhalten, womit das Ungleichgewicht bei den Abschußrampen festgeschrieben werden würde, ohne daß die Sowjets entsprechende Zugeständnisse gemacht hatten. Wir hatten keine Veranlassung, näher auf diesen Vorschlag einzugehen.

Die Historiker werden unseren Gegenvorschlag nicht als Modell für präzise abgefaßte diplomatische Noten bezeichnen. Wir bemühten uns, auf neutralen Boden auszuweichen und Optionen für beide Seiten offenzulassen, und kamen durch die Hintertür auf das sowjetische Verlangen zurück, unsere vorgeschoben stationierten Systeme nach der gleichen Formel in die Vereinbarungen einzuschließen, wie sie für die SALT I-Vereinbarungen gefunden worden war: durch die Verpflichtung, nicht über dritte Länder auszuweichen. Das bedeutete, daß die Zahl unserer in Europa stationierten Waffen, mit denen die Sowjetunion erreicht werden konnte, nicht wesentlich erhöht werden durfte. Der Vorschlag verlangte aber nicht, daß die schon bestehenden Waffen in die Gesamtzahl aufgenommen würden. Unser Entwurf enthielt auch nicht den Vorschlag, die ungleichen Zahlen der Zwischenvereinbarungen einzufrieren. (Nachdem wir jahrelang darum gerungen hatten, die vorgeschoben stationierten Systeme aus den SALT-Gesprächen auszuklammern, scheinen wir ironischerweise jetzt, da ich diesen Bericht schreibe, den Punkt erreicht zu haben, an dem wir *ohne* SALT über Mittelstreckenwaffen verhandeln.)

So entstand eine »allgemeine Grundsatzerklärung«, die nicht gerade eine bemerkenswerte Wende in der Geschichte der Diplomatie oder in der Rüstungskontrolle bedeutete. Das Dokument verewigte das ehrwürdige Prinzip der »ausgewogenen Sicherheit«. Das konnte alles bedeuten: Gleichheit der Aggregate und die gleiche Zahl von Mehrfachsprengköpfen ohne Berücksichtigung der Basen in Übersee; eine Ungleichheit bei den Mehrfachsprengköpfen im Austausch gegen eine Ungleichheit bei den Aggregaten oder jede andere Kräfteverteilung, die einer der beiden Regierungen wünschenswert erscheinen mochte. Etwas konkreter war die Klausel, daß die neuen SALT-Vereinbarungen Beschränkungen über »qualitative« Entwicklungen einschließen sollten – was ein Euphemismus für die Forderung war, gewisse und bis dahin nicht genau festgelegte Begrenzungen für Mehrfachsprengköpfe in die SALT-Vereinbarungen aufzunehmen. Die konkreteste Forderung war, daß beide Parteien sich bemühen sollten, bis Ende 1974 eine neue Vereinbarung zum Abschluß zu bringen. Gromyko machte dieser Vorschlag Sorgen, weil er fürchtete, daß sich unsere Beziehungen, wenn es den Sowjets auch nur aus technischen Gründen nicht gelänge, diesen Termin einzuhalten, verschlechtern könnten. Wir glaubten, einer Verschleppungstaktik innerhalb unserer Regierung und in Genf nur durch eine Bindung an feste Termine begegnen zu können. (Uns ist es gerade noch gelungen, mit den Vereinbarungen von Wladiwostok im November 1974 diesen Termin einzuhalten.)

Aber mit keinem dieser dunklen Manöver der Befürworter und Gegner von SALT kamen wir dem realen Kern des Problems näher. Während der siebziger Jahre sollten wir unsere Gegenschlagkapazität verlieren (die Fähigkeit, sowjetische Fernlenkwaffen zu zerstören). In den achtziger Jahren würden auch unsere bodengestützten Abschußrampen von sowjetischen Fernlenkwaffen zerstört werden können. Die Entwicklung hing davon ab, wie rasch die Sowjets ihre bodengestützten Fernlenkwaffen mit Mehrfachsprengköpfen bestückten und ihre Treffgenauigkeit erhöhten. Wenn jede Seite über die gleiche Anzahl von mit Mehrfachsprengköpfen ausgerüsteten strategischen Waffen verfügte und dabei die »Freiheit« hatte, diese Waffensysteme nach Gutdünken miteinander zu »vermischen« (ein weiterer geheiligter Grundsatz des Pentagon, nachdem jede Seite über die Zusammensetzung seiner Streitkräfte verfügen dürfte), dann stand fest, daß die Sowjets sehr viel mehr bodengstützte Fernlenkwaffen mit Mehrfachsprengköpfen ausrüsten würden als wir und daß ihre Waffen, da sie größer waren als unsere, auch mehr Sprengköpfe tragen würden als unsere mit jeweils drei solchen Sprengköpfen ausgerüsteten Minutman. Das Ergebnis wäre eine überwältigende Kapazität der Sowjets, unsere Fernlenkwaffen zu vernichten, die durch keine amerikanische Gegenrüstung in anderen Kategorien strategischer Waffen ausgeglichen würde. Unser einziges neues Programm, die U-Boote vom Typ Trident, verschaffte uns keine Gegenschlagkapazität, weil seegestützte Fernlenkwaffen im allgemeinen nicht so treffsicher waren, um einzelne Silos bekämpfen zu können, und weil außerdem das technische Problem besteht, daß sie nicht gleichzeitig abgeschossen werden können.

Früher oder später würden die Sowjets, auch wenn in der Gesamtzahl der Sprengköpfe das Gleichgewicht bestünde, ihre zunehmende Gegenschlagkapazität mit ihrer traditionellen konventionellen Überlegenheit kombinieren, um Veränderungen im geopolitischen Gleichgewicht herbeizuführen. Zwei Wochen nach dem Gipfel vom Juni 1973 erprobten die Sowjets zum ersten Mal die Mehrfachsprengköpfe an ihrer Fernlenkwaffe vom Typ SS-17, die neu entwickelt worden war, um die veraltete SS-11 abzulösen. Eine strategische Revolution war jetzt nur noch eine Frage der Zeit.

Am 13. Juli 1973 schrieb ich an Bill Clements und verlangte die Entwicklung eines Langstrecken-Marschflugkörpers für die amerikanischen Streitkräfte. Das Pentagon dachte daran, diese Waffe sowohl aus Kostengründen als auch deshalb aus dem Rüstungsprogramm zu streichen, damit sie nicht zum Vorwand genommen würde, das Lieblingskind unserer Luftstreitkräfte, den B-1-Bomber nicht zu bauen. (Spätere Ereignisse ließen erkennen, daß das sorgfältige Manövrieren der Teilstreitkräfte nicht immer auf das starre Festhalten an militärischen Traditionen zurückzuführen ist, wie manche glauben, sondern ein Ergebnis langer Erfahrungen. Der Bau des Bombenflugzeugs B-1 wurde von der Carter-Administration eingestellt, die in der Tat argumentierte, daß der Marschflugkörper, mit dem der B-52-Bomber ausgerüstet war, die B-1 überflüssig mache). Das Argument, das ich Clements vortrug, lautete, »daß ein Programm für den Bau eines von Langstreckenbombern abzuschießenden Marschflugkörpers strategisch vernünftig ist und unsere Verhandlungsposition bei SALT stärken könnte«. Clements stimmte mir begeistert zu, und der Marschflugkörper war gerettet.*

So gingen die SALT-Verhandlungen weiter, während beide Seiten neue Waffen entwickelten – wir die Marschflugkörper, das Trident-U-Boot und den B-1-Bomber; die Sowjets vier neue bodengestützte Fernlenkwaffen und die Mehrfachsprengköpfe. In Amerika verhinderten die innenpolitischen Spannungen eine klare Artikulierung unserer Strategie und einer Doktrin der Rüstungskontrolle. In dem so entstandenen Vakuum wurde jedes dieser Probleme sowohl zu einer philosophischen als auch zu einer technischen Streitfrage, die im wesentlichen auf politischer Ebene entschieden werden mußte. Erst 1975 nahm der Kongreß die Bedrohung durch die Sowjetunion ernst. Es entwickelte sich ein strategischer Alptraum: Die Sowjets könnten in den achtziger Jahren das »Fenster« benutzen, das sich ihnen durch die Kombination der Gegenschlagkapazität (oder einfach durch das Anwachsen ihres strategischen Arsenals) und die lokale Überlegenheit öffnete, um Krisen auszunutzen oder zu erzeugen und das geopolitische Gleichgewicht zu ihren Gunsten zu verschieben. Das Problem, in welche Beziehung man die Verteidigung zur Rüstungskontrolle setzen, wie man unsere militärische Stärke bewahren und gleichzeitig zu einer gegenseitigen Rüstungsbeschränkung kommen sollte, bildet bis heute das Kernproblem der amerikanischen Außenpolitik.

* Daß ich 1973 den Langstrecken-Marschflugkörper gerettet hatte, verhinderte nicht, daß ich zwei Jahre später dafür angegriffen wurde, ich hätte diese Waffe angeblich bei den SALT-Verhandlungen vernachlässigt.

Die Vereinbarungen zur Verhinderung eines mit Kernwaffen geführten Krieges

Eigenartigerweise fanden gleichzeitig neben den Handelsgesprächen und den SALT-Verhandlungen andere Besprechungen statt, denen die Öffentlichkeit relativ geringe Aufmerksamkeit schenkte, diplomatische Bemühungen, die schließlich zu der Vereinbarung über die Verhinderung eines Kernwaffenkrieges führten. Auf taktischer Ebene wurden diese Verhandlungen mit äußerster Zurückhaltung geführt. Mit großem Geschick gelang es uns, einem gefährlichen sowjetischen Manöver die Spitze abzubrechen, durch das die andere Seite uns veranlassen wollte, grundsätzlich auf den Einsatz von Kernwaffen zu verzichten, obwohl sich die Verteidigung der freien Welt im Grunde auf diese Möglichkeit stützte. Andererseits illustrierten diese Gespräche zwar sehr gut, wieviel Hartnäckigkeit dazu gehört, diplomatische Verhandlungen mit der Sowjetunion zu führen; am Schluß hatten wir zwar einige Gefahren gebannt, aber wenig Positives erreicht.

Die sowjetische Diplomatie kennt keine Ruhepausen. Es wird ein Vorschlag gemacht und als bedeutender Beitrag zum Abbau von Spannungen hingestellt. Man erklärt, wenn wir darauf eingingen, würde sich »die Atmosphäre verbessern«. Aber in den meisten Fällen legt der Kreml nach Abschluß der ersten Vereinbarung schon den zweiten Vorschlag vor, dessen Annahme mit der gleichen Hartnäckigkeit verlangt wird, und zwar mit dem gleichen Argument, daß eine Weigerung unserer Seite die Atmosphäre belasten werde.

Der Ursprung dieser Projekte liegt im Dunkeln. Vielleicht steht eine versteckte strategische Absicht dahinter, vielleicht aber auch nur Gewohnheit oder Trägheit. Die Vorschläge könnten auch Ausdruck der Vorstellungen einer bestimmten Gruppe innerhalb des Politbüros sein, die dort an für uns undurchschaubaren Manövern beteiligt ist. Aber welches auch der unmittelbare Anlaß sein mag, einmal in die Wege geleitete sowjetische Initiativen werden mit fast monomanischer Intensität verfolgt. 1972 setzte sich eine solche sowjetische Dampfwalze gegen uns in Bewegung. Als ich mich im April 1972 zu meinem Geheimbesuch in Moskau aufhielt, nahm mich Breschnew zur Seite und legte mir eine von ihm so bezeichnete »Friedensbombe« vor – den Vorschlag für einen Vertrag zwischen der Sowjetunion und den Vereinigten Staaten, durch den wir uns verpflichten sollten, auf die Verwendung von Kernwaffen gegeneinander zu verzichten.[14] So geschehen auf dem Höhepunkt der Nordvietnamesischen Frühjahrsoffensive, als die Nixon-Regierung schon fast entschlossen war, den Gipfel abzusagen, wenn Hanoi mit seinem Vorstoß Erfolg haben sollte. Außerdem hatten wir uns dafür entschieden, die Bombardierung von Nordvietnam wieder aufzunehmen, wenn die Offensive nicht innerhalb der nächsten Tage zum Stehen gebracht werden könnte. Uns ausgerechnet in diesem Augenblick zum Verzicht auf Kernwaffen aufzufordern, war ein unerhörter Affront, denn die Verteidigung der NATO stützte sich auf die Garantie für den Einsatz amerikanischer Kernwaffen. Angesichts der konventionellen Überlegenheit der Sowjets mußte ein solcher Schritt unsere Verbündeten demoralisieren und China zutiefst beunruhigen, das darin ein Zeichen für die so sehr gefürchtete geheime Zusammenarbeit zwischen den Vereinigten Staaten und der Sowjetunion erblicken würde.

Andererseits war der Augenblick klug gewählt, denn eine schlichte Zurückweisung des Vorschlags war uns nicht möglich. Unsere Strategie bestand darin, einen Keil zwischen Moskau und Hanoi zu treiben, um für die Beendigung des Krieges in Vietnam freie Hand zu bekommen. Deshalb war es uns ganz recht, einen zusätzlichen Köder auslegen zu können, der es den Sowjets günstig erscheinen lassen würde, sich nicht gegen uns zu wenden, wenn wir Hanoi vermehrt unter Druck setzten. So kam es zu einem delikaten Manöver. Wir versuchten, bei Breschnew und seinen Kollegen die Hoffnung zu wecken, daß ihr Vorhaben gelingen könnte, ohne uns zur Teilnahme in der Form, in der es uns präsentiert worden war, zu verpflichten. Zunächst suchten wir Zeit zu gewinnen. Ich lehnte es ab, im Augenblick näher darauf einzugehen, und sagte, daß dieses Thema während des Gipfeltreffens behandelt werden müßte.

Nachdem Nixon am 8. Mai 1972 die Wiederaufnahme der Bombenangriffe gegen Nordvietnam und die Verminung nordvietnamesischer Häfen befohlen hatte, waren wir darauf gefaßt, daß das Gipfeltreffen abgesagt werden würde, bis Dobrynin mich am 10. Mai beiläufig fragte, ob der sowjetische Handelsminister Nikolai Patolitschew, der sich gerade in den Vereinigten Staaten aufhielt, vom Präsidenten empfangen werden würde. Selbstverständlich arrangierten wir schon für den nächsten Tag das Treffen zwischen Patolitschew und Nixon. Als eifrige Journalisten ihn anschließend drängten, eine öffentliche Erklärung abzugeben, wehrte Patolitschew alle Fragen darüber, ob der Gipfel noch stattfinden werden, mit erstaunten Augen ab. »Zweifeln Sie denn daran?« fragte er lächelnd, als ob die gegen einen Verbündeten der Sowjetunion gerichteten Bombenangriffe und die Verminung seiner Häfen etwas ganz Alltägliches seien.

Aber die Sowjets verschwenden keine Zeit, wenn sie eine Rechnung präsentieren wollen. Schon am folgenden Tag, dem 12. Mai, erschien Dobrynin, um zu kassieren. Er erklärte mir ganz schlicht, zur Vorbereitung der Gespräche Breschnews mit Nixon hätte sein Herr und Meister ihm einen kurzen Vertragsentwurf zugestellt, der sobald wie möglich unterzeichnet werden sollte. Im ersten Paragraphen verzichteten die Vereinigten Staaten und die Sowjetunion auf die Verwendung von Kernwaffen gegeneinander. Der zweite Paragraph erklärte gebieterisch, daß beide Seiten »Situationen verhindern werden«, in denen Aktionen dritter Länder zu einem Krieg mit Kernwaffen führen könnten. Starker Tobak! Wir wurden aufgefordert, auf das strategische Gesamtkonzept der NATO zu verzichten und gleichzeitig praktisch ein amerikanisch-sowjetisches Militärbündnis auszurufen, mit dem Ziel, China oder jedes andere Land, das über Kernwaffen verfügte, zu isolieren oder ihm unseren Willen aufzuzwingen.

Der mir von Dobrynin übergebene Entwurf war in seinem Inhalt zwar empörend, stellte mich aber vor ein taktisches Problem. Nixon wollte ebenso wie ich die Diskussion in Gang halten, um dafür zu sorgen, daß die Sowjets nichts unternahmen, wenn wir Hanois Offensive das Rückgrat brachen. Wir konnten jedoch den sowjetischen Entwurf nicht akzeptieren, ohne in große Gefahr zu geraten. Deshalb begannen wir ein kompliziertes Geplänkel, bei dem wir uns darum bemühten, den für die Sowjets so charakteristischen plumpen Frontalangriffen mit geschickter Beinarbeit zu begegnen. Doch wir wußten, daß wir uns früher oder später würden stellen müssen.

Wie erwartet sprach Breschnew Nixon während des Moskauer Gipfels von 1972 auf den Vertrag an. Nixon und ich waren übereingekommen, daß Nixon sich zwar nicht festlege, aber doch ein gewisses Interesse bekunden sollte, eine Pose, die er großartig beherrschte. Für den Fall, daß Breschnew auf eine Antwort drängte, hatten wir einen Gegenentwurf vorbereitet, der unsere immer wieder erklärte Auffassung zum Ausdruck brachte, daß der Friede letzten Endes von der Zurückhaltung der Supermächte abhänge. Dabei vermieden wir es, auf den sowjetischen Vorschlag des Verzichts auf Kernwaffen im Krieg einzugehen, und fügten statt dessen eine Klausel ein, nach der beide Seiten im Frieden auf die Androhung von Gewalt verzichten sollten. Auch wollten wir uns nicht zu einem zwischen den Vereinigten Staaten und der Sowjetunion abgestimmten Verhalten gegenüber dritten Ländern verpflichten. Wir wollten über das Angebot, nach besten Kräften darum bemüht zu sein, daß Aktionen dritter Länder nicht zu einem Krieg mit Kernwaffen zwischen den Vereinigten Staaten und der Sowjetunion führten, nicht hinausgehen. Breschnew nahm das Dokument kommentarlos entgegen, aber Gromyko war zu erfahren, um nicht zu erkennen, daß wir die Angelegenheit verschleppen wollten. Nixon selbst vermied alle Peinlichkeiten, indem er großzügig vorschlug, daß Dobrynin und ich über die Unterschiede in den beiden Entwürfen sprechen sollten. Wie wir das Unvereinbare miteinander versöhnen sollten, erklärte er den staunenden Sowjets nicht. Ich hatte jedoch begriffen, daß Präsident Nixon bis zur Zeit nach den Wahlen nichts mehr von der Sache hören wollte.

Aber die Sowjets hatten einen anderen Zeitplan. Nach Washington zurückgekehrt, erschien Dobrynin am 21. Juli, um den Auftrag auszuführen, den unsere Chefs uns gegeben hatten. Er sagte mir, daß unser Entwurf leider nicht den Vorstellungen seiner Regierung entspräche. Moskau hätte sich um eine neue Version bemüht, die er mir jetzt überreichte. Auch er enthielt den bilateralen Verzicht auf die Verwendung von Kernwaffen, aber – in Anerkennung der Tatsache, daß wir uns den Verpflichtungen nicht entziehen könnten, die wir gegenüber der NATO eingegangen waren – hatte man eine Klausel eingefügt, daß keine Bestimmung in dieser Vereinbarung die bestehenden Verpflichtungen gegenüber Dritten oder das Recht der kollektiven Selbstverteidigung berühren dürfte. Was nun die Verpflichtungen gegenüber unseren Verbündeten betraf, so schien sie zu genügen, sie zeigte jedoch nur allzu deutlich die Verwundbarkeit von Ländern, die, wie China, nicht mit uns verbündet waren und deren territoriale Integrität für die Aufrechterhaltung des internationalen Gleichgewichts ebenfalls eine große Bedeutung hatte.

Wir brauchten noch Zeit, um den Krieg in Vietnam zu beenden. Um Zeit zu gewinnen, stellte ich Dobrynin drei hypothetische Fragen. Vorausgesetzt, wir akzeptierten den neuen sowjetischen Entwurf, würden die Vereinigten Staaten das Recht haben, zur Verteidigung der NATO Kernwaffen einzusetzen? Würden beide Seiten das Recht haben, zur Verteidigung traditioneller Freunde, denen gegenüber wir keine vertraglichen Verpflichtungen hatten (zum Beispiel im Nahen Osten), Kernwaffen einzusetzen? Würden beide Seiten das Recht haben, zur Verteidigung eines größeren Landes, mit dem wir nicht verbündet sind, Kernwaffen einzusetzen, weil der Verlust der Unabhängigkeit dieses Landes das globale Gleichgewicht stören würde? (Als Beispiel nannte ich Indien, wenngleich die sowjetische Führung nicht daran zweifeln konnte, daß eigentlich China gemeint war.)

Ich hatte nicht mit einer offiziellen Antwort gerechnet, sondern diese akzentuierten Fragen sogar gerade deshalb gestellt, weil ich glaubte, die Sowjets würden sich scheuen, sie zu beantworten, so daß sich das für uns so peinliche Vorhaben begraben ließe. Zu meiner Überraschung traf am 7. September 1972 die sowjetische Antwort ein, in der die Sowjets ganz unverhüllt von ihren Absichten sprachen. Die Antwort auf meine drei Fragen lautete: Die in Aussicht genommene Vereinbarung schloß die Verwendung von Kernwaffen in einem Krieg nicht aus, an dem die NATO und der Warschauer Pakt beteiligt waren. Ihre Verwendung würde jedoch auf das Gebiet der Verbündeten beschränkt bleiben. Der Einsatz gegen das Territorium der Vereinigten Staaten und der Sowjetunion wäre jedoch untersagt. In einem Krieg im Nahen Osten dürften Kernwaffen von keiner Seite eingesetzt werden, noch weniger dürften sie verwendet werden, wenn ein größeres Drittland wie Indien mit konventionellen Streitkräften angegriffen würde.

Es wäre schwierig gewesen, eine deutlichere und zynischere Definition für ein Kondominium zwischen den Vereinigten Staaten und der Sowjetunion zu formulieren. Ein solcher Vertrag würde die Supermächte sogar in einem europäischen Krieg vor der Vernichtung durch Kernwaffen schützen, aber die Verwüstung eines jeden verbündeten Landes garantieren. Nichts konnte mit größerer Sicherheit den europäischen Neutralismus fördern oder den Wert von Bündnissen herabsetzen. Das lebenswichtige Gebiet des Nahen Ostens würde mit konventionellen Waffen verteidigt werden müssen, bei denen wir unterlegen waren, und zwar ganz besonders in unserer Kapazität, in einem so entfernt gelegenen Gebiet wirksam einzugreifen. Alle übrige Länder blieben dabei ihrem Schicksal überlassen. So könnte die Sowjetunion zum Beispiel China angreifen, ohne eine Reaktion der Vereinigten Staaten mit Kernwaffen befürchten zu müssen. Nach dieser Interpretation des Vertrages würden unsere Bündnisse auseinanderfallen und das Vertrauen der mit uns befreundeten Länder würde restlos zerstört.

Solche Vorschläge durften nicht unwidersprochen bleiben. Obwohl wir eigentlich Zeit gewinnen wollten, beantwortete ich die Note noch am gleichen Tag, am 7. September, um den Sowjets jeden Zweifel daran zu nehmen, wo unsere Prioritäten lagen. Ich übergab Dobrynin eine Note, mit der wir uns noch einmal bereit erklärten, die allgemeinen Grundsätze für eine Zurückhaltung bei den zwischenstaatlichen Beziehungen zu prüfen, stellte jedoch ausdrücklich fest, daß es Grenzen gäbe, über die wir nicht hinausgehen würden:

- Wir halten es für wichtig, jede Formulierung zu vermeiden, die den Eindruck erwecken könnte, als ob die Absicht bestünde, zwischen unseren beiden Ländern ein Kondominium herzustellen;
- wir halten es für wichtig, daß eine Vereinbarung zwischen unseren beiden Ländern nicht den Eindruck erweckt, wir verzichteten nur auf einen mit Kernwaffen geführten Krieg zwischen unseren beiden Staaten, ließen jedoch die Option eines gegen dritte Länder mit Kernwaffen geführten Krieges offen;
- wir halten es für wichtig, daß wir, wenn wir uns auf die Verhinde-

rung eines mit Kernwaffen geführten Krieges konzentrieren, nicht zugleich den Eindruck erwecken, daß wir den Beginn eines Krieges mit konventionellen Mitteln für legitim halten;

- wir halten es für wichtig, daß in der Vergangenheit getroffene Vereinbarungen, ob es sich nun um Bündnisse oder andere Arten von Verpflichtungen handelt, mit denen der Friede und die Sicherheit bewahrt werden sollen, durch alle zusätzlichen Vereinbarungen zwischen uns, die sich insbesondere auf die Verhinderung eines mit Kernwaffen geführten Krieges beziehen, gestärkt werden sollten.

Diese Antwort hatten wir vorher sehr gründlich mit der britischen Regierung erörtert, und ihr Inhalt hat diesen Gesprächen viel zu verdanken. Im Sommer hatten wir unsere wichtigsten europäischen Verbündeten und China in groben Zügen von dem sowjetischen Vorschlag unterrichtet. Ende Juli 1972 hatte ich dem britischen Kabinettsekretär, Sir Burke Trend, bei dessen regelmäßigem Besuch in Washington den sowjetischen Entwurf vom 21. Juli gezeigt. Ich bat ihn um britische Ratschläge und erklärte, daß wir nur im Einvernehmen mit London etwas unternehmen würden. Am 10. August schickte das britische Außenministerium seinen Rußlandexperten, Sir Thomas Brimelow, mit einer kleinen Gruppe von Beratern nach Washington, um das Projekt im einzelnen zu prüfen.

London hätte keine glücklichere Wahl treffen können. Der sanft wirkende, aber unbeirrbare Brimelow, dem es nicht recht gelingen wollte, seine durchdringende Intelligenz hinter dem unauffälligen Äußeren des perfekten Zivilbeamten zu verbergen, hat sich bei diesen Verhandlungen als unentbehrlicher Helfer erwiesen. Er war ein gründlicher Kenner sowjetischer Methoden. Die sowjetischen Motive beurteilte er völlig unsentimental. Er war überzeugt, daß ein mit allen verfügbaren Mitteln geführter Krieg zu den größten Befürchtungen der Sowjetunion gehörte und daß alles, was diese sowjetischen Besorgnisse verringerte, die Wirkung der Abschreckung schwächen müßte. Nach seiner Auffassung wollten die Sowjets ihre eigene Unsicherheit verringern und gleichzeitig versuchen, die Hemmschwelle für den Einsatz von Kernwaffen für die Alliierten zu vergrößern. Wir müßten jetzt versuchen, dem entgegenzuwirken.

Brimelow hielt die vorliegenden sowjetischen Entwürfe für ebenso unannehmbar wie wir. Ich erläuterte eine mögliche Strategie, um aus dem sowjetischen Vorschlag eine Grundsatzerklärung über politische Zurückhaltung zu machen, mit der Gewaltandrohungen geächtet werden sollten, und zwar sowohl mit Kernwaffen als auch mit dem Einsatz konventioneller Streitkräfte. Brimelow erklärte sich einverstanden und riet uns, die Angelegenheit zu verzögern – was wir ohne weiteres akzeptieren konnten, denn wir taten es schon. Wir wußten, daß wir die Zustimmung der Sowjets nur erreichen konnten, wenn wir das Gespräch in die Länge zogen, bis die Sowjets aus Anlaß irgendeines neuen Termins – etwa eines Gipfeltreffens – genügend beunruhigt wären, um einer grundsätzlichen Modifizierung von Breschnews Vorschlag zuzustimmen. Deshalb suchten wir Zeit zu gewinnen und nahmen unsere Bemühungen zur Beendigung des Vietnam-Krieges zum Vorwand.

Geduld war nicht Breschnews starke Seite. Er nahm jede Gelegenheit wahr, die Verhandlungen zu beschleunigen. Während meines Moskau-Besuchs im September 1972 versuchte er, mich für die Mitarbeit an einem neuen Entwurf zu gewinnen, und forderte mich auf, meine Einwände gegen den sowjetischen Text Zeile um Zeile zu erläutern. Doch auch dadurch wäre die sowjetische Note zur Grundlage der Verhandlungen geworden, aber wir hatten grundsätzliche Vorbehalte gegenüber dem ganzen Vorschlag und nicht nur gegenüber bestimmten Details. Ich suchte Zeit zu gewinnen und wiederholte daher sehr ausführlich, was ich Dobrynin am 7. September über unsere Auffassung gesagt hatte: kein Kondominium; kein Hinweis darauf, daß die Vereinigten Staaten und die Sowjetunion nur ihr eigenes Territorium schützen wollten; und kein Hinweis darauf, daß ein mit konventionellen Streitkräften geführter Krieg akzeptabel sei, ein mit Kernwaffen geführter jedoch nicht. Breschnew tat erstaunt darüber, daß wir den Sowjets so niedrige Motive unterstellten. Um mich zu beruhigen, behauptete er, wenn die Sowjetunion auf die Verwendung von Kernwaffen verzichtete, dann könnten wir »zweihundert Prozent« sicher sein, daß sie auch gegen uns oder gegen unsere Verbündeten keine konventionellen Streitkräfte einsetzen werde. (Damit war über China und den Nahen Osten nichts gesagt.) Breschnew wollte seinen Zusicherungen, die sich allerdings nur auf bestimmte Regionen beschränkten, noch dadurch besonderes Gewicht verleihen, indem er auf die von der sowjetischen Verfassung vorgeschriebenen Praktiken hinwies: »Eine solche Annahme widerspräche völlig den Erklärungen des Parteikongresses unserer Partei.« Man sollte sich einmal vorstellen, was geschehen würde, wenn wir dem Nordatlantik-Rat oder vielleicht sogar Peking eine Vereinbarung vorlegten, die sich auf eine Verpflichtung stützte, die der Kongreß der sowjetischen kommunistischen Partei gegenüber sich selbst eingegangen war.

Ich schlug vor, wie bei SALT in zwei Phasen zu verhandeln, und zwar, indem wir zunächst eine allgemeine Grundsatzerklärung abgaben, der eine offizielle Vereinbarung folgte. Breschnew wollte sich mit diesem Gedanken nicht befreunden, denn Gromyko hatte ihm klargemacht, daß diese Grundsatzerklärung nur wiederholen konnte, was auf dem Gipfel von 1972 schon unterzeichnet worden war. Außerdem würde der Entwurf Monate in Anspruch nehmen, und dann würden wir behaupten, das Thema sei damit erschöpft. Wir sprachen jedoch viele Stunden über dieses Thema – und so hatte ich erreicht, was ich wollte. Schließlich erklärte ich mich einverstanden, einen neuen Entwurf auszuarbeiten, den ich Gromyko bei seinem Besuch in Washington Anfang Oktober zu geben versprach. So konnten wir Moskau verlassen, ohne daß es zu einer Kontroverse gekommen war.

Als Gromyko nach Washington kam, überreichte ich ihm am 2. Oktober einen Entwurf, in dem der Verzicht auf Kernwaffen nicht mehr erwähnt wurde und der eine Reihe von politischen Forderungen enthielt, die sich auf die Zurückhaltung auf internationaler Ebene bezogen. Diese Bedingungen sollten erfüllt sein, bevor man an einen Verzicht auf den Einsatz von Kernwaffen denken könnte. Gromyko war ein Fachmann für Vertragsentwürfe und begriff sofort, was ich getan hatte. Er bemängelte, daß wir nicht im »Geist« unseres ersten Gedankenaustauschs verfahren seien, und stellte (richtig) fest, daß von dem ursprünglichen sowjetischen Vorschlag und dem Verzicht auf die Verwendung von Kernwaffen »nichts« übriggeblieben sei.

Um den Druck zu verstärken, sagte Gromyko dem Präsidenten, der für 1973 vorgesehene Gegenbesuch Breschnews in Amerika hinge davon ab, daß Fortschritte auf dem Wege zum Abschluß des Vertrages über den Verzicht auf Kernwaffen gemacht worden seien. Aber dieses Manöver hatte seine Wirksamkeit verloren. Wir waren jetzt davon überzeugt, daß uns der Vietnam-Krieg 1973 nicht mehr belasten würde; wir brauchten den Gipfel daher nicht mehr, um einen Keil zwischen Moskau und Hanoi zu treiben.

Immerhin wollten wir während der Schlußphase der Vietnam-Verhandlungen nicht in zusätzliche kontroverse Gespräche verwickelt werden. Deshalb kehrte ich zu meiner Verzögerungstaktik zurück. Wie es alle Präsidentenberater gelegentlich zu tun pflegten, verschanzte ich mich hinter Nixon und behauptete plump, auf dem Gebiet der Kernwaffen sei meine Zuständigkeit weniger umfassend als auf anderen. Während des Wahlkampfes würde ich Nixon diese Angelegenheit nicht vor November vortragen können, aber dann würde ich einen neuen Entwurf ausarbeiten. Ich fürchte, daß Gromyko mir nicht geglaubt hat. Schließlich hatte sich Nixon in Moskau geweigert, über den Kernwaffen-Vertrag zu sprechen, und mich beauftragt, die Angelegenheit mit Dobrynin und/oder Gromyko auszuhandeln. Jetzt argumentierte ich entgegengesetzt. Aber Gromyko hatte nur noch wenige Trumpfkarten in der Hand. Deshalb beruhigte er sich, wie es die Sowjets gewöhnlich tun, wenn man sie vor harte Tatsachen stellt.

In der schmerzlichen Schlußphase unserer Vietnam-Verhandlungen begriffen sogar die eifrigen Planer im Kreml, daß wir keine Zeit hatten, uns mit dem Entwurf für den Kernwaffen-Vertrag zu beschäftigen – was Dobrynin nicht davon abhielt, uns im Hinblick auf das bevorstehende Gipfeltreffen in nicht sehr feinfühliger Weise unter Druck zu setzen. Im Dezember schlug er zwei Termine vor, Juni oder November 1973, und gab mir zu verstehen, daß Moskau der November lieber wäre, weil der Kernwaffenvertrag noch nicht unterzeichnet sei. Diese Kriegslist war jedoch im Gesamtzusammenhang wirkungslos, denn auch wir zogen den November vor. Wir wollten erst das Europa-Jahr abschließen und unsere Beziehungen zu Peking ausbauen. Deshalb ignorierten wir diesen deutlichen Hinweis.

Ende Februar 1973 waren die Pariser Vereinbarungen über Vietnam abgeschlossen, und jetzt begann auch unsere Dreiecks-Diplomatie zu wirken. Ich war eben mit der Nachricht, daß in Peking und Washington Verbindungsbüros eingerichtet werden sollten, aus China zurückgekehrt, als der sowjetische Geschäftsträger Juli Woronzow mich um einen Termin bat, um einen Brief Breschnews an Nixon abzugeben. Das am 21. Februar datierte Schreiben bestätigte den Dank Nixons für die guten Wünsche, die ihm das Politbüro zum Abschluß des Vietnam-Krieges übermittelt hatte. Nixon hatte es in seinem Brief sorgfältig vermieden, den Kernwaffenvertrag in den Themenkatalog aufzunehmen, über den wir verhandeln wollten. Ganz allgemein hatte er nur erklärt, daß wir bereit wären, über alles zu sprechen, was Dobrynin mir »im Geist einer konstruktiven Zusammenarbeit« vorgelegt hätte. (Das konnten einschließlich des Nahen Ostens die verschiedensten Themen sein.) Aber dennoch genügte diese Floskel Breschnew, seine Kampagne wieder aufzunehmen.

Breschnews Brief beantwortete zunächst die Frage nach dem Termin für das Gipfeltreffen. Er lehnte den Mai als zu früh ab (ein Datum, über das niemals gesprochen worden war) und »verlegte« seinen Besuch auf das früheste Datum, das bisher überhaupt in Erwägung gezogen worden war, den Monat Juni. Nixon hatte als wichtigste Gesprächsthemen SALT, die Sicherheit Europas und den beiderseitigen und ausgewogenen Abbau von Streitkräften in Europa bezeichnet. Breschnew erklärte den Kernwaffenvertrag und den Nahen Osten zu *seinen* Prioritäten. Er bekundete ein gewisses Interesse an SALT, aber nicht an der Verringerung der in Europa stationierten Streitkräfte. Wie immer, wenn der Kreml Fortschritte machen wollte, erschien Dobrynin plötzlich wieder in Washington nach einer seiner häufigen Rücksprachen in Moskau und bekam mich gerade noch zu fassen, bevor ich meinen Urlaub antreten wollte (andernfalls hätten wir noch zehn Tage Zeit gehabt).

Aber die Verhandlungspositionen hatten sich verändert. Nachdem die Sowjets das Datum für den Gipfel festgelegt hatten, arbeitete die Zeit gegen sie. Wir hatten inzwischen fast jedes Interesse an dem Projekt verloren, das ganz oben auf Breschnews Prioritätsliste stand. Die Sowjets mußten uns entgegenkommen, wenn sie irgendein Ergebnis des Breschnew-Besuchs vorweisen wollten. Anfang April 1973 versuchte Dobrynin halbherzig, um die genaue Festsetzung des Besuchsdatums zu pokern, aber dieses Spiel ging unvermittelt zu Ende, als ich ihm erklärte, daß, wenn wir uns nicht bald einigen könnten, die Vorbereitungen aus technischen Gründen nicht getroffen werden könnten und der Gipfel schließlich doch auf den November verlegt werden müßte. Unmittelbar nach diesem Gespräch luden mich die Sowjets nach Zavidovo ein, um den Gipfel vorzubereiten, und das Besuchsdatum wurde auf den 18. Juni festgesetzt.

Das war der Augenblick der Wahrheit. Wir waren bisher geschickt jeder klaren Stellungnahme zu dem Projekt ausgewichen. Wahrscheinlich hätten wir es jetzt, nachdem der Vietnam-Krieg beendet war und wir uns über den Gipfel geeinigt hatten, fallenlassen sollen. Doch unsere Verzögerungstaktik verpflichtete uns dazu, über irgend etwas zu verhandeln. Ein Abbruch der Gespräche erschien uns – auch wenn er rückblickend richtiger gewesen wäre – eine zu drastische Maßnahme zu sein.

Am 5. März 1973 faßte ich in einer Note an Brimelow meine Analyse der sowjetischen Motive und unserer Absichten wie folgt zusammen:

> Ihre Motive sind deutlich zu erkennen: Sie wollen den Eindruck erwecken, als ob ihnen etwas an der Entspannung läge. Es soll der Eindruck des bilateralen Einverständnisses der Großmächte entstehen, die damit freie Hand hätten, andere zu erpressen. Zugleich verstärken sie in unglaublicher Weise stetig ihre strategischen Streitkräfte. Es könnte allerdings auch sein, daß sie Möglichkeiten für eine echte Entspannung zu einem späteren Zeitpunkt offen lassen wollen ... Unsere Absicht ... ist es daher, ihnen theoretisch soweit wie möglich entgegenzukommen, ohne konkrete Zugeständnisse zu machen.

Ich fragte Brimelow, ob wir jetzt nach Beendigung des Vietnam-Krieges und nachdem die Sowjets dem Gipfeltreffen zugestimmt hatten, das ganze Projekt fallenlassen sollten. Brimelow blieb mißtrauisch, räumte aber ein, daß wir offenbar mit SALT, dem Nahen Osten und der europäischen Sicherheitskonferenz in eine Sackgasse geraten wären. Unsere Absicht wäre es, unsere Beziehungen zur Sowjetunion auf die Dauer »weniger gegensätzlich zu gestalten, und das können wir nicht erreichen, wenn wir ihnen sagen, daß sie zum Teufel gehen sollten«.

Natürlich trugen Nixon und ich letztlich die Verantwortung für unser Verhalten. Brimelow hatte schließlich nicht die Aufgabe, amerikanische Politik zu machen, sondern sollte uns nur dabei behilflich sein, den sichersten Weg zu finden. Nachdem wir uns über die Strategie geeinigt hatten, bemühte sich Brimelow mit seinem scharfen Intellekt darum, den sowjetischen Vorschlag so zu verändern, daß aus einem Verzicht auf Kernwaffen eine Vereinbarung über einen Verzicht auf Gewaltandrohung in der Außenpolitik wurde. Was dabei herauskam, glich einer russischen Puppe, bei der in einer größeren immer wieder eine kleinere steckt. Der Entwurf für eine Vereinbarung sah jetzt so aus, daß hinter einer Reihe sorgfältig formulierter Bedingungen der Verzicht auf die Anwendung von Kernwaffen zu einer Zielvorstellung und nicht zu einer Verpflichtung wurde. Dic Erreichung dieses Ziels wiederum sollte davon abhängig gemacht werden, daß beide Seiten auf die Androhung von Gewalt gegeneinander, gegen ihre Verbündeten und gegen Dritte verzichteten. Damit galt der Verzicht auf Kernwaffen nur nach einem Verzicht auf Kriegsdrohungen in der Außenpolitik, und wenn diese Voraussetzung nicht erfüllt war, wurde den Vereinbarungen der Boden entzogen. Ja, wenn die Entwicklung in die entgegengesetzte Richtung gehen sollte, dann wurde die Verteidigung mit Kernwaffen legitimiert. Um die jeweiligen Verbündeten zu beruhigen, wies unser Entwurf ausdrücklich darauf hin, daß die Vereinbarungen bestehende Verpflichtungen oder das Recht zur kollektiven (oder individuellen) Selbstverteidigung nicht berührten.

Brimelows Mitarbeit war das beste Beispiel für die zwischen Großbritannien und den Vereinigten Staaten bestehenden »besonderen Beziehungen«, die auch zu einer Zeit gepflegt wurden, als der amtierende Premierminister nicht zu ihren Verfechtern gehörte. Es gab keine andere Regierung, mit der wir so freimütig umgegangen wären, einen so offenen Gedankenaustausch hätten pflegen können oder der wir es praktisch erlaubt hätten, an unseren eigenen Entscheidungsprozessen teilzunehmen. Alle Dokumente standen den Briten zur Verfügung, gelegentlich erst nach einer gewissen Zeit, aber wichtige Schritte wurden immer gemeinsam getan. Manchmal zeigte uns Brimelow britische Analysen. Die meisten hatte er selbst entworfen. Die letzte Version verdankte schließlich den britischen Fachkenntnissen mehr als den amerikanischen.

Als ich am 4. Mai nach Zavidovo abreiste, wollte ich Breschnew einen Entwurf verkaufen, dessen Inhalt gegenüber der ursprünglichen Version eine Kehrtwendung um hundertachtzig Grad bedeutete. Die Verhandlungen darüber fanden in einer seltsamen Atmosphäre statt, dehnten sich über mehrere Abende aus und führten gelegentlich zu hitzigen Debatten. Für Breschnew bestanden diplomatische Verhandlungen daraus, entweder die andere Seite mit harten Schlägen zum Nachgeben zu zwingen oder sie mit seinem groben Humor zu übertölpeln. Meine Taktik war es hingegen, das betreffende Thema im leichten Gesprächston zu behandeln, jede persönliche Konfrontation zu vermeiden und auf die von uns für wesentlich gehaltenen Punkte in einem ernsteren Ton hinzuweisen. So wurden die Verhandlungen zu einem Stierkampf, nur daß der Stier schließlich trotz aller geschickten Manöver des Matadors nur leicht außer Atem geraten war, um für den nächsten Angriff Kräfte zu sammeln.

In den Pausen verschwand Breschnew mit seinen Leuten in den anderen Zimmern, während meine Kollegen und ich auf den Balkon vor dem Arbeitszimmer Breschnews hinausgingen. Wir fragten uns, ob der Text, der jetzt erarbeitet wurde, uns dabei helfen würde, China und andere dritte Länder zu schützen oder nicht. Wir neigten zu der Auffassung, daß er in gewissen Grenzen nützlich sein könnte. Im Konferenzzimmer versuchte Hal Sonnenfeldt, in der Sowjetunion die gleichen Methoden anzuwenden, mit denen er sich in Washington Einblick in die von mir bearbeiteten Vorgänge verschaffte. Er versuchte, die vor ihm auf den Kopf stehenden Notizen Breschnews zu lesen, die der Generalsekretär an seinem Platz auf dem Tisch hatte liegenlassen, aber diesmal gelang es Sonnenfeldt nicht.

Am ersten Tag begann Breschnew mit einer langen Rede und erläuterte darin die Vorteile seiner Version des Kernwaffenvertrages. Er sei eine »klar formulierte und gut verständliche Vereinbarung«, die Bedingungen enthalten werde, die uns »keinen Grund zur Sorge« böten, versicherte er. »Darauf würde ich keine Wette abschließen«, antwortete ich trocken. Ungerührt redete Breschnew weiter von der historischen Bedeutung dieses Vertrages für die Vereinigten Staaten und die Sowjetunion und machte dann den ersten von mehreren Ausfällen, durch die er zeigte, daß China sein eigentliches Angriffsziel war:

> Und wenigstens hier in dieser Gruppe sollten wir nicht schweigend über die Tatsache hinweggehen, daß es auf der Welt auch noch andere Nuklearmächte gibt. Es muß ihnen mit diesen Vereinbarungen deutlich gezeigt werden, daß es falsch wäre, mit dem Gedanken an einen mit Kernwaffen geführten Krieg zu spielen.

Der Abschluß eines Bündnisses zwischen den Vereinigten Staaten und der Sowjetunion gegen China entsprach nicht gerade unserer Vorstellung von Entspannung. Auch lange Reden konnten mich nicht überzeugen, besonders da jede Stunde, die verging, unsere Verhandlungsposition stärkte.

In meiner Antwort bezeichnete ich das vorgeschlagene Abkommen als eines von vielen, über die die Vereinigten Staaten und die Sowjetunion verhandelten, nicht aber als ein einzigartiges historisches Ereignis. Ich brauchte eine Woche dazu, eine Verknüpfung herzustellen und zu erklären, daß gleichzeitige Fortschritte bei SALT II die Bedeutung jeder Verhandlung erhöhen würden. Ich schaudere bei dem Gedanken daran, was geschehen wäre, wenn meine Worte überzeugender geklungen hätten; unsere innere Zerstrittenheit bot für ernsthafte SALT-Verhandlungen die denkbar schlechtesten Voraussetzungen. Mit leichtem Sarkasmus bemerkte ich, daß ohne die guten persönlichen Beziehungen zwischen dem Präsidenten und Breschnew niemals die Beratungen über die vorgeschlagene Vereinbarung so weit gediehen wären. Damit wollte ich andeuten, daß dieser Vertrag für uns aus der Sicht des nationalen Interesses keinen hohen Stellenwert hatte. Dann sprach ich davon, daß es notwendig sei, unsere Verbündeten zu unterrichten (was wir natürlich schon getan hatten). Breschnew erwiderte, er wollte uns nicht vorschreiben, wie wir unsere Verbündeten behandeln sollten. Was ihn beträfe, so werde er bald in die DDR und nach Polen fahren, würde sie aber nicht von diesem Projekt unterrichten – was man sich kaum vorstellen konnte, abgesehen davon wäre man in Paris nicht sehr glücklich gewesen zu hören, daß Breschnew die DDR mit Frankreich verglich. Er fügte sogar hinzu – vielleicht, um mir zu schmeicheln oder um mir zu sagen, daß man auch in der Sowjetunion ähnlich verfahren könnte wie in den Vereinigten Staaten –, daß nur wenige seiner Kollegen im Politbüro etwas von diesem Projekt wüßten. (Auch das schien mir zweifelhaft, und ich fragte mich, weshalb Dobrynin ständig behauptet hatte, daß ein Nichtzustandekommen der Vereinbarungen die Stellung Breschnews im Politbüro schwächen werde. Seine Kollegen würden ihm kaum Vorwürfe machen, wenn er ein Vorhaben nicht durchgeführt hatte, das sie gar nicht kannten.)

Die erste Sitzung schloß, ohne daß wir über die Beratung allgemeiner Grundsätze hinausgekommen waren. Am Samstagabend, dem 5. Mai, wandten wir uns nach einigen einleitenden Witzen Breschnews endlich dem Text zu. Sofort begann ein Streit darüber, welchen Text wir zugrunde legen sollten. Als die Entscheidung zugunsten unseres Textes (oder vielmehr Brimelows Text) gefallen war, hatten wir dreiviertel der Schlacht gewonnen. Dann begann die typische, kleinliche Vernebelungsdebatte. So unglaublich es klingen mag, daß sich erwachsene Männer über solche Nichtigkeiten streiten können: Es ging darum, ob irgend jemand zunächst den ganzen Text vorlesen sollte oder nur die gerade zur Diskussion stehenden Abschnitte, und wer es tun sollte. Wir meinten, daß es am richtigsten wäre, sich auf umstrittene Themen zu konzentrieren, damit nicht immer wieder neue Fragen auftauchten, besonders der Vorschlag zum Verzicht auf die Verwendung von Kernwaffen. Schließlich kamen wir überein, den ganzen Text laut vorlesen zu lassen. Breschnew übernahm persönlich diese zweifelhafte Ehre.

Nachdem darüber fast eine ganze Stunde vergangen war, zeigte es sich, daß die Zeitverschwendung an den dahinter liegenden Motiven nichts geändert hatte. Nachdem unsere Grundhaltung akzeptiert worden war, wollte Breschnew sich seinen eigenen Absichten zuwenden. Er begann mit der ausführlichen Befürwortung einer Klausel, mit der die Tatsache unterstrichen werden sollte, daß es sich um ein bilaterales Abkommen handelte. Im amerikanischen Entwurf hieß es, die Vereinigten Staaten und die Sowjetunion sollten »sich so verhalten, daß ... der Ausbruch eines mit Kernwaffen geführten Krieges zwischen ihnen sowie zwischen einer der beiden Seiten und Dritten ausgeschlossen wird«. Breschnew wollte die letzten sieben Worte streichen – und damit die Möglichkeit für einen Angriff auf dritte Länder mit Kernwaffen offenlassen. Schließlich einigten wir uns darauf, den Verzicht auf den mit Kernwaffen geführten Krieg als politisches Ziel und nicht als Verpflichtung zu bezeichnen und diesen Verzicht auf alle Länder und nicht nur auf die Supermächte anzuwenden, und zwar abhängig von einer Reihe politischer Voraussetzungen, besonders von dem Verzicht auf jede Kriegsdrohung, was im wesentlichen Brimelows Vorschlag entsprach.

Doch nun kam es sofort zu einem neuen Gerangel um den Wortlaut eines Artikels, der besagte, daß das Dokument nicht »die von den Vereinigten Staaten und der Sowjetunion gegenüber anderen Ländern in besonderen Verträgen und Vereinbarungen übernommenen Verpflichtungen« beträfe. Ich wollte diese Klausel durch den Zusatz »oder anderen besonderen Dokumenten« verstärken, um Länder wie Israel einzubeziehen, mit denen wir offiziell nicht verbündet waren (und um die unausgesprochene, aber wohlverstandene Bedeutung der Vereinbarungen zu betonen, daß auch China eingeschlossen sei). Grollend erklärte sich Breschnew einverstanden. Ein ähnliches Tauziehen gab es um jeden einzelnen Abschnitt des Textes. Um die Geduld des Lesers nicht zu sehr zu strapazieren, habe ich den Wortlaut des Textes, über den wir uns schließlich einigten, in die Anmerkungen aufgenommen.[15]

Um an unseren Absichten keinen Zweifel zu lassen, entwarfen wir am 7. Juni einen Brief Nixons an Breschnew, in dem noch einmal deutlich ausgesprochen wurde, daß die Vereinbarungen nach unserer Interpretation die allgemeine Verpflichtung enthielten, daß sie auf alle Nationen anzuwenden seien, daß sie keinen generellen Verzicht auf Kernwaffen enthielten, sondern den Verzicht auf die Gewaltandrohung in der Außenpolitik bedeuteten und daß Konsultationen zwischen den

Vereinigten Staaten und der Sowjetunion nicht dazu dienen dürften, dritten Ländern Verhaltensvorschriften zu machen:

> Nach meiner Auffassung haben wir uns ein Ziel gesetzt und uns über bestimmte Verhaltensweisen geeinigt, die für die kommenden Jahre in der Politik unserer beiden Länder gelten sollen. Dabei haben wir nicht vereinbart, die Verwendung irgendeiner besonderen Waffe zu ächten, sondern haben einen wichtigen Schritt auf dem Wege zur Schaffung von Verhältnissen getan, unter denen die Gefahr des Krieges und besonders des mit Kernwaffen geführten Krieges zwischen unseren beiden Ländern oder zwischen einem unserer Länder und anderen beseitigt werden wird. Kurz gesagt: Die gegenseitigen Verpflichtungen, die wir übernommen haben, sollen nach unseren Vereinbarungen auch für die Politik gelten, die jedes unserer Länder gegenüber anderen Ländern führt. Wenn wir uns zur Einhaltung dieser Vereinbarungen verpflichtet haben und insbesondere übereingekommen sind, einander unter gewissen Umständen zu konsultieren, dann sind das gegenseitige Verpflichtungen, aber wir haben uns in keinem Sinne darüber geeinigt, anderen Ländern gewisse Verpflichtungen oder Lösungen aufzuerlegen. Zugleich haben wir die Rechte eines jeden unserer beiden Länder und die Verpflichtungen, die sie übernommen haben, unberührt gelassen.

Kurz gesagt: In Verhandlungen, die sich über mehr als ein Jahr hinzogen, hatten wir den ursprünglichen sowjetischen Vorschlag eines bedingungslosen Verzichts auf die Verwendung von Kernwaffen gegeneinander in eine etwas banale Erklärung verwandelt, nach der unser Bestreben dem Frieden galt, wobei sich diese Vereinbarungen ebenso auf Verbündete und dritte Länder bezogen und eine Mäßigung im Verhalten auf internationaler Ebene zur Voraussetzung machten, besonders den Verzicht auf die Androhung von Gewalt. Eine weitere Klausel verpflichtete uns zu Konsultationen, bevor eine Seite unter Verhältnissen auf Gewaltandrohung zurückgriff, die den internationalen Frieden und die internationale Sicherheit bedrohten. Wer trotzdem in größerem Umfang militärische Mittel einsetzte, machte sich der Verletzung dieser Vereinbarung schuldig. Das ganze Dokument stellte ein Netz von Bedingungen dar, in dem die Sowjets gefangen waren und das es ihnen unmöglich machte, militärisch gegen die NATO oder den Nahen Osten vorzugehen, ohne gegen die Vereinbarungen zu verstoßen. Außerdem bot es uns die völkerrechtliche Basis dafür, etwas gegen einen sowjetischen Angriff auf China zu unternehmen.

Breschnew und Nixon unterzeichneten das Dokument am 22. Juni 1973 in Washington. Trotzdem machten wir uns erhebliche Sorgen darüber, ob diese Vereinbarungen falsch interpretiert werden könnten, und entwarfen deshalb eine sorgfältig formulierte Presseerklärung, die ich Breschnew vorlas, bevor ich sie weitergab. Ihr Kernpunkt war inzwischen schon bekannt: Der Zweck der Vereinbarungen war es nicht, die Verwendung irgendeiner besonderen Waffe im Kriege zu verbieten, sondern den Frieden dadurch zu bewahren, daß wir uns der Androhung von Gewalt enthielten:

> Jede Seite hat jetzt in präziser Form ihre Bereitschaft erklärt, Zurückhaltung zu üben, und zwar nicht nur in den Beziehungen zueinander, sondern auch zu *allen* anderen Ländern ... Mit anderen Worten müssen sich (die Vertragspartner) ganz allgemein bei der Behandlung internationaler Angelegenheiten die Zurückhaltung auferlegen und die Bedingungen anerkennen, nach denen es den in diesen Vereinbarungen übernommenen Verpflichtungen widerspricht, wenn ihr Verhalten oder ihre Politik die Kriegsgefahr vergrößern. Es gibt hier daher kein Kondominium, sondern vielmehr das Gegenteil. Die beiden stärksten Nuklearmächte übernehmen ausdrücklich eine generelle Verantwortung, den Frieden zu bewahren, und zwar nicht durch Interventionen oder das Ausüben von Druck, sondern durch den Verzicht auf die Gewaltandrohung.
>
> Die Bedeutung dieses Dokuments liegt deshalb darin, daß es allen Ländern eine größere Sicherheit bietet.

Breschnew beklagte sich darüber, daß ich augenscheinlich immer wieder betonte, was die Vereinbarungen nicht seien, anstatt mich auf die positiven Aspekte zu konzentrieren. Damit hatte er nicht ganz Unrecht. Doch schließlich konnte er nichts anderes tun, als sich mit der Presseerklärung einverstanden zu erklären.

Der Friede zwischen den beiden Supermächten wird sich durch völkerrechtliche Dokumente allein nicht sichern lassen, und ob wir etwas dagegen unternehmen, wenn bedrohte Länder angegriffen werden, hängt weniger von der geschickten Interpretation einer komplizierten Vereinbarung ab als davon, wie wir unser nationales Interesse interpretieren. Die Sowjets hatten die Unterzeichnung dieses Dokuments aus symbolischen Gründen vorgeschlagen, und wir hatten eine neue Fassung entworfen, um die Symbolik der Vereinbarungen entweder zu verharmlosen oder zugunsten des Westens zu verändern. Was als sowjetischer Versuch eines ersten Schrittes auf ein Kondominium hin begonnen hatte, entwickelte sich schließlich zu einer Erklärung über die »Grundlagen der Beziehungen zwischen den Vereinigten Staaten und der Sowjetunion«, eines Dokuments, das im vergangenen Jahr in Moskau unterzeichnet worden ist. Die Vereinbarungen zur Verhinderung eines mit Kernwaffen geführten Krieges waren Ausdruck unserer Überzeugung, daß Rüstungskontrolle Zurückhaltung in den zwischenstaatlichen Beziehungen voraussetzt, daß die Koexistenz zwischen den Supermächten letztlich davon abhängt, daß man Verhaltensmaßstäbe beachtet, die es ihnen verbieten, die vitalen Interessen der jeweils anderen Seite zu bedrohen.

Die Vereinbarungen in der am Schluß gefundenen Form waren deshalb in gewissem Sinne eine Rechtfertigung unserer Grundhaltung. Technisch gehörte dieser Abschluß zu den besten diplomatischen Leistungen der Vereinigten Staaten. Der Text war (in erster Linie von Brimelow) sehr geschickt formuliert worden, und wir hatten hartnäckig verhandelt, und doch zweifle ich im Rückblick daran, daß der Erfolg die Mühe wert gewesen ist. Es ist uns gelungen, einen einigermaßen nützlichen Text zustande zu bringen, aber das Ergebnis ist schwer greifbar. Der Verhandlungsablauf wurde zu sehr geheimgehalten, das Verfahren dauerte viel zu lange, und die notwendigen Erläuterungen für unsere Verbündeten und China waren zu komplex, um die gewünschte Wirkung zu erzielen.

Die Europäer waren besonders empfindlich. Sie kannten das Projekt seit Monaten. Ich hatte mehrmals persönlich mit Pompidou, Heath und Brandt darüber gesprochen. Doch trotz dieser intensiven Konsultationen konnten sich die Verbündeten nicht zu einem gemeinsamen Standpunkt durchringen. Zwar hatten uns Heath, Brandt und Bahr unterstützt, und die Briten hatten sich an dem Entwurf des Dokuments beteiligt, aber Pompidou hatte von Anfang an eine gewisse Zurückhaltung gezeigt, und die Regierungen in Großbritannien und Deutschland hatten – aus welchen Gründen auch immer – ihren Behördenapparat nicht unterrichtet. Als das Projekt schließlich im Juni 1973 im Nordatlantik-Rat zur Sprache kam, wurden wir Zeugen eines absurden Vorgangs. Der ständige Vertreter Großbritanniens kritisierte scharf eine Vereinbarung, die zum großen Teil einem britischen Entwurf entsprach, und wurde dabei von seinem deutschen Kollegen unterstützt.

Die gleichen Schwierigkeiten hatten wir mit China. Nach unserer Interpretation der Vereinbarungen durfte die Sowjetunion Peking nicht unter Druck setzen, ohne fast jede Bestimmung der Vereinbarungen zu verletzen, darunter auch die Vorschrift, daß sie uns konsultieren mußte, bevor sie Maßnahmen einleitete, die den internationalen Frieden und die internationale Sicherheit gefährdeten. Senator Jackson, der andere Aspekte unserer Sowjet-Politik recht kritisch beurteilte, erkannte diesen Punkt sofort und unterstützte uns. Aber die kühlen Analytiker in Peking sahen die Dinge anders. Sie glaubten nicht, daß sich die Sicherheit für China durch Verpflichtungen erhöhte, deren Einhaltung sich nicht erzwingen ließ. Sie erkannten hier die Möglichkeit für eine irreführende Euphorie angesichts eines Dokuments, das angeblich einen mit Kernwaffen geführten Krieg verhindern sollte.

So nimmt es nicht wunder, daß die Vereinbarung über die Verhinderung eines mit Kernwaffen geführten Krieges in der Versenkung verschwand – und vielleicht ist das sogar recht nützlich gewesen. Im Verlauf der zehn Jahre, die seit seiner Unterzeichnung verstrichen sind, hat man nur ein einziges Mal darauf Bezug genommen – als wir 1973 unsere Streitkräfte während der Krise im Nahen Osten alarmierten und die Sowjets warnten, daß sie mit einer Intervention diese Vereinbarungen verletzen würden. Aber wie sich bei dieser Gelegenheit zeigte, werden die Gefahren eines mit Kernwaffen geführten Krieges nicht durch ein Dokument gebannt, sondern durch Stärke, Entschlossenheit und zielbewußte diplomatische Anstrengungen.

Breschnew besucht Amerika

Gipfeltreffen sind ein riskantes Geschäft. Kein Politiker gelangt an die Spitze, dessen Ego nicht stark genug entwickelt ist. Das Schicksal politischer Führer ist mit ihrer Fähigkeit verknüpft, ihre Zielvorstellungen zu verwirklichen. Es fällt ihnen schwer, Kompromisse zu schließen – besonders wenn sie die Verhandlungen vor den Augen der Öffentlichkeit führen müssen. Im allgemeinen haben sie nicht die Zeit, den Nuancen die notwendige Aufmerksamkeit zu schenken, die das Wesen erfolgreicher Diplomatie ausmachen. Deshalb ist es schwierig, aus festgefahrenen Situationen herauszukommen. Eine Übereinstimmung ist unter Umständen nur durch Formulierungen erreichbar, die so unbestimmt sind, daß es später leicht zu Dementis oder Meinungsverschiedenheiten kommt.

Gipfeltreffen ideologischer Gegner sind besonders komplex. Wenn sie nach einer Periode der Spannungen stattfinden, besteht die Gefahr, daß die Öffentlichkeit von einer euphorischen Stimmung erfaßt wird. Veranstaltet man sie während einer Krise, dann können sie die Spannungen verschärfen. Sie können übermäßige Erwartungen auslösen und zu großen Enttäuschungen führen. Es kann sogar geschehen, daß man dabei von einem Extrem in das andere gerät.

Hat man aber diese Risiken wirklich begriffen und das Treffen sorgfältig vorbereitet, dann bietet es auch gewisse Chancen. Das sowjetische Regierungssystem ist für Ideen, die zu Vermutungen herausfordern, weniger anfällig als Behördenapparate im allgemeinen. Das Abweichen von orthodoxen Anschauungen wird hier allzu leicht als Mangel an ideologischer Wachsamkeit interpretiert, und Konformität ist die

Voraussetzung für das politische Überleben. Sowjetische Führer brauchen von Zeit zu Zeit Gelegenheit, sich ein eigenes Urteil über die moralische Kraft und die Vorstellungen ihrer westlichen Verhandlungspartner zu bilden, oder sie riskieren es, in Potemkinschen Dörfern zu leben, die von eifrigen Untergebenen gebaut wurden, um den Vorurteilen ihrer Vorgesetzten zu schmeicheln.

Gerade weil die Gegensätze des nationalen Interesses und der Ideologien bei den Vereinigten Staaten und der Sowjetunion so groß sind, daß Konkurrenzdenken und gelegentliche Konfrontationen gefördert werden, kann die Bewahrung des Friedens durchaus von der Fähigkeit des Politbüros abhängen, die wahrscheinlichen Reaktionen unserer politischen Führung im Falle einer Herausforderung richtig zu beurteilen. Ein starker amerikanischer Präsident, der sich seiner Sache sicher ist, sollte in der Lage sein, bei gelegentlichen Gipfeltreffen die sowjetische Führung von seiner Entschlossenheit zu überzeugen, um das Risiko von Fehlinterpretationen zu reduzieren und die Möglichkeit für einen schließlich konstruktiven Dialog offenzuhalten, so gering diese Möglichkeit auch sein mag. Wenn die Sowjets dagegen zu der Überzeugung kommen, daß ihr amerikanischer Verhandlungspartner nicht intelligent genug, zu schwach oder zu unentschlossen ist, dann kann es sie natürlich dazu ermutigen, weitere Risiken einzugehen.

Aus dieser Perspektive fand das Gipfeltreffen von 1972 in Moskau unter für Nixon fast idealen Voraussetzungen statt. Zwei Wochen zuvor hatte Nixon die Wiederaufnahme der Bombenangriffe gegen Nordvietnam und die Verminung nordvietnamesischer Häfen angeordnet. Als Moskau seine Einladung trotzdem aufrechterhielt, zeigte der Kreml, daß er die Besorgnisse seiner Freunde teilweise den sowjetisch-amerikanischen Beziehungen unterordnete, und wir hatten gezeigt, daß wir durchaus bereit waren, für ein nach unserer Auffassung vitales Interesse die Entspannung aufs Spiel zu setzen.

An diesen Kriterien gemessen waren die Voraussetzungen für das Gipfeltreffen von 1973 viel weniger günstig. Die sowjetische Führung reagiert außerordentlich empfindlich auf das Gleichgewicht der Kräfte. Zunächst konnten die Sowjets die Vorgänge um Watergate nur mit Staunen zur Kenntnis nehmen. Sie interpretierten sie als eine gegen die Entspannung gerichtete Verschwörung der Kräfte am rechten Flügel unseres Parteienspektrums. Als ich in Zavidovo war, sagten sie, sie hofften, daß die Sache bald vorüber sein werde. Es lag ihnen nichts daran, daß der Generalsekretär der sowjetischen kommunistischen Partei während eines Besuchs in Washington die unberechenbaren Strömungen einer innenpolitischen Kontroverse in den Vereinigten Staaten zu spüren bekam. Das komplexe sowjetische System braucht berechenbare Gesprächspartner. Die Fähigkeit eines amerikanischen Präsidenten, seine Drohungen wahr zu machen oder seine Zusagen einzuhalten, ist für sie von höchster Bedeutung. Doch ausgerechnet diese Fähigkeit war 1973 in Frage gestellt. So verführerisch es auch erscheinen mochte, mit einem schwachen amerikanischen Regierungschef zu verhandeln, die Sowjets schienen wochenlang durch die damit in Zusammenhang stehenden Ungewißheiten behindert zu sein. Sie brauchten fast zwei Jahre, bis sie sich zu einem aggressiveren Verhalten entschlossen, um unsere innenpolitische Zerrissenheit auszunutzen und Stellvertreterkräfte in Afrika zu unterstützen.

Während die Watergate-Krise im Frühjahr 1973 auf ihren Höhepunkt zusteuerte, kam es zu einem kaum wahrnehmbaren Zögern. Anfang Mai schien Breschnew von der Aussicht auf das Gipfeltreffen immer noch begeistert zu sein. Er wollte sogar Frau und Kinder nach Amerika mitnehmen und verschiedene amerikanische Großstädte besuchen – außer Washington wenigstens Houston und Los Angeles. Aber noch im gleichen Monat teilte man uns mit, die Ärzte Breschnews hätten seiner Frau die Reise »verboten«. Von den Kindern war überhaupt nicht mehr die Rede. Die Sowjets sprachen sogar einmal davon, daß der Besuch Breschnews sich ganz auf Washington beschränken sollte.* Als wir unsere Überraschung über die Kürzung des Besuchsprogramms äußerten, nahmen die Sowjets den Zwischenaufenthalt in San Clemente wieder in das Programm auf, aber nicht ohne daß Breschnew in einer Note in einem verletzenden Ton erklärte, er werde das tun, um zu zeigen, wie gleichgültig ihm die Kritik an Nixon sei (siehe 4. Kapitel).

Zur gleichen Zeit steigerte sich die Wirkung der vom Fernsehen übertragenen Watergate-Anhörungen des Senators Sam Ervin. Es verging kein Tag ohne vernichtende Enthüllungen. Ausgerechnet in der Woche, die für den Besuch Breschnews vorgesehen war, sollte der ehemalige Berater des Weißen Hauses, John Dean, vor dem Sonderausschuß des Senats als Starzeuge aussagen. Der Ausschuß, der uns die

* Die amerikanischen Beamten, die für die Planung verantwortlich waren, haben vielleicht zu Breschnews Widerwillen, irgendwelche Ausflüge zu unternehmen, beigetragen. Sie machten den Vorschlag, daß ein sowjetisches Vorauskommando nach Pittsburgh gehen sollte, wo Breschnew mit amerikanischen Stahlarbeitern zusammentreffen könnte – die zum größten Teil aus polnischen, tschechischen oder serbischen Einwandererfamilien stammten. Hier könnte er von einem hochgelegenen Steg aus die rauchenden Hochöfen sehen. Dieser Vorschlag wurde sofort abgelehnt, ein Zeichen dafür, daß entweder sehr gute Nachrichtenverbindungen nach Moskau bestanden, oder daß die Leute, die die Reise ihres Generalsekretärs vorbereiteten, klug und vorsichtig waren. Ein sowjetischer Politiker, dem es gelungen ist, zu überleben und in das Politbüro gewählt zu werden, hat wahrscheinlich gelernt, daß es nicht gut ist, sich zu nahe an Hochöfen heranzuwagen, besonders wenn sie von Osteuropäern bedient werden.

Demütigung ersparen wollte, daß die schmutzige Wäsche des Präsidenten vor aller Öffentlichkeit gewaschen wurde, während Breschnew im Lande war, verschob die Anhörung, aber nur um eine Woche. Vielleicht wollte sich der Ausschuß aber auch nicht die Aufmerksamkeit der Fernsehzuschauer mit dem sowjetischen Führer teilen, denn er war nicht bereit, die Anhörungen auch nur um einen weiteren Tag zu verschieben. Sie begannen daher am Tage der Abreise Breschnews und gaben den sowjetischen Führern die einmalige Gelegenheit, persönlich mit anzusehen, wie der Präsident, mit dem sie eben verhandelt hatten, öffentlich unter Anklage gestellt wurde.

Diese Aussichten hatten den Senator Jackson veranlaßt, eine Woche vor Eintreffen Breschnews öffentlich vorzuschlagen, das Gipfeltreffen zu verschieben. Theoretisch hatte Jackson Recht. Praktisch hätte eine solche Absage nach so umfangreichen Vorbereitungen und aus solchen Gründen die Autorität der Regierung der Vereinigten Staaten in gefährlicher Weise ausgehöhlt. Sie wäre ein Anzeichen dafür gewesen, daß wir nicht mehr verhandlungsfähig waren und während der ganzen, nicht vorherbestimmbaren Dauer der Untersuchungen die Interessen der Vereinigten Staaten nicht mehr wahrnehmen könnten. Was wir deswegen der Sowjetunion einräumten, hätte auch für alle anderen Beziehungen gelten müssen. Wir wären, was unsere internationalen Beziehungen betraf, in den Papierkorb geworfen worden, lange bevor dieser Zustand uns durch die Ereignisse aufgezwungen wurde.

Wir hatten gar keine andere Wahl, als so zu tun, als ob unsere Autorität noch vollkommen intakt sei. Die Regierungsgeschäfte mußten normal weiterlaufen. Wir durften nicht unentschlossen erscheinen und mußten Selbstvertrauen zeigen, so schwer uns das auch fallen mochte. Natürlich hatte Nixon auch ein persönlicheres Motiv. Hätte er zugegeben, daß seine Regierungsfähigkeit angeschlagen war, dann hätte er damit den Angriff gegen seine Präsidentschaft beschleunigt. Er konnte sich nicht dazu überwinden zuzugeben, daß jetzt alles auseinanderfiel, wofür er sein ganzes Leben gearbeitet hatte.

So begann Nixons zweites Gipfeltreffen mit Breschnew unter ungünstigen Vorzeichen. Zum Glück mußten wir keine Verhandlungen zum Abschluß bringen. Die Vereinbarungen über die Verhinderung eines mit Kernwaffen geführten Krieges waren in Zavidovo abgeschlossen worden. Was die für die SALT-Gespräche geltenden Grundsätze betraf, so brauchten wir nur noch den Termin für den Abschluß der Vereinbarungen festzulegen, und diese Frage war zweitrangig. Mehrere andere weniger wichtige Verträge lagen zur Unterschrift vor – über die Zusammenarbeit in der Landwirtschaft, über Transportfragen, Ozeanographie und den kulturellen Austausch. Der Nutzen des Gipfeltreffens lag in diesem Zusammenhang darin, daß für alle diese Vorhaben ein fester Termin vereinbart worden war.

Angesichts einer so bereinigten Tagesordnung boten die Gipfelgespräche von 1973 in Washington beiden Regierungschefs die ungewöhnliche Gelegenheit, sich über die persönliche Haltung des jeweiligen Gesprächspartners ein Bild zu machen – die wichtigste Aufgabe jeder Gipfeldiplomatie –, aber Nixon war von schweren Sorgen belastet und abgelenkt. Er führte die Gespräche sehr geschickt, aber ohne die Zielsicherheit und das Selbstbewußtsein vergangener Jahre. Breschnew wiederum konnte seine Unsicherheit kaum hinter seiner rauhen Herzlichkeit verbergen. Ein Besuch der Vereinigten Staaten war für ihn offensichtlich ein großes Erlebnis. Er bemühte sich daher verzweifelt darum, einen guten Eindruck zu machen. Bei allen öffentlichen Auftritten versuchte er, seine Verwundbarkeit hinter plumpen Clownerien zu verbergen. Man spürte deutlich, daß er menschlicher und zugänglicher erscheinen wollte als Chruschtschow. Unter normalen Umständen hätte er vielleicht so sympathisch gewirkt, wie er jetzt irgendwie rührend war. Angesichts des Sumpfes von Watergate, in dem wir steckten, konnte uns Breschnew nicht beeindrucken. Die Presse neigte sogar dazu, das Verhalten Breschnews als Rettungsaktion für Nixon zu interpretieren, und damit war niemandem geholfen. Außerdem war diese Behauptung unfair, denn Breschnew konnte zu diesem Zeitpunkt noch nicht ganz begriffen haben, in einer wie verzweifelten Lage Nixon sich befand.

Breschnew traf am 16. Juni in Washington ein. Für den etwas schwermütigen Parteisekretär wurde die Notwendigkeit, sich an die Zeitumstellung zu gewöhnen, zur Zwangsvorstellung. Er trug zwei Uhren; die eine zeigte die Moskauer Zeit, die andere die Washingtoner. Immer wieder vergaß er, ob es in Moskau früher oder später war als in Washington. Als er nach San Clemente kam und drei Stunden hinzugerechnet werden mußten, gab er es auf, die Zeiten zu vergleichen, beschwerte sich aber ständig über diesen Zustand.

Vor Beginn der Gipfelgespräche stellte Nixon seinem sowjetischen Gast und dessen Begleitung die Sommerresidenz des Präsidenten in Camp David zur Verfügung, um ihnen eine Gelegenheit zum Ausruhen zu geben. Die Ferienhäuser im kapitalistischen Amerika waren sehr viel ländlicher, kleiner und weniger elegant als die Villen in Zavidovo. Da Nixon und ich an diesem Wochenende in Key Biscayne waren, rief ich Breschnew an und erkundigte mich nach seinem Befinden. Obwohl ein Dolmetscher eingeschaltet war, spürte ich seine Begeisterung und Vorfreude, zugleich aber auch die Sorge, ob alles glatt gehen würde. Er sagte, daß es ihn beruhigen würde, wenn wir mit ihm vor der für den nächsten Tag angesetzten offiziellen Begrüßung den Terminkalender durchgehen könnten. So flog ich am 17. Juni nach Camp David, um einen strahlenden Breschnew willkommen zu heißen. Er umarmte und küßte mich – solange ich ihn kenne, war es das erste und einzige Mal – und zeigte mir sofort sein neues Spielzeug, ein Zigarettenetui, das die Zigaretten in bestimmten Zeitabschnitten nur einzeln freigab. Aber Breschnew hatte dafür gesorgt, daß er nicht zum Sklaven dieses Systems wurde und hatte stets zwei dieser Taschensafes bei sich.

Eine seiner größten Sorgen bestand darin, daß wir vielleicht nach einem Ausweg suchten, um noch in letzter Minute die Unterzeichnung der Vereinbarungen über die Verhinderung eines mit Kernwaffen geführten Krieges zu vermeiden. Ich versicherte ihm, daß eine solche Möglichkeit nicht bestünde. Würde er mit Demonstrationen konfrontiert werden? Würden ihn die Senatoren respektvoll behandeln? Würde jemand versuchen, sich in die inneren Angelegenheiten der Sowjetunion einzumischen? Ich versicherte ihm, überzeugt zu sein, daß er mit jeder nur denkbaren Lage fertig werden könnte. Er ließ sich zwar beruhigen, konnte seine Sorgen aber augenscheinlich doch nicht ganz loswerden.

Die Begrüßungszeremonie für Staatsgäste im Weißen Haus ist einfach und eindrucksvoll. Sie war für 10.30 Uhr am nächsten Vormittag auf dem weiten Rasenplatz auf der Südseite angesetzt. Wenige Minuten vorher erschienen unter den Klängen des von einem Musikkorps der Marineinfanterie gespielten Marsches »Hail to the Chief« der Präsident und seine Gattin am Eingang unter dem südlichen Portikus, der aus dem diplomatischen Empfangszimmer ins Freie führte. Nixon begrüßte die auf dem Rasen wartenden geladenen Gäste, zu denen jedesmal der Außenminister, der Vorsitzende der Joint Chiefs of Staff, der Doyen des Diplomatischen Korps, der Botschafter des betreffenden Landes und der amerikanische Botschafter in diesem Land und andere hohe Beamte gehörten. Ein Trompetensignal kündigte an, daß die Limousine mit Breschnew am Südwesttor angekommen war und sich, langsam an einer Ehrenwache vorbeifahrend, dem Präsidenten näherte.

Alles verlief plangemäß. Die Limousine hielt vor dem südlichen Portikus, wo der Präsident Breschnew begrüßen und dann gemeinsam mit ihm auf eine Plattform gehen sollte, um dort die beiden Nationalhymnen anzuhören. Doch jetzt geriet alles durcheinander. Die in Paradeuniform angetretenen Abteilungen der drei Teilstreitkräfte mit ihren Regimentsfahnen warteten darauf, daß Breschnew die Front abschritt, aber unser russischer Gast konnte sein Temperament nicht mehr zügeln. Als er auf die in Reih und Glied aufgestellten Soldaten zuging, wurde er von einer Menschenmenge abgelenkt, die amerikanische und sowjetische Flaggen schwenkte. Er lief auf die Leute zu und fing an, ihnen wie ein amerikanischer Politiker, der sich auf einer Wahlkampfreise befindet, die Hände zu schütteln. Es gelang Nixon, den Offizier, der die Ehrenwache befehligte, und unseren Protokollchef zu beruhigen und Breschnew sanft in Richtung der immer noch unter präsentiertem Gewehr dastehenden Soldaten zu drängen. Breschnew kehrte auf die Plattform zurück und nahm den Vorbeimarsch des Musikkorps ab. Dann sagten er und Nixon ein paar Begrüßungsworte. Anschließend gingen beide Regierungschefs die Freitreppe zum südlichen Portikus hinauf und winkten der Menge zu, bevor sie im Empfangszimmer verschwanden, wo sich der Präsident und seine Gäste aufstellten, um die versammelten Würdenträger zu begrüßen. Aber auch hier sabotierte Breschnew das Protokoll. Die Begrüßung dauerte länger als vorgesehen, weil Breschnew nicht darauf verzichten wollte, einige alte Bekannte in längere Gespräche zu verwickeln. Die Mißachtung der kapitalistischen Gepflogenheiten durch Breschnew hatte zur Folge, daß der Empfang, für den eine halbe Stunde vorgesehen war, und der daher bis elf Uhr dauern sollte, fast die doppelte Zeit in Anspruch nahm, und um soviel verspätete sich auch der Beginn der offiziellen Gespräche im Ovalen Zimmer. Aber damit waren die Überraschungen noch nicht zu Ende.

An dem ersten Treffen zwischen Breschnew und Nixon im Ovalen Zimmer sollten Außenminister William Rogers, ich und Hal Sonnenfeldt als Protokollführer auf unserer Seite, Außenminister Andrei Gromyko, Botschafter Dobrynin und der glänzende Dolmetscher Viktor Suchodrow für die Sowjets teilnehmen. (Sonnenfeldt beherrschte als einziger Amerikaner das Russische). Zuerst stellten sich Nixon und Breschnew allein den Fotografen. Nachdem den Hauptbeteiligten auch bei dieser Prozedur protokollgerecht der Vortritt gelassen worden war, sollten wir uns ihnen anschließen, aber wir warteten mehr als eine Stunde im Beratungszimmer des Kabinetts vergeblich darauf, hineingerufen zu werden.

Der Inhalt des während dieser Zeit geführten Gesprächs wird erst bekannt werden, wenn die entsprechenden Tonbänder zur Veröffentlichung freigegeben worden sind. Der Präsident hat mich nicht davon unterrichtet. Wahrscheinlich hat Breschnew einiges von dem wiederholt, was er mir schon in Zavidovo gesagt hatte. Es muß sich bei dem Gespräch aber um allgemeine Themen gehandelt haben, denn Dobrynin, dem das Protokoll von Suchodrow sicher zur Verfügung stand, hat mir niemals etwas darüber gesagt oder angedeutet, daß man zu irgendwelchen Schlüssen gekommen sei. (Suchodrow hat zwar zugesagt, mir das Protokoll zu überlassen, ist aber offenbar nicht mehr dazu gekommen.) Um 12.35 Uhr wurden wir endlich hereingebeten. Breschnew, der Nixons Aufforderung wörtlich nahm, seine Auffassungen von den Beziehungen zwischen den Vereinigten Staaten und der Sowjetunion zu erläutern, äußerte sich sehr ausführlich zur Geschichte der sowjetisch-amerikanischen Beziehungen, was mit der Übersetzung fast fünfundvierzig Minuten in Anspruch nahm. In dieser Erklärung bezeichnete er den Moskauer Gipfel von 1972 als einen Wendepunkt in den Ost-West-Kontakten. Breschnew behauptete, alle Probleme ließen sich lösen, solange beide Seiten auf einseitige Vorteile verzichteten und kompromißbereit wären:

> Alles, was in Moskau geschehen ist und was wir hier tun, ist deshalb von ungewöhnlicher Wichtigkeit und Bedeutung. Wie Sie wissen, befinden wir Russen uns im Vorteil – das Leben ist immer der beste Lehrer. Ich glaube, das Leben unserer beiden großen Völker und unserer Führer hat uns zu dem Schluß geführt, daß wir jetzt und in der Zukunft neue Beziehungen zwischen uns schaffen müssen. Ich bin deshalb zutiefst dankbar, ausdrücklich darauf hinweisen zu können, daß die menschliche Vernunft uns beide gleichzeitig zu dieser Erkenntnis geführt hat, und das ist auch die Ursache für das erfolgreiche Treffen im vergangenen Jahr in Moskau. Ich bin ganz fest davon überzeugt und werde das auch weiterhin sein, daß alles, was in Moskau geschehen ist, in der tiefen Erkenntnis der Bedeutung unserer gemeinsamen Anstrengung für die Zukunft und für den Frieden stattgefunden hat. Wir sind im vergangenen Jahr nicht deshalb in Moskau zusammengekommen, um unsere Stärke zu vergleichen oder miteinander in Konkurrenz zu treten, sondern um wichtige Entscheidungen zu treffen. Und ich weiß, daß diese Entscheidungen einstimmig von Ihrem und von unserem Volk unterstützt werden.

Angesichts der Tatsache, daß John Dean in einer Woche in den Zeugenstand treten würde, war die Vorstellung, das amerikanische Volk stünde geschlossen hinter Nixon, ein frommer Wunsch, wenigstens für die anwesenden Amerikaner, die sorgenvoll in eine unruhige Zukunft blickten. Andererseits wurde unsere Aufmerksamkeit durch zunehmende Hungergefühle abgelenkt, denn die Sitzung dehnte sich bis in den Nachmittag aus, ohne daß irgend etwas einen baldigen Abschluß vermuten ließ. Mit einem Ende war ohnedies nicht bald zu rechnen, denn der Präsident hatte noch nicht geantwortet. Breschnew, der die Unruhe auf der amerikanischen Seite spürte, blickte immer wieder auf seine beiden Uhren. Er erklärte, er täte das, um den Rhythmus seiner Körperfunktion zu überwachen und es nicht zu versäumen, seine Genossen in Moskau anzurufen. Ich konnte hören, wie Gromyko und Dobrynin ihm zum zehnten Mal erklärten, daß Moskau Washington um sieben Stunden voraus war, doch offenbar waren beide nicht überzeugt, daß ihr Chef diese Nachricht behalten würde. Breschnew unterbrach seinen Monolog ein paarmal, um den Präsidenten, Rogers und mich zu fragen, ob er uns ermüdete. Um des amerikanischen Prestiges willen bestritten wir das höflich, wenngleich wir das ungute Gefühl hatten, unsere Versicherungen verlören immer mehr an Glaubwürdigkeit, je länger sich der Nachmittag hinzog.

Nixons Erwiderung war zum Glück knapper als Breschnews Vortrag. Er hatte sich nicht auf eine längere Sitzung vorbereitet. Die von meinem Büro verfaßten Gesprächsnotizen sahen vor, sich mit Breschnew über die Tagesordnung des Gipfeltreffens zu einigen und dem Generalsekretär klarzumachen, daß an ein Kondominium nicht zu denken sei. Doch Nixon war nicht gewillt, sich durch Breschnews philosophischen Diskurs in den Schatten stellen zu lassen. Er zog Vergleiche zwischen der Stimmung, die geherrscht hatte, als sich Eisenhower und Chruschtschow 1959 im Ovalen Zimmer trafen und der heute herrschenden Atmosphäre. Wahrscheinlich wollte er sagen, daß diesmal Berlin nicht bedroht sei. Diese Herausforderung war der Anlaß für die Einladung an Breschnews Vorgänger gewesen. Dann begrüßte Nixon die Tatsache, daß sich seither eine nukleare Ausgewogenheit entwickelt hatte. Während der ganzen Zeit meiner Zusammenarbeit mit ihm ist dies das einzige Mal gewesen, daß er im Gespräch mit einem kommunistischen Führer das Gefühl für die Wirkung dessen verlor, was er sagte. Die strategische Ausgewogenheit mußte, wenn die Demokratien nicht ihre konventionellen Streitkräfte verstärkten, früher oder später für uns zu einem strategischen Alptraum werden, denn damit wurde die sowjetische Überlegenheit bei den konventionellen Streitkräften für Interventionen in regionalen Konflikten frei.

Aber Nixon fand bald zu sich zurück, betonte, wir lehnten jede Art eines Kondominiums der Supermächte entschieden ab. »Während wir als praktische Männer wissen, wie stark wir sind, können wir es uns als starke Nationen auch leisten, eine Politik der Achtung vor den Rechten anderer Nationen zu verfolgen, und sollten das auch tun.« Damit sorgte Nixon dafür, daß Breschnew die Bedeutung der Vereinbarungen über die Verhinderung eines mit Kernwaffen geführten Krieges nicht mißverstand, die, wie der Präsident sagte, »die Rechte aller Länder und gleichzeitig die Verantwortung unserer beiden Länder dafür anerkennen, um Methoden zu entwickeln, mit denen sich nukleare und andere Konfrontationen zwischen uns vermeiden lassen«.

Nixon schloß mit einer langen Liste von Themen, die auf den folgenden Sitzungen behandelt werden sollten: die europäische Sicherheit, SALT, Vietnam, Kambodscha und die Wirtschaftsbeziehungen. Breschnew erklärte sich bereitwillig einverstanden. »Ich höre Vietnam«, sagte er, als Nixon dieses Thema anschnitt. »Ich habe nicht damit angefangen. Aber wenn Sie es wünschen, dann können wir später darüber reden. Ich erinnere mich, daß wir in der Datscha schon darüber gesprochen haben.«

Damit meinte er die heftigen Ausfälle gegen Nixon, die dieser sich 1972 von Breschnew, Kossygin und Podgorny, die damals der Reihe nach in Breschnews Datscha, vierzig Minuten vom Kreml entfernt, geredet hatten.[15] Die sowjetischen Politiker hatten sich damals sehr brutal verhalten, ohne etwas dadurch zu gewinnen. Ihre Vorwürfe sollten nur aktenkundig gemacht werden – aus dem folgenden Gespräch ließ sich diese Absicht deutlich erkennen: »Ja«, antwortete Nixon höflich, »wir kamen erst sehr spät zum Abendessen.« »Und wir haben uns sehr gut unterhalten«, meinte Breschnew schlagfertig. Damit hatte er sicher recht. Was kann vergnüglicher sein als einem ideologischen Gegner, der auf der anderen Seite des Globus zu Hause ist und dort sein eigenes Fegefeuer hat, die Hölle heiß zu machen?

Die Sitzung im Ovalen Zimmer dauerte bis 15.30 Uhr. Dann stürzte die ausgehungerte amerikanische Delegation in den Speisesaal des Weißen Hauses. Breschnew, der wahrscheinlich immer noch nicht wußte, ob er uns zeitlich sieben Stunden voraus war oder nicht, hatte augenscheinlich keinen Hunger.

Das ganze Gipfeltreffen war gekennzeichnet durch den für Verhandlungen mit den Sowjets so typischen unregelmäßigen Rhythmus. Verabredungen wurden grundlos abgesagt oder unsere sowjetischen Gesprächspartner erschienen ganz einfach nicht. Die Sitzungen wurden plötzlich und unvermittelt verschoben, nicht nur in Moskau, wo alles von der sowjetischen Seite geregelt wurde, sondern auch in den Vereinigten Staaten. In Camp David, wohin sich die ganze Gruppe am 20. Juni für zwei Tage zurückzog, lag Breschnews Ferienhaus schräg gegenüber der Unterkunft des Präsidenten. Bei einer Gelegenheit saßen Breschnew und seine Kollegen im angeregten Gespräch noch zwei Stunden, nachdem das nächste Treffen mit Nixon hätte beginnen sollen, auf ihrer Veranda und hielten es nicht für nötig, einen Boten herüberzuschicken, um uns ihre Verspätung zu erklären. Ebenso wie in Moskau brachen sie ihre Beratung ganz plötzlich ab und erklärten, daß sie jetzt bereit seien, zu uns herüberzukommen. Vielleicht haben sie sich absichtlich so verhalten, oder sie hatten sich noch nicht an die Zeitumstellung gewöhnen können, jedenfalls begann die gemeinsame Sitzung wieder zur Zeit des Mittagessens. Nixon war geduldiger als ich. Die Sowjets hatten sehen können, daß er frei war. Er erklärte sich bereit, die sowjetische Delegation zu empfangen. Diesmal ging es um die europäische Sicherheitskonferenz. Das Gespräch bestand zum größten Teil aus einem Monolog Breschnews, der mitteilte, welche europäischen Regierungschefs schon dem sowjetischen Vorschlag zugestimmt hatten, die Konferenz auf höchster Ebene abzuschließen. (Das war uns zum größten Teil ganz neu und entbehrte nicht einer gewissen Ironie, denn die gleichen europäischen Regierungschefs hatten wenig Neigung gezeigt, mit dem Präsidenten auf einem westlichen Gipfel zusammenzukommen.)

Der Rest der Woche verging mit Gesprächen der Hauptbeteiligten, der Unterzeichnung von Dokumenten und Staatsdiners. Eine Sitzung beschäftigte sich mit den Aussichten für eine Ausweitung des sowjetisch-amerikanischen Handels. Welche Stimmung in jener jetzt schon so weit zurückliegenden Periode herrschte, zeigt sich darin, daß Breschnew die Hoffnung aussprach, die Sowjetunion könnte Verbrauchsgüter im Wert von zwanzig Milliarden Dollar von den Vereinigten Staaten kaufen. Wenn diese Absicht wirklich bestanden hat, dann war sie ein Beweis dafür, wie einseitig die sowjetische Wirtschaft auf die Produktion von Rüstungsgütern eingestellt und wie wenig leistungsfähig sie war. Auf einer anderen Sitzung erschien der Präsidentenberater und Rechtsanwalt John Connally und erklärte beiden Delegationen die große Bedeutung der natürlichen Erdgasvorkommen Sibiriens, was den Außenminister veranlaßte, mir zuzuflüstern, er hoffe, irgend jemand werde sich auch an ihn noch so freundlich erinnern, wenn er wieder in seine Anwaltsfirma zurückgekehrt wäre.

Nach einem ungewöhnlich reichlichen Essen, das am 21. Juni in der sowjetischen Botschaft stattfand, flog die Delegation in der Maschine des Präsidenten am 22. Juni nach San Clemente. Nachdem ich 1972 als Gast das viel luxuriöser ausgestattete Flugzeug Breschnews hatte benutzen dürfen, überlegte ich, ob die relative Schlichtheit von Camp David und der *Air Force One* unsere sowjetischen Gäste nicht davon überzeugt haben könnte, daß der Status in einer klassenlosen Gesellschaft dem einzelnen viel größere Vorteile verschafft als in einer kapitalistischen. In seiner Flugzeugkabine fand Breschnew einen Cowboy-Hut und einen Ledergürtel mit Spielzeugpistole als Geschenk vor. Den Hut verachtete er, fand den Gurt aber unwiderstehlich. Während wir das Grand Canyon überflogen, feierte Breschnew seine Ankunft im amerikanischen Westen, indem er seinen Lieblingsfilmstar John Wayne imitierte und den Revolver aus dem Pistolenhalfter zog.

In San Clemente bestand Breschnew darauf, in unmittelbarer Nähe des Präsidenten untergebracht zu werden. Da Nixon in seinem Haus nur über eine einzige Wohnung verfügte, die er selbst benutzte, wurde für Breschnew ein kleiner Bungalow eingerichtet, der gewöhnlich für

Nixons Tochter Tricia reserviert war. Hier gab es nur ein mittelgroßes Wohnzimmer und daran anschließend zwei kleine Schlafzimmer mit geblümten Tapeten. Gromyko wurde in dem noch kleineren Häuschen von Julie Eisenhower untergebracht. In San Clemente geriet Breschnew sofort wieder in Konflikt mit dem Zeitunterschied und ging deshalb sofort nach seiner Ankunft um sechs Uhr abends zu Bett.

Die beiden wichtigsten Gespräche des ganzen Gipfels fanden am letzten Tag in San Clemente, am 23. Juni, statt. Sie waren in dem offiziellen Zeitplan nicht vorgesehen, und deshalb waren wir ganz unvorbereitet. An dem Treffen zwischen Nixon und Breschnew um die Mittagszeit nahmen nur ich und der Dolmetscher Suchodrow teil. Breschnew benutzte die Gelegenheit, seinem abgrundtiefen Haß gegen die Chinesen Ausdruck zu verleihen – eine Wiederholung dessen, was ich schon in Zavidovo erlebt hatte. Seine Wut war nicht frei von rassistischen Untertönen. Er behauptete, daß die Chinesen heimtückisch und verschlagen wären und sich nicht in die Karten blicken ließen. Für ihn war die chinesische Kulturrevolution ein Beispiel sittlichen Verfalls. Er fragte, was das für politische Führer seien, die ihr Volk unterdrückten, während sie in der ganzen Welt Propaganda für sich machten – als hätte man in seinem Vaterland des Sozialismus noch nie etwas vom Archipel Gulag mit seinen Konzentrationslagern und seiner Vernichtungsmaschine gehört. Er deutete an, sowjetische Ärzte glaubten, daß Mao geisteskrank gewesen sei, jedenfalls hätte er, ob normal oder nicht, »den Charakter eines Verräters gehabt«.

Aber Breschnew genügte es nicht, sich nur theoretisch zu äußern. Die Ziele, die er verfolgte, waren außerordentlich konkret. Er schlug einen vertraulichen Gedankenaustausch mit dem Präsidenten über China vor und behauptete, daß die Chinesen in zehn Jahren mit ihrem Nuklearprogramm soweit sein könnten wie die Sowjetunion 1973. So etwas könnte die UdSSR nicht zulassen; allerdings sagte er nicht, was der Kreml dagegen zu tun beabsichtigte. Sehr bald werde die UdSSR der Welt beweisen, wie aggressiv China sei, denn die Sowjetunion würde den Chinesen einen Nichtangriffspakt anbieten, den Peking mit Sicherheit ablehnen würde. (Er sollte recht behalten.) Breschnew fügte hinzu, daß er gegen die Beziehungen zwischen Washington und Peking nichts einzuwenden hätte. Militärische Absprachen seien etwas anderes. »Die Völker der Welt würden das Vertrauen zu uns verlieren«, sagte er und zeigte dabei ein für ihn ganz untypisches Interesse für die öffentliche Meinung in anderen Ländern. Die Sowjetunion habe nicht die Absicht, China anzugreifen, aber militärische Absprachen der Chinesen mit den Vereinigten Staaten würden die Lage nur verwirren. In dieser subtilen Formulierung spürte man deutlich Gromykos Handschrift.

Nixon erwiderte kühl, daß er bereit wäre, über den vertraulichen Kanal »über jedes Thema« zu sprechen, äußerte sich aber nicht näher zu den politischen Zielen oder Motiven der Chinesen. Ich erklärte, daß wir mit China noch niemals Gespräche militärischen Inhalts geführt hätten. Für die Zukunft machten weder Nixon noch ich irgendwelche Zusagen. Augenscheinlich rechnete Breschnew mit amerikanischen Gegenleistungen, als er ganz unvermittelt erklärte, daß die Sowjetunion ihre Rüstungslieferungen an Nordvietnam nach Unterzeichnung der Pariser Vereinbarungen eingestellt hätte. »Vielleicht ein paar Gewehre, aber nichts wirklich Wichtiges. Wir werden sie drängen, sich an die Pariser Vereinbarungen zu halten.«

Am Nachmittag nahm mich Gromyko kurz vor einem Empfang neben dem Schwimmbecken zur Seite. Offenbar fürchtete er, daß sich Breschnew nicht klar genug ausgedrückt hatte – obwohl auch sein schlimmster Feind dem Generalsekretär nicht den Vorwurf machen könnte, daß seine Ausdrucksweise an Deutlichkeit zu wünschen übrig ließe. Jedenfalls wollte der sowjetische Außenminister noch einmal und zum dritten Mal innerhalb von sechs Wochen ganz deutlich sagen, daß jede militärische Vereinbarung zwischen China und den Vereinigten Staaten zum Kriege führen würde. Ich sagte, daß ich begriffen hätte, äußerte mich aber nicht zu unseren Absichten. Ich hielt es nicht für sinnvoll, auf eine Drohung mit Blankozusagen zu reagieren, um so weniger, als ich – wie ich schon erklärt habe – überzeugt war, daß wir es zwar vermeiden sollten, einen sowjetischen Angriff gegen China zu provozieren, uns ein solcher Angriff jedoch nicht gleichgültig bleiben konnte. Die Auswirkungen auf das globale Gleichgewicht der Kräfte wären in einem solchen Fall fast ebenso katastrophal wie ein erfolgreicher Angriff gegen Westeuropa.

Die zweite Überraschung an diesem letzten Tag begann ganz undramatisch mit dem gewohnten Geplänkel zwischen Gromyko und mir über den Teil des gemeinsamen Kommuniqués, der sich mit dem Nahen Osten beschäftigte. Gromyko war außerordentlich vorsichtig. Schließlich hatten der vergangene Gipfel und dessen Kommuniqué wesentlich dazu beigetragen, daß die sowjetischen Berater aus Ägypten ausgewiesen wurden (siehe 6. Kapitel). Diesmal weigerte sich Gromyko sogar, die Resolution 242 des Sicherheitsrates zu erwähnen. Bei allen Verhandlungen über den Nahen Osten ging es um die verschiedenen Interpretationen dieses Beschlusses, weil wir uns weigerten, uns der sowjetischen proarabischen Interpretation anzuschließen. 1972 hatte Gromyko sich darum bemüht, alle Meinungsverschiedenheiten über den Nahen Osten zu verschweigen. 1973 wollte er sie unbedingt erwähnt wissen. Es handelte sich nur um einen kurzen Satz, aber durch ihn könnte das Debakel des vergangenen Jahres vermieden werden, als eine vage und beruhigende Formulierung von Sadat so interpretiert worden war, daß die Sowjets die arabischen Interessen preisgegeben hätten. (Die von beiden Seiten akzeptierten Texte finden sich im Anhang.)[17]

Aber das Gespräch mit Gromyko war nur ein Schattenboxen. Breschnew sorgte sich nicht so sehr um den Stand der gegenwärtigen Verhandlungen als darum, in welche Richtung sich die Lage im Nahen Osten entwickelte. Im Mai hatte ich Breschnew in Zavidovo unsere Lagebeurteilung angesichts der Unterstützung des arabischen Maximalprogramms durch die Sowjetunion erläutert: »Es ist schwer, Israel davon zu überzeugen, daß es auf Gebiete verzichten müßte, um etwas dafür zu bekommen, was es schon hat (den Waffenstillstand), und einen Krieg zu vermeiden, den die Israelis gewinnen können – nur um dann mit den unnachgiebigen Arabern (den Palästinensern) verhandeln zu müssen.« Wir planten für Ende Oktober nach den Wahlen in Israel eine größere diplomatische Initiative, wollten aber bis dahin Zeit gewinnen. Doch in Zavidovo hatte Breschnew von der Kriegsgefahr gesprochen und angedeutet, daß es immer schwieriger würde, seine arabischen Verbündeten in Zaum zu halten. Unwillig erklärte er, daß wir alles auf einen Zustand setzten, der sich unter Umständen auf die Dauer nicht aufrecht erhalten lassen würde: »Es ist unmöglich, nicht gewisse Maßnahmen zu ergreifen, oder Präsident Nixon und ich werden uns in einer unmöglichen Lage wiederfinden ... Schließlich ist nichts auf dieser Welt ewig – und auch die gegenwärtige militärische Überlegenheit der Israelis wird nicht ewig bestehen bleiben.« Breschnew hatte mir damals kein Aktionsprogramm vorgeschlagen. Ich hielt die verschleierte Kriegsdrohung für ein Täuschungsmanöver, weil ein Krieg nach unserer Auffassung zu einer Niederlage der Araber führen mußte, vor der die Sowjets ihre Freunde nicht bewahren konnten. In Zavidovo hatte mir Gromyko eine Reihe von Grundsätzen vorgelegt, aber sie entsprachen genau dem arabischen Programm. Da Breschnew in seinem Gespräch mit mir nicht bereit gewesen war, auch nur um einen Zollbreit davon abzugehen, hatten wir die weitere Behandlung dieses Themas für die Gipfelgespräche im Juni vorgesehen.

Nun, da dieser Gipfel stattfand, hatten die Sowjets eigenartigerweise erklärt, sie hätten kein besonderes Interesse daran, über den Nahen Osten zu sprechen. Zwar hatte ich mit Gromyko den Streit um den Text des Kommuniqués, aber weder in Washington noch an Bord der *Air Force One* oder in San Clemente hatte irgend etwas darauf hingedeutet, daß Breschnew mit Nixon über den Nahen Osten sprechen wollte.

Ich hatte gehofft, daß wir uns endlich von den anstrengenden Verhandlungen erholen könnten, als Nixon am 23. Juni um 16.30 Uhr am Schwimmbecken neben seinem Haus eine Cocktail-Party gab, zu der er die Persönlichkeiten aus Hollywood eingeladen hatte, die trotz Watergate noch bereit waren, einer solchen Einladung zu folgen. Es waren nicht sehr viele. Breschnew schien sich gut zu unterhalten. Um 19 Uhr sollte ein Abendessen für nur zehn Personen in Nixons kleinem Speisezimmer stattfinden. Aber schon vor Beginn der Party hatte Breschnew behauptet, völlig erschöpft zu sein, und gebeten, das Essen auf 18 Uhr vorzuverlegen – wieder war die Zeitverschiebung schuld daran. Nixon erklärte sich einverstanden, auch wenn das ein schwacher Trost für die wenigen treuen Freunde war, die es riskiert hatten, dafür getadelt zu werden, daß sie eine zwei Stunden dauernde Fahrt von Los Angeles nach San Clemente unternahmen, um an einem Empfang teilzunehmen, der nur eine knappe Stunde dauerte.

Die Atmosphäre beim Essen war freundlich. Breschnew fühlte sich im Kreis der Familie sichtlich wohl. Nixon brachte einen passenden Trinkspruch aus und sprach von der Verantwortung der beiden Regierungschefs für die Zukunft der Kinder auf der ganzen Welt, ein Gefühl, das in beiden Männern angesichts ihrer Zuneigung zu den eigenen Kindern sehr lebendig gewesen sein muß. Als Nixon geendet hatte, ging Breschnew um den Tisch herum und umarmte ihn. Gegen 19.15 Uhr entschuldigten sich die sowjetischen Gäste. Breschnew brauchte jetzt Ruhe, denn es stand ihm wieder die Umstellung auf eine neue Uhrzeit bevor. Am nächsten Morgen sollte er nach Washington zurückfliegen, um sich vor seiner Abreise nach Paris am 25. Juni in Camp David auszuruhen. Nixon zog sich in sein Schlafzimmer zurück, und ich ging zu meiner etwa zehn Minuten von hier entfernt gelegenen Unterkunft.

Um 22 Uhr läutete mein Telefon. Am Apparat war ein Beamter des Geheimdienstes, der mir mitteilte, daß Breschnew aufgestanden wäre und sofort mit dem Präsidenten sprechen wollte, der schon schlafen gegangen war – ein flagranter Verstoß gegen das Protokoll. Weder vorher noch nachher ist es jemals vorgekommen, daß ein ausländischer Gast am letzten Abend eines Staatsbesuchs spätabends ein Gespräch mit dem Präsidenten über ein nicht näher bezeichnetes Thema führen wollte, ohne daß dieses Treffen vorher auf die Tagesordnung gesetzt worden war. Zudem war es ein durchsichtiger Versuch, Nixon unvorbereitet und, wenn man Glück hatte, auch ohne die Unterstützung durch seine Berater zu überraschen. Solche Manöver erschüttern das gegenseitige Vertrauen so sehr, daß dieser Vertrauensverlust fast niemals durch die taktischen Vorteile aufgewogen werden kann. Zugeständnisse, die man sich so erschlichen hat, mögen peinlich sein, sie bilden aber nie eine Grundlage für die Weiterentwicklung der Beziehungen zwischen den Nationen, weil sich niemand auf die Dauer daran halten wird.

Ich sagte dem Geheimdienstbeamten, daß er den Sowjets mitteilen sollte, es könnte nichts geschehen, bevor ich nicht mit dem Präsidenten gesprochen hätte. Nach etwa fünfzehn Minuten weckte ich Nixon. Nachdem er sich den Schlaf aus den Augen gerieben hatte, war er hellwach. Und als ich ihm sagte, was geschehen war, fragte er: »Was haben sie vor?« »Wer kann das wissen?« antwortete ich, »aber ich fürchte, wir werden dieses Gipfeltreffen nicht überstehen, ohne eine Datscha-Sitzung hinter uns gebracht zu haben.« Nixon befahl seinem Diener, Manolo Sanchez, den Kamin in seinem Arbeitszimmer in dem kleinen Turm anzuheizen, von dem aus man einen Blick auf den Pazifik hat. Ich suchte indessen Gromyko auf, um festzustellen, worum es sich handelte, und ihm zu sagen, daß ich an der Besprechung teilnehmen würde. Es stellte sich heraus, daß Breschnew urplötzlich das unstillbare Verlangen gehabt hatte, über den Nahen Osten zu sprechen. Ich erklärte kühl, daß ich den Präsidenten unterrichten und die Sowjets wissen lassen würde, wann er Breschnew empfangen könnte.

So kam es, daß der sowjetische Führer am letzten Abend seines Aufenthalts in San Clemente um 22.45 Uhr den wichtigsten Vorschlag machte, den wir während des ganzen Gipfeltreffens von ihm zu hören bekamen: Die Vereinigten Staaten und die Sowjetunion sollten sich hier und jetzt über eine endgültige Beilegung der Nahost-Krise einigen, und zwar auf der Grundlage eines totalen Rückzugs Israels auf die Grenzen von 1967, wofür die Gegenleistung nicht der Friede, sondern die Aufhebung des Kriegszustands sein sollte. Der endgültige Friede werde von dem Erfolg anschließender Verhandlungen mit den Palästinensern abhängig sein; die Großmächte würden die Einhaltung der vereinbarten Bedingungen garantieren. Das war natürlich die Standardposition der Araber. Breschnew muß begriffen haben – und wenn das nicht der Fall gewesen ist, dann war Gromyko viel zu erfahren, um es nicht zu wissen –, daß nicht die geringste Chance für einen solchen Vorschlag bestand oder in den uns noch verbleibenden Stunden ausgehandelt werden konnte, was Breschnew aber nicht daran hinderte, den Versuch zu wagen. Er sagte, daß er keine öffentliche Erklärung wünschte. Es sollte ein geheimes Abkommen sein, von dem nur die im Zimmer anwesenden Personen Kenntnis hätten. Er verriet uns nicht, wie ein so revolutionäres Vorhaben wie ein von den Vereinigten Staaten und der Sowjetunion dem Nahen Osten aufgezwungener Friede geheimgehalten werden könnte, wenn er wirklich geschlossen würde.

Nixon, der, wenn er unter Druck gesetzt wurde, stets ganz ruhig war, antwortete, daß an diesem Abend keine Entscheidungen mehr getroffen werden könnten. Auch könnten wir die »allgemeinen Arbeitsgrundsätze« nicht akzeptieren, die man mir in Zavidovo vorgelegt hatte. Ich würde versuchen, sie zu redigieren, und den redigierten Text Breschnew vorlegen, bevor er am 25. Juni von Camp David abreiste. Doch das wollte dem Generalsekretär nicht gefallen. Wie in der Datscha fing er auch hier an, grob zu werden:

> Wenn über die Grundsätze keine Klarheit herrscht, dann wird es uns schwerfallen, zu verhindern, daß sich die militärische Lage verschärft . . . Ohne eine Einigung über die allgemeinen Grundsätze können wir nicht wissen, was wir tun sollen . . . Ich bin kategorisch gegen eine Wiederaufnahme des Krieges. Aber ohne eine Vereinbarung über die Grundsätze . . . können wir nichts tun.

Mit anderen Worten, vierundzwanzig Stunden nach dem Verzicht auf die Androhung von Gewalt in den Vereinbarungen über die Verhinderung eines mit Kernwaffen geführten Krieges drohte uns Breschnew praktisch mit einem Krieg im Nahen Osten für den Fall, daß wir auf seine Forderungen nicht eingingen.

Breschnew trug seine Forderungen mit äußerster Heftigkeit vor. Später sagte mir Dobrynin, daß er Suchodrow gebeten habe, Breschnews Grobheiten nicht wörtlich zu übersetzen. Aber was wir erfuhren, war deutlich genug. Breschnew wollte den Nahost-Konflikt noch im gleichen Sommer beenden, und die von ihm vorgeschlagenen Bedingungen entsprachen den Forderungen der Araber. In Wirklichkeit gab es keine Möglichkeiten, vor den israelischen Wahlen ernsthafte Friedensverhandlungen aufzunehmen, und die von Breschnew vorgeschlagenen Bedingungen würden unter gar keinen Umständen akzeptiert werden. Hätte Nixon auf dem Höhepunkt der Anhörungen über Watergate eine Lösung erzwungen, dann hätte er damit nicht nur den Eindruck erweckt, ein Ablenkungsmanöver in Szene zu setzen, sondern man hätte ihm auch den Verrat an einem Verbündeten vorgeworfen. Jedenfalls war das von Breschnew vorgelegte Programm von vornherein unannehmbar für uns.

Wahrscheinlich hat uns Breschnew sowohl aus Enttäuschung wie auch aus Überzeugung bedroht. Er kannte die ägyptischen Drohungen sicherlich ebensogut wie wir und vermutete auch, daß ein solcher Versuch mit einer arabischen Niederlage enden würde. Er wußte, daß unser Verbündeter militärisch stärker war und wir die diplomatischen Schlüssel für eine Beilegung der Krise in der Hand hatten. Nun wollte er uns überfahren und aus seinem Dilemma herauskommen, ohne etwas dafür zu bezahlen. Auf jeden Fall aber versuchte er es, uns dafür verantwortlich zu machen, daß sich die Lage festgefahren hatte, und wollte eine weitere Aushöhlung der sowjetischen Position in der arabischen Welt verhindern.

Diese Erklärungen nehmen jedoch Breschnews Verhalten nichts von seiner Ungeheuerlichkeit. Es war der unverschämte Versuch, Nixons peinliche Lage angesichts von Watergate auszunutzen – was Dobrynin sichtlich peinlich war, der wußte, daß wir diese Forderungen aus innenpolitischen Gründen nicht erfüllen konnten und daß sie diplomatisch sinnlos waren. Wahrscheinlich liegt darin auch die Erklärung für Gromykos eisige Distanziertheit. Wir waren bereit, mit Moskau über die Grundfragen zu sprechen, nachdem wir das mit uns verbündete Israel konsultiert und auch mit Ägypten gesprochen hatten, mit dem die Vorgespräche schon anliefen. Wir waren aber nicht bereit, die Entspannung mit einer Verschlechterung unserer geopolitischen Position zu bezahlen. Nach einem anderthalb Stunden dauernden Monolog Breschnews brachte Nixon die Angelegenheit mit großer Festigkeit und Würde zum Abschluß und sagte, daß er sich am nächsten Vormittag das Protokoll der Gespräche ansehen werde. Das Problem sei nicht so einfach, wie Breschnew es dargestellt habe. Er könnte im Augenblick nichts anderes tun, als mich bitten, einen Gegenvorschlag zu den mir in Zavidovo von Gromyko vorgelegten Grundsätzen auszuarbeiten:

> Ich werde das morgen berücksichtigen. Wir werden nichts verlautbaren und die Vertraulichkeiten im Rahmen eines Gentleman-Agreements wahren. Ich hoffe, daß Sie nicht mit leeren Händen nach Hause zurückkehren werden. Aber wir müssen jetzt abbrechen. Es wäre sehr leicht für mich zu sagen, daß Israel sich aus allen besetzten Gebieten zurückziehen müßte, und dann zu erklären, daß wir uns grundsätzlich darüber geeinigt hätten. Aber darum geht es ja gerade. Ich will mich über Grundsätze einigen, die eine Beilegung der Krise ermöglichen. Darum werden wir uns in diesem Jahr bemühen. Die Lage im Nahen Osten verlangt das sehr dringend.

Damit endete das Gespräch. Wie 1972 in der Datscha gab Breschnew nach. Er teilte uns noch in großen Zügen mit, was er bei seinem Zwischenaufenthalt in Paris mit Pompidou besprechen wollte. Aber der bittere Nachgeschmack blieb, und wir konnten das Gespräch in Nixons Arbeitszimmer nicht vergessen, als es nach etwas mehr als drei Monaten im Nahen Osten zur Explosion kam.

Am letzten Tag, dem 24. Juni, glätteten sich die Wellen, wie jedesmal, wenn wir mit der sowjetischen Führung zusammentrafen. Breschnew und Nixon verabschiedeten sich auf dem Rasenplatz vor dem Haus des Präsidenten in San Clemente. Breschnew bedankte sich wortreich bei Nixon und betonte, daß er abreiste mit »einem guten Gefühl«. Er freute sich darauf, Nixon im nächsten Jahr in der Sowjetunion zu begrüßen und rechnete mit weiteren Fortschritten. Nixon versicherte, die Verbesserungen in den Beziehungen zwischen den Vereinigten Staaten und der Sowjetunion dienten »nicht nur dem Frieden zwischen unseren beiden großen Ländern, sondern auch der Entstehung einer Ära, in der es für alle Völker der Welt Frieden geben kann«.

Nixon begleitete Breschnew im Hubschrauber bis zum Flugplatz der Marineinfanterie in El Toro. Auf dem Flug sagte Breschnew, die Gespräche über eine beiderseitige Truppenverringerung in Europa würden vielleicht besser vorankommen, wenn die Sowjetunion und die Vereinigten Staaten sie mit einer symbolischen Verringerung von vielleicht jeweils zehntausend Mann einleiteten.

Dieser Gedanke wurde nicht weiter verfolgt. Beim Abschied sahen sich beide Staatsmänner zum letztenmal als Gleichberechtigte. Der nächste Gipfel im folgenden Jahr fand in Moskau etwas mehr als einen Monat vor Nixons Rücktritt statt.

Zusammenfassung

Das Gipfeltreffen von 1973 verdeutlichte die Ambivalenz der Ost-West-Beziehungen im Atomzeitalter. Beide Seiten waren sich der mit einem Krieg verbundenen Risiken schmerzlich bewußt. Ich glaubte immer noch, daß Breschnew aufrichtig bemüht war, eine lange Periode der Stabilität herbeizuführen. Aber kein sowjetischer Führer kann aus seiner ideologischen Haut heraus und das Postulat Lenins aufgeben, daß Macht und Einfluß eines Landes letzten Endes von den Kräfteverhältnissen bestimmt wurde. Die physische Leistungsfähigkeit der alternden sowjetischen Führung mag ihre Grenzen gehabt haben; ihre Bereitschaft, Risiken einzugehen, hat sich vielleicht verringert, nachdem diese Männer ein ganzes Leben hart um die Macht gerungen haben. Aber sowjetische Führer haben buchstäblich keinen Handlungsspielraum, um Zurückhaltung zu üben, wenn die Kräfteverhältnisse für sie ungünstig sind. Eine Gelegenheit, sich strategische Vorteile zu verschaffen, wird nicht auf unbestimmte Zeit ungenutzt bleiben, weil sie von bürgerlichen Skrupeln oder guten persönlichen Beziehungen zu westlichen Führern daran gehindert werden, ihren Vorteil zu wahren.

Aus dieser Perspektive mußte sich das Gipfeltreffen von 1973 für uns ungünstig auswirken, und zwar nicht aus außenpolitischen Gründen, sondern weil der desolate Zustand der innenpolitischen Lage in den Vereinigten Staaten allzu deutlich zum Ausdruck gekommen war. Am Ende ihres Aufenthalts in Amerika hatte die sowjetische Delegation begriffen, daß das Gipfeltreffen von Watergate überschattet wurde; diese Einsicht hat mir Dobrynin zwei Wochen später mit einer spitzen Bemerkung deutlich zu verstehen gegeben. Noch bedenklicher war der Umstand, daß die sowjetische Führung nach dem Gipfel davon überzeugt zu sein schien, Nixons Probleme könnten die vorzeitige Beendigung seiner Amtszeit bedeuten. Dadurch wurden sie zwar noch nicht zu Abenteuern veranlaßt, bei denen sowjetische Positionen aufs Spiel gesetzt werden könnten. Doch zweifellos waren sie jetzt weniger bereit, etwas von ihrem Kapital einzusetzen, um mit ihnen befreundete Nationen von Abenteuern abzuhalten – und so hat die Sowjetunion mit Sicherheit zum Ausbruch des Krieges im Nahen Osten beigetragen.

In der Folge von Watergate haben sich alle diplomatischen Bemühungen sofort verlangsamt. Breschnew zog sich bei den Verhandlungen zwischen den Vereinigten Staaten und der Sowjetunion aus der Schußlinie heraus. Es hatte keinen Sinn, das Prestige des Generalsekretärs mit dem Sturz des amerikanischen Präsidenten in Verbindung zu bringen. Ebenso wie bei den Verhandlungen über das Europa-Jahr verkümmerte die Diplomatie zu einem bürokratischen Verfahren und verlor an Kühnheit. Das Gipfeltreffen in Moskau 1974 zwischen Breschnew und Nixon wurde zu einer blassen Imitation der ersten beiden; man spürte weder eine bestimmte Zielrichtung noch den für solche Unternehmen notwendigen Schwung.

Die Strategie der Nixon-Administration verlangte einen entschlossenen Präsidenten, der bereit war, die Stärke Amerikas einzusetzen, um dem sowjetischen Expansionismus Widerstand zu leisten, und der ernsthaft verhandeln wollte, wenn die Sowjets eine Koexistenz auf dieser Basis akzeptierten. Aber unsere innenpolitischen Schwierigkeiten verbauten beide Wege. Deshalb haben viele unserer Kritiker das Kernproblem nicht richtig erkannt. Die Liberalen warfen uns vor, zu machiavellistisch zu sein. Für die Konservativen waren wir zu nachgiebig. Niemand begriff, daß wir in Wirklichkeit keine andere Wahl hatten. Watergate erlaubte uns nicht den Luxus, eine Außenpolitik zu betreiben, die es auf Konfrontationen ankommen lassen konnte, und nahm jeder versöhnlichen Politik ihre Bedeutung. Mäßigung ist schließlich nur bei denen eine Tugend, von denen man annehmen darf, daß sie eine Alternative haben. Im Nuklearzeitalter gibt es, wie ich glaube, keinen Ersatz für eine Politik auf lange Sicht, die um ihrer selbst willen Konfrontation vermeidet oder die sowjetischen Expansionsbestrebungen hinnimmt. Wir müssen uns auch gegen die ersten Anzeichen eines Machtmißbrauchs durch die Sowjetunion widersetzen, und zwar selbst dann, wenn sich die Verhältnisse noch nicht deutlich überblicken lassen. Wir müssen jedoch auch bereit sein für eine echte Koexistenz, wenn sich die Gelegenheit dazu ergibt. Das ist eine ungeheure, komplexe Herausforderung, und sie verlangt klare Urteilsfähigkeit, Entschlußkraft und Selbstvertrauen. Anfang der siebziger Jahre war alles durch innenpolitische Krisen überschattet. Aber die Herausforderung bleibt, und von der Art und Weise, wie sich Amerika dieser Herausforderung stellt, wird es abhängen, ob eine freie Gesellschaft ihre Sicherheit bewahren und ihre Wertvorstellungen durchsetzen kann.

VIII. Indochina: der Anfang vom Ende

Versprechen, die nicht eingehalten wurden

Als die Vereinbarungen zur Beendigung des Krieges und Wiederherstellung des Friedens in Vietnam am 27. Januar 1973 in Paris unterzeichnet wurden, erfüllte sich damit eine der Nixon-Administration und ihren Kritikern gemeinsame nationale Sehnsucht. Für die meisten Amerikaner bedeutete es das Ende des Krieges. Aber die Millionen in Indochina, die gelitten und gekämpft hatten, wußten, daß ihre Freiheit aufs äußerste gefährdet war.

Allzubald zeigten die führenden Politiker in Nordvietnam, daß der Waffenstillstand für sie nur ein taktisches Manöver war, eine Station auf dem Wege zur Erreichung des großen Ziels der Machtübernahme in ganz Indochina mit Gewalt. Noch bevor die Tinte auf den Pariser Vereinbarungen trocken war, fingen sie an, gegen die von ihnen in feierlicher Form übernommenen Verpflichtungen zu verstoßen; in Wahrheit hatte der Krieg für sie niemals aufgehört. Während meines Besuchs in Hanoi im Februar 1973 konnte man, wenn man den guten Willen und die Glaubwürdigkeit aufs äußerste strapazierte, die schon damals flagranten Verletzungen der Vereinbarungen als letzte Zuckungen eines Ringens deuten, das zehn Jahre gedauert hatte (siehe 2. Kapitel). Im März galten solche Entschuldigungen nicht mehr. Man erkannte allzu deutlich, daß der Waffenstillstand nur eine schlechte Tarnung dafür war, Männer und Waffen für eine neue Offensive bereitzustellen. Das waren keine rein technischen Vertragsverletzungen mehr, sondern deutliche Vorbereitungen für eine neue Phase des Krieges auf eine in den Vereinbarungen ausdrücklich verbotene Weise.

Das Ausmaß dieser Vorbereitungen war beunruhigend. Im Verlauf von drei Monaten wurden, wie wir der Sowjetunion Anfang Mai in einer Beschwerde mitteilten, dreißigtausend Soldaten über Laos in Südvietnam eingeschleust. Kriegsmaterial durfte legal nur als Ersatz für unbrauchbar gewordene Ausrüstungsgegenstände im Verhältnis 1:1 in den Süden des Landes gebracht werden, und zwar nur über internationale Kontrollpunkte. Die Vereinigten Staaten haben ihrerseits alle Vertragsbedingungen erfüllt. Die Nordvietnamesen schickten mehr als dreißigtausend Tonnen Rüstungsgüter in Tausenden von Lastwagen nach Süden, und zwar *nichts* davon über die internationalen Kontrollpunkte, deren Einrichtung von den Nordvietnamesen sabotiert und unmöglich gemacht worden war. Sie verstärkten ihr Arsenal mit vierhundert Panzern und dreihundert schweren Geschützen und richteten ein Netz von Flugabwehrstellungen ein. Die Nordvietnamesen blockierten systematisch die Arbeit der internationalen Kommission für Kontrolle und Überwachung (ICCS), die für die Einhaltung der Waffenstillstandsbedingungen sorgen sollte. Da zwei ihrer vier Mitglieder Kommunisten waren (eines aus Polen, das andere aus Ungarn), befand sich die Kommission in einer schwierigen Lage, denn ihre kommunistischen Mitglieder weigerten sich, die Waffenstillstandsverletzungen durch ihre Genossen zu bestätigen und machten es damit den kanadischen und indonesischen Mitgliedern der Kommission unmöglich, ihre Beobachtungen offiziell zu melden.

Der Artikel 20 der Pariser Vereinbarungen hatte den Abzug aller ausländischen Truppen aus Laos und Kambodscha verlangt. In einem besonderen Schriftsatz wurden die nordvietnamesischen Streitkräfte als »ausländisch« im Sinne der Vereinbarung bezeichnet. Der Artikel 20 untersagte außerdem die Einrichtung von Basen in anderen indochinesischen Ländern und die Verwendung ihres Territoriums für Infiltrationen. Diese beiden Bestimmungen wurden von den Nordvietnamesen nicht beachtet. Sie weigerten sich auch, ihre Truppen aus Kambodscha abzuziehen, obwohl dies, wie wir heute wissen, sogar die kambodschanischen Kommunisten verlangten.[1] Die in Laos stationierten Truppen Hanois wurden sogar verstärkt. Mehr als achtzehntausend Lastwagen gingen nach Laos. Die nordvietnamesischen Streitkräfte beteiligten sich an Gefechten in Kambodscha und benutzten beide Länder zu logistischen Zwecken.[2]

Auch die Südvietnamesen waren keine Unschuldslämmer. Während der ersten Monate nach Abschluß der Vereinbarungen haben sie sich nicht nur auf geringfügige Geplänkel eingelassen, um das von ihnen besetzte Gebiet zu halten. Gelegentlich haben sie die Offiziere des Vietkong belästigt, die einem gemeinsamen militärischen Ausschuß angehörten. Südvietnam verschleppte außerdem die Bildung des Nationalen Rates für die nationale Versöhnung und Zusammenarbeit, weil Hanoi seinerseits allgemeinen Wahlen im ganzen Land nicht zustimmen wollte. Aber das alles ließ sich nicht mit den sofortigen, unprovozierten und schließlich erfolgreichen Bemühungen Hanois vergleichen, das Gleichgewicht der Kräfte in Indochina im ganzen zu seinen Gunsten zu verschieben.

Im März 1973, weniger als zwei Monate nach Unterzeichnung einer Vereinbarung zur Beendigung des Krieges, sahen wir uns daher einer scharfen Herausforderung gegenüber, die jeder einzelnen Bestimmung des Abkommens Hohn sprach. Damit erhoben sich zwei Fragen: Sollten wir etwas unternehmen, um die Einhaltung der Vereinbarungen zu erzwingen? Und: Hatten wir das Recht, etwas zu tun?

Wir waren bei Abschluß der Vereinbarungen nicht naiv gewesen. Wie ich schon im zweiten Kapitel gesagt habe, glaubte ich nicht, daß sich Hanoi mit der militärischen Kräfteverteilung zufriedengeben werde, wie sie sich aus den Pariser Vereinbarungen ergab, sondern wenigstens noch einmal versuchen würde, daran zu rütteln. Nach unserer Schätzung konnte Saigon mit den meisten nordvietnamesischen Übergriffen selbst fertig werden, besonders wenn die militärische und wirtschaftliche Unterstützung durch die Vereinigten Staaten (welche die Vereinbarungen zuließen) ausreichten. Wir rechneten aber auch mit groben Verletzungen der Vereinbarungen, die das festgeschriebene militärische Gleichgewicht entscheidend verändern konnten und von denen die Nordvietnamesen nur durch die Androhung amerikanischer Gegenmaßnahmen abgehalten werden konnten. Wir sahen daher in den amerikanischen Luftstreitkräften immer ein wesentliches Abschreckungsmittel zur Verhinderung der Wiederaufnahme eines mit allen verfügbaren Kräften geführten Krieges. Nixon machte dem südvietnamesischen Präsidenten Nguyen Van Thieu entsprechende Zusicherungen, um ihn zur Annahme der Pariser Vereinbarungen zu bewegen. Es war selbstverständlich, daß Saigon nicht überleben konnte, wenn Hanoi freie Hand hatte, seine Truppen in alle Länder Indochinas einzuschleusen und gegen Südvietnam vorzustoßen, wo es den Nordvietnamesen an einer fast tausendzweihundert Kilometer langen Grenze am günstigsten erschien.

Die Tatsache, daß sich die Einhaltung der Bestimmungen für diese Friedensregelung nicht ohne Druck von außen erzwingen ließ, ist von manchen übersehen worden, die uns das Recht bestritten haben, die Vereinbarungen mit militärischen Maßnahmen zu verteidigen oder uns zu solchen Maßnahmen zu verpflichten. Die gesetzlich begründete Befugnis des Präsidenten, die Luftoperationen nach Abschluß der Pariser Vereinbarungen fortzusetzen, wurde in einer Denkschrift begründet, die Außenminister William P. Rogers im April 1973 dem Auswärtigen Senatsausschuß vorlegte. In einer von diesem Ausschuß in Auftrag gegebenen Studie der Kongreßbibliothek von Anfang April 1973 hieß es, es gäbe »keinen Hinderungsgrund für die Wiederaufnahme von Feindseligkeiten in Vietnam oder Laos, und der Präsident hat auch jetzt noch alle rechtlichen Vollmachten, über die er verfügt hat, um vor Abschluß der Pariser Vereinbarungen den Krieg fortzuführen«.[3] Trotzdem sind seither die verschiedensten Argumente vorgetragen worden, nach denen die Zusage Nixons an Thieu, daß wir bereit wären, wenn notwendig die Pariser Vereinbarungen mit militärischen Maßnahmen zu verteidigen, unzulässig, ungesetzlich oder nicht erforderlich gewesen wäre.

In einem Fall wurde die Behauptung, daß Nixons Zusage unzulässig gewesen sei, damit begründet, daß der Brief, der sie enthielt, niemals veröffentlicht und dem Kongreß nicht zur Genehmigung vorgelegt worden wäre.[4] Dieses Argument ist in mancher Hinsicht unhaltbar. So haben zum Beispiel die meisten Nachkriegspräsidenten unveröffentlichte Briefe geschrieben, in denen sie Absichten erklärten, die nach ihrer Auffassung im nationalen Interesse lagen. Präsident Kennedy ist zum Beispiel gegenüber Pakistan und Saudi-Arabien solche Verpflichtungen eingegangen.[5] Zusicherungen eines Präsidenten dieser Art sind offenbar rechtlich nicht bindend; sie bezeichnen eine Absicht, die der Adressat jedoch ernst nehmen darf. Im übrigen hat Nixon niemals behauptet, daß seine Briefe an Thieu eine rechtliche Verpflichtung enthielten oder eine offizielle Grundlage für die Androhung von Gegenmaßnahmen bildeten oder als Argumente gegen spätere gesetzgeberische Maßnahmen gedacht seien, welche das Einhalten seiner Zusagen unmöglich machten. Es gibt eine große Zahl verfassungsmäßiger Präzedenzfälle, welche die Legalität dessen beweisen, was Nixon (und Kennedy) im nationalen Interesse getan haben.

Nachdem zehn Jahre darüber vergangen sind, könnte man aus heutiger Perspektive sagen, daß Nixon besser beraten gewesen wäre, wenn er sich um die formale Zustimmung des Kongresses zu den Pariser Vereinbarungen bemüht hätte, um auf diese Weise ihre Befolgung erzwingen zu können. Heute glaube ich sogar, daß er – obwohl ich diesen Vorschlag damals nicht gemacht habe – vom Kongreß die Zustimmung zur Fortführung eines Krieges hätte verlangen sollen, den er übernehmen mußte, als er das Präsidentenamt übernahm. Dann hätte der Kongreß entscheiden müssen, ob wir die damals geltende Strategie weiter verfolgen oder unser Eingreifen beenden sollten. Während seiner ersten Amtszeit hat Nixon mit den Bemühungen, einen Krieg zu beenden, den er nicht angefangen hatte, angesichts der harten Kritik vieler Persönlichkeiten, die an den Entscheidungen für unser Eingreifen teilgenommen hatten, und gegen den Druck aus dem Kongreß, der unserer Strategie die Durchschlagskraft und unserer Diplomatie die Flexibilität nahm, eine zu große Belastung auf sich genommen.

1969 hat sich Nixon geweigert, einen solchen Kurs einzuschlagen, und hat ihn auch 1973 nicht in Erwägung gezogen, weil er glaubte, daß er sich nicht mit den Verantwortlichkeiten eines Präsidenten vertrüge. 1969 hielt er es für eine Schwäche, den Kongreß um die Bestätigung seiner Befugnis zu bitten, einen Krieg zu führen, der ja schon im Gange war. 1973 war er überzeugt, daß er, wenn er einen ihm feindlichen Kongreß bäte, ihm die Vollmacht zu geben, die Einhaltung der Vereinbarungen zu erzwingen, damit einräumte, daß er nicht die Autorität hätte, sich durchzusetzen. Während der Kongreß über diese Frage beriete, könnte er dadurch eine Großoffensive der Nordvietnamesen herausfordern. Er tat deshalb, was nach seiner Auffassung im nationalen Interesse getan werden mußte, und forderte damit praktisch den Kongreß heraus, es zu untersagen.

Die Behauptung, es habe sich um eine »ungesetzliche geheime Vereinbarung« gehandelt, läßt sich dadurch widerlegen, daß Nixons Zusagen an Thieu nicht geheim gewesen sind. Er hat seine politischen Entscheidungen in aller Öffentlichkeit getroffen und offen gesagt, welches seine Absichten waren. Gerade daß Nixon seine Zusage *öffentlich* gemacht hat, trug wesentlich dazu bei, daß Thieu überredet werden konnte, die Vereinbarungen zu unterzeichnen.* Nixon, sein Verteidigungsminister und andere hohe Beamte haben wiederholt erklärt, daß die amerikanische Regierung die Einhaltung der Vereinbarungen erzwingen wollte. Manchmal wurde die Erklärung geäußert, indem wir uns weigerten, die Anwendung von Gewalt auszuschließen, wie ich das auf meiner Pressekonferenz am 24. Januar 1973 getan habe, als ich die Vertragsbedingungen erläuterte, und wie es Verteidigungsminister Elliot Richardson noch deutlicher in einem Fernsehinterview am 1. April 1973 und im Gespräch mit Journalisten am 3. April 1973 getan hat. Manchmal wurde auch darauf hingewiesen, daß es keine offiziellen Beschränkungen für die Verwendung unserer Luftstreitkräfte gäbe. Das hat der zweite stellvertretende Außenminister William Sullivan am 28. Januar 1973 in einer Fernseherklärung gesagt, und ich habe es am 1. Februar 1973 in einem Fernsehinterview bestätigt. Es hat auch ominöse Erklärungen gegeben, daß wir schon früher Gewalt angewendet hätten und es wieder tun könnten. So hat Nixon auf einer Pressekonferenz am 5. März 1973 gesagt: »Ich möchte nur an das erinnern, was ich

* So schrieb Nixon am 14. Januar 1973 an Thieu: »Deshalb möchte ich Ihnen gegenüber die Zusage wiederholen, die ich Ihnen schon übermittelt habe. Zur Zeit der Unterzeichnung der Vereinbarungen werde ich mit aller Deutlichkeit erklären, daß die Vereinigten Staaten Ihre Regierung als die einzige legale Regierung von Südvietnam anerkennen; daß wir das Recht irgendwelcher ausländischen Truppen, sich auf südvietnamesischem Territorium aufzuhalten, nicht anerkennen und daß wir, falls die Vereinbarungen verletzt werden, entschieden darauf reagieren werden.«

in den vergangenen vier Jahren getan habe, und sagen, daß die Nordvietnamesen es nicht auf die leichte Schulter nehmen sollten, wenn wir unsere Besorgnis äußern, soweit diese eine Verletzung (der Vereinbarungen) betrifft.« (Diese und andere Warnungen werden weiter unten in diesem Kapitel und noch ausführlicher in den Anmerkungen zitiert.)[6] So unbestimmt diese oder jene Erklärung auch gewesen sein mag, der Gesamteindruck, den sie hinterlassen haben, wird in dem jährlichen außenpolitischen Bericht des Präsidenten vom 3. Mai 1973 ganz richtig dargestellt: »Ein solcher Kurs (massive Verstöße gegen die Bestimmungen der Vereinbarungen) würde die unter schweren Opfern gemachten Fortschritte für den Frieden in Indochina gefährden. Dadurch würde man eine erneute Konfrontation mit uns riskieren. Wir haben Hanoi gesagt, und zwar vertraulich und öffentlich, daß wir Verletzungen der Vereinbarungen nicht tolerieren werden.«

Die Reaktion der Medien – besonders auf Nixons kaum verhüllte Drohung auf seiner Pressekonferenz vom 15. März – ist der denkbar klarste Beweis dafür, daß der Präsident seine Absichten nicht geheim gehalten hat. So hieß es zum Beispiel in einem Leitartikel der *Washington Post* am 18. März 1973:

> Wir zweifeln durchaus nicht daran, daß der Präsident, wenn er wollte, die Bombenangriffe wieder aufnehmen könnte – noch jetzt lassen die B-52 täglich Tod und Verderben auf Kambodscha hinabregnen, und es scheint niemanden zu stören. Darüber hinaus zweifeln wir auch durchaus nicht daran, daß Präsident Nixon »hart« genug ist, die Bombenangriffe zu befehlen. Wir kennen auch niemanden, der das bezweifelt. Angesichts seines überwältigenden Wahlsieges über Mr. McGovern, angesichts seiner Entschlossenheit, unabhängig vom Kongreß zu reagieren und nicht mit ihm zusammenzuarbeiten und angesichts der neuen Beziehungen, die er zu Moskau und Peking geknüpft hat, würden wir nicht einmal behaupten, daß die Wiederaufnahme der Bombenangriffe seine politischen oder diplomatischen Pläne für seine zweite Amtszeit wesentlich beeinflussen könnten. Er befindet sich in der beneidenswerten Lage, seine Vietnam-Politik nach eigenem Gutdünken führen zu können.

Am 17. März 1973 interpretierte die *New York Times* die Lage ähnlich:

> Der Präsident hat kaum einen Zweifel daran gelassen, daß er die Wiederaufnahme der Bombenangriffe und das Verminen der Häfen als eine sinnvolle Option in seinem Verhalten gegenüber Vietnam ansieht. Die Führer in Hanoi haben kürzlich versucht, zu testen, ob Mr. Nixon entschlossen ist, auf der Einhaltung der Waffenstillstandsbedingungen zu bestehen, und haben die Entlassung amerikanischer Kriegsgefangener verzögert; als sie die Entschlossenheit der ameri-

kanischen Regierung feststellten, sind sie zu dem vereinbarten Zeitplan zurückgekehrt. Jetzt wartet man auf eine ähnliche Reaktion.

Man hatte durchaus begriffen, daß der Präsident entschlossen war, Gewalt anzuwenden, und Anfang 1973 wurde ihm das Recht, so zu handeln, in keiner Weise bestritten. Im Grunde handelte es sich hier nicht um eine juristische Frage, sondern darum, was man im nationalen Interesse für richtig hielt. Unsere Entschlossenheit, die Einhaltung der Vereinbarungen zu erzwingen, stieß nun auf alle Leidenschaften, die der Vietnam-Krieg entfesselt hatte. Diejenigen, denen schon immer daran gelegen war, unsere Unschuld zu beteuern, wollten jetzt nach Beendigung des Krieges ihre Haltung rechtfertigen. Indochina aufgrund einer Vereinbarung im Stich zu lassen, schien ihnen ebenso wenig verwerflich zu sein wie das bis dahin geäußerte Verlangen nach einem einseitigen Truppenabzug. Sie erblickten in den Pariser Vereinbarungen keinen ehrenhaften Kompromiß, sondern einfach die Erfüllung ihrer alten Forderung nach einem bedingungslosen Abzug. Sie wollten ihre Version einer Vereinbarung erzwingen, die in Wirklichkeit viel mehr beinhaltete. Wie nicht anders zu erwarten, konnten wir diese Vorstellungen nicht akzeptieren. Wir hatten die bedingungslose Kapitulation schon während des Krieges abgelehnt. Alle Gründe, die uns gezwungen hatten, den Krieg zu einem ehrenhaften Abschluß zu bringen, sprachen jetzt auch dafür, die Einhaltung der Waffenstillstandsbedingungen durchzusetzen. Wir hatten nicht die Absicht, durch Untätigkeit auf das zu verzichten, wofür fünfzigtausend Amerikaner gestorben waren, oder die Millionen im Stich zu lassen, die zehn Jahre an unserer Seite gekämpft hatten, weil sie sich auf unsere Zusagen verließen. Wir waren überzeugt, daß die Auswirkungen auf die internationale Stabilität und die Bereitschaft Amerikas, freie Völker zu verteidigen, katastrophal sein würden, wenn wir eine feierlich beschlossene Vereinbarung als bedingungslose Kapitulation behandelten und uns unseren Verpflichtungen entzogen. Die Ereignisse sollten uns rechtgeben.

Wie nun sollten wir die Einhaltung der vereinbarten Bedingungen garantieren? Die Standardantwort unserer Kritiker, »durch Diplomatie«, war in Wirklichkeit keine Antwort. Durch jahrelange, mühsame diplomatische Anstrengungen waren schließlich die Vereinbarungen zustande gebracht worden, die jetzt verletzt wurden. Aber diese diplomatischen Bemühungen hatten nicht in einem Vakuum stattgefunden. Wir hatten Hanoi militärisch unter Druck gesetzt. Diplomatische Schritte können nur Erfolg haben, wenn andere Länder sich überlegen müssen, was ihnen schaden und was ihnen nützen könnte. Die Beredsamkeit einzelner Diplomaten kann allein nichts ausrichten. Alles andere sind Phrasen und weichen dem Problem aus.

Niemand, der die Bedrängnisse in Nixons Amtszeit persönlich miterlebt hatte, konnte ohne Besorgnis an die empörte Reaktion der amerikanischen Bevölkerung denken, zu der es kommen mußte, wenn wir auch nur für wenige Tage zur Anwendung von Gewalt zurückkehrten. Radikale Kritiker warfen uns natürlich mit besonderem Vergnügen eine blutrünstige Neigung zur Gewalt vor und entwickelten die unglaublichsten psychologischen Theorien. Aber sie reagierten nur ihre eigenen Leidenschaften ab, ohne eine begründete Analyse vorzulegen. Zu diesen traditionellen Kriegsgegnern gesellte sich jetzt noch eine andere Gruppe – bekannte Persönlichkeiten, welche die Regierung während des Krieges unterstützt hatten, jetzt aber glaubten, daß Amerika genug getan hätte. Sie meinten, daß wir mit einer ehrenhaften Beendigung des Konflikts unsere Pflicht erfüllt hätten, und daß es nichts mit dem nationalen Interesse zu tun habe, wenn wir jetzt auch auf einem ehrenhaften Endergebnis bestanden. Die ambivalente Haltung dieser Gruppe, die einerseits die Androhung von Gewalt ablehnte, auf der anderen Seite aber hoffte, dadurch eine Lage vermeiden zu können, in der Gewalt angewendet werden müßte, drückte sich in einem Artikel des Nachrichtenmagazins *News Week* vom 26. März 1973 aus, der aus der Feder meines verstorbenen lieben Freundes, des aufrichtigen und klugen Stewart Alsop stammte:

> Viele Menschen (darunter auch ich) haben sich mit gewissem Bedauern hinter die Vietnam-Politik des Präsidenten gestellt, weil die von McGovern angebotene Alternative beschämend war. Wenn der Präsident seine Bombenflugzeuge wieder nach Hanoi schickt, dann werden sich diese Leute harte Fragen stellen.
>
> Das Weiße Haus glaubt, daß die Nordvietnamesen noch viele Monate lang keine erfolgreiche Offensive mit der Masse ihrer Streitkräfte gegen Südvietnam führen könnten – wenigstens nicht vor dem nächsten Herbst. Können denn die Südvietnamesen in dieser langen Zeit nicht lernen, sich selbst zu verteidigen? Wenn nicht, warum? Und wenn nicht, wann werden sie es tun können? Müssen wir die Bombenflugzeuge wirklich wieder nach Norden schicken, um die Zuverlässigkeit der Zusagen des Präsidenten unter Beweis zu stellen? Wird es etwas nützen? Wird der Senat Hanoi nicht retten, wie er es schon im Dezember tun wollte, bevor der Pariser Pakt unterzeichnet wurde?
>
> Man kann nur hoffen, daß diese Fragen niemals gestellt werden müssen. Der triftigste Grund für diese Hoffnung besteht paradoxerweise darin, daß der Präsident, der sich durch seine eigenen Worte in eine Zwangslage gebracht hat, kaum eine andere Wahl hat, als seine Drohung wahrzumachen, wenn die Vereinbarungen auch weiterhin ver-

letzt werden. Moskau und Peking kennen zweifellos diese Situation, und sie werden sie Hanoi auch mit Sicherheit mitteilen.

Alsop meinte – und das war auch der allgemeine Eindruck –, daß die Südvietnamesen, wenn sie sich, nachdem sie zehn Jahre von uns unterstützt worden waren, jetzt noch nicht selbst helfen konnten, dazu auch niemals in der Lage sein würden – was bedeutete, daß man Millionen nichtkommunistischer Vietnamesen einem totalitären System überantworten sollte, das sie haßten und fürchteten. Dieses Argument galt offensichtlich für Europa nicht, wo noch dreißig Jahre nach Gründung der NATO dreihunderttausend amerikanische Soldaten stationiert waren, und es gab auch in Korea fünfundzwanzig Jahre nach dem Waffenstillstand immer noch fünfzigtausend amerikanische Soldaten. Diese Länder waren jedoch viel eher in der Lage, sich selbst zu verteidigen, als Südvietnam. Der Grund dafür, daß wir uns dort auch jetzt noch engagieren, ist für Europa und Korea der gleiche: Wir bezweifeln die Fähigkeit unserer Verbündeten, sich ganz ohne fremde Hilfe zu verteidigen, und wir fürchten, daß der Abzug unserer Truppen einen Aggressor reizen könnte.

Nixon hoffte ebenso wie ich, daß Alsops Vorstellungen richtig wären und Nixons Ruf als rücksichtsloser Mann Nordvietnam von schweren Verstößen gegen die Vereinbarungen abhalten werde. Sicherlich waren unsere Zusagen etwas zu großsprecherisch gewesen. Aber was sollten wir tun, wenn es uns nicht gelang, die Nordvietnamesen einzuschüchtern? Sollten wir zulassen, daß Südvietnam, Laos und Kambodscha nur wenige Monate nach Unterzeichnung einer Vereinbarung, die ihnen das Überleben garantierte, in den Machtbereich des Imperialismus von Hanoi gerissen wurden? Was würden dann andere über die Zuverlässigkeit Amerikas denken? Wenn wir bereit waren, Indochina im Stich zu lassen, warum nicht auch Südkorea oder irgendein anderes mit uns befreundetes Land? Diese Überlegungen veranlaßten Nixon und mich, wenn auch widerwillig, zu dem Schluß, daß wir keine andere Wahl hätten, als den zynischen Vertragsverletzungen Hanois entgegenzutreten. In Beantwortung einer Frage auf einer Pressekonferenz am 23. April 1973 sagte ich dazu:

Besorgte Menschen sollten sich fragen: Was sollten die Vereinigten Staaten tun? Wie stehen wir da, wenn wir weder drohen noch Vorteile bieten können, wenn man uns für den Versuch kritisiert, die Einhaltung der Vereinbarung mit Gewalt zu erzwingen, und drängt, nicht die wirtschaftlichen Anreize zu bieten, welche die andere Seite veranlassen könnten, sich an die Vereinbarungen zu halten? Und wir sollten uns fragen: Wohin wird es führen, wenn eine ursprünglich feierliche Vereinbarung, zu der es nach schmerzlichen Verhandlungen gekom-

> men ist und in deren Rahmen wir bedeutende Zugeständnisse gemacht haben, einfach mißachtet wird?
> Heute stehen wir als Nation vor der grundsätzlichen Frage, ob wir eine Vereinbarung unterzeichnen sollen und ob wir, wenn sie völlig mißachtet wird, so tun dürfen, als habe die Unterzeichnung, die auf einer internationalen Konferenz anerkannt worden ist, nicht den geringsten Wert.

Natürlich hat das amerikanische Volk das Recht auf eine davon abweichende Einschätzung unseres nationalen Interesses. Aber die Menschen entscheiden sich niemals für den Verzicht. Der überwältigende Wahlsieg über McGovern und die Ergebnisse von Umfragen rechtfertigen unsere politische Linie. Nach der Tet-Offensive von 1968 gab es in der amerikanischen Öffentlichkeit klare Mehrheiten zu drei verschiedenen Fragen: Eine Mehrheit glaubte, daß es ein Fehler gewesen wäre, sich überhaupt in Vietnam einzumischen. Zweitens war die Mehrheit unserer Bevölkerung der Auffassung, daß wir unser Engagement beenden sollten, aber eine noch größere Mehrheit lehnte die Politik der Friedensbewegung ab, die den sofortigen und bedingungslosen Truppenabzug verlangte.[7] Uns, den Erben dieses Krieges und der ambivalenten Haltung der Nation blieb die Aufgabe, die Quadratur des Kreises zu vollziehen. Sicher waren viele Menschen einfach kriegsmüde und fürchteten, der Krieg werde ewig weitergehen, aber verlieren wollten sie ihn auch nicht. Die innere Erschöpfung darf die politische Linie nicht diktieren.

Hier liegt in der Tat das zentrale Dilemma des Staatsmannes. Nixon war nicht der erste amerikanische Präsident und wird auch nicht der letzte gewesen sein, der mit der Kernfrage des Führers in einer Demokratie konfrontiert wurde: Wie weit muß ein nationaler Führer seinem Gewissen und seinem eigenen Urteil folgen, und an welchem Punkt sollte er der Stimmung der Öffentlichkeit nachgeben, auch wenn er glaubt, daß diese Nachgiebigkeit für die Nation oder den Frieden der Welt katastrophale Folgen haben könnte? Diese Frage erlaubt keine abstrakten Antworten. In extremen Fällen ist die Antwort leicht. Die Schwierigkeiten ergeben sich in der Grauzone, wo der nationale Konsens selbst vage oder widersprüchlich ist oder wo die Überzeugungen der Öffentlichkeit schlecht begründet sind und wahrscheinlich zu einer Katastrophe führen werden, wenngleich der Staatsmann das nicht beweisen kann. Die Folgen eines Sieges des totalitären Systems in Indochina für die davon betroffenen Völker und für die globale Stabilität ließen sich 1973 ebensowenig voraussagen wie die Gefahren, die eine solche Entwicklung mit sich bringen könnte. Während ich diese Zeilen schreibe (1981) wird jedoch kaum noch jemand daran zweifeln.

Ein Präsident, der seine Verantwortlichkeit als führender Staatsmann in der Befolgung dessen sieht, was sich aus Meinungsumfragen ergibt, verdammt sich zur Bedeutungslosigkeit; ein Präsident, der andere gewählte Volksvertreter mißachtet und nur seinem eigenen Urteil folgt, untergräbt das Wesen der Demokratie. Schwache Präsidenten versuchen, sich hinter einer öffentlichen Meinung zu verstecken, die ihnen schließlich Katastrophen nicht verzeihen wird, auch wenn sie dadurch entstanden sind, daß die Staatsführung dieser öffentlichen Meinung gefolgt ist. 1938 nach München war Neville Chamberlain der beliebteste Mann in Großbritannien; seine Beschwichtigungspolitik entsprach genau der vorherrschenden Meinung in der Öffentlichkeit. Zwanzig Monate später war das Wort Beschwichtigung Ausdruck der Willensschwäche geworden. Starke Präsidenten folgen manchmal zu sehr nur ihrem eigenen Urteil, aber einige von ihnen werden später als große Präsidenten verehrt, weil sie so gehandelt haben. Nixons Schicksal ist es gewesen, daß er stürzen mußte, bevor er die Gelegenheit hatte zu beweisen, daß seine Methode, eine Lösung für Vietnam zu finden, die richtige war, ja, er hat nicht einmal die Möglichkeit gehabt, seinen Überzeugungen entsprechend zu handeln.

Thieu kommt nach San Clemente

Bevor wir unsere ganze Aufmerksamkeit den Vertragsverletzungen durch die Nordvietnamesen zuwenden konnten, mußten wir noch eine letzte Verpflichtung erfüllen, die sich aus den Pariser Verhandlungen ergab – unsere Zusage, daß unser Verbündeter, Präsident Nguyen Van Thieu von der Republik Südvietnam, den Präsidenten der Vereinigten Staaten besuchen dürfte. Mit diesem Versprechen hatten wir Thieu eine weitere Veranlassung geben wollen, dem Waffenstillstand zuzustimmen. Er hatte sich monatelang gegen Friedensvereinbarungen gewehrt, durch die sein Land praktisch geteilt wurde. Die Bedingungen der Pariser Vereinbarungen waren günstiger als unsere Kritiker und unsere Anhänger für möglich gehalten hatten. Diesen Verhandlungsvorschlägen hatte Thieu selbst drei Jahre lang zugestimmt – solange wir nicht annehmen durften, daß die Nordvietnamesen damit einverstanden sein würden. Als sie sich bereit erklärten, darauf einzugehen, wollte Thieu uns die Verantwortung für den Kompromiß zuschieben. Was er wirklich wollte, war die Fortsetzung des Krieges, bis der letzte Eindringling sein Land verlassen hatte. Es war nicht seine Schuld, daß die öffentliche Meinung in den Vereinigten Staaten diesen Weg nicht zuließ.

Thieu bekämpfte uns mit vietnamesischer Hartnäckigkeit und Zielstrebigkeit, schreckte dabei aber auch nicht vor Täuschungsmanövern zurück. Wir beide strebten nach der gleichen Lösung, einem unabhängigen Südvietnam innerhalb gesicherter Grenzen. Wir, die wir die Pariser Vereinbarungen ausgehandelt hatten, waren weder zynisch noch naiv. Wir rechneten damit, auch weiterhin von Nordvietnam unter Druck gesetzt zu werden, aber wir hatten ein Gleichgewicht der Kräfte hergestellt, und der Kongreß hätte mit Sicherheit den Austritt der Vereinigten Staaten aus dem Krieg erzwungen, wenn wir versucht hätten, darüber hinauszugehen. Unsere Regierung hoffte, daß das militärische Unentschieden wenigstens eine Stabilität der Lage garantieren und vielleicht eines Tages zum politischen Dialog zwischen beiden vietnamesischen Seiten führen werde.

Thieu hatte das Auge am anderen Ende des Teleskops. Was er in unmittelbarer Nähe erblickte, war nicht der Friede, der schließlich erreicht werden sollte, sondern der Feind, der unmittelbar vor ihm stand. Nach dem Waffenstillstand zogen wir unsere Truppen ab und verlegten sie um den halben Erdball; sein Volk blieb im Land und sah sich einer Armee gegenüber, die entschlossen war, jedes Fünkchen Unabhängigkeit in Indochina zum Verlöschen zu bringen. Wir waren entschlossen, den Ehrgeiz Hanois zu zügeln, aber Thieu dachte an die Ungewißheiten einer Entwicklung auf lange Sicht und hatte im wesentlichen recht, denn es stellte sich heraus, daß die Nixon-Regierung aus innenpolitischen Gründen ihre Entschlossenheit aufgeben mußte. Doch selbst wenn das nicht geschehen wäre, dann hätte eine spätere Regierung wahrscheinlich andere Vorstellungen von den Verantwortlichkeiten der Vereinigten Staaten entwickelt. Thieu haßte mich als den Architekten der Friedensvereinbarungen. Ich hatte ein tiefes Verständnis für die Sorgen und Ängste Thieus, aber wir hatten keine andere Wahl. Amerika konnte die Friedensbedingungen, die wir mit Thieus Einverständnis drei Jahre lang vorgelegt hatten, nicht in dem Augenblick ablehnen, in dem sie von Hanoi akzeptiert wurden. Bis heute respektiere ich Thieu als tapferen Mann, der für die Freiheit seines Volkes gekämpft hat und schließlich durch Umstände gestürzt wurde, an denen weder er selbst noch sein Land oder wir etwas ändern konnten.

Thieu besuchte die Vereinigten Staaten in der Zeit vom 2. bis zum 5. April 1973. An diesem Besuch ist nichts gewesen, auf das wir hätten besonders stolz sein dürfen. Obwohl seine Landsleute Schulter an Schulter neben unseren Soldaten kämpften, war es während des Krieges nicht möglich gewesen, ihn in Amerika zu empfangen, weil wir fürchten mußten, daß es in seiner Abwesenheit zu inneren Unruhen kommen könnte. Er hatte in Guam, auf Hawaii und auf den Midways amerikanische Präsidenten getroffen, aber es war ihm niemals erlaubt worden, seinen Fuß auf amerikanischen Boden zu setzen.

Mit der Einladung Thieus nach Amerika im Jahr 1973 wollten wir Versäumtes wiedergutmachen, sie sollte unsere neuen Beziehungen im Frieden symbolisieren und zeigen, wie sehr wir einem freien Südvietnam verbunden waren. Doch der Besuch wurde zum Gegenteil dessen, was wir beabsichtigt hatten. Mit der Beendigung des Krieges war das Risiko nicht gebannt, daß es zu öffentlichen Unruhen kommen könnte. Wir beschlossen deshalb, den Führer eines mit uns verbündeten Landes, für dessen Freiheit Zehntausende amerikanische und verbündete Soldaten und einige hunderttausend Vietnamesen gestorben waren, im westlichen Weißen Haus in San Clemente zu empfangen, so daß die Begrüßungs- und Verabschiedungszeremonien im streng bewachten Wohnbereich des Präsidenten abgehalten werden konnten. Wir verzichteten sogar auf ein Staatsdiner, ersetzten es durch ein Essen im engsten Familienkreis und entschuldigten diesen Umstand, weil Nixons Speisezimmer für nicht mehr als zwölf Gäste Platz bot; der wirkliche Grund war, daß wir glaubten, es würde uns nicht gelingen, eine repräsentative Gästeliste zusammenzustellen, und daß wir feindliche Demonstrationen fürchteten.

Um unsere Zusage einzuhalten, Thieu auch in Washington zu empfangen, mußte Vizepräsident Spiro Agnew in der amerikanischen Hauptstadt die Rolle des Gastgebers übernehmen. Welche Stimmung dort herrschte, zeigte sich während eines Telefongesprächs, das ich kurz vor der Landung des Flugzeugs von Thieu mit Agnew führte. Der Vizepräsident bedauerte, daß nur ein Kabinettsmitglied –Arbeitsminister Peter J. Brennan – bereit gewesen sei, mit ihm an der Begrüßungszeremonie für Thieu teilzunehmen. Die Zahl der Persönlichkeiten, die bereit gewesen waren, an dem vom Vizepräsidenten zu Thieus Ehren gegebenen Essen teilzunehmen, war beschämend klein. Die meisten ranghöheren Mitglieder der Administration hatten irgendeinen Vorwand gefunden, um an diesem Tage nicht in Washington sein zu müssen. Während meiner Amtszeit in Washington hatten wir mehrere kommunistische Führer mit allen Ehren empfangen. Hohe Staatsbeamte hatten sich darum gedrängt, an Staatsdiners zu Ehren neutralistischer Führer teilzunehmen, die die Vereinigten Staaten gewöhnlich beschimpfen. Aber der aufrechte Präsident eines befreundeten Landes war ein Geächteter. Diejenigen, die von uns verlangten, sein Volk den Feinden der Demokratie auszuliefern, nahmen für dieses Verhalten sein angebliches Versagen als Demokrat zum Vorwand, dessen sie ihn schon seit zehn Jahren beschuldigt hatten. Doch solange Thieu in Südvietnam regierte, gab es keine Menschen, die in Fischerbooten aus dem

Lande flüchteten. Mehr als eine Million Vietnamesen haben zu seiner Zeit mit den Füßen für ihn gestimmt und sind in das Gebiet geströmt, das er beherrschte, um nicht mehr unter der Herrschaft von Kommunisten leben zu müssen. Man hat behauptet, sie seien vor unseren Bombenangriffen geflohen; da diese Flucht jedoch fortdauerte, nachdem wir die Bombenangriffe eingestellt hatten, stellte sie höchstwahrscheinlich eine Reaktion auf die Brutalität der kommunistischen Herrschaft dar. Thieu hatte Maßnahmen ergriffen, um seine Regierung zu liberalisieren - wenn auch unvollständig -, und zwar zu einer Zeit, als seine besten Beamten dem kommunistischen Terror zum Opfer fielen. Das alles haben ihm seine Kritiker nicht gutschreiben wollen.

Natürlich war Südvietnam kaum eine Demokratie in unserem Sinne. Es gab Härten und Korruption, die mit Recht kritisiert wurden. Aber wenn die verärgerten Gegner Thieus in der pluralistischen und turbulenten innenpolitischen Szene in Saigon diese Fakten gegenüber unserer Presse zum Ausdruck brachten, dann wurde kein Vergleich mit Hanoi gezogen, wo keine Opposition geduldet wurde, wo die Presse unter der Aufsicht des Staates stand und alle Beziehungen zu ausländischen Medien verboten waren. Kurz gesagt: Was die emotionale Haltung der Amerikaner gegenüber Thieu veranlaßt hatte, war keine gerechte Beurteilung der demokratischen Verhältnisse in seinem Land. Er war das Opfer einer tiefgreifenden Verwirrung, die sich darin manifestierte, daß alle Demokratien bei der Beurteilung seiner Person einen doppelten Maßstab anlegten. Als wir bei unseren europäischen Freunden vorfühlten, ob ihnen Thieus Besuch entweder in Verbindung mit seiner Reise in die Vereinigten Staaten oder unabhängig davon gelegen sein würde, reagierten sie mit verlegenem Schweigen. Weder er noch sein Außenminister sind jemals in den Hauptstädten unserer Verbündeten mit Ausnahme von Paris empfangen worden, und Paris war die Stadt, in der die Vietnam-Verhandlungen geführt worden waren. Die Entrechtung der Regierung Thieu - die Vorstufe für die endgültige Abschreibung - war schon weit vorangeschritten. Aber Madame Nguyen Thi Binh, die sogenannte Außenministerin der nur als Phantom bestehenden kommunistischen provisorischen Revolutionsregierung, die nicht einmal eine eigene Hauptstadt hatte, feierte in Osteuropa Triumphe. Diese Autosuggestion, die ehrliche und anständige Menschen dazu verleitet, sich moralisch über alles zu entrüsten, was als konservativ gilt, ist ein seltsames Phänomen. Zwischen den Kriegen kam es in Europa mit dem Schlagwort »keine Feinde bei der Linken« zum Ausdruck. In den Jahren nach dem Kriege haben die Zeitungen im Westen nicht genug über die Verbrechen und Übergriffe der Regime in Spanien, Portugal, Südkorea, Griechenland, im Iran, in Südvietnam und in anderen Ländern berichten können, waren aber viel zurückhaltender, wenn es sich um die Grausamkeiten der »Volksdemokratien« in Osteuropa, in den linken Tyranneien der Dritten Welt und natürlich auch im kommunistischen Nordvietnam handelte; hier waren sie sogar geneigt, manches zu entschuldigen.

Dabei bedachte niemand, daß die »progressiven« Regime innenpolitisch für Ordnung sorgen – angeblich ein Zeichen für die Loyalität der Bevölkerung –, weil sie außerdem totalitär sind, und daß einige konservative Regime mit inneren Unruhen zu kämpfen haben, weil sie weder über die Theorie noch den Apparat verfügen, diese Unruhen wirksam zu unterdrücken.

Niemand dachte daran, daß konservative Regime ihre Nachbarn in Frieden lassen und sich gewöhnlich zu Demokratien entwickeln (Spanien, Griechenland und Portugal), während die sowjetische Militärmacht ihren Willen im Namen einer universalistischen Doktrin überall auf der Welt durchsetzt. In der Nachkriegszeit ist es auch vorgekommen, daß radikale Regime in der Dritten Welt ihre Regierungsform gemäßigt haben. Die gewaltigen Flüchtlingsströme unserer Zeit sind immer aus kommunistischen Ländern gekommen, aber niemals dorthin gegangen. Und doch haben sich Verachtung und Zorn in erster Linie gegen Freunde des Westens gerichtet wie 1973 gegen Thieu und zehn Jahre später gegen den Schah des Iran.

In einer idealen Welt würden unsere demokratischen Grundsätze und die Bedürfnisse unserer Sicherheit zusammenfallen, aber in der wirklichen Welt sind verfassungsmäßige Demokratien, wie wir sie für »normal« halten, eine Seltenheit im geschichtlichen Ablauf und auf diesem ganzen Planeten. Das ist kein Zufall. In einer konstitutionellen Monarchie ist die höchste Autorität ein abstrakter Begriff: der Gehorsam gegenüber dem Gesetz. Aber der Konstitutionalismus ist nur funktionsfähig, wenn man annimmt, daß das Recht Ausdruck der absoluten Wahrheit sei, oder wenn es aus einem allgemein akzeptierten politischen Prozeß gewachsen ist. In den meisten Teilen der Welt und in den meisten geschichtlichen Perioden haben jedoch solche Verhältnisse nicht bestanden. Das Recht wurde von der Staatsautorität verordnet und entstand nicht durch einen legislativen Prozeß; in der Politik ging es darum, wer das Recht hatte, Befehle zu geben. Die persönliche Autorität wurde durch das Prinzip der gegenseitigen Verpflichtung erträglich gemacht, wie in den feudalen Gesellschaften, oder wurde durch die Tradition in bestimmten Grenzen gehalten, wie es bei der Autorität der Könige der Fall gewesen ist, die im 17. und 18. Jahrhundert das Gottesgnadentum für sich in Anspruch nahmen. Kein Monarch im Europa des 18. Jahrhunderts konnte Einkommensteuern eintreiben oder seine

Untertanen zum Kriegsdienst verpflichten. Mit anderen Worten, die Autorität hatte ihre ganz bestimmten Grenzen.

Paradoxerweise hat sich der Umfang dessen, was die Staatsautorität von ihren Bürgern fordern dürfte, mit dem Entstehen der vom Volk gewählten Regierungen erweitert. Theoretisch konnte sich das Volk nicht selbst unterdrücken, und deshalb wurde der Wille des Volkes, der im Willen der Volksvertretungen oder der vom Volk gewählten Regierungen zum Ausdruck kam, zum absoluten Wert. Das Anwachsen der Staatsmacht ging Hand in Hand mit der Steigerung populistischer Ansprüche.

In diesem Zusammenhang ist der moderne Totalitarismus eine Karikatur und führt die Demokratie ad absurdum; der moderne autoritär regierte Staat ist ein Überbleibsel der alten Alleinherrschaft. Deshalb ist es möglich gewesen, daß sich autoritäre Regierungen zu Demokratien entwickelt haben, totalitäre Staaten hingegen nicht. Die persönliche Herrschaft des einzelnen hat ihre natürlichen Grenzen. Eine Regierung aber, die den Anspruch erhebt, den Willen des ganzen Volkes zu repräsentieren, erkennt solche Grenzen nicht an.

Doch aus diesen Gründen sind autoritäre Regierungen viel leichter von innen auszuhöhlen als totalitäre. Wenn die persönliche Bindung der gegenseitigen Verpflichtung zerreißt, werden Herrscher und Beherrschte demoralisiert; die Herrscher, weil sie ihre Legitimität verlieren, wenn sie sich nur noch auf die nackte Gewalt stützen, die Beherrschten, weil jede staatliche Anordnung als Unterdrückungsmaßnahme empfunden wird, sobald sie sich nicht mehr zum Gehorsam verpflichtet fühlen. Unser Dilemma liegt darin, daß die Autorität in fast allen Entwicklungsländern immer noch bei einzelnen Personen liegt. Der Übergang zum Konstitutionalismus ist ein so komplexer Prozeß, daß er, wenn er mit Gewalt herbeigeführt wird, eher zum Totalitarismus als zur Demokratie führt.

Eine Voraussetzung für das Funktionieren der Demokratie ist, daß der Verlierer seine Niederlage anerkennt, aber dafür die Gelegenheit erhält, in einem zweiten Versuch zu siegen. Die Demokratie braucht eine gemäßigte Mitte. Eine solche Entwicklung ist in einem Entwicklungsland unmöglich, wenn es einem totalitären Element gelingt, einen Guerilla-Krieg zu beginnen. Dadurch wird die Regierung zu Unterdrückungsmaßnahmen gezwungen, und es beginnt ein Circulus vitiosus, in dem Regierung und Opposition gefangen sind und der alle gemäßigten Kräfte vernichtet. So entstehen alle für einen Umsturz notwendigen Voraussetzungen. Die Opfer terroristischer Angriffe sind darüber hinaus fast immer die tüchtigsten und tatkräftigsten Staatsdiener, während die korrupten in ihren Stellungen bleiben; die Übergriffe letzterer steigern sich, weil sie versuchen werden, sich für die Gefahren, die ihre Stellung mit sich bringt, durch die Anhäufung von materiellem Besitz und persönlichen Vorteilen zu entschädigen.

Die amerikanische Reaktion auf dieses historische Phänomen drückt sich gewöhnlich in der Überzeugung aus, daß eine Regierung, die sich in einem solchen Notstand befindet, sich am ehesten halten kann, wenn sie möglichst rasch demokratische Reformen einführt und sich dadurch eine breitere Basis schafft und die Macht auf ein möglichst breites Spektrum verschiedenster Gruppierungen verteilt. Aber die Hauptursache für die Entstehung eines Bürgerkriegs (eine besondere Kategorie ist der Guerilla-Krieg) liefert der Zusammenbruch der innenpolitischen Übereinstimmung. Die Kompromißfähigkeit, das Herzstück der demokratischen Innenpolitik, geht zuerst verloren. Bürgerkriege enden fast ausnahmslos mit Sieg oder Niederlage, niemals mit der Bildung einer Koalitionsregierung – was nach amerikanischer Vorstellung die Ideallösung wäre. Zugeständnisse der Machthaber werden als Zeichen der Schwäche und nicht des Großmuts angesehen; deshalb beschleunigen sie den Zerfall der Autorität, anstatt ihn aufzuhalten. Reformen sollten *vor* einem Bürgerkrieg durchgeführt werden, um seine Ursachen zu beseitigen – was allerdings nicht immer möglich ist, wenn die Aufständischen von Kräften außerhalb des Landes inspiriert, finanziert, ausgebildet und ausgerüstet werden. Die nächste Möglichkeit für eine Aussöhnung ergibt sich *nach* dem Sieg der einen Seite (wie sie Lincoln in Amerika beabsichtigte oder wie nach 1970 in Nigeria), aber westliche Vorbehalte gegenüber der Anwendung von Gewalt und die Unfähigkeit autoritärer Regierungen verhindern es gewöhnlich, daß solche Versuche unternommen werden. Die historische Erfahrung zeigt auch, daß sogenannte »politische Lösungen« nach Bürgerkriegen, die so oft empfohlenen Verhandlungen zwischen den Parteien, nicht zum Erfolg führen. Es ist höchst unwahrscheinlich, daß Gruppen, deren Mitglieder einander umgebracht haben, anschließend gemeinsam regieren können; deshalb kann man es sich kaum vorstellen, daß ein Bürgerkrieg mit der Bildung einer Koalitionsregierung endet. Dadurch würde die unterlegene Gruppe am Leben bleiben und die Möglichkeit erhalten, zu gegebener Zeit den Kampf wiederaufzunehmen. Deshalb weigern sich Guerillas gewöhnlich, in politische Verhandlungen einzutreten, wenn sie mit einem Sieg rechnen, und führen Verhandlungen nur, um vor dem letzten und entscheidenden Kampf Zeit zu gewinnen.

Aus diesem Grund werden auch die mit uns befreundeten und verbündeten Regierungen, die durch die Vereinigten Staaten ständig unter Druck gesetzt werden, mit ihren Gegnern politische Gespräche zu führen, demoralisiert. Während es dringend erforderlich wäre, ihre Autorität zu stärken, wird diese durch unsere Ratschläge gewöhnlich ausgehöhlt. Regierungen, die sich in einer schwierigen Lage befinden und von unversöhnlichen innenpolitischen Feinden bedrängt werden, können durch Ratschläge, von denen sie wissen, daß sie gefährlich sind oder sogar zur Katastrophe führen könnten, die sie aber nicht abzulehnen wagen, völlig gelähmt werden. Das war Nguyen Van Thieus Schicksal, das zu einer späteren Zeit der Schah des Iran teilen mußte.[8]

Thieus Land wurde von allen Seiten angegriffen; die ersten Angreifer waren von Hanoi ausgebildete und ausgerüstete Guerillas; ihnen folgte eine starke Invasionsarmee aus Nordvietnam. Dennoch drängte die Regierung der Vereinigten Staaten auf Neuwahlen und Flexibilität bei Verhandlungen, zum Teil, weil sie glaubte, damit das Richtige zu tun, zum Teil aber auch, um die unermüdlichen Kritiker in Amerika zu besänftigen. Mit bewundernswertem Mut gelang es Thieu, diesen schwierigen Kurs zu steuern und gleichzeitig gegen einen zum Sieg entschlossenen Feind zu kämpfen und die Wünsche eines Verbündeten zu erfüllen, der sich nicht in seine Lage versetzen konnte. 1973 kam es auf diese Weise zu Vereinbarungen: Hanoi gab die politischen Forderungen auf, die es seit vielen Jahren erhoben hatte, um dafür einem Waffenstillstand zuzustimmen, dessen Bedingungen für den Süden günstiger waren, als wir erwartet hatten, wenn auch unsicherer, als wir hofften.

Persönlich war mir Thieu nicht gerade sympathisch, aber ich mußte ihn achten, als er nach dem Abzug der amerikanischen Truppen vollkommen alleingelassen seinen Kampf unter den schwierigsten Bedingungen fortsetzte. Kaum jemand hatte Mitleid oder Verständnis für ihn, und doch hatte er seine Würde bewahrt. Obwohl er das einzige Staatsoberhaupt war, dessen offizieller Empfang unter Ausschluß der Öffentlichkeit stattfand, tat er so, als sei das die natürlichste Sache der Welt. Bei seiner Ankunft in San Clemente hielt Nixon eine höfliche Ansprache, in der er behauptete, daß Südvietnam jetzt in der Lage sei, sich selbst zu verteidigen: angesichts der Tatsache, daß Hanoi jederzeit mit seinen von den Sowjets ausgerüsteten Streitkräften zur entscheidenden Offensive antreten konnte, eine gewagte Behauptung. Thieu ging höflich auf dieses Märchen ein, aber nicht ohne die Lage in Südvietnam mit der in Europa zu vergleichen, wo ein Vierteljahrhundert nach Beendigung des Zweiten Weltkrieges immer noch dreihunderttausend amerikanische Soldaten stationiert werden mußten.

Nach dieser Zeremonie zogen sich die beiden Regierungschefs zu einem persönlichen Gespräch zurück. Es gab allerdings kaum etwas zu besprechen. Thieu beklagte sich nicht über die schwierige Aufgabe, die wir ihm hinterlassen hatten, oder über die feindliche Einstellung Hanois gegenüber seiner Regierung. Er berichtete sachlich von den Übergriffen der Nordvietnamesen. Nixon versprach ihm persönlich – wie er es schon am 5. März und bei anderen Gelegenheiten öffentlich getan hatte –, daß er sich schweren Verstößen wenn notwendig mit Gewalt entgegenstellen werde. Zugleich forderte er Thieu auf, alles zu tun, um selbst den Verpflichtungen nachzukommen, die Südvietnam im Rahmen der Vereinbarungen übernommen hatte. Nixon erklärte, wenn es jemals dazu käme, daß die Pariser Vereinbarungen außer Kraft gesetzt würden, müßte es möglich sein, allein Hanoi dafür verantwortlich zu machen. Thieu wies darauf hin, daß das Haupthindernis auf dem Wege zur Bildung des Nationalen Rates für die nationale Versöhnung und Einigung gemäß den Vereinbarungen Hanois Weigerung sei, die Wahlen abzuhalten, die dieser Rat überwachen sollte. Auf die politische Entscheidung, die einige Amerikaner während des Krieges so leidenschaftlich befürwortet hatten, würde Hanoi sich im Frieden niemals einlassen. Es würde den Erfolg eines Ringens, das über eine Generation gedauert hatte, nicht von einer Abstimmung abhängig machen, die es im eigenen Land als lächerlich ablehnte.

Am zweiten Tag ihres Zusammenseins sprachen Nixon und Thieu vor allem über die amerikanische Hilfe für Südvietnam. Dieses Gespräch hatte eigentlich keinen realen Hintergrund, denn die amerikanischen Teilnehmer wußten, daß der Kongreß sehr bald auch einer substantiellen Wirtschaftshilfe nicht mehr zustimmen würde. Die Liberalen verloren ihr Interesse, weil ihnen an Südvietnams Überleben nicht sehr viel gelegen war, und die Konservativen glaubten, daß sie ihre Verpflichtungen damit erfüllt hätten, als mit ihrer Unterstützung die ehrenhafte Beendigung des Krieges ermöglicht worden war. Beides war Ausdruck der Kriegsmüdigkeit Amerikas. Nixon versprach, bei seinen Vorschlägen an den Kongreß von den Wünschen Saigons ausgehen zu wollen; das Ergebnis werde jedoch von der Zustimmung des Kongresses abhängen. Im Schlußkommuniqué verpflichteten Nixon und Thieu sich, gegenüber der »Möglichkeit einer erneuten kommunistischen Aggression nach dem Abzug der amerikanischen Bodentruppen von Südvietnam wachsam« zu sein. Darüber hinaus »würden Aktionen, welche die Grundlagen der Vereinbarungen bedrohen, entsprechende energische Gegenmaßnahmen erforderlich machen« – eine neue deutliche *öffentliche* Absichtserklärung Nixons, die Einhaltung der Vereinbarungen zu erzwingen.

Die Unbestimmtheit der Zusagen auf seine Bitte um Wirtschaftshilfe trübten nicht die gute Stimmung, in der Thieu San Clemente verließ. Als das Flugzeug in Kalifornien startete, ließ er Champagner servieren und feierte so den glücklichen Abschluß der Gespräche mit Nixon.[9]

Trotz aller Zweifel und obwohl sich schon jetzt künftige Schwierigkeiten andeuteten – durch unsere unklare Haltung im Hinblick auf mögliche Übergriffe Hanois und die Wirtschaftshilfe – war Thieu fest davon überzeugt, daß die Vereinigten Staaten Südvietnam im Fall einer Krise zu Hilfe kommen würden. Das gleiche Vertrauen haben auch andere Verbündete den Vereinigten Staaten vorher und nachher entgegengebracht, und dieses Vertrauen ist einer der wertvollsten Aktivposten, über die wir in der Welt verfügen.

Wir waren entschlossen, alles zu tun, um uns dieses Vertrauen zu bewahren.

Die fehlgeschlagene Vergeltung

Man hörte zu jener Zeit sehr oft das Schlagwort, daß wir die Zukunft Südvietnams nicht für alle Ewigkeit garantieren könnten – wahrscheinlich zu Recht. Aber acht Wochen kann man kaum als »Ewigkeit« bezeichnen. Man kann darüber streiten, wie wir nach ein paar Jahren hätten reagieren sollen; aber schon nach wenigen Wochen auf jede Reaktion zu verzichten, mußte das Ende der Pariser Vereinbarungen bedeuten und die Glaubwürdigkeit der Vereinigten Staaten aushöhlen. Schon am 6. Mai 1973 habe ich vor der Washington Special Actions Group (WSAG) gesagt:*

> (Der Präsident) fürchtet, wenn wir uns in Laos und Kambodscha schrittweise aufreiben lassen, könnte dasselbe später auch in Vietnam geschehen. Unsere Kritiker geben uns nichts für unsere Zurückhaltung ... Was glauben Sie, was die Kritiker sagen werden, wenn wir Vietnam verlieren? Sie werden die Vereinbarungen als Ausverkauf bezeichnen und vergessen, daß sie selbst wenige Monate zuvor den Totalausverkauf empfohlen haben. Der Präsident hat sich vier Jahre lang entschlossen geweigert, dem einfachen Austausch der Kriegsgefangenen gegen unseren Truppenabzug zuzustimmen. Jetzt wird er es nicht zulassen, daß wir Vietnam seinem Schicksal überlassen.

Die Schätzungen aller Nachrichtendienste bestätigten darüber hinaus, daß Hanoi von der Wiederaufnahme der Feindseligkeiten in größerem

* Die Aufgabe der Washington Special Actions Group (WSAG), die sich aus Vertretern verschiedener Ministerien zusammensetzte, bestand darin, in Krisenzeiten politische Maßnahmen zu koordinieren und Pläne für solche Maßnahmen zu prüfen. Dieses Beratergremium wurde 1969 gebildet. Zu ihm gehörten unter meinem Vorsitz die stellvertretenden Außen- und Verteidigungsminister, der Direktor der Central Intelligence Agency (CIA) und der Vorsitzende der Joint Chiefs of Staff. Wenn es der Gegenstand erforderte, wurden die entsprechenden Fachleute hinzugezogen.

Umfang nur durch die Furcht vor einer amerikanischen Reaktion abgehalten wurde. Der damalige Direktor der CIA, James Schlesinger, berichtete auf einer Sitzung der WSAG am 16. April 1973, daß es Hanoi nur unter Schwierigkeiten gelänge, die Unterstützung der Bevölkerung im Süden zu gewinnen, daß es jedoch seine militärische Position dort seit Beginn des Waffenstillstandes wesentlich gestärkt habe:

> Das verleiht dem dritten Faktor – der Einschätzung Hanois, wie die Vereinigten Staaten auf eine Wiederaufnahme der Feindseligkeiten in größerem Umfang reagieren würden – eine sehr viel größere Bedeutung und wird Hanois künftige Entscheidungen stärker beeinflussen als je zuvor.

Uns kam es unter anderem auch darauf an, auf Übergriffe so zu reagieren, daß nicht das ganze Abkommen in Frage gestellt wurde. Wir waren bereit, Hanoi einen Denkzettel zu verpassen, wollten aber nicht einen neuen Krieg beginnen. Wir glaubten, daß ein sofortiger Gegenschlag Nordvietnam zu einer längeren Pause zwingen könnte, in der beide Seiten in einen politischen, aber nicht in einen militärischen Wettstreit treten müßten. Es gab aber auch noch einen zweiten Grund für rasches Handeln. Ich hatte erfahren, daß das Pentagon unsere Luftstreitkräfte schneller aus Südostasien abziehen wollte, als ich ursprünglich angenommen hatte. Wie ich schon an anderer Stelle gesagt habe, hütete das Verteidigungsministerium seine Selbständigkeit bei den Entscheidungen über die Verteilung des Etats so eifersüchtig, daß wir oft vor vollendete Tatsachen gestellt wurden. Wir mußten also rasch handeln.

Ende Februar kam es zweimal zu einer Kraftprobe, die unsere Überlegungen bestätigten. Bei der ersten ging es um Laos. Obwohl bei meinem Besuch in Hanoi vereinbart worden war, daß der Waffenstillstand für Laos innerhalb weniger Tage in Kraft treten sollte, setzte der Pathet Lao – die Hilfstruppen Hanois in Laos – die von Premierminister Souvanna Phouma so bezeichnete »Generaloffensive« fort. Am ersten Tag nach Inkrafttreten des Waffenstillstands wurde dieser nicht weniger als neunundzwanzigmal von den Kommunisten verletzt. Souvanna forderte deshalb von den Vereinigten Staaten einen Gegenschlag mit Maschinen des Typs B-52 gegen den Pathet Lao. Der Präsident und ich sprachen am Abend des 22. Februar darüber. Nixon zögerte, denn er fürchtete, daß Hanoi einen solchen Luftangriff zum Vorwand nehmen werde, die Entlassung amerikanischer Kriegsgefangener weiter zu verzögern. Ich widersprach ihm und sagte, daß Hanoi die Entlassung unserer Gefangenen – und das war unsere dringendste Forderung – nur verzögern werde, wenn es aus anderen Gründen eine Entscheidung erzwingen wollte. Daraufhin genehmigte Nixon einen sofortigen Angriff mit B-52-Bomben. Innerhalb von achtundvierzig Stunden trat der Waffenstillstand in Laos ein.

Bei der zweiten Minikonfrontation Ende Februar ging es tatsächlich um die Entlassung amerikanischer Kriegsgefangener (mit den Bombenangriffen in Laos hatte sie allerdings höchstwahrscheinlich nichts zu tun). Am 26. Februar versäumte es Hanoi, uns eine Liste der Kriegsgefangenen vorzulegen, die am folgenden Tag entlassen werden sollten. Die Nordvietnamesen begründeten ihr Verhalten nicht, deuteten aber an, daß die Entlassung unserer Kriegsgefangenen von der Entlassung politischer Internierter abhängig gemacht werden würde, die Saigon in Verwahrung hatte – eine Verknüpfung, die zu vermeiden wir wochenlang verhandelt hatten. Diese Verzögerung ereignete sich etwa zu der Zeit, als Washington und Saigon dagegen protestierten, daß bei Khe Sanh unter Verletzung der Waffenstillstandsbedingungen drei Stellungen mit SAM-2 Flugabwehrraketen eingerichtet worden waren.

Wir reagierten sehr scharf mit einer Unterbrechung des amerikanischen Truppenabzuges und der Minenräumaktion vor nordvietnamesischen Häfen. Außenminister Rogers lehnte es ab, an Sitzungen der Internationalen Konferenz in Paris teilzunehmen. Wir schickten Hanoi eine scharfe Note und teilten darin unsere Maßnahmen mit. Außerdem erhielt der Pressesprecher des Weißen Hauses, Ronald L. Ziegler, die Anweisung, bei seiner mittäglichen Pressekonferenz eine scharfe Erklärung zu verlesen, in der darauf hingewiesen wurde, daß die Entlassung amerikanischer Kriegsgefangener eine von Nordvietnam bedingungslos übernommene Verpflichtung wäre, die mit keinem anderen Teil der Vereinbarungen verknüpft werden dürfte. Am Tage darauf sagte ich Ziegler, ich sei überzeugt, daß unsere feste Haltung Erfolg haben würde (dieses Gespräch bewies außerdem meine Absicht, daß ich mein Regierungsamt demnächst zur Verfügung stellen wollte): »Wenn ich nach einem Jahr nicht mehr hier bin, dann werden sie uns wirklich unter Druck setzen. Nicht aus diesem Grund, sondern weil sie in einem Jahr so stark sein werden wie die Tiger, jetzt aber noch nicht so weit sind.« Die Kriegsgefangenen wurden zum vorgesehenen Termin entlassen.

Aber das waren nur Nadelstiche am Rand der wirklichen Herausforderung, die aus der massiven Infiltration von Truppen und Kriegsmaterial durch Laos und Kambodscha und durch die entmilitarisierte Zone bestand, womit fast alle Bestimmungen der Vereinbarungen verletzt wurden. Schlesinger schätzte, daß Hanoi, wenn der Aufmarsch in diesem Tempo weiterging, im Herbst im Süden wenigstens so stark sein werde wie vor der Offensive von 1972. Die WSAG hielt zu diesem Thema eine Besprechung ab. Man beschloß, als ersten Schritt eine Flut von Protestnoten nach Hanoi zu schicken, in denen immer deutlicher vor Vergeltungsmaßnahmen gewarnt wurde. Solche Noten gingen am 4., 6., 14. und 15. März 1973 ab. In der Note vom 14. März hieß es, wenn die Infiltration weiterginge und sich zu militärischen Maßnahmen Hanois steigern sollte, dann »würde das ... sehr schwerwiegende Konsequenzen haben«.

Am 8. März warnte ich den sowjetischen Botschafter, Anatoli Dobrynin. Ich betonte, daß wir, wenn die Sowjetunion weiterhin größere Mengen von Rüstungsgütern lieferten, den Vorgang als einen unfreundlichen Akt ansehen würden; eine neue Offensive der Nordvietnamesen werde »auf die Beziehungen zwischen den Vereinigten Staaten und der Sowjetunion die tiefgreifendsten Auswirkungen haben«.

Dobrynin zeigte sich der Lage gewachsen. Die Sowjetunion traf niemals die Schuld für irgend etwas. Er behauptete, daß meine Informationen entweder falsch oder überholt wären. Er machte allerdings die finstere Andeutung, daß die heimtückischen Chinesen wahrscheinlich dafür verantwortlich wären, wenn auch weiterhin sowjetische Rüstungsgüter nach Nordvietnam gelangten. Mit unschuldigem Gesicht sagte er mir, daß in der Tat einige hundert Panzer und mehrere Eisenbahnzüge mit Versorgungsgütern während des Krieges beim Transit durch China unerklärlicherweise verschwunden wären. Der Kreml wäre überzeugt, daß das jetzt in Nordvietnam auftauchende Kriegsmaterial von den Chinesen dorthin geschafft würde, um die Entspannung zwischen den Vereinigten Staaten und der Sowjetunion zu torpedieren. Dobrynin sagte, daß es gut wäre, wenn ich während meines Besuchs in Moskau, der acht Wochen später stattfinden sollte, mit Breschnew über diese Fragen sprechen könnte. Daraus konnte ich entnehmen, daß wir kaum auf sowjetische Hilfe rechnen konnten. Wir warnten aber auch die Chinesen, die uns ebenfalls keine klare Antwort gaben.

Am 13. März fand eine neue Besprechung der WSAG über dieses Thema statt. Hier kamen wir zu dem Schluß:

> Wir werden es unter keinen Umständen zulassen, daß der Feind dieses Jahr noch eine große Offensive beginnt. Wir selbst werden uns strikt an die Vereinbarungen halten und wollen die fortlaufenden Verstöße gegen das Abkommen der Öffentlichkeit bekanntgeben. In keiner Presseerklärung sollen die Verletzungen der Vereinbarungen durch den Feind heruntergespielt werden.
>
> Militärisch wäre es offenbar am günstigsten, die Bombenangriffe gegen die Verbindungswege in Laos möglichst bald nach der Entlassung der dritten Gruppe von Kriegsgefangenen wieder aufzunehmen, um später, wenn notwendig, auch die entmilitarisierte Zone und das Gebiet zwischen der entmilitarisierten Zone und den südvietnamesi-

schen Linien zu bombardieren. Die endgültige Entscheidung wird der Präsident treffen.

Aber der Präsident war, was gar nicht seinem Wesen entsprach, diesmal unentschlossen. Es war nicht ungewöhnlich, daß Nixon auf wichtige Entscheidungen schrittweise zuging. Seine Methode, über Optionen nachzudenken, bestand in langen Monologen über das Dilemma, in das er geraten war. In seiner ersten Amtsperiode hatte dieser Weg jedesmal zu einer Entscheidung geführt. Mit jedem Gespräch, auch wenn er einen noch so unentschlossenen Eindruck machte, kam er allmählich und fast unmerklich zu einer klaren Definition der vor ihm liegenden Probleme. Schrittweise versetzte sich Nixon schließlich in höchste Erregung, so daß seine intellektuelle und psychologische Bereitschaft an dem Punkt zusammenzutreffen schienen, an dem die Entscheidung fallen mußte. Oft hatte ich mich früher festgelegt als er, aber er hatte den besseren Instinkt für den richtigen Zeitpunkt. Mit seiner endgültigen Entscheidung gab er jedes Schwanken auf und kam zum Kern der Sache.

Aber im März 1973 hatten wir es mit einem anderen Nixon zu tun. Er behandelte das Problem der Vertragsverletzungen auf eine seltsam unmethodische Art. Er ließ sich treiben. Er steuerte die Entscheidung nicht mit der sonst für ihn so bezeichnenden und fast besessenen Zielstrebigkeit an. Seine Rhetorik war vielleicht die gleiche, aber diesmal begleitet von Begründungen für seine Inaktivität. Heute wissen wir, daß der Watergate-Skandal im März seinen Höhepunkt erreicht hatte. Ende Februar hatte sich Nixon immer wieder über längere Perioden mit seinem Berater John Dean zurückgezogen, um die Strategie für das Untersuchungsverfahren des neu errichteten Sonderausschusses des Senats unter Senator Sam Ervin zu besprechen, und sorgte sich um die bevorstehenden Anhörungen vor dem Rechtsausschuß des Senats zur Nominierung von L. Patrick Gray zum Direktor des FBI. Am 27. Februar hatte Dean den Präsidenten gewarnt und gesagt, daß die Dinge sich unter Umständen nicht länger verschleiern ließen. Nixon konnte sich nicht mehr auf die Regierungsgeschäfte konzentrieren. So befahl er zum Beispiel am 6. März für einen bestimmten Tag der folgenden Woche Bombenangriffe gegen den Ho-Tschi-Minh-Pfad. Da hier lange Kolonnen von Militär-Fahrzeugen den Nachschub für die nordvietnamesischen Truppen heranbrachten, konnte man mit lohnenden Zielen rechnen. Aber schon am folgenden Tag, am 7. März, nahm Nixon den Befehl zurück. Wieder sagte er, daß er den Nordvietnamesen keinen Vorwand geben wollte, die Entlassung der nächsten Gruppe von Kriegsgefangenen hinauszuzögern. Ich bezweifle, daß diese Entscheidung wohlüberlegt war. Gray befand sich in Schwierigkeiten in Zusammenhang mit den Untersuchungen des FBI im Fall Watergate und besprach sich täglich mit John Dean und dem Weißen Haus. Der Rechtsausschuß des Senats verlangte, daß Dean als Zeuge vernommen würde, obwohl sich der Präsident auf die Vorrechte der Exekutive berufen hatte. Offensichtlich war Nixon so sehr mit seinen innenpolitischen Schwierigkeiten beschäftigt, daß er es scheute, sich durch folgenschwere Entschlüsse über Indochina noch mehr zu belasten.

Am 14. März legte ich dem Präsidenten eine Denkschrift vor, in der ich ihn drängte, den Empfehlungen der WSAG zu folgen. Ich erläuterte die möglichen Motive der nordvietnamesischen Führung: Sie könnte glauben, daß wir auf ihre Vertragsverletzungen solange nicht reagieren würden, wie sie noch amerikanische Kriegsgefangene in Händen hatte; vielleicht wollten die Nordvietnamesen aber auch nur feststellen, wie weit unsere Geduld reichte. Unter Umständen hatten sie sich schon entschlossen, die Offensivoperationen wieder aufzunehmen, sobald die Angriffstruppen aufgefüllt waren und über das notwendige Material verfügten. Doch was sie auch im Sinne hätten, wir sollten einerseits alle diplomatischen Möglichkeiten ausschöpfen, dürften aber die militärischen Vorbereitungen nicht vernachlässigen:

> Die Nordvietnamesen wären (unseren Angriffen) auf den Versorgungswegen im Gebiet des laotischen Pfannenstiels und im nördlichen Bereich den südvietnamesischen MR-1 ausgesetzt. In beiden Gebieten operieren sie am Tage, und der Verkehr ist so stark, daß es zu Stauungen kommt. Sie nutzen offensichtlich die Tatsache aus, daß alle Luftangriffe gegen sie eingestellt worden sind. Eine Reihe schwerer Angriffe über einen Zeitraum von zwei oder drei Tagen in einem dieser Gebiete würde ihnen schwere Verluste an Menschen und Material beibringen.

Die künftige Wirksamkeit der Pariser Vereinbarung hing in der Tat davon ab, wie wir ihre Einhaltung jetzt erzwangen:

> Ein Luftangriff würde deutlich machen, daß wir weitere Verletzungen nicht dulden und entschlossen darauf reagieren werden. Es sind gerade solche amerikanische Reaktionen am 8. Mai (1972) und dann wieder im Dezember (1972) gewesen, welche die Nordvietnamesen veranlaßt haben, von ihrem damals eingeschlagenen Kurs abzuweichen. Wenn sie jetzt glauben, daß wir unter Umständen nichts unternehmen würden, und wenn wir tatsächlich nichts tun, werden wir sie zu immer häufigeren und schwereren Übergriffen anregen. Wenn wir reagieren, dann werden sie erkennen, mit welchem Preis sie rechnen müssen, wenn sie sich nicht an die Vereinbarungen halten . . . Man wird uns allerdings für ein solches Vorgehen tadeln. Wenn wir aber nicht reagieren, dann werden die Vereinbarungen nach meiner An-

sicht gerade deshalb wirkungslos werden, weil wir es nicht getan haben. Die Vorwürfe gegen uns werden in diesem Fall nicht weniger schwer sein.

Um Nixons Besorgnissen hinsichtlich der amerikanischen Kriegsgefangenen zu begegnen, empfahl ich, die Luftangriffe vom 24. bis zum 26. März zu führen, nachdem die dritte Gruppe unserer Gefangenen entlassen war, aber bevor die vierte Gruppe entlassen werden sollte.

Der immer unverschämter werdende Ton der Antworten Hanois auf unsere Proteste erforderte nach meiner Auffassung entschiedene Gegenmaßnahmen, um zu verhindern, daß die Pariser Vereinbarungen jeden Sinn verloren. Hanoi wiederholte seine inzwischen bekannte Interpretation des Artikels 20, daß der Abzug der nordvietnamesischen Truppen aus Laos und Kambodscha auf eine politische Lösung warten müsse – das hieß: bis zur Machtübernahme durch die Kommunisten. Unsere dokumentarisch belegten Beweise für die Infiltration wurden von Hanoi zurückgewiesen. Die Nordvietnamesen erklärten mit der für sie typischen Kaltschnäuzigkeit: Da über die Kontrollpunkte gemäß den Bestimmungen der Vereinbarungen kein Kriegsmaterial nach Süden gebracht worden sei, gäbe es auch keine Beweise für das Einschleusen illegalen Materials. Die Vereinigten Staaten hätten im übrigen nicht das Recht, sich mit dieser Frage zu beschäftigen, das sei vielmehr die Aufgabe der Internationalen Kommission für Kontrolle und Aufsicht (in der die Kommunisten natürlich ein Vetorecht hatten).

In Krisensituationen sind oft die gewagtesten Maßnahmen die sichersten. Das riskanteste Verfahren war nach meinen Erfahrungen bisher eine schrittweise Eskalation gewesen, der sich die Gegenseite schrittweise anpassen muß, bis unausweichlich eine noch höhere Ebene der Gewalt und oft ein unauflösliches Patt erreicht ist. Hanoi mußte damit rechnen, daß wir, wenn die Nordvietnamesen die Entlassung der Kriegsgefangenen einstellte, alle Verpflichtungen, die wir im Rahmen der Vereinbarungen übernommen hatten, nicht mehr erfüllen würden: Minenräumen, Truppenabzug und Wirtschaftshilfe. Außerdem könnte ein solches Verhalten noch stärkere amerikanische Gegenschläge auslösen, und zwar diesmal gegen Nordvietnam. In meiner Denkschrift sagte ich dazu:

> Wenn wir sofort nach Entlassung der dritten Gruppe von Kriegsgefangenen handeln, die Ende dieser Woche abgeschlossen sein wird, dann können wir dadurch das Risiko verringern, daß die restlichen Kriegsgefangenen festgehalten werden. Bis zur Entlassung der letzten Gefangenen werden dann noch zwei Wochen vergehen. Es wird uns daher nach den Luftangriffen genügend Zeit zur Verfügung stehen, um die notwendigen Vorbereitungen für diese letzte Entlassung

> und für den gleichzeitigen endgültigen Abzug unserer Truppen zu treffen. Bis dahin würden wir den Truppenabzug unterbrechen, um ein zusätzliches Mittel in der Hand zu behalten, die Entlassung der Gefangenen zu erzwingen.

Aber der Präsident zögerte. Er stimmte meinen Vorschlägen zwar generell zu, sagte mir aber wieder, daß er eine Verschleppung der Entlassung unserer Kriegsgefangenen befürchtete. Auf seiner Pressekonferenz am 15. März richtete er eine Warnung an Hanoi. Vom 17. bis zum 26. März nahm ich Urlaub und ging nach Acapulco. Während dieser Zeit zeigte es sich, daß sich die Vorgänge um Watergate nicht länger verschleiern ließen. Der an dem Ellsberg-Einbruch beteiligte E. Howard Hunt erhob ständig neue Geldforderungen. Weder ich noch meine Kollegen im Nationalen Sicherheitsrat ahnten allerdings etwas davon. Nixons Unentschlossenheit führte am 19. März zu weiteren Komplikationen, als Botschafter B. McMurtrie Godley aus Vientiane in Laos seine Bedenken gegen den Zeitpunkt der vorgesehenen Luftangriffe äußerte. Godley befürchtete, daß dadurch die Bildung der neuen laotischen Koalitionsregierung verhindert werden könnte (die im übrigen erst im folgenden Jahr zustande kam). Premierminister Souvanna Phouma werde Schwierigkeiten haben, diesem Plan zuzustimmen. Ich wurde von dieser Botschaft unterrichtet und wies General Brent Scowcroft, der Al Haig als meinen Stellvertreter abgelöst hatte, an, mit dem Präsidenten über Godleys Bedenken zu sprechen. An Scowcroft schickte ich über eine abhörsichere Leitung das folgende Telegramm:

> Ich möchte, daß Sie die Frage der Luftangriffe in Laos mit dem Präsidenten besprechen. Ich glaube, daß Godley nicht unrecht hat, wenn er meint, die Verhandlungen in Laos könnten dadurch gestört werden. Doch im übrigen hat sich an unserer Lagebeurteilung, die wir in der vergangenen Woche vorgetragen haben, nichts Wesentliches geändert. Ich glaube nicht, daß die Nordvietnamesen ihre Entscheidung über einen Rückzug von einer Serie von Luftangriffen abhängig machen werden. Eine weitere Gefahr besteht darin, daß sie die Entlassung der Kriegsgefangenen hinauszögern könnten. Das Gegenargument ist, daß sie im nächsten Herbst keine Rücksicht mehr nehmen werden.
>
> Ich möchte, daß Sie diese Frage persönlich mit dem Präsidenten besprechen, denn er muß die letzte Entscheidung treffen. Sie sollten dem Präsidenten auch Godleys Bedenken vortragen. Jedenfalls dürfen wir vor Donnerstagabend (22. März) nichts unternehmen. Meine Empfehlung wäre der Kompromiß, daß wir anschließend zuschlagen.

Am 20. März teilte mir Scowcroft mit, daß der Präsident die bekannten Symptome für seine Unentschlossenheit gezeigt habe. Nixon hatte es vermieden, eine Entscheidung zu treffen, hatte aber von der Möglichkeit ungünstiger innenpolitischer Auswirkungen gesprochen. Am 21. März meinte Nixon, es wäre ihm lieber, unseren Truppenabzug aus Südvietnam vorläufig einzustellen, als die vorgesehenen Luftangriffe durchzuführen. Er werde zwar einen Luftangriff befehlen, aber »nur, wenn man annehmen darf, daß wir damit wirklich etwas bewirken können« – und das ließ sich mit einem einzigen Luftangriff nicht erreichen.

Am gleichen Tag erfuhr Nixon von John Dean, daß John Mitchell, Charles Colson, Jeb Stuart Magruder, Herbert Kalmbach und andere nicht die einzigen wären, die Schwierigkeiten hätten. Auch der Präsident hätte ein Problem – »das Präsidentenamt ist von einem Krebsgeschwür befallen«. Ohne zu ahnen, unter welchem Druck Nixon stand, erläuterte ich am 21. März noch einmal meine Haltung:

> Das Hauptargument für die sofortige Durchführung der Luftangriffe ist, daß wir den Nordvietnamesen deutlich zeigen müssen, wir könnten etwas ganz Unerwartetes tun, wenn wir gezwungen würden, die Vereinbarungen zu verteidigen. Wenn die Nordvietnamesen glauben, daß wir nach Entlassung der Kriegsgefangenen nichts mehr tun würden, dann müssen wir mit an Sicherheit grenzender Wahrscheinlichkeit gegen Ende des Jahres mit der Wiederaufnahme der Offensive rechnen. Wenn eine Offensive Erfolg hat, dann werden alle, die sich dem Präsidenten bei jedem seiner Schritte in den Weg gestellt haben, ihre Haltung gerechtfertigt sehen, und der Politik des Präsidenten wäre der Boden entzogen. Eines der Hauptziele unserer Außenpolitik muß es nach meiner Auffassung sein, die Wiederaufnahme der Feindseligkeiten durch den Norden so weit wie möglich hinauszuzögern.

Am gleichen Tage philosophierte Nixon in einem Gespräch mit Scowcroft wieder über den Nutzen und die richtige zeitliche Koordinierung unserer Vorhaben und bat Scowcroft, noch einmal mit mir zu sprechen. Offenbar entsprachen meine Ratschläge nicht den Wünschen des Präsidenten. Trotzdem wiederholte ich meine Stellungnahme am 22. März noch einmal:

> Die Operation wird ihnen wahrscheinlich beträchtliche, aber nicht entscheidende Verluste beibringen. Wenn sie auf unsere Luftangriffe nicht reagieren, wird man darin ein Zeichen ihrer Schwäche sehen, aber ich kann mir nicht vorstellen, was sie unternehmen sollten ... Grundsätzlich habe ich hier das gleiche Gefühl wie bei der Anfang 1969 in Korea herrschenden Lage. Es besteht keine dringende Notwendigkeit, Luftangriffe zu führen, wenn wir aber nichts unternehmen, wird es uns später teuer zu stehen kommen.

Daß ich den EC-121-Zwischenfall erwähnte, ließ Nixon aufhorchen,[10] denn damit hatte ich seinen Instinkt geweckt, wenigstens ebenso hart erscheinen zu wollen wie sein Berater. Er befahl einen sofortigen Luftangriff gegen den Ho-Tschi-Minh-Pfad für einen Tag. Diese Maßnahme vereinigte alle nur denkbaren Nachteile in sich: Der Luftangriff war zu kurz, um nachhaltige Wirkungen zu zeigen, die Maßnahme war zu auffallend, um ignoriert zu werden, und zu unentschlossen, um die gewünschte psychologische Wirkung auf Hanoi auszuüben. Aber Nixon hatte mich mit seinem Befehl ausmanövriert. Jetzt mußte ich ihm empfehlen, den Angriff so lange zu verschieben, bis wir die ganze Problematik nach meiner Rückkehr aus Acapulco persönlich besprechen könnten – und dann würden unsere letzten Kriegsgefangenen entlassen sein.

Wir hörten aber nicht auf, die andere Seite zu warnen. Wir wußten jetzt, daß wir unsere Beziehungen zur Sowjetunion durch solche Gegenmaßnahmen nicht ernsthaft gefährden würden. Welches der Wert einer solchen Zusicherung auch sein mochte, am 23. März teilte uns Dobrynin offiziell mit, daß Moskau nach Abschluß der Pariser Vereinbarungen die Waffenlieferungen an Hanoi eingestellt hätte, und behauptete wieder, wenn jetzt noch sowjetische Rüstungslieferungen in Nordvietnam einträfen, dann seien sie wahrscheinlich beim Transit durch China verzögert worden. Zu möglichen amerikanischen Gegenmaßnahmen sagte er nur, daß Moskau hoffte, »die Dinge würden sich nicht in dieser Richtung entwickeln« – eine so zurückhaltende Stellungnahme konnte uns keine Sorgen bereiten. Als Nixon sich am 29. März an die Nation wandte, um die Rückkehr unserer letzten Kriegsgefangenen bekanntzugeben, wandte er sich auch mit einer scharfen Warnung an die nordvietnamesische Führung und sagte, daß sie »sich im Hinblick auf die Folgen der Nichtbeachtung der Vereinbarungen keinen Zweifeln hingeben sollte«.

Andere Sprecher der Administration äußerten sich zum gleichen Thema. Am 3. April beantwortete Verteidigungsminister Elliot Richardson die Fragen von Journalisten vor seinem Auftritt vor dem Unterausschuß für Verteidigungsausgaben des Repräsentantenhauses:

Frage: »Herr Minister, unter welchen Voraussetzungen würden wir die Bombenangriffe zur Unterstützung der Südvietnamesen wieder aufnehmen müssen?«

Richardson: »Das ist eine der Fragen, die sich generell nicht beantworten lassen. Wir können nur abwarten, wie sich die Lage entwikkelt, und hoffen, daß diese Entwicklung zu einer vollen und vollständigen Einhaltung der Waffenstillstandsvereinbarungen führt.«

Frage: »Aber ist es möglich, daß wir die Bombenangriffe wieder aufnehmen müssen, um entweder Nordvietnam anzugreifen oder die südvietnamesische Armee zu unterstützen?«

Richardson: »Das können wir gegenwärtig sicher nicht ausschließen.«

Am 2. April schickte ich Nixon eine Denkschrift und erläuterte darin weitere denkbare diplomatische und militärische Reaktionen. Meine Denkschrift trug die Überschrift »Informationen« und verlangte keine Entscheidung. Nixon hielt sich mit Haldeman und Ehrlichman in San Clemente auf. Der Ervin-Ausschuß hatte sie erheblich unter Druck gesetzt, denn der Vorsitzende hatte damit gedroht, jeden Mitarbeiter des Weißen Hauses festnehmen zu lassen, der sich weigerte, öffentlich auszusagen. Nixon zeichnete meine Denkschrift nur ab, um zu dokumentieren, daß er davon Kenntnis genommen hatte. Als ich das Papier zurückbekam, stellte ich fest, daß er nichts wie gewöhnlich unterstrichen oder mit Randbemerkungen versehen hatte, wenn er meine Empfehlungen gründlich prüfte.

Bei den Untersuchungen der WSAG hatte sich inzwischen herausgestellt, daß die Nordvietnamesen in Verletzung der Vereinbarungen südlich der entmilitarisierten Zone und besonders um Khe Sanh, wo schon vorher intensive militärische Aktivitäten festgestellt worden waren, zahlreiche Flugabwehrraketen in Stellung gebracht hatten. Ähnliche Beobachtungen wurden vom Ashau-Tal gemeldet, von wo aus Angriffe gegen die alte Kaiserstadt Hué geführt werden konnten. Darauf verlangten die Joint Chiefs of Staff eine drei Tage dauernde Bombardierung der nordvietnamesischen Flugabwehrstellungen zur Vorbereitung unserer Angriffe gegen die Nachschubwege in Laos, die uns die größten Sorgen bereiteten.

Damit verschob sich unser Zeitplan aufs neue. Bombenangriffe, die fast eine Woche dauern sollten, mußten diplomatisch vorbereitet werden. Hanoi verfolgte zur Abwendung solcher Bombenangriffe eine eigene Taktik und verschaffte uns die Möglichkeit, eine Doppelstrategie zu verfolgen, denn es beantwortete unsere Proteste mit dem Hinweis, daß es zu Gesprächen über die Verletzungen der Vereinbarungen bereit sein könnte. Nach einer vagen Andeutung der Nordvietnamesen wäre es möglich, am 27. März vertrauliche Gespräche über die Vereinbarungen zu führen. Mit einer Note vom 21. März erklärte Hanoi, bei privaten Gesprächen zwischen mir und Le Duc Tho könnten »Schwierigkeiten oder unerwartete Hindernisse aus dem Weg geräumt werden, die sich künftig bei der praktischen Durchführung der Vereinbarungen ergeben könnten«. Wie nicht anders zu erwarten, machte Hanoi die Vereinigten Staaten und Saigon für alle Vertragsverletzungen verantwortlich. Die Nordvietnamesen machten uns sogar das Recht streitig, die

Einhaltung der Vereinbarungen zu verlangen. Nach dem Abzug unserer Truppen seien nur noch die beiden vietnamesischen Parteien für solche Fragen zuständig. Wir unterrichteten Thieu vom Inhalt dieser Noten, warteten aber seine Abreise aus den Vereinigten Staaten ab, bevor wir Hanoi eine Antwort schickten. Wir ließen keinen Zweifel daran, daß unsere Geduld bald erschöpft war:

> Die Botschaften der DRV (Demokratische Republik von Vietnam) sind eine Beleidigung der Intelligenz der amerikanischen Regierung und des amerikanischen Volkes angesichts des Verhaltens der DRV, das darin nicht erklärt wird; und ihre Wiederholung muß die Normalisierung der Beziehungen verhindern, die von der amerikanischen Regierung angestrebt wird.
>
> Die amerikanische Seite weist die Behauptung der DRV energisch zurück, daß nur die beiden südvietnamesischen Parteien für die Einhaltung der Bestimmungen des Artikels 7 der Pariser Vereinbarungen (die Infiltration betreffend) verantwortlich sind. Alle vier an den Vereinbarungen beteiligten Parteien sind für deren strikte Einhaltung verantwortlich. Die amerikanische Seite macht die DRV in vollem Umfang für die fortgesetzte Verletzung des Artikels 7 verantwortlich und verlangt, daß die DRV ihre Verantwortung anerkennt und das Einschleusen von Truppen und Kriegsmaterial nach Südvietnam einstellt, mit dem dieser Artikel und der Artikel 20 verletzt werden. Die amerikanische Seite verlangt außerdem, daß die DRV-Seite ihre Streitkräfte, wie Artikel 20 das vorschreibt, ohne Vorbedingungen aus Laos und Kambodscha abzieht ... Die amerikanische Seite möchte darauf hinweisen, daß die weitere Verletzung dieser Bestimmungen die ernstesten Konsequenzen haben wird.

Aber am Schluß unserer Note verbanden wir eine weitere Warnung mit dem Vorschlag für ein Zusammentreffen mit Le Duc Tho:

> Um jeder weiteren Verschlechterung der Lage vorzubeugen, schlägt Dr. Kissinger ein Treffen in Paris mit dem Sonderberater Le Duc Tho zu einem für beide Seiten geeigneten Zeitpunkt während der ersten Mai-Woche vor.

Unsere Absicht war jetzt, im April drei oder vier Tage dauernde Luftangriffe gegen die nordvietnamesischen Versorgungsbasen und Versorgungswege in Laos und gegen das Gebiet nördlich und südlich der entmilitarisierten Zone zu führen. Vor diesem Hintergrund rechneten wir damit, daß meine für Mai vorgesehenen Verhandlungen mit Le Duc Tho die Kontroversen in den Vereinigten Staaten beschwichtigen und die Nordvietnamesen zu größerer Vorsicht veranlassen würden.

Aber Hanoi bewies auch hier wie gewohnt starke Nerven. Ende April würden die Nordvietnamesen den Ho-Tschi-Minh-Pfad nicht mehr benutzen können, weil sich das ganze Gebiet während der Regenzeit in einen undurchdringlichen Sumpf verwandelte. Deshalb suchte Hanoi Zeit zu gewinnen und setzte seine illegalen Infiltrationen unbeirrt fort. Es beantwortete unsere Note erst nach zehn Tagen und erklärte sich am 15. April mit einem Zusammentreffen an jedem beliebigen Tag nach dem 15. Mai einverstanden. Le Duc Tho wollte bis dahin möglichst viel Zeit verstreichen lassen, denn er glaubte, daß wir vor Abschluß der Verhandlungen keine Luftangriffe mehr führen würden. Seine Berechnungen waren falsch, aber schließlich behielt er doch recht, und zwar wegen Watergate und nicht, weil er die Lage in Indochina richtig beurteilt hatte. Ohne Watergate hätten wir im April mit Sicherheit zugeschlagen.

Mitte April hatten die Nordvietnamesen ihre Streitkräfte in Südvietnam und den an der Grenze liegenden Bereitstellungsräumen um fünfunddreißigtausend Mann verstärkt. Damit verfügten sie jetzt über mehr Mannschaften und Kriegsmaterial als vor der Osteroffensive 1972. In normalen Zeiten hätte Nixon seine Empörung über eine solche Unverschämtheit nicht mehr beherrschen können, aber angesichts der schweren Belastungen durch Watergate zögerte er. Am 8. April hatte er Al Haig, der jetzt stellvertretender Chef des Stabes der Armee war, auf eine fünf Tage dauernde Erkundungsreise nach Indochina geschickt. Früher hätte darin der sichere Hinweis auf eine bedeutende Entscheidung gelegen, jetzt jedoch nicht mehr. Als Haig am 15. April, dem gleichen Tag, an dem auch die Note Hanois eintraf, seinen Bericht vorlegte, konnte sich Nixon wieder nicht entschließen. Durch sein Zögern mußte der vorgesehene Luftangriff sehr bald sinnlos werden, denn nach Beginn der Regenzeit wurde der Ho-Tschi-Minh-Pfad unpassierbar. Wir erhielten die Anweisung, eine neue Sitzung der WSAG einzuberufen, um festzustellen, welche Möglichkeiten uns noch offenstanden.

Nixon war einfach nicht mehr in der Lage, sich auf Vietnam zu konzentrieren. Heute wissen wir, daß seine Zeit vollständig durch Sitzungen und Telefongespräche über Watergate in Anspruch genommen wurde. So faßte er zum Beispiel am 14. April mit Haldeman und Ehrlichman den Entschluß, seinen alten Freund John Mitchell unter Druck zu setzen und zu veranlassen, »die moralische und rechtliche Verantwortung« zu übernehmen. Am 15. April, als wir das Gespräch über Vietnam führten, drängte Henry Petersen, der im Auftrag des Justizministeriums die Untersuchungen des Falles Watergate leitete, Nixon, Haldeman und Ehrlichman zu entlassen.

Wie ich Elliot Richardson wenige Tage darauf sagte, hielt ich nichts für gefährlicher als ein weiteres Hinausschieben der Entscheidung: »Die einzige Chance, die wir haben, liegt darin, daß diese Burschen sich nicht ausrechnen können, welchen Preis sie in jeder Phase werden bezahlen müssen.« Am folgenden Tag überlegten wir im Rahmen der WSAG, welche Möglichkeiten uns noch offenstanden. Die Sicherheit Südvietnams wurde nicht nur durch die über den Ho-Tschi-Minh-Pfad herangebrachten Verstärkungen bedroht, sondern wir hatten es jetzt auch mit einer neuen nordvietnamesischen Offensive im nördlichen Laos zu tun. Wir empfahlen daher, die dort eingesetzten norvietnamesischen Truppen mit Bomben anzugreifen und die Minenräumaktion einzustellen. Diese nicht sehr weit gehenden Beschlüsse wurden sofort in die Tat umgesetzt. Aber auf diese Weise wurde das Hauptproblem verschleiert – die Übergriffe auf dem Hauptkriegsschauplatz, in Südvietnam selbst. Am 16. April griffen von Jagdflugzeugen begleitete amerikanische B-52-Bomber Ziele in Laos an, und zwar als Vergeltung für die Einnahme des südlich der Ebene der Tonkrüge gelegenen Tha Vieng durch die Nordvietnamesen. Am 17. April wurden diese Angriffe fortgesetzt, und Verteidigungsminister Richardson erklärte auf einer Pressekonferenz, daß sie die Reaktion auf »eine flagrante Verletzung« des Waffenstillstands in Laos seien. Aber gegen die Einschleusung nordvietnamesischer Truppen über den Ho-Tschi-Minh-Pfad oder gegen die illegale Infiltration über die entmilitarisierte Zone wurde nichts unternommen, und daraus bestand eigentlich der Kern der Sache.

Zugleich kümmerten wir uns aber auch um die mögliche Aufnahme von Verhandlungen und beantworteten am 17. April mit einer scharfen Note die nordvietnamesische Botschaft vom 15. April »mit Empörung und Mißfallen«. Wir erklärten uns mit einem Treffen zwischen mir und Le Duc Tho einverstanden, dem jedoch ein vorbereitetes Treffen zwischen dem stellvertretenden nordvietnamesischen Außenminister Nguyen Co Thach und dem zweiten stellvertretenden Außenminister William Sullivan vorausgehen sollte.

Die WSAG trat am 17. April wieder zusammen. Die Joint Chiefs of Staff behaupteten wieder, daß sie den Ho-Tschi-Minh-Pfad in Südlaos – den einzigen Abschnitt dieses Versorgungswegs, der trotz der bevorstehenden Regenzeit noch benutzt wurde – nicht angreifen könnten, bevor sie nicht die kommunistischen Flugabwehr-Raketenstellungen südlich der entmilitarisierten Zone zerstört hätten.

Damit verlangten die Militärs wieder eine Verlängerung der militärischen Operationen auf volle sieben Tage andauernde Bombenangriffe. Damit war der Wendepunkt erreicht. Drei Tage zuvor hatte ich zu meinem Entsetzen von Leonard Garment erfahren, in welcher Weise sich Watergate auf den Präsidenten persönlich auswirken könnte. Ich war erschüttert, als ich zum erstenmal deutlich erkannte, daß Watergate das

Präsidentenamt im innersten Kern aushöhlen und jede Autorität vernichten konnte. Im vierten Kapitel habe ich berichtet, wie ich und andere darauf reagierten. Doch am 17. April wußte ich nicht, wie ich Nixon veranlassen sollte, sein rasch dahinschwindendes Prestige hinter neue, über längere Zeit dauernde Luftoperationen zu stellen, um eine Lage zu meistern, die durch sein eigenes Zögern entstanden war. Auf der Sitzung der WSAG schlug ich deshalb vor, wir sollen solange warten, bis es zu einer eindeutigen Provokation durch Hanoi gekommen wäre, und bis dahin mit unseren Planungen fortfahren. Die Mitglieder der WSAG, die mit den Feinheiten bürokratischen Manövrierens durchaus vertraut waren, begriffen sofort, daß es jetzt einen Kurswechsel geben werde. Bisher hatte unsere Strategie darin bestanden, eine größere Herausforderung zu verhüten und nicht darauf zu warten, bis es soweit war. (Nach unserer Schätzung hatten wir bis dahin noch fast ein Jahr Zeit.) Die nun getroffene Entscheidung bedeutete, daß wir einen Präventivschlag auf unbestimmte Zeit verschoben hatten. So würde Südvietnam früher oder später die ganze Wucht der unbehinderten nordvietnamesischen Truppenverstärkung zu spüren bekommen.

Wie wir an der sehr zurückhaltenden Reaktion Hanois auf die Luftangriffe erkennen konnten, hatten wir eine entscheidende Gelegenheit ungenutzt vorübergehen lassen. Fünf Jahre lang hatten unsere Kritiker unbeirrt die Auffassung vertreten, energische Maßnahmen verschlechterten das Verhandlungsklima. Die Wirklichkeit sah ganz anders aus. Wir hatten jedesmal festgestellt, daß Hanoi nie zugänglicher war als nach einem energischen amerikanischen Schlag. Auch in diesem Fall reagierte Hanoi auf unsere Bombenangriffe im nördlichen Laos und die harte Note vom 17. April mit der Zustimmung zu den Vorbesprechungen zwischen Thach und Sullivan am 20. April. In die nordvietnamesische Note hatte sich eine Freudsche Fehlleistung eingeschlichen (vielleicht handelte es sich aber auch um einen technischen Übermittlungsfehler); es hieß, Hanoi »respektiert« die Pariser Vereinbarungen »strikt und befolgt sie *skrupellos* (sic!)« – eine der wenigen Mitteilungen Hanois, denen wir uneingeschränkt zustimmen konnten.

Aber unsere Strategie wurde aus den Angeln gehoben, denn es zeigte sich inzwischen, daß wir nicht in der Lage waren, den militärischen Teil unseres ursprünglichen Plans zu verwirklichen. Deshalb würde auch mein Zusammentreffen mit Le Duc Tho unter ganz anderen Voraussetzungen stattfinden müssen. Am 21. April unterrichtete ich Nixon vom Inhalt der nordvietnamesischen Note. Dann unterhielten wir uns über eine für den 26. April vorgesehene Sitzung des Nationalen Sicherheitsrats, auf der die endgültige Entscheidung getroffen werden sollte. Diese Sitzung hat niemals stattgefunden. Watergate hätte das Ergebnis ohnedies vorausbestimmt. In nicht sehr taktvoller Form machte ich Nixon begreiflich, daß wir unser Vorhaben jetzt nicht mehr in die Tat umsetzen konnten, indem ich ihm sagte: »Wenn wir nicht diese verdammte innenpolitische Situation hätten, dann könnten wir die Einhaltung der Vertragsbestimmungen durch eine Woche dauernde Bombenangriffe erzwingen.« Und um zu zeigen, daß ich mich nun wirklich dazu durchgerungen hatte, taktlos zu sein, fügte ich folgende unpassende Bemerkung hinzu: »Einen Vorteil bietet uns Watergate wenigstens; alles andere (die Bombenangriffe in Laos) verschwindet jetzt auf Seite 20 (der Zeitungen).« Nixon ging auf diesen Ton ein und antwortete: »Sogar der zehnprozentige Anstieg der Inflation wird auf Seite 20 verbannt.«

Am 23. April wurde deutlich, daß der Präsident nicht mehr in der Lage war, irgendwelche Gegenmaßnahmen zu ergreifen. Ich sagte zu Haig:

> Mein Problem besteht darin, daß ich nicht weiß, was wir in diesem Klima noch tun sollen. Nehmen wir an, wir fangen an zu bombardieren. Dann wird sich die ganze Opposition im Kongreß zusammenschließen . . . Ich zweifle nicht daran, daß wir sie (die Nordvietnamesen) zum Rückzug zwingen könnten, hätten wir nicht diese ganze Schweinerei am Hals.

Ende April 1973 lag daher unsere ganze Vietnam-Strategie in Scherben. Angesichts der flagranten Übergriffe Nordvietnams und der Greuel, von denen die zurückgekehrten Kriegsgefangenen berichteten, strich der Kongreß verständlicherweise die Wirtschaftshilfe für Hanoi fast vollständig: Byrds Gesetzesvorlage, nach der jede direkte oder indirekte Hilfe der besonderen Zustimmung des Kongresses bedurfte, wurde mit 88 : 3 Stimmen angenommen. Dann verloren wir aus innenpolitischen Gründen die Möglichkeit, unseren Willen mit Hilfe von Bombenangriffen durchzusetzen. Im Juni sollte der Kongreß jede militärische Aktion durch Gesetz verbieten, aber das »Fenster«, das uns in jenen ersten Monaten des Jahres 1973 noch offenstand, wurde letztlich durch die von Watergate herrührende Schwächung der Regierung zugeschlagen.

In dieser Atmosphäre bekam ich bei meiner nächsten Begegnung mit Le Duc Tho eine neue Realität zu spüren. Ich kam nicht als der Vertreter eines Amerika, das eben bewiesen hatte, welch empfindliche Strafen ein Wortbruch zur Folge hat, sondern als jemand, der keine Trumpfkarten mehr in der Hand hat.

In Paris standen mir zahlreiche Gespräche mit Le Duc Tho bevor, die (mit Unterbrechungen) vom 17. Mai bis zum 13. Juni dauerten. Das ganze Unternehmen war von bösen Vorzeichen begleitet. Das Ungewöhnlichste war eine Nachrichtendienstmeldung, die mir auf dem Flug nach Paris zugestellt wurde – ein nordvietnamesischer Bericht, der schilderte, wie die Viet Cong-Führer ihre Untergebenen im Kampfgebiet über die Lage unterrichteten. Die Meldung bestätigte, was wir von der Verstärkung der bereitgestellten nordvietnamesischen Truppen wußten, und sprach von einer in Vorbereitung befindlichen »Generaloffensive«. Aber nach den Aussagen der Viet Cong sollte sie verschoben werden, bis Watergate die Autorität des amerikanischen Präsidenten vollständig lähmte und unseren südvietnamesischen Verbündeten demoralisierte. In dieser Lagebeurteilung wurde richtig vorausgesagt, daß der schwer angeschlagene Präsident nicht mehr über die Autorität verfügte, Vergeltungsmaßnahmen gegen nordvietnamesische Übergriffe durchzusetzen.

> Die Watergate-Untersuchungen . . . haben bereits bewiesen, daß die letzten amerikanischen Präsidentschaftswahlen ein Schwindel gewesen sind, viele Mitglieder des Stabes des Weißen Hauses haben ihren Rücktritt angeboten. Deshalb . . . muß auch Präsident Nixon zurücktreten, weil er nicht mehr über das notwendige Ansehen verfügt, um die Vereinigten Staaten zu führen. Die Schwächung seiner Autorität in der amerikanischen Regierung erzeugt jetzt günstige Voraussetzungen für den Kampf der NLF in Südvietnam* und wird zu einer neuen amerikanischen Politik in Indochina führen. Selbst wenn Präsident Nixon im Amt bleibt . . ., wird er es nicht wagen, in Nord- oder Südvietnam so scharfe Maßnahmen wie Luftangriffe oder Bomben angriffe zu ergreifen, weil der amerikanische Kongreß und das amerikanische Volk leidenschaftlich Einspruch erheben werden.

Ebenso wie in den Jahren der Friedensverhandlungen stimmte Hanoi auch jetzt sein Verhalten auf die innenpolitische Lage in den Vereinigten Staaten ab. Für die Beurteilung dieser Lage stand den Nordvietnamesen reichlich Beweismaterial zur Verfügung. Anfang Mai begann der Kongreß, gegen den Krieg gerichtete Anträge, die bisher im Reprä-

* Die Nationale Befreiungsfront (NLF) war der ursprüngliche offizielle Name des Viet Cong, der südvietnamesischen Kommunisten. Später nannten sie sich Provisorische Revolutionsregierung (PRG). Sie gab vor, eine aus Südvietnamesen bestehende Widerstandsbewegung zu sein. Als die nordvietnamesische Armee Südvietnam im April 1975 besetzte, wurde diese Fiktion aufgegeben. Einige Führer der PRG sitzen heute im Gefängnis, wahrscheinlich weil sie die Propaganda, die PRG sei von Hanoi unabhängig, zu ernst genommen haben.

sentantenhaus gewöhnlich abgelehnt worden waren, zu genehmigen. So strich das Repräsentantenhaus zum Beispiel am 10. Mai mit 219 gegen 188 Stimmen die Mittel für die Bombenangriffe in Kambodscha. Am 31. Mai war das Stimmenverhältnis im Senat zur gleichen Entscheidung 63:19. Nur drei demokratische Senatoren – James Eastland, Henry Jackson und Russell Long – gaben ihre Stimme zusammen mit sechzehn Republikanern für den Antrag des Präsidenten ab. Zwanzig Republikaner schlossen sich dreiundvierzig Demokraten an und stimmten der Streichung der für die Bombenangriffe erforderlichen Mittel zu.

Aus welchem Grund begann die Regierung jetzt, im Kongreß Stimmen zu verlieren, die ihr während der vergangenen vier Jahre immer sicher gewesen waren? Zum Teil, weil die Pariser Vereinbarungen für die meisten Amerikaner den »Frieden« bedeuteten; mit anderen Worten, die Vereinigten Staaten befanden sich nicht mehr im Krieg. Aber um es noch konkreter auszudrücken: Die bisher – gewöhnlich erfolgreich – verwendete Begründung des Präsidenten, militärische Maßnahmen wären zum Schutz amerikanischer Soldaten notwendig, galt nicht mehr, nachdem alle amerikanischen Streitkräfte abgezogen waren. Immerhin hätte Nixon dem amerikanischen Volk sagen können, daß wir nicht etwas aufgeben dürften, wofür fünfzigtausend Amerikaner gestorben waren. Ein mit einer so gewaltigen Stimmenmehrheit wiedergewählter Nixon hätte sich vielleicht wie schon so oft durchsetzen können. Aber im Sumpf von Watergate verlor der Präsident seine politische Durchsetzungskraft, er besaß diese Möglichkeit nicht mehr.

Hätte Hanoi auch den Inhalt unserer internen Beratungen gekannt, dann hätte es festgestellt, daß wir in eine bürokratische Sackgasse geraten waren, aus der uns ein geschwächter Präsident nicht herausführen konnte. Das Weiße Haus, die Joint Chiefs of Staff und der CIA-Direktor Schlesinger befürworteten rechtzeitige Präventivmaßnahmen gegen die ständigen Infiltrationen. Einige Fachleute der CIA und die Zivilbeamten im Pentagon sprachen sich dafür aus, es den Südvietnamesen zu überlassen, die Einhaltung der Vereinbarungen zu erzwingen, womit nichts anderes als der Zusammenbruch dieser Vereinbarungen stillschweigend geduldet wurde, denn die südvietnamesische Armee hatte genug damit zu tun, ihre Stellungen zu verteidigen, und verfügte über keine Langstreckenflugzeuge, mit denen sie die Versorgungswege der Nordvietnamesen hätte angreifen können. Das Außenministerium wollte mit der ganzen Sache nichts zu tun haben und war froh, daß für diesen Problemkreis in erster Linie ich verantwortlich war. Über die Absichten der Nordvietnamesen waren die Meinungen bei der CIA geteilt. Die einen glaubten, daß sie bald etwas unternehmen würden, um

Thieus innenpolitische Erfolge zunichte zu machen. Eine andere Gruppe meinte, daß Hanoi zunächst seine Versorgungsbasen aufbauen würde, um viel später den entscheidenden Angriff zu führen. So übernahm die CIA die normale Rolle eines Nachrichtendienstes, der ausgewogene Entscheidungsprozesse ermöglichen soll. Gewöhnlich folgen die nachrichtendienstlichen Lagebeurteilungen der vorherrschenden Meinung und schaffen nicht von sich aus die Grundlagen, um die günstigsten politischen Entscheidungen zu treffen.

In einer Krise gibt es fast immer Meinungsverschiedenheiten zwischen den Tauben, die nach Gründen suchen, Entscheidungen zu verzögern, und ihre Haltung unter dem Mäntelchen »Diplomatie« tarnen, wodurch, wenn man nicht die notwendigen Druckmittel in der Hand hat, alles nur hinausgeschoben, aber nichts bewirkt wird, und den Falken, die sich für frühzeitige Präventivmaßnahmen aussprechen. Im allgemeinen scheinen die Befürworter der Passivität zu Beginn einer Krise die besseren Argumente zu haben, weil die Risiken einer Handlung deutlich erkennbar sind, während diejenigen der Passivität in einer ferneren Zukunft liegen oder sich nur vermuten lassen. Das Schlimme bei jeder Präventivmaßnahme liegt in dem Umstand, daß sich nicht beweisen läßt, ob sie notwendig gewesen ist. Ist man jedoch nur bereit, schrittweise vorzugehen, dann wird man zum Gefangenen der Ereignisse. Kaum jemand kann der Versuchung widerstehen, beide Wege kombinieren zu wollen, bürokratische Kompromisse zu schließen, anstatt reale Lösungen zu suchen, oder beides miteinander zu verwechseln. Dabei wird die Politik der Falken mit Methoden der Tauben gekoppelt, wodurch eine erfolgreiche Verwirklichung der Absichten unmöglich wird (das Schweinebucht-Syndrom). Oder die Politik der Tauben wird mit der Rhetorik der Falken verknüpft (das Syndrom der amerikanischen Geiseln im Iran). Im Hinblick auf die Verletzungen der Pariser Vereinbarungen hatten wir uns der Rhetorik der Falken bedient, wurden aber dazu gezwungen, uns wie Tauben zu verhalten. Zum erstenmal hatten wir gedroht und unsere Drohungen nicht wahrgemacht.

Le Duc Tho machte sich daraufhin das Vergnügen, seine uns schon allzu gut bekannte Unverschämtheit zu einer neuen Kunstform hochzustilisieren. Er wußte, daß ich bluffte, und ließ es mich fühlen. Während eines Gesprächs zu Beginn unserer Verhandlungen suchte er wieder unsere innenpolitischen Spaltungen auszunutzen:

Le Duc Tho: Sie haben die Truppen der Regierung in Vientiane mit Ihren Luftstreitkräften unterstützt und mit Ihren Übergriffen gegen die unter Kontrolle der Pathet Lao stehenden Gebiete die Vereinbarungen über Laos verletzt. Im Hinblick auf Kambodscha haben Sie Ihre Luftangriffe erheblich gesteigert, und der amerikanische Senat und das

Repräsentantenhaus sind gegen die Luftangriffe der Nixon-Regierung in Kambodscha.

Kissinger: Darf ich den Sonderberater an eine Regel erinnern, über die wir vor drei Jahren gesprochen haben und die eingehalten werden sollte? Sie haben sich bei Ihren Beurteilungen ständig geirrt. Sie werden sich wieder täuschen. Aber im übrigen lassen Sie uns nicht weiter darüber reden.

Le Duc Tho: Lassen Sie mich meinen ersten Satz beenden. Da der Senat und das Repräsentantenhaus die Bombenangriffe in Kambodscha als ungesetzlichen Akt ansehen, haben sie sich geweigert, die Geldmittel für die Ausführung dieser Angriffe in Kambodscha zur Verfügung zu stellen. Ich weise nur auf diese Tatsache hin, daß die Steigerung der Bombenangriffe in Kambodscha eine falsche Maßnahme ist; nicht nur wir sind dagegen, sondern auch das amerikanische Volk ist gegen die Bombenangriffe in Kambodscha. Das ist es, was ich erwähnen wollte.

Kissinger: Das amerikanische Volk ist unser Problem, nicht das des Sonderberaters. Und wenn er sich erinnert, dann hat er mit seiner Beurteilung nicht immer recht gehabt.

Le Duc Tho: Ob ich recht oder unrecht gehabt habe, Sie sind sich dessen bewußt.

Kissinger: Aber wir brauchen uns damit nicht aufzuhalten. Wir wollen zu anderen Fragen übergehen.

Das war die fast wörtliche Wiederholung zahlreicher in den vergangenen Jahren geführter Gespräche. Das Schlimme war nur, Le Duc Tho und im tiefsten Innern auch ich wußten, daß er sich diesmal *nicht* irrte. Nixon würde diesmal nicht ein Kaninchen aus dem Zylinder ziehen können. Die militärischen Aktionen, die wir noch (in Kambodscha) durchführten, wurden vom Kongreß leidenschaftlich angegriffen. Unsere noch einsatzfähigen Interventionsstreitkräfte in Thailand und auf See wurden drastisch reduziert. Ich kämpfte verzweifelt, aber vergeblich gegen das Verlangen des Pentagon, Luft- und Seestreitkräfte aus Südostasien abzuziehen, um die knappen Mittel für die Beschaffung neuer Waffen verwenden zu können.

Vielleicht hätte ich die Verhandlungen absagen sollen, als ich erkannte, daß wir die Luftangriffe nicht durchführen konnten, die diesen Verhandlungen vorausgehen sollten. Die innenpolitische Katastrophe bedeutete den außenpolitischen Bankrott. Wir konnten nur noch verhandeln und hoffen, daß milder Zwang – und Bluff – etwas erreichen. Wie unsere Kritiker verlangt hatten, standen uns jetzt nur noch die Mittel der Diplomatie zur Verfügung. Hätten wir die Gespräche abgesagt und anschließend militärisch nichts unternommen, hätte darin ein Eingeständnis gelegen, das Nixon nicht einmal sich selbst gegenüber zu machen wagte: daß er die Autorität verlor, die er brauchte, um eine sinnvolle Außenpolitik zu betreiben. Es hatte keinen Sinn, so deutlich zu zeigen, in einer wie tragischen Situation er sich befand. Dadurch wären nur die Schwächung des Zentrums beschleunigt und andere internationale Herausforderungen angeregt worden.

Deshalb spielte ich die Scharade mit Le Duc Tho weiter, die zwar keinen Erfolg, aber auch keine wesentlichen Rückschläge brachte. In drei Sitzungsperioden – vom 17. bis zum 23. Mai, vom 6. bis zum 9. Juni und vom 12. bis zum 13. Juni – besprachen wir alle Bestimmungen der Pariser Vereinbarungen und versuchten dabei, für die Erfüllung der Vertragsbedingungen, die nach Auffassung beider Seiten noch nicht erfüllt waren, neue Termine festzulegen.

Wir einigten uns am 13. Juni über ein gemeinsames Kommuniqué, in dem bestimmte Verpflichtungen neu definiert wurden. Aber das war nur Schattenboxen. Denn niemand konnte erwarten, daß eine neue Absprache, deren Einhaltung nicht erzwungen werden konnte, eher beachtet werden würde als die schon bestehende, die ja auch nicht beachtet wurde. Die Gespräche hatten jedoch eine zufällige Auswirkung – und zwar keine glückliche, und ich werde kurz darüber sprechen –, aber die Verhandlungen selbst bestanden aus einer Flut von Unverschämtheiten, mit denen Le Duc Tho mich überschüttete, während es mir nur gelang, ein paar prägnante Einzeiler dazwischenzuschieben.

»Es ist ein Beitrag zur Geschichte der zwischenstaatlichen Beziehungen«, sagte ich, »wenn dreihundertfünfzig Panzer, dreihundert weitreichende Geschütze und die zur Ausrüstung mehrerer Bataillone dienenden Fliegerabwehr-Geschütze und Raketen als zivile Güter klassifiziert werden, die nicht den Beschränkungen des Artikels 7 unterliegen.« Im zweiten Kapitel habe ich berichtet, daß die Nordvietnamesen auf die geniale Idee gekommen waren, alles, was nicht über die internationalen Kontrollpunkte von außen nach Südvietnam kam, als zivile Handelsware anzusehen, und zwar ohne Rücksicht darauf, was wir darüber dachten. Le Duc Thos Antwort begann mit den Sätzen: »Ihr Nachrichtendienst hat sich geirrt. Ich möchte darauf hinweisen, daß Ihr Nachrichtendienst manchmal einen Elefanten für einen Panzer hält.« Ich fragte ihn, ob er durch seine neu gebauten Ölleitungen Wasser nach Südvietnam pumpte, um die Elefanten dort zu tränken. Die Antwort von Le Duc Tho war ganz klar: »Sie sehen das falsch. Aber ich glaube, Sie begreifen auch, daß, militärisch gesprochen, die militärischen Operationen der PRG gewisse Reserven brauchen. Wenn also nun die Regierung in Saigon ihre militärischen Operationen fortsetzt, dann werden diese Reserven genügen, damit fertigzuwerden.«

Nun fragte ich ihn, ob er alles tun könnte, um alle Elefanten in Nordlaos zu lassen? »Wenn die Elefanten hungrig und durstig sind«, sagte Le Duc Tho lachend, »dann müssen sie sich etwas zu fressen und zu trinken suchen!« Als er bestritt, daß Hanoi systematisch die Pariser Vereinbarungen verletzte, antwortete ich: »Wenn das nicht systematisch gewesen ist, möchte ich mir nicht vorstellen, was Sie unternehmen würden, wenn Sie systematisch sein wollen. Wenn es Zufall gewesen ist, dann möchte ich nicht daran denken, zu was Sie fähig sein könnten.« Le Duc Tho behauptete, die Verletzungen des Waffenstillstandes seien ein zweitrangiges Problem, weil beide Seiten praktische Erfahrungen bei der Durchführung von Feuereinstellungen aus Anlaß »irgendwelcher Feste oder nationalen Feiertage« hätten (damit meinte er zum Beispiel die jährliche Feuereinstellung zu Weihnachten). Ich erinnerte ihn sarkastisch an die Tet-Offensive: »Nur nicht 1968. 1968 gab es ein kleines Problem, als nicht alle nordvietnamesischen Verbände rechtzeitig verständigt werden konnten . . .«

Nun machte Le Duc Tho die Beachtung des Infiltrationsverbots davon abhängig, daß der Waffenstillstand wirksam würde, was Hanoi wiederum unmöglich machte. Schließlich erklärte er sich bereit, innerhalb von fünfzehn Tagen drei Kontrollpunkte einzurichten, über die der Ersatz für verbrauchtes Rüstungsmaterial nach Süden gebracht werden durfte. Diese Zusage hat er nicht eingehalten.

Verhandlungen werden nicht durch Debatten über strittige Punkte oder sarkastische Bemerkungen gefördert, wie wir sie austauschten, es kommt vielmehr darauf an, Interessen und Risiken auszugleichen. 1972 war es uns gelungen, in Saigon eine mit uns verbündete Regierung an der Macht zu halten, weil Hanoi den Abzug unserer Truppen aus Südvietnam nicht erzwingen konnte, weil die Verminung der nordvietnamesischen Häfen durch uns sich ungünstig auf die Versorgungslage auswirkte und weil unsere Bombenangriffe es den Nordvietnamesen unmöglich machten, Offensivoperationen mit starken Kräften durchzuführen. 1973 hatten wir keine Druckmittel mehr in der Hand, und am Konferenztisch konnte ich nur noch mit Tricks arbeiten.

So habe ich bei meinen Versuchen, Le Duc Tho in die Enge zu treiben, oft gewünscht, daß diejenigen, die von uns verlangt hatten, nur mit diplomatischen Mitteln zu arbeiten und auf jede Anwendung von Gewalt zu verzichten, mit ansehen müßten, was ich hier erlebte. Le Duc Tho bestritt zum Beispiel, daß Nordvietnam irgendwelche südvietnamesischen Zivilgefangenen festhielt. Der folgende Wortwechsel zeigt, welche Unverschämtheiten er sich erlauben konnte, weil er sich nicht darum zu sorgen brauchte, daß wir mit militärischen Mitteln reagierten:

Le Duc Tho: Was nun die Behauptung der Regierung in Saigon betrifft, daß wir zahlreiche Zivilgefangene festhielten ... so trifft sie in Wirklichkeit nicht zu. Denn in der PRG-Region gibt es keine Voraussetzungen dafür, so viele Gefangene festzuhalten, und wir haben keine Gefängnisse dafür. Im übrigen entlassen wir sie sofort, nachdem wir sie gefangen haben.

Kissinger: Wenn Sie sie sofort entlassen, warum nehmen Sie sie dann erst gefangen?

Le Duc Tho: Weil wir keine Unterbringungsmöglichkeiten haben. Außerdem ist es schwierig, sie zu verpflegen.

Kissinger: Warum machen Sie sich dann die Mühe, sie überhaupt zu fangen?

Le Duc Tho: Sie haben ein Verbrechen begangen, und deshalb müssen wir sie festnehmen. Aber die Verpflegungsfrage ist nicht leicht zu lösen, und außerdem haben wir nicht genug Gefängnisse, um sie einzusperren. Die Verpflegung unserer Truppen erfordert große Anstrengungen von uns. Sie (die Südvietnamesen) nehmen die Behauptung zum Vorwand, um die Rückgabe der Zivilgefangenen hinauszuzögern.

Kissinger: Ich muß sagen, daß der Sonderberater nie aufhört, mich in Erstaunen zu versetzen. Aber ich bin immer bereit, etwas zu lernen. Diese Art der Strafjustiz ist ganz neu, Menschen, die ein Verbrechen begangen haben, nur zu dem Zweck festzunehmen, um sie wieder freizulassen.

Le Duc Tho: Es gibt zwei Arten der Rechtsprechung. Ihre Rechtsprechung unterscheidet sich von der unseren. Sehen Sie, nach unserer Rechtsprechung nehmen wir sie gefangen, erziehen sie und lassen sie dann wieder frei. Nach Ihrer Methode der Rechtspflege nehmen Sie unschuldige Menschen fest und foltern sie moralisch und physisch. Das sind also zwei verschiedene Arten der Rechtsprechung. Aber Sie sind sich dessen nicht bewußt.

Kissinger: Nun ja, bei uns befinden sich ein paar Gefangene, die Ihre Rechtsprechung kennen.

Die imperialistischen Bestrebungen Nordvietnams, die unsere innenpolitischen Gegner so energisch bestritten, zeigten sich jetzt mit aller Deutlichkeit. Artikel 20 der Pariser Vereinbarungen verlangte den Abzug aller ausländischen Streitkräfte aus Laos und Kambodscha. Le Duc Tho wich dieser Verpflichtung aus, indem er ebenso argumentierte wie im Februar, als ich in Hanoi mit ihm sprach. Er erklärte, daß diese Bestimmung erst in Kraft treten könnte, wenn für beide Länder eine politische Lösung gefunden sei – was wir in den Friedensverhandlungen ausgeschlossen hatten, weil in keinem der beiden Länder auch nur im entferntesten eine Lösung denkbar war. Im Hinblick auf Laos gelang es uns, eine schriftliche Vereinbarung zustande zu bringen, nach der bis zum 1. Juli 1973 eine politische Lösung erreicht werden sollte. Erst am 29. Juli kamen wir zu einer vorläufigen Vereinbarung, nach der man sich bis zum 14. September über eine Koalitionsregierung einigen sollte; bis zum 15. April 1974 sollte die Koalitionsregierung eingesetzt werden – was alles in keinem Zusammenhang mit dem Abzug der nordvietnamesischen Truppen stand. Mehr als fünfzigtausend nordvietnamesische Soldaten blieben in Laos, bis das Land 1975 überrannt wurde und von der Unabhängigkeit nichts mehr übrigblieb. Die meisten dieser Soldaten sind noch heute als Besatzungsarmee in Laos stationiert.

Bei der Behandlung des Themas Kambodscha übertraf Le Duc Tho sich selbst. Ebenso wie bei Laos verlangte er eine politische Lösung *vor* dem Truppenabzug. Aber die einzige politische Lösung, die für ihn in Frage kam, war die Ausschaltung Lon Nols und ein vollständiger Sieg der Kommunisten. »Sie sagen damit«, erklärte ich völlig erschöpft, »entweder müssen wir Lon Nol umbringen, oder er darf es selbst tun?« Diese Möglichkeit schien ihn nicht im geringsten zu stören. Schließlich hatte er vor zwei Jahren selbst den Vorschlag gemacht, Thieu umzubringen, und hatte dafür seine Hilfe angeboten.[11] »Sie haben mir eine Frage gestellt«, antwortete er ungerührt, »und ich rede ganz offen mit Ihnen. Ich habe Ihnen nur meine persönlichen Auffassungen vorgetragen. Ich spreche nur von der wirklichen Lage.«

Mit anderen Worten: Nur die Machtübernahme durch die Kommunisten würde als politische Lösung anerkannt werden. Verhandlungen gab es nicht, weil die Roten Khmer – die kambodschanischen Kommunisten – sich ihnen entschieden widersetzten, wie ich weiter unten näher erläutern werde. Mein Vorschlag, mit Sihanouk zu verhandeln, interessierte Le Duc Tho nicht, und zwar zum Teil sicherlich deshalb, weil er dafür nicht die Zustimmung der Roten Khmer gewinnen konnte, zum Teil, weil Sihanouk nach seiner Auffassung zu sehr unter dem Einfluß der Chinesen stand. Aber Le Duc Tho muß auch an die Zukunft und die Widerspenstigkeit der mit ihm verbündeten Khmer gedacht haben, denn er ließ sich für die Zeit *nach* einem Sieg der Roten Khmer in Kambodscha eine Hintertür offen. Deshalb mußte er zugeben, daß vietnamesische Truppen in Kambodscha stationiert waren. Aber er behauptete, daß sie nicht aus Nordvietnam kämen. Le Duc Tho behauptete, daß es kambodschanische Bürger vietnamesischer Herkunft wären, die in Kambodscha geboren und dort rekrutiert worden seien. Daraus folgte, daß es sich im Sinne des Artikels 20 der Pariser Vereinbarungen nicht um »ausländische« Truppen handelte. Deshalb brauchten diese

Verbände auch im Fall eines kommunistischen Sieges das Land nicht zu verlassen.

In der Kambodscha-Frage konnte ich nicht mehr erreichen als eine gemeinsame Bestätigung der Gültigkeit des Artikels 20, der den Abzug ausländischer Truppen verlangte, aber Hanoi beharrte trotzdem auf seiner exzentrischen Interpretation dieses Begriffs. Dazu vereinbarten Nordvietnam und die Vereinigten Staaten inoffiziell, »die größten Anstrengungen zu unternehmen, um das Kambodscha-Problem friedlich zu lösen«. Zu mehr hatte sich Hanoi auch zur Zeit der Pariser Vereinbarungen nicht verpflichten wollen, als Le Duc Tho darauf hinwies, daß Hanoi auf seine kambodschanischen Verbündeten keinen großen Einfluß hätte. Le Duc Tho weigerte sich auch, auf unseren Vorschlag einzugehen, daß wir uns beide um einen Waffenstillstand in Kambodscha bemühen sollten. Die »Anstrengungen« Hanois um eine Lösung der Kambodscha-Frage bestanden darin, daß die Nordvietnamesen vierzigtausend Soldaten auf kambodschanischem Boden stationierten und den mörderischen Roten Khmer Waffen lieferten, sie ausbildeten und logistisch unterstützten. Was wir getan haben, werde ich weiter unten schildern.

Aber die von Mai bis Juni 1973 dauernden Verhandlungen in Paris blieben nicht ohne Wirkung. Rückblickend glaube ich, daß sie unter anderem auch zur weiteren Demoralisierung Saigons beigetragen haben. In vieler Hinsicht waren unsere Dispute mit Saigon über die Friedensgespräche eine Wiederholung der Kontroversen von 1972. Wie damals wußte die Regierung in Saigon, daß wir uns mit Le Duc Tho treffen wollten, und gab ihre Zustimmung. Jedenfalls haben die Südvietnamesen niemals irgendwelche Einwände dagegen erhoben. (Es ist durchaus möglich, daß sie geglaubt haben, das Treffen werde auf einen militärischen Gegenschlag der Vereinigten Staaten gegen die Übergriffe Hanois folgen, wie wir es ursprünglich geplant hatten; wir haben etwas Derartiges aber niemals ausdrücklich zugesagt.) Ich war entschlossen, es nicht wieder zu denselben Mißverständnissen wie im vergangenen Jahr kommen zu lassen. Deshalb legte ich zunächst jeden Textentwurf der Regierung in Saigon vor. Jeden Abend traf ich in der Residenz unseres Botschafters in Paris mit einer südvietnamesischen Verhandlungsdelegation zusammen. Während der ersten Phasen meiner Gespräche mit Le Duc Tho hat mir Saigon manche wertvolle Anregung gegeben. Nichts deutete auf eine Kontroverse hin. Dann ging uns allmählich auf, welche Taktik Saigon verfolgte. Immer häufiger erklärte die südvietnamesische Delegation, daß sie keine Anweisungen aus Saigon hätte. Einmal schlug Saigon zum Beispiel vor, die Paragraphen in dem Dokument neu zu numerieren. Dabei sollten alle nordvietnamesischen

Verpflichtungen an den Anfang gesetzt werden, die südvietnamesischen Verpflichtungen sollten folgen – im Grunde ein unsinniger Vorschlag, denn die Nummern der Abschnitte in dem neuen Dokument entsprachen genau denen der Pariser Vereinbarungen – und das war ganz natürlich, denn die Abschnitte in dem neuen Dokument behandelten die Durchführung der im ersten enthaltenen Bestimmungen.

Trotzdem gab ich den Vorschlag Saigons weiter und mußte wieder einmal erkennen, zu welchen gedanklichen Bocksprüngen vietnamesische Gehirne fähig sind. Le Duc Tho erblickte nichts Ungewöhnliches in diesem Verlangen. Im Gegenteil, er hielt es für eine großartige Idee. Er ging darauf ein, kehrte jedoch die Reihenfolge um und verlangte, daß die Verpflichtungen Südvietnams zuerst und die Hanois an zweiter Stelle aufgeführt werden sollten. Nach einiger Mühe kam ich dahinter, weshalb meine vietnamesischen Gesprächspartner soviel Wert auf die Reihenfolge der Paragraphen legten. Im Gegensatz zu allen Maximen des Internationalen Rechts und zu allen praktischen Erfahrungen auf diesem Gebiet schienen beide vietnamesischen Parteien zu glauben, daß die Reihenfolge der Paragraphen auch die Reihenfolge der Durchführung der darin enthaltenen Bestimmungen entschied – wenigstens psychologisch. Jede Seite wollte, daß die jeweils andere zunächst *alle* ihr auferlegten Verpflichtungen erfüllte, bevor sie selbst daranging, *überhaupt* irgendwelche Verpflichtungen zu erfüllen.

Allmählich ging Saigon von Störmanövern zu detaillierten Einwänden über, die zum Teil geradezu lächerlich wirkten. Außerdem stellten die Südvietnamesen jedesmal, wenn es so aussah, als würden ihre Forderungen erfüllt, neue und andere Forderungen auf. Aber diese Manöver waren, sosehr sie uns auch ärgerten, nicht nur Ausdruck bösen Willens. Die Besorgnis Saigons war besser fundiert, als es die südvietnamesische Delegation zum Ausdruck bringen konnte. Südvietnam führten einen Kampf um das Überleben. Der Feind hatte gegen jede wichtige Bestimmung der Vereinbarungen verstoßen, ohne dafür zur Rechenschaft gezogen zu werden. Allein die Tatsache, daß zwischen den Vereinigten Staaten und Hanoi Verhandlungen geführt wurden, als hätten die Maßnahmen der Verhandlungspartner das gleiche moralische Gewicht, konnte die rechtliche Stellung Saigons schwächen, von seiner Moral gar nicht zu reden. Hier ging es um viel mehr als verletzten Stolz.

Ein typisches Beispiel stellten die ständigen Streitereien um die Behandlung der Verbindungsoffiziere des Viet Cong dar, die dem gemeinsamen Militärausschuß beider Parteien zugeteilt und in den verschiedenen Bezirksstädten stationiert waren. Sie befanden sich praktisch unter südvietnamesischem Hausarrest. Wir schlugen die Verlegung der Offiziere des Ausschusses und der Verbindungsoffiziere aus den Städten an die Demarkationslinie im Dschungel zwischen den beiden zu überwachenden Zonen vor, wo auch ihre praktischen Aufgaben lagen, weil wir es für vernünftig hielten, sie aus den dicht bevölkerten Gebieten abzuziehen. Aber damit berührten wir bei den Südvietnamesen einen empfindlichen Punkt, denn damit würde Südvietnam in zwei von verschiedenen Kräften kontrollierte Gebiete geteilt werden, so winzig auch die vom Viet Cong beherrschte Region war, und die uneingeschränkte Souveränität Saigons wurde in Frage gestellt. Aus diesem Grund ging auch Le Duc Tho bereitwillig auf unseren Vorschlag ein.

Doch Saigon konnte sich mit seinen Auffassungen durchsetzen und Änderungen bestimmter Vertragsbedingungen bewirken, über die wir uns schon mit den Nordvietnamesen geeinigt hatten. Der gemeinsame Militärausschuß wurde an den von Südvietnam bevorzugten Ort verlegt, und Saigon sollte den Text der Vereinbarungen mit unterzeichnen. Aber eine Veränderung der Vertragsklauseln konnte an der bestehenden Realität nichts ändern, wie sehr deutlich in einem Bericht des zweiten stellvertretenden Außenministers, William Sullivan, zum Ausdruck kam, den ich in einer Verhandlungspause nach Saigon geschickt hatte, um sich dort mit Thieu zu beraten:

> Was ihnen bevorsteht, ist im wesentlichen eine territoriale Aufteilung des Landes, auch wenn es den Verzicht der PRG auf den politischen Machtkampf bedeutet. Wenn dabei, wie sie fürchten, auch Kambodscha von Kommunisten beherrscht werden wird, dann ergibt sich nach ihrer Meinung daraus eine militärische Kräfteverteilung, bei der sie in einer stark gefährdeten Lage von gut ausgebauten Versorgungsbasen im unzugänglichen Bergland bedroht werden.

Auch hatte Thieu nicht unrecht, wenn er am 6. Juni an Nixon schrieb, anstatt für die Verletzung einer Vereinbarung bestraft zu werden, forderte man Hanoi jetzt auf, eine zweite zu unterschreiben:

> Wir sind die Opfer der Aggression. Die kommunistischen Aggressoren haben die Vereinbarungen systematisch verletzt. Doch während sie nicht unter scharfen Gegenmaßnahmen unserer Seite zu leiden haben, die man ihnen angekündigt hat, wollen sie sich jetzt aller Vorteile erfreuen, die das Kommuniqué ihnen bietet.

Die Schwäche des neuen gemeinsamen Kommuniqués vom 13. Juni lag ebenso wie bei den Pariser Vereinbarungen darin, daß seine Wirksamkeit von der Bereitschaft der Unterzeichner abhing, die darin enthaltenen Bestimmungen einzuhalten. In Vietnam schwand diese Möglichkeit dahin, weil die amerikanische Hilfe allmählich versiegte und unsere offensichtliche Passivität die Südvietnamesen demoralisierte. Die Bereitschaft, die Einhaltung der Vereinbarungen zu erzwingen, wurde auch in den Vereinigten Staaten immer geringer, denn hier wirkten sich jetzt die Kriegsmüdigkeit und die innenpolitischen Krisen gemeinsam aus, was schließlich dazu führte, daß der Kongreß durch Gesetz alle militärischen Aktionen der Vereinigten Staaten in Indochina untersagte. Der Anlaß für diesen Beschluß, der das Schicksal Südvietnams endgültig besiegelte, war die öffentliche Debatte über das am schwersten vom Schicksal geschlagene Land in Indochina, Kambodscha.

Kambodscha: eine unbestreitbare Scheinheiligkeit

Kein Land hat eine Reihe so harter Schicksalsschläge hinnehmen müssen wie Kambodscha in den vergangenen zehn Jahren. 1965 drang der nordvietnamesische Feind in Kambodscha ein und besetzte Teile des Landes. Nach 1969 wurde es von amerikanischen Kampfflugzeugen bombardiert und in einem Bürgerkrieg verwüstet, dessen Sieger an ihren eigenen Landsleuten Völkermord begingen. 1978 folgte ein neuer Einfall der Nordvietnamesen, und wieder wurde Kambodscha von einem Guerilla-Krieg erschüttert. So hat es über fast zwei Jahrzehnte weder Frieden noch geordnete Verhältnisse kennengelernt. Nur wenig mehr als die Hälfte der Bevölkerung hat die Grausamkeiten ihrer kommunistischen Herrscher und den Hunger überlebt, von dem sie nach der Eroberung durch die Nordvietnamesen heimgesucht wurde.

Vielleicht ist es nicht überraschend, wenn das Schicksal von Kambodscha dazu geführt hat, daß man sich heute kaum mehr an die Ursachen dieser Entwicklung erinnert. Doch Kambodscha nimmt auch einen besonderen Platz in der Geschichte der Scheinheiligkeit ein. Es mag verständlich sein, daß man seinerzeit die Maßnahmen der Nixon-Regierung zur Unterstützung von Kambodscha, die auch für das Überleben von Südvietnam für notwendig gehalten wurden, abgelehnt hat. Ich kann verstehen, daß man in der Leidenschaft des Augenblicks befürchtet hat, Amerika könnte sich in Kambodscha ebenso »festfahren« wie in Vietnam. Ich erkenne darin eine von der unseren abweichende Lagebeurteilung, die man achten muß, und ich möchte nicht die Glut der damaligen Debatten aufs neue entfachen. Wir haben alle etwas daraus gelernt. Es ist aber etwas ganz anderes, wenn die tragische Folge von Ereignissen bei den Kritikern nicht zu nüchternen Überlegungen, nicht zum Abscheu vor den Massenmorden der kambodschanischen Kommunisten und nicht zur zornigen Ablehnung der Aggressivität Nordvietnams führt, sondern zu einer Kampagne, in deren Verlauf alle diese *kommunistischen* Untaten denen angelastet werden, die versucht haben, Kambodscha zu retten und dem Lande die Schrecken zu ersparen, die es dann ertragen mußte.

Die absurde Legende, mit der entschuldigt werden sollte, daß Kambodscha im Stich gelassen worden ist, lautet etwa wie folgt: Kambodscha war ein friedliches und glückliches Land, bis es von den *Vereinigten Staaten* angegriffen wurde. Es gab keinen Grund für diesen Angriff. Er war das Produkt der Psychose zweier amerikanischer Führer, die entschlossen waren, ihre eigene Unsicherheit an einem unschuldigen Volk auszulassen. Durch geheime Machenschaften stürzten sie den einzigen politischen Führer, der die Fäden in diesem Land in der Hand hatte, Sihanouk. Dann wurden fortschrittliche Revolutionäre, die Roten Khmer, durch die amerikanischen Bombenangriffe so gereizt, daß sie sich in wahnsinnige Mörder verwandelten. Nach dieser komplizierten Hypothese ist das Verhalten Amerikas in den Jahren 1969 und 1970 in erster Linie an dem Völkermord schuld, den die kommunistischen Beherrscher Kambodschas 1975 verübt haben, *nachdem wir das Land verlassen hatten* – zwei Jahre nachdem die Vereinigten Staaten ihre militärischen Maßnahmen eingestellt hatten. Darüber hinaus werden die Amerikaner nach dieser Theorie auch für die Leiden der Kambodschaner verantwortlich gemacht, die sie im Gefolge der nordvietnamesischen Invasion von 1978 auf sich nehmen mußten.[12]

Professionelle Nixon-Hasser und andere haben sich diese These zu eigen gemacht, weil unser Eingreifen in Kambodscha nachweislich auf Nixons Initiative zurückzuführen ist, während unser Engagement in Vietnam und Laos das Erbe zweier liberaler demokratischer Regierungen war. Diese Absurdität ist einfach nicht zu überbieten, aber wir müssen uns mit diesem Thema auseinandersetzen, denn es ist wichtig für die Amerikaner und für diejenigen, die von uns erfahren wollen, wie die Ereignisse aufeinander folgten und wer wirklich für diese Entwicklung verantwortlich war.

Der Architekt der Katastrophe war Nordvietnam, den Anlaß lieferten die imperialistischen Bestrebungen Hanois in Indochina. Ich werde mich nicht im einzelnen mit der Begründung unserer Angriffe gegen die nordvietnamesischen Bereitstellungsräume in Kambodscha – zuerst aus der Luft und dann mit Bodentruppen – beschäftigen. Dieses Thema behandle ich im ersten Band meiner Memoiren, und den taktischen Wert dieser Maßnahmen werden schließlich andere beurteilen.

Entscheidend ist jedoch die Tatsache, daß Nordvietnam Kambodscha in den Krieg hineingezogen hat. Es war Nordvietnam, das 1965 Teile von Kambodscha besetzte, um Militärbasen einzurichten, von denen aus die Nordvietnamesen vier Jahre lang Amerikaner und Südvietnamesen getötet haben, ohne daß die Vereinigten Staaten etwas dagegen unternahmen – und die amerikanischen Gegenmaßnahmen erfolgten ausschließlich in einem schmalen Grenzstreifen, in dem die nordvietnamesischen Bereitstellungsräume lagen.

Am 18. März 1970 wurde der neutralistische Staatschef Norodom Sihanouk von seiner eigenen Regierung und Nationalversammlung abgesetzt. Die Ursache war die Empörung des kambodschanischen Volkes über die fortwährende Besetzung kambodschanischen Territoriums durch die Nordvietnamesen, die Sihanouk nicht zum Abzug bewegen konnte. Als die neue kambodschanische Führung die Nordvietnamesen aufforderte, das Land zu verlassen, reagierten diese mit einer Welle von Angriffen im ganzen östlichen Kambodscha mit dem Ziel, die neue Regierung in Phnom Penh zu stürzen, und zwar in einem Monat vor dem »Einfall« amerikanischer und südvietnamesischer Verbände in die Bereitstellungsräume, eine Operation, die acht Wochen in Anspruch nahm. Es war Hanoi, das unseren Vorschlag unbeachtet ließ, die Neutralität Kambodschas wiederherzustellen – ich machte ihn gegenüber Le Duc Tho bei einem geheimen Zusammentreffen am 4. April 1970. Es war Hanoi, das über einen Frieden nur dann sprechen wollte, wenn vorher die nichtkommunistische Regierung in Kambodscha gestürzt wurde. Es war Hanoi, das die Waffenstillstandsangebote vom Oktober 1970, vom Mai 1971, vom Oktober 1971, vom Januar 1972 und in der Zeit von Oktober 1972 bis Januar 1973 ablehnte. Es waren die von Hanoi organisierten, bewaffneten und unterstützten Roten Khmer, welche die Aufnahme Kambodschas in die Pariser Vereinbarungen blockierten, wie es die Vereinigten Staaten wiederholt vorgeschlagen hatten. Die Roten Khmer wollten bis zum endgültigen Sieg weiterkämpfen. Hanoi hatte ihnen dazu die militärischen Mittel zur Verfügung gestellt und lehnte anschließend jede Verantwortung für Verhandlungen über eine kambodschanische Friedensregelung ab, womit jede diplomatische Lösung verhindert wurde.

Es besteht daher kein Zweifel daran, daß Hanoi den Krieg nach Kambodscha gebracht und den von den Roten Khmer verübten Völkermord ermöglicht hat. Wir haben allerdings den Einfluß der Nordvietnamesen auf die Roten Khmer immer wieder überschätzt. Die kambodschanischen Kommunisten unterschieden sich ganz wesentlich von den unterwürfigen Pathet Lao. Ob wir immer klug gehandelt haben, müssen künftige Historiker beurteilen, die kein Interesse daran haben, die heute geführten, kontroversen Debatten zu wiederholen. Es steht jedoch fest, daß Hanoi die Entscheidung getroffen hat, bis zum bitteren Ende zu kämpfen. Hanoi hat den totalen Sieg der Kommunisten ermöglicht, denn es war – wie sich herausgestellt hat, mit Recht – davon überzeugt, daß der Zusammenbruch Kambodschas die Demoralisierung

Südvietnams beschleunigen und Nordvietnam in die Lage versetzen werde, später in aller Ruhe mit den widerspenstigen Kambodschanern fertig zu werden.

Die Vorgänge in Kambodscha sind in Amerika fälschlich als »besonderer Krieg« interpretiert worden, aus dem wir uns heraushalten müßten. Diese Ansicht war jedoch ganz falsch. Es handelte sich hier um den gleichen Feind wie in Vietnam. Nordvietnamesische Truppen überquerten die Grenze in beiden Richtungen, der Begriff der Souveränität existierte nicht für sie. Sie gingen so jahrelang mit nicht zu übertreffender Unverschämtheit vor, was 1970 in den Vereinigten Staaten eine acht Wochen dauernde nationale Krise auslöste.

Amerika hat zu der Katastrophe in Kambodscha beigetragen, nicht, weil es zuviel, sondern weil es zuwenig getan hat. Nachdem die amerikanischen und südvietnamesischen Truppen sich 1970 von ihrem kurzen Vorstoß in die Bereitstellungsräume zurückgezogen hatten, wo sie die nordvietnamesischen Basen zerstören sollten, von denen aus amerikanische und südvietnamesische Soldaten jahrelang getötet worden waren, wollten kritische Kriegsgegner durch Gesetz erzwingen, was sie mit den Straßendemonstrationen im Mai 1970 nicht hatten erreichen können. Von 1970 bis zum Ende des Krieges wurde die amerikanische Unterstützung Kambodschas durch folgende Gesetze eingeschränkt, und zwar jedesmal gegen Nixons Veto oder energische Einwände:

- Der von Senator Fulbright eingebrachte Zusatz zum Budget der amerikanischen Streitkräfte für das Jahr 1971 trat am 7. Oktober 1970 in Kraft und bestimmte, daß südvietnamesische oder andere Streitkräfte von Nationen der freien Welt (wie etwa die thailändischen) keine Geldmittel aus diesem Etat verwenden dürften, um Kambodscha militärisch zu unterstützen oder Hilfe zu leisten. Dieser Zusatz untersagte es außerdem südvietnamesischen oder anderen Streitkräften von Nationen der freien Welt, Rüstungsgüter, die gemäß diesen Bestimmungen geliefert worden waren, nach Kambodscha zu liefern. Damit galten die einschränkenden Bestimmungen nicht nur für die von uns gewährte Militärhilfe, sondern auch für die unserer Verbündeten in Südostasien, als bestünde eine der wichtigsten Aufgaben der Vereinigten Staaten darin, jede mögliche Lücke zu schließen, durch die Hilfeleistungen nach Kambodscha fließen könnten. Die Verordnung trat drei Monate nach Abschluß unserer Operationen in Kambodscha und am gleichen Tage in Kraft, an dem Nixon den Vorschlag für einen Waffenstillstand in ganz Indochina machte – den die Kommunisten sofort zurückwiesen.
- Der Cooper-Church-Zusatz zum Auslandshilfe-Ergänzungsgesetz von 1970, der am 5. Januar 1971 in Kraft trat, untersagte die Verwen-

dung von Mitteln für »die Einführung amerikanischer Bodentruppen nach Kambodscha oder das zur Verfügungstellen amerikanischer Berater«. Damit wurden die Vereinigten Staaten durch Gesetz daran gehindert, die kambodschanischen Streitkräfte zu beraten und ihnen die benötigte Ausbildung für eine einsatzfähige Truppe zu geben.

• Der Symington-Case-Zusatz zum Ergänzungsgesetz für Auslandshilfe und damit in Verbindung stehenden Hilfsmaßnahmen, der am 7. Februar 1972 in Kraft trat, begrenzte die Gesamtzahl der »Zivilbeamten und Angestellten von Exekutivbehörden der Regierung der Vereinigten Staaten, die Bürger der Vereinigten Staaten sind« in Kambodscha auf zweihundert. Er begrenzte außerdem die Zahl der Staatsangehörigen von Drittländern, die von den Vereinigten Staaten in Kambodscha beschäftigt wurden, auf fündundachtzig. Dadurch wurde eine wirksame militärische *oder zivile* Beratung der Kambodschaner unmöglich.

• Das zweite Zusatzgesetz für den Etat des Rechnungsjahres 1973 (das Nixon am 1. Juli 1973 widerwillig unterzeichnet und damit in Kraft gesetzt hatte) untersagte die Verwendung von Geldmitteln, welche nach diesem Gesetz zur Verfügung gestellt wurden, zur »direkten oder indirekten Unterstützung von Kampfhandlungen in oder über Kambodscha, Laos, Nordvietnam und Südvietnam oder im Seegebiet vor Kambodscha, Laos, Nordvietnam und Südvietnam«. Es untersagte außerdem die Verwendung irgendwelcher Geldmittel, die auch nach *anderen* Gesetzen zur Verfügung gestellt wurden, für die oben genannten Zwecke nach dem 15. August. Damit wurden alle militärischen Aktionen der Vereinigten Staaten in oder um Indochina illegal. Das nahm den Kommunisten jede Furcht vor einer Vergeltung von Verstößen gegen die Vereinbarungen.

• Auch das Gesetz für die Überführung des Budgets in das Rechnungsjahr 1974 untersagte die Verwendung irgendwelcher Geldmittel zur direkten oder indirekten Finanzierung von Kampfhandlungen amerikanischer Streitkräfte »in oder über oder vor den Küsten von Nordvietnam, Südvietnam, Laos oder Kambodscha«. Damit wurden die für das vergangene Jahr geltenden Verbote fortgeschrieben.

• Das Auslandshilfe-Gesetz von 1973, das am 17. Dezember 1973 in Kraft trat, sah vor, daß keine durch Bestimmungen oder Gesetze zur Verfügung gestellten Geldmittel für die Finanzierung militärischer oder paramilitärischer Kampfhandlungen ausländischer Streitkräfte in Laos, Kambodscha, Nordvietnam, Südvietnam oder Thailand verwendet werden durften, es sei denn, solche Operationen wurden von den Streitkräften des Empfängerlandes innerhalb von dessen Grenzen durchgeführt. Das bedeutete, daß Verbündete wie Thailand, die von Indochina bedroht wurden, unsere Ausrüstungsgegenstände und daher auch ihre eigenen Streitkräfte nicht dazu verwenden durften, den Ländern zu Hilfe zu kommen, deren Überleben sie um ihrer eigenen Sicherheit willen für wichtig hielten.

Dazu begrenzte der Kongreß jede Hilfe für Kambodscha auf zweihundertfünfzig bis dreihundert Millionen Dollar jährlich – etwa zwei Prozent dessen, was zur Unterstützung von Vietnam ausgegeben wurde.

Diese immer einschneidender werdenden Beschränkungen verhinderten nicht nur eine wirksame amerikanische Unterstützung, sie machten es auch unseren Verbündeten in Südostasien unmöglich, das verabscheuungswürdige Verbrechen zu begehen und ihren kambodschanischen Nachbarn zu helfen. Das Verbot, Militärberater zur Verfügung zu stellen, interpretierte unsere Botschaft in Phnom Penh so, daß auch unsere Militärattachés keine Reisen in das Land mehr unternehmen dürften. Die kambodschanische Armee nahm deshalb zwar an Mannschaftsstärke zu, nicht aber an militärischer Leistungsfähigkeit. Unsere einschränkenden Bestimmungen zwangen sie, sich auf ihre Feuerkraft und nicht auf ihre Beweglichkeit zu verlassen (und die Starrheit, die der kambodschanischen Armee von unseren Kritikern aufgezwungen worden war, wurde ihr von den gleichen Kritikern als Mangel an Leistungsbereitschaft vorgeworfen). Um eine Katastrophe zu verhüten, blieb uns nur noch der Einsatz unserer Luftstreitkräfte – bis auch er untersagt wurde.

So wurde Kambodscha zum traurigen Symbol und Surrogat der ganzen Kontroverse um Vietnam. Für Nixon war es »die Nixon-Doktrin in ihrer reinsten Form«*, was bedeuten sollte, daß es unser politischer Grundsatz war, Kambodscha zu helfen, sich selbst ohne amerikanische Truppen zu verteidigen. Für seine Gegner war es die Gelegenheit, nachträglich und symbolisch auf gesetzgeberischem Wege sowohl unseren Vorstoß gegen die Bereitstellungsräume und Nixons Bemühungen zu verurteilen, mit denen er eine Verteidigung gegen die Aggression durch die Aufstellung nationaler Streitkräfte ermöglichen wollte. Sie wollten im Hinblick auf Kambodscha die Beschränkungen durchsetzen, um die sie sich im Falle von Südvietnam vergeblich bemüht hatten, und das gelang ihnen auch. Daß sie sich in Südvietnam nicht hatten durchsetzen können, ermöglichte uns, dessen Zusammenbruch zu verhindern; aber ihr Erfolg in Kambodscha bedeutete nicht nur den Untergang dieses Landes, sondern war auch das Todesurteil für Südvietnam. Die Beschränkungen führten zu der diplomatischen Ausweglosigkeit, die Hanoi für die Verwirklichung seiner Absichten brauchte. Nachdem

* Nixon auf seiner Pressekonferenz am 12. November 1971.

sich Hanoi entschlossen hatte, Südvietnam zu besetzen, und die Roten Khmer sich nur mit dem totalen Sieg zufriedengeben wollten, konnten wir uns nur ehrenhaft aus der Affäre ziehen, wenn wir zeigten, daß sich diese Ziele nicht erreichen ließen. Unsere innenpolitische Zerrissenheit bewirkte jedoch das Gegenteil. Die Kürzung der Auslandshilfe hatte die Roten Khmer in den Jahren 1970 bis 1972 vor der Niederlage gerettet, als sie noch ein unbedeutender, kleiner militärischer Verband waren. Später wurde es aus diesem Grund unmöglich, die Roten Khmer und Hanoi soweit unter Druck zu setzen, daß sie sich zu politischen Verhandlungen bereit fanden. Und dann wendeten sich die Kriegsgegner in den Vereinigten Staaten, durch deren Verhalten der Zusammenbruch in Indochina unvermeidlich geworden war, gegen diejenigen, die sich der kommunistischen Machtergreifung hatten entgegenstellen wollen, und machten sie für das aus dieser Lage entstandene blutige Gemetzel verantwortlich.

Die versäumte Gelegenheit

Seit Kambodscha 1954 unabhängig geworden war, hatte Prinz Norodom Sihanouk einen bewunderungswürdigen und schwierigen Balanceakt vollführt. Mit geschickten Manövern hatte er die Kräfte, die sein Land bedrohten, gegeneinander ausgespielt und für Kambodscha den Frieden, die Neutralität und die Sicherheit bewahrt. Als angestammter Monarch war er bei seinem Volk beliebt. Zwar hatte er westliche Lebensgewohnheiten angenommen, verstand es aber doch, mit seinen kommunistischen Nachbarn umzugehen, ihren Forderungen zuvorzukommen und damit ihre gefährlichen Ambitionen in Grenzen zu halten. Die 1962 für Laos ausgehandelte Lösung überzeugte ihn, daß die Vereinigten Staaten auf die Dauer nicht in der Lage sein würden, die Vorherrschaft Hanois in Indochina zu verhindern. Er versuchte daher, sich mit dem Unvermeidlichen abzufinden, indem er seine Bindungen zu den Vereinigten Staaten lockerte und vor den Verletzungen der Souveränität, der territorialen Integrität und der Neutralität Kambodschas durch Nordvietnam die Augen schloß. Nach 1956 duldete er stillschweigend die Einrichtung nordvietnamesischer Bereitstellungsräume auf kambodschanischem Boden und vertrieb praktisch alle kambodschanischen Behörden aus einem parallel zur südvietnamesischen Grenze verlaufenden Gebietsstreifen.

Doch Sihnouk begrüßte – wenn er es auch nicht immer öffentlich aussprechen konnte – die amerikanischen Bemühungen, sich der kommunistischen Flut in Südvietnam entgegenzustellen. Schon 1968 forderte er die Vereinigten Staaten in vertraulichen Gesprächen auf, die kommunistischen Bereitstellungsräume anzugreifen, weil er hoffte, daß wir die Nordvietnamesen aus seinem Land verjagen könnten. Als die Nixon-Regierung 1969 dieser Aufforderung folgte und die Bereitstellungsräume mit Bomben angriff, erklärte Sihanouk in der Öffentlichkeit recht unbekümmert, daß, solange dabei keine Kambodschaner zu Schaden kämen, diese Angriffe nur die Amerikaner und die Nordvietnamesen etwas angingen. Im übrigen wisse er nicht, was in einem Gebiet geschähe, aus dem sich die kambodschanischen Behörden zurückgezogen hätten. Während wir 1969 die Bereitstellungsräume mit Bomben angriffen, stellte er wieder diplomatische Beziehungen zu Washington her und richtete eine freundliche Einladung an Präsident Nixon, Phnom Penh zu besuchen.

Im Januar 1970 ging Sihanouk zu seinem alljährlichen Kuraufenthalt nach Südfrankreich. Er erklärte, daß er über Moskau und Peking zurückkehren werde, um die beiden kommunistischen Großmächte zu bitten, ihren Einfluß in Hanoi geltend zu machen und die Nordvietnamesen zu veranlassen, ihre Streitkräfte in Kambodscha zu verringern. Unmittelbar vor seiner Rückreise kam es in Phnom Penh zu gegen die Nordvietnamesen gerichteten Unruhen. Während seines Aufenthalts in Moskau erfuhr Sihanouk auf dem Weg zum Flughafen, daß seine eigene Nationalversammlung ihn abgesetzt hatte. Zutiefst verletzt durch den vermeintlichen Rat seiner Kollegen in der Heimat, flog er von Moskau nach Peking, wo er von Tschou En-lai umarmt und als legitimer Herrscher von Kambodscha anerkannt wurde. Empört gab Sihanouk den Vereinigten Staaten die Schuld an seinem Sturz. Zutiefst verbittert setzte er sich an die Spitze der kommunistischen Roten Khmer, die damals eine unbedeutende, kleine Organisation waren und deren Führer er kurz zuvor als Hochverräter zum Tode verurteilt hatte, und erklärte, er werde seine ehemaligen Freunde in Phnom Penh in einem Krieg bis zum bitteren Ende bekämpfen. Dabei gab er seine bisherige Rolle als Vermittler und stabilisierender Faktor zwischen den politischen Strömungen in seinem Lande auf.

Die Regierung der Vereinigten Staaten war sich der Tatsache bewußt, daß die vom Kongreß verordneten Begrenzungen eine klare militärische Lösung unmöglich machten, und versuchte nach besten Kräften, für Kambodscha eine friedliche politische Lösung zu finden. Von 1970 bis 1973 haben wir wenigstens ein halbes dutzendmal den Waffenstillstand angeboten. Nach Beendigung des Krieges in Vietnam waren wir bereit, mit Prinz Sihanouk als Teil einer politischen Struktur in Kambodscha zu verhandeln, in deren Rahmen er eine wichtige Rolle spielen könnte. Aber wenn Sihanouk seine Stellung als ausgleichende Kraft,

Vermittler und neutralistischer Führer zurückgewinnen wollte, dann mußten die mit Lon Nol verbündeten nichtkommunistischen Kräfte überleben und am Wiederaufbau teilnehmen, wobei Lon Nols persönliche Beteiligung nicht unbedingt erforderlich war. Hanoi zeigte nicht das geringste Interesse für Sihanouk oder einen Kompromiß – aber China hatte daran Interesse. Schon am 22. Juni 1972 hatte mir Tschou Enlai gesagt, daß er nicht für die Eroberung von Laos oder Kambodscha durch Nordvietnam sei und auch nicht die Machtübernahme in diesen beiden Ländern durch die Kommunisten wünsche. Eine Lösung ließe sich am besten auf dem Verhandlungsweg herbeiführen:

> Bei der Lösung der Indochina-Frage geht es nicht nur um Vietnam – es ist immer auch eine Frage, die Kambodscha und Laos betrifft, aber dort ist es vergleichsweise leichter. Denn was auch immer geschehen mag, wir dürfen mit Sicherheit damit rechnen, daß Elemente des nationalen Bürgertums an einer solchen Regierung beteiligt werden; und wir können sicher sein, daß Prinz Sihanouk in Kambodscha und der König in Laos das Amt des Staatsoberhaupts übernehmen werden. Wenn sich das Problem daher auf dem Verhandlungswege lösen läßt, könnte man sicherlich mit einem solchen Ergebnis rechnen.

Es war uns unmöglich, dieser Anregung während einer nordvietnamesischen Offensive zu folgen, die Saigon zu vernichten drohte, aber im November 1972 sagte ich dem chinesischen stellvertretenden Außenminister Tschiao Kuan-hua, daß wir, wenn es in Kambodscha zum Waffenstillstand käme, bereit wären, mit Sihanouk zu sprechen; er könnte nach dem Kriege in Kambodscha eine wichtige Rolle übernehmen, vorausgesetzt, er ließe sich nicht als Strohmann der Roten Khmer mißbrauchen. »Wer den besten Weg findet, es (Kambodscha) als unabhängiges und neutrales Land zu erhalten, folgt der von uns für richtig gehaltenen politischen Linie«, sagte ich Tschiao, »und wir glauben, das entspricht auch Ihren politischen Absichten.«

Anfang 1973 bemühten wir uns um einen Waffenstillstand in Kambodscha, der dem Waffenstillstand in Vietnam und Laos folgen sollte. Am Tag der Unterzeichnung der Pariser Vereinbarungen, am 27. Januar 1973, machte die kambodschanische Regierung auf unsere Anregung hin ein Friedensangebot, stellte alle offensiven Kampfhandlungen ein und erklärte einen einseitigen Waffenstillstand. Zugleich stellten auch wir alle amerikanischen Luftoperationen ein. Aber die Roten Khmer lehnten das Waffenstillstandsangebot ab und begannen eine neue Offensive. Dennoch glaubten meine Mitarbeiter beim Stabe des Nationalen Sicherheitsrats Ende Januar nach gründlichen Analysen, daß noch eine gewisse Hoffnung bestünde. In einem Orientierungspapier für meine Reise nach China im Februar besprachen sie Erklärungen Sihanouks, der Führer der Roten Khmer, der Nordvietnamesen und der Chinesen. Daraus ergab sich nach Auffassung meines Stabes, daß »eine Reihe neuerer Entwicklungen deutlich zu der Annahme berechtigten, die andere Seite könnte bald Verhandlungen über Kambodscha aufnehmen wollen und werde, wenn auch indirekt, auf das Angebot Lon Nols reagieren, militärische Offensivoperationen einzustellen«.

Rückblickend erkennt man darin reines Wunschdenken. Wenn man die erwähnten Erklärungen sorgfältig liest, dann muß man feststellen, daß Sihanouk, so sehr er auch eine Versöhnung gewünscht haben mochte, ein Gefangener der Roten Khmer und seiner eigenen totalen Kriegserklärung gegen die kambodschanische Regierung von 1970 war. Die offizielle Haltung der Roten Khmer drückte sich in Sihanouks extremer Erklärung vom 23. März 1970, weniger als eine Woche vor seiner Absetzung, aus. Er hatte damals die Auflösung der Lon Nol-Regierung und der Legislative verlangt und zur Bildung einer »Regierung der nationalen Einheit«, einer »Nationalen Befreiungsarmee« und einer »Vereinigten nationalen Front« aufgerufen, deren Aufgabe im wesentlichen darin bestand, an der Seite der vietnamesischen und laotischen Kommunisten gegen den »amerikanischen Imperialismus« zu kämpfen – ein lauter Aufruf zur Übernahme der Macht in ganz Indochina durch die Kommunisten.

In der Zeit vor dem Abschluß der Pariser Vereinbarungen wiederholte Sihanouk seine Maximalforderungen, und alle Anzeichen für eine Flexibilität, die wir anschließend zu erkennen glaubten und die unsere Hoffnungen beflügelten, verflüchtigten sich sehr bald im Licht genauer Untersuchungen. Am 29. Januar 1973 erklärte Sihanouk in einem Interview für die Agence France Press (AFP), daß »unsere Freunde« (wahrscheinlich Hanoi und China) seine Exilregierung gedrängt hätten, sie sollte ihre starre Haltung aufgeben. Er sagte, daß er bereit sei, mit den Vereinigten Staaten zu sprechen, aber niemals mit Lon Nol verhandeln und niemals einer Lösung zustimmen werde, die der für Vietnam gefundenen gliche. Bezeichnenderweise erklärte er, daß das letzte Wort nicht er, sondern der »kambodschanische Widerstand, der im Innern des Landes operiere« sprechen werde – mit anderen Worten, die Roten Khmer. Eine offizielle Vier-Punkte-Erklärung vom 26. Januar 1973, die im Namen Sihanouks, seines Premierministers Penn Nouth und des Führers der Roten Khmer, Khieu Samphan, herausgegeben wurde, stellte noch einmal unmißverständlich fest, daß die Lösung des Kambodscha-Problems sich *nur* auf der Basis der Erklärung Sihanouks vom 23. März 1970 finden ließe – was die Übernahme der uneingeschränkten Macht durch die Kommunisten bedeutete.

Im Gespräch mit Journalisten meinte Sihanouk am 31. Januar, daß er bereit sei, den Vereinigten Staaten ein »Eröffnungsangebot« zu machen. Aber er wies ausdrücklich darauf hin, daß er selbst nur eine untergeordnete Rolle spielte, und sagte, er habe »von den Führern des kambodschanischen Widerstandes, der Roten Khmer, an deren Spitze der stellvertretende Premierminister und Verteidigungsminister Khieu Samphan von GRUNK* steht und der das letzte Wort hat, noch kein grünes Licht für eine Umstellung der Politik von GRUNK bekommen«. Deutlicher hätte er nicht sagen können, daß er vollständig von den Kommunisten abhängig war.

Am 2. Februar verbreitete der Rundfunksender der Roten Khmer eine offizielle Erklärung der Führer der Aufständischen – Khieu Samphan, Hou Youn und Hu Nim –, eine haarsträubende Beschimpfung der Vereinigten Staaten und der Regierung Lon Nol, in der die Verfasser auf ihre Haltung vom 23. März 1970 verharrten und sagten, »die kambodschanische Nation und das Volk sind verpflichtet, den Kampf gegen die amerikanischen Aggressoren und die Verräter Lon Nol, Sirik Matak und Son Ngoc Thanh fortzusetzen, um das Volk zu befreien . . .« Alle Verhandlungen mit den »US-Imperialisten« wurden verächtlich abgelehnt; schließlich hieß es: »Es ist notwendig, ihre diplomatischen Manöver zu durchkreuzen und sich ihnen entgegenzustellen . . .«

Diese Worte waren nicht bloße Propaganda. Am 2. Februar erließ das Oberkommando der Roten Khmer einen Befehl, in dem es hieß, daß die Kämpfe fortgesetzt, alle politischen Verhandlungen oder Kompromisse mit der kambodschanischen Regierung abgelehnt würden; Sihanouk sei nicht befugt, mit den Amerikanern oder anderen Verhandlungen zu führen. Kurz gesagt, als ich im Februar 1973 zu meiner Reise nach Asien aufbrach, hatten sich die kambodschanischen Kommunisten entschlossen, den Krieg bis zur endgültigen Entscheidung weiterzuführen.

Soviel zu den Selbstzüchtigungen, mit denen *wir* dafür verantwortlich gemacht wurden, daß es nicht zu Verhandlungen gekommen ist.

Als ich gegen Ende Februar Peking besuchte, begannen sich gewisse Parallelen zwischen der amerikanischen und der chinesischen Haltung zu entwickeln. Wie ich im dritten Kapitel berichtet habe, begann Peking zu begreifen, daß die Vorherrschaft Hanois in Indochina zwar einen ideologischen Sieg, aber eine geopolitische Niederlage für China bedeuten konnte, denn damit läge an Chinas Südgrenze ein nach Moskau tendierender mächtiger Staat, der nach der historischen Tradition mit

* GRUNK waren die Anfangsbuchstaben für die französische Bezeichnung der königlichen Regierung der nationalen Einheit von Kamputschea – Sihanouks Exilregierung. Sie darf nicht mit der FUNK, der Nationalen Vereinigten Front vom Kamputschea, verwechselt werden, der politischen Exilbewegung unter Sihanouk.

China verfeindet war. Vielleicht hatten die Chinesen diese Einsicht schon immer gehabt, konnten aber – wie viele andere Nationen – nicht glauben, daß die Vereinigten Staaten eine militärische Niederlage hinnehmen oder sie sogar selbst herbeiführen würden. Jedenfalls wünschten Amerika und China ein unabhängiges und neutrales Kambodscha, und wir beide befürworteten eine Rückkehr Sihanouks – allerdings nur zögernd, weil wir uns nicht vorstellen konnten, wer außer ihm die politischen Kräfte in Kambodscha hätte zusammenführen sollen. Die Chinesen stellten sich mit Überzeugung hinter ihn, weil sie ihn für ihren zuverlässigen Freund in Kambodscha hielten. Peking und Washington waren überzeugt, daß die beste Lösung für Kambodscha eine Koalition unter Sihanouk wäre, dessen Einfluß davon abhängen würde, daß auch die von der Regierung Lon Nol vertretenen nichtkommunistischen Kräfte fortbestanden.

Tschou En-lai äußerte sich zum gleichen Thema, als er mir sagte, wenn Kambodscha vollständig rot würde, »dann würden die Probleme noch größer werden«. Damit meinte er, daß in diesem Fall Sihanouks Schicksal besiegelt und Hanoi die Vorherrschaft in Indochina sicher wäre. Ich schlug daraufhin ein sofortiges Treffen zwischen Sihanouks Premierminister Penn Nouth und einem Vertreter Lon Nols vor. Ich sagte, daß wir nicht auf Lon Nols Teilnahme an der Regierung bestünden, die nach solchen Verhandlungen gebildet werden könnte, solange die von ihm vertretenen Kräfte daran beteiligt würden. Tschou bot mir an, den Kambodschanern diesen Vorschlag »in dem von uns gewählten Wortlaut« vorzulegen. Damit wollte er sagen, daß er sich zum Teil unserer Haltung anschließen könnte.

Die Lage war äußerst verworren. Die Chinesen glaubten, daß Sihanouk die beste Garantie für die Unabhängigkeit Kambodschas sei. Aber die Sowjetunion erkannte immer noch die Regierung Lon Nol an und übertrug damit die chinesisch-sowjetische Rivalität auf Kambodscha. Die Ironie lag darin, daß sich alle in ihrer Einschätzung Kambodschas schließlich irrten. Die großen kommunistischen Rivalen setzten jeweils auf das falsche Pferd, denn beide überschätzten unsere Entschlossenheit, die in Phnom Penh bestehende politische Struktur zu stürzen, denn ohne unsere Unterstützung waren Lon Nols Anhänger ebenso wie Sihanouks zum Scheitern verurteilt. Der Verzicht der Vereinigten Staaten, ihren Einfluß geltend zu machen, hatte zur Folge, daß die Roten Khmer sich als stärkste Kraft in Kambodscha behaupteten. Logistisch wurden sie von Hanoi unterstützt; um sich ein gewisses Prestige zu verschaffen, benutzten sie eine Zeitlang Sihanouk, waren aber sofort bereit, ihn hinauszuwerfen, als sie sich stark genug glaubten, allein regieren zu können.

Nach unserer Einschätzung würden sich die Roten Khmer nur dann mit einem Verhandlungsfrieden abfinden, wenn sie keine Hoffnung mehr auf einen militärischen Sieg hatten. Daß die Roten Khmer selbst die gleichen Vorstellungen hegten, zeigte sich im Juli. Wir erfuhren, daß der Exekutivausschuß der kommunistischen Führung der Khmer im Frühjahr 1973 einen entscheidenden politischen Beschluß gefaßt hatte. Es sollten zwei Optionen offengehalten werden: der totale Sieg oder ein Kompromiß. Die militärische Lage in Kambodscha am Jahresende sollte entscheiden, welcher dieser beiden Wege zu beschreiten sei. Wenn ein militärischer Sieg sich nicht erzwingen ließ und es zum Unentschieden kam, würden die Roten Khmer versuchen, in Verhandlungen zu möglichst günstigen Friedensbedingungen zu kommen. Sollte sich jedoch die militärische Lage günstig für sie entwickeln, wollten sie Verhandlungen ablehnen und für den totalen Sieg kämpfen. So kämpften wir auf der einen Seite für die Herstellung des Gleichgewichts der Kräfte, während die Roten Khmer auf der anderen Seite entschlossen waren, ihre Maximalforderungen durchzusetzen.

Nach meiner Rückkehr aus Asien Ende Februar ließ ich die WSAG zu mehreren Sitzungen zusammenkommen. Meine Auffassung kam darin zum Ausdruck, was ich dieser Gruppe am 28. März sagte:

> Wir kommen hier schon seit vier Jahren zusammen und haben das alles schon gründlich besprochen. Ich möchte jetzt kein Alibi von Ihnen, wenn wir diese ganze Sache verlieren. Es gibt hundert Möglichkeiten, die Sache zu beschönigen, wenn wir gegenüber den Kommunisten das Feld räumen müssen, aber dazu sind wir nicht hier zusammengekommen.

Wenn es amerikanische Beamte gegeben hat, die nichts gegen einen eleganten Zusammenbruch des freien Kambodscha hatten, dann haben sie sich bei unseren Sitzungen nicht in diesem Sinne geäußert. Eine der in der WSAG vertretenen Behörden hatte mir am 27. Februar allerdings eine Denkschrift geschickt, die eine gründliche Analyse der Lage enthielt: Unser Dilemma läge darin, daß wir augenscheinlich zwei voneinander abhängige Ziele in Kambodscha verfolgten. Das eine wäre die Stärkung der gegenwärtigen Regierung in Phnom Penh, das andere der Waffenstillstand – den wahrscheinlich nur eine starke Regierung erreichen könnte. Da wir nun in Kambodscha nicht das gleiche erleben wollten wie in Vietnam und Laos, waren wir dort bewußt viel zurückhaltender vorgegangen. Zwar hatten wir die kambodschanische Regierung militärisch und wirtschaftlich unterstützt, hatten es aber in erster Linie den Kambodschanern überlassen wollen, diese Hilfeleistungen nach eigenem Gutdünken möglichst wirkungsvoll einzusetzen. Außerdem hatte der Kongreß unsere Möglichkeiten durch gesetzgeberische Maßnahmen im Hinblick auf die Geldmittel und das Personal, die uns in Kambodscha zur Verfügung standen, stark eingeschätzt und den Einsatz von amerikanischen Militärberatern untersagt. So waren wir in einem Teufelskreis gefangen. Ohne eine starke Regierung in Phnom Penh ließ sich ein Waffenstillstand nicht durchsetzen, und die Regierung ließ sich ohne eine aktivere amerikanische Politik nicht stärken, was jedoch durch gesetzliche Beschränkungen verhindert wurde.

Die Auswirkungen auf Kambodscha blieben nicht aus. Der von den Roten Khmer mit Unterstützung der Nordvietnamesen und beispielloser Grausamkeit geführte Guerilla-Krieg trieb die Landbevölkerung in die Städte, besonders nach Phnom Penh, und erschütterte das soziale Gleichgewicht im Lande. Die kambodschanische Armee, die Sihanouk zunächst bewußt schwach und wenig leistungsfähig gehalten hatte, um der Gefahr eines Militärputsches zu begegnen, und die dann als Folge unserer durch Gesetz bestimmten Beschränkungen nicht gründlich ausgebildet werden konnte, mußte jetzt einen Krieg führen, in dem sie von kambodschanischen Kommunisten angegriffen wurde. Die freien Kambodschaner kämpften mit bewundernswerter Tapferkeit, unterstützt durch ein amerikanisches Hilfsprogramm, das ihnen zugleich Fesseln anlegte, weil die einschränkenden Bestimmungen unsinnigerweise entscheidende Erfolge dieser Armee verhindern sollten. Lon Nol akzeptierte sein tragisches Schicksal mit Würde. Anders als Thieu war er immer bereit, auf unseren Rat zu hören, aber seine Regierung zeigte deutliche Symptome fortschreitender Demoralisierung durch Parteienstreit, Korruption und Unfähigkeit.

Die Regierung Lon Nol war in Wirklichkeit die Regierung Sihanouk ohne den Prinzen, denn sie bestand aus den Institutionen und Persönlichkeiten, die Kambodscha seit seiner Unabhängigkeit verwaltet hatten. Wie in vielen autoritären Gesellschaften hatte es hier immer Korruption gegeben – unter Sihanouk und seiner Familie ebenso wie unter seinen Nachfolgern –, zum Teil deswegen, weil es in den alten Gesellschaftssystemen im allgemeinen keine so scharfe Trennung zwischen dem privaten und dem öffentlichen Sektor gibt, zum Teil aber auch, weil das wenig wirkungsvolle Steuersystem dazu führte, daß die Mittel zur Finanzierung der Regierungsgeschäfte durch Korruption beschafft wurden. Vielleicht hat es sich nicht vermeiden lassen, daß sich Lon Nol auf immer weniger Personen stützte, meistens auf Mitglieder seiner Familie, besonders auf seinen jüngeren Bruder Lon Non, der die Korruption und Vetternwirtschaft so weit trieb, wie es sich soziologisch nicht mehr erklären läßt. Die Weltpresse bezeichnete Lon Nol deshalb als regierungsunfähig und unzuverlässig und behauptete, daß Lon Non der »böse Geist« dahinter sei. Diese Zustände erinnerten an das Drama, das wir vor zehn Jahren in Saigon erlebt hatten, als die Regierung Ngo Dinh Diem als Folge des kommunistischen Guerilla-Krieges, des amerikanischen Drängens auf Reform und seiner eigenen Starrheit auseinanderfiel und Diems Bruder Ngo Dinh Nhu dafür verantwortlich gemacht wurde. Diem und Nhu kamen in einem von Amerikanern unterstützten Putsch ums Leben – die Situation geriet fast völlig außer Kontrolle.

In Washington machten einige Mitglieder der WSAG den Vorschlag, daß wir Lon Nol bewegen sollten, »die Basis seiner Regierung zu verbreitern und selbst zurückzutreten, um die Rückkehr Sihanouks zu ermöglichen«. Ich hatte Tschou En-lai schon im vertraulichen Gespräch gesagt, daß wir bereit seien, in diesem Sinne zu verhandeln. Allerdings hielt ich – anders als manche meiner Kollegen – die Schwächen der kambodschanischen Regierung in erster Linie für ein Symptom und nicht für die Ursache der Krise. Wir überlegten, Lon Non auf eine Militärakademie in die Vereinigten Staaten und Lon Nol zur ärztlichen Behandlung ins Ausland zu schicken. Der vielleicht fähigste kambodschanische Politiker, der bis zum Staatsstreich von 1970 stellvertretender Premierminister unter Sihanouk gewesen war, Prinz Sisowath Sirik Matak, sollte als Vizepräsident während Lon Nols Abwesenheit die Amtsgeschäfte des Präsidenten übernehmen. Anfang April reiste Al Haig nach Phnom Penh, um den Kambodschanern unseren Plan zu erläutern. Lon Nol erklärte sich einverstanden, seinen Bruder ins Exil zu schicken und Sirik Matak in die Regierung aufzunehmen. Wir beschlossen jedoch, Lon Nol zunächst nicht ins Ausland zu schicken, um für künftige Verhandlungen noch eine Trumpfkarte in der Hand zu behalten.

Sihanouk unterstützte unser Vorhaben nicht. Man mag kaum glauben, daß die Chinesen ihn nicht darauf aufmerksam gemacht haben, er könnte, wenn die Verhältnisse es zuließen, als Staatsoberhaupt nach Kambodscha zurückkehren. Aber um die unversöhnlichen Roten Khmer auf seine Seite zu ziehen, stellte sich der Prinz offiziell immer wieder hinter ihre Forderungen und erklärte, daß sie bis zur endgültigen Entscheidung weiterkämpfen würden. Wenngleich die von Peking bevorzugte Lösung offenbar auch in seinem Interesse lag, hatte Sihanouk begriffen, daß die Roten Khmer und Hanoi entschlossen waren, sie zu blockieren. Sihanouk war zu schwach, um auf die einzige Basis zu verzichten, die er hatte – auch wenn sie nicht seinen Überzeugungen entsprach –, und erklärte deshalb immer wieder, der »innere Widerstand«, das heißt die Roten Khmer, würden niemals auf einen Kompromiß eingehen. Am 19. April äußerte er sich dazu in Hanoi:

> Ich sage Ihnen in allem Ernst, daß die Führer im Inneren des Landes auf einen Kompromiß mit der Clique in Phnom Penh niemals einge-

hen werden. Es ist völlig illusorisch, wenn Länder wie die Vereinigten Staaten, Frankreich oder die Sowjetunion mit einer Kompromißlösung rechnen.

Am 28. April bestätigte er aufs neue, wie wenig er selbst bewirken konnte. In einer Meldung der französischen Nachrichtenagentur AFP hieß es:

> Er sagte, daß Strategie und Taktik der Volksarmee in Kambodscha von Khieu Samphan, dem stellvertretenden Premierminister der kambodschanischen königlichen Regierung der Volksunion, und seinem Generalstab bestimmt würden und nirgends sonst.
> Was nun die Möglichkeit von Verhandlungen zwischen ihm und den Vereinigten Staaten betrifft, so hat Prinz Sihanouk jetzt eine noch unnachgiebigere Haltung eingenommen und erklärt, daß der »innere Widerstand« und nicht er darüber entscheiden werde, ob vor irgendwelchen Verhandlungen vorbereitende Kontakte aufgenommen werden könnten.

Daß Sihanouk recht hatte, wenn er behauptete, daß die Roten Khmer im Innern des Landes das Heft in der Hand hätten, ließ sich sehr bald deutlich erkennen. Im März 1973 stattete Sihanouk der »befreiten Zone« in Kambodscha einen kurzen Besuch ab, über den anschließend ausführlich berichtet wurde. Aber die Kommunisten versuchten, Sihanouks Ansehen im Lande zu unterhöhlen, während sie international sein Prestige für sich ausnutzten. Die Roten Khmer bemühten sich eifrig darum, sein Prestige nicht zu stärken, indem sie seine in Kambodscha gemachten Erklärungen verbreiteten. Aus anderen Berichten ging hervor, daß die Roten Khmer Sihanouks Anhänger in den eigenen Reihen systematisch ausschalteten und einen Propagandafeldzug begannen, um ihn zu diskreditieren und dafür zu sorgen, daß er bei der Landbevölkerung auch die letzten Sympathien verlor.[13]

Soviel zur Behauptung, es hätte am Widerstand der Vereinigten Staaten gelegen, daß Sihanouk in Kambodscha nicht wieder an die Macht kommen konnte.

Jetzt bestand unsere einzige Chance noch in der Hoffnung, ein militärisches Unentschieden erreichen zu können. Dazu standen uns nur noch die amerikanischen Luftstreitkräfte zur Verfügung, denn die von unserem Kongreß erlassenen Gesetze untersagten es, die Leistungsfähigkeit der kambodschanischen Armee durch Berater und Ausbilder zu erhöhen und materiell zu unterstützen. Zu den Legenden, mit denen uns die Verantwortung für die verzweifelte Lage in Kambodscha aufgebürdet werden sollte, gehörte auch die Behauptung, unsere Bombenangriffe erfolgten ziellos, sie verursachten gewaltige Verluste unter der Zivilbevölkerung, und unsere »Strafexpeditionen« gegen die Roten

Khmer hätten zur Folge gehabt, daß sie sich von gewöhnlichen Guerillas zu von »manichäischer Furcht« getriebenen völkermordenden Wahnsinnigen entwickelt hätten.[14] Das entspricht nicht der Wahrheit.

Botschafter Emory C. Swank, der unsere Politik häufig kritisiert hat, und sein Stellvertreter, Thomas O. Enders, haben für die historische Abteilung des Außenministeriums einen Bericht über den tatsächlichen Verlauf der Bombenangriffe verfaßt. (Dieses Dokument ist im Anhang abgedruckt. Die folgende Analyse stützt sich auf dieses Papier.) Am 27. Januar 1973, als die kambodschanische Regierung einseitig alle militärischen Offensivoperationen einstellte, um zu einem Waffenstillstand zu kommen, wurden auch die Operationen der amerikanischen taktischen Luftstreitkräfte und die Angriffe mit B-52-Maschinen eingestellt. Die Bombenangriffe sollten erst wiederaufgenommen werden, wenn die Roten Khmer die Feindseligkeiten fortsetzten, und dann auch nur auf Anforderung der kambodschanischen Regierung.

Diese Voraussetzungen waren leider Anfang Februar 1973 erfüllt. Die Roten Khmer beantworteten den Aufruf zum Waffenstillstand mit einer neuen Offensive. Die Nordvietnamesen weigerten sich, ihre Truppen abzuziehen, und unterstützten ihre kambodschanischen Verbündeten auch weiterhin logistisch und gelegentlich mit Raketen und Artilleriefeuer. Darauf mußten die Vereinigten Staaten reagieren, wenn das freie Kambodscha nicht zusammenbrechen sollte – und mit ihm wahrscheinlich auch Südvietnam. Die Operationen der amerikanischen Luftstreitkräfte wurden wiederaufgenommen, und zwar, wie Swank und Enders bestätigen, nach regulären Konsultationen mit den offiziellen Stellen (und nicht, wie Leute mit einer zu lebhaften Phantasie behaupten, nach geheimen Absprachen in Bangkok, die ich angeblich im Februar mit Swank hinter dem Rücken von Rogers getroffen hätte).[15]

Auch der Vorwurf, die Operationen der B-52 seien nachlässig geführt worden und die amerikanische Botschaft hätte den Piloten nur veraltete Karten in einem zu großen Maßstab zur Verfügung gestellt, war eine Erfindung. In Wirklichkeit wurden die Angriffsziele von der 7. Luftflotte ausgewählt und vermessen, die mit neuesten Luftaufnahmen, Präzisionsradar und Infrarotsensoren arbeitete und vor und nach jedem Angriff Aufklärungsflüge über dem Zielgebiet durchführte. Für die Operationen unserer Luftstreitkräfte galten strenge Vorschriften, die die Verwendung von B-52-Maschinen gegen Ziele untersagten, falls diese näher als einen Kilometer von befreundeten Streitkräften, Dörfern, Häusergruppen, Häusern, Kulturdenkmälern, Tempeln, Pagoden oder heiligen Stätten entfernt waren. Diese Vorschriften wurden beachtet. Es ist, wie Swank und Enders berichten, zu zwei tragischen Zwischenfällen gekommen, nicht aber zu systematischen Bombenangriffen gegen die Zivilbevölkerung. Die 7. Luftflotte hat in mehreren Fällen kambodschanische Anforderungen für Luftangriffe abgelehnt, weil unsere Aufklärung festgestellt hatte, daß wir mit diesen Angriffen die Zivilbevölkerung gefährden würden, was wir nicht tun wollten.

Heute wissen wir, daß die kommunistischen Roten Khmer, nicht aber die Amerikaner oder Sihanouk, einen Friedensschluß in Kambodscha verhindert haben. Meine wiederholten, aber vergeblichen Bemühungen, 1972 und 1973 Le Duc Tho für einen Waffenstillstand oder eine politische Regelung zu gewinnen, stieß auf die wahrscheinlich zutreffende Behauptung Hanois, daß die Nordvietnamesen auf die Entscheidungen der Roten Khmer kaum einen Einfluß hätten. Die Roten Khmer haben Hanoi in der Tat schwere Vorwürfe gemacht, als Nordvietnam die Pariser Vereinbarungen unterzeichnete. Sie betrachteten den Friedensschluß in Vietnam als Verrat, und zwar nicht nur, weil sie glaubten, daß wir jetzt die uns zur Verfügung stehenden Kräfte geschlossen für militärische Operationen in Kambodscha einsetzen könnten. In einem nach der Machtergreifung durch die Roten Khmer veröffentlichten Dokument geben sie zu, daß sie sich jedem Drängen nach einem Waffenstillstand widersetzt hätten, weil »die Revolution in Kamputschea gescheitert wäre, wenn wir auf einen Waffenstillstand eingegangen wären«.[16] Später haben sie sich der Friedensregelung widersetzt, weil sie entschlossen waren, den totalen Sieg zu erringen.

Die Legende, daß die Brutalität der Roten Khmer die Folge unserer Bombenangriffe gewesen sei, ist vielleicht Ausdruck irgendeiner masochistischen Haltung, aber auch sie hält einer sorgfältigen Analyse nicht stand. Es gibt nicht nur keine Beweise dafür, sondern die vorliegenden Beweise sprechen für das genaue Gegenteil. Schon 1971 oder 1972 bedienten die Roten Khmer sich bewußt der gleichen totalitären Praktiken, die in der ganzen Welt Grauen und Empörung auslösten, als sie 1975 nach ihrem Sieg in Phnom Penh die gleichen Methoden anwendeten. Die zwangsweise Vertreibung und Zerstreuung der Dorfbewohner, die Auflösung örtlicher sozialer Strukturen, das Verbot der Religionsausübung, das Zerreißen der Familien, die erzwungene Kollektivierung der Landwirtschaft, die Ausrottung des Mittelstandes, der als Hindernis auf dem Weg zur Schaffung einer »neuen Gesellschaft« angesehen wurde, und das System des Terrors im kommunistischen Polizeistaat, alle diese Kennzeichen des Holocaust, der nach 1975 in Kambodscha wütete, ließen sich auch schon mehrere Jahre vor 1975 in den von den Roten Khmer beherrschten Gebieten feststellen. Diese Methoden entsprachen einer bewußt verfolgten politischen Linie, deren Basis der ideologische Fanatismus war.

Ein französischer Geistlicher, der bis zum Schluß in Kambodscha gearbeitet und den vielleicht besten Bericht über die kambodschanische Tragödie geschrieben hat, nennt Kambodscha »ein perfektes Beispiel für die praktische Anwendung einer Ideologie, die bis an die äußerste Grenze der ihr innewohnenden Logik getrieben wird«. Und er erklärt, dies sei seit mindestens 1972 die »traditionelle revolutionäre Praktik« gewesen.[17] Ein anderer erfahrener Analytiker, der in der Zeit von 1972 bis 1974 Hunderte von kambodschanischen Flüchtlingen in Südvietnam befragt hat, zeichnet sehr klar die Methoden eines brutalen Programms sozialer Veränderungen und sagt, »alles, was vorher gewesen war, galt als verabscheuungswürdig und mußte vernichtet werden«. Er berichtet, daß dieser Prozeß »in einigen Teilen des Landes schon 1971 begonnen« hätte.[18] Es sind nicht die amerikanischen Bombenangriffe gewesen, die für den Flüchtlingsstrom und die Grausamkeiten in Kambodscha verantwortlich waren. Es war vielmehr eine dämonische Ideologie, die rücksichtslos in die Tat umgesetzt wurde.

Im Sommer 1973 hatten wir keinen dringenderen Wunsch, als den Krieg in Kambodscha zu beenden. Wenn wir die Regierung in Phnom Penh auf eine breitere Basis stellten und die Luftangriffe intensivierten, dann nutzten wir nur die Mittel, die zur Wiederaufnahme von Verhandlungen führen sollten. Leider hat Sihanouk sich an der Öffentlichkeit auch weiterhin sehr negativ zu solchen Möglichkeiten geäußert. Nach der Rückkehr von seinem Besuch in der »befreiten Zone« von Kambodscha sagte Sihanouk am 13. April auf einer Pressekonferenz in Peking – und wiederholte damit zweifellos das, was ihm die Roten Khmer in Kambodscha gesagt hatten – daß er »niemals auf einen Waffenstillstand oder einen Kompromiß eingehen werde«.

Daß so die gegenwärtige politische Linie der Roten Khmer aussah, konnte seinen chinesischen Gastgebern nicht gefallen. Sie wußten, daß der totale Sieg der Roten Khmer ihnen die Möglichkeit, Sihanouk als Trumpfkarte zu benutzen, nehmen und die Vorherrschaft Nordvietnams in Indochina besiegeln würde. China hat zweifellos damit gerechnet, daß wir die totale Niederlage der Kräfte, mit denen wir befreundet waren, nicht zulassen würden. Eine Fortführung des Krieges mußte deshalb die außenpolitischen Schwierigkeiten Pekings erhöhen, ohne an seinem Ausgang etwas zu ändern. Die Wiederherstellung freundschaftlicher Beziehungen zu den Vereinigten Staaten, die, wie mein Besuch im Februar 1973 gezeigt hatte, eines der wichtigsten Ziele der chinesischen Politik war, würde sich zumindest verzögern.

Tschou En-lai versuchte, aus dieser schwierigen Lage einen Ausweg zu finden – und zwar zunächst auf eine für uns nicht ganz verständliche Art. Er nutzte Sihanouks Rückkehr nach Peking dazu, die chinesischen Wünsche zum Ausdruck zu bringen. Auf einem Staatsbankett zu

Sihanouks Ehren am 11. April verurteilte Tschou die Vereinigten Staaten dafür, daß sie in Kambodscha auch weiterhin »willkürliche Bombenangriffe« durchführten und die »verräterische Lon-Nol-Clique« unterstützten. Ein Leitartikel in der parteiamtlichen Zeitung *People's Daily* unterstrich Tschous Aussagen. Hier hieß es, der Besuch des Prinzen in der »befreiten Zone« zeigte, daß er »der legitime Herrscher in Kambodscha« sei. Wir waren über Tschous ausnahmsweise so scharfe öffentliche Kritik an unserer Politik so verärgert, daß wir die dahinterstehende Absicht übersahen: China stellte sich entschieden hinter Sihanouk als Staatsoberhaupt in Kambodscha. Tschou hatte sagen wollen, daß Sihanouks Besuch in Kambodscha bewiesen habe, was die Roten Khmer abstreiten wollten, daß nämlich Sihanouk »bei der Bevölkerung Kambodschas beliebt war und von ihr unterstützt wurde«.

Uns fiel vor allem die scharfe Kritik an den Vereinigten Staaten auf – eine der von Mao so bezeichneten »leeren Kanonen« – und nicht die subtile Distanzierung von Hanoi und den Roten Khmer. Am 13. April schickten wir daher eine ungewöhnlich scharfe Note an Peking und brachten darin unsere »extreme Enttäuschung« über Tschous Äußerung zum Ausdruck. Wir machten die Chinesen auf die flagranten Verstöße Hanois gegen die Pariser Vereinbarungen aufmerksam, besonders gegen den Artikel 20, der den Abzug fremder Truppen aus Laos und Kambodscha verlangte. Aber auch diese Note endete mit der Versicherung, daß wir kompromißbereit und willens seien, weiter zu verhandeln. Die Chinesen werden sich allerdings gefragt haben, ob wir jemals in der Lage sein würden, komplexere Zusammenhänge zu durchschauen.

> Die amerikanische Seite möchte noch einmal ihre Bereitschaft bestätigen, sich an die Vietnam-Vereinbarungen zu halten, alle militärischen Operationen in Kambodscha einzustellen und sich um eine politische Lösung in diesem Lande zu bemühen, die zu einer wirklichen Neutralität und Unabhängigkeit führt. Die amerikanische Seite glaubt jedoch, daß es in der Verantwortlichkeit aller interessierten Länder liegt, sich um eine gemäßigte Haltung in diesen Angelegenheiten zu bemühen.

Daß Peking sich betroffen fühlte, zeigte sich darin, daß wir sofort eine Antwort erhielten. Der damalige chinesische Botschafter bei den Vereinten Nationen, Huang Hua, führte am 16. April ein »persönliches« Gespräch mit mir – für einen chinesischen Diplomaten ein sehr ungewöhnliches Verfahren, es sei denn, er möchte etwas sagen, was er offiziell bestreiten könnte. Er erklärte, es sei ihm unverständlich, weshalb wir so enttäuscht seien; China habe seine bisherige Haltung doch nur bestätigt. Er drängte darauf, daß die Vereinigten Staaten ihre Unterstützung Lon Nols aufgäben. Mit dieser Formulierung wandte er sich gegen eine bestimmte Person, aber nicht gegen eine Institution, und ließ damit die Möglichkeit offen, daß Elemente der gegenwärtigen Regierung in Phnom Penh ohne den Regierungschef in eine Koalition aufgenommen werden könnten, wie wir das im Februar in Peking besprochen hatten.

In meiner Antwort kam ich auf dieses Thema zurück:

> Wir sind bereit, in Kambodscha mit Ihnen zusammenzuarbeiten, um eine Koalition zustande zu bringen, wie ich es in Peking mit dem Premierminister besprochen habe. Wir sind keiner einzelnen Persönlichkeit verpflichtet, und wir würden Verhandlungen zwischen Vertretern des Prinzen Sihanouk und denen der anderen Kräfte unterstützen.
>
> Unsere Bestrebungen in Südostasien unterscheiden sich augenscheinlich nicht völlig von den Ihren. Wir wollen verhindern, daß in Süd- und Südostasien ein Sicherheitssystem entsteht, das nur von einer Seite und von einer fremden Macht beherrscht wird. Wir glauben, dieses Ziel läßt sich am besten erreichen, wenn jedes Land in der Region seine eigene nationale Identität entwickeln kann.

Am 24. April beschäftigte ich mich in einer schriftlichen Note an Tschou En-lai mit dem gleichen Thema:

> Im Hinblick auf die Lage in Kambodscha möchte die amerikanische Seite noch einmal ihre Bereitschaft erklären, für eine Friedensregelung zu sorgen, an der alle politischen Kräfte einschließlich derjenigen des Prinzen Sihanouk beteiligt sind. Die amerikanische Seite ist bereit, mit der chinesischen Seite zu diesem Zweck Gespräche zu führen, und zwar entweder in Washington oder nach der Rückkehr des Botschafters Bruce in Peking.

Diesmal antworteten die Chinesen nicht sofort. Aber am 18. Mai 1973 kam Tschou En-lai bei seiner ersten Begegnung mit David Bruce, dem eben ernannten Chef unseres neuen Verbindungsbüros in Peking, auf Kambodscha zu sprechen. Er sagte Bruce, die einzige Möglichkeit, eine Lösung zu finden, läge darin, daß alle Beteiligten sich streng an die Nebenklauseln des Artikels 20 hielten. Damit stimmte China unserer Interpretation zu, daß die nordvietnamesischen Streitkräfte kambodschanisches Gebiet räumen müßten. In diesem Sinne war auch eine zweite Bemerkung Tschous zu verstehen. Er sagte, daß, wenn wir auch verschiedene Standpunkte einnähmen, es doch das Bestreben Chinas und der Vereinigten Staaten wäre, die Entstehung eines friedlichen, neutralen und unabhängigen Kambodscha zu erreichen, das »friedlicher, neutraler und unabhängiger sein muß als je zuvor« – was nur bedeuten konnte, daß Nordvietnam die dort eingerichteten Militärbasen räumen sollte. Tschou fügte hinzu, daß der neu ernannte Chef des chinesischen Verbindungsbüros in Washington, Huang Tschen, am 25. Mai in die Vereinigten Staaten abreisen werde und bevollmächtigt sei, mit uns über dieses Thema zu verhandeln. Tschou hoffte offenbar, daß wir seine Fragen unmittelbar nach Eintreffen von Tschen in Washington beantworten könnten.

Indessen verhandelte ich in Paris mit Le Duc Tho, dessen Interpretation der kambodschanischen Neutralität und Unabhängigkeit die Vorherrschaft Nordvietnams bedeutete. Er wollte von der Befolgung der Bestimmungen des Artikels 20 nichts hören, bevor eine politische Lösung gefunden sei, und weigerte sich, über eine politische Lösung zu sprechen, weil er die »Souveränität« seiner kambodschanischen Verbündeten respektieren müßte. Die Unabhängigkeit eines Landes, in das die Nordvietnamesen zuerst 1965 und dann 1978 eingefallen waren, bedeutete Hanoi offenbar so viel, daß Le Duc Tho nicht einmal auf meinen Vorschlag eingehen wollte, beiden Parteien in Kambodscha gemeinsam einen Waffenstillstand zu empfehlen. Meine Verhandlungen mit Le Duc Tho im Mai und Juni endeten ergebnislos. Wie schon berichtet, wollte sich Le Duc Tho nur dazu verpflichten, daß beide Seiten sich »nach besten Kräften um eine friedliche Lösung bemühen sollten«. Das bedeutete in der Praxis, daß wir nichts unternehmen sollten. Ginge es nach dem Willen der Nordvietnamesen, dann sollte sich das Schicksal Kambodschas auf dem Schlachtfeld entscheiden. Deshalb mußte unsere Diplomatie nach anderen Wegen suchen.

Während einer Pause in den Gesprächen mit Le Duc Tho setzte ich mich daher mit den Chinesen in Verbindung und machte ihnen den offiziellen Vorschlag, das Gespräch mit Tschou En-lai fortzusetzen. Am Sonntag, dem 27. Mai, meinem fünfzigsten Geburtstag, sagte ich Huang Hua in New York, daß nach meiner Auffassung die amerikanischen und chinesischen Interessen durchaus miteinander vereinbar seien. Wir beiden wollten vermeiden, daß »ein Block entstand, der die hegemonialen Ziele außenstehender Mächte unterstützen könnte«. Mit anderen Worten, wir wollten es verhindern, daß Indochina von dem mit der Sowjetunion verbündeten Hanoi beherrscht wurde. Dazu machte ich den folgenden Vorschlag:

> Wir sind bereit, unsere Bombenangriffe in Kambodscha einzustellen, und wir sind bereit, die kleine Beratergruppe, die wir dort haben, abzuziehen, und wir sind bereit, Lon Nol zur medizinischen Behandlung in die Vereinigten Staaten reisen zu lassen. Als Gegenleistung möchten wir einen Waffenstillstand erreichen – wenn notwendig für etwa neunzig Tage – und dazu Verhandlungen zwischen der Gruppe um Sihanouk und dem Rest der Gruppe um Lon Nol. Solange diese Verhandlungen in Kambodscha dauern, würden wir unsere Zustimmung

zu Gesprächen zwischen dem Stab unseres Botschafters Bruce und dem Prinzen Sihanouk in Peking geben. Wenn dieser ganze Prozeß nach einigen Monaten abgeschlossen ist, würden wir nichts gegen die Rückkehr des Prinzen Sihanouk nach Kambodscha einzuwenden haben. Der Prozeß wird aber einige Zeit in Anspruch nehmen und darf nicht so verlaufen, daß unsere Erfordernisse unberücksichtigt bleiben.

Huang Hua war ein Fachmann, der sein Geschäft von Grund auf verstand. Zunächst stellte er mir einige Fragen, um sich über den Stand der Dinge Klarheit zu verschaffen. Ich sagte ihm, daß ich mit Le Duc Tho über unsere Grundvorstellungen gesprochen hätte. Huang Hua wußte, daß Hanoi einen solchen Plan nicht unterstützen, vielleicht aber auch nicht in der Lage sein würde, ihn zu blockieren. Er erinnerte mich daran, daß Premierminister Tschou Enlai David Bruce gesagt hatte, Sihanouk und die Roten Khmer wären grundsätzlich bereit, mit den Vereinigten Staaten zu sprechen, was unter Umständen nicht viel bedeutete, wenn die Voraussetzung die Vernichtung der nicht-kommunistischen Kräfte wäre; aber die Chinesen sahen die Dinge sicherlich in einem größeren Zusammenhang, denn schließlich hatte Tschou Enlai im Februar selbst gesagt, daß eine ausschließlich »rote« Regierung die Lösung der Probleme für alle Beteiligten unmöglich machen werde.

Interessanterweise lehnte Huang Hua meinen Vorschlag nicht ab, was er sicher getan hätte, wenn sich Peking von den Ereignissen in Indochina distanzieren wollte. Er sagte, er werde Peking vom Inhalt unseres Gesprächs unterrichten.

Am 29. Mai machte ich Huang Tschen, als er mich zum erstenmal im Weißen Haus besuchte, den gleichen Vorschlag. Auch er sagte, er werde darüber nach Peking berichten, und erinnerte mich an Tschous Gespräch mit Bruce, in dem der chinesische Premierminister gesagt hatte, daß die Bestimmungen des Artikels 20 strikt eingehalten werden müßten. Am folgenden Tag benutzte Nixon die Gelegenheit eines Höflichkeitsbesuchs von Huang Tschen im Ovalen Zimmer, um darauf hinzuweisen, für wie wichtig er eine friedliche Lösung in Kambodscha hielt.

Die Reaktion der Chinesen ließ nicht lange auf sich warten. Acht Tage nachdem ich ihm meinen Vorschlag gemacht hatte, am 4. Juni, bat mich Huang Hua um ein Zusammentreffen in New York, bei dem er mir eine Note seiner Regierung überreichte. Darin war von unseren »vorläufigen Überlegungen zur Lösung der Kambodscha-Frage« die Rede. Es wurde besonders darauf hingewiesen, daß alle Beteiligten – und damit auch Hanoi – die Souveränität Kambodschas respektieren müßten. China könnte mit den Vereinigten Staaten nicht in Vertretung von Kambodscha sprechen, deshalb werde es zu irgendeinem Zeitpunkt notwendig werden, direkte Gespräche mit Sihanouk aufzunehmen. China sei jedoch bereit,

> die vorläufigen Überlegungen der Vereinigten Staaten der kambodschanischen Seite mitzuteilen, aber da Samdech (Prinz) Sihanouk gegenwärtig Afrika und Europa besucht, ist es schwierig für uns, den Kontakt mit ihm auf diplomatischem Wege aufzunehmen. Um der Genauigkeit willen möchte die chinesische Seite die vorläufigen Vorstellungen der amerikanischen Seite wiederholen ...

Nun zitierte die chinesische Note, was ganz ungewöhnlich war, wörtlich den Vorschlag, den ich Huang Hua vorgelesen hatte, und schloß mit den Worten: »Wenn in dem obigen Text Ungenauigkeiten enthalten sein sollten, dann wird erwartet, daß die amerikanische Seite sie berichtigt.«

So boten die Chinesen sich als Vermittler an und erklärten sich bereit, an den Verhandlungen über Kambodscha teilzunehmen. Wer Tschou Enlai kannte, konnte gewiß sein, daß er die Lage nicht so sorgfältig geprüft hätte, wenn er nicht persönlich etwas unternehmen wollte, und daß er sich nicht als Vermittler zur Verfügung stellen würde, wenn er nicht mit einem Erfolg rechnete. Die vorsichtigen Chinesen hätten es nie riskiert, zu demonstrieren, daß sie die Ereignisse in Südostasien nicht beeinflussen konnten, und sie würden niemals anbieten, ein Angebot weiterzugeben, mit dessen Ablehnung sie rechneten. Es war auch bedeutsam, daß Peking Sihanouk als unseren Gesprächspartner bezeichnete. Der »innere Widerstand«, das heißt die Roten Khmer, wurde mit keinem Wort erwähnt. Trotzdem war es nicht denkbar, daß die Chinesen sich in dieser Weise exponierten, ohne sich bei den Roten Khmer vergewissert zu haben, und wenn die kambodschanischen Kommunisten zu Verhandlungen bereit waren, dann mußte das militärische Unentschieden, das sie im März als Voraussetzung für ihre Verhandlungsbereitschaft genannt hatten, im Juli unmittelbar bevorstehen.

Tschou hatte deutlich zum Ausdruck gebracht, daß China einen Kompromiß wünschte, bei dem der Kern der Lon Nol-Regierung erhalten blieb; das war ja auch die Schlüsselfrage bei allen Gesprächen, die wir seit fast einem Jahr geführt hatten. Der Vorschlag, der auf ein militärisches Gleichgewicht schließen ließ, machte jetzt nicht mehr wie bisher den totalen Sieg der Roten Khmer zur Bedingung für eine politische Lösung. Bei einem Waffenstillstand würde die Struktur des freien Kambodscha erhalten bleiben. Sihanouk würde mit Unterstützung der Vereinigten Staaten und Chinas zurückkehren, und zwar nicht als Strohmann, wie es den kambodschanischen Kommunisten am liebsten wäre, sondern mit den Vollmachten, wie sie zum Ausgleich zwischen verschiedenen Gruppierungen notwendig waren.

Tschou Enlai konnte dem Politbüro in Peking – und besonders dem Vorsitzenden Mao – diesen Vorschlag nur mit dem Argument verkauft haben, daß der totale Sieg der Roten Khmer unmöglich sei, weil Washington ihn niemals zulassen würde, und er im übrigen die hegemonialen Ansprüche Hanois unterstützen werde. Aber auch den Roten Khmer konnte er diese Lösung nicht schmackhaft machen, ohne sie davon zu überzeugen, daß die Vereinigten Staaten ihre Bombenangriffe nur einstellen würden, wenn sie auf diesen Kompromiß eingingen. Und die Roten Khmer hätten sich nicht damit einverstanden erklärt, wenn sie nicht davon überzeugt gewesen wären, daß sie sich angesichts der fortgesetzten Bombenangriffe militärisch nicht mehr würden halten können. Wenngleich Tschou Enlai es auch niemals zugegeben hätte: Er brauchte unsere militärischen Aktionen in Kambodscha zur Durchsetzung seiner Politik ebenso sehr wie wir. Unsere Bombenangriffe waren für beide Seiten eine Trumpfkarte, auch wenn sie von der einen verurteilt wurden.

Doch es zeigte sich sehr bald, daß unsere innenpolitische Lage es nicht zuließ, diesen politischen Kurs weiter zu verfolgen, als dieser sich der entscheidenden Phase näherte. Anfang Juni stand der Präsident mit dem Rücken zur Wand. Wie wir heute wissen, brachte er seine Zeit damit zu, die Tonbänder mit seinen Gesprächen im Ovalen Zimmer abzuhören, um festzustellen, ob sie ihm schaden könnten. Am 5. Juni begann ein Geschworenengericht mit den Zeugenvernehmungen zum Einbruch in der Praxis von Daniel Ellsbergs Psychiater. Am 6. Juni erklärte sich Nixon unter dem Druck des Watergate-Ausschusses des Senats bereit, seine vor zwei Tagen erklärte Weigerung zurückzunehmen, die Verzeichnisse der auf Tonband aufgenommenen Gespräche zwischen ihm und John Dean herauszugeben. Und am 8. Juni bat der an dem Einbruch im Watergate-Hotel beteiligte James McCord Richter John Sirica um die Eröffnung eines neuen Verfahrens mit der Begründung, daß die Regierung Beweismittel zurückhielte und in seinem ersten Verfahren Meineide geschworen worden seien.

Weder Tschou Enlai noch ich hatten zu diesem Zeitpunkt ganz begriffen, wie weit die Autorität des Präsidenten durch Watergate ausgehöhlt war; deswegen setzten wir unsere Bemühungen zuversichtlich fort. In einem Gespräch mit dem chinesischen amtierenden Außenminister Tschi P'eng-fei am 13. Juni in Paris bestätigte ich die Korrektheit des Wortlauts der Botschaft, die Tschou an Sihanouk übermitteln wollte. Dabei wies ich besonders darauf hin, daß einige Monate verstreichen müßten, bevor Sihanouk nach Kambodscha zurückkehren könnte. Wir waren jedoch beide der übereinstimmenden Auffassung, daß der Prinz schließlich das Amt des Staatsoberhaupts übernehmen sollte. Beide Seiten kamen überein, die Interessen der jeweils anderen zu respektieren. Ich versprach, daß wir unmittelbar nach Eintreten des Waffenstillstands in Kambodscha, wie es die Chinesen verlangt hatten, Sihanouk persönlich konsultieren würden; Tschi erklärte sich mit der Übergangsperiode »für eine gewisse Zeit« einverstanden. Tschi P'engfei erklärte, das einzige Hindernis, das sich weiteren Fortschritten in den Weg stellte, seien Sihanouks Weltreisen und die damit verbundene Schwierigkeit, während dieser Reisen delikate und komplexe Fragen mit ihm zu besprechen (gar nicht zu reden von der Unberechenbarkeit seines Temperaments, wenn er sich über weite Entfernungen mit solchen Angelegenheiten beschäftigen mußte). Wenn er an seinen Reisen durch Afrika und Europa zuviel Gefallen fand, bestand die Möglichkeit, daß er sie noch länger hinauszog und damit die zu führenden Verhandlungen verzögerte.

Im gleichen Sinne sprach ich am nächsten Tag, dem 14. Juni, auch in Washington mit Huang Tschen. Ich unterrichtete ihn über meine Verhandlungen mit Le Duc Tho. In diesem Gespräch kam auch die Ungeduld zum Ausdruck, mit der wir auf Sihanouks Rückkehr aus Peking warteten, sowie unsere Sorge im Hinblick auf die Unberechenbarkeit seines Verhaltens. Schließlich erörterten Huang Tschen und ich meine nächste Reise nach Peking. Zunächst hatte ich sie unternehmen wollen, um Tschou über die Ergebnisse des in Kürze zu erwartenden Besuchs von Breschnew in den Vereinigten Staaten zu informieren. Zugleich hätten wir aber auch eine Gelegenheit, die ersten Kontakte mit Sihanouk aufzunehmen.

Am 19. Juni teilte ich Huang Tschen mit, daß ich, wenn der Waffenstillstand in Kambodscha zum Zeitpunkt meines Besuchs in China – der für die Zeit um den 6. August vorgesehen war – schon eingetreten wäre, ich politische Gespräche mit Sihanouk führen könnte. Wir waren also bis an die Grenze des Möglichen gegangen. Doch Sihanouk setzte seine Reise fort und kümmerte sich offenbar nicht um meine Gespräche mit den Chinesen. Seine größte Sorge schien es zu sein, daß Le Duc Tho und ich uns über seinen Kopf hinweg über Kambodscha einigen könnten. Während eines Besuchs in Jugoslawien im Juni gab er meiner alten Intimfeindin, Oriana Fallaci, ein Interview. Es ist ein Zeichen seines großen diplomatischen Geschicks, daß er bei der Begegnung mit der gefürchteten italienischen Journalistin viel weniger Federn lassen mußte als ich im Jahr zuvor. Sihanouk betonte, daß Hanoi kein Recht habe, als Sprecher der aufständischen Khmer aufzutreten. Dann erläuterte er wieder die harte Haltung der Kommunisten und deutete an, daß es sich um die Auffassungen seiner Verbündeten, nicht aber um seine eigenen handelte: »Die Roten Khmer werden niemals einen Waffenstillstand akzeptieren. Sie werden sich niemals einer Vereinbarung beugen. Niemals.«

Sihanouk bestätigte die Wirkung der amerikanischen Bombenangriffe und sagte, sie seien »das einzige, was uns daran hindert, jetzt in Phnom Penh einzumarschieren«. Aber er zeigte auch, daß er sich der Bedeutung von Watergate bewußt war und begriffen hatte, daß sich der amerikanische Kongreß um die Beendigung der Operationen amerikanischer Streitkräfte bemühte: »Nixon befindet sich in einer sehr schwierigen Situation. Der Watergate-Skandal hat ihm sehr geschadet, und schließlich werden sich der Senat und der Kongreß den von ihm geforderten Ausgaben widersetzen.« Was seine Beziehungen zu den Roten Khmer betraf, so machte sich Sihanouk kaum Illusionen, wohl aber beträchtliche Sorgen: »Die Roten Khmer lieben mich keineswegs. Ich weiß das! . . . Ich bin ihnen nützlich . . . Ich weiß sehr wohl, wenn ich ihnen nicht mehr nützen kann, werden sie mich ausspucken wie einen Kirschkern.« Er sagte, daß Kambodscha eines Tages kommunistisch sein werde, bestritt jeden persönlichen Ehrgeiz und meinte, er hätte kein Verlangen, eine Marionette zu sein wie Königin Elisabeth oder Hirohito.[19]

Wir erfuhren vom Inhalt dieses Interviews erst am 12. August, als die Würfel schon gefallen waren, aber es hätte auch vorher nicht viel für uns bedeutet. Wir hätten angenommen, daß Sihanouk sich auf seinen Reisen fast gänzlich isoliert hätte, und Tschou wüßte, was er täte; letzterer hätte sich nicht auf diesen Kurs festgelegt, wenn er nicht überzeugt wäre, damit Erfolg zu haben.

Mitte Juni glaubten wir, daß jetzt der Endspurt vor uns läge, wie die Sache auch immer zu Ende gehen sollte. Wir konnten mit der Möglichkeit eines Waffenstillstands und der Rückkehr Sihanouks rechnen, der es dann mit allen in Kambodscha vorhandenen politischen Kräften zu tun haben würde und sich selbst den notwendigen Handlungsspielraum schaffen mußte, um zwischen ihnen und den Kommunisten zu manövrieren. Wir hätten dieses Rennen fast gewonnen – mit allem, was das für die Zukunft Kambodschas bedeuten konnte. Doch da uns die innenpolitische Unterstützung versagt blieb, scheiterte unser Vorhaben; das Schicksal Kambodschas war besiegelt – und die Stellung Tschou Enlais in China wurde in ihren Grundfesten erschüttert.

Der Kongreß erzwingt die Einstellung der Bombenangriffe

Viele Faktoren haben dazu beigetragen, daß es zu den Ereignissen gekommen ist, die schließlich zur Aufgabe von Kambodscha führten. In den Vereinigten Staaten war man ganz einfach des Krieges müde. Es hat Kongreßabgeordnete gegeben, die aufrichtig glaubten, daß sie den Völkern Indochinas einen großen Gefallen täten, wenn sie alle weiteren militärischen Aktionen der Vereinigten Staaten in diesem Teil der Welt untersagten. Bei anderen haben humanitäre Erwägungen wahrscheinlich keine so große Rolle gespielt wie vielmehr die Gelegenheit, einem verhaßten Gegner, dem jetzt nicht mehr voll handlungsfähigen Präsidenten, eine Niederlage beizubringen. Liberale Kräfte wollten ihre Antikriegshaltung rechtfertigen, die sie vier Jahre lang eingenommen hatten. Der Kongreßabgeordnete Thomas P. O'Neill jr., der Führer der demokratischen Mehrheit im Repräsentantenhaus, erklärte vor den versammelten Abgeordneten, daß Kambodscha nicht das Leben eines einzigen amerikanischen Fliegers wert sei.[20] Die durch die Wechselfälle eines zehn Jahre dauernden Krieges ohnedies entmutigten Konservativen waren durch die verzweifelte Lage, in die ihr alter Bannerträger Nixon geraten war, demoralisiert. So quittierte schließlich der Kongreß das Auseinanderbrechen des inneren Zusammenhalts in den Vereinigten Staaten, indem er alle militärischen Operationen in Indochina einstellen ließ. Das kambodschanische Volk wurde seinem Schicksal überlassen.

Die Agitation im Kongreß gegen die Bombenangriffe begann im April und Mai aufzuflammen. Man bezeichnete unsere Luftoperationen als »ungesetzlich«, wenngleich sie von der Verfassung gedeckt wurden (wie in den Anmerkungen erläutert wird).[21] Über die Reihe der Gesetze, die im Mai vom Kongreß gegen die Bombenangriffe verabschiedet wurden, haben wir am Anfang dieses Kapitels berichtet. Zur gleichen Zeit hatte auch Le Duc Tho mich hämisch daran erinnert, wie der Kongreß uns unter Druck setzte. Zum erstenmal fehlte meiner scharfen Erwiderung, wir könnten selbst mit unserer innenpolitischen Situation fertig werden, die Überzeugungskraft. Ich fürchtete, nur noch ein Wunder könnte es bewirken, daß der Kongreß eine Binsenwahrheit begriff, von der ich auf einer Pressekonferenz am 12. Mai gesprochen hatte:

> Niemand kann erwarten, daß die Bedingungen eines Waffenstillstands nur deshalb eingehalten werden, weil sie schriftlich niedergelegt sind, und der Kongreß und andere werden sich fragen müssen, ob es möglich ist, die Einhaltung von Vereinbarungen ohne Sanktionen oder Anreize zu bewirken.

Ich setzte alles daran, den Waffenstillstand in Kambodscha zustande zu bringen, bevor der Kongreß etwas unternahm. Aber um die gleiche Zeit, es war Mitte Mai, schickte mir der für die Beziehungen zum Kongreß verantwortliche Mitarbeiter im Stabe des Nationalen Sicherheitsrats, John F. Lehman, einen sehr intelligenten Bericht mit der Voraussage, daß wir mit einer Reihe von Abstimmungen rechnen müßten beim Versuch, die Einstellung der Bombenangriffe zu erzwingen. Das Weiße Haus bemühte sich nach Kräften, diese Abstimmungen zu blokkieren oder hinauszuzögern. Wie Lehman schrieb, war Watergate der entscheidende Anlaß für die Gegenstimmen. Damals war er noch optimistisch genug, darin ein vorübergehendes Phänomen zu sehen.

Anfang Juni sah es in der Legislative noch ungünstiger für uns aus. Am 4. Juni billigte der Senat den Case-Church-Zusatzantrag zur Streichung aller Mittel für militärische Operationen in Indochina. In einer Denkschrift vom 5. Juni teilte mir Lehman mit, daß das Verbot der Bombenangriffe sich unter Umständen bis Ende des Monats verzögern könnte: »Danach wird sich die Lage zuspitzen, aber es besteht noch Hoffnung.« Es war uns wenigstens gelungen, die Senatoren dazu zu bewegen, bis zum Abschluß meiner Verhandlungen in Paris mit Le Duc Tho zu warten; ein Erfolg dieser Verhandlungen hätte uns vielleicht helfen können.

Ich war verzweifelt. Die Einstellung der Bombenangriffe würde uns bei den Verhandlungen die letzte Trumpfkarte aus der Hand nehmen – und die Chinesen veranlassen, sich nicht mehr an unseren Bemühungen zu beteiligen. Tschou Enlai mußte den Roten Khmer sagen können, daß er uns zur Einstellung der Bombenangriffe für den Fall veranlaßt habe, damit sie auf einen Kompromiß eingingen, bei dem Sihanouk und Teile der bestehenden kambodschanischen Regierung an der Lösung beteiligt wurden. Die jetzt allmählich anlaufenden Verhandlungen waren unsere letzte Chance. Wenn sie fehlschlugen, war das Schicksal Kambodschas und in der Folge auch das von Südvietnam und Laos besiegelt. Am 18. Juni sprach ich mit Mel Laird, der nach Watergate als Berater des Präsidenten für Innere Angelegenheiten wieder in die Regierung aufgenommen worden war. Ich sagte ihm, daß die Chinesen versprochen hätten, sich einzuschalten: »Ich kann mir nicht vorstellen, daß sie uns sagen, sie würden etwas tun, wenn sie nicht glaubten, etwas erreichen zu können.« Ich bot an, mich gegenüber dem Sprecher des Hauses, Carl Albert, und dem verehrungswürdigen Vorsitzenden des Bewilligungs-Ausschusses, George Mahon, zu verpflichten, daß wir die Bombenangriffe unter allen Umständen am 1. September einstellen würden, gleichgültig, was bei den Verhandlungen herauskäme. Dafür müßten sie uns ihr Wort geben, diesen Termin nicht bekanntzugeben, denn wenn er bekannt würde, dann konnten wir die Einstellung der Bombenangriffe diplomatisch nicht mehr nutzen; die Roten Khmer würden ganz einfach warten, bis dieser Termin verstrichen war. Laird erklärte sich bereit, meinen Vorschlag weiterzugeben, war aber nicht optimistisch. Der Mann, der es so meisterhaft verstand, Kongreßausschüsse zu manipulieren, war überzeugt, daß wir am Ende unseres Lateins wären: »Mahon sagt, daß es noch niemals so schwierig gewesen sei wie gerade jetzt.«

Nun kam es auf jeden Tag an. Wir erfuhren, daß Sihanouk am 5. Juli nach Peking zurückkehren werde und wir dann mit unserem Vorhaben beginnen könnten. Aber der Kongreß wollte sich auf keine weitere Verzögerung mehr einlassen. Am 25. Juni, dem gleichen Tag, an dem Breschnew seinen Besuch in den Vereinigten Staaten beendete und John Dean die ersten Aussagen vor dem Senat machte, kam es im Repräsentantenhaus zu der entscheidenden Abstimmung über den sogenannten Eagleton-Zusatzantrag, mit dem die für die Bombenangriffe in Kambodscha notwendigen Geldmittel gestrichen werden sollten und der im Senat schon gebilligt worden war. Da dies ein Zusatz zum Ergänzungsetat für die Finanzierung der amerikanischen Regierungsbehörden nach Ende des laufenden Rechnungsjahres (am 30. Juni) war, konnte der Präsident kaum sein Veto einlegen. Denn wenn das Gesetz nicht angenommen wurde, verfügten *alle* Regierungsbehörden über keine Geldmittel mehr. Von San Clemente aus rief ich mehrere Kongreßabgeordnete an. Ich sagte ihnen, daß wir die Bombenangriffe unter allen Umständen am 1. September einstellen würden, was jedoch geheimgehalten werden müßte, um die Aussichten auf einen Waffenstillstand in Kambodscha nicht zu gefährden. Über die chinesische Initiative konnte ich mich nicht näher äußern, gab meinen Gesprächspartnern aber einige deutliche Hinweise auf die zu erwartenden Verhandlungen.

Aber es gelang nicht, den Termin für die Einstellung der Bombenangriffe am 1. September geheimzuhalten. Die hinter der Regierung stehenden Abgeordneten konnten dem Drängen auf sofortige Einstellung der Bombenangriffe nur dann standhalten, wenn sie in aller Öffentlichkeit auf einen »Kompromiß« eingingen, in dem der 1. September als Datum für die Einstellung der Luftangriffe genannt wurde. Aber mit der Bekanntgabe dieses Termins war unsere Strategie gescheitert; jetzt konnten die Roten Khmer in aller Ruhe abwarten. Am 25. Juni kam es bei der entscheidenden Abstimmung zur Stimmengleichheit von 204 : 204, und damit schwanden die letzten Hoffnungen. In namentlicher Abstimmung billigte das Repräsentantenhaus den Eagleton-Zusatz, durch den die Mittel für die Bombenangriffe mit sofortiger Wirkung gestrichen wurden.

Am folgenden Tag, dem 26. Juni, wurden Antikriegszusätze mit einem Ergänzungsbeschluß verknüpft, der den laufenden Etat über die Zeit hinaus genehmigt, bis der Kongreß den neuen Etat genehmigt hat. Die gleichen Zusätze wurden mit dem Gesetz verknüpft, das die Erhöhung der Staatsverschuldung genehmigte. Kurz gesagt: Unsere Gegner waren entschlossen, die Handlungsfähigkeit der Regierung aufs Spiel zu setzen, um die Einstellung der militärischen Operationen in Indochina zu erzwingen und uns damit des einzigen Mittels zu berauben, mit dessen Hilfe wir die Freiheit unserer Verbündeten bewahren konnten.

Der Kongreß wollte jetzt den Abzug erzwingen, den zu vollziehen sich die Exekutive fünf Jahre geweigert hatte. Die Abgeordneten waren es müde, Argumente über die Komplexität der Diplomatie zu hören, und wollten nicht die erbitterte Opposition der Medien riskieren, nur um die Machtübernahme durch die Kommunisten in einem Land zu verhindern, das nach ihren Vorstellungen nichts anderes als ein obskurer Fleck auf der Landkarte irgendwo in Indochina war. Unser politisches System ist nur funktionsfähig, wenn die gleichberechtigten Regierungsbehörden einander vertrauen und dadurch ein feines Netz gegenseitigen Verstehens entsteht. Aber dieses Vertrauen war durch das erbitterte Ringen um die Vietnam-Politik zerstört und hatte durch Watergate jeden Boden verloren. Die Debatte war von dem Verlangen beherrscht, alte Rechnungen zu begleichen, nicht aber von dem Bestreben, gemeinsame Ziele zu verwirklichen. Kaum jemand verstand die fundamentalen Sorgen der Regierung. Wir wußten, daß die Öffentlichkeit erschöpft und der Kongreß uns feindlich gesinnt waren, aber wir glaubten auch, daß, wenn die amerikanische Exekutive alte Freunde der kommunistischen Herrschaft überließ, das Vertrauen zu den Vereinigten Staaten stark ausgehöhlt werden würde und wir später einen noch viel höheren Preis würden bezahlen müssen.

Deshalb versuchten wir noch immer, zu einem ehrenhaften Waffenstillstand zu kommen, als Mel Laird mich am 26. Juni in San Clemente anrief und mich davon unterrichtete, wie ungünstig sich die Lage für uns gestaltete. Dabei wollte er mich offenbar auch davon abbringen, etwas gegen die unsere Vorhaben gefährdenden Zusatzanträge zu unternehmen. John Dean war am Tage zuvor zum erstenmal im Fernsehen aufgetreten, und Laird meinte, daß die für uns so ungünstigen Abstimmungsergebnisse in den vergangenen drei Tagen auf die belastenden Aussagen Deans zurückzuführen seien. Doch ich blieb fest: »In Kambodscha werden wir alles verlieren, wenn wir die Bombenangriffe einstellen. Ich glaube, daß wir die Angelegenheit in zwei Monaten zum Abschluß bringen könnten. Können Sie uns helfen?« Aber es gab keine

Möglichkeit für eine konkrete Hilfe, und auch die Öffentlichkeit ließ sich nicht mehr ausschalten. Ein zweiter Versuch, die Streichungen durch einen »Kompromiß« bis zum 1. September aufzuschieben, schlug fehl, diesmal mit einer Mehrheit von vierundzwanzig Stimmen. Wir waren in eine paradoxe Situation geraten. Vielleicht hätten wir die Verschiebung auf den 1. September durchsetzen können, wenn die Regierung sich öffentlich dafür eingesetzt hätte - was wir aber nicht tun konnten, weil wir den Verhandlungen damit die Basis entzogen hätten. Jetzt bestünde, wie Laird meinte, die einzige Hoffnung auf eine Verzögerung - oder die verzögernde Wirkung eines Veto - nur noch darin, daß sich die Regierung mit einem Aufschub von fünfundvierzig Tagen einverstanden erklärte, wodurch wir jedoch in unser altes Dilemma zurückfielen. Ein öffentlich bekanntgegebener Aufschub war etwas besser als die sofortige Streichung der Mittel, aber ein Waffenstillstand würde sich unter solchen Voraussetzungen niemals erreichen lassen. Laird beunruhigte dieses Problem weniger: »Politisch könnten die Abgeordnete sogar etwas dabei gewinnen - und ich glaube nicht, daß wir in Kambodscha überhaupt noch sehr viel ausrichten können. Deshalb würde ich es vorziehen, diese Burschen dafür verantwortlich zu machen.« Mir ging es weniger um mein Alibi als um die Sache selbst. Es erschütterte mich, mit ansehen zu müssen, wie die letzte Chance verspielt wurde, für Kambodscha einen wenn auch unsicheren Frieden auszuhandeln, weil man sich bei uns in einen sinnlosen Parteienstreit gestürzt hatte, in dem sich ein in zehn Jahren angesammelter Groll Luft zu machen suchte.

Am 27. Juni legte der Präsident gegen das zweite Haushaltsergänzungsgesetz mit dem Zusatzantrag über die Streichung der Mittel für Kambodscha sein Veto ein. Er erklärte zu Recht, daß die Einstellung der Bombenangriffe nicht nur Kambodscha gefährden werde, sondern auch das »unsichere Gleichgewicht der ausgehandelten Vereinbarungen, politischen Bindungen und militärischen Kapazitäten, von denen der Friede in ganz Südostasien abhängt und auf die sich meine Beurteilung der Frage stützte, ob wir den Vietnam-Vereinbarungen zustimmen dürften«. Das Repräsentantenhaus bestätigte das Veto mit einer Abstimmung am 27. Juni. Diesmal konnten die Kriegsgegner die meisten Stimmen für sich verbuchen - 241 gegen 173 -, es fehlten ihnen aber noch fünfunddreißig Stimmen an der Zweidrittelmehrheit, die notwendig ist, um ein Veto des Präsidenten zu überstimmen. Die Niederlage war jedoch nur technischer und parlamentarischer Natur; die Dampfwalze konnte nicht mehr viel länger aufgehalten werden. Dann verabschiedeten das Repräsentantenhaus und der Senat einen ähnlichen Zusatzantrag zur Streichung der Geldmittel für die Bombenangriffe als

Teil eines Haushaltsgesetzes, das notwendig war, um die Finanzierung aller Regierungsbehörden auch nach dem 30. Juni sicherzustellen – und weiterhin einen Zusatz zu einem Gesetz, mit dem die Erhöhung der Staatsschulden genehmigt wurde. Es war also nur noch eine Frage der Zeit.

Nicht nur unsere Verbündeten im Kongreß verloren den Mut, sondern auch die Mitglieder unserer Regierung. Nur noch Haig unterstützte unsere Politik tatkräftig. Es war vielleicht verständlich, daß angesichts von Watergate niemand mehr den Mut hatte, eine zweite Vietnam-Debatte durchzustehen. Die Kenner der Verhältnisse im Kongreß unter den Mitarbeitern des Weißen Hauses waren überzeugt, daß so viele Anträge zur Streichung der Mittel für die Bombenangriffe eingebracht werden würden, bis auch das Veto des Präsidenten überstimmt würde. Mel Laird empfahl auch weiterhin einen »Kompromiß«: Der Präsident sollte sich mit der Einstellung der Bombenangriffe bis zum 15. August einverstanden erklären. Ich sagte Laird, daß dieser Vorschlag sinnlos wäre und zu nichts führen würde: »Sie werfen alles fort, ohne etwas dafür zu bekommen.« Laird behauptete, daß wir keine andere Wahl hätten, wenn der Apparat regierungsfähig bleiben wollte. Ich war verbittert:

> Ein so rachsüchtiges, kleinliches Verhalten des Kongresses habe ich noch nie erlebt. Und dabei handelt es sich nicht nur um Kambodscha; es wird uns auch bei den Chinesen furchtbar schaden, denn wenn sie den Eindruck gewinnen, daß der Kongreß so etwas in Kambodscha mit uns anstellen kann, was werden sie uns dann an anderer Stelle antun?

Am 29. Juni fand der »Kompromiß«, mit dem die Bombenangriffe am 15. August eingestellt werden sollten, die Unterstützung des außenpolitischen Senatsausschusses und wurde vom Kongreß genehmigt. Doch dafür, daß sie diese inzwischen bedeutungslos gewordene Verlängerung der Bombenangriffe zuließen, verlangten unsere Gegner, nach diesem Datum *alle* militärischen Aktionen in *ganz* Indochina einzustellen. Augenscheinlich hat Mel Laird dem Führer der republikanischen Minderheit im Kongreß, Gerald R. Ford, geraten, dem Kompromiß zuzustimmen. Jedenfalls rief Ford Nixon an und bestätigte persönlich diese Entscheidung. Als ich dagegen protestierte, sagte Nixon, daß es zu spät sei. Er hätte sich einer »höheren Gewalt« beugen müssen – ein Vorgang, der unvorstellbar gewesen wäre, hätten ihm nicht John Deans Aussagen die letzte innere Widerstandskraft geraubt.

Am 30. Juni begrüßten die führenden Tageszeitungen Nixons Entscheidung, die Bombenangriffe in Kambodscha bis zum 15. August einzustellen, mit lautem Jubel. Die *New York Times* schrieb, dieser Kompromiß werde es ermöglichen, daß »schwierige Verhandlungen« auch weiterhin geführt würden – eine Illusion. Verhandlungen konnte es nicht mehr geben. Aber Nixon dachte daran, seine Zusage zurückzunehmen – doch dazu war es zu spät. Am 3. August, kurz bevor die Angriffe eingestellt werden sollten, schrieb Nixon an den Sprecher des Repräsentantenhauses, Carl Albert, und an den Führer der Mehrheit im Senat, Mike Mansfield:

»Daß wir hier einen Freund im Stich lassen, wird auch in anderen Ländern, wie zum Beispiel in Thailand, die sich auf die Standhaftigkeit und Entschlossenheit der Vereinigten Staaten verlassen haben, tiefgreifende Auswirkungen haben, und ich möchte, daß sich der Kongreß der Konsequenzen seines Vorgehens voll bewußt ist ... Insbesondere soll das tapfere, von allen Seiten bedrängte kambodschanische Volk wissen, daß Amerika mit der Einstellung der Bombenangriffe in Kambodscha seine feste Absicht nicht aufgibt, einen dauernden Frieden für Indochina herbeizuführen ...

Ich kann nur hoffen, daß die Nordvietnamesen aus dem Verhalten des Kongresses nicht den falschen Schluß ziehen, sie könnten jetzt in anderen Teilen Indochinas eine militärische Offensive beginnen.

Aber darin lag nur eine leere Drohung. Die durch Gesetz herbeigeführte Beendigung der miltärischen Operationen in Indochina wurde in weiten Kreisen mit Beifall begrüßt. In Vietnam hatten wir keine Möglichkeit mehr, uns einer nordvietnamesischen Offensive entgegenzustellen. Zu Kambodscha nahmen die Medien in der uns schon bekannten Weise Stellung: Lon Nol war korrupt; zwischen ihm und den Kommunisten bestand kein wesentlicher Unterschied. Die Bombenangriffe waren »mörderisch«; deshalb war die Beendigung *unserer* militärischen Aktivitäten eine humanitäre Geste gegenüber der Bevölkerung von Kambodscha. Aber niemand sprach davon, welche Konsequenzen sich daraus für das übrige Indochina, für die Autorität des Präsidenten in kommenden Generationen oder für den Ruf der Vereinigten Staaten als eines zuverlässigen Verbündeten ergaben. Man behauptete, daß die Bombenangriffe die Verhandlungen auch nicht hätten voranbringen können; sie hätten Lon Nol den Vorwand geliefert, sich nicht an Verhandlungen zu beteiligen, und die Roten Khmer veranlaßt, eine noch feindseligere Haltung einzunehmen. Alle diese Auffassungen wurden in einem Leitartikel der *Washington Post* dargestellt, die ein breites Spektrum der öffentlichen Meinung vertrat:

Der Präsident behauptet, daß er die Einsetzung einer »von Hanoi kontrollierten Regierung in Phnom Penh« fürchte – aber er denkt nicht daran, was Hanoi zu einer von Washington kontrollierten Regierung sagen würde. Es ist jedoch unbestreitbar, daß Hanoi, gleichgültig welche Regierung in Phnom Penh sitzt, auch weiterhin in der Lage sein wird, Kambodscha für die Versorgung seiner Truppen und die Einrichtung von Bereitstellungsräumen zu benutzen, um Vorstöße gegen Südvietnam vorzubereiten. Mr. Nixon und auch jeder andere hat das schon im Januar gewußt. Er hat jedenfalls die Waffenstillstandsvereinbarungen aus gutem Grund unterzeichnet, weil er damit rechnete, daß Südvietnam sich trotz der Schwierigkeiten an der kambodschanischen Flanke selbst helfen könnte. Wenn er nun behauptet, eine Einstellung der Bombenangriffe erschütterte das »Gleichgewicht« in Südostasien, das er mit seinen Verhandlungen im Januar hergestellt hätte, dann ist dies eine jener leichtsinnigen Übertreibungen, die, wenn sie auch zum Teil zutreffen, den Wert aller im Januar geführten Verhandlungen in Frage stellen.

Wenn nun Mr. Nixon erklärt, daß die Einstellung der Bombenangriffe »ein schwerer Schlag gegen die internationale Glaubwürdigkeit der Vereinigten Staaten« wäre, so ist das Unsinn – es ist eine längst überholte Vorstellung von den in den internationalen Beziehungen geltenden Regeln, die unter anderem auch durch Mr. Nixons beachtliche Erfolge bei der Verbesserung der Beziehungen zu Rußland und China widerlegt wird. Es kann nicht die Absicht des Präsidenten sein und wird ihm auch nichts nützen, wenn er sagt, daß diese neue »Friedensstruktur« in ihren Grundfesten erschüttert werde, wenn er nicht auch weiterhin hilflose Kambodschaner mit Bomben angreifen könnte. Damit würde er zugeben, daß seine ganze Außenpolitik ein Betrugsmanöver gewesen sei – ein Urteil, dem wir uns übrigens nicht anschließen können.[22]

Man glaubte sogar, daß ein Sieg der Kommunisten eine gute Sache sein und irgendwie zur Bildung einer neutralistischen Regierung und zur Rückkehr Sihanouks führen könnte. Dabei vergaß man, daß Sihanouk gar nicht verhandlungsfähig war und die nichtkommunistischen Elemente, die an einer solchen Koalition beteiligt sein müßten, militärisch besiegt waren. Am 14. August wiederholte die *New York Times* die Behauptung, daß das militärische Eingreifen der Vereinigten Staaten das Zustandekommen des Friedens blockiert und der Kongreß durch sein Verbot den Weg zu Verhandlungen geöffnet hätte:

... Es gibt Anzeichen dafür, daß beide Seiten im kambodschanischen Konflikt an einer friedlichen Lösung interessiert sind, nachdem das Lon Nol-Regime auf Anordnung des Kongresses nicht mehr durch die direkte amerikanische militärische Unterstützung belastet wird. Aus Phnom Penh kommen – in Washington bestrittene – Berichte, daß hohe Regierungsbeamte dort die Vereinigten Staaten gebeten haben, für die Absetzung des Präsidenten Lon Nol und die Rückkehr des Prinzen Sihanouk zu sorgen. Aus Nordkorea, wohin Sihanouk gegangen ist, um in Peking nicht mit Henry Kissinger zusammentreffen zu müssen, hat der Prinz seinem alten Freund, dem Führer der Mehrheit im Senat, Mike Mansfield, telegrafisch den von den Vereinigten Staaten geforderten »ehrenhaften Frieden« angeboten, wenn Amerika Lon Nol nicht mehr unterstützt.

Es wäre zwar keine besondere Ehre für Washington, wenn es sich erst jetzt darum bemühen wollte, einen Führer wieder in sein Amt einzusetzen, den es seit drei Jahren in seinem eigenen Land unmöglich zu machen versucht hat, aber das Angebot des Prinzen ist für uns jetzt die denkbar beste Möglichkeit, besonders wenn er von dem gegenwärtigen Regime in Kambodscha unterstützt wird. Sihanouk hat sich in seinem Kampf um die Rückkehr zur Macht »hundertprozentig« auf die Seite der kambodschanischen Kommunisten gestellt, aber er ist unbestritten ein überzeugter Nationalist, der sich jeder Unterwerfung unter eine ausländische Macht widersetzen würde.

Die *Washington Post* äußerte sich am 28. August in ähnlichem Sinne.

Auch wir wären mit einem neutralen, von Sihanouk regierten Kambodscha einverstanden gewesen. Unsere diplomatischen Bemühungen galten schon seit sechs Wochen dem Zustandekommen einer solchen Lösung. Aber um sie zu erreichen, mußten wir militärisch handlungsfähig sein, und die durch Gesetz verordnete Einstellung unserer militärischen Maßnahmen hatte uns jeder Möglichkeit beraubt, für das Entstehen eines neutralen, freien Kambodscha zu sorgen. Da der totale Sieg der Kommunisten jetzt sicher war, konnten die Roten Khmer auf Sihanouk ebenso verzichten wie auf Lon Nol. Sie hatten ersteren aus außenpolitischen Gründen bisher gerade noch geduldet, würden ihn aber sofort fallenlassen, sobald sie die uneingeschränkten Herren in Kambodscha waren. So hatte der Kongreß Sihanouks Schicksal ebenso besiegelt wie das der Regierung in Phnom Penh.

Die Verhandlungen scheitern

Die Entwicklung lief während der folgenden Wochen noch in der gleichen Richtung weiter, was vielleicht daran lag, daß die kommunistische Gegenseite den Verdacht hatte, wir wollten sie mit einem Trick übertölpeln. Die Kommunisten brauchten Zeit, um sich an das seltsame Schauspiel zu gewöhnen, daß eine Supermacht freiwillig auf alle ihre bisherigen Pläne verzichtete. Am 6. Juni, dem gleichen Tag, an dem Sihanouk nach Peking zurückgekehrt war, bot die Regierung in Phnom Penh der »anderen Seite« offiziell Verhandlungen an. Mit diesem Schritt sollte ein diplomatischer Rahmen für die chinesische Initiative geschaffen werden, die jetzt wirksam werden sollte. Murrey Marder von der *Washington Post*, einer der vernünftigsten und objektivsten Auslandskorrespondenten, bedauerte am 11. Juli, daß dieses Angebot zu spät käme:

> Wäre dieses Angebot schon im Februar gemacht worden, als Sihanouk öffentlich seine Bereitschaft signalisierte, mit Kissinger in Hanoi oder Peking zu verhandeln, dann hätten sich beide Seiten jetzt vielleicht schon geeinigt, oder eine Einigung stünde kurz bevor.

Marder illustrierte damit die Gefahren und die Kosten der Geheimdiplomatie. Zunächst hätten die Roten Khmer im Februar gegen Verhandlungen zwischen Sihanouk und mir in Peking ihr Veto eingelegt. Zweitens war ein solcher Kompromißvorschlag seit Jahresbeginn nicht nur einmal, sondern wiederholt gemacht und jedesmal abgelehnt worden. Anfang Juli war eine solche Möglichkeit augenscheinlich eher gegeben, denn unser Eingreifen hatte bei den Kämpfen der Bodentruppen ein Unentschieden bewirkt. Dieses Gleichgewicht war jetzt verloren.

Den deutlichsten Beweis dafür lieferte Sihanouks Verhalten. Seit Monaten hatte er mir vorgeworfen, nicht verhandeln zu wollen, und behauptet, nicht er, sondern die Entschlossenheit der Roten Khmer, bis zum totalen Sieg zu kämpfen, sei für die starre Haltung seiner Seite verantwortlich. Nach Peking zurückgekehrt, muß er festgestellt haben, daß wir Anfang August die Einstellung der Bombenangriffe, Verhandlungen und ein Treffen zwischen ihm und mir angeboten hatten. Natürlich war auch Tschou Enlai für ein solches Verfahren. Aber nach dem Eingreifen des Kongresses wechselte Sihanouk die Richtung. Offenbar hatten die Roten Khmer die militärische Lage noch einmal überdacht, wie sie es nach dem oben erwähnten Bericht im Frühsommer hatten tun wollen, und waren zu dem Schluß gekommen, daß sie nach der Einstellung der Bombenangriffe auf keinen Kompromiß mehr eingehen mußten. Am 5. Juli war Sihanouk nicht mehr bereit, öffentlich über die Möglichkeit von Verhandlungen zu sprechen. Er sagte, daß Gespräche jetzt »nutzlos« wären und es »zu spät« sei. Er erklärte ganz freimütig, daß die aufständischen Khmer sich entschlossen hätten, »bis zum Ende zu kämpfen«.

Etwa um die gleiche Zeit (in der ersten Juliwoche) änderte auch die Sowjetunion ihre Haltung. Bis dahin hatte sie Lon Nol anerkannt und in Phnom Penh eine Botschaft unterhalten – wahrscheinlich, weil sie damit rechnete, daß ein kommunistischer Sieg in Kambodscha nicht absolut sicher sei. Jetzt fingen die *Prawda* und die *Iswestija* an, Sihanouk zum erstenmal seit seinem Sturz am 18. Mai 1970 als Staatsoberhaupt zu bezeichnen. Kommunistische Diplomaten in Moskau äußerten gegenüber der Presse, daß die Sowjets ihre Haltung korrigiert hätten – ein deutliches Zeichen dafür, daß diese kaltblütigen Praktiker der Machtpolitik, die stets behaupteten, bei ihren Lagebeurteilungen nur von den Realitäten auszugehen, die Bedeutung dessen begriffen hatten, was im amerikanischen Kongreß geschehen war.[23] Zwei Wochen später teilte mir der sowjetische Botschafter Dobrynin mit, die Sowjets, die Chinesen und die Nordvietnamesen seien nach dem 1. Juli zu der Überzeugung gekommen, daß es keine Verhandlungen mehr geben werde und die Roten Khmer siegen würden.

In dieser aussichtslosen Lage wollten wir aber doch noch nicht jede Hoffnung aufgeben und versuchten, die Verhandlungen mit Hilfe der Chinesen in Gang zu bringen. Am 6. Juli 1973 war Botschafter Huang Tschen mein Gast in San Clemente. Er brachte eine Note mit, aus der ich entnehmen konnte, daß Tschou Enlai nervös wurde und versuchen wollte, sich aus der Sache herauszuziehen. Die Chinesen beklagten sich über »Gerüchte« und »Spekulationen« in der amerikanischen Presse, die die Verhandlungen zwischen der »Lon Nol-Clique« und Sihanouk betrafen. Daß es zu solchen Indiskretionen gekommen war, schrieben sie taktvollerweise möglichen undichten Stellen bei der Regierung Lon Nol zu, wenngleich sie erklärten, daß auch »amerikanische Beamte« in jüngster Zeit zu dieser Frage »gewisse Äußerungen« gemacht hätten. Interessanterweise behaupteten die Chinesen nicht, daß solche Spekulationen falsch wären; im Gegenteil, sie zeigten sich besorgt darüber, daß Spekulationen dieser Art »für eine Lösung der Kambodscha-Frage sehr nachteilige Folgen haben können und sogar zu großen Unannehmlichkeiten führen werden«. (Die »Enthüllungen« zum Stand der Verhandlungen waren natürlich durch den verzweifelten Versuch der Regierung provoziert worden, die Einstellung der Bombenangriffe durch Kongreßbeschluß zu verhindern.)

Ich beantwortete die Note, indem ich noch einmal unseren Plan erläuterte. Huang Tschen bestätigte, daß Peking wie versprochen Sihanouk nach dessen Rückkehr aus dem Ausland vom Inhalt unserer »vorläufigen Überlegungen« unterrichten werde. Wenn Tschou immer noch bereit war, ein Angebot weiterzuleiten, dessen wichtigstes Element – der Waffenstillstand – durch die Maßnahmen unserer Legislative irrelevant geworden war, müssen die Chinesen eine politische Lösung fast ebenso verzweifelt herbeigesehnt haben wie wir. Huang Tschen bestätigte, daß seine Regierung es begrüßen würde, wenn ich Anfang August nach Peking kommen wollte – was mir zeigte, daß Tschou Enlai nicht bereit war, unseren gemeinsamen Plan ohne weiteres aufzugeben. Wenigstens war es ein Beweis dafür, wie ungern die Chinesen ihr einmal gegebenes Wort brechen.

Wie gespannt die Lage in Peking als Folge der neuen und unerwarteten Ereignisse in Washington geworden war, zeigte sich am gleichen Tag bei einer Begegnung des chinesischen Premierministers und einer Delegation des amerikanischen Kongresses unter Leitung des Senators Warren Magnuson, die China einen Besuch abstattete. Tschou Enlai kritisierte wie üblich unsere Politik gegenüber Kambodscha und die amerikanischen Bombenangriffe. Das Gelingen des zwischen uns vereinbarten Plans hing natürlich davon ab, daß er später erklären konnte, er hätte Washington bewogen, die Bombenangriffe einzustellen, und damit seinen Beitrag zum Frieden geleistet. Nun hatte man Tschou Enlai vor vielen Zeugen plötzlich das gegeben, was er eigentlich als Zugeständnis von Washington hätte erreichen sollen. Senator Magnuson teilte Tschou mit einer großzügigen Geste mit, daß er sich wegen der Bombenangriffe keine Sorgen zu machen brauche, sondern nur geduldig abwarten sollte; sie würden bald – genauer gesagt, am 15. August – eingestellt werden; Tschou müßte dem Kongreß dafür dankbar sein. Der chinesische Premierminister zeigte sich sichtlich verwirrt. Er versuchte verzweifelt, seine Trumpfkarte nicht aus der Hand zu geben, und sagte, daß es schwer wäre, geduldig zu bleiben, solange Bomben fielen. Doch Magnuson wiederholte, daß es wirklich keinen Grund zur Sorge gäbe, denn der Kongreß werde die Sache schon in Ordnung bringen. David Bruce berichtete mir, daß Tschou zum wachsenden Erstaunen der Kongreß-Abordnung deutlich verärgert gewesen sei. Als Magnuson schließlich murmelte: »Wir haben die Bombenangriffe schon eingestellt«, hätte sich Tschou in seiner Verärgerung kaum mehr beherrschen können.

Ich begriff sofort, was geschehen war. Tschou Enlai erkannte, daß sich vor ihm ein geopolitischer Alptraum zusammenbraute; ein von Hanoi beherrschtes und mit der Sowjetunion verbündetes Indochina, eine Entwicklung, die von einer törichten Supermacht herbeigeführt worden war, deren Diplomaten man jede Möglichkeit genommen hatte, die außenpolitischen Ziele ihrer Regierung zu verwirklichen.

Doch diese Entwicklung bereitete dem chinesischen Premierminister in anderer Hinsicht noch schwerere Sorgen. Bis jetzt war Watergate für ihn ein unbegreifliches innenpolitisches Gerangel in Amerika gewesen, dessen außenpolitische Auswirkungen sich nicht beurteilen ließen. Aber jetzt erschien es möglich und sogar wahrscheinlich, daß China es mit einem Präsidenten zu tun bekommen würde, dessen Autorität so stark geschwächt war, daß man sich nicht mehr auf seine Zusagen verlassen konnte; um einen von den Chinesen gern verwendeten Ausdruck zu gebrauchen – sein Wort zählte nicht mehr. Wenn sich die Supermacht Amerika als so handlungsunfähig erwies, dann waren für die Sicherheit Chinas schwerwiegende Konsequenzen zu gewärtigen; es erschütterte die Grundlagen, auf denen die Annäherung zwischen China und den Vereinigten Staaten zustande gekommen war. Wenn der amerikanische Kongreß eine Entscheidung erzwingen konnte, die den Interessen Amerikas so widersprach, durfte sich Peking dann noch auf die Vereinigten Staaten verlassen?

Wie nicht anders zu erwarten, spürten wir nach dem Gespräch zwischen Tschou Enlai und Magnuson immer deutlicher die Zurückhaltung der Chinesen. Am 11. Juli übermittelte mir David Bruce eine vertrauliche Einschätzung über die Auswirkungen unserer Kambodscha-Politik, um mich auf den Besuch in China vorzubereiten. Die Chinesen schienen sich jetzt nicht mehr an den Verhandlungen über eine Lösung der Kambodscha-Frage beteiligen zu wollen. Bruce glaubte, daß sie kaum noch eine Möglichkeit hätten, ihren Einfluß geltend zu machen:

> Die Chinesen werden annehmen, daß Kambodscha Sihanouk wie eine reife Frucht in den Schoß fallen könnte, sie haben aber vielleicht ihre geheimen Zweifel an ihrer Fähigkeit, sich gegenüber den Roten Khmer und anderen Aufständischen durchzusetzen ... Sie könnten aber auch zu der Auffassung gekommen sein, daß sie kaum etwas zu verlieren hätten, wenn sich die ganze Sache verzögerte.

Noch am gleichen Tag mußten wir an einem anderen bösen Vorzeichen erkennen, wie ungünstig sich die Lage für uns entwickelt hatte. Die Chinesen hatten sich bereit erklärt, mich in der ersten August-Woche in Peking zu empfangen, und uns gebeten, den Termin zu bestimmen. Als wir Ende Juni den 6. August vorschlugen, hatten sie dieses Datum sogar an die Presse in Peking durchsickern lassen. Anschließend schlugen wir vor, daß das Treffen offiziell am 16. Juli bekanntgegeben werden sollte. Am 11. Juli teilte man uns ohne weitere Erklärungen mit, daß Huang Tschen nach Peking zurückgerufen worden sei; die Bekanntgabe könnte erst erfolgen, wenn die chinesische Regierung mit ihm Rücksprache genommen hätte – ein ungewöhnliches Verfahren und ein deutliches Zeichen dafür, daß die Chinesen zögerten, das Treffen zum vorgesehenen Zeitpunkt stattfinden zu lassen.

Wir beschlossen daher, genauere Erkundigungen einzuziehen. Ich bat General Scowcroft, den stellvertretenden Direktor des chinesischen Verbindungsbüros, Botschafter Han Xu zu sich zu bitten und ihm zu sagen, daß man uns gebeten habe, einen beliebigen Tag in der ersten August-Woche für mein Eintreffen in Peking zu bestimmen. Scowcroft wiederholte, daß für uns der 6. August am geeignetsten wäre, und schlug vor, das Vorhaben am 19. oder 23. Juli öffentlich bekanntzugeben. Ich hatte Scowcroft angewiesen, den Chinesen »halboffiziell« mitzuteilen, daß ich, wenn ich aus Peking im Hinblick auf Kambodscha mit leeren Händen zurückkehren müßte, unter Umständen nicht mehr in der Lage sein würde, die im nationalen Interesse beider Nationen liegende unsentimentale Politik fortzuführen. Scowcroft sagte deshalb, er hoffte, daß die Chinesen uns wissen lassen könnten, »was sie uns im Hinblick auf die Lage in Kambodscha geben können«.

Unverfrorenheit ist die Verteidigungswaffe der Schwachen. Ich hatte einen zu hohen Einsatz auf schlechte Karten gewagt. Wenn wir die chinesisch-amerikanischen Beziehungen so ausdrücklich mit Kambodscha verknüpften, brachten wir die Chinesen damit in eine noch schwierigere Lage, ohne ihnen einen Hebel in die Hand zu geben, mit dem sie die andere Seite beeinflussen könnten. Tschou Enlai hatte ganz einfach die Fähigkeit verloren, den Lauf der Dinge zu beeinflussen, und zwar als Folge des Verhaltens der Vereinigten Staaten. Wir hatten die Rahmenbedingungen für die Verhandlungen verändert, die auf unseren Vorschlag hin geführt werden sollten, und kein chinesischer Staatsmann konnte jetzt noch von den Roten Khmer verlangen, auf den totalen Sieg zu verzichten, den wir ihnen ermöglicht hatten.

Am 16. Juli ließ Sihanouk deutlich erkennen, daß er klar erkannte, wie die Kräfteverteilung jetzt aussah. In einer sorgfältig vorbereiteten Erklärung, die er selbstbewußter und entschiedener vortrug als das, was er sonst spontan in Interviews äußerte, erläuterte er die politische Linie der Roten Khmer. Die chinesische Nachrichtenagentur Xinhua in Peking gab Sihanouks »32. Botschaft an die Nation der Khmer« über den Rundfunk bekannt. Sie wandte sich scharf gegen alle »Einmischungsversuche« mit dem Ziel, Verhandlungen herbeizuführen; es gäbe nur eine Lösung, und das wäre der totale Sieg der Kommunisten. Am folgenden Tag spürte man plötzlich hinter Sihanouks Trotz seine Verzweiflung darüber, daß sich mit der Machtergreifung durch die Kommunisten in seinem Land alle seine Hoffnungen zerschlagen mußten. Einem Korrespondenten der Nachrichtenagentur Reuter in Peking sagte er, er werde »für die Zustände nach der Befreiung von Phnom Penh keine Verantwortung übernehmen. Dann sollen die Roten Khmer das Land regieren![24]

Das Beil fiel am Abend des 18. Juli. Han Hsu übergab General Scowcroft eine Note, in der mitgeteilt wurde, daß China aus den verschiedensten und sehr komplexen Gründen nicht mehr bereit sei, den amerikanischen Verhandlungsvorschlag an Sihanouk weiterzugeben. Dann wiederholte die chinesische Seite die Maximalforderungen der Roten Khmer, die uns allen während der Monate, in denen die Chinesen sich um einen Kompromiß bemüht hatten, bekannt gewesen waren. Aber jetzt verlangte China, daß wir sie akzeptierten – und gab damit seine bisherige Haltung auf, nach der ein vollkommen rotes Kambodscha alle Beteiligten in noch größere Schwierigkeiten bringen würde:

Die amerikanische Seite weiß, wie die Kambodscha-Frage entstanden ist. Der Verursacher muß den Knoten lösen. Den Schlüssel zur Lösung der Frage halten die Vereinigten Staaten in der Hand und niemand sonst. Wenn die Vereinigten Staaten diese Frage wirklich lösen wollen, dann sollten sie bereit sein, auf die obigen vernünftigen Forderungen der kambodschanischen Seite einzugehen. Hier besteht die Hoffnung, daß die Vereinigten Staaten diesen Vorschlag gründlich prüfen und in die Tat umsetzen.

Doch da die Chinesen niemals sicher sein konnten, daß ein westliches Gehirn die komplexen Zusammenhänge einer schwierigen Lage begriff, schickte uns Tschou Enlai ein weiteres unmißverständliches Signal. Am nächsten Tag – dem 19. Juli – teilte man uns mit, daß der 6. August nicht das »geeignete« Datum für meinen Besuch sei. Es wäre am besten, wenn ich ihn auf den 16. August verlegte. Sogar wir konnten erkennen, daß der 16. August der Tag *nach* der Einstellung der Bombenangriffe war, die wir uns auferlegt hatten. Wenn wir unter diesen Voraussetzungen über Kambodscha verhandelten, dann waren wir die Bittsteller. Es war klar, was das bedeutete. Wir spielten im Rahmen der chinesischen Kambodscha-Politik – ebenso wie Sihanouk – jetzt keine Rolle mehr. Mit Worten würden sie Sihanouk vielleicht noch unterstützen, aber konkret hatten sie es jetzt nur noch mit den Roten Khmer zu tun. Eine Vermittlerrolle gab es jetzt für China nicht mehr.

Damit fiel der mit solcher Mühe zustande gebrachte Plan auseinander. Um eine »Lösung« zu erreichen, wie sie in der chinesischen Note angesprochen wurde, brauchten wir nicht zu »verhandeln« – am wenigsten mit den Chinesen. Wir durften aber auch nicht den Eindruck erwecken, daß wir in Panik geraten wären. De Gaulle hat einmal auf den Vorwurf Churchills, er sei zu unnachgiebig, geantwortet: »Ich bin zu schwach, um nachgiebig zu sein.« Wir ließen Peking fast eine Woche auf unsere Antwort warten. Sie war kühl:

Was nun den Inhalt der chinesischen Note vom 18. Juli betrifft, so wird die chinesische Seite nicht überrascht sein, daß die amerikanische Seite eine »Lösung« ablehnt, die sie so einseitig benachteiligt. Sie entspricht nicht den Erfordernissen der Gegenseitigkeit und Gleichberechtigung. Es wäre auch vollkommen unlogisch, zu Verhandlungen über irgendein Problem aufgefordert zu werden, wenn einem die andere Seite deutlich und von Anfang an keinen Verhandlungsspielraum läßt. Unter solchen Voraussetzungen wird die amerikanische Seite die Verhandlungen den kambodschanischen Parteien überlassen.

Zugleich verlas Scowcroft Han Hsu die folgende »mündliche Note«:

Meine Regierung stellt mit Bedauern fest: Es ist das erste Mal seit Entwicklung unserer neuen Beziehungen, daß das chinesische Wort nicht gilt.

Die chinesische Seite hat oft ihre Grundsatztreue zum Ausdruck gebracht. Die amerikanische Seite meint es nicht weniger ernst. Einer ihrer festen Grundsätze besteht darin, diejenigen nicht zu verraten, die sich auf sie verlassen haben. Die amerikanische Seite glaubt, daß die chinesische Seite es begrüßen wird, wenn die Vereinigten Staaten diesem Grundsatz auch in anderem Zusammenhang folgen.

Nach dem Notenaustausch mit den Chinesen warteten wir einen Tag, bis wir zu dem chinesischen Vorschlag Stellung nahmen, daß ich meinen Besuch in Peking auf den 16. August verschieben sollte. Wir machten den Gegenvorschlag, daß ich vier Wochen später, und zwar vom 13. bis zum 16. September nach China kommen sollte. Aber die Chinesen fanden einen Grund, diesen Termin abzulehnen, und schließlich mußte ich meine Reise bis zum November verschieben.

Natürlich war es sinnlos, die Chinesen dafür zu schelten, daß sie Verhandlungen nicht zustande brachten, die als Folge innenpolitischer Vorgänge in den Vereinigten Staaten ihren Sinn verloren hatten. Nicht die Chinesen hatten ihre Meinung geändert; wir hatten die ganze Lage verändert und den zwischen uns getroffenen Vereinbarungen den Boden entzogen.

Auf einer Sitzung am 19. Juli, an der alle meine engsten Mitarbeiter teilnahmen – General Scowcroft, Larry Eagleburger, Winston Lord, Jonathan T. Howe, Richard H. Solomon und Peter Rodman, die Veteranen der Aussöhnung mit Peking, die dieser Politik zum Durchbruch verholfen hatten und emotional mit ihr verbunden waren – analysierte ich die Lage wie folgt:

Die Einstellung der Bombenangriffe hatte die Lage in Kambodscha von Grund auf geändert. Bis dahin bestand Sihanouks Nutzen für die Roten Khmer darin, daß er ihnen die Legitimität verschaffte, die sie nicht hatten. Jetzt brauchten sie keine Legitimität mehr; sie sahen, daß sie gewinnen konnten. Sihanouks Nutzen für die Chinesen hatte darin bestanden, daß er ihnen einen Einfluß auf die Roten Khmer verschaffte und andere äußere Einflüsse abwehren konnte. Der Nutzen der Chinesen für uns bestand darin, daß sie einen gewissen Einfluß auf Sihanouk hatten. Sihanouks Nutzen für uns bestand darin, daß er, nach Kambodscha zurückgekehrt, in der Lage sein könnte, ein gewisses Gleichgewicht herzustellen. Ironischerweise brauchten die Chinesen die Gruppe um Lon Nol – denn damit legten sie Sihanouk und den Roten Khmer gewisse Fesseln an. Der Kongreßabgeordnete hatte die Lage vollkommen falsch beurteilt. Jetzt war alles verloren.

Sihanouk konnte die Roten Khmer zu nichts mehr bewegen, und die Chinesen konnten Sihanouk nicht mehr beeinflussen.

Am 4. August sprach ich mit meinem Freund, dem Premierminister von Singapur, Lee Kuan Yew, über das gleiche Problem:

Wegen Watergate haben wir eine Tragödie erlebt. Als ich (Anfang April) mit Ihnen sprach, wollten wir Nordvietnam eine Woche lang mit Bomben angreifen, dann nach Rußland gehen und uns anschließend mit Le Duc Tho treffen. Der Kongreß hat alles unmöglich gemacht ... Die Chinesen haben sich uns als Vermittler angeboten. Jetzt sind die Chinesen die Verlierer, wenn die Roten Khmer gewinnen, weil Sihanouk dann der Verlierer ist. Die ideale Situation für die Chinesen ist, wenn die Roten Khmer Sihanouk brauchen und die Chinesen beide gegeneinander ausspielen können. Aber wenn sich die Roten Khmer ihres Sieges sicher sein können ...

Je mehr Sihanouks Einfluß dahinschwand, desto häufiger meldete er sich zu Wort, was deutlich zeigte, daß wir mit einer unheilvollen Entwicklung der Lage rechnen mußten. Am 12. August gab er der französischen Nachrichtenagentur AFP ein Interview. Darin bestätigte er, daß die Roten Khmer »unbeugsam auf dem Standpunkt verharren, auf den sie sich ein für allemal festgelegt haben«. Verhandlungen wären ausgeschlossen; die Aufständischen wären »fest entschlossen, den bewaffneten Widerstand fortzusetzen«, bis die Regierung Lon Nol »radikal und unwiderruflich liquidiert« wäre. Am 15. August wiederholte Sihanouk in Pyongyang in Nordkorea, daß kein Vorschlag, der von den Roten Khmer verlangte, die Macht mit irgendeiner anderen Gruppe zu teilen, angenommen werden würde.

Unter diesen Voraussetzungen gab es für uns nichts mehr zu verhandeln. Auf einer Pressekonferenz am 23. August äußerte ich mich fatalistisch:

Die Verhandlungen über Kambodscha müßten mit Beendigung der amerikanischen Bombenangriffe unausweichlich mehr von den Entscheidungen der kambodschanischen Parteien als von amerikanischen Entscheidungen abhängen. Wenn die Absicht des Kongreßes überhaupt etwas bedeutet, dann sollten die Vereinigten Staaten bei diesen Vorgängen nicht die Hauptrolle spielen.

In diesem Sinne sprach ich auch mit dem stellvertretenden chinesischen Außenminister Tschiao Kuan-hua, als er zu seinem jährlichen Besuch der Vereinten Nationen nach New York kam und wir uns am 3. Oktober zu einem gemeinsamen Essen trafen. Als seien wir Kriegsveteranen und hätten auf derselben Seite gekämpft, wären aber infolge eines unvorhersehbaren und ganz sinnlosen Ereignisses besiegt worden, sagte Tschiao nachdenklich, jetzt sei es klar, daß wir uns beide an dieser Sache nicht hätten beteiligen dürfen – ein seltenes Eingeständnis chinesischer Fehlbarkeit. Er behauptete, daß Kambodscha gar nicht so wichtig wäre, sondern nur ein »Nebenproblem«. (Wer Kambodscha für einen »Nebenkriegsschauplatz« hält, wird feststellen können, daß dieser Begriff hier entstanden ist.)*

Mit einer Niederlage wird man am besten fertig, wenn man sie bagatellisiert. Tschiao bemühte sich nach besten Kräften, den Eindruck zu erwecken, daß China mit den Vorgängen in Kambodscha nichts zu tun hätte. Offenbar wollte er die chinesisch-amerikanischen Beziehungen nicht noch mehr mit einer Angelegenheit belasten, in der wir beide nichts mehr unternehmen konnten. Über Sihanouk sagte er nur wenig. Er widersprach mir nicht, als ich meinte, daß die Interessen Pekings und Hanois in dieser Frage nicht identisch seien. Aber er hatte keine andere Lösung anzubieten, als »das Feuer in Kambodscha brennen zu lassen, bis es von selbst verlöscht oder von ihnen selbst gelöscht wird«.

Natürlich geschah nichts Derartiges. Der erzwungenen Einstellung unserer Bombenangriffe folgte eine Reihe von Katastrophen. Die Aussichten, die Pariser Vereinbarungen auf ganz Indochina auszudehnen, schwanden dahin. Sihanouk kehrte nach Kambodscha zurück, aber nur, um gedemütigt und unter Hausarrest gestellt zu werden. Mehrere seiner Kinder wurden ermordet. Er verfügte über keine unabhängigen Kräfte mehr, zwischen denen das Gleichgewicht hätte hergestellt werden können, und es bestand auch nicht mehr die Möglichkeit für ihn, die Rolle eines über den Dingen stehenden Staatsoberhaupts zu übernehmen. Gegenüber anderen Gesprächspartnern bestätigte er, was wir uns schon gedacht hatten: Er selbst hätte Verhandlungen begrüßt, aber die Führung der Roten Khmer hatte sie abgelehnt.

Das am schmerzlichsten getroffene Opfer der durch den Kongreß erzwungenen Maßnahmen ist vielleicht Tschou Enlai gewesen. Der chinesische Premierminister hatte sich mit seinem ganzen Prestige hinter einen komplexen Plan gestellt, dessen wesentliche Voraussetzung darin bestand, daß ein Eingreifen mit starken amerikanischen Streitkräften zu einem Unentschieden in Kambodscha führte und einen Kompromiß erforderlich machte. Er muß diesen Plan als den unter den gegebenen Verhältnissen günstigsten dargestellt haben, und zwar unter der Voraussetzung, daß wir entschlossen waren, uns nicht der Gewalt zu beugen. Die Roten Khmer können angesichts ihres öffentlich verkündeten Programms mit diesem Verfahren nicht besonders zufrieden gewesen sein, aber die Chinesen haben anscheinend geglaubt, daß

* Tschiao Kuan-hua bezeichnet in diesem Gespräch Kambodscha als »side issue«. *Sideshow* ist der Titel eines Buchs von William Shawcross, auf das der Verfasser hier anspielt. (Anmerkung des Übersetzers.)

im Juni der günstigste Augenblick gekommen wäre, um die Roten Khmer zu bewegen, diese Lösung als die einzig mögliche zu akzeptieren.

Doch Tschou Enlai stieß bei seinen Bemühungen auf den Widerstand radikaler Kräfte in China, die die Sicherheit ihres Landes am besten dadurch garantiert sahen, indem sie revolutionäre Rechtschaffenheit militant verteidigten. Zu jener Zeit verstärkte sich der Einfluß der später so bezeichneten Viererbande auf Mao. Vielleicht haben diese Leute Mao damals auch schon vollkommen beherrscht, so daß er bereits die gemäßigten und prowestlichen Tendenzen bedauerte, die sich nach der Aufnahme neuer Beziehungen zu Washington zu entwickeln begannen. Vielleicht hätte er sich aber auch in jedem anderen Fall gegen Tschou gewendet. Tschou war der zweitmächtigste Mann in der Volksrepublik China, aber gerade darin lag die Gefahr, daß auch ihn das Schicksal seiner Vorgänger ereilen könnte. Ich habe jedoch gute Gründe zu glauben, daß der Zusammenbruch der Verhandlungen über Kambodscha im Sommer 1973 wesentlich dazu beigetragen hat, daß sich der Einfluß der Viererbande verstärkte. Der uns vom Kongreß aufgezwungene Verzicht war für Tschou eine Demütigung. Er hatte ideologisches Kapital aufs Spiel gesetzt, und wir hatten nicht mit geopolitischer Münze zurückzahlen können. Es wäre ihm nie gelungen, seine Position zurückzuerobern, auch wenn eine schwere Krankheit die politische Laufbahn meines Freundes nicht beendet hätte.

Natürlich gab es keine Garantie für den Erfolg der Verhandlungen, um die wir uns bemühten. Wenn ich heute die Unterlagen zu all unseren Verhandlungsbemühungen von 1970 bis 1975 lese, dann muß ich rückblickend sagen, daß die Roten Khmer höchstwahrscheinlich gegen jede Vereinbarung verstoßen hätten, die sie nicht blockieren konnten. Aber selbst wenn es uns nicht gelungen wäre, in Verhandlungen unsere Absichten zu verwirklichen, hätte es eine Übergangsperiode gegeben, in der das kambodschanische Volk weniger hätte leiden müssen. Ihm wäre vielleicht der Völkermord erspart geblieben, den es erleiden mußte, weil es von seinen Freunden verlassen und der Wildheit und Grausamkeit seiner Bedrücker ausgesetzt war. Für uns hatte die aussichtsreichste, wenn auch nicht die einzige Gelegenheit bestanden, in aktiver Zusammenarbeit mit den Chinesen Verhandlungen zu führen; sie wurde durch den Kongreß der Vereinigten Staaten und unsere innenpolitische Zerrissenheit torpediert.

Um gerecht zu sein, muß ich sagen, daß sich alle Teilnehmer an unserer innenpolitischen Debatte unmöglich vorstellen konnten, welcher abgrundtiefen Ungeheuerlichkeiten die Roten Khmer fähig waren. Diejenigen, die den Krieg mit Lon Nols Sturz beenden wollten – auch wenn sie am radikalen Rand des politischen Spektrums standen –, dürfen nicht für den Holocaust verantwortlich gemacht werden, den sie mit verursacht haben. Sie haben es sich nicht vorstellen können, daß eine Regierung drei Millionen Menschen ihrer eigenen Bevölkerung ermorden würde; sie glaubten, daß nichts schlimmer sein könnte als eine Fortführung des Krieges. Deshalb waren sie bereit, für seine Beendigung sogar die Machtübernahme durch die Kommunisten in Kauf zu nehmen.

Daher haben die feinsinnigen Kritiker, die ihr ganzes Geschick darauf verwendet haben, denjenigen die Schuld zuzuweisen, die den Untergang Kambodschas verhindern wollten, das Recht zu verlangen, jetzt nicht für ihre Haltung geschmäht zu werden; sie haben es gut gemeint. Sie sollten aber auch den Anstand besitzen, die Wahrheit nicht in ihr Gegenteil zu verkehren, indem sie diejenigen belasten, die sich von Anfang an der Machtübernahme durch die Kommunisten zu widersetzen suchten. Wenn sie sich nicht dazu überwinden können, ihre eigene Fehlbarkeit zuzugeben, dann sollten sie sich wenigstens in der Stille ihres Herzens fragen, ob Selbstgerechtigkeit nicht verhängnisvolle Folgen haben kann.

Die Administration hat die Lage vielleicht zu abstrakt beurteilt, wenn sie versucht hat, mit der Durchführung einer von der Exekutive beschlossenen Maßnahme einen Plan zu verwirklichen, für den sie schon einen so hohen Preis gezahlt hatte. Unsere Kritiker haben sich andererseits von ihren leidenschaftlichen Gefühlen, nicht aber von ihrem analytischen Denken leiten lassen; wir hatten ein bestimmtes Konzept, zu dem man uns aber die Zustimmung verweigerte. Watergate zerstörte die letzten Reste der Hoffnung auf eine vernünftige Lösung. Zum erstenmal in der Nachkriegszeit hat Amerika hier ein mit uns befreundetes Volk, das sich auf uns verlassen hat, einem kommunistischen Regime überantwortet, eine Tat, die so bald nicht vergessen werden wird. Wir werden noch lange für ein Verhalten bezahlen müssen, in das wir in jenem heute scheinbar so weit zurückliegenden Sommer gestolpert sind. Vielleicht werden sich die Gegner in dieser Kontroverse niemals auf einen gemeinsamen Nenner einigen können, aber wenn sie ihr Land lieben, dann sollten sie den festen Vorsatz fassen, eine so tiefe Spaltung der Nation nie wieder zuzulassen und nie wieder die Motive eines politischen Gegners mit solcher Leidenschaft anzugreifen, anstatt die konkreten Gegebenheiten sachlich zu analysieren. Durch unsere Hemmungslosigkeit haben wir der Freiheit überall auf der Welt schweren Schaden zugefügt. Durch unseren Verzicht auf verantwortungsbewußtes Handeln haben wir mehr Leiden verursacht als durch unser Engagement.

Im Herbst 1973 war mir bewußt, daß Kambodscha dem Untergang geweiht war und Südvietnam nur durch ein Wunder gerettet werden konnte. Die Nordvietnamesen wurden im Umgang mit uns immer unverschämter. Von einer Einhaltung der Pariser Vereinbarungen war nicht mehr die Rede. Unsere durch Gesetz verfügte Handlungsunfähigkeit bedeutete für die amerikanische Regierung eine schmerzliche Demütigung. Wir bemühten uns nach Kräften, dem Kongreß die wirtschaftliche und militärische Hilfe für Südvietnam und Kambodscha abzuringen, dic wir für unbedingt erforderlich hielten. Aber die gleichen Überlegungen, die zu der Einstellung der Bombenangriffe auf Verlangen der Legislative geführt hatten, verursachten auch einen empfindlichen Rückgang unserer Hilfsmaßnahmen. Im Frühjahr 1975 beriet der Kongreß über eine lächerliche »abschließende Beihilfe« – als wären Saigon und Phnom Penh Almosenempfänger. Aber dann führten die ständig zunehmenden Spannungen zum Zusammenbruch beider Regierungen, was uns diese letzte Schande ersparte. Schon 1973 spürte ich deutlich, daß dieser Zusammenbruch nur noch eine Frage der Zeit war. In dieser düsteren Stimmung war die WSAG am Vormittag des 16. Oktober 1973 im Lagezimmer zusammengekommen, als ein Beamter die Sitzung unterbrach und Brent Scowcroft eine Meldung der Associated Press übergab, in der bekanntgegeben wurde, daß Le Duc Tho und ich mit dem Friedensnobelpreis ausgezeichnet worden seien. Scowcroft reichte sie mir kommentarlos herüber:

> 30
> BULLETIN
> FRIEDENSPREIS
> Oslo, Norwegen (AP)-U. S.-Außenminister Henry Kissinger und das nordvietnamesische Politbüro-Mitglied Le Duc Tho sind heute für ihre Bemühungen um die offizielle Beendigung des Vietnam-Krieges mit dem Nobel-Friedenspreis ausgezeichnet worden.
> CB 1050 PED – 16. Oktober.

Ich hatte nicht einmal gewußt, daß man mich für diese Auszeichnung vorgeschlagen hatte. Ich warf das Telegramm auf den Tisch. Meine Kollegen nahmen eher erstaunt als freudig Kenntnis von seinem Inhalt, ihre Glückwünsche klangen nicht sehr begeistert. Wir alle fühlten uns nicht ganz wohl.

Es gibt keine vergleichbare Ehrung. Die Bewährungsprobe für einen Staatsmann liegt schließlich darin, ob er etwas zum Wohle der Menschheit geleistet hat. Und ich wußte, daß, wenn wir die Befolgung der Vereinbarungen nicht durchsetzen konnten, der Friede in Indochina nicht von Dauer sein würde. Ich wäre viel glücklicher gewesen, wenn man eine Leistung anerkannt hätte, deren Auswirkungen nicht so zweifelhaft wären. Ohne falsche Bescheidenheit muß ich sagen, daß ich stolzer auf das bin, was ich in den folgenden zwei Jahren im Nahen Osten erreicht habe.

Die Vorsitzende des Nobel-Komitees im norwegischen Parlament, Frau Aase Lionaes, veröffentlichte eine Erklärung, in der gesagt wurde, daß die Auszeichnung Ausdruck jener Erleichterung sei, die man in der ganzen Welt nach Beendigung des Vietnam-Krieges empfand:

> Das Bekanntwerden der Pariser Vereinbarungen hat in der ganzen Welt eine Welle der Freude und Hoffnung ausgelöst. Die beiden Chefunterhändler haben ihr ganzes Können und ihren guten Willen eingesetzt, um eine Friedensvereinbarung zu erreichen. Das norwegische Nobel-Komitee hofft, daß die Unterzeichner die moralische Verantwortung erkennen werden, die sie für die Einhaltung der Pariser Vereinbarungen tragen.

Kurz darauf erhielt ich ein Telegramm von Frau Lionaes, in dem sie bestätigte, daß Le Duc Tho und ich uns den Preis teilen würden. Er bedeutete für jeden von uns eine Summe von 255 000 Schwedenkronen (oder etwa 65 000 Dollar). Ich wurde nach Oslo eingeladen, um dort am 10. Dezember die Nobel-Goldmedaille von König Olaf V. in Empfang zu nehmen und bei dieser Gelegenheit oder irgendwann in den folgenden sechs Monaten einen Nobel-Vortrag zu halten.

Für Nixon muß die Verleihung schmerzlich gewesen sein. Nichts war ihm wichtiger als die Anerkennung seiner Leistungen für den Frieden, und in der Tat hatte er ungeachtet meines Beitrags beim Entwurf oder der Ausführung der dazu notwendigen Strategie die wichtigen Entscheidungen getroffen, die zur Beendigung des Vietnam-Kriegs führten. So hätte er durchaus für den Frieden in Vietnam und andere Leistungen wie etwa den revolutionären Wandel in unserer China- und Sowjet-Politik ausgezeichnet werden können – wäre dieser Traum nicht ebenso wie alle anderen Bestrebungen, die er mit derselben unglaublichen Selbstdisziplin verfolgte, wie seinen Aufstieg an die Spitze der Nation, durch Watergate zerstört worden.

Ich suchte ihn sofort im Ovalen Zimmer auf. Am gleichen Tage hatte Melvin Laird als erster höherer Beamter öffentlich von der Möglichkeit gesprochen, daß gegen Nixon ein öffentliches Anklageverfahren mit dem Ziel seiner Amtsenthebung eingeleitet werden könnte: Laird erklärte, daß er den Präsidenten gewarnt und ihm gesagt habe, welches Risiko er einginge, wenn er die Anordnung des Obersten Gerichts nicht befolgte, die Tonbänder mit den Gesprächen im Ovalen Zimmer herauszugeben. Nur wer Nixon genau kannte, konnte hinter seinen höflichen Glückwünschen spüren, wie schmerzlich es ihm war, daß ich jetzt für Entschlüsse belohnt wurde, die ihn so viel gekostet hatten. Mit einer offiziellen Erklärung, in der ich ihn zweimal erwähnte, versuchte ich, die Dinge einigermaßen in die richtige Perspektive zu rücken:

> In meinem öffentlichen Leben hat mich nichts tiefer bewegt als diese Auszeichnung, welche die Anerkennung der zentralen Absichten der Außenpolitik des Präsidenten darstellt, einen dauernden Frieden zu sichern.
>
> Ich bin dem Präsidenten dankbar dafür, daß er mir diese Gelegenheit gegeben und die Voraussetzungen dafür geschaffen hat, die Vietnam-Verhandlungen zu einem erfolgreichen Abschluß zu bringen.
>
> Wenn ich die Auszeichnung zusammen mit meinem alten Kollegen bei der Suche nach einem Frieden in Vietnam, Le Duc Tho, entgegennehmen werde, dann hoffe ich, daß dies das Ende der tiefen Besorgnisse und Leiden bedeuten oder symbolisieren wird, die Vietnam für so viele Millionen Menschen auf der ganzen Welt bedeutet hat – und daß damit sowohl in den Vereinigten Staaten als auch in allen anderen Teilen der Welt eine Periode der Versöhnung beginnt . . .
>
> Aber über alle diese uns unmittelbar bedrohenden Krisen hinweg ist es das vielleicht wichtigste Ziel jeder Regierung, für eine Welt zu arbeiten, in der sich eine solche Auszeichnung erübrigt, weil der Friede ein so normaler Zustand ist und für so selbstverständlich erachtet wird, daß für seine Einhaltung keine Auszeichnungen mehr verliehen werden müssen.

Gewöhnlich ist die Verleihung eines Nobel-Friedenspreises Anlaß zu großem nationalen Stolz. Aber unsere innenpolitischen Gegensätze waren zu groß. Für viele hätte die Anerkennung des Friedenspreises als nationale Auszeichnung bedeutet, daß sie einer politischen Linie zustimmten, die sie erbittert bekämpft hatten. Die Reaktion der Medien war daher, um es milde auszudrücken, zurückhaltend. Ein Leitartikel in der *New York Times* vom 17. Oktober sprach höhnisch von dem »Nobel-Kriegspreis«. Die *Hartford Times* vom 22. Oktober fragte »Ehre ohne Frieden?«. Die *Richmond Times-Dispatch* vom 23. Oktober berichtete über die Verleihung der Auszeichnung und nannte sie einen »Ignoble Noble« (einen unedlen Edlen). Mein alter innenpolitischer Gegner George W. Ball wurde am 17. Oktober in der *Washington Post* mit der Bemerkung zitiert: »Die Norweger müssen Sinn für Humor haben.« Es gab auch Stimmen, die sich gegen die Verleihung des Friedenspreises an Le Duc Tho aussprachen, und auch ich überlegte mir, wie der Vertreter eines Landes, dessen Streitkräfte in alle Nachbarländer eingefallen waren, dafür ausgezeichnet werden konnte, daß er einen Waffenstillstand geschlossen hatte, den sein Land auch jetzt noch in jedem einzelnen Punkt verletzte. Trotzdem schrieb ich Le Duc Tho am 16. Oktober einen versöhnlichen und freundlichen Brief und hoffte, damit eine menschliche Note in den unerfreulichen Briefwechsel über die Aushöhlung der Pariser Vereinbarungen zu bringen:

> Erlauben Sie mir, Ihnen meine Glückwünsche auszusprechen, Herr Sonderberater. Ihnen und mir ist eine große Ehre zuteil geworden – sie liegt nicht so sehr in der Auszeichnung, die man uns verliehen hat, wie in dem historischen Privileg, daß wir zur Beendigung eines Krieges haben beitragen können.
>
> Als Sie und ich am 23. Januar die Pariser Vereinbarungen zur Beendigung des Krieges und Wiederherstellung des Friedens in Vietnam abzeichneten, haben Sie eine überzeugende Aussage gemacht. Sie sagten, dieses Ereignis sei für uns beide Gegenstand großer persönlicher Befriedigung, wir sollten diesen historischen Tag nicht vergessen. Ich habe dem zugestimmt.
>
> Ich habe auch meine Überzeugung zum Ausdruck gebracht, daß wir unsere Aufgabe erst dann vollständig erfüllt hätten, wenn wir den Menschen in Indochina den dauernden Frieden gebracht und zwischen den Völkern der demokratischen Republik von Vietnam und dem Volk der Vereinigten Staaten einen Geist der Versöhnung geweckt hätten.
>
> Das ist auch noch heute meine tiefste Überzeugung und mein aufrichtiges Bestreben.

Le Duc Tho antwortete erst nach elf Tagen. Und er ließ sich durch meine bürgerlich sentimentalen Begriffe wie »Frieden« und »Versöhnung« nicht bewegen. Er hatte inzwischen an das Nobel-Komitee geschrieben und die Annahme der Auszeichnung verweigert, weil die Pariser Vereinbarungen, wie er behauptete, nicht eingehalten würden. Das war eine weitere Unverschämtheit Nordvietnams, durch dessen Übergriffe diese Vereinbarung zur Farce wurde. Im gleichen Sinn telegrafierte mir Le Duc Tho am 27. Oktober und bewies damit, daß ihn auch der feierlichste Anlaß nicht davon abhalten konnte, in einer Debatte Pluspunkte zu machen:

> ... Ich erinnere mich noch, wie ich Ihnen bei der Zeremonie zur Abzeichnung der Pariser Vietnam-Vereinbarungen die Feder, mit der wir unsere Unterschriften leisteten, als Souvenir anbot und Ihnen sagte, Sie sollten daran denken, daß die jetzt geschlossenen Vereinbarungen strikt eingehalten werden sollten, und daß Sie mir versprochen haben, das zu tun. Ich habe Ihr Versprechen nicht vergessen.
>
> Es ist sehr bedauerlich, daß bisher die Pariser Vereinbarungen über Vietnam in sehr ernster Weise verletzt worden sind. Der Krieg ist noch nicht beendet, und der Friede in Südvietnam ist noch nicht wieder

hergestellt. Deshalb bin ich der Ansicht, daß alle, die die Pariser Vereinbarungen unterzeichnet haben, sie strikt einhalten müssen. Nur auf dieser Basis können wir zur Normalisierung der Beziehungen zwischen unseren Völkern kommen. Das möchte ich sehen, und dafür werde ich aktiv wirken. Ich hoffe, daß Sie das gleiche tun werden.

Am 29. November 1973 bat ich Frau Lionaes und das Nobel-Komitee, den ganzen Betrag einem Stipendienfonds für Kinder amerikanischer Soldaten zur Verfügung zu stellen, die in Indochina gefallen oder vermißt waren. Zu Ehren meiner Eltern erhielt die Stiftung den Namen »Paula und Louis Kissinger Stipendienfonds«. (Am 30. April 1975, nachdem Saigon gefallen war, schrieb ich an Frau Lionaes und gab den Friedenspreis und den damit verbundenen Geldbetrag zurück.*)

Das Nobel-Komitee verweigerte die Annahme und schrieb in seiner Antwort, die inzwischen eingetretenen Ereignisse »verringern in keiner Weise die Anerkennung der ehrlichen Bemühungen von Mister Kissinger um die 1973 in Kraft getretenen Waffenstillstands-Vereinbarungen durch das Komitee«.

Man hatte mir mitgeteilt, daß meine Gegenwart bei der Verleihungszeremonie von Anti-Vietnamgruppen in Oslo zum Anlaß von Massendemonstrationen genommen werden würde. Die stets höfliche und hilfsbereite norwegische Regierung schien erleichtert zu sein, als ich ein Außenministertreffen bei der NATO zum Vorwand nahm, den Friedenspreis an meiner Stelle von unserem Botschafter in Norwegen, Thomas Byrne, entgegennehmen zu lassen. Botschafter Byrne, der durch eine Hintertür in das Auditorium Maximum der Universität Oslo schlüpfte, um sich nicht anti-amerikanischen Demonstrationen stellen zu müssen und nicht mit Schneebällen beworfen zu werden, verlas die folgende von mir verfaßte Erklärung:

Für den Realisten ist der Friede Ausdruck einer stabilen Machtverteilung; für den Idealisten ist er ein so hohes Ziel, daß er dabei übersieht, wie schwierig es ist, die Mittel zu finden, mit denen er erreicht werden kann. Aber in diesem Zeitalter der thermonuklearen Technologie kann keine dieser beiden Auffassungen den Fortbestand der Menschheit garantieren. Vielmehr muß das Ideal des Friedens konkret verwirklicht werden. Das Verhalten aller Nationen muß von Verantwortung und Entgegenkommen getragen sein. Es muß eine allgemeingültige Definition des Begriffs der Gerechtigkeit gefunden werden, denn wenn das nicht geschieht, wird es immer wieder »gerechte« Kriege geben . . .

Ein sehr konkreter Krieg hat in Vietnam zu einem sehr unsicheren

* Der vollständige Text meines Briefes an Frau Lionaes ist im Anhang abgedruckt.[25]

Frieden geführt. Dort, wo es vorher nur Verzweiflung und Erschütterungen gegeben hat, gibt es heute wieder Hoffnung, mag sie auch noch so zerbrechlich sein. Im Nahen Osten bedroht die Wiederaufnahme eines grausamen Krieges einen auf schwachen Füßen stehenden Waffenstillstand. In Indochina, dem Nahen Osten und anderswo wird der dauernde Friede nicht gesichert sein, bevor die einander gegenüberstehenden Nationen nicht begreifen, wie sinnlos es ist, an die Stelle des politischen Wettbewerbs den bewaffneten Konflikt zu setzen ...

Wenn das Ideal des Friedens unsere gemeinsame Bestimmung ist, dann muß der reale Friede unser gemeinsames praktisches Leben sein. Wenn das so sein soll, dann müssen die Führer aller Nationen daran denken, daß ihre politischen Entscheidungen über Krieg oder Frieden im menschlichen Leiden oder in der Wohlfahrt ihrer Völker verwirklicht werden.

Alfred Nobel hat gewußt, daß sich der Friede nicht durch einen einzelnen Menschen oder eine einzelne Nation erreichen läßt. Er ist das Ergebnis der Bemühungen von Menschen mit weitem Horizont und gutem Willen überall auf der Welt. Die Leistungen einzelner sind der Erwähnung nicht wert, denn wenn ein dauernder Friede erreicht werden soll, dann muß es durch die Bemühungen der ganzen Menschheit geschehen. In diesem Sinne versichere ich Sie meines aufrichtigen Dankes für diese Auszeichnung.

IX. Chile: Salvador Allendes Sturz

Die Vereinigten Staaten und Allende

Es ist vielleicht seltsam, daß ich mich verpflichtet fühle, in einem Buch, in dem ich über meine Tätigkeit als Leiter der amerikanischen Außenpolitik berichte, ein Kapitel über den Sturz des chilenischen Präsidenten Salvador Allende Gossens im September 1973 aufzunehmen. Es ist ein Zeugnis für die Macht der politischen Legende – denn im Gegensatz zu allem, was die anti-amerikanische Propaganda in der ganzen Welt und die revisionistischen Historiker in den Vereinigten Staaten behaupten, hatte unsere Regierung mit der Vorbereitung seines Sturzes und den Verschwörern nichts zu tun. Allende stürzte über seine eigene Unfähigkeit und Starrheit. Was geschah, hatte seine Ursachen in Chile und war nicht die Folge des Handelns der Vereinigten Staaten. Es ist unseren Gegnern bei ihren Nachforschungen nicht gelungen, in der Masse der Dokumente, die in unserem modernen Regierungssystem anfallen, irgendwelche Beweise, und seien es aus dem Zusammenhang gerissene Zitate, dafür zu finden, daß es anders gewesen ist. Ein Untersuchungsausschuß des Senats mußte zugeben, daß er »keinen Nachweis« für eine amerikanische Beteiligung erbringen konnte.[1]

Das Negative zu beweisen, ist nach den Gesetzen der Logik fast unmöglich. Deshalb ist dieses Kapitel eine kurze Geschichte Chiles zur Zeit von Allende von seiner Amtseinführung als Präsident im Jahr 1970 bis zu seinem Sturz 1973 und zugleich eine Darstellung der amerikanischen Politik in dieser Periode. Die offiziellen Akten lassen außer Zweifel, daß sich die amerikanische Regierung nach Übernahme des Präsidentenamtes durch Allende nicht besonders intensiv mit Chile beschäftigte. Allende wurde zu einer Zeit gestürzt, als ich selbst von meinem Posten als nationaler Sicherheitsberater zu meinem neuen Amt als Außenminister überwechselte (siehe 10. Kapitel). Einen großen Teil meiner Zeit nahmen die Anhörungen zu meiner Bestätigung und die Vorbereitungen darauf in Anspruch. Dieser Umstand hat sicher die Dringlichkeit beeinflußt, mit der wir auf die akute Krise in Chile reagierten, hatte aber mit den Ereignissen, die zum Staatsstreich der Militärs führten, praktisch nichts zu tun. Dieser Putsch war eine innerchilenische Angelegenheit. Allende wurde von den Kräften in Chile gestürzt, die er selbst entfesselt hatte, weil er sie nicht im Zaum halten konnte. Bei den Präsidentschaftswahlen am 4. September 1970 stimmte die überwältigende Mehrheit der chilenischen Wähler – es waren 62,7 % – *gegen* Salvador Allende. Aber in dem Drei-Mann-Rennen war die Opposition gegen ihn zwischen zwei demokratischen Kandidaten aufgeteilt, und Allende gewann die Wahlen mit 36,2 %, einer hauchdünnen Mehrheit von neununddreißigtausend von fast drei Millionen Stimmen. Nach der chilenischen Verfassung mußte der chilenische Kongreß, wenn kein Kandidat fünfzig Prozent der bei den allgemeinen Wahlen abgegebenen Stimmen auf sich vereinigte, den Präsidenten innerhalb der nächsten sechs Wochen wählen. Doch nach der Tradition bestätigte der Kongreß gewöhnlich den Kandidaten, der bei den allgemeinen Wahlen die einfache Mehrheit der Stimmen auf sich vereinigte, wenn das Ergebnis auch noch so knapp ausgefallen war. Das geschah auch diesmal. Nach einem so wenig aussichtsreichen Beginn nahm Allende eine radikale und umfassende Verwandlung der Sozialstruktur und der politischen Institutionen in Chile vor, für die er kein Mandat hatte. Daran sollte er scheitern.

Hier geschah es zum ersten und bis dahin zum einzigen Mal in der modernen Geschichte, daß ein demokratisches Verfahren fast zur

Machtübernahme von Kommunisten geführt hätte. Denn Allende war nicht der klassische chilenische Präsident, der nach einer sechsjährigen Amtszeit durch neue demokratische Wahlen abgelöst werden sollte. Seine erklärte Absicht war es, nach der Amtsübernahme die chilenische Verfassung zu ändern, alle Oppositionsparteien und Medien zu neutralisieren und zu unterdrücken und damit seine Herrschaft – oder wenigstens die seiner Partei – zu zementieren. Doch uns besorgte der Umstand, daß er die USA aus ideologischen Gründen haßte und entschlossen war, sein revolutionäres Evangelium in ganz Lateinamerika zu verbreiten. Was wir von den politischen Zielen Allendes hielten, habe ich im ersten Band meiner Memoiren ausgeführt, und es gibt keinen Grund, etwas an dieser Stellungnahme zu ändern:

> Der Umstand, daß Allende später zum Märtyrer geworden ist, hat seine politischen Ziele verschleiert. Er bezeichnete sich zwar selbst als Sozialisten, seine Absichten und seine Philosophie hatten jedoch mit den Vorstellungen der europäischen Sozialdemokratie nichts zu tun. Allende war der Begründer der sozialistischen Partei Chiles, die sich von der kommunistischen Partei dadurch unterschied, daß sie noch radikaler in ihrem Programm und nicht mehr demokratisch in ihrer Philosophie war. Er war bereit, durch Wahlen an die Macht zu kommen, *bevor* er seine Revolution durchführte. Aber die sozialen und politischen Veränderungen, die er den Chilenen nach der Machtergreifung versprach, unterschieden sich nicht entscheidend von den politischen Zielen der Kommunisten. Es war das zentrale Anliegen des Parteiprogramms, die »bürgerlichen« demokratischen Praktiken aufzugeben; d. h., Allendes Wahl zum Präsidenten sollte die letzte nach demokratischen Regeln abgehaltene Wahl sein.[2]

Das war keine bloße Wahlkampfrhetorik. Allende hat diese Überzeugung während seiner ganzen politischen Laufbahn vertreten. 1967 hatte er die Organisation der lateinamerikanischen Solidarität gegründet, eine auf Havanna gestützte Koalition linker Gruppen, die zum bewaffneten Kampf gegen die Vereinigten Staaten entschlossen war und zu mit Gewalt durchgeführten Revolutionen in der ganzen Hemisphäre aufrief. Allende war kein Reformdemokrat, sondern ein erklärter Feind der Demokratie, wie wir sie kennen. Die Behauptung, er wäre seiner erklärten Überzeugung nicht treu geblieben, ist eine Beleidigung der intellektuellen Integrität eines Mannes, der auf seine Prinzipientreue stolz gewesen ist. Bevor der chilenische Kongreß ihn als Präsidenten bestätigte, bewies er sein Mißtrauen dadurch, daß er Allende aufforderte, seine Zustimmung zu einem Statut demokratischer Garantien zu geben – was praktisch einer Verpflichtung auf eine Bürgerrechtserklärung entsprach. Er hat dieser Aufforderung »aus taktischen Gründen«

entsprochen, wie er es einem französischen Genossen, dem Revolutionär Régis Debray, nach seiner Amtsübernahme stolz bestätigte. Als verfassungsmäßiger Präsident von Chile sagte Allende in einem Gespräch mit Debray, seine Zusagen, die demokratischen Freiheiten schützen zu wollen, müßten ähnlich beurteilt werden wie die Tatsache, daß Mao nach seiner Machtübernahme in China für kurze Zeit Privatunternehmen zugelassen hatte. Er sagte Debray, daß sein wirkliches politisches Ziel in Chile der »totale, wissenschaftliche, marxistische Sozialismus« wäre. Das bedeutete die Liquidierung des »bürgerlichen Staates«.[3]

Nixon und seine wichtigsten Berater waren überzeugt, daß Allende eine Herausforderung für die Vereinigten Staaten und die Stabilität der westlichen Hemisphäre bedeutete. Allendes Absicht, amerikanische Firmen zu verstaatlichen, war nicht unsere Hauptsorge. Allerdings glaubten wir, daß eine Politik, die private Investoren entmutigte, die Aussichten Chiles auf eine wirtschaftliche Weiterentwicklung verringern mußte. Außerdem hatten wir von unseren Vorgängern ein Gesetz übernommen – das sogenannte Hickenlooper-Ergänzungsgesetz –, nach dem amerikanische Wirtschaftshilfe gestrichen werden mußte, wenn amerikanisches Eigentum entschädigungslos enteignet wurde. Aber die Nixon-Regierung sah die außenpolitischen Interessen der Vereinigten Staaten nicht durch die Brille der finanziellen Interessen amerikanischer Firmen. 1969 hatten wir mit dem christlich-demokratischen chilenischen Präsidenten Eduardo Frei Montalva zusammengearbeitet und hatten faire Bedingungen für die Verstaatlichung der Mehrheitsanteile der Anaconda-Kupferkompanie ausgehandelt. Im folgenden Jahr gingen wir in Peru bis an die äußersten Grenzen des Hickenlooper-Ergänzungsgesetzes, um nach der Verstaatlichung der International Petroleum Company nicht die Wirtschaftshilfe für Peru einstellen zu müssen. Dabei haben wir immer wieder versucht, einen Weg zu finden, dieses Gesetz nicht anwenden zu müssen, und erarbeiteten schließlich einen Modus vivendi mit Peru, obwohl die Regierung dieses Landes den radikalen Kräften in der Dritten Welt zuzurechnen war.

Mit Allende war es anders; er war nicht nur wirtschaftlicher Störfaktor oder scharfer Kritiker unserer Politik, sondern geopolitische Herausforderung. Chile hatte gemeinsame Grenzen mit Peru, Argentinien und Bolivien, die mit radikalen Bewegungen zu kämpfen hatten. Als kontinentales Land hatte ein militantes Chile eine viel bessere Möglichkeit als Kuba, die Stabilität anderer Nationen zu erschüttern und radikale Umsturzversuche zu unterstützen – und Kuba hatte schon genug Schaden angerichtet. Wäre Chile dem Beispiel Kubas gefolgt, hätten im Lauf der Zeit sowjetische Streitkräfte und Waffen die kommunistische Ideologie im Südzipfel des südamerikanischen Kontinents unterstützt.

Unsere Besorgnis steigerte sich noch, als wir in dem Monat, in dem Allende Präsident wurde, feststellten, daß die Sowjets versuchten, im kubanischen Hafen Cienfuegos eine Basis für mit Kernwaffen ausgerüstete U-Boote einzurichten.[4]

Zwei demokratische Regierungen vor Nixon hatten ebenso wie wir geglaubt, daß ein Sieg Allendes unsere Interessen in der westlichen Hemisphäre gefährden werde. Sie hatten der christlich-demokratischen Partei beträchtliche Geldsummen zur Verfügung gestellt, um die Wahl Allendes 1964 und seine Koalition bei den Kongreßwahlen von 1968 zu blockieren. Niemand hat sich dabei sehr wohl gefühlt, aber Präsidenten beider Parteien haben diese Maßnahme für notwendig erachtet. Zwischen der militärischen Intervention und der offiziellen Diplomatie gibt es eine Grauzone, in der unsere Demokratie sich gezwungen sieht, mit ihr feindlichen Gruppen in Konkurrenz zu treten.

Viele Entwicklungsländer bieten einem Netz aus politischen Parteien, Stoßtrupps, falschen Presseagenturen und sogenannten Forschungseinrichtungen fruchtbaren Boden, das kommunistische und radikale Kräfte aufgebaut haben, um mit Hilfe solcher Einrichtungen die Herrschaft zu übernehmen. Relativ kleine, disziplinierte Gruppen können einen unverhältnismäßig großen Einfluß gewinnen; wenn sie zum Beispiel die Medien übernehmen, dann gibt es nicht mehr die Meinungsvielfalt und Ausgewogenheit wie in einer pluralistischen Gesellschaft. Wenn wir das Monopol, ein Land zu unterstützen, Organisationen überlassen, die von unseren Gegnern finanziert, diszipliniert und ausgebildet werden und sehr oft direkte Verbindungen zur Sowjetunion haben, dann gibt es nur noch zwei Möglichkeiten: entweder werden radikale, antiwestliche Gruppen gemäßigte Alternativen einschüchtern und unterdrücken, oder extrem konservative Elemente werden dieser Entwicklung vorbeugen und mit repressiven Methoden regieren, was trotz unserer Sicherheitsinteressen dazu führt, daß wir ihnen unsere Hilfe versagen müssen.

Wir stimmten mit unseren demokratischen Vorgängern darin überein, daß in Chile, in einer relativ fortschrittlichen Gesellschaft mit einer langen demokratischen Tradition, die Gruppen, die für die demokratischen Grundwerte eintraten, unsere Hilfe gegen diejenigen brauchten, die diese Werte offen bedrohten. Nach unserer Auffassung war die Unterstützung der demokratischen Kräfte in Chile nur unter den besonderen Voraussetzungen gerechtfertigt, daß wesentliche Interessen dafür sprachen und alles andere fehlgeschlagen war. Die Sowjetunion hatte keinen Zweifel daran, daß es hier um Fragen von internationaler Bedeutung ging. Wie wichtig sie ihre Freunde in Chile nahm, zeigte sich Ende 1976 an einem ungewöhnlichen Ereignis. Zum erstenmal tauschte die

Sowjetunion einen sowjetischen Bürger, den sie ins Gefängnis gesperrt hatte (den Dissidenten Wladimir Bukowskij) gegen einen nichtsowjetischen Kommunisten aus, den chilenischen Kommunistenführer Luis Corvalán und andere Parteigenossen, die nach dem Sturz Allendes verhaftet worden waren.* Im ersten Band meiner Memoiren habe ich die verspäteten und schlecht koordinierten Versuche der Regierung Nixon geschildert, mit denen wir Allendes Wahl zum Präsidenten verhindern wollten. Zunächst bemühten wir uns vergeblich darum, den chilenischen Kongreß zur Aufstellung eines anderen Kandidaten zu bewegen. Es folgte der zaghafte und dilletantische Versuch, einen Militärputsch auszunutzen, dessen Ziel nicht eine Militärregierung, sondern die Aufstellung eines Gegenkandidaten aus dem demokratischen Lager war, um dem chilenischen Volk die Möglichkeit zu geben, eine klare Entscheidung zwischen Demokratie und Totalitarismus zu treffen. Diese Bemühungen wurden aufgegeben, bevor sie eine Entscheidung bringen konnten. (Genauer gesagt, die Vereinigten Staaten distanzierten sich, während die daran beteiligten Chilenen das Unternehmen durch ihre Ungeschicklichkeit zum Scheitern brachten.)[5] Am 3. November 1970 wurde Allende in das Präsidentenamt eingeführt. Später haben sich die Vereinigten Staaten nicht mehr an irgendwelchen Putschvorbereitungen beteiligt.

Allende im Amt

Die Legende, die Vereinigten Staaten hätten Allende nach seiner Amtsübernahme ständig angegriffen, entspricht nicht der Wahrheit. Zwar hatte sich an unserer Beurteilung des neuen chilenischen Präsidenten nichts geändert, aber wir waren bereit, uns um eine Koexistenz zu bemühen. Außerdem wurden wir von so vielen anderen Problemen bedrängt, daß Chile nicht mehr an oberster Stelle auf unserer Prioritätsliste stand und wir nur noch eingreifen wollten, wenn Allende uns durch eine direkte Provokation dazu zwang. Aber solche Provokationen begannen sofort nach seiner Amtseinführung.

Allende zeigte sofort praktisch und symbolisch, daß er sich weder für die Erhaltung demokratischer Zustände in Chile noch für die Normalisierung der Beziehungen zu den Vereinigten Staaten interessierte. In seiner Rede zur Amtseinführung erkannte man deutlich, daß er nicht die geringste Absicht hatte, die anti-amerikanischen Überzeugungen zu revidieren, die er ein Leben lang vertreten hatte. Die ideologische Grundeinstellung der neuen Regierung bestätigte sich schon sehr bald

* Der Austausch fand in der Schweiz statt und war von der Regierung Ford arrangiert worden.

in einer Reihe von Gesten. Allende lud die Führer der puertoricanischen Unabhängigkeitspartei zu seiner Amtseinführung ein und enthüllte zwei Tage darauf ein Denkmal für Ché Guevara. Neun Tage nach seiner Vereidigung nahm er die diplomatischen Beziehungen zu Kuba auf und handelte damit gegen den Beschluß der Organisation amerikanischer Staaten (OAS) von 1964, durch den Kuba aus dem System der Beziehungen zwischen den amerikanischen Staaten ausgeschlossen worden war. Sehr bald bemühte er sich auch energisch um die Aufnahme diplomatischer Beziehungen zu Nordkorea und nahm den Kontakt mit Nordvietnam auf, mit dem wir uns im Kriege befanden. Noch bedenklicher war, daß Allende innerhalb eines Monats einige hundert Mitglieder der Bewegung der revolutionären Linken (MIR) aus dem Gefängnis entließ und amnestierte – einer chilenischen Terrororganisation, die die Machtübernahme mit Gewalt angestrebt hatte. Während der folgenden Monate kamen zehntausend bis fünfzehntausend Ausländer ohne Visum nach Chile, über deren Absichten nichts bekannt wurde. Die internationale Presse berichtete, daß es sich bei ihnen um Mitglieder militanter Bewegungen benachbarter Länder handele, die den Kern eines paramilitärischen Verbandes in Chile bildeten. Diese Meldungen wurden nicht dementiert. Unmittelbar vor und nach Allendes Amtseinführung formulierte die amerikanische Regierung ihre Strategie gegenüber Chile. Ende Oktober und im November 1970 wurden in mehreren Sitzungen drei politische Alternativen beraten – die Herstellung normaler Beziehungen zu Allende, die offene Konfrontation und eine kühle, aber korrekte Haltung, bei der es Allende überlassen blieb, den Ton und die Intensität der Beziehungen zu bestimmen.

Wir hatten jedoch kaum die Möglichkeit einer echten Entscheidung. Es handelte sich vielmehr um das klassische Dreigespann bürokratischer Optionen; der einzig mögliche Weg lag zwischen zwei anderen, in der Praxis nicht durchführbaren. Sowohl Nixon als auch Allende mußten die Herstellung normaler Beziehungen ablehnen. Nixon hatte sich nicht jahrelang geweigert, freundschaftliche Beziehungen zu Fidel Castro aufzunehmen, um sich jetzt mit einem lateinamerikanischen Staatsoberhaupt zu versöhnen, das er für einen Erzkommunisten hielt. Aber auch Allende konnte diesen Weg nicht gehen, denn seine Anhänger hätten ihn nicht zugelassen. Konfrontation war ein Schlagwort, aber keine Politik. Wir wollten Allende nicht zum Märtyrer in Lateinamerika machen und ihm keinen Anlaß geben, sein erklärtes Ziel, die Übernahme der absoluten Macht, noch rascher zu verfolgen.

Auf einer Sitzung des Nationalen Sicherheitsrats am 6. November 1970 entschied sich Nixon notgedrungen für die »kühle und korrekte« Option, der auch alle anderen Mitglieder der Regierung den Vorzug gaben. Am 9. November gab ich eine Direktive heraus, in der ich seine Entscheidung erläuterte und die Grenzen absteckte, innerhalb welcher sich unsere Politik bewegen sollte: a) »Wir dürfen nicht die Grundlagen dafür schaffen, daß die Regierung Allende die innen- und außenpolitische Unterstützung gewinnt, die sie für die Konsolidierung ihres Regimes braucht.« b) »Wir müssen es verhindern, daß sich in Chile ein kommunistischer Staat konsolidiert, der den Interessen der Vereinigten Staaten und anderer Nationen in dieser Hemisphäre feindlich gegenübersteht.« Diese beiden Absichten ließen sich nicht ohne weiteres aufeinander abstimmen. Wenn wir die Konsolidierung eines kommunistischen Regimes verhindern wollten, mußten wir mit unseren Hilfsmaßnahmen gegenüber Allende sehr zurückhaltend sein. Aus diesem Grund durften wir keine neuen Verpflichtungen im Rahmen einer Wirtschaftshilfe für Chile übernehmen. Zugleich mußten wir die Möglichkeit offenhalten, die Beziehungen zu verbessern (für den Fall, daß Allende entgegen unseren Erwartungen einen gemäßigten Kurs einschlug). Die humanitären Hilfsprogramme mußten weiterlaufen, und die Kanäle, über die unsere bisherige Wirtschaftshilfe gelaufen war, durften nicht verschüttet werden.

Die Entscheidung des Präsidenten, keine neuen Hilfsprogramme zu genehmigen, war nicht so drastisch, wie es den Anschein hatte. Präsident Johnson hatte schon 1968 die Kreditgewährung an Chile eingestellt. 1969 waren jedoch Kredite in Höhe von vierzig Millionen Dollar und 1970 solche in Höhe von siebzig Millionen Dollar genehmigt worden. In diesem Rahmen wurden die Kredite auch weiterhin zur Verfügung gestellt. Das Verbot für die Gewährung neuer Wirtschaftshilfe konnte erst im Herbst 1971 in Kraft treten, und bis dahin würde fast ein Jahr vergangen sein. Damit blieb genügend Zeit, unsere Entscheidung zurückzunehmen, falls Allende eine zurückhaltendere Politik treiben sollte, als es sich jetzt vermuten ließ.

Ende November 1970 veröffentlichte das Außenministerium eine vom Beratungsausschuß (Senior Review Group) des Nationalen Sicherheitsrats gebilligte offizielle politische Erklärung, nach der die Gestaltung der Beziehungen zwischen den Vereinigten Staaten und Chile der neuen chilenischen Regierung überlassen wurde:*

> Der neue Präsident hat sein Amt gemäß den Bestimmungen der chilenischen Verfassung übernommen. Wir möchten unsere Beziehungen zu Chile nicht präjudizieren, sie werden jedoch naturgemäß von dem Verhalten der chilenischen Regierung gegenüber den Vereinigten Staaten und dem inter-amerikanischen System beeinflußt werden. Wir werden die Lage sorgfältig beobachten und mit den anderen Mitgliedern der OAS in enger Verbindung bleiben.

Wir hätten unsere Verhandlungsbereitschaft nicht in dieser Weise demonstrieren müssen, denn Allende schlug die Tür, die wir versucht hatten, offenzuhalten, selbst zu. Am 20. November 1970 wandte er sich in einer Weise gegen amerikanisches Eigentum in seinem Lande, die uns dazu zwang, etwas zu unternehmen. Er ordnete die Verstaatlichung von zwei Firmen an, die amerikanischen Gesellschaften gehörten, und begründete sie mit der Behauptung, daß diese Firmen chilenischen Bürgern Arbeitsplätze weggenommen hätten. Sechs Tage darauf verkündete er auf einer Sitzung der Führungsspitze der kommunistischen Partei ein Programm für die Verstaatlichung der Schlüsselindustrie, die bei ausländischen Firmen beginnen sollte, aber nicht auf sie beschränkt blieb. Der Finanzminister Allendes erläuterte diese Beschlüsse einem Ausschuß des chilenischen Kongreßes und machte das »kapitalistische System« und ausländische, vor allem amerikanische Investoren für die wirtschaftlichen Schwierigkeiten Chiles verantwortlich.

Am 21. Dezember legte Allende den Entwurf für eine Verfassungsänderung vor, durch die alle Kupferminen enteignet werden sollten, die sich im Besitz ausländischer Firmen befanden – was fast ausschließlich amerikanische Interessen betraf –, und setzte die früher zwischen der Regierung und den Kupfergesellschaften mit unserer Zustimmung ausgehandelten Vereinbarungen zur Übernahme dieser Firmen durch den chilenischen Staat außer Kraft. Doch auch danach erklärte Präsident Nixon am 4. Januar 1971 in einem Fernsehinterview:

> Was in Chile geschehen ist, hat uns nicht gefallen, obwohl ... es die Entscheidung des chilenischen Volkes gewesen ist ... Was uns interessierte, war das Verhalten Chiles gegenüber den Vereinigten Staaten auf dem Gebiet der Außenpolitik.
> Ich habe also weder Chile noch das chilenische Volk abgeschrieben, und wir werden den Kontakt mit Chile aufrechterhalten.

Im Januar entschlossen sich die Vereinigten Staaten zu einer neuen Geste. Wir befürworteten zwei Kredite der Interamerikanischen Entwicklungsbank über einen Betrag von 11,5 Millionen Dollar zum Ausbau zweier chilenischer Universitäten.

Am 23. März wiesen wir unseren Botschafter in Santiago, Edward Korry, an, seine guten Dienste anzubieten, um den betroffenen Firmen und der Regierung bei der Lösung der Probleme zu helfen, die sich bei den Verhandlungen über die Enteigung ergeben könnten. Korry setzte seine Bemühungen auch noch fort, nachdem es den Gesellschaften

* Die Senior Review Group, deren Vorsitz ich als Sicherheitsberater des Präsidenten übernommen hatte, bestand aus dem Unterstaatssekretär für politische Angelegenheiten, dem stellvertretenden Verteidigungsminister, dem Direktor der Central Intelligence und dem Vorsitzenden der Joint Chiefs of Staff.

nicht gelungen war, in direkten Verhandlungen etwas zu erreichen. Wir wollten sicherstellen, daß die Firmen gemäß den Bestimmungen des internationalen Rechts und den in den Vereinigten Staaten geltenden Gesetzen entschädigt wurden. Alle Aussichten für eine angemessene Lösung scheiterten an dem von Allende eingebrachten Verfassungszusatz, der es der chilenischen Regierung erlaubte, rückwirkend »übertrieben hohe Gewinne« so hoch zu besteuern, daß die für die Entschädigung ausgehandelten Summen mit diesen Steuern kompensiert wurden. Der Verfassungszusatz trat mit Allendes Unterschrift am 15. Juli 1971 in Kraft und hatte zur Folge, daß alle Kupfergesellschaften bis auf eine – hier handelte es sich um ein neu erschlossenes Kupferbergwerk, bei dem sich noch keine Gewinne errechnen ließen – der chilenischen Regierung noch Geld schuldeten, *nachdem* sie enteignet worden waren. Am 9. November 1971 wendete sich Allende gegen andere ausländische Gläubiger. Er verkündete ein Moratorium für die Rückzahlung der chilenischen Auslandsschulden, und drei Tage später stellte Chile die Rückzahlung für die meisten Kredite ein, die ihm von größeren ausländischen Gläubigern gewährt worden waren. Zu ihnen gehörte die Regierung der Vereinigten Staaten und amerikanische Finanzinstitute. Daraufhin stellte die United States Export-Import Bank einen Monat später die Auszahlung der schon gewährten Kredite ein, was den internationalen Gepflogenheiten im Bankgewerbe entsprach, verlängerte ihre Kreditgarantien aber noch bis zum Februar 1972.

Ich habe die Abfolge der Ereignisse so genau dargestellt, weil damit bewiesen wird, daß der Vorwurf falsch ist, die Vereinigten Staaten hätten, ohne provoziert worden zu sein, gegen Chile einen Wirtschaftskrieg begonnen. Ein Land, das seine Auslandsschulden nicht zurückzahlt, ist – gleichgültig welche Regierungsform es hat – kaum noch kreditwürdig. Die westlichen Kreditinstitutionen haben ihre Zahlungen nicht auf amerikanischen Druck eingestellt, sondern sind durch Allendes doktrinären Radikalismus dazu gezwungen worden.

Aber die gegen den Westen gerichteten Maßnahmen Allendes beschränkten sich nicht auf das Gebiet der Wirtschaft. Im November und Dezember 1971 hielt sich Fidel Castro fast einen Monat lang in Chile auf. Zum Abschluß seines Besuchs sprach ein von beiden Seiten unterzeichnetes Kommuniqué von dem »gemeinsamen Kampf« und den »gemeinsamen Auffassungen beider Regierungen und Völker bei der Beurteilung der Weltlage«. Allende und Castro verurteilten die »imperialistische Intervention« Amerikas in Vietnam, äußerten sich befriedigt zur »Krise des kapitalistischen Währungssystems« und zu der »allmählichen, substantiellen Zunahme der wirtschaftlichen, politischen, sozialen und technologischen Kraft des sozialistischen Lagers«.

Gleichzeitig begann Allende mit seinem Angriff gegen die verfassungsmäßige Ordnung in Chile. Am 11. November 1971 legte er dem Kongreß ein Gesetz zur »Verfassungsreform« vor, das dem Präsidenten weitreichendere Vollmachten gewährte, die Unabhängigkeit des Obersten Gerichts einschränkte und an die Stelle der beiden Häuser des chilenischen Parlaments, des Senats und der Abgeordnetenkammer, eine aus einer Kammer bestehende Volksversammlung setzte, die gleichzeitig mit dem Präsidenten gewählt werden sollte – was dem Versuch gleichkam, das System der Ausgewogenheit und gegenseitigen Kontrolle in der chilenischen Demokratie zu zerstören. Dieser Gesetzesantrag stieß jedoch auf den lautstarken Widerstand weiter Kreise und mußte zurückgenommen werden.

Jetzt unternahm Allende den Versuch, die innenpolitische Opposition zum Schweigen zu bringen. Unser neuer Botschafter in Santiago, Nathaniel Davis* – der nicht gerade zu meinen Bewunderern gehörte –, bezeichnete die Strategie Allendes als den bewußten Versuch, »die Opposition auszuhungern«.[6]

Zunächst sollten alle Medien zum Schweigen gebracht werden, die zur Regierung in Opposition standen. Allende übernahm die Verteilung des Zeitungspapiers und setzte für die oppositionellen Medien Höchstpreise fest, eine Maßnahme, die angesichts der grassierenden Inflation verheerende wirtschaftliche Folgen haben mußte. Während die fortschreitende Verstaatlichung dem privaten Sektor die für die Werbung notwendigen Mittel entzog, senkte die Regierung systematisch die Ausgaben für die offizielle und institutionelle Werbung in den Medien.

Botschafter Davis berichtete:

> Mit der sprunghaft ansteigenden Inflation erhöhten sich die staatlich verordneten Lohn- und Gehaltserhöhungen jeden Monat. Nach einer neuen Interpretation der Steuergesetze wurden ständig neue Forderungen für angeblich noch zu zahlende Steuerrückstände erhoben. Oppositionelle Zeitungen und Rundfunkstationen wurden beschuldigt, gegen die Brandschutzgesetze und andere Bestimmungen verstoßen zu haben. Als linke Gruppen die Fernsehstation der Universität von Chile besetzten und illegal betrieben, unternahmen die Behörden nichts dagegen. Anträge auf Erteilung von Importlizenzen und Genehmigung für den Erwerb von Devisen wurden abgelehnt. Kleinere Rundfunkstationen und Zeitungen gingen in Konkurs und wurden von den Regierungsparteien aufgekauft.

* Davis trat im Oktober 1971 die Nachfolge von Edward Korry als amerikanischer Botschafter in Chile an und blieb bis zum Oktober 1973 auf diesem Posten.

Die finanziellen Belastungen der Parteien bestanden in erster Linie aus den Kosten ihrer Medien – der Zeitungen, Rundfunkstationen und anderer Veröffentlichungen; dazu kamen Wahlplakate, die Ausgaben für den Wahlkampf und natürlich die Gehälter für die hauptamtlichen Funktionäre. So waren sie von der neuen Politik ebenso betroffen wie die Medien.

Während die Opposition auf diese Weise systematisch zum Schweigen gebracht wurde, stand der ganze Staatsapparat Allendes Partei und seinen Koalitionspartnern zur Verfügung. Sie wurden mit einem bestimmten Prozentsatz der Einnahmen aus dem Außenhandel unterstützt. Die Regierung stellte der herrschenden Koalition einschließlich der Kommunisten ihre Transportmittel, ihre Nachrichtenverbindungen, Papier und Druckereibetriebe in großem Umfang und zu sehr günstigen Bedingungen zur Verfügung. Außerdem stellten Kuba und andere kommunistische Länder diesen Parteien beträchtliche Geldmittel zur Verfügung.

Diese bedrohlichen Entwicklungen in Chile während des ersten Jahres der Präsidentschaft Allendes veranlaßten uns, das Aktionsprogramm für unsere Geheimdienste neu zu überdenken. Die Unterstützung eines Staatsstreichs wurde dabei nicht in Betracht gezogen. Wir wollten lediglich den demokratischen Parteien und Gruppen helfen, sich gegen die systematische Unterdrückung durch Allende zur Wehr zu setzen. Unsere Absicht war es, die oppositionellen Gruppen am Leben zu erhalten, damit sie sich an den verschiedenen von der chilenischen Verfassung vorgesehenen Wahlen und schließlich 1976 auch an der nächsten Präsidentschaftswahl beteiligen konnten.

Zu diesem Zweck genehmigte der Vierziger-Ausschuß* einstimmig die finanzielle Unterstützung politischer Parteien oder Medien, deren Existenz bedroht schien. Für die Arbeit dieses Ausschusses wurden 1971 3,88 Millionen Dollar und 1972 2,54 Millionen Dollar bewilligt. (Die Ausgaben lagen in Wirklichkeit niedriger.) Ein Zyniker könnte darin eine Art Wirtschaftshilfe für Allende sehen, denn der größte Teil dieses Geldes landete schließlich in Form von Steuern und anderen Abgaben derjenigen Medien, die wir unterstützten, in der chilenischen Staatskasse. Ein geringer Teil dieser Hilfsgelder war für den »privaten Sektor« bestimmt, zum Beispiel für die Gewerkschaften, aber solche Ausgaben mußten von Botschafter Davis genehmigt werden. Er entschied sich jedoch gegen die Auszahlung.

* Der Vierziger-Ausschuß war ein interministerieller Ausschuß zur Überwachung der geheimen Nachrichtendienste. Ihm gehörten der stellvertretende Außenminister, der stellvertretende Verteidigungsminister, der Direktor der CIA, der Vorsitzende der Joint Chiefs of Staff, der Sicherheitsberater des Präsidenten und gelegentlich auch der Justizminister an.

Als man sich im Gefolge von Watergate mit geradezu manischer Verbissenheit in immer neue Untersuchungsverfahren stürzte, entstand der Eindruck, daß hier eine Kampagne zur »Destabilisierung« Chiles stattgefunden habe. Man hat behauptet, daß der Direktor der CIA, William Colby, diesen Begriff geprägt hätte. In Wirklichkeit ist es der Kongreß-Abgeordnete Michael J. Harrington gewesen. Weder Colby noch irgendein anderer amerikanischer Beamter hat diesen Ausdruck verwendet.[7] Er ist auch sachlich völlig falsch. Wir haben damals, und wie ich glaube, mit Recht angenommen, daß ohne unsere Unterstützung die demokratischen Institutionen in Chile vernichtet worden wären. Wir bemühten uns darum, die Möglichkeiten für weitere Wahlen offenzuhalten. Botschafter Davis schreibt dazu:

> Wenn ich heute daran denke, welche Erfahrungen die oppositionellen Parteien und Medien damals machen mußten, dann muß ich sagen, daß einige amerikanische Kommentatoren im Kreise argumentiert haben. Sie haben festgestellt, daß die Zeitungen, die Fernseh- und Radiostationen der Opposition im allgemeinen überlebten, und haben daraus geschlossen, daß wir ihnen daher nicht hätten helfen müssen. In Wirklichkeit geht es um die Frage, ob sie ohne unsere Hilfe hätten überleben können. Das glaube ich nicht. Und die institutionelle Demokratie hätte ihre Vernichtung nicht lange überleben können.[8]

Die Demokratie in Chile ist nicht durch uns, sondern durch den verfassungsmäßig gewählten Präsidenten Chiles »destabilisiert« worden.

1972: Die Polarisierung der chilenischen Politik beschleunigt sich

Die Vereinigten Staaten bemühten sich zwar darum, den demokratischen Parteien in Chile das Überleben zu ermöglichen, unternahmen darüber hinaus jedoch nichts. Wir waren überzeugt, daß die demokratische Tradition in Chile und ihre Institutionen sich schließlich durchsetzen könnten, wenn wir Allende daran hinderten, sie zu ersticken. Der Nationale Sicherheitsrat hielt keine weiteren Sitzungen ab, um diesen Gegenstand zu beraten, und auch auf höchster Ebene beschäftigte man sich kaum noch mit den chilenischen Problemen. Ich selbst beschäftigte mich intensiv mit Chile, und die Senior Review Group, deren Vorsitz ich innehatte, griff nur ein, wo es die Lage erforderte, vor allem, wenn etwas gegen das wirtschaftliche Chaos und die zunehmende Polarisierung der chilenischen Politik unternommen werden mußte, die durch Allendes Eingreifen angeheizt wurden.

Salvador Allende war als Führer einer Koalition an die Macht gekommen, die sich Unidad Popular (UP – oder Vereinigte Volksfront) nannte. Sie bestand aus der kommunistischen Partei, Allendes sozialistischer Partei, der das taktische Geschick der Kommunisten fehlte, die jedoch die gleiche Ideologie vertrat wie die Kommunisten, und aus Splittergruppen, die meist noch radikaler waren und noch mehr zur Anwendung revolutionärer Gewalt neigten. (Zu dieser Koalition gehörte eine kleine demokratische Linkspartei, die radikale Partei, die sich 1971 spaltete, als sich deutlicher zeigte, welche Richtung Allende einschlagen wollte; Anfang 1972 schlossen sich viele ihrer Führer der Opposition an.) Diese Koalition verfügte zu keiner Zeit über die Mehrheit im chilenischen Kongreß. Um regieren zu können, brauchte Allende den linken Flügel der christlich-demokratischen Partei, die zwar in mancher Hinsicht die gleichen sozialistischen Ziele verfolgte wie er, dabei aber nicht auf christliche Wertvorstellungen und demokratische Regierungsmethoden verzichten wollte. Allende stand daher vor einem Dilemma. Wenn er christlich-demokratische Methoden übernahm, stellte er sich gegen die Radikalen in seiner Koalition, die entschlossen waren, die bestehende Ordnung mit Gewalt zu verändern. Wenn er sich jedoch nicht den gewalttätigen Taktiken seiner wichtigsten Partner widersetzte, riskierte er die Unterstützung durch die christlichen Demokraten am linken Flügel und seine Fähigkeit, seine Gesetzesvorschläge durch den Kongreß zu bringen. Allende ist aus Unfähigkeit, aus Überzeugung oder weil er zu sehr darauf vertraute, den Kongreß manipulieren zu können, niemals mit diesem Dilemma fertig geworden. Er konnte sich gegenüber dem revolutionären linken Flügel nicht durchsetzen. So unternahm er nichts gegen die Besetzung der christlich-demokratischen Rundfunkstationen und andere Übergriffe. Auch gelang es ihm nicht, wirksame Maßnahmen gegen eine Meuterei von Unteroffizieren der chilenischen Marine oder die illegale Landbesetzung durch Bauern zu unternehmen – ja, man verdächtigte ihn sogar, dabei die Hand im Spiel gehabt zu haben. Über die kubanische Botschaft wurden große Mengen von Waffen nach Chile gebracht, ohne daß das chilenische Militär oder die Polizei etwas dagegen unternehmen konnten.

Diese Politik Allendes hatte deshalb zur Folge, daß die demokratischen Parteien zusammenrückten. Unbeabsichtigt veranlaßte er damit das Bündnis zwischen der am rechten Flügel stehenden Nationalpartei und den christlichen Demokraten, deren Spaltung 1970 seinen Wahlsieg ermöglicht hatte. Da er im Kongreß nicht über die Mehrheit verfügte, um seine radikalen Maßnahmen durchzusetzen, sah sich Allende wiederum versucht, mit verfassungswidrigen Manipulationen zu arbeiten. Er ließ Industrieunternehmen besetzen, verstand es, Lücken in der Verfassung geschickt auszunutzen, und wendete jahrhundertealte Gesetze in einer Weise an, wie es niemals beabsichtigt gewesen war.

Gegen Ende des ersten Jahres von Allendes Amtszeit wurde aus der Polarisierung eine Konfrontation. Die Deputiertenkammer eröffnete gegen Allendes engen Vertrauten, Innenminister José Tohá Gonzalez, ein gerichtliches Verfahren mit der Begründung, daß er nichts gegen die zunehmende Gewaltanwendung extremistischer Gruppen unternommen habe. Am 6. Januar 1972 beschloß die Kammer, Tohá von seinem Posten zu entheben – ein ungewöhnlicher Vorgang in einem System, das sich auf mehrere gleichberechtigte oberste Regierungsbehörden stützte. Am 7. Januar 1972 ernannte Allende seinen Freund Tohá zum Verteidigungsminister und versetzte ihn damit unter Mißachtung des Kongresses auf einen mindestens ebenso wichtigen Posten. Am 16. Januar erlitt die Regierung eine schwere Wahlniederlage, bei der ihre Kandidaten zwei Nachwahlen verloren, und zwar einmal für den Senat und einmal für die Deputiertenkammer. In einer an Nixon gerichteten Denkschrift vom 20. Januar 1972 erläuterte ich, was das bedeutete:

> Dadurch wird höchstwahrscheinlich die Polarisierung in der Gesellschaft und im politischen Leben Chiles, die sich während der vergangenen Monate rapide weiterentwickelt hat, noch verstärkt. Die Oppositionsparteien werden an Selbstvertrauen gewinnen und noch deutlicher erkennen, welche Vorteile ihnen die Zusammenarbeit bringen würde. Diese Entwicklung könnte aber auch zu einer Spaltung in Allendes UP-Koalition führen. Die Sozialisten werden wahrscheinlich verlangen, daß die Regierung den demokratischen Weg verläßt, dem sie bis jetzt gefolgt ist, und die Macht in die eigenen Hände nimmt, um eine sozialistische Revolution herbeizuführen, wenn notwendig mit Gewalt. Aber die beiden anderen großen Parteien in der UP, die Kommunisten und die Radikalen, werden wahrscheinlich ebenso wie Allende selbst aus Furcht vor den Streitkräften zögern, das zu tun, denn die Streitkräfte sind bisher neutral geblieben und haben sich aus der Innenpolitik herausgehalten; aber sie haben deutlich zu verstehen gegeben, daß sie auf eine Verletzung der Verfassung scharf reagieren werden.

Die Ereignisse haben diese Voraussage zum Teil bestätigt. Allende versuchte auch weiterhin, die verfassungsmäßigen Verfahren zu ändern. Im September 1973 hatten der Kongreß und das Oberste Gericht erklärt, daß seine Regierung außerhalb des Gesetzes und der Verfassung stünde. Kurz gesagt, sie erklärten, daß der verfassungsmäßig gewählte Präsident von Chile die demokratischen Grundstrukturen ihres Staates unterminierte.

Während Chile im Inneren auf den Totalitarismus hinsteuerte, nahm es in der Außenpolitik Kurs auf eine Konfrontation mit den Vereinigten Staaten. Am 1. Januar 1972 beschuldigte Pablo Neruda, der Dichter, der zum chilenischen Botschafter in Frankreich ernannt worden war, die Vereinigten Staaten, daß sie versuchten, Allende durch wirtschaftlichen Druck und die Unterstützung subversiver Kräfte zu stürzen. Am 3. Januar bezeichnete Luis Herrera, der chilenische Botschafter bei der OAS, nachdem er den Vorsitz im ständigen Rat der OAS übernommen hatte, die Beziehungen zwischen den Vereinigten Staaten und Lateinamerika als eine »Leibeigenschaft auf wirtschaftlichem, politischem, gesellschaftlichem und sogar kulturellem Gebiet«.

Chile verfolgte eine Politik, wie sie seither von allen radikalen Regierungen getrieben wird. Einerseits wendete sie sich gegen die amerikanischen wirtschaftlichen und politischen Interessen; andererseits verurteilte sie die unausweichlichen Reaktionen auf ihre Provokation als »Imperialismus«. Allende verhielt sich – wie viele andere politische Führer in der Dritten Welt nach ihm –, als hätte er das Recht, von den Vereinigten Staaten unterstützt zu werden, während er anti-amerikanische politische Ziele verfolgte. Er versuchte, und zum Teil sogar mit Erfolg, sich mit einem ganz ungewöhnlichen Manöver durchzusetzen: nämlich seine Schulden nicht zu bezahlen, amerikanische Firmen entschädigungslos zu enteignen, die Auslandsverpflichtungen Chiles umzuschulden und zugleich alle bisherigen Hilfen und Kredite von führenden amerikanischen und internationalen Kreditinstituten zu erhalten.*

Allendes Verhalten erforderte Entscheidungen, deren Bedeutung mehr darin lag, welches Licht sie auf die Kräfteverteilung in unserem Regierungsapparat warfen, als was sie über unsere Strategie gegenüber Chile aussagten. Es bestand in der Tat ein bedeutender Unterschied zwischen dem, was innerhalb des Apparates gesagt wurde, und was dieser wirklich tat. Im allgemeinen wurde mit harten Worten über unsere Entscheidung gesprochen, unser Verhalten war dagegen meist recht entgegenkommend.

Unsere Reaktion auf die Nichtanerkennung der chilenischen Schulden durch Allende am 9. November 1971 illustriert diese Feststellung.

* Am 9. Februar 1972 schloß Chile mit einer Gruppe amerikanischer Privatbanken ein vorläufiges Abkommen über die Refinanzierung von dreihundert Millionen Dollar seiner gesamten Auslandsschulden; das war die Basis für neue Kredite in Höhe von zweihundertfünfzig und fünfzig Millionen Dollar, um die Schulden der Öffentlichen Hand für 1972 bis 1974 und die Verpflichtungen der chilenischen Kupfergesellschaften für das Jahr 1976 zu decken. Dabei blieb Chile der US-Export-Bank zwanzig Millionen Dollar und der amerikanischen Behörde für Internationale Entwicklung (AID) und dem Landwirtschaftsministerium eine Million Dollar schuldig.

Da Allende fast alle Auslandsschulden nicht zurückzahlen wollte, mußten wir unser Verhalten mit dem anderer Gläubigernationen abstimmen. Ein Treffen der Gläubiger – praktisch alle westlichen Industriestaaten – wurde für Anfang 1972 in Paris angesetzt (die inoffizielle Bezeichnung dafür war der »Pariser Club«). Wie so häufig war die Haltung der Vereinigten Staaten auch diesmal weniger das Ergebnis einer gesamtstrategischen Beurteilung als das eines interministeriellen Tauziehens. Diesmal handelte es sich ausnahmsweise nicht um einen Konflikt zwischen meinem Büro und dem Außenministerium, sondern zwischen dem Außenministerium und dem Finanzministerium unter dem gefürchteten John Connally, der auch hier beweisen wollte, daß er in wirtschaftlichen Angelegenheiten das letzte Wort zu sprechen hatte.

Connally war im Dezember 1970 zum Finanzminister ernannt worden, als Nixon, der durch den unerwarteten Erfolg der Demokratischen Partei bei den Kongreßwahlen nach den ersten zwei Jahren seiner Amtszeit verunsichert war, sich für den Mann entschied, den er für seinen gefährlichsten demokratischen Gegner bei den kommenden Präsidentschaftswahlen hielt. Es gab in Amerika keine Persönlichkeit des öffentlichen Lebens, vor der Nixon eine größere Hochachtung hatte. Mit seiner dominierenden und selbstsicheren Art entsprach er dem Bild, das sich Nixon von einem starken politischen Führer machte. Der Präsident konnte sich nur in Notizen mit ihm messen, die er an den Rand von Denkschriften schrieb, aber niemals in der persönlichen Begegnung von Mann zu Mann. Deshalb blieben Connally die Manöver erspart, mit denen Nixon seine Mitarbeiter gegeneinander ausspielte. Auch hat Nixon niemals hinter Connallys Rücken schlecht von ihm gesprochen – eine Auszeichnung, die nicht vielen zuteil geworden ist. Er konnte sich mit Connally identifizieren, der ebenso wie Nixon aus bescheidenen Verhältnissen stammte, trotzdem aber nicht von Minderwertigkeitskomplexen geplagt zu sein schien.

Ich vermute, der Unterschied zwischen beiden Männern hat nicht darin bestanden, daß der eine von ihnen die innere Unsicherheit weniger spürte als der andere, sondern in der Art, wie Nixon und Connally mit diesen Gefühlen umgingen. Keiner von ihnen ließ sich gern herausfordern; sie waren beide ihrer selbst nicht ganz sicher. Aber Connally verstand es, seine Gegner einzuschüchtern, während Nixon sie auszumanövrieren suchte. Für Connally hatte ein Sieg nur dann Bedeutung, wenn sein Gegner wußte, daß er geschlagen war. Nixon empfand den größten Triumph, wenn das Opfer nicht wußte, wer ihm die Niederlage beigebracht hatte oder die Niederlage zunächst nicht erkannte.

Connally begriff sehr bald, daß Nixons Furcht vor Konfrontationen gepaart mit der aufrichtigen Bewunderung für ihn einen Vorsprung in den Manövern bedeutete, in denen die Hackordnung unter den Präsidentenberatern bestimmt wird. Schon sehr bald bewies er, wie anfällig das Gefüge des berühmten Stabes des Weißen Hauses war, als er sich ganz einfach weigerte, dem Präsidenten seine Denkschriften über das Büro eines Assistenten einzureichen. Meine Stellung konnte glücklicherweise dadurch nicht gefährdet werden, denn ich hatte meinen Verantwortungsbereich für internationale Wirtschaftspolitik dem dafür zuständigen Peter G. Peterson abgegeben. Nun erteilte Connally Peterson, der selbst ein fähiger Mann mit starkem Charakter war, eine Lektion, um ihm klarzumachen, daß ein Präsidentenberater gegen einen entschlossenen Minister nichts ausrichten kann, wenn dieser auf seinen Vorrechten besteht. Wenn Connally etwas mit dem Präsidenten zu besprechen hatte, überquerte er einfach die Straße, die das Finanzministerium vom Weißen Haus trennte, und verlangte, Nixon zu sprechen. So übergab er dem Präsidenten persönlich jede Denkschrift, die er für wichtig hielt, und scheute sich nicht, eine sofortige Antwort zu verlangen. Und Nixon hätte auch eine weniger starke Persönlichkeit im direkten Gespräch nicht abweisen können – darin lag auch der Grund, warum Nixon sich mit einem Mitarbeiterstab umgab, der ihn nach außen abschirmte.

Im Januar 1972 hatte Connally Peterson auf dem Gebiet der internationalen Wirtschaftspolitik völlig verdrängt und war bereit, das Außenministerium zu übernehmen. Dabei verwendete er die gleichen Methoden. Er übergab Nixon persönlich eine Denkschrift, aus der hervorging, daß seine Gegner im Außenministerium bereit waren, die Termine für die Rückzahlung der chilenischen Schulden neu festzulegen. Mit anderen Worten, das Außenministerium war bereit, die Kredite zu verlängern, was andere Gläubiger-Länder zwingen würde, den gleichen feigen Weg zu gehen. Connally erklärte, daß der eigentliche Zweck des Pariser Treffens darin bestehen sollte, Chile zu isolieren.

Diese Meinung war Wasser auf Nixons Mühlen. Sie klang hart und bestätigte sein Mißtrauen gegenüber einem zu nachgiebigen Außenministerium. Schließlich richtete sich diese Haltung auch gegen seinen Feind Allende. Das Widersprüchliche in Connallys Haltung interessierte den Präsidenten nicht: Wenn es unser Ziel war, Chile zu isolieren, dann mußten wir die Abneigung der europäischen Länder gegen eine Konfrontation überwinden und unsere Verbündeten, die eine Verlängerung der Kredite bevorzugten, von der Richtigkeit unserer Haltung überzeugen. Wenn wir auf unserem harten Standpunkt beharrten und uns weigerten, die Kredite zu verlängern, bestand die Möglichkeit, daß am Schluß die Vereinigten Staaten isoliert wurden.

Connally war sich dessen natürlich bewußt. Ihm kam es im Grunde nur darauf an, daß das Finanzministerium die Leitung unserer Delegation übernahm, um »unsere wirtschaftlichen Interessen wirksam zu schützen und Chile unter Druck zu halten«. Nixon versah die Denkschrift mit zahlreichen Randbemerkungen und schrieb unter anderem, daß eine Neufestsetzung der Rückzahlungstermine für die chilenischen Schulden »*total* (Nixons Unterstreichung) gegen meine Anweisungen« wäre; die Isolierung Chiles wäre unser politisches Ziel. Wie wir diese beiden Absichten nebeneinander durchsetzen sollten, wurde nicht erklärt. Ohne sich mit irgendeinem seiner anderen Mitarbeiter zu beraten (auch nicht mit mir), verfaßte der Präsident im Ovalen Zimmer eine an den Finanzminister gerichtete Denkschrift mit Kopien für den Außenminister und mich:

> Unter Bezugnahme auf Ihre (Connallys) Denkschrift vom 15. Januar ordne ich hiermit an, daß das Finanzministerium die Leitung der Delegation der Vereinigten Staaten bei den Pariser Verhandlungen über die chilenische Kreditangelegenheit übernimmt. Jeder direkte oder indirekte Hinweis darauf, ich hätte empfohlen, daß die Vereinigten Staaten eine Vereinbarung unterstützen sollten, nach der die Chile gewährten Kredite neu ausgehandelt werden könnten, widerspricht ganz und gar den Auffassungen, die ich bei mehreren Gelegenheiten in verschiedenen Sitzungen über diese Angelegenheit mit Vertretern der zuständigen Ministerien zum Ausdruck gebracht habe.

Wie üblich ging Connally in der Praxis viel subtiler vor, als man es angesichts seines Verhaltens im bürokratischen Kleinkrieg erwarten durfte. In Wirklichkeit hatte sich das Außenministerium niemals in dem von ihm angedeuteten Sinne geäußert. Zwar beurteilte der Finanzminister die grundsätzliche Haltung des Außenministeriums nicht ganz falsch, aber wir kannten zu dieser Zeit die Haltung der anderen Gläubiger offiziell noch nicht und hatten auch selbst noch nicht Stellung bezogen. Wenn Connally nun verlangte, daß wir mit anderen Nationen zusammenarbeiten sollten, um Chile zu isolieren, dann sprach er sich im Grunde für den Kurs aus, dem auch ich und wahrscheinlich auch das Außenministerium aus strategischen Gründen den Vorzug gaben, nur daß es bei Connally so klang, als wollte er es auf eine Konfrontation ankommen lassen. Ich hatte in mehreren internen Denkschriften meine Auffassung zum Ausdruck gebracht und gesagt, daß wir bei den Pariser Gesprächen zwar eine harte Haltung einnehmen, aber am Schluß im Einvernehmen mit den anderen Gläubigernationen handeln sollten. Wenn wir uns von ihnen trennten, werde Allende aus seiner Weigerung, *alle* Auslandsschulden zurückzuzahlen, eine Konfrontation mit dem »Yankee-Imperialismus« machen. Die demokratische Opposition in Chile und die Streitkräfte würden ihn dann aus patriotischen Gründen gegen den amerikanischen Koloß unterstützen. Unter diesen Voraussetzungen könnte sich Allende mit seinen anderen Gläubigern einigen, würde aber bei der Weigerung bleiben, die amerikanischen Schulden zurückzuzahlen, die sechzig Prozent der gesamten Auslandsverpflichtungen Chiles ausmachten. Nach meiner Auffassung wäre es viel besser, mit den anderen Gläubigern eine gemeinsame Front zu bilden und darauf zu bestehen, daß Chile auf der Grundlage eines gemeinsamen Beschlusses einer Neuregelung für die Zurückzahlung aller Auslandsverpflichtungen zustimmte. Wenn uns die so ausgehandelten Bedingungen nicht befriedigten, konnten wir uns an diesem Punkt immer noch von dem Beschluß distanzieren.

In weiteren Gesprächen mit Connally zeigte sich, daß er damit einverstanden war, einen Konsens der Vereinigten Staaten mit den Gläubigernationen auszuhandeln, damit nicht wir allein für eine Konfrontation mit Chile verantwortlich gemacht wurden. Wenn die europäischen Nationen auf einer Neufestsetzung der Rückzahlungstermine bestehen sollten, würden wir nichts dagegen einwenden. Mit anderen Worten, wir entschlossen uns, die Rückzahlung der chilenischen Schulden trotz aller lautstarken Proteste auf einen späteren Zeitpunkt zu verschieben, und gewährten Chile damit eine indirekte Wirtschaftshilfe.

Während in Paris über die Kredite verhandelt wurde, verhielt sich die amerikanische Regierung offiziell zurückhaltend. Am 19. Januar 1972 bestätigte Nixon in einer öffentlichen Erklärung, daß das Hickenlooper-Ergänzungsgesetz uns verpflichte, jedem Land, das amerikanisches Eigentum entschädigungslos enteigne, keine neue amerikanische Wirtschaftshilfe zukommen zu lassen. Dabei machte Nixon das Angebot, mit anderen interessierten Nationen die Kriterien für eine gerechte Entschädigung zu erarbeiten. Am 9. Februar 1972 machte der Präsident in seinem jährlichen außenpolitischen Bericht wieder ein Friedensangebot:

> Die politische Führung in Chile wird sich von ihren festen Überzeugungen nicht durch bloße Gesten unserer Seite abbringen lassen. Wir wissen, daß es ernstzunehmende Männer sind, deren Grundsätze in gewisser Weise den unseren deutlich widersprechen. Wir werden aber unsere Beziehungen zu ihnen nicht von ihrer Ideologie, sondern von ihrem Verhalten gegenüber der übrigen Welt abhängig machen. Wie ich schon oft gesagt habe, sind wir bereit, mit der chilenischen Regierung die Beziehungen zu pflegen, die sie mit uns aufzunehmen willens ist.

Auch dieses Angebot wurde abgelehnt. Offenbar konnte sich Allende nicht aus den Zwängen des ideologischen Eifers befreien, von dem er und seine fanatischen Anhänger ergriffen waren. Er setzte die Verstaatlichung, die praktisch entschädigungslos durchgeführt wurde, fort und enteignete nicht nur ausländische, sondern auch chilenische Privatunternehmen. Anfang Januar 1972 beschloß die Regierung die Verstaatlichung von dreiundfünfzig Firmen, während achtunddreißig weitere mit staatlicher Beteiligung im Besitz der privaten Eigentümer bleiben durften. Einen Monat später (am 7. Februar) erklärte Allende in einer Rede in Concepción, daß er im kommenden Jahr weitere hundertzwanzig Unternehmen verstaatlichen, zweitausend landwirtschaftliche Betriebe enteignen und die Verstaatlichung der Banken und des Außenhandels abschließen werde.

Indessen wuchs die Entschlossenheit der demokratischen Mehrheit im chilenischen Parlament, sich Allendes Politik zu widersetzen. Am 19. Februar 1972 beschloß der chilenische Kongreß eine Reihe von Verfassungszusätzen, um das Recht des Staates, in den privaten Sektor einzugreifen, einzuschränken. Diese Bestimmungen, die rückwirkend im Oktober 1971 in Kraft traten, untersagten es der Regierung, irgendwelche Unternehmen ohne die ausdrückliche Genehmigung des Kongresses zu enteignen. Am 21. Februar erklärte Allende, daß er gegen dieses Gesetz sein Veto einlegen werde. Dazu drohte er, wenn der Kongreß das Veto überstimmen sollte, das chilenische Verfassungsgericht anzurufen (ein Sondergericht, dessen Mitglieder zum größten Teil von ihm persönlich ernannt worden waren). Nun forderten die Oppositionsparteien Allende auf, über seine Pläne zur Sozialisierung der Wirtschaft Chiles in aller Freiheit eine Volksabstimmung entscheiden zu lassen.

Die Fronten waren abgesteckt. Allende stand vor der Entscheidung in der chilenischen Innenpolitik und im Hinblick auf die Beziehungen Chiles zu den Vereinigten Staaten.

ITT und die Zuspitzung der Krise

Die erste Explosion wurde seltsamerweise durch einen amerikanischen Journalisten ausgelöst. Der für mehrere Zeitungen tätige Leitartikler Jack Anderson veröffentlichte den Inhalt angeblich vertraulicher interner Dokumente der International Telephone and Telegraph Company (ITT), aus denen ersichtlich war, mit welchen Methoden man sich 1970, also vor fast zwei Jahren, darum bemüht hatte, Allendes Wahl zum Präsidenten zu verhindern. Im Leitartikel Andersons vom 21. März 1972 wurde behauptet, daß der Chef des Washingtoner Büros von ITT, William R. Merriam, dem Direktor der ITT (und ehemaligen Chef der CIA, John McCone) gemeldet hatte, sein Kontaktmann von der CIA beurteile die Aussichten, »Allende zu schlagen, sehr sehr pessimistisch«. Aber es gebe »immer noch Kontakte mit einzelnen Mitgliedern der Streitkräfte, um sie zu veranlassen, die Führung bei irgendeinem Aufstand zu übernehmen ... Bei dem Versuch, das wirtschaftliche Chaos herbeizuführen, hat man praktisch keine Fortschritte gemacht.«

In dem Leitartikel Andersons vom 22. März war auch von einem Telefongespräch die Rede, das der Direktor für die internen Beziehungen der ITT, J. D. Neal, angeblich mit Viron P. Vaky, der im Stabe des Nationalen Sicherheitsrats für Lateinamerika zuständig war, geführt hatte. Dabei hatte Neal gesagt, der Präsident der ITT, Harold S. Geneen, mache sich »Sorgen um die Situation in Chile«. Angeblich hatte Neal Vaky gebeten, mir zu sagen, die ITT wäre »bereit, uns finanziell mit bis zu siebenstelligen Summen zu unterstützen«. Anderson wies jedoch ausdrücklich darauf hin, daß das Weiße Haus, vertreten durch den Stab des Nationalen Sicherheitsrats, auf diese Initiative der ITT »im allgemeinen höflich, aber kühl reagiert« habe. Das gleiche gelte für das Außenministerium. Aber dann hieß es, daß man bei der CIA auf eine »viel freundlichere« Haltung gestoßen sei.

Ich weiß nicht, wie zuverlässig die Dokumente der ITT waren, aber die Auswirkungen der Enthüllungen Andersons über die Beteiligung des Nationalen Sicherheitsrats waren sehr konkret. Ich hatte im September 1970 auf Bitten des damaligen Präsidentenberaters Peter Flanigan tatsächlich mit zwei Vertretern der ITT gesprochen. Sie hatten uns die finanzielle Unterstützung ihres Unternehmens bei unseren Bemühungen, die Übernahme des Präsidentenamtes durch Allende zu verhindern, versprochen. Ich wies sie höflich ab, weil ich es nicht für richtig hielt, daß sich private Unternehmen an solchen Vorhaben beteiligten.

Aber in der aufgeheizten Atmosphäre des Jahres 1972 beschleunigten Andersons Leitartikel die Radikalisierung von Allendes Politik. Der Plan, von dem dort gesprochen wurde, war von der Regierung der Vereinigten Staaten niemals akzeptiert worden – was auch aus Andersons Artikeln hervorging. Die Bemühungen unserer Regierung in dieser Richtung, von denen Allende wahrscheinlich nichts wußte, waren schon vor fast zwei Jahren aufgegeben worden. Aber trotzdem nahm die Regierung Allende sofort die Gelegenheit wahr und versuchte, die demokratische Opposition zu beschuldigen, daß sie sich an einer angeblich von der CIA geleiteten Verschwörung beteiligt habe. Am 23. März 1972 organisierte die Zentrale Arbeiterkonföderation (CUT) vier Protestmärsche zur Unterstützung der Regierung gegen eine »imperialistische Intervention«. Unter Ausnutzung der Empörung chilenischer Nationalisten behauptete der ultralinke Innenminister Hernán del

Canto am 28. März, rechtsradikale Verschwörer hätten – und dabei ließ er durchblicken, daß ihre Absichten von den Vereinigten Staaten unterstützt worden seien – vor wenigen Tagen geplant, Allende zu ermorden und die Macht zu ergreifen.

Bei Beginn der neuen Sitzungsperiode des chilenischen Kongresses beschloß dieser am 28. März, einen aus dreizehn Mitgliedern bestehenden Ausschuß mit der Untersuchung der angeblichen Einmischung der ITT in die chilenische Innenpolitik im Jahre 1970 zu beauftragen. Die Führer der Opposition, die sich nun in der Defensive befanden und empört bestritten, irgend etwas mit der CIA zu tun gehabt zu haben, verlangten, daß der Ausschuß auch den Wahrheitsgehalt einer zweiten Behauptung Andersons untersuche, daß nämlich die kubanische Botschaft in Santiago die Leitstelle für die Kräfte war, die in Chile einen bewaffneten Aufstand herbeiführen wollten. So war Jack Anderson für kurze Zeit eine Zentralfigur der chilenischen Innenpolitik geworden.

Am 11. April 1972 kam die Senior Review Group des Nationalen Sicherheitsrats unter meinem Vorsitz zu einer Sitzung zusammen, um die Entwicklungen in Chile zu analysieren. Ein Papier, das von meinem für lateinamerikanische Angelegenheiten zuständigen Assistenten beim Stabe des Nationalen Sicherheitsrats, William J. Jorden, verfaßt worden war, stellte unsere Politik zutreffend wie folgt dar:

> Wir haben versucht, Chile politisch und wirtschaftlich soweit wie möglich zu isolieren, dabei jedoch alles zu vermeiden, was Anlaß zu dem Vorwurf geben könnte, daß wir nur aus Feindschaft gegenüber Allende handelten.
>
> Wir haben uns nach Kräften um eine prompte und gerechte Entschädigung und die Rückzahlung von Schulden an amerikanische Unternehmen bemüht und alles darangesetzt, den Grundsatz zu schützen, nach dem gerechtfertigte Forderungen beglichen und Eigentümer von verstaatlichten Vermögenswerten entschädigt werden müssen.
>
> Bisher haben wir diese Ziele gleichzeitig verfolgen können. Doch durch die Anderson-Affäre ist unsere Haltung zur Diskussion gestellt und unsere politische Motivation in Zweifel gezogen worden. Was noch wichtiger ist: Die Pariser Gespräche über die Neufestsetzung der Rückzahlungstermine für die chilenischen Schulden zwingen uns, zu entscheiden, wie wir »äußerste Druckmittel« mit einer »nach außen hin korrekten Haltung« vereinigen sollen.

Um aus den offiziellen Unterlagen der Regierung die wirklichen Absichten der amerikanischen Regierung ableiten zu können, muß man über die Analyse hinausgehen und feststellen, vor welchen konkreten Entscheidungen die leitenden Regierungsbeamten standen. In diesem Fall kam es nicht darauf an, sich in die inneren Angelegenheiten Chiles einzumischen. Wir mußten uns vielmehr über die Taktik einigen, der wir auf der nächsten Sitzung der Gläubiger Chiles in Paris folgen sollten. Es gab Meinungsverschiedenheiten über die Frage, ob wir in der Frage der Enteignungen bindende Absprachen anstreben sollten, insbesondere im Hinblick auf die dafür zu zahlende Entschädigung. Dafür sprach sich bezeichnenderweise das Außenministerium aus, denn damit konnten wir einen wesentlichen Beitrag im Bereich des internationalen Rechts leisten. Das Finanzministerium war aus Gründen, an die ich mich heute nicht mehr erinnern kann, dagegen, daß von amerikanischer Seite ein Schlichtungsverfahren vorgeschlagen wurde, wollte sich aber den Beschlüssen eines solchen Verfahrens beugen, wenn es auf Vorschlag Chiles zustande kam.

Bei der praktischen Durchführung der Pariser Gespräche haben die Überlegungen der Senior Review Group jedoch keine Rolle gespielt. Nachdem Connally zunächst eine so harte Haltung eingenommen hatte, erklärte er sich schließlich damit einverstanden, daß wir uns den anderen Gläubigernationen anschlossen und Allende nicht die Möglichkeit gaben, die Vereinigten Staaten allein für seine Kreditprobleme verantwortlich zu machen. Nun war Connally bereit, die sich auf grob zweihundertfünfzig Millionen Dollar belaufenden chilenischen Kredite im Einvernehmen mit den anderen Nationen umzuschulden. Als Gegenleistung stimmte Chile dem Grundsatz zu, daß es seinen internationalen Verpflichtungen nachkommen müßte, eine Mindestanforderung, wenn das Land kreditwürdig bleiben wollte.

Nun wollte Chile auch mit jedem davon betroffenen Land über die Verstaatlichungen verhandeln – aber auf der Basis von zwei Kriterien, die einander ausschlossen. Chile erklärte sich bereit, für verstaatlichte Vermögenswerte »gerechte« Abfindungssummen zu bezahlen, und zwar sowohl nach dem chilenischen Recht (womit die Rückzahlungsbereitschaft praktisch bedeutungslos wurde, denn mit der rückwirkend einzutreibenden Sondersteuer für übermäßige Gewinne konnte jede beliebige, als »gerecht« bezeichnete Summe einbehalten werden) als auch nach internationalem Recht (das, wie Chile sofort erklärte, keine Bestimmungen darüber enthielt, wie Enteigungen entschädigt werden sollten). Das praktische Ergebnis dieser Vereinbarungen war, daß Chile, ohne seine Politik ändern zu müssen, für ein Jahr alle Kreditrückzahlungen erlassen wurden – eine Art der Wirtschaftshilfe, die alles übertraf, was die letzte demokratische Regierung innerhalb eines Jahres erhalten hatte. Bis besondere bilaterale Vereinbarungen mit den einzelnen Gläubigernationen abgeschlossen waren, erfreute sich Chile weiterhin de facto eines Moratoriums im Hinblick auf die Rückzahlung von Krediten.

Trotzdem geriet Allende in immer größere innenpolitische Schwierigkeiten. Die absolute Unfähigkeit seiner Regierung und die durch seine Politik angeheizte galoppierende Inflation erschütterten die Stabilität seiner Regierung und die Gesellschaftsstruktur mit jedem Monat immer mehr. Sogar der kommunistische Parteiführer Orlando Millaz mußte im März 1972 zugeben, daß das Hauptproblem darin bestand, in den verstaatlichten Betrieben »die gleichen gewaltigen Gewinne zu erzielen, die die Kapitalisten herausholen konnten«. Nach der Enteignung erhöhten sich augenscheinlich die Kosten, während die Produktivität zurückging – was wiederum die Inflation noch mehr anheizte, die nach offiziellen Angaben 1972 auf einhundertdreiundsechzig Prozent jährlich anstieg (und schließlich dreihundertfünfzig Prozent erreichte), was verheerende Folgen auf die Wirtschafts- und Sozialstruktur hatte. Ende März war die innenpolitische Lage so gespannt, daß Allende den chilenischen Kongreß für eine Woche in die Ferien schickte.

Das alles geschah, während die Auslandshilfe für Chile de facto größer war als während irgendeiner vergleichbaren Zeit davor. Die Vereinbarungen über die Umschuldung von westlichen Krediten in Höhe von zweihundertfünfzig Millionen Dollar waren begleitet von einem stetig zunehmenden Fluß von Krediten aus der kommunistischen Welt. Zur Zeit von Allendes Sturz überstiegen die kommunistischen Kredite die Summe von sechshundert Millionen Dollar. Und im Gegensatz zu weitverbreiteten Legenden erwiesen sich die engeren Bindungen an die kommunistische Welt nicht als Hindernis für allmählich immer besser werdende Wirtschaftsbeziehungen zum Westen, mit dem Chile wieder über die Gewährung privater Kredite verhandelte. Am 12. Juni kam Chile mit einer aus 28 amerikanischen Privatbanken bestehenden Gruppe überein, alte chilenische Kredite in Höhe von einhundertsechzig Millionen Dollar umzuschulden.* Amerikanische Banken hoben die Beschränkungen wieder auf, die sie für kurzfristige Kredite an Chile eingeführt hatten.[9] Am folgenden Tag gab die chilenische Regierung bekannt, daß sie von Brasilien, Mexiko, Kolumbien und Peru einen Kredit über hundert Millionen Dollar für die Aufstockung ihres Kapitals und den Erwerb von Konsumgütern erhalten habe.

Doch Allende ließ sich weder durch die Rückzahlungserleichterungen noch durch die internationale Unterstützung davon abhalten, auf eine Konfrontation mit den Vereinigten Staaten zuzusteuern. Am 13. April eröffnete er die dritte Konferenz der Vereinten Nationen über Handel und Entwicklung (UNCTAD) in Santiago mit leidenschaftli-

* Nach Angaben der chilenischen Botschaft in Washington wurde die Rückzahlung von drei Vierteln der Gesamtschulden (die urprünglich 1974 erfolgen sollte) um acht Jahre verschoben, und die in den Jahren 1972 und 1973 fälligen Zahlungen wurden herabgesetzt.

chen Angriffen gegen die Industrienationen - besonders gegen die Vereinigten Staaten - und beschuldigte sie, eine Welt geschaffen zu haben, wo »die Mühen und die Rohstoffe der ärmeren Nationen den Wohlstand der im Überfluß lebenden Völker bezahle«. Am 14. April beschuldigte uns der chilenische Unterstaatssekretär für auswärtige Angelegenheiten, Anibal Palma, in einer Rede vor der Generalversammlung der OAS, wir versuchten, die Entwicklungskredite für Chile bei den multinationalen Kreditinstitutionen zu blockieren und - im Gegensatz zu den Tatsachen, die ich hier dargestellt habe - Chiles Bemühungen um die Umschuldung seiner Kredite scheitern zu lassen. Auf einer Massenveranstaltung am 1. Mai beschuldigte Allende die Vereinigten Staaten, gegen Chile eine Wirtschaftsblockade verhängt zu haben. Offenbar brauchte Allende - gleichgültig was wir taten oder nicht taten - die Dämonisierung eines feindlichen Amerika, um Unterstützung für seinen Marsch zu seiner Version des Sozialismus zu gewinnen, der in der Bevölkerung auf immer größeren Widerstand stieß.

Doch wenn die innenpolitischen Schwierigkeiten Allendes nicht von den Vereinigten Staaten verursacht waren, dann ließen sie sich auch nicht dadurch beseitigen, daß er seine Frustrationen an uns ausließ. Seine meist verfassungswidrigen Maßnahmen führten zu einer Konfrontation im chilenischen Kongreß, wie sie in der Geschichte dieses Landes an Schärfe ohne Beispiel war. Am 5. Juli beschloß die Deputiertenkammer, den Innenminister del Canto seines Postens zu entheben, weil er die Gesetze zum Schutz des Privateigentums und der Menschenrechte nicht beachtet und sich geweigert hatte, gerichtlich gegen linke Agitatoren vorzugehen, die an illegalen Besetzungen von Land und Fabriken beteiligt waren. Außerdem wurde dem Minister vorgeworfen, die Einfuhr von dreizehn geheimnisvollen Kisten aus Kuba ohne ordnungsgemäße Zollkontrolle zugelassen zu haben.[10] Die Regierung behauptete, es habe sich dabei um persönliche Geschenke für Allende gehandelt. Die Opposition erklärte, die Kisten hätten illegal eingeführte Waffen enthalten.* Am 26. Juli hielt der Senat eine Sondersitzung ab, um diese Angelegenheit zu beraten, und am 27. Juli entschied er sich mit siebenundzwanzig gegen vierzehn Stimmen, del Canto offiziell zu tadeln und zu entlassen. Damit hatten die demokratischen Parteien im Kongreß zum zweiten Mal einen Innenminister entlassen, weil er die chilenische Verfassung verletzt und chilenische Gesetze nicht beachtet hatte.

* Nach dem Sturz Allendes fanden sich schriftliche Unterlagen, nach denen die Kisten mehr als eine Tonne Rüstungsmaterial enthalten hatten. Regierungsbeamte und Allende hatten wiederholt behauptet, die Kisten enthielten »Kunstwerke«. Damit ist erwiesen, daß die Regierung Allende schon im März 1972 versucht hat, ihre Anhänger insgeheim zu bewaffnen.

Im Sommer 1972 war der Prozeß der Polarisierung der chilenischen Gesellschaft abgeschlossen. Unter dem Vorwand, die Inflation in den Griff bekommen zu wollen, versuchte Allende, Steuererhöhungen durchzusetzen, deren praktische Konsequenz die Enteignung des Mittelstandes und die Verstaatlichung fast des ganzen noch verbliebenen privaten Sektors gewesen wäre. Der Kongreß ergriff die notwendigen Maßnahmen, um diese Initiativen zu blockieren. Nach diesem Fehlschlag ist es der Regierung offenbar nicht mehr gelungen, die Lage in Chile zu beherrschen. Von Juli 1972 bis zum Staatsstreich im September 1973 stiegen die Preise jeden Monat, während die Produktion zurückging. Uneinigkeit in der Regierungskoalition und die starke Opposition der Legislative machten es der Regierung unmöglich, eine klare politische Linie zu verfolgen. Die jahrhundertealte chilenische Tradition, nach der Regierung und Opposition höflich miteinander umgingen, war vergessen. Die Beziehungen zwischen Allende und der Judikative brachen zusammen, nachdem del Canto am 12. Juli die Legislative und die Judikative beschuldigt hatte, »mit den großen imperialistischen Interessen unter einer Decke zu stecken«. Das Oberste Gericht reagierte mit einem offenen Brief an Allende, in dem es gegen die Maßnahmen der Exekutive protestierte.

Das politische Leben verwandelte sich zusehends in eine Kraftprobe zwischen Allende und seinen Gegnern. Am 21. August 1972 streikten die kleinen Ladeninhaber gegen die Inflation, den Warenmangel, die Preiskontrolle und andere einschränkende Bestimmungen, durch die ihre Geschäfte ruiniert wurden. In Santiago und Val Paraíso kam es zu Demonstrationen. Nach Zusammenstößen der Polizei mit Demonstranten rief Allende in der Provinz Santiago den Ausnahmezustand aus. Die Regierung behauptete, oppositionelle Gruppen hätten es zu einer »Welle des Aufstands« kommen lassen, und ergriff eine Reihe repressiver Maßnahmen. Die Rundfunkstation Los Angeles wurde behördlich geschlossen. Es wurden Polizeiaktionen gegen Gruppierungen des rechten Flügels angeordnet. Die Aktivitäten im Lande lebender Ausländer wurden überwacht. Die christlich-demokratische Partei machte Allende und seine »falsche und sozial negative« Wirtschaftspolitik für diese katastrophalen Zustände verantwortlich. Am 21. August wurde Concepción unter die Kontrolle des Militärs gestellt, als Tausende marxistischer Jugendlicher sich mit Gegnern der Regierung Straßenkämpfe lieferten.

Dieses Abgleiten in das Chaos hatte mit einer amerikanischen Intervention nichts zu tun. Weder die CIA noch andere amerikanische Behörden standen mit den Streikführern oder Protestgruppen in Verbindung. Die amerikanische Regierung hat diese Gruppen weder offen noch geheim unterstützt und ihnen auch keine Ratschläge gegeben.

Am 14. September wiederholte Allende seine früheren Behauptungen, »Faschisten« hätten sich gegen seine Administration verschworen, aber er konnte nur einen einzigen pensionierten Major beim Namen nennen, der im bolivianischen Exil lebte. Während des ganzen September kursierten Gerüchte, nach denen das Militär eingreifen könnte, sie wurden aber am 29. September vom Oberbefehlshaber des Heeres, General Carlos Prats Gonzalez, ausdrücklich dementiert, der sich bei dieser Gelegenheit verpflichtete, die Regierung zu unterstützen.

Als die Konfrontation immer schärfere Formen annahm, erließ der chilenische Kongreß drei Gesetze in der Absicht, das Verstaatlichungsprogramm der Regierung in Grenzen zu halten, ihr Vorgehen gegen die Medien zu verhindern und sie zu veranlassen, die Unterstützung von Terroristen einzustellen. Die erste Maßnahme war ein Verfassungszusatz, durch den die Enteignung von Grundbesitz unter vierzig Hektar verboten wurde. Ein zweites Gesetz sah die öffentliche Finanzierung der schwer um ihre Existenz ringenden Rundfunkstationen und Presseorgane vor und schützte sie vor der Enteignung. (Der Anlaß war der bevorstehende Bankrott der Papierfabrik Alessandri, die ihre Preise um neunzehn Prozent hatte steigern dürfen, während sie eine zweihundert- bis dreihundertprozentige Kostensteigerung auffangen mußte, weil die Regierung entsprechende Lohn- und Gehaltserhöhungen verordnet hatte. Ein weiterer Faktor, der den Kongreß alarmiert hatte, war die Schließung zweier oppositioneller Radiostationen durch die Regierung wegen angeblicher Verfälschung von Nachrichten.) Allende legte gegen das Mediengesetz sein Veto ein.

Die dritte entscheidende Maßnahme der christlich-demokratischen Partei war die Vorlage eines Gesetzes, das die illegale Einfuhr von Waffen für die linken Anhänger Allendes verbieten sollte. Durch das Waffenkontrollgesetz erhielten die Streitkräfte weitreichende Vollmachten zur Durchführung von Durchsuchungen und wurden ermächtigt, Personen, die gegen diese Bestimmungen verstoßen hatten, vor Militärgerichte zu stellen. Obwohl man damit gerechnet hatte, daß Allende auch gegen dieses Gesetz sein Veto einlegen werde, und seine sozialistische Partei ihn auch drängte, es zu tun, hatte er keine andere Wahl, als es hinzunehmen. Denn im Oktober 1972 ging eine Streikwelle über das Land, die er nur mit Hilfe des Militärs beenden konnte. Der Preis für die Zusammenarbeit mit der Regierung Allende war das neue Waffenkontrollgesetz.

Die revolutionären Umtriebe in Chile nahmen inzwischen klassische Formen an. Wenn der Zerfall der Autorität an einen bestimmten Punkt gelangt ist, dann hat die Regierung weder die Kraft, die Opposition zu unterdrücken, noch die Legitimität, die notwendig ist, um mit Zugeständnissen noch etwas zu gewinnen. Wenn dieser Zustand erreicht ist, dann beschleunigen sowohl Unterdrückung als auch Nachgiebigkeit den Zusammenbruch. Mit Gewalt läßt sich keine Entscheidung mehr erzwingen, und Zugeständnisse werden nicht mehr als großzügige und tolerante Haltung der Regierung angesehen, sondern der Stärke der Opposition zugeschrieben. So war es auch in Chile. Allende konnte mit den Streiks nur noch fertig werden, wenn er den Einfluß des Militärs stärkte, auf das sich andererseits die demokratische Opposition stützte, wenn sie etwas gegen die verfassungswidrigen Maßnahmen der Regierung unternehmen wollte. Als Allende dem Waffenkontrollgesetz zustimmte, ermutigte er damit andere Gruppen, auf die Erfüllung ihrer Forderungen zu drängen. Die von ihnen gewählte Methode war ein Streik, der sich nicht gegen die Unternehmer richtete – einige Streikende waren sogar Unternehmer –, sondern gegen die Regierung.

Die gefährlichste dieser Arbeitsniederlegungen begann am 10. Oktober 1972, als die Konföderation der Lastwagenbesitzer zum Generalstreik aufrief, um dagegen zu protestieren, daß die Regierung die Gründung einer regionalen staatlichen Transportfirma als Konkurrenzunternehmen angekündigt hatte. Aus diesem Streik entstand sehr bald eine Lawine des öffentlichen Protests gegen die Regierung, der praktisch zum allgemeinen Generalstreik wurde. Die christlich-demokratische Partei stellte sich hinter die Lastwagenbesitzer. Die Parteiführung beschuldigte die Regierung der Verletzung des Statuts demokratischer Garantien – des vor den Wahlen erlassenen Bürgerrechtsgesetzes, das es Allende ermöglicht hatte, an die Macht zu kommen. Zu den von der christlich-demokratischen Partei gestellten Bedingungen zur Lösung des Konflikts gehörten wirksame Garantien für die Freiheit der Meinungsäußerung. Am 16. Oktober schloß sich der Verband der Ingenieure dem Streik an; es folgten die Bankangestellten, Gasarbeiter, Rechtsanwälte, Architekten, Taxi- und Busfahrer, Ärzte und Zahnärzte.* Nun ordnete die Regierung in zwanzig oder fünfundzwanzig Provinzen Ausgehverbot an und übernahm alle Rundfunkstationen.

Die Streiks endeten am 5. November, aber um den Preis eines erheblichen Machtzuwachses des Militärs. Vier Vertreter der Streitkräfte wurden in Allendes Kabinett aufgenommen. Das für die öffentliche

* Nach einer Quelle streikten alle Taxifahrer und die meisten Busfahrer. Nach Schätzung der Streikführer beteiligten sich auf dem Höhepunkt dieses Arbeitskampfes 100 % der Transportarbeiter, 97 % der im Handel Beschäftigten, 80 % der Freiberuflichen und 85 % der landwirtschaftlichen Arbeiter in den bäuerlichen Kommunen an dem Streik – insgesamt schätzungsweise 600000 bis 700000 Chilenen.[11]

Ordnung zuständige Innenministerium wurde vom Oberbefehlshaber des Heeres, General Prats, übernommen, der die Verhandlungen zur Beendigung des Streiks geführt hatte. Aber die Atempause war nur kurz.

In Washington hatte der Vierzigerausschuß indessen am 26. Oktober beschlossen, die demokratischen Parteien bei den Kongreßwahlen im März 1973 finanziell zu unterstützen. Dazu wurde die Summe von 1427666 Dollar genehmigt. Wieder wurden hunderttausend Dollar für Organisationen des privaten Sektors abgezweigt (für die Registrierung von Wählern), ihre Verwendung bedurfte jedoch der Zustimmung des Botschafters, die Botschafter Davis nicht gegeben hat. Der CIA feindliche Mitglieder eines Untersuchungsausschusses des Senats haben sich später bemüht, Verstöße gegen die von Washington gegebenen strikten Richtlinien festzustellen. Sie konnten nur eine unsachgemäße Verwendung von zweitausendachthundert Dollar für streikende Lastwagenfahrer feststellen, »was nicht den Grundregeln der Behörde entsprach«.[12]

Am 17. Oktober übermittelte mir William Jorden, der dem Stabe des Nationalen Sicherheitsrats angehörte und für diesen Bereich verantwortlich war, die Lagebeurteilung des CIA, nach der man trotz der ständig chaotischer werdenden Zustände mit einer Wahrscheinlichkeit von sechzig zu vierzig Prozent nicht damit rechnen könnte, daß Allende vom Militär gestürzt werden würde. Jorden, der schon lange in Washington arbeitete (eine Zeitlang beim Stabe des Nationalen Sicherheitsrats als Berater des Präsidenten Johnson), fügte hinzu: »Nach meiner Erfahrung bedeuten sechzig zu vierzig Prozent, daß man überzeugt ist, es werde nichts geschehen, daß man sich aber nicht zu sehr geirrt haben will, wenn es doch geschieht.« Ein Bericht der Nachrichtendienste kam zum gleichen Schluß. Es werde keinen Staatsstreich geben, wenn die Regierung nicht mit noch größerer Willkür gegen die verfassungsmäßige Ordnung verstieße als bisher.

Der im eigenen Land hart bedrängte Allende versuchte sich nun im Ausland den Rücken stärken zu lassen und reiste am 30. November für fünfzehn Tage nach Mexiko, zu den Vereinten Nationen, nach Algerien, in die Sowjetunion und nach Kuba. Er benutzte diesen Ausflug, um seinen Anti-Amerikanismus zu beweisen und seine üblichen antiamerikanischen Reden zu halten. In einer Ansprache vor dem mexikanischen Kongreß am 1. Dezember wandte er sich scharf gegen die angebliche Aggression der ITT in Chile. Am 4. Dezember führte er vor der Generalversammlung der Vereinten Nationen in New York einen heftigen Angriff gegen die Vereinigten Staaten.

Während eines neunzehn Stunden dauernden Zwischenaufenthalts in Algier setzte Allende seine anti-amerikanische Kampagne fort. »Die künftigen Beziehungen zwischen Algerien und Chile werden die der revolutionären Freundschaft sein, denn wir haben die gleichen Feinde«, erklärte er. In Moskau wurde er vom 6. bis zum 8. Dezember auf das herzlichste von der sowjetischen Führung empfangen. Premierminister Alexei Kossygin erklärte, Chile und Kuba eröffneten dem Sozialismus in Lateinamerika neue Wege. Präsident Nikolai Podgorny versicherte Allende, die UdSSR und alle sozialistischen Ländern unterstützten Allendes »revolutionäre Erneuerung« in Chile. Im Schlußkommuniqué verpflichtete sich die Sowjetunion, Chile auch weiterhin politische und wirtschaftliche Unterstützung zu gewähren.

In seiner geistigen Heimat Havanna wurde Allende begeistert empfangen, wie es dem ersten lateinamerikanischen Staatsoberhaupt zukam, das Kuba seit dem Aufstieg Castros zur Macht besuchte. Das gemeinsame Kommuniqué, das am Schluß des Besuchs am 14. Dezember herausgegeben wurde, wiederholte den Aufruf zum gemeinsamen Kampf Lateinamerikas gegen »die ausländische wirtschaftliche Ausbeutung und Unterdrückung«, die angeblich das »Ringen um Emanzipation« in Lateinamerika zerschlagen wollte – bekannte Schlagworte, die zu einem revolutionären anti-amerikanischen Kreuzzug aufriefen.

Zum Unglück für Allende ließen sich seine Reisen in die Hauptstädte von Ländern mit linksradikalen Regierungen nicht in eine Zustimmung im eigenen Land ummünzen. Bei seiner Rückkehr am 14. Dezember warf ihm die christlich-demokratische Opposition vor, daß er »Chile in die Abhängigkeit von der Sowjetunion führe, die einer Unterwerfung« gleichkäme. Die Opposition verlangte eine Untersuchung aller Vereinbarungen, die auf dieser Reise getroffen worden waren, und bezeichnete sie als eine gefährliche Bedrohung der wirtschaftlichen Zukunft Chiles. Die nächste Phase im Ringen zwischen dem verfassungsmäßig gewählten Präsidenten, der es darauf angelegt hatte, die Verfassung außer Kraft zu setzen, und der demokratischen Opposition sollten die für den März 1973 vorgesehenen Kongreßwahlen sein.

1973: Allendes letzte und entscheidende Krise

Der Sturz Allendes vollzog sich zur gleichen Zeit und mit der gleichen Unausweichlichkeit wie der Nixons. 1973 wurden die Atempausen zwischen den einzelnen Krisen in Chile immer kürzer. Allende reagierte nicht mit einer versöhnlichen Haltung – vielleicht glaubte er, die Brükken hinter sich abgerissen zu haben, aber vielleicht haben ihm seine noch radikaleren Verbündeten auch keine Wahl gelassen –, sondern damit, daß er die Enteignung chilenischer Unternehmen beschleunigte und sich noch intensiver darum bemühte, die Medien zum Schweigen zu bringen – mit Maßnahmen also, die das Chaos verursacht hatten. Er verhielt sich so, als läge seine einzige Rettung darin, eine vollständige Verwirrung zu schaffen und in der daraus entstandenen Lage seinen Willen durchzusetzen. Der Konflikt wurde immer mehr zu einem Kampf um das Überleben aller Beteiligten. Eine immer größere Zahl von Menschen hatte den Eindruck, daß entweder Allende gehen müßte oder die Demokratie zusammenbrechen werde. Am 5. Dezember 1972 hatte der hochgeachtete ehemalige christlich-demokratische Präsident Eduardo Frei seinen Wahlkampf für den Senat begonnen, indem er die Regierung Allende beschuldigte, eine »katastrophale« Lage herbeigeführt zu haben, die Chilenen in zwei unversöhnliche Lager zu spalten und Haß und Gewalt zu schüren.

Freis düstere Vorahnungen sollten sich bald bewahrheiten. Am 10. Januar 1973 verkündete Allende das Inkrafttreten eines neuen Verteilungssystems für Grundnahrungsmittel – Öl, Reis, Fleisch, Zucker, Kaffee und Weizen –, womit die Regierung bestimmte, wer diese lebensnotwendigen Güter in welchen Mengen und zu welchem Preis kaufen durfte. Die Verantwortung für die Verteilung wurde »zur Zusammenarbeit bereiten« kleinen Kaufleuten übertragen. Die ganze Prozedur sollte durch Preis- und Versorgungsausschüsse überwacht werden, die von Mitgliedern der Regierungskoalition Allendes beherrscht wurden. Die Beteiligung an dieser Aktion sollte zwar »freiwillig« sein, aber Kaufleute und Familien, die nicht daran teilnahmen, würden diese Grundnahrungsmittel nicht mehr zu den staatlich subventionierten Preisen kaufen können.

Darin war nicht nur ein Angriff gegen das private Unternehmertum, sondern in der Praxis auch ein strenges Rationierungssystem beschlossen. Wie nicht anders zu erwarten, führte es zur Wiederaufnahme von Streiks. Aber auch Allendes Reaktion war vorauszusehen, der nun seine Angriffe gegen die Vereinigten Staaten zu einer wilden Hetze steigerte. Zum Teil erblickte er darin aber auch ein Mittel, in den Kongreßwahlen Stimmen für sich zu gewinnen. Am 5. Februar veröffentlichte Allendes Koalition ein Wahlprogramm, das wieder die »Verfassungsreform« vorschlug, mit der er im November 1971 keinen Erfolg gehabt hatte und die darauf hinauslief, die Legislative dem Präsidenten zu unterstellen. Noch bedenklicher waren jedoch Allendes Drohungen mit Gewalt. In einer Rede erklärte er, wenn die demokratische Opposition mit ihrer Obstruktionspolitik fortführe, »wäre die chilenische Revolution gezwungen, den demokratischen Weg zu verlassen und sich des Instruments der physischen Gewalt zu bedienen«.

Die Kongreßwahlen am 4. März 1973 endeten mit einem Unentschieden. Da Allendes Koalition jetzt die Medien beherrschte, gewann sie sechs Sitze in der Deputiertenkammer und zwei Sitze im Senat. Aber insgesamt konnte sie doch nur 43,4 % der Wählerstimmen auf sich vereinigen. Die demokratische Opposition verfügte in beiden Häusern immer noch über eine beträchtliche Mehrheit (in der Deputiertenkammer waren es 87 gegen 63 und im Senat 30 gegen 20 Abgeordnete). Im Senat verlor die Opposition allerdings ihre bisherige Zweidrittelmehrheit, die sie brauchte, um das Veto des Präsidenten zu überstimmen oder seine Anordnungen annullieren zu lassen. Mit anderen Worten: Allende würde Verfassungsänderungen nicht durchsetzen können, aber die Opposition konnte gegen seine Regierungsmethoden nichts mehr unternehmen. Die praktische Folge war eine Verhärtung.

Aus diesem Unentschieden zog Allende die erstaunliche Folgerung, daß er berechtigt sei, ohne Zustimmung des Kongresses und allein mit den Vollmachten der Exekutive die radikalen Forderungen seines ursprünglichen Wahlprogramms durchzusetzen. Zwei Tage nach den Wahlen erließ er eine Verordnung für eine durchgreifende Neuorientierung und Umstrukturierung des gesamten privaten und öffentlichen Schulsystems bei den Volksschulen und den Höheren Schulen. Das Ziel war, wie das Erziehungsministerium erklärte, »die Errichtung einer neuen sozialistischen Gesellschaft« und die »harmonische Entwicklung der Persönlichkeit des jungen Menschen nach den Wertvorstellungen des sozialistischen Humanismus«. Dieser plumpe Versuch, das Erziehungssystem zu politisieren und damit die Entwicklung in die Richtung auf den totalitären Staat zu treiben, hatte zur Folge, daß Allendes politische Gegner sich jetzt gegen ihn vereinigten – die demokratischen politischen Parteien, das Militär und zum erstenmal auch die katholische Kirche. Und wie schon so oft mußte Allende auch diesmal nachgeben. Im April 1973 akzeptierte der Erziehungsminister die Forderung der Kirche, daß das neue Programm erst verwirklicht werden dürfe, nachdem es gründlich und in aller Öffentlichkeit beraten worden sei. Daß Allende bei dem Versuch, autoritär seinen Willen durchzusetzen, gescheitert war, schwächte seine Stellung noch mehr.

Ende April breiteten sich die Demonstrationen und Streiks auch auf die Provinzstädte und Kupferbergwerke aus. In Santiago kam es zu Straßenschlachten. Ein Vorfall vor dem Büro der christlich-demokratischen Partei gab Allende den Vorwand für die Schließung des Zentralbüros dieser Oppositionspartei, eine ganz ungewöhnliche Maßnahme. Am 6. Mai erklärte Allende für die Provinz Santiago den Ausnahmezustand, der zwölf Tage in Kraft blieb. Die Arbeiter, die angeblichen Nutznießer der marxistischen Politik, revoltierten offen gegen eine sozialistische Regierung, die jetzt nach der Verstaatlichung Eigentümerin der Minen war.

Am 15. Mai erklärte die Nationalversammlung der christlich-demokratischen Partei, die Regierung »strebt nach der totalen Macht, und das bedeutet die kommunistische Tyrannei, getarnt als Diktatur des Proletariats«. In der Erklärung hieß es, daß die christlichen Demokraten »alles in ihrer Macht Stehende« tun würden, um der »totalitären Eskalation« der Regierung Halt zu gebieten. Der ehemalige Präsident Frei, dessen demokratische Grundeinstellung außer Frage stand, wurde zum Senatspräsidenten gewählt. Auch in der Deputiertenkammer führte ein christlicher Demokrat jetzt den Vorsitz. Die Polarisierung in der chilenischen Innenpolitik zeigte sich deutlich in Freis Weigerung, an der Eröffnungssitzung des Kongresses teilzunehmen, in der Allende seine jährliche Regierungserklärung abgab.

Unmittelbar nach Beginn der neuen Sitzungsperiode begann der Kongreß aufs neue, einzelne Minister Allendes aufgrund von Verstößen gegen die Verfassung unter Anklage zu stellen. Dieses ungewöhnliche Mittel, in einem Präsidialsystem die Methoden einer parlamentarischen Demokratie einzuführen, hatte nicht endenwollende Kabinettskrisen zur Folge. Am 25. Mai stellten die christlichen Demokraten Allendes Minister für Arbeit und Bergwerke unter Anklage, der ihnen vorgeworfen hatte, sie hätten die Arbeiter in den Kupferbergwerken zum Streik aufgerufen. Auf Veranlassung des Kongresses wurden mehrere regionale Verwaltungsbeamte entlassen, weil sie gegenüber dem Terrorismus von links zu nachsichtig gewesen waren. Während Allende versuchte, die chilenische Gesellschaft zu revolutionieren, unternahm der Kongreß alles, um seine Regierung zu stürzen.

Alle diese Ereignisse geschahen vor dem Hintergrund eines lawinenartig anwachsenden wirtschaftlichen Chaos. In den zwölf Monaten von Mai 1972 bis Mai 1973 waren die Lebenskosten in Chile um fast unvorstellbare 238 % gestiegen. Die Inflation war von der Regierung bewußt angeheizt worden, um den Besitzstand des Bürgertums zu verringern, sie löste jedoch eine neue Streikwelle aus. Am 22. Mai stellten die privaten Omnibusbesitzer ihre Arbeit ein und forderten höhere Fahrpreise und eine bessere Versorgung mit Ersatzteilen. Daraufhin beschlagnahmte die Regierung alle Omnibusse.

Am 24. Mai legte mir Bill Jorden einen Bericht unseres Nachrichtendienstes vor, in dem gemeldet wurde, daß die Militärs einen Putsch planten. Jorden meinte jedoch, daß man solche Berichte mit einiger Skepsis aufnehmen müßte: »Wir müssen die Lage aufmerksam beobachten und werden das auch tun. Aber es besteht, glaube ich, noch kein Grund zur Aufregung. Vor allem dürfen sich die Vereinigten Staaten auf keinen Fall einmischen.« Jordens Empfehlungen entsprachen ganz unserer Auffassung. Niemand machte den Vorschlag, etwas zu unternehmen, und es ist auch nichts geschehen. Wir haben zu keiner Zeit die Verbindung zu den militärischen Verschwörern aufgenommen, und der Nationale Sicherheitsrat hat keine Sitzungen abgehalten, um über ein Eingreifen der Vereinigten Staaten zu beraten.

Zu den einzigen Kontakten mit dem chilenischen Militär ist es während dieser Zeit nur im Rahmen eines militärischen Hilfsprogramms gekommen. Mit diesem Programm wollten wir der Lieferung sowjetischer Waffen an diese Länder zuvorkommen. In einer Denkschrift an Nixon vom 15. Mai befürwortete ich Außenminister Rogers Empfehlung, den wichtigsten lateinamerikanischen Ländern, darunter auch Chile, Flugzeuge vom Typ F-5E zu verkaufen:

> Bis jetzt hat sich (das chilenische Militär) Allendes dringender Aufforderung widersetzt, sowjetische Kreditangebote für Waffenkäufe anzunehmen. Wenn wir es nicht zulassen, daß Chile amerikanische Flugzeuge kauft, dann verärgern wir damit nicht nur das chilenische Militär, sondern zwingen es, auf Allendes Wünsche einzugehen, sowjetische Waffen zu kaufen, womit der sowjetische Einfluß in Chile gestärkt werden würde.

Die Lage in Chile entwickelte jetzt eine eigene Dynamik. Am 5. Juni, dem achtundvierzigsten Tag des Streiks in den Kupferbergwerken, sah sich die Regierung gezwungen, die Kupferlieferungen ins Ausland einzustellen. Damit versiegte die wichtigste Devisenquelle. Wieder kam es in Santiago zu Straßenunruhen, und am 15. Juni traf sich Allende mit sechs Streikführern, um sie zum Verzicht auf Gewaltanwendung zu bewegen. (Die kommunistischen und sozialistischen Parteiführer verurteilten dieses Treffen als Ausdruck einer Beschwichtigungspolitik.) Am 15. Juni flammten die Unruhen in Santiago wieder auf. Als streikende Bergarbeiter einen Protestmarsch in die Hauptstadt veranstalteten, wurden dreiundsechzig Personen verletzt. Am 20. Juni erklärten Tausende von Studenten, Lehrern und Ärzten ihre Solidarität mit den Bergleuten und protestierten gegen die Wirtschaftspolitik der Regierung. Am folgenden Tag organisierte die von den Kommunisten geführte Zentrale Arbeiterkonföderation einen Gegenstreik zur Unterstützung der Regierung. Als Folge von Streik und Gegenstreik wurden Verkehr und Geschäftsleben nicht nur in Santiago, sondern auch in Val Paraíso, Concepción und Arica gelähmt. Um weitere Ausschreitungen zu verhindern, mußte Militär eingesetzt werden.

Am 21. Juni mußte die angesehene Zeitung *El Mercurio* auf Anordnung der Regierung für sechs Tage ihr Erscheinen einstellen, weil sie eine Erklärung der nationalen Partei abgedruckt hatte, in welcher der

Präsident kritisiert wurde, womit die Zeitung angeblich »zur Subversion aufgerufen« hatte. Auch diese Maßnahme wirkte eher provokativ als beruhigend und war ein deutlicher Hinweis auf Allendes zunehmende Schwäche und antidemokratische Einstellung. Die Zeitung stellte ihr Erscheinen nur für einen Tag ein, weil ein Appellationsgericht die erste gerichtliche Anordnung aufhob. Um die gleiche Zeit versuchte die Regierung, dem Präsidenten der nationalen Partei, Senator Onafre Jarpa, seine Abgeordnetenimmunität zu nehmen. Am 25. Juni warnte die *New York Times* in einem Leitartikel vor der Möglichkeit eines Bürgerkrieges und machte Allende dafür verantwortlich:

Chile am Abgrund

»Der Bürgerkrieg muß verhindert werden«, erklärt Präsident Salvador Allende, aber seine von Marxisten beherrschte Koalition hält an einer politischen Linie und an Taktiken fest, die die Polarisierung beschleunigen müssen, die Chile an den Rand des Abgrunds geführt hat. Der nur vorübergehend erfolgreiche Versuch der Regierung, das Erscheinen der angesehenen Santiagoer Zeitung *El Mercurio* einstellen zu lassen, weil sie die Anzeige einer nationalen Partei veröffentlicht hat, in der Dr. Allende beschuldigt wird, gegen die Verfassung verstoßen zu haben, ist ein typisches Beispiel.

Es wird ein Eingeständnis für den Bankrott der politischen Führung sein, wenn Dr. Allende zur Verhütung des Zerfalls seiner Regierung hochrangige Offiziere in sein Kabinett aufnimmt, wie er es im vergangenen November nach den lähmenden Streiks getan hat.

Die Führer und Anhänger der Volksfrontregierung Dr. Allendes erregen sich lautstark über »Faschisten und Verräter«, aber sie können damit eine für diese Krise entscheidende Tatsache nicht verschleiern: Sie wurde heraufbeschworen durch einen erbitterten Streik der Arbeiter des El Teniente-Bergwerks, von denen viele 1970 ihre Stimme für Dr. Allende abgegeben und die Verstaatlichung der Kupferbergwerke begrüßt haben, die sich aber jetzt gegen die staatliche Verwaltung der Kupferbergwerke wenden ...

Finstere Elemente der extremen Rechten, darunter die faschistische Jugendorganisation Patria y Libertad, haben den Streik bei El Teniente zu dem Versuch ausgenutzt, die Regierung zu lähmen und das Eingreifen des Militärs zu provozieren. Aber Dr. Allende könnte diese Kräfte auch jetzt noch isolieren und entwaffnen, wenn er sich den radikalen Kräften in seinen eigenen Reihen widersetzen und einem echten Dialog mit seinen Gegnern im Kongreß zustimmen würde, besonders mit den christlichen Demokraten, um darüber zu sprechen, wie sein Land aus der Krise und der Konfrontation herausgeführt werden könnte.

Eine solche Politik bedeutete natürlich, daß Dr. Allende auf einen großen Teil des alle Lebensbereiche erfassenden Sozialisierungsprogramms verzichten müßte, für das er ohnedies kein Mandat hat. Damit könnte er jedoch Chile vor einer militärischen Machtübernahme oder dem Bürgerkrieg bewahren, dessen Ausbruch der Präsident mit Recht fürchtet.

Aber Allende interessierte sich nicht für einen demokratischen Dialog. Er marschierte auch weiter auf ein Schicksal zu, das er zwar fürchtete, aber selbst heraufbeschworen hatte.

Die Militärs ergreifen erste Maßnahmen

Am 29. Juni 1973, 42 Jahre nach dem letzten Versuch des Militärs, eine chilenische Regierung zu stürzen, griffen etwa hundert Soldaten des 2. Panzerregiments den Präsidentenpalast und das Verteidigungsministerium in Santiago an. Allende rief den nationalen Notstand aus, und loyale Streitkräfte schlugen die Rebellion in wenigen Stunden nieder. Zweiundzwanzig Menschen, zum größten Teil unbeteiligte Zivilisten, kamen bei den Kämpfen ums Leben, und weitere vierunddreißig wurden verletzt. Die Gebäude in der näheren Umgebung fielen in Trümmer.

Die Tradition der von der Verfassung garantierten Ordnung in Chile war so lebendig, daß sich nach diesem Umsturzversuch politische Gegner zur Verteidigung der Regierung Allende zusammenschlossen. Die Oberbefehlshaber der Flotte und der Luftstreitkräfte gaben sofort Loyalitätserklärungen für Allende ab. Auch die christlich-demokratische Partei rief zur Verteidigung der verfassungsmäßigen Ordnung auf. Am Abend des gleichen Tages faßte ich in einer Denkschrift für Nixon meine Lagebeurteilung nach dem fehlgeschlagenen Putschversuch wie folgt zusammen: »Alles deutet darauf hin, daß der Putschversuch ein isoliertes und schlecht koordiniertes Unternehmen war. Die meisten militärischen Führer, und zu ihnen gehören auch die Oberbefehlshaber aller drei Teilstreitkräfte, haben der Regierung die Loyalität bewahrt.«

Wieder lenkte Allende nicht ein, sondern beschleunigte das Tempo seiner radikalen Maßnahmen. Seine Regierung ließ es zu, daß Hunderte von Privatunternehmen von militanten Gruppen besetzt wurden; vielleicht hat sie diese Gruppen sogar dazu ermutigt. An einem einzigen Tag stieg die Zahl der von der Regierung übernommenen Privatbetriebe von 282 auf 526 und verdoppelte sich damit fast.[13]

Am 10. Juli legte mir Bill Jorden die jüngste Lagebeurteilung unserer Nachrichtendienste vor. Danach war nicht mit einem neuen Militärputsch zu rechnen. Jorden selbst vertrat immer noch die Auffassung, daß wir uns nicht einmischen sollten.

> Die Vereinigten Staaten verfügen nicht über wirksame und zuverlässige Druckmittel zur Beeinflussung dieser Entwicklung. Eine gewisse Wirkung könnten wir damit erzielen, daß wir die gemäßigten Kräfte in Chile ermutigen und auf das Land auch weiterhin einen wirtschaftlichen Druck ausüben. Aber eine Politik des offenen und alle Gebiete umfassenden wirtschaftlichen Drucks würde Allende politisch mehr helfen als es ihm wirtschaftlich schaden könnte.

Wir folgten Jordens Empfehlungen.

Aber Allende steuerte auch weiterhin auf die Katastrophe zu. Er lehnte es ab, einem vom internationalen Währungsfonds empfohlenen Sparprogramm zu folgen, mit dem sich die Finanzen Chiles wieder hätten in Ordnung bringen lassen. Auch von einem Moratorium für das Verstaatlichungsprogramm wollte er nichts wissen, obwohl er damit die Beziehungen zu den demokratischen Oppositionsparteien hätte verbessern können. Und natürlich weigerte er sich auch, seine Haltung gegenüber den Vereinigten Staaten zu ändern, die ihn zwar nicht in diese Lage gebracht hatten, aber ihm helfen konnten, sie bis zu einem gewissen Grade zu entschärfen.

Auf eine neue Streikwelle reagierte die Regierung wie bisher mit weiteren Enteignungen. Am 26. Juli streikten die Lastwagenbesitzer; Allende ließ alle ihre Fahrzeuge beschlagnahmen. Noch am gleichen Tag erklärten sich die christlichen Demokraten zu Verhandlungen mit Allende bereit, um zur Entspannung der Lage beizutragen. Die Gespräche begannen am 30. Juli. Am 1. August legte die Partei in einem Brief an Allende ihre Forderungen vor: Die paramilitärischen Gruppen der extremen Linken und Rechten sollten entwaffnet werden. Das nach dem fehlgeschlagenen Putsch enteignete Vermögen sollte an die Besitzer zurückgegeben werden. Ein den Bestimmungen der Verfassung entsprechendes Reformgesetz sollte Klarheit darüber schaffen, wo die Grenzen zwischen Privatbesitz, zum Teil verstaatlichem Vermögen und den staatseigenen Betrieben lagen. Schließlich verlangte die Partei die Beteiligung von Offizieren am Kabinett als eine Garantie für die »verfassungsmäßige Ordnung«.

Am gleichen Tage schlossen sich ein Dutzend Verbände privater Geschäftsleute und Angehöriger der freien Berufe zu einer »bürgerlichen Front« zusammen mit dem erklärten Ziel, die Regierung Allende zu stürzen. Am 3. August brach das öffentliche Transportsystem in Santiago praktisch zusammen, und die Besitzer der Omnibusse und Taxen beteiligten sich am Streik der privaten Lastwagenbesitzer. Auch die Angestellten und Arbeiter der Wasserwerke streikten, und Ärzte und

Bergarbeiter in den Kupferminen drohten, das gleiche zu tun. Allende bezeichnete die Streikwelle als »aufrührerisch« und ordnete für den Öffentlichen Dienst den Ausnahmezustand an. Er weigerte sich, Militärs in sein Kabinett aufzunehmen. Die christlich-demokratische Partei erklärte die Gespräche mit Allende für beendet.

Nichts bewies deutlicher den Zusammenbruch der verfassungsmäßigen Ordnung in Chile als die Forderung der Opposition, das Militär an der Regierung zu beteiligen, um den Bestand der Demokratie zu garantieren. Sogar die Führer des linken Flügels der christlichen Demokraten, die sich 1970 hinter die meisten gesellschaftlichen und wirtschaftlichen Ziele Allendes gestellt hatten, forderten die Beteiligung des Militärs, die sie für die »Normalisierung« der Verhältnisse für notwendig hielten. Am 9. August, sechs Tage nachdem Allende sich offiziell geweigert hatte, es zu tun, gab er schließlich nach und nahm einige Offiziere in sein Kabinett auf. In dieser dritten Kabinettsumbildung in diesem Jahr ernannte er den ehemaligen Innenminister und Oberbefehlshaber des Heeres, General Prats, zum Verteidigungsminister. Drei andere führende Militärs übernahmen das Finanzministerium, das Transportministerium und das Landwirtschaftsministerium. In dem neuen Kabinett war die politische Kräfteverteilung, abgesehen von den neu ernannten Militärs, etwa die gleiche wie vorher. Es bestand aus drei Sozialisten, drei Kommunisten, zwei Radikalen, einem Unabhängigen und einigen Führern linker Splitterparteien.

Diese seltsame Mischung aus Revolutionären und Konservativen machte das Kabinett praktisch regierungsunfähig. Allendes einzige Möglichkeit bestand jetzt nur noch in einem Appell an die anti-amerikanischen Gefühle. Die linke Presse beschuldigte die amerikanische Botschaft in Santiago, Streiks unterstützt und zur Gewalt aufgerufen zu haben. Der ehemalige Innenminister, Hernán del Canto, der kürzlich vom chilenischen Kongreß aus seinem Amt entfernt worden war, weil er nichts gegen den Terrorismus unternommen hatte, behauptete am 13. August in einem Leitartikel der Zeitung *Ultima Hora,* daß Botschafter Davis geholfen habe, die gegen die Regierung gerichtete Agitation durch die CIA zu finanzieren. Am 15. August wurden vor den Wohnungen von drei Beamten der amerikanischen Botschaft Bomben entdeckt. Die Regierung versicherte Botschafter Davis, daß sie Angriffe gegen amerikanische Diplomaten nicht dulden werde, aber am 21. August setzte die kommunistische Zeitung *El Siglo* die Hetzkampagne fort und behauptete, daß es eine ausländische Verschwörung gegen die Unabhängigkeit und Souveränität Chiles gäbe.

Allende saß in der Falle. Ohne die Unterstützung des Militärs konnte er gegen seine Kritiker nichts mehr unternehmen, aber er war nicht bereit, auf sein radikales Programm zu verzichten, obwohl die Militärs nur in die Regierung eingetreten waren, um seine Durchführung zu verhindern. Prats, der sich am entschiedensten hinter seine Regierung gestellt hatte, mußte auf Veranlassung seiner beunruhigten militärischen Kollegen als Verteidigungsminister und Oberbefehlshaber des Heeres zurücktreten, und zwar einen Tag nachdem die Deputiertenkammer mit 81 gegen 47 Stimmen eine Resolution angenommen hatte, in der die Regierung der »ständigen Verletzung der Grundrechte und Garantien« beschuldigt wurde, die in der Verfassung verankert waren. Die Kammer forderte das Verteidigungsministerium noch einmal auf, »die Regierung zum Handeln zu zwingen«, um den Fortbestand der demokratischen Einrichtungen zu garantieren. Der Präsident der christlich-demokratischen Partei, Patricio Aylwin, stellte sich hinter diese Forderung.

Damit war der Staatsstreich vom 11. September in gewissem Sinne von der kürzlich gewählten Deputiertenkammer und der führenden demokratischen Partei Chiles vorbereitet worden.

Der Staatsstreich

Die Lage in dem von inneren Unruhen heimgesuchten Chile interessierte die Männer, die in Washington die politischen Entscheidungen trafen, zu dieser Zeit nur am Rande. Die Ereignisse in Lateinamerika wurden vom Europa-Jahr, dem sowjetischen Gipfel und den Entwicklungen im Nahen Osten überschattet. Entscheidungen wurden nur getroffen, wenn die Ereignisse uns dazu zwangen, und bezogen sich fast ausschließlich auf wirtschaftliche Probleme wie die Sitzungen der Gläubigernationen zur Umschuldung der Kredite oder die bilateralen Gespräche über die Schuldentilgung, die im März 1973 in die Sackgasse gerieten. Hier war vor allem das Finanzministerium federführend, und sein Interesse war es in erster Linie, wirtschaftliche Prinzipien zu verteidigen. Dazu mußte dafür gesorgt werden, daß die Eigentümer verstaatlichter Unternehmen angemessen entschädigt wurden und daß durch den Verzicht auf die Rückzahlung von Krediten kein Präzedenzfall entstand. Der Vierzigerausschuß beschränkte unsere verdeckten Hilfsmaßnahmen auch weiterhin auf die finanzielle Unterstützung demokratischer politischer Parteien und Medien, die in ihrer Existenz bedroht waren.

Daß kein höherer Beamter einen Staatsstreich für wahrscheinlich hielt, zeigt die Tatsache, daß der Vierzigerausschuß noch am 20. August 1973 in einer telefonischen Abstimmung eine weitere Million Dollar zur Unterstützung der demokratischen Parteien in Chile bis Mitte 1974 billigte. Von diesem Betrag wurden 225 000 Dollar für einen Sonderfond bestimmt, mit dem private Organisationen nach Zustimmung des Botschafters Davis unterstützt werden konnten. Der Botschafter stellte diese Gelder jedoch ebenso wie die am 26. Oktober für den gleichen Zweck bestimmte Summe nicht zur Verfügung. Am 25. August versuchte der Direktor der CIA, Colby, den Botschafter zu übergehen, und bat das Weiße Haus um die Vollmacht, einen Teil dieser Gelder den streikenden Arbeitern zukommen zu lassen. Am 29. August empfahl Bill Jorden, diese Bitte abzulehnen:

> Der Botschafter ist der (richtigen) Ansicht, daß die Vereinigten Staaten Chile in der gegenwärtigen Lage unter Druck halten wollen, ohne sich an Aktionen zu beteiligen, die Allendes Sturz herbeiführen. Er nimmt an, wenn wir dem Vorschlag folgten, täten wir das letztere.

Ich muß Jorden recht geben. Wir folgten der Empfehlung Colbys nicht und legten sie nicht einmal dem Präsidenten vor. Sehr bald wurde sie durch die Ereignisse überholt.

Zweiundsiebzig Stunden bevor die Bombe platzte – am Samstag, dem 8. September – traf ich zum ersten Mal mit Nathaniel Davis zusammen. Die amerikanische Legende konstruiert daraus ein konspiratives Treffen zur Abstimmung unserer Maßnahmen mit dem Ziel, Allende zu stürzen. In Wirklichkeit hatte meine Verabredung mit Davis nichts mit Chile zu tun. Nachdem ich am 22. August zum Außenminister ernannt worden war, ließ ich mir eine Liste der tüchtigsten höheren Beamten im Außenministerium geben, um sie nach Bedarf in Schlüsselstellungen zu versetzen. Auf dieser Liste stand auch Davis' Name. Da ich ihn noch nicht kannte, bat ich das Außenministerium, ihn zu einem Gespräch einzuladen. Ich schlug das Wochenende vom 8. zum 9. September vor, weil ich dann zum erstenmal nach meiner Rückkehr aus San Clemente Zeit dafür haben würde. Davis wurde gebeten, einen anderen Termin zu nennen, wenn ihm dieses Datum nicht paßte oder er glaubte, in Santiago bleiben zu müssen.

Bei unserem Treffen sprachen wir über interne, das Außenministerium betreffende organisatorische und Personalfragen. Das Ergebnis dieses Gesprächs war Davis' Ernennung zum Generaldirektor des Auswärtigen Dienstes. Aber bevor ich mit ihm über das Thema sprach, das mich eigentlich interessierte, bat ich ihn, mich über die gegenwärtige Lage in Chile zu unterrichten. Davis wies darauf hin, daß Chile auf eine Krise zusteuerte und die Wahrscheinlichkeit eines Militärputschs größer geworden sei. Er war sich jedoch nicht sicher, ob aus dem Putsch ein prowestliches, nationalistisches Regime wie in Brasilien oder ein radikales Regime nach dem Muster der Dritten Welt wie in Peru hervorgehen werde. Er meinte, daß die Militärs sich im letzten Augenblick aus der Sache herausziehen könnten. In diesem Falle könnte es Allende gelingen, eine Diktatur nach kubanischem Vorbild zu errichten – vielleicht würde dies aber auf jeden Fall geschehen. Ich meinte, daß, wenn Allende zum Rücktritt gezwungen würde, der Senatspräsident Eduardo Frei, den wir als Patrioten und Demokraten achteten, nach den Bestimmungen der chilenischen Verfassung seine Nachfolge antreten könnte. Doch Davis erwiderte, daß, wenn die Militärs ihre Hemmungen überwinden könnten und einen Putsch wagten, sie die Macht nicht so bald aus der Hand geben würden. Er sollte recht behalten.

Ich sagte Davis, daß er die amerikanische Botschaft aus der Krise heraushalten sollte. Er bestätigte mir, daß er »allen Angehörigen der Botschaft die strikte Anweisung gegeben (habe), sich in keiner Weise einzumischen«. Davis hat sich gewissenhaft an diesen Beschluß gehalten. Da unser Treffen nachträglich falsch interpretiert worden ist, habe ich das Protokoll unseres Gesprächs, soweit es Chile betraf, in die Anmerkungen aufgenommen.[14]

Das Gespräch läßt keinen Zweifel daran, wie weit wir über die Vorgänge orientiert waren, und zeigt auch deutlich, welche Absichten wir unmittelbar vor dem Staatsstreich verfolgten. Wir wußten genausoviel wie jeder Chilene und auch Allende, daß nämlich die Militärs, die bereits Schlüsselstellungen in der Regierung innehatten, ernsthaft an eine Machtübernahme dachten, die praktisch von der Deputiertenkammer und dem Vorsitzenden der christlich-demokratischen Partei vorbereitet worden war. Von einem detaillierten Plan oder Termin hatten wir keine Kenntnis und haben uns an den Vorbereitungen in keiner Weise beteiligt.

Das Unternehmen begann am 11. September 1973 gegen 6.30 Uhr vormittags. Die oppositionellen Rundfunkstationen verbreiteten eine Proklamation der Oberbefehlshaber des Heeres, der Luftwaffe, der Polizei und des Chefs des Flottenstabes, in der Präsident Allende aufgefordert wurde, sofort zurückzutreten. Die Offiziere erklärten, daß die Streitkräfte und die Polizei sich einig in ihrem Kampf gegen den Marxismus und gegen eine unfähige Regierung wären, die das Land in das Chaos führte. Sie versicherten den Arbeitern, daß sie auch weiterhin in den Genuß der ihnen gewährten sozialen und wirtschaftlichen Vorteile kommen würden. Alle Medien, die die Regierung unterstützten, wurden aufgefordert, ihre Tätigkeit einzustellen.

Um 7.30 Uhr vormittags erschien Allende in Begleitung einer schwerbewaffneten Leibwache im Präsidentenpalast. In einer über alle Rundfunkstationen verbreiteten Erklärung weigerte er sich, zurückzutreten. Er forderte die Arbeiter auf, die Fabriken zu besetzen und Widerstand zu leisten. Nachdem die Luftstreitkräfte den Präsidentenpalast mit Bomben angegriffen hatten, drangen Heerestruppen um die Mittagszeit in das Gebäude ein und fanden dort Allendes Leiche. Unsere Botschaft gab nach Washington die Meldung weiter, daß er Selbstmord verübt habe, augenscheinlich mit einer Maschinenpistole, die ihm Fidel Castro geschenkt hatte. Ich bin nicht in der Lage, den Wahrheitsgehalt anderslautender Berichte zu überprüfen.[15]

Ich habe Allendes Sturz als historisches Beispiel für die politische Legendenbildung so detailliert geschildert. In bestimmten Kreisen ist die angebliche »Destabilisierung« Chiles durch uns zum Codewort für alles geworden, was ihnen an der amerikanischen Politik verabscheuungswürdig erscheint. Die einzige Schwierigkeit liegt nur darin, daß eine solche Destabilisierung niemals stattgefunden hat. Es sind nicht die Vereinigten Staaten gewesen, sondern Allendes Regierung, die mit Unterstützung Kubas einen paramilitärischen Aufstand und subversive Machenschaften geplant sowie die radikalen Kommunisten insgeheim mit Waffen beliefert hat. Wir haben dagegen unabhängige Zeitungen und politische Parteien mit Geld unterstützt, die unsere Hilfe im Kampf gegen eine brutale, aber wohlüberlegte Kampagne brauchten, damit sie vor den nächsten Wahlen nicht mundtot gemacht wurden.

Die Vereinigten Staaten haben die Entwicklung in Chile nicht entscheidend beeinflussen können. Es ist Allende gewesen, der das wirtschaftliche und politische System 1973 so nah an den Rand des Abgrunds geführt hat, daß unser Botschafter sich weigerte, den privaten Sektor zu subventionieren, weil er fürchtete, für den unvermeidlichen Zusammenbruch verantwortlich gemacht zu werden. Den vielleicht klarsichtigsten Nachruf auf Allende hat der alte, erfahrene Revolutionär, der chinesische Premierminister Tschou Enlai gesprochen, der Allendes marxistisches Experiment mit großer Sympathie beobachtete. Bei meinem Besuch wenige Monate nach Allendes Tod sagte mir Tschou, daß er Allende dringend empfohlen habe, langsamer vorzugehen und weniger doktrinär zu sein. Aber Allende habe sich systematisch geweigert, den chinesischen Ratschlägen zu folgen:

> Wir haben mit ihnen über (die Risiken) gesprochen, aber sie haben uns nicht geglaubt. Dieses Phänomen haben sie selbst verursacht ... Ich habe an Präsident Allende nur einen einzigen Brief geschrieben und ihn darin gebeten, nicht zu viele Dinge in Eile zu tun. Es ging nur um wirtschaftliche Probleme; sie sollten die Dinge vorbereiten. Sie sollten nicht alles auf einmal tun, sondern schrittweise vorgehen. Sie sollten dem Volk nicht zu große Versprechungen machen, denn dann würden sie diese Versprechungen nicht einhalten können. Denn wir glauben, daß das Leben des Volkes sich nur auf der Basis der Produk-

tion verbessern läßt. Wenn man vom Sozialismus spricht, dann muß man auch immer an die Wohlfahrt denken. Mein Brief an Präsident Allende wurde in der Zeitung abgedruckt, aber er nützte nichts, weil das Wort eines Ausländers nichts bedeutete.

1973 hatte Allende entweder absichtlich oder als Folge der Dynamik innerhalb seiner radikalen Koalition – wahrscheinlich hat beides eine Rolle gespielt – in Chile eine solche Polarisierung erzeugt, daß die Entwicklung nur noch in zwei Richtungen gehen konnte: Entweder führte sie zu einer Diktatur nach dem Muster von Kuba oder zu einer Militärregierung. Alle demokratischen Parteien waren zum gleichen Schluß gekommen, wenngleich sie zweifellos den Ehrgeiz des Militärs, an der Macht zu bleiben, nachdem es auf seine historische Rolle als Wächter der Verfassung verzichtet hatte, unterschätzt haben. Die chilenische Junta hat sich zunächst durch das bevorstehende Chaos und den Appell der demokratischen Parteien zum Handeln drängen lassen. Nach allem, was wir wissen, haben sich die Militärs nur sehr ungern zum Eingreifen entschlossen, und zwar erst, als sie davon überzeugt waren, von der Mehrheit der Chilenen unterstützt zu werden. Als die Offiziere die politische Verantwortung übernahmen, zeigte sich sehr bald ihre politische Unerfahrenheit, wenn nicht Naivität. Man kann aber nicht ohne weiteres bestreiten, daß sie unrecht gehabt haben, wenn sie glaubten, daß das bestehende Parteiengefüge, das Chile an den Rand des Bürgerkrieges gebracht hatte, wahrscheinlich nicht mit der Lage fertig werden könnte, die zur Machtübernahme durch das Militär geführt hatte.

Man darf auch nicht vergessen, was ein so überzeugter Demokrat wie der ehemalige Präsident Frei unmittelbar nach dem Militärputsch gesagt hat:

> Die Militärs haben Chile und uns alle, deren Leben gewiß nicht so wichtig ist wie das Chiles, gerettet; aber es sind menschliche Leben, und sehr viele, und sie sind noch nicht alle sicher, weil die Streitkräfte auch weiterhin Verstecke und Arsenale aufspüren. Die Marxisten haben den Bürgerkrieg gut vorbereitet. Und das ist es, was die Welt nicht weiß und sich weigert, zur Kenntnis zu nehmen.[16]

Reaktion in Washington

Wie es der Zufall wollte, kam es zum Staatsstreich zur Zeit der Anhörungen, die meiner Bestätigung im Amt des Außenministeriums vorausgingen. Dieser Umstand verzögerte die Reaktion der Vereinigten Staaten, änderte aber nichts an unserer schließlich eingenommenen Haltung.

Am folgenden Vormittag, dem 12. September, wurde eine Sitzung der Washington Special Actions Group (WSAG) einberufen. William Colbys Bericht am Beginn der Sitzung war äußerst vorsichtig, aber zutreffend. Colby charakterisierte General Augusto Pinochet, der den Putsch geleitet hatte, als einen bisher nicht besonders einflußreichen Offizier, der als pro-amerikanisch galt. Colby sagte richtig voraus, daß die Militärs fundamentale Veränderungen im politischen System verlangen würden. Da sie den zivilen Politikern mißtrauten, würden sie wahrscheinlich in nächster Zeit keine Wahlen abhalten lassen. Er glaubte, daß die Junta Allendes soziale Programme nicht alle rückgängig machen, aber die beschlagnahmten Vermögenswerte allmählich ihren Eigentümern zurückgeben werde. In der Außenpolitik rechnete Colby damit, daß Chile seine feindliche Haltung gegenüber den Vereinigten Staaten aufgeben und gegenüber der Dritten Welt gemäßigter auftreten würde als Allende. Die neue Regierung hatte die Beziehungen zu Kuba abgebrochen und hundertfünfzig Kubaner ausgewiesen.

Vor diesem Hintergrund wandte sich die WSAG operativen Fragen zu: Sollten wir die Junta anerkennen? Wie sollten wir auf Bitten Chiles um wirtschaftliche oder militärische Hilfe reagieren? Welche offizielle Haltung sollten wir gegenüber dem neuen Regime einnehmen? Wie das so oft bei plötzlichen Umstürzen geschieht, beschäftigten wir uns vor allem mit zwei ganz zufällig zur Entscheidung anstehenden Problemen. So ergab sich zum Beispiel die Frage, was mit einem Team von Kunstfliegern der amerikanischen Luftstreitkräfte geschehen sollte, dessen Besuch für die nächsten Tage in Chile vorgesehen war. Außerdem sollten vor der Küste von Chile und Peru Übungen der amerikanischen Flotte abgehalten werden. Die Termine für beide Ereignisse waren schon vor Monaten festgelegt worden. Die erste Reaktion aller Mitglieder der WSAG auf Allendes Sturz war zweifellos Erleichterung (das betraf allerdings nicht seinen Tod). Wir waren uns der Gefahr bewußt, daß man uns beides zur Last legen konnte. In der Atmosphäre, die nach Vietnam und als Folge von Watergate entstanden war, mußten die Vereinigten Staaten alles tun, um den Eindruck zu vermeiden, daß sie sich in eine Entwicklung eingemischt hätten, die, und davon waren wir alle überzeugt, in unserem nationalen Interesse lag.

Deshalb empfahl die WSAG dem Präsidenten, die Frage der diplomatischen Anerkennung zunächst nicht zu erörtern. Grundsätzlich erkannten wir Länder und nicht Regierungen an. Aber praktisch durften wir auf keinen Fall zu den ersten gehören, die die neue Regierung anerkannten und den Kontakt mit ihr aufnahmen. Ich schrieb dem Präsidenten, daß wir »eine abwartende Haltung empfehlen würden, um den lateinamerikanischen Regierungen Zeit zu lassen, vielleicht auch einigen europäischen Ländern, das Fortbestehen ihrer Beziehungen zu Chile bekanntzugeben«. Eine solche Haltung, so erklärte ich mit übertriebenem Optimismus, würde »jeden Vorwurf entkräften, daß wir uns eingemischt hätten, was nicht nur uns, sondern in viel größerem Maß der neuen chilenischen Regierung schaden würde«. Wir vertraten aber die Auffassung, daß Botschafter Davis die neuen Machthaber in Chile diskret durch einen Vermittler davon in Kenntnis setzen sollte, daß wir ihnen grundsätzlich unsere Sympathie entgegenbrachten. Sie müßten jedoch verstehen, daß eine gewisse Verzögerung der offiziellen Anerkennung im beiderseitigen Interesse läge.

Was die Wirtschaftshilfe betraf, so wurde eine interministerielle Arbeitsgruppe damit beauftragt, zu erkunden, welche Anträge Chile stellen könnte, und Vorschläge für von uns zutreffende Maßnahmen zu machen. Wir beschlossen, den Verpflichtungen im Hinblick auf die Rüstungslieferungen, die wir während Allendes Amtszeit eingegangen waren, routinemäßig nachzukommen. Die chilenische Regierung sollte selbst entscheiden, ob sie den Besuch unserer Kunstflieger noch wünschte. (Ich war nicht dafür.) Die Flottenübung wurde abgesagt, und die amerikanische Flotte erhielt den Befehl, die chilenische Küste auch außerhalb der chilenischen Hoheitsgewässer zu meiden. Der Vertreter der Joint Chiefs of Staff erhob Einwände mit der durchaus verständlichen Begründung, daß wir damit auf unser Recht verzichteten, auf hoher See vor der Küste eines jeden Landes, in dem eine Revolution stattgefunden hatte, Flottenübungen abzuhalten. Um uns vor dem zu erwartenden Vorwurf der Einmischung zu schützen, forderte die WSAG die CIA auf, eine Liste aller seiner Unternehmungen in Chile während der vergangenen drei Jahre vorzulegen. Wenn wir den Putsch geplant hätten, dann wären wir nie auf die Idee gekommen, etwas Derartiges zu tun. Aber diese Liste würde es uns ermöglichen, ungerechtfertigte Vorwürfe zurückzuweisen und uns selbst zu vergewissern, daß es keine nicht genehmigten Aktivitäten gegeben hatte, welche die Vereinigten Staaten belasten könnten. Der Bericht der CIA enthielt in diesem Sinne kein belastendes Material – was aber nichts daran änderte, daß man uns beschuldigte, eingegriffen zu haben.

Der erste Kontakt zwischen der Militärjunta und offiziellen Vertretern der Vereinigten Staaten wurde einen Tag nach dem Putsch, am 12. September, aufgenommen, als General Pinochet um eine geheime Zusammenkunft mit dem Chef der US Military Assis Tance Advisory Group bat.* Wie ich Nixon berichtete, erklärte Pinochet, »er und seine

* Das genaue Datum der Zusammenkunft läßt sich nicht mehr feststellen. Die Denkschrift, in der ich den Präsidenten von diesem Gespräch unterrichtet habe, trägt das Datum des 19. September. Der erste Entwurf der Denkschrift, den Bill Jorden vom Stabe des Nationalen Sicherheitsra-

Kollegen hätten uns vorher über ihre Aktionspläne keine Andeutungen gemacht, und er sagte, er habe das auch für besser gehalten«. Er versicherte, daß die Junta vor allem daran interessiert sei, die traditionellen freundschaftlichen Beziehungen zu den Vereinigten Staaten wiederherzustellen. Chile brauchte eine Unterstützung mit Lebensmitteln und einen einjährigen Aufschub für die Rückzahlung seiner Schulden. Am Schluß meines Berichts schrieb ich:

> Pinochet versteht unsere Haltung im Hinblick auf die diplomatische Anerkennung und gibt sich damit zufrieden. Er sagte von sich aus, daß die Vereinigten Staaten offenbar nicht als erste ihre Absicht bekunden sollten, die Beziehungen mit der neuen chilenischen Regierung fortzusetzen. Außerdem hielt er es für ratsam, wenn sich die chilenische Regierung zunächst öffentlich nicht zu sehr mit uns identifizierte.

Am 13. September meldete ich Nixon, daß die christlich-demokratische Partei und die sozialdemokratische Partei öffentlich erklärt hatten, sie unterstützten die Junta. Das gleiche hatte auch der Präsident des Obersten Gerichtshofs getan. Am 14. September trat die WSAG wieder zusammen. Die Schlüsselfrage war, wie die Vereinigten Staaten das neue Regime unterstützen konnten, ohne mit den repressiven Maßnahmen der Militärs identifiziert zu werden.

Auf der Sitzung wurden keine besonderen Entscheidungen gefällt. Ich widersetzte mich William Simons, des stellvertretenden Finanzministers, Drängen, »den Staatsstreich zu Verhandlungen über die Enteignungen und die Rückzahlung der Kredite auszunutzen«, denn dann könnten wir den Eindruck erwecken, daß die Regierung das Werkzeug der wirtschaftlichen Interessen multinationaler Unternehmen sei.

Noch während des ganzen September nahm die Regierung der Vereinigten Staaten nicht eindeutig Stellung zu den Ereignissen in Chile. Auf einer Sitzung der WSAG am 20. September wichen wir der Entscheidung über eine chilenische Anforderung für tausend Helme und zweitausend Schuß Leuchtmunition für Nachtgefechte aus. Aber am 24. September entschieden wir uns, bekanntzugeben, daß die Vereinigten Staaten beabsichtigten, ihre Beziehungen zur chilenischen Regierung »fortzusetzen« – was einer Anerkennung der Junta gleichkam. Inzwischen hatten Brasilien, Argentinien, Peru, Mexiko, Frankreich und die Schweiz das neue Regime in dieser oder jener Form anerkannt. Unser Zögern hatte der Strategie entsprochen, nicht zu den ersten zu gehören. Vielleicht habe ich diese Haltung auch aus persönlichem Inter-

tes verfaßt hat, wurde am 12. September geschrieben. Daß bis zur Vorlage eine so lange Zeit vergangen ist, kann ich nur damit erklären, daß ich damals zu sehr mit den Anhörungen vor dem Senatsausschuß zur Bestätigung meiner Ernennung zum Außenminister beschäftigt war.

esse empfohlen, denn jetzt wollte niemand das Verfahren meiner Bestätigung als Außenminister komplizieren.

Auch das Ersuchen Chiles um Wirtschaftshilfe wurde nicht sofort eindeutig beantwortet. Botschafter Davis wurde bevollmächtigt, der chilenischen Regierung mitzuteilen, daß wir dringend benötigte Lebensmittel und Medikamente liefern würden. Wir seien bereit, über eine mittel- und langfristige Wirtschaftshilfe zu sprechen. Die WSAG beschloß, auf Ersuchen der Junta eine Expertengruppe nach Chile zu schicken, die an Ort und Stelle untersuchen sollte, wo die Bedürfnisse am größten waren.

Indessen war es der Junta gelungen, die Lage besser in den Griff zu bekommen. Am 21. September verbot sie die marxistischen politischen Parteien und schickte die nichtmarxistischen Parteien »in Urlaub«. Am 25. September löste sie die Zentrale Arbeiterkonföderation auf, die sich hinter Allende gestellt hatte, entließ alle Bürgermeister und Stadträte und übernahm kurz darauf die Leitung der Universitäten, wo sie die Rektoren durch Militärbeauftragte ablösen ließ.

Am 27. September wandte sich die Junta an den internationalen Währungsfonds und die Weltbank mit der Bitte, Chile, das »am Rande des Bankrotts« stand, zu retten. Die Junta versprach, »die Voraussetzungen dafür zu schaffen, damit ein Klima entsteht, in dem sich die Hilfe von außen als wirksam erweist«. Am 28. September erklärte der neue Außenminister, Konteradmiral Ismael Huerta, Chile sei bereit, Verhandlungen über die Entschädigung für das bei der Beschlagnahme der amerikanischen Kupfergesellschaften enteignete chilenische Vermögen aufzunehmen. Die für die Verteilung von Lebensmitteln und die Preiskontrolle geschaffenen Behörden wurden aufgelöst, und die Regierung verpflichtete sich, den unter Allende widerrechtlich enteigneten Grund und Boden an die rechtmäßigen Eigentümer zurückzugeben. Der chilenische Escudo wurde um 143 Prozent abgewertet.

Die amerikanische Regierung mußte immer noch vorsichtig lavieren. Einerseits waren wir überzeugt, daß uns die Entwicklung in Chile geopolitisch nützte, glaubten aber andererseits, daß wir mit der Mehrheit im Kongreß, die konservative Regierungen stets mit großem Mißtrauen betrachtete, Schwierigkeiten bekommen könnten, wenn wir zu enge Beziehungen mit der Junta suchten. Deshalb hielten wir in der Öffentlichkeit eine gewisse Distanz zur Militärregierung, gingen aber inoffiziell auf eine Reihe ihrer Forderungen ein. Am 1. Oktober sagte ich meinen Mitarbeitern im Außenministerium,

> daß wir, was die neue Regierung in Chile betrifft, keine gegen sie gerichteten Maßnahmen unterstützen sollten, indem wir uns scheinbar

von den Chilenen distanzierten, daß wir aber andererseits nicht verteidigen dürften, was sie in Santiago tun.

In Übereinstimmung mit dieser Haltung beschlossen wir am folgenden Tag, Außenminister Huerta, der sich zu einem Besuch der Generalversammlung der Vereinten Nationen in New York aufhielt, zum offiziellen Essen einzuladen, das der amerikanische Außenminister für die lateinamerikanischen Delegationen gab, auch wenn seine Regierung von uns noch nicht diplomatisch anerkannt war. Dabei sollte er seinen Platz nach dem durch das diplomatische Protokoll bestimmten Regeln einnehmen. Außerdem erklärte ich mich damit einverstanden, Huerta während seines Aufenthaltes in den Vereinigten Staaten zu empfangen. Daß diese Maßnahmen in aller Form entschieden werden mußten, zeigte deutlich, daß damals eine Atmosphäre herrschte, in welcher der Sturz einer radikalen Regierung, der durch die eigene Bevölkerung herbeigeführt worden war, fast automatisch dem verderblichen Einfluß Amerikas zugeschrieben wurde.

Unsere Begegnung fand am 11. Oktober statt. Als sehr höflicher, in der Diplomatie aber ganz unerfahrener Marineoffizier wußte Huerta kaum, wie er sich in diesem eigenartigen Land verhalten sollte, dessen Presse und Kongreß sich deutlich ablehnend gegenüber einer befreundeten Regierung in Santiago zeigten, während sie die marxistischen Vorgänger dieser Regierung, die versucht hatten, die ganze westliche Hemisphäre gegen die Vereinigten Staaten aufzuhetzen, meist ignoriert oder sogar relativ freundlich behandelt hatten.

Er war überzeugt, daß die chilenischen Militärs Chile von einem totalitären Regime und die Vereinigten Staaten von einem Feind befreit hätten – und er hatte in beiden Punkten recht. Als ich ihm sagte, daß es dem internationalen Ansehen Chiles schweren Schaden zufügen werde, wenn die Junta zu brutale Unterdrückungsmaßnahmen ergriffe, erwiderte er, daß es für seine Regierung das wichtigste sei, die »interne Situation« in den Griff zu bekommen. Ich wies den Außenminister ausdrücklich darauf hin, daß wir überzeugt wären, der Regierungswechsel in Chile läge auch in unserem Interesse, daß ich mir jedoch die Freiheit nehmen würde, ihn darauf aufmerksam zu machen, wenn bestimmte Maßnahmen der Junta nach meiner Meinung die internationale Position Chiles schwächen könnten. Darin lag ein vorsichtiger Hinweis auf die Frage der Menschenrechte.

Sehr bald stellte sich heraus, daß sich der Unterstützung der neuen Machthaber in Chile große Hindernisse in den Weg stellten. Nachdem die Frage der Enteignungen geregelt war und das Sparprogramm der Regierung Wirkung zu zeigen begann, gewährten die Privatbanken natürlich wieder wesentlich höhere Kredite. Aber die Tatsache, daß der

Kongreß nach Vietnam und Watergate jeder Militärregierung mit größtem Mißtrauen begegnete, erleichterte es unserer Regierung nicht, die Junta wirksam zu unterstützen. Um das Ausbleiben von Lebensmittellieferungen aus Osteuropa und der Sowjetunion auszugleichen, deren Schiffe am Tage des Putsches auf hoher See wieder Kurs auf ihre Heimathäfen genommen hatten (das zeigte in dramatischer Weise, wie stark die sowjetischen Hilfsprogramme politisch motiviert waren), gewährte die Commodity Credit Corporation Chile einen Kredit in Höhe von vierundzwanzig Millionen Dollar. Mitte November gewährte unser Landwirtschaftsministerium Chile einen weiteren Kredit in Höhe von achtundzwanzig Millionen Dollar. Zur Befriedigung der Bedürfnisse Chiles stützten wir uns im übrigen vor allem auf das PL-480-Programm für die Lieferung von Lebensmitteln. Diese Art der Unterstützung stieß auf relativ geringen Widerstand, denn hier ging es um die Ernährung hungriger Menschen, und im übrigen hatte die Regierung auf diesem Gebiet weitreichende Vollmachten.

Ironischerweise hatte die Regierung Nixon gewisse Hemmungen, die mit der Regierung Allende getroffenen Vereinbarungen über Rüstungslieferungen einzuhalten, denn sie fürchtete, im Kongreß auf scharfe Ablehnung zu stoßen und damit unser ganzes Auslandshilfsprogramm zu gefährden. Deshalb wurde die Allende zugesagte Auslieferung von drei Zerstörern an Chile um mehrere Wochen verschoben, bis das Auslandshilfegesetz vom Parlament angenommen war.

Am 12. Dezember kam eine chilenische Wirtschaftsdelegation nach Washington, und am 21. Dezember gaben das Außenministerium und das Finanzministerium die Unterzeichnung einer Vereinbarung bekannt, mit der die Rückzahlung der chilenischen Schulden an die Vereinigten Staaten (von insgesamt 124 Millionen Dollar) aus der Zeit von November 1971 bis Dezember 1972 auf neue Termine festgelegt worden war. Chile leistete die ersten Zahlungen termingerecht. Es bestätigte seine Verpflichtung, alle Bedingungen der mit den Gläubigernationen im April 1972 geschlossenen Vereinbarungen zu erfüllen, und erklärte sich insbesondere bereit, über eine angemessene Entschädigung für die verstaatlichten Vermögenswerte zu verhandeln. Die Umschuldung der chilenischen Kredite für 1973 und 1974 sollte im Februar 1974 auf einer Sitzung des Pariser Clubs geregelt werden.

Alle diese Manöver verschleierten das fundamentale Problem: Wie sollten die Vereinigten Staaten einen Ausgleich zwischen ihren geopolitischen Interessen und ihrer Sorge für die Einhaltung der Menschenrechte finden? Wir hätten unmöglich leugnen können, daß uns Allendes Sturz erleichtert und befriedigt hatte. Trotz allem, was man an ihr aussetzen konnte, würde sich die neue chilenische Regierung nicht wie ihre Vorgängerin in jedem internationalen Forum gegen uns wenden. Chile würde jetzt nicht mehr eine Zuflucht für Terroristen aus der ganzen Welt sein, und man mußte nicht mehr befürchten, daß der chilenische Totalitarismus für die benachbarten Regierungen in der westlichen Hemisphäre eine Bedrohung darstellte. Wir konnten uns nicht davon überzeugen, daß eine Schwächung der neuen Regierung der Sache der Menschenrechte oder unserer eigenen Sicherheit dienen könnte. Andererseits konnten wir aber auch nicht übersehen, daß die Junta jetzt die Oppositionsparteien und Zeitungen ausgeschaltet hatte, um deren Existenz wir uns während Allendes Amtszeit bemüht hatten. Es war im höchsten Maße bedauerlich, daß in Chile mit seiner langen demokratischen Tradition jetzt ein autoritäres Regime an der Macht war – aber die Umstände, die dazu geführt hatten, waren in der Tat ungewöhnlich gewesen.

Die Vereinigten Staaten mußten sich in einem denkbar ungeeigneten Augenblick mit diesem Problem auseinandersetzen. Nach Vietnam und unter der Belastung von Watergate glaubten viele, daß wir uns erst das Recht verdienen müßten, eine Außenpolitik zu treiben, die sich auf die eigene moralische Unanfechtbarkeit stützte, und daß wir uns nicht mit Hilfe materieller Überlegenheit, sondern aufgrund unseres vorbildlichen Verhaltens durchsetzen müßten. Man wollte auf harte taktische Entscheidungen verzichten; diese Auffassung war Ausdruck der historisch begründeten Ablehnung des Konzepts vom Gleichgewicht der Kräfte in Amerika. Nicht zum erstenmal nahm die Ablehnung der Machtpolitik in den Vereinigten Staaten die Form eines moralischen Kreuzzugs an. Und die durch Watergate erzeugte Stimmung verlieh dem Vorwurf, daß die Regierung eine moralisch nicht einwandfreie Haltung einnähme, eine gewisse Glaubwürdigkeit.

Damit wurde Chile zum Gegenstand einer innenpolitischen Debatte, die über dieses Thema weit hinausging. Hier wirkten sich sowohl Vietnam als auch Watergate aus. Die Nixon-Regierung war sich im Gegensatz dazu, was unsere Kritiker behaupteten, sehr wohl der Tatsache bewußt, daß die chilenische Junta mit groben und gelegentlich auch brutalen Mitteln arbeitete. Aufs ganze gesehen hielten wir aber den Regierungswechsel in Chile für eine gute Sache – sogar im Hinblick auf die Menschenrechte. Deshalb wollten wir der militärischen Führung eine Chance geben. In einer ganzen Reihe von Fällen haben wir versucht, die Militärs zur Mäßigung zu bewegen. Daß dies in erster Linie durch vertrauliche persönliche Kontakte geschah, hat uns innenpolitisch geschwächt, aber in vielen Einzelfällen zum Erfolg geführt. Ebenso richtig ist es, daß viele unserer Kritiker nicht erkannt haben, welche Folgen Allendes Totalitarismus haben mußte. Sie sahen nicht die Gefahren, die in seinem Bündnis mit Kuba und der Sowjetunion lagen, beschuldigten uns, an seinem Sturz mitgewirkt zu haben, und taten jetzt so, als müßte es unser vorrangiges politisches Ziel sein, nunmehr die Junta zu stürzen.

Schon wenige Wochen nach Allendes Sturz waren seine Unfähigkeit, Korruption und die Verletzung aller demokratischen Grundregeln durch ihn vergessen – obwohl man sich dieser Mängel zu seinen Lebzeiten durchaus bewußt war. Immer wieder wurde behauptet, Allende sei ein »demokratisch gewählter Führer« gewesen, aber niemand sagte, daß er nicht das Mandat der Mehrheit besessen hatte, die von ihm geplanten Neuerungen durchzuführen, und daß seine antidemokratische Politik, wäre sie erfolgreich gewesen, das Ende des verfassungsmäßigen Systems in Chile bedeutet hätte. Und schließlich vergaß man auch seine unversöhnliche Feindschaft gegenüber den Vereinigten Staaten.

Der Umstand, daß sich die demokratischen Parteien in Chile unter der Junta in einer so schwierigen Lage befanden, führte bei uns zu einem historischen Gedächtnisschwund. Mit großer Sorge betrachteten wir die laufenden Festnahmen von Zivilpersonen in Chile. Obwohl im Sportstadion von Santiago auch mehrere amerikanische Bürger festgehalten wurden, durften sie nicht von Angehörigen unserer Botschaft besucht werden. Andere Amerikaner wurden als vermißt gemeldet. Einige von ihnen sind ums Leben gekommen. Nach inoffiziellen Schätzungen wurden insgesamt dreitausendfünfhundert bis zwanzigtausend Personen in Internierungslagern festgehalten. Immer wieder hörte man davon, daß die Gefangenen gefoltert wurden. Man hatte den Eindruck, daß die Festnahmen völlig willkürlich erfolgten. Von den Tausenden von Revolutionären, die Allende und seine Anhänger ins Land gerufen und bewaffnet hatten, hörte man nichts.

Am 22. September bestätigte die Junta, daß hohe Beamte der Regierung Allende in einem Gefängnis der chilenischen Marine auf der Insel Dawson eingesperrt worden waren. Auch der kommunistische Parteisekretär, General Luis Corvalán, war verhaftet worden, was sofort Proteste auf internationaler Ebene auslöste. Sogar der Generalsekretär der Vereinten Nationen, Kurt Waldheim, verwandte sich auf Veranlassung der sowjetischen UN-Delegation für Corvalán und appellierte an die Junta, ihn am Leben zu lassen – was nicht etwa zeigte, auf welcher Seite Waldheims Sympathien lagen, sondern ein Beweis dafür war, daß die Mehrheit der in den Vereinten Nationen vertretenen Regierungen einen doppelten Maßstab anlegte. An die iranische Revolutionsregierung, deren Opfer viel zahlreicher waren und sehr viel schlechter behandelt wurden, sind solche Appelle niemals gerichtet worden. Ironischerweise sind es die Vereinigten Staaten gewesen, die nach drei

Jahren die Freilassung Corvaláns im Austausch gegen den sowjetischen Dissidenten Bukowskij ausgehandelt haben.

Am 26. September, zwei Tage nachdem die Vereinigten Staaten erklärt hatten, die diplomatischen Beziehungen zu Chile bestünden weiter, entließ die chilenische Regierung sechs während des Putsches festgenommene amerikanische Bürger. Zwei von ihnen erschienen zwei Tage später als Zeugen bei Anhörungen vor dem von Senator Edward Kennedy geleiteten Unterausschuß für Flüchtlingsfragen und berichteten, sie hätten davon gehört, daß in dem Stadion in Santiago mehrere hundert Gefangene hingerichtet worden seien; sie hätten es aber nicht selbst gesehen. Senator Kennedy bedauerte daraufhin die »Politik des Schweigens« der Regierung Nixon. Am 2. Oktober legte er einen Zusatzantrag für das Auslandshilfegesetz vor, in dem es hieß, es entspräche den Auffassungen des Kongresses, daß der Präsident Chile bis auf die humanitäre Hilfe jede weitere Unterstützung versagte, »bis er feststellt, daß die Regierung von Chile die Menschenrechte aller Einzelpersonen, und zwar von Chilenen und Ausländern, schützt, wie dies in der allgemeinen Deklaration der Menschenrechte vorgesehen ist«.

Das vom Kongreß im Dezember 1973 verabschiedete Auslandshilfegesetz enthielt diese Bestimmung nicht, forderte Nixon jedoch auf, von der chilenischen Regierung die Beachtung der Menschenrechte zu verlangen. 1974 unternahm Senator Kennedy einen zweiten Versuch, die Hilfe für Chile streichen zu lassen. Beide Häuser des Kongresses beschlossen im Dezember 1974 bei der Verabschiedung des Auslandshilfegesetzes für 1975, jede Militärhilfe der Vereinigten Staaten für Chile zu streichen, »wenn der Präsident dem Kongreß nicht berichten kann, daß Chile bei der Beachtung der Menschenrechte fundamentale Fortschritte gemacht hat«. 1976 wurde praktisch jede Hilfe für Chile gestrichen – eine Maßnahme, die gegen Allende niemals getroffen wurde.

Bei der Beurteilung der Junta in Chile, die unter bürgerkriegsähnlichen Verhältnissen regieren mußte, wurden ungewöhnlich strenge Maßstäbe angelegt. Sie hat vielleicht zu lange autoritäre Methoden angewendet, es müssen aber trotzdem zwei Fragen klar beantwortet werden: Ist es die Pflicht der Vereinigten Staaten gewesen, Chile so unter Druck zu setzen, wie das geschehen ist, und damit viel weiterzugehen als im Verhalten gegenüber Allende? Hat man hier nicht einen doppelten Maßstab angelegt, und hat sich diese Haltung nicht im Verlauf der siebziger Jahre ständig verschärft? Bei keiner radikalen Revolution, so blutig sie auch gewesen sein mochte – man muß dabei an Kuba, den Irak, Algerien, viele afrikanische Länder, an die Besetzung Indochinas durch Vietnam und an den Iran unter Khomeini denken –, hat es eine solche weltweite Pressekampagne gegeben, und nirgends ist die weltweite Empörung so deutlich zum Ausdruck gekommen wie bei der Verurteilung der mit groben Methoden vorgehenden autoritären Regierung in Santiago. Lag das Verbrecherische dieser Leute in ihren Methoden oder darin, daß sie auf der rechten Seite des politischen Spektrums standen? War das Vergehen dieser Regierung die Mißachtung der bürgerlichen Freiheiten oder der Kampf gegen die politische Linke? Weshalb behauptet man so häufig, daß linke Regierungen wie die in Nikaragua durch Wirtschaftshilfe zur Mäßigung angehalten werden können, während man konservative Regierungen wie die in Chile zur Umkehr zwingen mußte, indem man ihnen jede Hilfe verweigert? Die sozialdemokratische Regierung in Schweden hat jede Auslandshilfe für Chile am 13. September, achtundvierzig Stunden nach dem Putsch, gestrichen, bevor man ermessen konnte, welche Folgen dieser Umsturz haben werde. Würden die Schweden sich gegenüber einem linken Tyrannen ebenso rasch – oder überhaupt – zu solchen Maßnahmen entschließen? Sie haben Hanoi während des ganzen Vietnam-Krieges und in der Folgezeit in außerordentlich großzügiger Weise unterstützt.

Ich will damit nicht sagen, daß ich mit allen Maßnahmen der Junta einverstanden bin. Ich halte vielmehr einiges, was sie getan hat, für unnötig, falsch und brutal. Auch zweifele ich nicht an den humanen Motiven vieler ihrer Kritiker. Aber die Junta hat die Regierungsgewalt in einer revolutionären Situation übernommen, in der die von der vorhergehenden Regierung freigesetzte Gewalt eine große Rolle spielte. Jede ernsthafte Analyse muß diese Probleme berücksichtigen.

Die schweren innenpolitischen Belastungen in den Vereinigten Staaten machten es uns unmöglich, an die Beantwortung solcher Fragen auch nur zu denken. Wir wurden dazu gezwungen, Chile viel stärker zu isolieren, als wir es für richtig hielten. Ähnlich wie bei dem Zusatzantrag des Senators Jackson waren wir auch hier davon überzeugt, daß wir mit unseren Methoden die Lage rascher hätten entschärfen können, ohne das Risiko einzugehen, die Junta in einen antiamerikanischen Nationalismus zu treiben oder ihren Sturz zugunsten der totalitären Linken herbeizuführen.

Der Nahost-Krieg und andere wichtige Ereignisse nahmen unsere Aufmerksamkeit so stark in Anspruch, daß Chile zu einem zweitrangigen Problem wurde. Die Junta konnte ihre Position festigen. Der Kongreß der Vereinigten Staaten verfügte immer schärfere Restriktionen. Im Juni 1976 nahm ich an der Generalversammlung der OAS in Santiago teil und hielt eine längere Rede zum Thema der Menschenrechte. In dieser Beziehung hatte sich in Chile manches gebessert, aber befriedigend war die Lage dort noch lange nicht. Die Verhältnisse waren jedoch befriedigender als in vielen Ländern, in denen radikale Linke die Regierungsgewalt in der Hand hatten, deren Verstöße nicht kritisiert worden sind. Weil es der allgemeinen Tendenz entsprach, verdammte die Welt die Junta – und die Vereinigten Staaten –, und vergaß dabei allzu bereitwillig, daß das durch die Verfassung garantierte Rechtssystem in Chile nicht durch den amerikanischen Imperialismus oder die Machtgier der Generäle, sondern durch den Ehrgeiz und die Unfähigkeit Allendes zerstört worden war. Aber die Glaubenssätze der Linken verlangten, daß der Sturz Allendes das Werk seiner verabscheuungswürdigen Feinde gewesen war.

Doch allmählich wandten die öffentliche Meinung in Amerika und die verantwortlichen Politiker in der amerikanischen Regierung sich anderen Problemen zu, und Chile verschwand immer mehr aus dem öffentlichen Bewußtsein. Die Geschichte, die Evolution und der Geist des chilenischen Volkes mußten nun die Zukunft des chilenischen Staatswesens bestimmen und zugleich die Beziehungen dieses Landes zu den Vereinigten Staaten.

Anmerkungen

I. Kapitel

1 Siehe H. R. Haldeman und Joseph DiMona, *The Ends of Power,* New York 1978, S. 175–180. Siehe auch X. Kapitel unten.

2 Siehe Henry Kissinger, *Memoiren 1968–73,* München 1979, S. 973, 1253–1256, 1543–1544. Bill Safire hat die Art und Weise, wie das Weiße Haus mit seinem »Kissinger-Problem« fertig wurde, sehr feinfühlig in *Before the Fall: An Inside View of the Pre-Watergate White House,* Garden City 1975, Teil III, 5. Kapitel, behandelt.

3 Safire, *a. a. O.,* S. 170.

II. Kapitel

1 Siehe Henry Kissinger, *Memoiren 1968–73,* München 1979, XXXII. Kapitel, Fn. 3, S. 1606–1607. In einer Note vom 20. Oktober 1972 wiederholte ich die Zusicherungen, die ich Le Duc Tho in unseren Geheimsitzungen gegeben hatte:

»Die Probleme, die sich aus dem Krieg in Vietnam und Kambodscha ergeben, sind eng miteinander verknüpft: Wenn der Krieg in Vietnam beendet ist, gibt es keinen Grund für eine Fortsetzung des Krieges in Kambodscha (27. September).

Wenn das Vietnam-Problem beigelegt ist, wird auch die Kambodscha-Frage mit Sicherheit beigelegt werden; und die Beendigung des Krieges in Vietnam wird eine starke Auswirkung haben, die den Krieg in Kambodscha vielleicht sofort beenden wird (8. Oktober).

Es besteht ein Einverständnis zwischen uns, daß die DRV sich an den Grundsatz halten wird, daß alle ausländischen Streitkräfte einschließlich seiner eigenen die militärischen Aktivitäten in Kambodscha beenden und aus Kambodscha abgezogen werden müssen und nicht wieder dort eindringen dürfen (26. September).

Die DRV wird in Kambodscha den gleichen Grundsätzen folgen wie in Südvietnam und Laos, das heißt, sie wird keine Truppen, Waffen und Kriegsmaterial nach Kambodscha bringen (11. Oktober); und

wie in Artikel 18 (später 23) bestätigt, treten die in diesem Vertrag übernommenen Verpflichtungen an dem Tag der Unterzeichnung in Kraft (11. Oktober).«

2. Siehe Kissinger, *Memoiren 1968–73,* München 1979, S. 1519–1522.

3. Der hierauf bezugnehmende Teil des Artikels 20 der Pariser Vereinbarungen lautet:

a) Die an der Pariser Konferenz über Vietnam beteiligten Parteien werden die Genfer Vereinbarungen über Kambodscha von 1954 und die Genfer Vereinbarungen über Laos von 1962 strikt einhalten, welche die fundamentalen nationalen Rechte der Völker von Kambodscha und Laos anerkennen, d.h. die Unabhängigkeit, Souveränität, Einheit und territoriale Integrität dieser Länder. Die Parteien werden die Neutralität von Kambodscha und Laos achten.

Die an der Pariser Konferenz über Vietnam beteiligten Parteien verpflichten sich, auf die Benutzung des Territoriums von Kambodscha und des Territoriums von Laos in der Absicht, die Souveränität und Sicherheit dieser oder anderer Länder zu schmälern, zu verzichten.

b) Fremde Länder werden alle militärischen Aktivitäten in Kambodscha und Laos beenden und aus diesen beiden Ländern alle Truppen, Militärberater und alles militärische Personal sowie Waffen, Munition und Kriegsmaterial abziehen und davon Abstand nehmen, Truppen, Militärberater und militärisches Personal, Waffen, Munition und Kriegsmaterial wieder in diese beiden Länder zu bringen.

4 Anfang 1973 stellten die Nordvietnamesen den Roten Khmer Militärberater, einige Kampftruppen (besonders zur Bemannung von schweren Geschützen und Raketenlafetten), logistische Unterstützung, militärische Ausrüstung und Versorgungsgüter zur Verfügung. Aussage des zweiten stellvertretenden Verteidigungsministers für internationale Sicherheitsfragen, Dennis J. Doolin, vom 6. Juni 1973 vor dem Ausschuß für Auswärtige Angelegenheiten des U.S. Kongresses; *US Policy and Programs in Cambodia, Hearings before the Subcommittee on Asian and Pacific Affairs of the Committee on Foreign Affairs,* 93. Kongreß, 1. Sitzungsperiode, 1973, S. 85. Andere Zeugen, die daran zweifelten, daß Nordvietnam den Roten Khmer so umfangreiche Unterstützung gewährte, haben diese Aussagen des Verteidigungsministeriums seinerzeit lächerlich gemacht. Die kürzlich veröffentlichten Memoiren des Prinzen Sihanouk bestätigen über jeden Zweifel hinaus, daß die Einschätzung des Verteidigungsministeriums richtig gewesen ist. Siehe Prinz Norodom Sihanouk, *War and Hope: The Case for Cambodia,* New York 1980, S. 14–15, 20–21, 25–27, 71–72.

5 Kissinger, *Memoiren 1968–73,* München 1979, S. 1500.

6 Ebenda, S. 1238–1243.

7 Siehe Quellen bei Martin F. Herz, *The Prestige Press and the Christmas Bombing, 1972: Images and Reality in Vietnam,* Washington 1980, S. 54–60, und Guenther Lewy, *America in Vietnam,* New York 1978, S. 413–414. Siehe auch Kissinger, *Memoiren 1968–73,* München 1979, S. 1543.

8 Harrison E. Salisbury, »Hanoi Premier Tells View, Some in U. S. Detect a Shift«, *New York Times,* 4. Januar 1967. Siehe auch Harrison E. Salisbury, *Behind the Lines: Hanoi,* New York 1967, XVIII. Kapitel.
9 Kissinger, *Memoiren 1968–73,* a. a. O., S. 1174–1175, 1464–1465.
10 Siehe Anmerkung 3 oben.
11 Sihanouk, *War and Hope* a. a. O., S. 21–23, 64–65. Das wird auch bestätigt von einem Dokument der Roten Khmer aus dem Jahr 1978: Democratic Kampuchea, *The Black Block: Facts and Proofs of Vietnam's Acts of Aggression and Annexation against Kampuchea,* Phnom Penh 1978, V. Kapitel, Abschnitt 2 (b).

III. Kapitel

1 Siehe Henry Kissinger, *Memoiren 1968–1973,* München 1979, S. 797–798, 1154–1155.
2 Ross Terrill, *Mao: A Biography,* New York 1980, S. 372.

IV. Kapitel

1 Henry A. Kissinger, »The Viet Nam Negotiations«, *Foreign Affairs,* 47, Nr. 2 (Januar 1969), 211–234.
2 Henry Kissinger, *Memoiren 1969–73,* a. a. O., S. 276–278.
3 Siehe z. B. William Safire, *Before the Fall: An Inside View of the Pre-Watergate White House,* New York 1975, Teil 3, Kapitel 5.
4 Zum Abhörsystem von Präsident Johnson siehe Bill Gulley, Mary Ellen Reese, *Breaking Cover,* New York 1980, S. 77–85.
Zum Abhörsystem von Präsident John F. Kennedy siehe William F. Buckley, Jr., »Observations on Presidential Tapes«, *Washington Star News,* 26. Juli 1973; Victor Lasky, *It Didn't Start with Watergate,* 1977, S. 357.
5 H. R. Haldeman und Joseph DiMona, *The Ends of Power,* New York 1978, Buch VI.
6 Siehe z. B. die Planungen für die Laos-Operation von 1971. Kissinger, *Memoiren 1968–73* a. a. O., S. 1052–1060.
7 Ebenda, S. 1255–1256.
8 Ebenda, S. 274–275.
9 Siehe Robert Dallek, *Franklin Roosevelt and American Foreign Policy, 1932–1945,* New York 1979, S. 224–226, 289–290, 313, 334–336; William Safire, *Before the Fall: An Inside View of the Pre-Watergate White House,* Garden City 1975, S. 166 Fn.; Lasky, *It Didn't Start with Watergate,* S. 161–172, 195–221 und in den Anmerkungen angegebene Quellen; U. S. Congress, Senate, Select Committee to Study Governmental Operations with Respect to Intelligence Activities, *Final Report, Book III: Supplementary Detailed Staff Reports on Intelligence Activities and the Rights*

of Americans, 94. Kongreß, 2. Sitzungsperiode, 23. April 1976, »Warrantless FBI Electronic Surveillance«, S. 271–351.

10 Siehe Aussage des Justizministers William B. Saxbe vor dem Außenpolitischen Senatsausschuß, 10. Juli 1974, in U. S., Congress, Senate, Committee on Foreign Relations, *Hearings on the Role of Dr. Henry A. Kissinger in the Wiretapping of Certain Government Officials and Newsmen,* 93. Kongreß, 2. Sitzungsperiode, September 1974, S. 58–59.

11 Siehe besonders die Aussage des ehemaligen Außenministers Dean Rusk vor dem Außenpolitischen Senatsausschuß am 23. Juli 1974, ebenda S. 224–241.

12 Siehe Henry Kissinger, *Memoiren 1968–1973,* München 1979, S. 252–253.

13 Safire, *Before the Fall,* a. a. O., S. 364.

14 Chalmers M. Roberts, »Foreign Policy under a Paralyzed Presidency«, *Foreign Affairs,* 52, Nr. 4, (Juli 1974), S. 675.

V. Kapitel

1 James Reston, »Pompidou Favors U. S.–Europe Talks«, *New York Times,* 14. Dezember 1972.

2 Kissinger, *Memoiren 1968–73,* a. a. O., S. 996–1007.

3 Siehe z. B. »Dr. Kissinger and Europe«, Leitartikel in *Washington Post,* 25. April 1973.

4 Ebenda. Vergleiche die Leitartikel in *New York Times,* 25. April 1973; *Christian Science Monitor,* 26. April 1973; *Washington Star-News,* 27. April 1973.

5 Siehe Henry Kissinger, *Memoiren 1968–1973,* München 1979, S. 1007–1021.

VI. Kapitel

1 Interview Nixons mit Garnett D. Horner vom 5. November 1972, veröffentlicht in *Washington Star,* 9. November 1972; Interview von Rogers mit Henry Truwhitt, 5. November 1972.

2 Evans und Novak in *Washington Post,* 1. Februar 1973; Leitartikel in *New York Times,* 3. Februar 1973; Leitartikel in *Baltimore Sun,* 6. Februar 1973; Leitartikel in *Washington Post,* 8. Februar 1973.

3 Siehe Kissinger, *Memoiren 1968–1973,* a. a. O., XXX. Kapitel.

4 Siehe William Safire, *Before the Fall,* a. a. O., Teil 8, 3. Kapitel, »Nixon and the Jews«. Hier wird dieses Thema sehr gründlich behandelt.

5 Siehe Anwar el-Sadat, *In Search of Identity: An Autobiography,* New York 1978, S. 220 ff.

6 Siehe Kissinger, *Memoiren 1968–1973,* a. a. O., S. 1321–1323 und Anmerkungen 3 und 4 auf S. 1601–1602.

7 Siehe Sadat, *In Search of Identity,* a.a.O., S. 228–231; Kissinger, *Memoiren 1968–1973,* a.a.O., S. 1373–1375.
8 Siehe *New York Times,* 29., 30. Januar und 1. Februar 1973.
9 Ich habe 1972 versucht, den Israelis diese Idee nahezubringen. Siehe Kissinger, *Memoiren 1968–1973,* a.a.O., S. 1368.
10 Siehe William Beecher, »Israelis Will Buy More Jets in U.S., Total Put at 48«, *New York Times,* 9. April 1973, S. 44–46.
11 »The Battle is Now Inevitable«, Interview Sadats mit Arnaud de Borchgrave, *Newsweek,* 9. April 1973, S. 44–46.

VII. Kapitel

1 Siehe Maurice J. Goldbloom, »Nixon So Far«, *Commentary,* März 1970; 30–31; Norman Podhoretz, »A Note on Vietnamization«, *Commentary,* Mai 1981, 9.
2 Siehe z.B. Norman Podhoretz, »The Present Danger«, *Commentary,* März 1980, 31–32.
3 Siehe Norman Podhoretz, »The Future Danger«, *Commentary,* April 1981, 32.
4 Siehe Henry Kissinger, *Memoiren 1968–1973,* München 1979, z.B. S. 68–81, 141–144, 1328–1334.
5 Siehe z.B. James Burnham, *The Struggle for the World,* Cornwall 1947; Daniel P. Moynihan, »The Politics of Human Rights«, *Commentary,* August 1977; Podhoretz, »The Future Danger«.
6 Eine brillante Analyse findet sich bei Raymond Aron, *In Defence of Decadent Europe,* South Bend 1979; ursprünglich erschienen als »My Defence of Decadent Europe« in *Encounter,* Bd. XLIX, Nr. 3 & 4, September und Oktober 1977.
7 Siehe Kissinger, *Memoiren 1968–1973,* a.a.O., S. 166–172.
8 Ebenda, S. 1345–1347.
9 U.S., Congress, House, Committee on Foreign Affairs, *Tension and Detente: Congressional Perspectives on Soviet-American Relations: Report of a Study Mission to the Soviet Union,* 93. Kongreß, 1. Sitzungsperiode, April 1973, S. 11.
10 Die sowjetische Erklärung über die von Auswanderern zu erhebende Gebühr, der Dobrynin am 16. April 1973 zugestimmt hat, lautete wie folgt:

Offizielle Verlautbarung der sowjetischen Regierung

Anträge sowjetischer Bürger, welche die UdSSR zu verlassen wünschen, um ihren dauernden Wohnsitz in anderen Ländern zu nehmen, werden geprüft, und Entscheidungen über solche Anträge werden auf individueller Basis getroffen, und zwar unter Berücksichtigung der konkreten Umstände. In der Regel werden solche Anträge

genehmigt. Zum Beispiel im Hinblick auf Personen, die 1972 den Wunsch geäußert haben, nach Israel zu gehen, haben 95,5 Prozent der Antragsteller eine Genehmigung erhalten. Ein ähnliches Verfahren wird auch künftig angewendet werden. (Es sollte zur Kenntnis genommen werden, daß mehr als 2000 Personen, die 1972 die Genehmigung erhalten haben, nach Israel auszureisen, diese Genehmigung nicht wahrgenommen haben.)
Was die Rückzahlung der vom Staat für die Erziehung zur Verfügung gestellten Beträge für Sowjetbürger betrifft, die ihren dauernden Wohnsitz ins Ausland verlegen wollen, so sehen die Verfügung des Präsidiums des Obersten Sowjet der UdSSR vom 3. August 1972 und eine in Übereinstimmung damit vom Ministerrat der UdSSR getroffene Entscheidung vor, daß Sowjetbürger, die die Erlaubnis erhalten, auszuwandern, vollständig von der Rückzahlung der oben genannten Auslagen befreit werden können. Entsprechend haben die sowjetischen Behörden bei der Beurteilung von Anträgen sowjetischer Bürger, die auswandern wollen, das Recht, zu entscheiden, daß von solchen Personen nur staatliche Gebühren erhoben werden, die in solchen Fällen normal sind. Die Behörden lassen sich jetzt von diesem Recht leiten. Infolgedessen sind und werden nur solche normalen und unbedeutenden Gebühren – die auch vor Erlaß der Verfügung vom 3. August 1972 erhoben worden sind – erhoben, und sie werden von jenen Personen eingezogen werden, die die Sowjetunion verlassen, um ihren Wohnsitz in anderen Ländern zu nehmen.
Selbstverständlich gibt es in der UdSSR ebenso wie in anderen Staaten Fälle, und es wird solche Fälle vielleicht auch in der Zukunft geben, in denen Bürger aus Gründen der Staatssicherheit nicht die Erlaubnis erhalten, ins Ausland zu reisen.
In Beantwortung bestimmter zusätzlicher Fragen gibt die sowjetische Regierung die folgende Information:
a. Die obige Erklärung sollte als eine offizielle betrachtet werden.
b. Die Wendung in der Erklärung, »sind und werden nur solche normalen Gebühren – die auch vor Erlaß der Verfügung vom 3. August 1972 erhoben worden sind – erhoben«, ist an keine zeitliche Begrenzung gebunden; jede Interpretation, die von dem Bestehen einer zeitlichen Begrenzung ausgeht, entspricht nicht dem Standpunkt der sowjetischen Regierung.
c. Die Befreiung von der Bedingung, die staatlichen Auslagen für die Erziehung zurückzuerstatten, ist auf der Grundlage der Begrenzungen des Erlasses vom 3. August 1972 und einer nachfolgenden Entscheidung garantiert, die in Abstimmung mit diesem Erlaß des Ministerrates der UdSSR getroffen wurde.

Nach sowjetischer Ansicht macht diese Situation die Notwendigkeit überflüssig, den Erlaß vom 3. August 1972 aufzuheben oder zu widerrufen.

d. Dem Präsidenten und Mitgliedern der Regierung ist es freigestellt, den Inhalt der offiziellen sowjetischen Erklärung und diese zusätzlichen erläuternden Punkte dem Kongreß mitzuteilen.

11 Zu einer genauen Erörterung dieser und anderer Aspekte von SALT I siehe Kissinger, *Memoiren 1968–1973*, a. a. O., besonders XXVIII. Kapitel.

12 Ebenda, S. 1195–1197.

13 Vergleiche McNamaras Situationsbericht vom 24. Februar 1965 mit dem Situationsbericht des Verteidigungsministers Clark Clifford vom 22. Januar 1968, S. 94.

14 Siehe Kissinger, *Memoiren 1968–1973*, a. a. O., S. 1220, 1326–1327.

15 Der schließlich vereinbarte und am 22. Juni 1973 in Washington unterzeichnete Vertragstext lautet:

VEREINBARUNG ZWISCHEN DEN VEREINIGTEN STAATEN VON AMERIKA UND DER UNION DER SOZIALISTISCHEN SOWJETREPUBLIKEN ÜBER DIE VERHINDERUNG EINES KRIEGES MIT KERNWAFFEN

Die Vereinigten Staaten von Amerika und die Union der Sozialistischen Sowjetrepubliken, im folgenden als Parteien bezeichnet,

geleitet von den Zielen, den Weltfrieden und die internationale Sicherheit zu stärken,

im Bewußtsein, daß ein Nuklearkrieg verheerende Folgen für die Menschheit haben würde,

von dem Wunsch ausgehend, Voraussetzungen zu schaffen, unter denen die Gefahr des Ausbruchs eines Nuklearkrieges irgendwo in der Welt verringert und schließlich ausgeschaltet würde,

ausgehend von ihren Verpflichtungen nach der Charta der Vereinten Nationen im Hinblick auf die Aufrechterhaltung des Friedens, auf den Verzicht auf die Drohung mit der Anwendung von Gewalt und auf die Vermeidung des Krieges sowie in Übereinstimmung mit den Vereinbarungen, zu deren Einhaltung sich beide Parteien verpflichtet haben,

ausgehend von den Grundprinzipien der Beziehungen zwischen den Vereinigten Staaten von Amerika und der Union der Sozialistischen Sowjetrepubliken, wie sie am 29. Mai 1972 in Moskau unterzeichnet worden sind,

und bei erneuter Bestätigung, daß die Entwicklung der Beziehungen zwischen den Vereinigten Staaten von Amerika und der Union der

Sozialistischen Sowjetrepubliken sich nicht gegen andere Länder und ihre Interessen richten,

sind wie folgt übereingekommen:

Artikel I

Die Vereinigten Staaten und die Sowjetunion stimmen darin überein, daß es ein Ziel ihrer Politik ist, die Gefahr eines Nuklearkrieges und der Verwendung von Kernwaffen zu beseitigen.

Danach stimmen die Parteien darin überein, daß sie sich so verhalten werden, daß die Entwicklung von Situationen, die eine gefährliche Verschärfung ihrer Beziehungen verursachen könnten, verhindert wird, um militärische Konfrontationen zu vermeiden und um den Ausbruch eines nuklearen Krieges zwischen ihnen und zwischen einer der Parteien und anderen Ländern auszuschließen.

Artikel II

Die Parteien vereinbaren in Übereinstimmung mit Artikel I und um das in diesem Artikel genannte Ziel zu erreichen, von der Voraussetzung auszugehen, daß jede Partei sich der Androhung von Gewalt gegen die andere Partei, gegen die Verbündeten der anderen Partei und gegen andere Länder unter solchen Umständen enthalten wird, die den internationalen Frieden und die internationale Sicherheit gefährden könnten. Die Parteien kommen überein, daß sie sich bei der Gestaltung ihrer Außenpolitik und bei ihrem Handeln auf dem Gebiet der internationalen Beziehungen von diesen Überlegungen leiten lassen werden.

Artikel III

Die Parteien verpflichten sich, ihre Beziehungen untereinander und zu anderen Ländern auf eine Weise zu entwickeln, die den Zielen dieser Vereinbarungen entspricht.

Artikel IV

Wenn zu irgendeinem Zeitpunkt die Beziehungen zwischen den Parteien oder zwischen einer Partei und anderen Ländern das Risiko eines nuklearen Konflikts mit sich zu bringen scheinen oder wenn die Beziehungen zwischen Ländern, die an dieser Vereinbarung nicht beteiligt sind, das Risiko eines Nuklearkrieges zwischen den Vereinigten Staaten von Amerika und der Union der Sozialistischen Sowjetrepubliken oder zwischen einer der Parteien und anderen Ländern zu beinhalten scheinen, werden die Vereinigten Staaten und die Sowjetunion in Übereinstimmung mit dieser Vereinbarung sofort dringende Konsultationen miteinander beginnen und jede Anstrengung unternehmen, dieses Risiko auszuschalten.

Artikel V

Jeder Partei soll es freistehen, den Sicherheitsrat der Vereinten Nationen, den Generalsekretär der Vereinten Nationen und die Regierungen verbündeter oder anderer Länder von dem Fortschritt und den Ergebnissen von Konsultationen zu unterrichten, die in Übereinstimmung mit Artikel IV dieser Vereinbarungen geführt worden sind.

Artikel VI

Nichts in dieser Vereinbarung soll beeinflussen oder behindern:

a) das inhärente Recht der individuellen oder kollektiven Selbstverteidigung, wie es von Artikel 51 der Charta der Vereinten Nationen vorgesehen ist,

b) die Bestimmungen der Charta der Vereinten Nationen einschließlich derjenigen, die sich auf die Aufrechterhaltung und Wiederherstellung des internationalen Friedens und der Sicherheit beziehen, und

c) die Verpflichtungen, die jede der beiden Parteien gegenüber ihren Verbündeten oder anderen Ländern in Verträgen, Vereinbarungen und anderen entsprechenden Dokumenten übernommen hat.

Artikel VII

Diese Vereinbarungen sollen für eine unbegrenzte Zeit gültig sein.

Artikel VIII

Diese Vereinbarungen sollen mit ihrer Unterzeichnung in Kraft treten.

Ausgefertigt in Washington am 22. Juni 1973 in zwei Kopien, jeweils in der englischen und russischen Sprache, wobei beide Texte gleich authentisch sind.

FÜR DIE VEREINIGTEN STAATEN VON AMERIKA:	FÜR DIE UNION DER SOZIALISTISCHEN SOWJETREPUBLIKEN:
gez.	gez.
Richard Nixon	L. Breschnew
Präsident der Vereinigten Staaten von Amerika	Generalsekretär des Zentralkomitees der KPdSU

16 Siehe Henry Kissinger, *Memoiren 1968–1973,* München 1979, S. 1295–1302; Richard Nixon, *RN: The Memoirs of Richard Nixon,* New York 1978, S. 613–614.

17 Der Abschnitt des amerikanisch-sowjetischen Kommuniques vom 24. Juni 1973 über den Nahen Osten lautet wie folgt:

Die Parteien haben ihre ernste Sorge über die Lage im Nahen Osten zum Ausdruck gebracht und ihre Meinungen über die Methoden zur Erreichung einer Regelung für den Nahen Osten ausgetauscht.

Jede der Parteien hat ihre Haltung zu diesem Problem erläutert. Beide Parteien sind übereingekommen, ihre Bemühungen fortzusetzen, im Nahen Osten zu einer möglichst schnellen Regelung zu kommen. Diese Regelung sollte mit den Interessen aller Staaten in dem Gebiet übereinstimmen, ihre Unabhängigkeit und Souveränität bewahren und sollte die legitimen Interessen des palästinensischen Volkes in erforderlicher Weise berücksichtigen.

VIII. Kapitel

1 Siehe II. Kapitel, Anm. 11.

2 Siehe II. Kapitel, Anm. 4.

3 Siehe Spencer Rich, »No Legal Bar is Found to Resuming Warfare«, *Washington Post*, 9. April 1973. Die Denkschrift des Außenministers Rogers über die Rechtmäßigkeit von Luftoperationen findet sich unter Anm. 21 unten.

4 Siehe McGeorge Bundy, »Vietnam, Watergate, and Presidential Powers«, *Foreign Affairs*, Bd. 58, Nr. 2, Winter 1979/80; 397–407.

5 Die dem Präsidenten von Pakistan von Präsident Kennedy gegebenen privaten Zusicherungen werden aufgeführt bei Henry Kissinger, *Memoiren 1968–1973*, a. a. O., S. 949–950 und in Anm. 7, S. 1590. 1963 verpflichtete sich Präsident Kennedy in einem Brief an Kronprinz Faisal von Saudiarabien, diesem Land mit amerikanischen Streitkräften zu Hilfe zu kommen, um es gegen Bedrohungen durch Nassers Ägypten in der Jemen-Krise zu unterstützen. Siehe Christopher J. McMullen, *Resolution of the Yemen Crisis, 1963: A Case Study in Mediation*, Washington 1980, S. 9–10, 13, 20.

6 Zu den zahlreichen öffentlichen Erklärungen, in denen sich die Vereinigten Staaten verpflichtet hatten, Südvietnam zu unterstützen und die Einhaltung der Pariser Vereinbarungen zu erzwingen, gehörten die folgenden:

Ansprache des Präsidenten Nixon an die Nation am 23. Januar 1973:

»Wir werden Südvietnam auch weiterhin im Rahmen der Vereinbarungen helfen und werden die Bemühungen des Volkes von Südvietnam unterstützen, seine Probleme friedlich selbst zu lösen ... Wir werden mit ihnen auch künftig als Freunde im Frieden ebenso zusammenarbeiten, wie wir es als Verbündete im Kriege getan haben ...

Das bedeutet, daß die Bestimmungen der Vereinbarungen genauestens befolgt werden müssen. Wir werden alles tun, was die Vereinbarungen von uns verlangen, und wir werden von den anderen Parteien erwarten, daß sie alles tun, was darin von ihnen verlangt wird. Wir werden auch von anderen interessierten Nationen erwarten, daß sie zur Einhaltung der Vereinbarungen und zur Bewahrung des Friedens beitragen.«

Dr. Kissingers Pressekonferenz am 24. Januar 1973:

Frage: »Wenn ein Friedensvertrag verletzt wird und sich die Internationale Kontrollkommission nicht durchsetzen kann, werden die Vereinigten Staaten je wieder Truppen nach Vietnam schicken?«

Dr. Kissinger: »Ich möchte nicht über hypothetische Situationen spekulieren, von denen wir nicht erwarten, daß sie eintreten werden ...

Der zweite stellvertretende Außenminister William Sullivan im Fernsehprogramm von NBC, »Meet the Press«, am 28. Januar 1973:

Frage: »Es gibt heute auch Meldungen aus Saigon, Herr Botschafter, nach denen die Vereinigten Staaten Saigon offizielle, aber private Zusicherungen gegeben haben, wir würden wieder militärisch intervenieren, falls Hanoi (die Vereinbarungen) schwerwiegend verletzt. Zu was haben wir uns eigentlich verpflichtet? Was würden wir tun, wenn der Waffenstillstand nicht eingehalten wird?«

Sullivan: »Ich werde darüber keine Spekulationen anstellen, Herr Rosenfield. Ich glaube, Sie kennen die Erklärung von Dr. Kissinger über die Methode, nach der gemäß den Vereinbarungen für die Durchsetzung der Bestimmungen gesorgt werden soll. Für uns gibt es keine Beschränkungen, wir wollen aber jetzt nicht über irgendwelche hypothetische Fragen zu dem sprechen, was die Zukunft uns bringen könnte.«

Dr. Kissinger, Interview in der Nachrichtensendung von CBS mit Marvin Kalb, 1. Februar 1973:

Kalb: »Mr. Kissinger, ich glaube, ich wollte erfahren, was wirklich geschieht – und ich finde, danach muß gefragt werden. In der besten aller möglichen Welten würde der Waffenstillstand eingehalten werden. In der Welt, in der wir leben, besteht die Möglichkeit, daß dies nicht geschieht. Präsident Thieu hat heute abend in einem Interview bei CBS gesagt, er würde nie wieder um eine Unterstützung durch amerikanische Luftstreitkräfte bitten. Und Botschafter Sullivan hat erst am vergangenen Sonntag erklärt, es gäbe keine Beschränkungen – ich glaube, das waren seine Worte – für den Einsatz dieser Luftstreitkräfte. Ist das richtig?«

Dr. Kissinger: »Völkerrechtlich betrachtet trifft das zu.«

Kalb: »Aber innen- und außenpolitisch?«

Dr. Kissinger: »Wir haben das Recht, das zu tun. Abstrakt läßt sich diese Frage aber nur sehr schwer beantworten. Es hängt von dem Ausmaß der Herausforderung, von der Art der Bedrohung und von den Umständen ab, unter denen sie erfolgt; und es wäre äußerst unklug, wenn ein verantwortlicher amerikanischer Beamter in dieser

Phase, in der sich der Friede zu konsolidieren beginnt, eine Liste von Umständen aufstellen wollte, unter denen die Vereinigten Staaten etwas tun oder unterlassen würden.

Soweit wir das beurteilen können, werden die Nordvietnamesen in der vorausschaubaren Zukunft nicht in der Lage sein, einen Angriff mit stark überlegenen Kräften gegen den Süden zu führen, auch wenn sie die Vereinbarungen nicht einhalten. Was nach einem oder zwei Jahren geschehen wird, muß nach den dann herrschenden Umständen beurteilt werden.

Mit den meisten Verletzungen des Abkommens, die wir heute voraussehen können, sollten die Südvietnamesen selbst fertig werden.«

Kalb: »Wenn ich Sie richtig verstanden habe, wird es in den nächsten ein bis zwei Jahren nicht notwendig sein, wieder amerikanische Streitkräfte einzusetzen?«

Dr. Kissinger: Marvin, wir haben diesen Krieg nicht beendet, um nach einem Anlaß zu suchen, ihn wieder zu beginnen. Es wäre aber unverantwortlich, wenn wir in diesem Augenblick potentiellen Aggressoren genau sagen wollten, was sie, ohne ein Risiko einzugehen, tun oder nicht tun können.«

Präsident Nixons Pressekonferenz vom 15. März 1973:

»Ich möchte nur sagen: Wir haben die Nordvietnamesen von unserer Sorge wegen dieser Infiltration und darüber unterrichtet, für was wir sie halten: für eine Verletzung des Waffenstillstands und der Friedensvereinbarungen. Wir haben auch gegenüber anderen interessierten Parteien unsere Besorgnis zum Ausdruck gebracht. Und ich möchte nur sagen, daß die Nordvietnamesen angesichts meines Verhaltens während der vergangenen vier Jahre solche Äußerungen der Besorgnis nicht leichtfertig unbeachtet lassen sollten, wenn sie sich auf eine Verletzung beziehen. Das ist alles, was ich dazu sagen werde.«

Unterstaatssekretär für politische Angelegenheiten, William Porter, Rede in Grand Rapids, 21. März 1973:

»Präsident Nixon hat unserer Besorgnis wegen des Einschleusens großer Mengen militärischer Ausrüstung nach Südvietnam durch die Nordvietnamesen sehr deutlich Ausdruck verliehen. Wenn es so weitergeht, dann könnte dieses Einschleusen ernste Folgen haben. Die Nordvietnamesen sollten die Äußerungen unserer Besorgnis nicht auf die leichte Schulter nehmen.«

Präsident Nixons Ansprache an die Nation, 29. März 1973:

»Auf einigen Gebieten gibt es noch Probleme. Die Bestimmungen der Vereinbarungen, nach denen alle in Indochina Vermißten gemeldet werden sollen, die Laos und Kambodscha betreffenden Vereinbarungen und die Bestimmungen, die eine Infiltration von Nordvietnam nach Südvietnam verbieten, sind nicht befolgt worden. Wir haben die Vereinbarungen eingehalten und werden es tun. Wir werden darauf bestehen, daß sich auch Nordvietnam an die Vereinbarungen hält. Und die Führer Nordvietnams sollten nicht daran zweifeln, welche Konsequenzen sich daraus ergeben werden, wenn sie sich nicht an die Vereinbarungen halten.«

Verteidigungsminister Richardson im Fernsehprogramm der NBC »Meet the Press«, 1. April 1973:

Nessen: »Herr Minister, können Sie sagen, daß die Vereinigten Staaten niemals und unter keinen Umständen wieder militärische Kräfte nach Indochina schicken werden?«

Minister Richardson: »Nein, ich kann keine kategorischen Zusagen machen, Herr Nessen. Offensichtlich kann es in der Zukunft Entwicklungen geben, die sich jetzt nicht voraussehen lassen. Wir hoffen jedoch natürlich, daß das nicht notwendig sein wird.«

Nessen: »Und wenn ich Sie frage, ob die Vereinigten Staaten in Nordvietnam oder in Südvietnam nie wieder Bombenangriffe führen werden, würde Ihre Antwort die gleiche sein?«

Minister Richardson: »Ja, aber wir hoffen und erwarten natürlich, daß die Vereinbarungen über den Waffenstillstand eingehalten werden.«

Nessen: »Präsident Nixon hat Nordvietnam mehrmals gewarnt und gesagt, es sollte sich hinsichtlich der Konsequenzen einer Verletzung des Waffenstillstandsabkommens keinen Zweifeln hingeben. Was meint er damit; welches sind die Konsequenzen?«

Minister Richardson: »Das ist offensichtlich etwas, das man im voraus nicht genau definieren kann, Herr Nessen . . .

Sie (die Nordvietnamesen) haben, glaube ich, Veranlassung gehabt, an die Vergangenheit zu denken, um zu erkennen, daß der Präsident bereit gewesen ist, das Notwendige zu tun, um eine auf dem Verhandlungswege erreichte Lösung zustande zu bringen und den Krieg zu beenden.«

Aussage des Verteidigungsministers Richardson vor dem Streitkräfteausschuß des Senats am 2. April 1973:

Frage: »Es gibt heute Berichte aus Südvietnam, nach denen Präsident Thieu von Südvietnam sagt, die Vereinigten Staaten und die südvietnamesische Regierung hätten vereinbart, wenn es zu einer Offensive käme und die Nordvietnamesen ins Land kämen, sollten die Vereinigten Staaten mit ihren Flugzeugen und ihrer Luftunterstützung zurückkommen. Haben wir uns in dieser Weise verpflichtet?«

Minister Richardson: »Das ist ganz einfach die Frage einer sehr großen

Wahrscheinlichkeit. Ich würde nicht versuchen wollen, etwas, was er gesagt hat, zu erweitern oder einzuschränken . . .
Natürlich halten wir uns auch weiterhin daran, daß die Waffenstillstandsvereinbarungen nicht nur unterzeichnet worden sind, sondern auch im Interesse aller Parteien liegen und es unser Ziel ist, soweit wie möglich dafür zu sorgen, daß sie eingehalten werden . . .
Es ist unsere Aufgabe, die Überlegungen zu stärken, die sie, wie wir meinen, zur Einhaltung der Vereinbarungen veranlassen werden . . .
Wenn er (der Präsident) die verfassungsmäßige Vollmacht hatte, den Krieg fortzuführen, während er versuchte, ihn zu beenden, dann ist es nach unserer Ansicht auch natürlich zu sagen, er habe die verfassungsmäßige Vollmacht, alle Schritte zu unternehmen, die jetzt erforderlich sind, um sicherzustellen, daß die Waffenstillstandsvereinbarungen eingehalten werden.«

Verlautbarung der USA und der Regierung von Vietnam (San Clemente), 3. April 1973:
»Beide Präsidenten haben, wenngleich sie anerkennen, daß auf dem Wege zu einer militärischen und politischen Regelung in Südvietnam Fortschritte gemacht worden sind, mit tiefer Besorgnis festgestellt, daß Mannschafen und Waffen in beträchtlicher Menge von Nordvietnam nach Südvietnam in Verletzung der Vereinbarungen zur Beendigung des Krieges eingeschleust worden sind, und sie sind zu dem Schluß gekommen, daß Maßnahmen, welche die Grundlagen der Vereinbarung bedrohen würden, entsprechend energische Reaktionen erforderlich machen würden. Sie haben ihre Überzeugung zum Ausdruck gebracht, daß alle Bestimmungen der Vereinbarungen, insbesondere diejenigen, die militärische Streitkräfte und militärischen Nachschub betreffen, gewissenhaft befolgt werden müssen, wenn der Waffenstillstand gewahrt und die Aussichten auf eine friedliche Regelung gesichert werden sollen. Präsident Nixon hat in diesem Zusammenhang erklärt, daß die Vereinigten Staaten die Verletzung aller Bestimmungen der Vereinbarungen mit tiefer und fortdauernder Besorgnis betrachten . . .

Verteidigungsminister Elliot Richardson in einem Interview mit Journalisten vor seinen Aussagen im Unterausschuß für Verteidigungsausgaben des Repräsentantenhauses am 3. April 1973:
Frage: »Herr Minister, unter welchen Voraussetzungen würden wir die Bombenangriffe zur Unterstützung der Südvietnamesen wiederaufnehmen müssen?«
Minister Richardson: »Das wäre eine der Fragen, die sich generell nicht beantworten lassen. Wir können nur abwarten, wie sich die Lage entwickelt, und hoffen, daß diese Entwicklung zu einer vollen und

vollständigen Einhaltung der Waffenstillstandsvereinbarungen führt.«

Frage: »Aber ist es möglich, daß wir die Bombenangriffe wiederaufnehmen müssen, um entweder Nordvietnam anzugreifen oder die südvietnamesische Armee zu unterstützen?«

Minister Richardson: »Das können wir gegenwärtig sicher nicht ausschließen.«

Dr. Kissingers Pressekonferenz, 2. Mai 1973:

Frage: »Sie sagen, wenn sich Nordvietnam nicht an seine Verpflichtung hält, einen ehrenhaften Waffenstillstand einzuhalten, würde es eine erneute Konfrontation mit uns riskieren. Könnten Sie etwas deutlicher sagen, was Sie damit meinen?«

Dr. Kissinger: ». . . Was nun die Konfrontation betrifft, so haben wir erklärt, daß wir auf der Einhaltung der Vereinbarungen bestehen werden. Jetzt bemühen wir uns um Gespräche mit den Nordvietnamesen über die Voraussetzungen für eine strikte Einhaltung der Vereinbarungen. Wir haben die Absicht und jeden Anlaß, sicherzustellen, daß die Vereinbarungen von unserer Seite eingehalten werden, und wollen unseren Einfluß überall dort geltend machen, wo es zur strikten Einhaltung der Vereinbarungen beitragen kann.

Aber die Vereinigten Staaten können keine ernstgemeinten Vereinbarungen unterzeichnen und es zulassen, daß ihre wichtigsten Bestimmungen schon nach wenigen Wochen verletzt werden, ohne den Versuch zu machen, darauf hinzuweisen. Zu den besonderen Maßnahmen ist zu sagen: Einige von ihnen sind natürlich selbstverständlich, und wir würden es, wie wir in dem Bericht und auch mehrfach öffentlich erklärt haben, vorziehen, unsere Beziehungen zu den Nordvietnamesen auf eine Normalisierung hin zu entwickeln und einen Prozeß einzuleiten, der sich, wie das bei anderen Prozessen normal ist, beschleunigt.

Die Bedeutung dessen, was ich hier gesagt habe, liegt darin, daß die zwischen uns bestehenden Spannungen sich nicht so rasch abbauen lassen, wie wir es wünschen, wenn die Vereinbarungen nicht beachtet werden.«

Außenpolitischer Bericht des Präsidenten, 3. Mai 1973:

»Wir hoffen, beide Parteien werden es jetzt vorziehen, ihre Ziele mit friedlichen Mitteln und im politischen Wettbewerb zu verfolgen und nicht mit den brutalen und verlustreichen Methoden der Vergangenheit. Sie haben jetzt die Wahl. Wir werden im Hinblick auf die Verletzungen der Vereinbarungen wachsam sein . . .

Hanoi hat im wesentlichen zwei Alternativen. Die erste ist es, die durch die Vietnam-Vereinbarungen entstandene Lage auszunutzen und seine politischen Ziele in Indochina weiter zu verfolgen. In diesem Fall würde (Nordvietnam) auch weiterhin Menschen und Material nach Südvietnam einschleusen, seine Streitkräfte in Laos und Kambodscha belassen und seine Aggression gegen unsere Freunde durch Druck oder einen regulären Angriff fortsetzen. Ein solcher Kurs würde die unter großen Schwierigkeiten erreichten Fortschritte auf dem Wege zum Frieden in Indochina in Gefahr bringen. Das Risiko einer Konfrontation mit uns würde sich erneuern ... Die zweite Alternative für Nordvietnam liegt darin, seine Ziele auf friedlichem Wege zu verfolgen und es zuzulassen, daß sich die historischen Tendenzen in dieser Region stabilisieren ...

Die Republik von Vietnam wird in uns einen zuverlässigen Freund finden. Wir werden die Beziehungen zu seiner Regierung als der legitimen Vertretung des südvietnamesischen Volkes aufrechterhalten und dabei die Anstrengungen der südvietnamesischen Parteien, eine Versöhnung verbeizuführen und die politische Zukunft ihres Landes zu gestalten, unterstützen. Wir werden im Rahmen der Vereinbarungen die militärische Ausrüstung der südvietnamesischen Armee ergänzen. Wir erwarten von unseren Freunden, daß sie die Vereinbarungen einhalten, wie auch wir eine Verletzung durch die Nordvietnamesen oder ihre Verbündeten nicht dulden werden ...

Wir haben Hanoi privat und öffentlich gesagt, daß wir keine Verletzungen der Vereinbarungen dulden werden.«

Dr. Kissingers Pressekonferenz am 13. Juni 1973:

Frage: »Glauben Sie, daß Sie mit der Unterstützung des Dokuments Ihre Arbeit im indochinesischen Raum mehr oder weniger abgeschlossen haben, wo Sie immer noch vor großen Schwierigkeiten stehen, besonders im Hinblick auf Kambodscha?«

Dr. Kissinger: »Die noch ungelösten Probleme in Indochina werden wesentliche diplomatische Bemühungen erforderlich machen, und wir erwarten, damit fortzufahren. Natürlich sind wir immer noch verpflichtet, die Vereinbarungen strikt einzuhalten, und wir werden auch in Zukunft daran interessiert sein.«

Präsident Nixons Botschaft an das Repräsentantenhaus vom 27. Juni 1973, mit der er sich gegen die Einstellung der Bombenangriffe in Indochina ausspricht:

»Eine völlige Einstellung würde den Kommunisten praktisch jeden Anlaß nehmen, zu verhandeln, und damit würden die beiderseitigen diplomatischen Bemühungen, in Kambodscha einen Waffenstillstand herbeizuführen, untergraben. Damit würde die Entwicklung zu einem dauernden Frieden in Indochina, die im vergangenen Januar begonnen und die in dem am 13. Juni in Paris unterzeichneten Vier-Parteien-Kommuniqué neue Impulse erhalten hat, in ihr Gegenteil verkehrt ...

Ein kommunistischer Sieg in Kambodscha würde wiederum das subtile Gleichgewicht ausgehandelter Vereinbarungen, politischer Ausgewogenheit und militärischer Kräfteverhältnisse in Gefahr bringen, von dem der Friede in ganz Südostasien abhängt und auf dem eine Beurteilung der Annehmbarkeit der Vietnam-Vereinbarungen gegründet war.

Schließlich und mit noch ernsteren weltpolitischen Folgen würde das den Vereinigten Staaten durch die Legislative aufgezwungene Hinnehmen kommunistischer Verletzungen der Pariser Vereinbarungen und der Eroberung von Kambodscha durch kommunistische Streitkräfte unsere nationale Verpflichtung nicht nur im Hinblick auf die Friedensregelung in Vietnam, sondern auch hinsichtlich anderer Regelungen oder Vereinbarungen in Frage stellen, die wir mit anderen Nationen erreicht haben oder zu erreichen suchen. Das wäre ein schwerer Schlag gegen die internationale Glaubwürdigkeit der Vereinigten Staaten – ein Schlag, der sich weit über Indochina hinaus fühlbar machen würde.«

Außenminister Kissingers Brief an Senator Kennedy, 25. März 1974:

»Als Signatarmacht der Pariser Vereinbarungen haben sich die Vereinigten Staaten verpflichtet, die Bedingungen zu fördern, die den Waffenstillstand ermöglicht haben, und zwar mit dem Ziel, das Recht des südvietnamesischen Volkes auf Selbstbestimmung durchzusetzen. Ausgehend von diesen Verpflichtungen, stellen wir der Republik von Vietnam auch weiterhin die notwendigen Mittel für die Selbstverteidigung und für die Erhaltung der wirtschaftlichen Lebensfähigkeit zu Verfügung ...

Wir haben ... uns sehr konkret sowohl politisch als auch moralisch verpflichtet.«

Interview mit dem ehemaligen südvietnamesischen Außenminister Tran Van Lam, Saigon, 14. April 1975:

Außenminister Lam erklärte, Präsident Nixon habe versprochen, auf jede große nordvietnamesische Offensive »sofort und energisch zu reagieren«. Aber, so fügte er hinzu, »es wurde keine geheime Vereinbarung unterzeichnet«. –

Es ist interessant, daß Bundys Artikel die Warnungen des Justizministers Richardson nur frei wiedergibt, aber nicht vollständig zitiert. Und er gibt sie in einer irreführenden Weise wieder, denn er behauptet – offensichtlich falsch –, daß sie sich auf die gegenwärtigen Bombenangriffe in Kambodscha und nicht auf eine mögliche neue Intervention in

Vietnam als Reaktion auf die Wiederaufnahme nordvietnamesischer Angriffe bezogen hätten. Siehe Bundy, »Vietnam, Watergate and Presidential Powers«, S. 400–401.

7 Godfrey Hodgson, *America in Our Time: From World War II to Nixon,* New York 1976, S. 397.

8 Siehe z.B. Michael Ledeen und William Lewis, *Debacle: The American Failure in Iran,* New York 1981.

9 Stephen T. Hosmer, Konrad Kellen und Brian M. Jenkins, *The Fall of South Vietnam: Statements by Vietnamese Military and Civilian Leaders,* Santa Monica 1978, S. 10–15.

10 Zu dem EC-121-Zwischenfall von 1969 siehe Kissinger, *Memoiren 1968–1973,* a.a.O., S. 338–347.

11 Siehe Kissinger, *Memoiren 1968–1973,* a.a.O., 1076–1077.

12 Das ist die These von William Shawcross, *Sideshow: Kissinger, Nixon, and the Destruction of Cambodia,* New York 1979. Eine Analyse der in diesem Buch enthaltenen Fehler, Taschenspielertricks und irreführenden Dokumentationen findet sich bei Peter W. Rodman, »Sideswipe: Kissinger, Shawcross and the Responsibility for Cambodia«, *The American Spectator,* Bd. 14, Nr. 3 (März 1981). Siehe auch den Meinungsaustausch zwischen Rodman und Shawcross in *The American Spectator,* Bd. 14, Nr. 7 (Juli 1981).

13 Siehe Kenneth M. Quinn, »Political Change in Wartime: The Khmer Krahom Revolution in Southern Cambodia, 1970–1974«, *Naval War College Review,* Frühjahr 1976, S. 8–9.

14 Siehe z.B. Shawcross, *Sideshow* a.a.O., S. 389 und passim.

15 Z.B. Shawcross a.a.O., S. 265.

16 Demokratisches Kampuchea, *The Black Book: Facts and Proofs of Vietnam's Acts of Aggression and Annexation against Kampuchea,* Phnom Penh, 1978, V. Kapitel, Abschnitt 2 (c).

17 François Ponchaud, *Cambodia: Year Zero,* New York 1978, S. 21, 192. Siehe auch S. XIV, 135–136.

18 Quinn, »Political Change in Wartime«, S. 8–19. Shawcross zitiert Ponchaud und Quinn, aber nirgends die Passagen, die seiner These, daß das Verhalten der Vereinigten Staaten die Brutalität der Roten Khmer ausgelöst hätte, direkt widersprechen.

19 »Sihanouk: The Man We May Have to Settle for in Cambodia«, *New York Times,* 12. August 1973.

20 Verschiedene Versionen dieser Aussage des Kongreßabgeordneten O'Neill erscheinen in mehreren Quellen, zum Beispiel Aussagen des Kongreßabgeordneten Giaimo in den Abendnachrichten der Fernsehgesellschaft CBS am 25. Juni 1973; Shawcross, *Sideshow a.a.O.,* S. 285. Kongreßmitglieder haben das Vorrecht, ihre Erklärungen vor der Veröf-

fentlichung in *Congressional Record* zu ergänzen oder umzuschreiben, und diese Aussage erscheint dort nicht.

21 Das verfassungsmäßige Recht des Präsidenten, die Luftoperationen in Kambodscha nach Abschluß der Pariser Vereinbarungen fortzuführen, wird im einzelnen in einer Denkschrift begründet, die Außenminister Rogers dem Außenpolitischen Senatsausschuß am 30. April 1973 vorgelegt hat:

DAS RECHT DES PRÄSIDENTEN, DIE MILITÄRISCHEN OPERATIONEN DER LUFTSTREITKRÄFTE DER VEREINIGTEN STAATEN IN KAMBODSCHA FORTZUFÜHREN

Der Zweck dieser Denkschrift ist es, das verfassungsmäßige Recht des Präsidenten für die Fortführung der Luftoperationen der Vereinigten Staaten in Kambodscha nach dem Abschluß der Vereinbarungen zur Beendigung des Krieges und der Wiederherstellung des Friedens in Vietnam am 27. Januar 1973 und der Beendigung des Abzugs der Streitkräfte der Vereinigten Staaten aus Vietnam sowie der Rückkehr amerikanischer Bürger, die in Indochina gefangengehalten wurden, zu begründen. Die Denkschrift behandelt auch die Hintergründe der Vereinbarungen am 27. Januar und die hinter den verschiedenen Maßnahmen der Vereinigten Staaten stehenden Absichten zur Klärung der Rechtslage.

Über eine Reihe von Jahren haben die Vereinigten Staaten diplomatische und militärische Anstrengungen unternommen, um in Vietnam einen gerechten Frieden herbeizuführen. Diese Anstrengungen haben zur Stärkung der Streitkräfte der Republik von Vietnam für die Selbstverteidigung geführt und ernsthafte Verhandlungen ermöglicht, die in den Vereinbarungen zur Beendigung des Krieges und der Wiederherstellung des Friedens in Vietnam gipfelten, die am 27. Januar 1973 in Paris unterzeichnet worden sind. Diese Vereinbarungen sahen einen Waffenstillstand in Vietnam, die Rückkehr der Gefangenen sowie den Abzug der Streitkräfte der Vereinigten Staaten und ihrer Verbündeten aus Südvietnam innerhalb von sechzig Tagen vor. Die Vereinbarungen verlangten (in Artikel 20) auch den Abzug aller ausländischen Streitkräfte aus Laos und Kambodscha und verpflichteten die Parteien, auf die Verwendung des Territoriums von Kambodscha und Laos und die Beeinträchtigung der Souveränität und Sicherheit anderer Länder zu verzichten, die Neutralität von Kambodscha und Laos zu achten und jede Einmischung in die inneren Angelegenheiten dieser beiden Länder zu vermeiden. Dieser Artikel hat zentrale Bedeutung, denn es läßt sich schon seit langer Zeit erkennen, daß die Konflikte in Laos und Kambodscha in engem Zusammenhang mit dem Konflikt in Vietnam stehen und diese beiden

Konflikte so sehr miteinander verknüpft sind, daß man sie als Teile eines einzigen Konflikts betrachten kann.
Als die Vereinbarungen über Vietnam geschlossen wurden, haben die Vereinigten Staaten den Nordvietnamesen klargemacht, daß die Streitkräfte der Khmer-Regierung alle offensiven Operationen einstellen und die sie unterstützenden Luftstreitkräfte der Vereinigten Staaten das gleiche tun würden. Wir haben erklärt, wenn sich die andere Seite ebenso verhielte, würde dadurch in Kambodscha ein *de facto*-Waffenstillstand in Kraft treten. Wir haben aber auch erklärt, wenn die kommunistischen Streitkräfte Angriffe fortführten, würden die Regierungsstreitkräfte und die Luftstreitkräfte der Vereinigten Staaten die notwendigen Gegenmaßnahmen ergreifen und würden in diesem Fall in Kambodscha die erforderlichen Luftangriffe führen, bis ein Waffenstillstand geschlossen werden könnte. Diese Erklärungen gründeten sich auf unsere Überzeugung, daß es für Hanoi notwendig wäre, zu verstehen, daß eine Fortführung der Feindseligkeiten in Kambodscha und Laos nicht in seinem oder in unserem Interesse läge und daß beide Parteien die Bestimmungen des Artikels 20 der Vereinbarungen einhalten müßten.
In jüngster Zeit ist gesagt worden, der Abzug aller Streitkräfte der Vereinigten Staaten aus Südvietnam und die Rückkehr aller amerikanischen Gefangenen hätten eine grundsätzlich neue Lage geschaffen, in welcher der Präsident beim Kongreß eine neue Ermächtigung erwirken müßte, um in Kambodscha Luftangriffe anzuordnen. Genauer gesagt, geht es hier darum, ob das verfassungsmäßige Recht des Präsidenten, in Kambodscha auch weiterhin das zu tun, was die Vereinigten Staaten mit voller Berechtigung bisher dort getan haben, mit dem Abzug der Streitkräfte der Vereinigten Staaten aus Vietnam und der Rückkehr amerikanischer Gefangener aufgehoben wird, obwohl in Kambodscha kein Waffenstillstand erreicht wurde und nordvietnamesische Truppen im Widerspruch zu den klaren Bestimmungen der Vereinbarungen in Kambodscha blieben. Mit anderen Worten, es geht nicht darum, ob der Präsident etwas Neues tun darf, sondern darum, ob er das, was er getan hat, automatisch einstellen muß, und zwar ohne Rücksicht auf die Konsequenzen, obwohl die Vereinbarungen von der anderen Seite nicht eingehalten werden.
Zu den Absichten der Vereinigten Staaten in Südostasien hat es immer gehört, bei der Beendigung des Vietnam-Krieges eine Regelung zu finden, die es dem Volk von Südvietnam erlaubt, das Recht auf Selbstbestimmung auszuüben. Der Präsident hat das bei vielen Gelegenheiten deutlich ausgesprochen; zum Beispiel am 8. Mai 1972, als er die Vorschläge machte, welche die Grundlage für die schließlich

erfolgreichen Verhandlungen mit Nordvietnam bildeten. Der Präsident erklärte, mit unseren militärischen Maßnahmen gegen Vietnam verfolgten wir drei Ziele: Erstens wollten wir verhindern, daß in Südvietnam mit Gewalt eine kommunistische Regierung eingesetzt würde; zweitens wollten wir unsere in Südvietnam verbleibenden Streitkräfte schützen; drittens wollten wir die Entlassung unserer Gefangenen erreichen. Das am 29. Mai 1972 in Moskau vom Präsidenten und Herrn Breschnew gemeinsam herausgegebene Kommuniqué, in dem die Auffassung der Vereinigten Staaten zum Ausdruck kam, besagte, daß Verhandlungen auf der Grundlage der Vorschläge des Präsidenten vom 8. Mai am raschesten und wirksamsten das Ende des militärischen Konflikts herbeiführen und sicherstellen würden, daß die politische Zukunft von Südvietnam vom südvietnamesischen Volk ohne Einmischung von außen selbst entschieden werden könnte. Die kürzlich vom Appellationsgericht der Vereinigten Staaten für den Distrikt von Columbia im Verfahren Mitchell gegen Laird vertretene Auffassung macht deutlich, daß der Präsdent das verfassungsmäßige Recht hat, alle diese Zwecke zu verfolgen. Nach den Worten von Richter Wyzanski hat sich der Präsident richtig verhalten »in dem ernsten Bestreben um die dauerhafte Wahrung der Interessen der Nation, ihrer Verteidigung, ihrer Ehre und ihrer Moral«.

Die am 27. Januar 1973 unterzeichneten Vereinbarungen stellen eine Lösung dar, die diesen Zielen gerecht wird. Ein wesentliches Element in diesen Vereinbarungen ist der Artikel 20, der die grundlegenden Zusammenhänge zwischen den Feindseligkeiten in allen Ländern Indochinas anerkennt und verlangt, daß jede bewaffnete Intervention ausländischer Streitkräfte in Laos und Kambodscha aufgegeben wird. Die Bedeutung dieses Artikels kann nicht überschätzt werden, weil die Fortsetzung von Feindseligkeiten in Laos und Kambodscha und die Gegenwart nordvietnamesischer Truppen dort das Recht der Selbstbestimmung des südvietnamesischen Volkes, das durch die Vereinbarungen garantiert wird, bedroht.

Die Vereinigten Staaten begrüßen es, daß in Laos eine Waffenstillstandsvereinbarung getroffen worden ist. Sie muß von allen Parteien respektiert werden und den sofortigen Abzug ausländischer Streitkräfte zur Folge haben. In Kambodscha ist es noch nicht möglich gewesen, einen Waffenstillstand zu erreichen, und die nordvietnamesischen Streitkräfte sind aus diesem Lande nicht abgezogen worden. In der gegenwärtigen Lage ist es notwendig, daß die Vereinigten Staaten die Streitkräfte der Khmer-Republik mit ihren Luftstreitkräften und materiell unterstützen und damit einen baldigen Waffenstillstand und die Verwirklichung der Bestimmungen des Artikels 20 der

Vereinbarungen eher ermöglichen. So stellen die Angriffe der amerikanischen Luftstreitkräfte in Kambodscha nicht einen Beitrag der Vereinigten Staaten zur Verteidigung Kambodschas als solcher dar, sondern sind vielmehr eine bedeutungsvolle Zwischenmaßnahme mit dem Ziel, die Beachtung dieser entscheidenden Bestimmung der Vietnam-Vereinbarungen herbeizuführen.
Würden diese Luftangriffe automatisch zu einem vorher bestimmten Zeitpunkt eingestellt, dann würde das diesen Absichten zuwiderlaufen, denn dann müßten die Vereinigten Staaten ihre Streitkräfte vorzeitig aus Südvietnam abziehen, während sie noch versuchten, mit Nordvietnam eine Vereinbarung auszuhandeln. Wäre das in Vietnam geschehen, dann wäre die Vereinbarung vom 27. Januar niemals zustande gekommen. Geschähe es in Kambodscha, dann hätten wir keinen Grund zu glauben, daß sich in Kambodscha ein Waffenstillstand erreichen ließe oder daß Nordvietnam seine Streitkräfte aus Kambodscha abziehen würde. Aus dieser Analyse läßt sich erkennen, daß die einseitige Einstellung unserer amerikanischen Luftangriffe in Kambodscha vor dem Abzug nordvietnamesischer Streitkräfte aus dem Lande den wesentlichen Erfolg der Vereinbarungen vom Januar ebenso unterminieren würde, als wenn die Vereinigten Staaten es unterlassen hätten, die Aufnahme des Artikels 20 in die Vereinbarungen zu verlangen, der den Abzug der Nordvietnamesen aus Laos und Kambodscha fordert. Die Vollmachten des Präsidenten nach Artikel II der Verfassung reichen aus, um so negative Folgen zu verhindern.
Es lohnt sich, darauf hinzuweisen, daß der Bericht »Der Kongreß und die Beendigung der Krieges in Vietnam«, der kürzlich von der außenpolitischen Abteilung des Forschungsdienstes des Kongresses für unseren Ausschuß erstellt worden ist, ähnliche Schlüsse zieht und auch im Hinblick auf die verfassungsmäßigen Rechte des Präsidenten die gleiche Auffassung vertritt.
Man muß erkennen, daß Umfang und Anwendung der Vollmachten des Präsidenten nach Artikel II der Verfassung nur selten unumstritten geblieben sind. Nach der Verfassung gibt es im Kriege eine Gewaltenteilung zwischen der Exekutive und der Legislative der Regierung. Der Kongreß hat das Recht, »für die gemeinsame Verteidigung zu sorgen, den Krieg zu erklären, Kaperbriefe auszustellen und Regeln für die Besetzung von Land und Wasser aufzustellen, Armeen einzuberufen und zu versorgen, eine Flotte aufzustellen und zu unterhalten, Bestimmungen für die Führung und Gliederung der Land- und Seestreitkräfte zu erlassen« und »alle Gesetze zu machen, die notwendig und angebracht sein werden, die obengenannten Vollmachten auszuüben . . .« Auf der anderen Seite sieht die Verfassung

vor, daß »die Exekutivgewalt von einem Präsidenten ausgeübt werden soll«, daß er »der Oberbefehlshaber des Heeres und der Flotte der Vereinigten Staaten sein soll« und daß »er dafür zu sorgen hat, daß die Gesetze getreulich befolgt werden«. Dem Präsidenten wird außerdem die Vollmacht übertragen, auf Anweisung und mit Zustimmung von zwei Dritteln des Senats Verträge zu schließen, auf Anweisung und mit der Zustimmung des Senats Botschafter zu ernennen und Botschafter sowie andere offizielle Geschäftsträger zu empfangen.

Der Verlauf der Verfassunggebenden Versammlung des Bundes im Jahr 1787 zeigt, daß die Ambivalenzen dieser Gewaltenteilung zwischen dem Präsidenten und dem Kongreß bewußt nicht aufgehoben wurden, weil man erwartete, daß sie sich in der Praxis näher bestimmen lassen würden. Mancher hätte es vielleicht lieber gesehen, wenn die Schöpfer der Verfassung präziser gewesen wären, aber es hat sich erwiesen, daß es sehr weise gewesen ist, zu erkennen, daß man nicht alle Möglichkeiten voraussehen kann und daß man deshalb für das politische Kräftespiel in der Zukunft eine beachtliche Flexibilität ermöglicht hat. Die Verfassung bildet den Rahmen für demokratische Entscheidungen und Handlungen und ist keine Quelle fertiger Antworten für alle Fragen, und darin liegt eine ihrer großen Stärken.

Fraglos soll der Kongreß bei den Entscheidungen über die Verwendung bewaffneter Streitkräfte im Ausland eine wichtige Rolle spielen. Welches ist nun diese Rolle im Hinblick auf die Fortführung des Einsatzes amerikanischer Luftstreitkräfte in Kambodscha? Der Kongreß hat mit dem Präsidenten zusammengearbeitet, um eine Politik der Festigkeit und der Verhandlungsbereitschaft zu ermöglichen, der es gelungen ist, die Vereinbarungen vom 27. Januar zustande zu bringen, und der es jetzt gelingen kann, die Einhaltung dieser Vereinbarungen durchzusetzen. Diese Zusammenarbeit hat sich in den Konsultationen, in der Autorisierung (des Präsidenten durch den Kongreß) und darin bewährt, daß die erforderlichen Mittel vom Repräsentantenhaus zur Verfügung gestellt worden sind. Der Kongreß hat die Vorschläge einiger seiner Mitglieder stets abgelehnt, die Teilnahme des Kongreßes und die Autorisierung dieser Politik dadurch aufzugeben, daß die notwendigen Mittel für Militärausgaben und Auslandshilfe gestrichen würden. Der Kongreß hat außerdem eine Reihe von Bestimmungen – besonders im Hinblick auf Kambodscha – erlassen. Die Politik des Präsidenten in Kambodscha hat diesen Bestimmungen bisher vollständige entsprochen und tut das auch noch jetzt.

Man hat natürlich gehofft, daß die Bestimmungen der am 27. Januar in Paris unterzeichneten Vereinbarungen strikt eingehalten würden, und dazu gehörten auch das sofortige Inkrafttreten eines Waffenstillstands in Laos und Kambodscha und der Abzug ausländischer Truppen aus diesen beiden Ländern. Statt dessen haben jedoch die Kommunisten nach dem Waffenstillstand in Laos eine neue Regierung gebildet und die Entwicklung damit aufgehalten; in Kambodscha haben die Kommunisten die Bemühungen der Khmer-Regierung um einen *de facto*-Waffenstillstand mit einer mit starken Kräften geführten großen Offensive beantwortet. Nordvietnamesische Streitkräfte sind in Laos und Kambodscha geblieben, und die Nordvietnamesen schleusen auch weiterhin durch diese Länder Personal und Kriegsmaterial in die Republik Vietnam ein. Nordvietnamesische Streitkräfte in Kambodscha beteiligen sich auch jetzt noch an den offensiven Operationen der Kommunisten und unterstützen sie.
Die von den Luftstreitkräften der Vereinigten Staaten in Laos geführten Angriffe waren ein wesentliches Element bei der Entscheidung Nordvietnams und seiner laotischen Verbündeten, in Laos einen Waffenstillstand auszuhandeln. Wenn die Luftangriffe der Vereinigten Staaten in Kambodscha trotz der kommunistischen Offensive eingestellt würden, dann hätten die Kommunisten, wenn überhaupt, einen nur geringen Anlaß, in diesem Land eine Waffenstillstand anzustreben, und zweifellos wäre die Versuchung für Nordvietnam sehr groß, seine Truppen und Nachschubwege auf unbestimmte Zeit in Laos und Kambodscha zu belassen. Eine solche Lage widerspräche der von Artikel 20 der Vietnam-Vereinbarungen vorgesehenen und würde die Durchführbarkeit einer Friedensregelung des südvietnamesischen Volkes bedrohen und daher für die Republik von Vietnam und die Vereinigten Staaten unannehmbar sein. Angesichts dieser Tatsachen scheint es klar, daß das Argument, die Verfassung erfordere die sofortige Einstellung von Luftangriffen der Vereinigten Staaten in Kambodscha wegen der Pariser Vereinbarungen, in Wirklichkeit ein Argument dafür ist, daß die Verfassung, die es den Vereinigten Staaten erlaubt hat, eine Friedensvereinbarung auszuhandeln – einen Frieden, der dem südvietnamesischen Volk das Recht der Selbstbestimmung garantiert und dafür sorgt, daß die amerikanischen Gefangenen zurückkehren und die Streitkräfte der Vereinigten Staaten aus Vietnam abgezogen werden – eine Verfassung sei, die einen automatischen selbstzerstörerischen Mechanismus enthält, dessen Ziel es wäre, das zu vernichten, was unter so großen Schwierigkeiten erreicht wurde. Wir stehen jetzt vor weiteren Gesprächen mit den Nordvietnamesen über die Einhaltung der Pariser Vereinbarun-

gen. Wir hoffen, diese Gespräche werden erfolgreich sein und zu einem Waffenstillstand in Kambodscha führen.

Siehe auch die in der Aussage des Senators Barry M. Goldwater vom 10. Mai 1973 enthaltene ausgezeichnete Verfassungsanalyse, die er vor dem Außenpolitischen Ausschuß des Repräsentantenhauses abgegeben hat. U.S., Congress, House, Committee on Foreign Affairs, *U.S. Policy and Programs in Cambodia, Hearings before the Subcommittee on Asian and Pacific Affairs on the House Committee on Foreign Affairs,* 93. Kongreß, 1. Sitzungsperiode, 1973, S. 41–52 und 82.

22 »Mr. Nixon's War Veto«, *Washington Post,* 29. Juni 1973. Ähnliche Kommentare erschienen in der *Baltimore Sun* vom 18. Juni, der *New York Post* vom 26. Juni, der *St. Louis Post Dispatch* vom 7. August und der *Baltimore Sun* vom 14. August 1973.

23 Siehe z. B. Michael Parks, »Soviet Trying to End Feud with Sihanouk«, *Baltimore Sun,* 8. Juli 1973.

24 James Pringle, »Sihanouk Adapts to ›Austere Life‹ «, *Washington Post,* 17. Juli 1973.

25 Mein Brief vom 30. April 1975 an Frau Aase Lionaes vom Kommittee für den Friedensnobelpreis hat den folgenden Wortlaut:

Sehr geehrte Frau Lionaes:

Meine Auszeichnung 1973 durch den Friedensnobelpreis gehört zu den stolzesten Augenblicken in meinem Leben. Gemeinsam mit Millionen von Menschen hoffte ich, daß die Pariser Vereinbarungen endlich Indochina den Frieden bringen würden. Doch es sollte nicht sein; der Frieden, den wir in Verhandlungen suchten, wurde durch Gewalt zerstört.

Weil ich mir der Ehre zutiefst bewußt bin, die mir durch die Nobel-Stiftung widerfuhr, fühle ich mich verpflichtet, den Preis zurückzugeben. Ich füge daher die Nobel-Goldmedaille und das Nobel-Diplom, die mir 1973 so großzügig übergeben wurden, bei.

Wie Sie wissen, gebrauchte ich das Geld, das zum Preis gehört, bereits, ehe ich die finanzielle Zuwendung erhalten hatte, um eine Stiftung zu gründen, die Kindern amerikanischer Soldaten, die in Indochina fielen oder dort vermißt sind, Ausbildungsbeihilfen gewährt. Andere Personen haben inzwischen der Stiftung weitere Beiträge übergeben, und die ersten Ausbildungsbeihilfen werden in Kürze ausgeschrieben werden.

Dennoch glaube ich, daß ich der Nobel-Stiftung Schadenersatz leisten muß oder, falls der Stiftung dies lieber ist, denselben Betrag einer wohltätigen Einrichtung stifte, die der Stiftung genehm ist. Ich bitte Sie, mich die Wünsche der Stiftung in dieser Hinsicht wissen zu lassen, so daß ich ihnen sofort nachkommen kann.

Diesen Brief schreiben zu müssen, ist für mich so schmerzlich, daß ich es kaum ausdrücken kann. Aber die Qualen und Tragödien, die über Millionen von Menschen gekommen sind, die nicht mehr wollten als die Möglichkeit, ihr Leben nach ihren Vorstellungen zu leben, läßt mir keine andere Wahl.
Hochachtungsvoll
(unterschrieben) Henry A. Kissinger

IX. Kapitel

1 US Congress, Senate, Staff, Select Committee to Study Government Operations with Respect to Intelligence Activities, *Covert Action in Chile 1963–1973*, 94. Kongreß, 1. Sitzungsperiode, 1975, S. 2, 28.
2 Henry Kissinger, *Memoiren 1968–1973*, a. a. O., S. 696–698.
3 Régis Debray, *The Chilean Revolution: Conversations with Allende*, New York 1971, S. 119, 118, 82.
4 Siehe Kissinger, *Memoiren 1968–1973*, a. a. O., XVI. Kapitel.
5 Ebenda, XVII. Kapitel.
6 Nathaniel Davis in »US Convert Actions in Chile 1971–73« *Foreign Service Journal*, November und Dezember 1978. Die Zitate sind S. 11 des Dezember-Artikels entnommen.
7 Siehe Davis, a. a. O., November 1978, S. 12–13. William Colby und Peter Forbath, *Honorable Men: My Life in the CIA*, New York 1978, S. 379–382.
8 Davis a. a. O., Dezember 1978, S. 11.
9 *New York Times*, 13. Juni 1972.
10 Paul E. Sigmund, *The Overthrow of Allende and the Politics of Chile, 1964–1976*, Pittsburgh 1977, S. 171.
11 Sigmund, a. a. O., S. 186.
12 Siehe US Congress, Senate, *Covert Actions in Chile 1963–1973*, S. 31.
13 Sigmund a. a. O., S. 215.
14 Es folgt der Teil meines Gesprächs mit Botschafter Nathaniel Davis vom 8. September 1973, in dem es um Chile geht:

Kissinger: Sagen Sie mir, wie es in Chile aussieht.

Botschafter Davis: Nun, die Lage hat sich mit Sicherheit nicht verbessert. Mit der Wirtschaft geht es weiter bergab. Die Polarisierung der politischen Kräfte geht weiter; und jede der drei Teilstreitkräfte hat zu irgendeinem Zeitpunkt eine innere Krise durchgemacht. Deshalb sind die Allende feindlichen Kräfte in allen drei Teilstreitkräften stärker geworden. Wie Sie wissen, ist General Prats zurückgetreten.

Kissinger: Warum hat er seinen Abschied genommen?

Botschafter Davis: Nun, zum Teil wegen der Ehefrauen der Offiziere von Prats, darunter auch der Frauen vieler seiner Generäle, die seinen

Rücktritt gefordert haben. Zum Teil, weil Prats sich den hinter Allende stehenden Kräften in der Regierung angeschlossen hat und irgendwie zu ihrem Werkzeug geworden ist.
Kissinger: Wird es zu einem Putsch kommen?
Botschafter Davis: In Chile kann man nichts ausschließen, aber alles spricht für einen Putsch, obwohl ich Ihnen keinen zeitlichen Rahmen dafür nennen kann.
Kissinger: Ich nehme an, wir werden uns da heraushalten.
Botschafter Davis: Ja. Ich habe alle meine Mitarbeiter strikt angewiesen, wir dürften uns in keiner Weise beteiligen.
Kissinger: Fragen uns die Chilenen nach unserer Meinung?
Botschafter Davis: Ja, gelegentlich schlängeln sie sich heran und erkundigen sich danach, wie wir die Lage beurteilen. Aber wie gesagt, ich habe meinen Mitarbeitern die strikte Anweisung gegeben, sich in keine Gespräche über dieses Thema verwickeln zu lassen.
Kissinger: Kann Allende seine Amtszeit durchstehen?
Botschafter Davis: Seine Chancen dafür werden mit jeder Woche schlechter.
Kissinger: Und was wird geschehen, wenn es dazu kommt? Hat es schon einmal einen Präsidenten gegeben, der zurückgetreten ist?
Botschafter Davis: Ja. 1891 hat es einen ähnlichen Fall gegeben wie diesen. Die Situation läßt sich sogar mit der gegenwärtigen vergleichen.
Kissinger: Gut, aber was wird geschehen, wenn Allende zurücktritt? Wird es zu Neuwahlen kommen?
Botschafter Davis: Wenn er zurücktritt, übernimmt der Senatspräsident das Amt des Staatsoberhaupts. Das ist Frei, aber ich glaube, Sie sollten nicht mit dieser Möglichkeit rechnen. Sollte die Armee die Macht übernehmen, dann werden die Militärs kaum bereit sein, sie so bald wieder aus der Hand zu geben.
Kissinger: Dann würde Chile den gleichen Weg gehen wie Brasilien?
Botschafter Davis: Ja, oder Peru.
Kissinger: Wie würde eine Militärregierung aussehen? Ließe sie sich mit der in Peru oder Brasilien vergleichen?
Botschafter Davis: Sie wäre sehr pro-amerikanisch. Wir haben gute Beziehungen zum chilenischen Militär. Aber Chile hat eine radikale Geschichte, und die Militärs werden nicht den Eindruck erwecken wollen, als liefen sie vor der Geschichte fort, um zum alten konservativen *status quo* zurückzukehren.
Kissinger: Ja, aber Chile wäre unter solchen Umständen doch kein Zentrum für revolutionäre Umtriebe in Lateinamerika, nicht wahr?
Botschafter Davis: Nein.
Kissinger: Was sollten wir dort unternehmen?

Botschafter Davis: Die Dinge entwickeln sich schnell. Unser größtes Problem besteht darin, daß wir uns nicht hineinziehen lassen dürfen. Wir müssen es den Chilenen überlassen, selbst über ihre Zukunft zu entscheiden.

Kissinger: Glauben Sie, daß Allende gestürzt werden wird?

Botschafter Davis: Ich würde sagen, Allende hat eine Chance von fünfundzwanzig Prozent, bis zum Ende seiner Amtszeit im Jahr 1976 an der Regierung zu bleiben. Ich glaube, es besteht die fünfunddreißig- bis vierzigprozentige Wahrscheinlichkeit, daß es zu einem Umsturz kommt. Die Militärs haben vielleicht eine zwanzig- bis fünfundzwanzigprozentige Chance, an der Regierung beteiligt zu werden, aber in einer Rolle, in der sie die Regierungsmacht in der Hand haben. Es besteht aber, wie ich meine, eine nur sehr geringe Möglichkeit, daß in Chile eine ähnliche Lage entsteht wie auf Kuba.

Kissinger: Nun gut, aber wenn es dazu kommen sollte, von welcher Basis aus würde sich so etwas entwickeln?

Botschafter Davis: Es würde sich daraus entwickeln, daß die Militärs die Nerven verlieren. Ich muß zugeben, daß die Militärs in Chile auch schon früher die Nerven verloren haben.

Kissinger: Wie steht es mit den *carabineros?*

Botschafter Davis: Sie nähern sich in letzter Zeit der Haltung der Militärs. Ihre obersten Führer wollen sich aber immer noch heraushalten.

15 Sigmund, *a. a. O.*, S. 4–5, 244–247, beschäftigt sich mit den einander widersprechenden Berichten und kommt zu dem Schluß, daß »alles, was sich in Erfahrung bringen läßt, auf Selbstmord hindeutet«.

16 Interview mit der Madrider Zeitung *ABC*, 10. Oktober 1973, zitiert in *Facts on File Yearbook 1973*, Bd. XXXIII, S. 872.

JOHN KENNETH GALBRAITH

Leben in entscheidender Zeit

576 Seiten mit Register

Der Freund und Berater aller demokratischen Präsidenten und Präsidentschafts-Anwärter in der Nachkriegszeit wurde in seiner Jugend vor allem von zwei Persönlichkeiten geprägt: Einmal von Franklin D. Roosevelt, der mit seiner Politik des New Deal das wirtschaftliche und soziale Elend der großen Depression zu bekämpfen suchte. Zum anderen von dem britischen Nationalökonomen John Maynard Keynes, der mit seiner *Allgemeinen Theorie der Beschäftigung, des Zinses und des Geldes* auf die Verpflichtung des Staates hinwies, in Wirtschaftskrisen durch Staatsverschuldung die Konjunktur anzuregen.

Diese Verbindung von Theorie und Praxis blieb für Galbraith bestimmend. Im Gegensatz zu jenen Nationalökonomen von Adam Smith bis Milton Friedman, die in sich schlüssige Theorien entwickelten, die später in der Wirklichkeit versagten, und in denen den von der Wirtschaft Betroffenen nur eine mehr oder weniger glückliche Statistenrolle zufällt, analysiert Galbraith die vorgefundene ökonomische Realität ohne dogmatische Voreingenommenheit und zieht daraus sein Fazit für die anzuwendende Wirtschaftspolitik. Der Mensch ist für ihn deshalb auch nicht Objekt einer »unsichtbaren Hand« oder eines sich selbst regulierenden Marktes, sondern handelndes Subjekt mit sozialer Verantwortung.

Die Lebenserinnerungen dieses ungewöhnlichen Mannes enthalten allerdings nicht nur ein lesenswertes Kompendium der Nationalökonomie. Sie sind auch ein Zeugnis der Freundschaft und der Erinnerung an Zeitgenossen wie Joseph Schumpeter, Jawaharlal Nehru, John F. Kennedy, Lyndon B. Johnson und Robert Kennedy. Sie rufen die Erinnerung an die Geschehnisse einer ganzen Epoche ins Gedächtnis zurück. Und sie spiegeln ein Amerika wider, mit dessen liberaler Tradition uns sehr viel verbindet.

Intellektuelle Brillanz, beißender Sarkasmus, Selbstironie, echter Humor und vitale Freude am Erzählen machen dieses Buch darüber hinaus zu einem Werk von literarischem Rang.

»Dieses Buch ist ein Lesegenuß, voll Weisheit und voll außerordentlicher Einsichten in die Geschichte unserer Zeit; geschrieben von einem Mann, der das Handgemenge nie scheute.«

The New Republic